Kirche, Kirchen und Ökumene

Wolfgang Klausnitzer

Kirche, Kirchen und Ökumene

Lehrbuch der Fundamentaltheologie
für Studierende, Religionslehrer
und Religionslehrerinnen

Verlag Friedrich Pustet
Regensburg

Bibliografische Information der Deutschen Nationalbibliothek

Die Deutsche Nationalbibliothek verzeichnet diese Publikation
in der Deutschen Nationalbibliografie; detaillierte bibliografische Daten
sind im Internet über http://dnb.d-nb.de abrufbar.

www.pustet.de

ISBN 978-3-7917-2251-1
© 2010 by Verlag Friedrich Pustet, Regensburg
Umschlaggestaltung: Martin Veicht, Regensburg
Gesamtherstellung: Friedrich Pustet, Regensburg
Printed in Germany 2010

Inhalt

Hinführung

Das Fach Fundamentaltheologie ist traditionell in drei Argumentations- oder Beweisschritte, sogenannte »demonstrationes« (Aufweise, Beweisgänge), gegliedert, nämlich die »demonstratio religiosa«, die »demonstratio christiana« und die »demonstratio catholica«. Im vierbändigen »Handbuch der Fundamentaltheologie«[1] entsprechen ihnen die drei Traktate »Religion«, »Offenbarung« und »Kirche« (unter Hinzufügung eines vierten Schrittes im Band 4: »Traktat Theologische Erkenntnislehre«, der eine Einführung in die Prinzipien und die Grundbegriffe der Theologie darstellt)[2]. Im Grunde kommentieren und explizieren die drei klassischen Traktate in fundamentaltheologischer Perspektive das dreidimensionale Credo als Antwort auf die drei Fragen: Wer (bzw. was) ist Gott? Wo und wie zeigt sich Gott? Wo und wie »zeltet« (vgl. Hebr 8,1f) Gott konkret und gegenwärtig in dieser Welt? Der Titel »Kirche, Kirchen und Ökumene« beschreibt die Inhalte des klassischen »Traktates Kirche« (bzw. der »demonstratio catholica«).

»... es weiß gottlob ein Kind von sieben Jahren, was die Kirche sei«, schrieb Martin Luther in den im Jahre 1537 veröffentlichten Schmalkaldischen Artikeln[3]. Der »Evangelische Erwachsenenkatechismus« ([4]1982) zitiert einen Biologieprofessor von 1973 mit dem Satz[4]: »Ich wünschte, ich wäre dieses Kind.« Einigen ist offensichtlich doch nicht so recht klar, was denn eigentlich (die) Kirche sei. In der Ökumene ist der Streit um das Wesen von Kirche und ihre Eigenschaften notorisch. Das deutsche Wort »Kirche« stammt aus dem Griechischen, von der Femininform des Adjektivs »kyriakos«, also »kyriake«, dem Herrn (Kyrios) (zu-)gehörig. Es bezieht sich wohl auf das Substantiv »oikia«, das man mit Haus, Wohnung, Wohnstatt, Tempel, aber auch mit Haushaltung, Familie, Geschlecht übersetzen kann. Die Kirche ist also der »Wohnort« oder die »Familiengemeinschaft« des (auferstandenen) Herrn. Das griechische Wort »ekklesia« (lateinisch: »ecclesia«) – in den romanischen Sprachen rezipiert – leitet sich ab von dem Wort »ek-kalein«, herausrufen, und bezeichnet in der Antike ursprünglich die Volks-

7

gemeinde der demokratiefähigen (männlichen) Bürger in der griechischen Polis (unter Ausschluss etwa der Kinder, der Frauen, der Leibeigenen und Sklaven und der Fremden). Im NT ist damit gewöhnlich die Gottesdienstversammlung gemeint, also die vor Gott versammelte Gemeinde in einem Ort oder Haus, seltener die Gesamtheit aller Glaubenden[5]. Welches aramäische Wort dafür in Frage kommt, wird (im Zusammenhang der Frage, ob Jesus selbst von der »Kirche« gesprochen hat) diskutiert[6]. Über »Kirche« kann man sehr verschieden reden. Hymnisch hat von ihr Gertrud von le Fort in der Zeit des ekklesiologischen Frühlings in den 20er-Jahren des 20. Jahrhunderts gesprochen[7]:

»Deine Lehre ist wie eine Feste auf uneinnehmbaren Bergen. ...
Du bist wie eine beständige Flamme über wirbelnder Asche!
Du bist wie ein Turm inmitten reißender Wasser! ...
Du bist das einzige Zeichen des Ew'gen über dieser Erde:
alles, was du nicht verwandelst, überwandelt der Tod!«

Die traditionelle katholische Ekklesiologie beschreibt die Kirche gerne als »Mysterium«[8]. Das Vaticanum II hat in der Dogmatischen Konstitution über die Kirche »Lumen Gentium« das 1. Kapitel deshalb übertitelt: »Das Mysterium der Kirche«. Damit ist natürlich nicht gemeint, die Kirche sei in ihrem Grunde etwas Unerkennbares oder Rätselhaftes. Im katholischen Denken ist der Begriff »Mysterium« der Gegenbegriff zu der reformatorischen These von der »Verborgenheit der Kirche«[9]. Die lateinischen Bibelübersetzungen verwenden für das griechische Wort »mysterion« entweder das schon bei Cicero nachweisbare lateinische Lehnwort »mysterium« oder »sacramentum« (vor allem in Nordafrika). Das Wort »sacramentum« gehört sprachlich in den Kontext des Verbums »sacrare«, das man mit Übereignen von Personen und Sachen an das »sacrum« (Heilige) wiedergeben kann. Tertullian hielt wegen der Vorstellung der religiös-ethischen Selbstverpflichtung »sacramentum« als Bezeichnung für Taufe und Eucharistie geeignet. Seit dem dritten Jahrhundert wurden auch andere kirchlich-liturgische Symbolhandlungen (Fußwaschung, Handauflegung) als »sacramenta« beschrieben. Trotzdem blieb der weitere Begriff »Mysterium« (vom griechischen Wort »mysterion«) stets erhalten[10]. Bei den Synoptikern ist vom »Geheimnis (mysterion) des Reiches Gottes« (Mk 4,11; Mt 13,11 und Lk 8,10 bieten den

Plural »Geheimnisse [mysteria]«) die Rede. Die Paulusschule spricht in Eph 5,32 (unter Bezug auf Gen 2,24) von einem großen »Geheimnis« und meint damit die Verbindung Christi mit seiner Kirche, die in jeder ehelichen Verbindung nachvollzogen wird, wodurch die irdische Ehe selbst an jenem »Geheimnis« teilhat. Im Kolosser- und im Epheserbrief ist die Rede von dem »Christus-Geheimnis«, dessen Inhalt in Eph 3,5f angegeben wird: »Den Menschen früherer Generationen war es nicht bekannt; jetzt aber ist es seinen heiligen Aposteln und Propheten durch den Geist offenbart worden: dass nämlich die Heiden Miterben sind, zu demselben Leib gehören und an derselben Verheißung in Christus Jesus teilhaben durch das Evangelium.« Hier besteht ein entscheidender Unterschied zwischen der christlichen Botschaft und den hellenistisch-orientialischen Mysterienkulten: Das Christusmysterium unterliegt keiner Schweigepflicht, sondern strebt im Gegenteil die größtmögliche Öffentlichkeitswirkung an (Eph 6,19: »mit Freimut [parrhesia] das Geheimnis [mysterion] des Evangeliums verkünden«)[11]. In diesem Zusammenhang entsteht in der Patristik der Sprachgebrauch, Jesus Christus, seine Heilstat, die Heilige Schrift (besonders die alttestamentlichen »Weissagungen« Christi), das Glaubensbekenntnis, die liturgischen Riten als Festfeier der geschichtlichen Heilstaten Christi und schließlich die Kirche als »mysterium« (bzw. »sacramentum«) zu bezeichnen[12]. Entfaltet hat den Gedanken dann die alexandrinische Theologie (Klemens von Alexandria, Origenes), die durchaus den Vergleich mit den heidnischen Mysterienreligionen zieht, wenn sie sich auch des Unterschiedes bewusst bleibt: In jedem »Mysterium« ist eine verhüllende Form und eine verhüllte Wirklichkeit zu unterscheiden, wobei, je nach Gesichtspunkt und Akzentuierung, mal das eine und mal das andere Element profiliert werden kann. Ganz im Rahmen dieses Gedankens spricht deshalb »Lumen Gentium« davon, die Kirche sei »in Christus gleichsam das Sakrament« (LG 1) der Einheitsbestrebungen Gottes mit der Menschheit und eine »komplexe Wirklichkeit« aus menschlichem und göttlichem Element (LG 8,1)[13]. In einer solchen Sicht ist die Kirche »der verbreitete und mitgeteilte Christus, vollendet, so weit das hienieden möglich ist«[14]. Auf diesen Punkt hat im 19. Jahrhundert besonders die Katholische Tübinger Schule (Johann Sebastian Drey, Johann Adam Möhler) hingewiesen: die Kirche als der fortlebende Christus bzw. die Kirche als »andauernde Fleischwerdung« (Inkarnation) Jesu Christi[15]. Maria Luise Thurmair hat eine derartige Überzeugung 1941 in den bekannten Vers gefasst[16]:»Da schreitet Christus durch die Zeit/ in seiner Kirche Pilgerkleid/ Gott lobend: Halleluja.«

Für andere Stimmen ist die Kirche zumindest ein Betriebsunfall in der Wirkungsgeschichte der Botschaft Jesu von der »Basileia tou theou«, wenn nicht gar der ausdrückliche Verrat an dieser Botschaft. Fjodor Dostojewskij lässt in seinem Buch »Die Brüder Karamasow« den Großinquisitor als Vertreter der amtlichen Kirchenleitung zum Herrn sagen[17]:»Wir haben Deine Opfertat korrigiert und sie auf Wunder, Geheimnis und Autorität gegründet. Und die Menschen haben sich gefreut, dass sie wieder geführt wurden wie eine Herde und dass die Last der furchtbaren Gabe, die ihnen so viele Qualen verursacht hatte, endlich von ihren Herzen genommen war.« Karl-Heinz Deschner hat eine »Kriminalgeschichte des Christentums« verfasst, in der er die Kirche (bzw. die christlichen Kirchen) als einen Ort schildert, in dem keine auch nur erdenkliche Untat von Menschen je ausgelassen worden sei[18].

Neuere katholische Arbeiten zur Ekklesiologie haben vielfach ein praktisches erkenntnisleitendes Interesse – im Blick auf eine in Ansätzen erträumte[19] oder strittig anzustrebende[20] ekklesiologische Realität. Medard Kehl[21] plädiert für eine konsequente Um- und Durchsetzung der Communio-Ekklesiologie des Vaticanum II. Anton Thaler[22] will die Ekklesiologie auf der Eucharistie feiernden Ortsgemeinde fundieren. Der Pastoraltheologe Johannes A. van der Ven[23] bemüht sich um eine auf die Praxis hin orientierte (und sie verändernde) Zustandsbeschreibung der Kirche im Kontext der Modernisierung der westlichen Gesellschaft, in die er mit neutestamentlichen bzw. vom NT her inspirierten Bildern (»Volk Gottes« und »Jesusbewegung«, »Leib Christi«, »Bauwerk des Geistes«, »Kirche der Armen«) konkrete Forderungen einschreibt. Jürgen Werbick[24] entfaltet »theologisch-phänomenologisch« und jeweils im Kontext wechselnder metaphorischer Leitbegriffe (Kirche als Volk Gottes, Tempel des Heiligen Geistes, Leib Christi usw.) verschiedene Artikulationen des Verhältnisses von Ekklesiologie und Sakramentenlehre. Ziel ist die Rekonstruktion einer vielfältig gelebten Praxis.

Ein leitendes Interesse dieses Buches besteht an der Ökumene. Es gibt dazu einige Vorläufer[25]. Seit 1959 existiert in 20 Bänden (einige davon in zwei Teilbänden) die Reihe:»Die Kirchen der Welt«[26]. Sie stellt den Versuch dar, das Selbstverständnis einer bestimmten christlichen Kirche den ökumenischen Partnern mitzuteilen. Im Ökumenischen Rat der Kirchen (ÖRK) ist allerdings die ekklesiologische Frage im Augenblick ein Tabuthema. Trotz verschiedener Anstöße und z. T. massiver Austrittsdrohungen orthodoxer Kirchen für den Fall, dass diese Frage nicht vordringlich behandelt werde[27], herrscht seit 1950 im ÖRK »ekklesiologische Sprachlosigkeit« oder (höflicher gesagt) »ekklesiologische Neutralität«. Die Toronto-Erklärung »Die Kirche, die Kirchen und der Ökumenische Rat der Kirchen. Die ekklesiologische Bedeutung des ÖRK« des Zentralausschusses des ÖRK (1950) stellt u. a. folgende Thesen auf[28], die nicht zuletzt das Ziel hatten, die orthodoxen Bedenken zu zerstreuen:

»1. Der Ökumenische Rat der Kirchen ist keine ›Über-Kirche‹ und darf niemals eine werden. ...

3. Der Ökumenische Rat kann und darf sich nicht auf den Boden einer besonderen Auffassung von der Kirche stellen. Das ekklesiologische Problem wird durch seine Existenz nicht präjudiziert.

4. Wenn eine Kirche Mitglied des Ökumenischen Rates der Kirchen ist, so bedeutet das nicht, dass sie ihre eigene Auffassung von der Kirche relativiert.

5. Wenn eine Kirche Mitglied des Ökumenischen Rates ist, bedeutet das nicht, dass sie damit eine bestimmte Lehre über das Wesen der kirchlichen Einheit annimmt.«

Mit dieser Ausklammerung des ekklesiologischen Problems war die Voraussetzung für die anfängliche und bisherige Mitgliedschaft der orthodoxen Kirchen im ÖRK gegeben – und wäre heute auch eine Mitgliedschaft der katholischen Kirche möglich. Andererseits weisen verschiedene Ökumeniker (und übrigens auch verstärkt die orthodoxen Kirchen innerhalb des ÖRK) in den letzten Jahren darauf hin, dass präzise hier die Wurzel der augenblicklichen Stagnation in der Ökumene liegt[29]: Die am ökumenischen Gespräch beteiligten Kirchen sind sich nicht darüber einig, was das Wesen von Kirche ausmacht, haben deshalb völlig unterschiedliche Zielvorstellungen in der Ökumene, kaschieren dies durch bestimmte gemeinsam verwendete Begriffe, die allerdings in den einzelnen Kirchen sehr differierende Bedeutungen haben (z. B. »Communio« oder »versöhnte Verschiedenheit«), so dass dann immer wieder Missverständnisse entstehen, die sich z. T. (beispielhaft etwa in der Debatte um die »Gemeinsame Erklärung zur Rechtfertigungslehre« zwischen Katholiken und Lutheranern) eruptiv entladen – und sie machen trotzdem diese gegensätzlichen ekklesiologischen Überzeugungen nicht zu einem Thema. Dass eine solchermaßen betriebene Ökumene nicht sehr weit führt, wird niemanden verwundern.

Texte

Gertrud von le Fort, Hymnen an die Kirche, München (1928) [22]*1990,
26 (=»Heiligkeit der Kirche IV.«):*

»Deine Diener tragen Gewänder, die nicht alt werden,
und deine Sprache ist wie das Erz deiner Glocken.
Deine Gebete sind wie tausendjährige Eichen,
und deine Psalmen haben den Atem der Meere.
Deine Lehre ist wie eine Feste auf uneinnehmbaren Bergen.
Wenn du Gelübde annimmst,
so halten sie bis ans Ende der Zeiten,
und wenn du segnest, baust du Häuser im Himmel.
Deine Weihen sind wie große Zeichen von Feuer
auf den Stirnen,
niemand kann sie auslöschen.
Denn das Maß deiner Treue ist nicht Menschentreue,
und deine Jahre kennen keinen Herbst.
Du bist wie eine beständige Flamme über wirbelnder Asche!
Du bist wie ein Turm inmitten reißender Wasser!
Darum schweigst du so tief, wenn die Tage lärmen,
denn am Abend fallen sie dennoch an dein Erbarmen:
Du bist's, die über allen Grüften betet!
Wo heute ein Garten blüht, da ist morgen eine Wildnis,
und wo früh ein Volk wohnt,
da haust bei Nacht das Verderben –
Du bist das einzige Zeichen des Ew'gen über dieser Erde:
alles, was du nicht verwandelst, überwandelt der Tod!«

*Dogmatische Konstitution über die Kirche »Lumen Gentium«,
Artikel 1, in: LThK* [2] *12, 157. 159:*

»Christus ist das Licht der Völker. Darum ist es der dringende Wunsch
dieser im Heiligen Geist versammelten Heiligen Synode, alle Menschen
durch seine Herrlichkeit, die auf dem Antlitz der Kirche widerscheint, zu
erleuchten, indem sie das Evangelium allen Geschöpfen verkündet (vgl.
Mk 16,15). Die Kirche ist ja in Christus gleichsam das Sakrament, das heißt
Zeichen und Werkzeug für die innigste Vereinigung mit Gott wie für die
Einheit der ganzen Menschheit. Deshalb möchte sie das Thema der vorausgehenden Konzilien fortführen, ihr Wesen und ihre universale Sendung ihren Gläubigen und aller Welt eingehender erklären. Die gegenwärtigen Zeitverhältnisse geben dieser Aufgabe der Kirche eine besondere
Dringlichkeit, dass nämlich alle Menschen, die heute durch vielfältige
soziale, technische und kulturelle Bande enger miteinander verbunden
sind, auch die volle Einheit in Christus erlangen.«

Fjodor Dostojewskij, Die Brüder Karamasow, aus dem Russischen
v. Swetlana Geier, Zürich 2003, 403. 411. 414 (II 5,5) (=»Der Groß-
inquisitor«):

»In der tiefen Dunkelheit öffnet sich plötzlich die eiserne Tür des Ver-
lieses, und der greise Großinquisitor selbst betritt langsam, ein Licht in der
Hand, das Verlies. Er ist allein, die Tür hinter ihm wird sofort abgeschlossen. Er bleibt am Eingang stehen und sieht Ihm lange, eine Minute oder
auch zwei, ins Antlitz. Endlich nähert er sich Ihm langsam, stellt das Licht
auf den Tisch und sagt: ‚Bist Du es? Du?‘ Aber dann, da eine Antwort aus-
bleibt, fügt er schnell hinzu: ›Antworte nicht, schweige. Und was könntest
Du auch sagen? Ich weiß nur zu gut, was Du sagen würdest. Du hast ja
auch nicht das Recht, dem etwas hinzuzufügen, was Du bereits früher
gesagt hast. Warum bist Du gekommen, uns zu stören? Denn Du bist gekommen, uns zu stören, und Du weißt es selbst ... Dich verlangte es nach
einer Liebe aus Freiheit, nach der freien Nachfolge des von Dir angenom-
menen und ergriffenen Menschen. Anstelle des alten, festen Gesetzes
sollte der Mensch sich künftig selbst aus freiem Herzen für Gut oder Böse
entscheiden und sich einzig von Deinem Bild in seiner Seele leiten lassen:
Aber wie konntest Du dabei außer acht lassen, dass er schließlich sogar
Dein Bild und Deine Wahrheit verwerfen muss, wenn ihm eine so furcht-
bare Last auferlegt wird wie die Freiheit der Wahl? Und schließlich werden sie verkünden, dass Du keineswegs die Wahrheit bist, denn man hätte
sie keiner größeren Verwirrung und Pein aussetzen können, wie Du es
tatest, indem Du ihnen so viele Sorgen und unlösbare Fragen aufbürde-
test. Dadurch hast Du selbst mit der Zerstörung Deines eigenen Reiches
den Anfang gemacht und darfst keinem anderen die Schuld daran geben.
Und was wurde Dir in Aussicht gestellt? Drei Kräfte auf Erden, einzig und
allein diese drei Kräfte, vermögen das Gewissen dieser kraftlosen Rebellen für alle Ewigkeit zu unterwerfen und zu bannen, zu ihrem eigenen
Glück – diese Kräfte sind: Das Wunder, das Geheimnis und die Autorität.
Du hast das erste, das zweite und das dritte von Dir gewiesen und damit
selbst ein Beispiel gegeben ... Wir haben Deine Opfertat korrigiert und sie
auf Wunder, Geheimnis und Autorität gegründet. Und die Menschen
haben sich gefreut, dass sie wieder geführt wurden wie eine Herde und
dass die Last der furchtbaren Gabe, die ihnen so viele Qualen verursacht
hatte, endlich von ihren Herzen genommen war.‹«

Toronto-Erklärung des Zentralausschusses des Ökumenischen Rates der Kirchen (1950), zitiert in: Reinhard Frieling, Der Weg des ökumenischen Gedankens. Eine Ökumenekunde (Zugänge zur Kirchengeschichte 10), Göttingen 1992, 74:

»Was der ÖRK nicht ist:

1. Der Ökumenische Rat der Kirchen ist keine ›Über-Kirche‹ und darf niemals eine werden.
2. Der Ökumenische Rat der Kirchen wurde nicht geschaffen, um Unionsverhandlungen zwischen den Kirchen in die Wege zu leiten – was eine Sache der Kirchen selbst ist und nur auf ihre eigene Initiative hin geschehen kann – sondern um die Kirchen miteinander in lebendigen Kontakt zu bringen und um Untersuchungen und Aussprachen über Fragen der kirchlichen Einheit in Gang zu bringen.
3. Der Ökumenische Rat kann und darf sich nicht auf den Boden einer besonderen Auffassung von der Kirche stellen. Das ekklesiologische Problem wird durch seine Existenz nicht präjudiziert.
4. Wenn eine Kirche Mitglied des Ökumenischen Rates der Kirchen ist, so bedeutet das nicht, dass sie ihre eigene Auffassung von der Kirche relativiert.
5. Wenn eine Kirche Mitglied des Ökumenischen Rates ist, bedeutet das nicht, dass sie damit eine bestimmte Lehre über das Wesen der kirchlichen Einheit annimmt.«

1. Geschichte des Traktats »Kirche«

Auf der Welt werden im Augenblick bei einer Gesamtbevölkerung von über sechs Milliarden Menschen rund zwei Milliarden Christen gezählt. Über eine Milliarde (ca. 53% der Christenheit und etwa 17,3% der Weltbevölkerung) sind Katholiken (unter Einschluss der unierten Kirchen); rund 230 Millionen sind Orthodoxe (und Gläubige in den orientalisch-orthodoxen Kirchen), ungefähr 80 Millionen Anglikaner, ca. 70 Millionen Lutheraner, etwa 50 Millionen Reformierte. Das sind die sogenannten christlichen »Großkirchen«[1]. Der Rest ist in den sogenannten »Freikirchen« oder in »altkonfessionellen« Kirchen zusammengeschlossen. Die Vereinigte Evangelisch-lutherische Kirche in Deutschland (VELKD) nennt ca. 12,5 Millionen Menschen (Stand: 2008) als Mitglieder. Die tatsächliche Zahl der deutschen Lutheraner ist aber wesentlich höher, da in den deutschen unierten Landeskirchen die weit überragende Mehrheit der Mitglieder lutherisch ist. Etwa 25% aller Lutheraner leben wohl in Deutschland. Im 1948 gegründeten Ökumenischen Rat der Kirchen (ÖRK) sind 25–30% der Christenheit in 349 (Stand: Juni 2008) Kirchen vertreten. Keine Mitglieder des ÖRK sind die katholische Kirche, die orthodoxen Kirchen Bulgariens und Georgiens und viele Freikirchen. Angesichts dieser Vielzahl von Kirchen, die selbst wieder eine Vielfalt auch unterschiedlicher und selbst gegensätzlicher Strukturen und ekklesiologischer Grundüberzeugungen repräsentieren, und angesichts der gerade im 20. Jahrhundert entstehenden verschiedenen überkonfessionellen christlichen Gruppen und Begegnungen, die teilweise bewusst eine ekklesiale Gestalt ausschließen (Stichwort: »Ökumenisches Netzwerk«), stellen sich Fragen nach der Notwendigkeit und Legitimität ekklesialer Modelle und einer möglichen ökumenischen Ekklesiologie[2]: Was definiert eigentlich eine »Kirche«? Wie lassen sich heutige Kirchen in ihrer faktischen Existenz jesuanisch und biblisch legitimieren? Gibt es bestimmte Strukturen, die wesenskonstitutiv für »Kirche« sind? Oder konkreter: Was meinen wir eigentlich, wenn wir in allen christlichen Großkirchen *gemeinsam* bekennen: »Ich glaube … die eine heilige katholische (bzw. allgemeine oder christliche) und apostolische Kirche«?

Eine systematisch ausgearbeitete Ekklesiologie gibt es weder im NT noch im 1. christlichen Jahrtausend[3]. Das Fehlen klarer Festlegungen zu Beginn der Christentumsgeschichte oder – positiver gesagt – die Offenheit des Anfangs hat die Ekklesiologie gemeinsam mit anderen grundlegenden dogmatischen Traktaten wie der Trinitätslehre, der Christologie, der Soteriologie, der Gnaden- und der Sakramentslehre. Beispielsweise hat es bis ins 12. Jahrhundert gedauert, bis theologisch einigermaßen klar war, was ein Sakrament ist[4]. Bei der Zählung der Sakramente gab es »beträchtliche Schwankungen«. Autoren der Frühscholastik führen bis zu 40 »Sakramente« an, unter ihnen die Fußwaschung, die Äbtissinnenweihe oder die Königssalbung. Das Konzil von Trient hat dann 1547 *lehramtlich* festgelegt, ohne allerdings eine eigentliche Definition bzw. eine »Wesensbeschreibung« eines Sakramentes zu geben, dass es sieben – und nur diese sieben – Sakramente gebe[5]. In all den genannten Punkten ist im NT allenfalls eine Spur gelegt. Verbindliche Entscheidungen wurden in konfliktreichen Disputen erst im Laufe der Christentumsgeschichte getroffen.

Eine frühe ekklesiologische Reflexion beginnt dort, wo konkurrierende christliche Gruppen den Namen Christi oder den Titel »Kirche« exklusiv für sich reklamieren[6]. Spuren dieses Nachdenkens finden sich bereits im NT. So behandelt die Debatte um die Gliedschaftsbedingungen der »Heidenchristen«, die auf dem Aposteltreffen in Jerusalem (Apg 15) vorläufig gelöst, aber in der frühen Kirche immer wieder äußerst kontrovers ausgetragen wurde (etwa in der Auseinandersetzung zwischen den Jakobusleuten, Paulus und Kephas in Antiochia: Gal 2,11–14), eine dezidiert ekklesiologische Frage. Sie steht im größeren Kontext einer sehr alten Reflexion über das Verhältnis zu Israel, wie sie sich etwa bei Paulus (und in der Paulusschule), aber auch bei den Synoptikern, in der Apostelgeschichte, im 1. Petrusbrief und im Hebräerbrief niederschlägt. Auch der Kampf gegen den Gnostizismus gehört in diese frühe, im NT bezeugte ekklesiologische Klärungsphase. Einen ersten Höhepunkt findet dieses noch sehr rudimentäre Nachdenken über Kirche im Donatistenstreit des 5. Jahrhunderts. Augustinus (354–430) trifft hier betont eine Entscheidung für die Universalkirche gegen Lokal- oder Winkelkirchen. In einem Brief schreibt er[7]: »Die Gesamtkirche (orbis terrarum) urteilt mit Recht, dass diejenigen irren (bonos non esse), die sich von der Gesamtkirche (ab orbe terrarum) in irgendeinem Winkel der Welt separieren. »Die chronologisch erste Form, in der sich so etwas wie ein Nachdenken über Kirche darstellt, ist also die Frage: Welche Gemeinschaft beruft sich zu Recht auf Jesus Christus und seine Verkündigung (in der normativen Bindung des Glaubens an die apostolische Lehre und Tradition), und was sind ihre Eigenschaften, das heißt, woran erkennt man sie? Das Glaubensbekenntnis des Konzils von Konstantinopel I (381), das seit dem 17. Jahrhundert unter dem Namen »Nicaeno-Constantinopolitanum« überliefert wird, weil es als Fortentwicklung bzw. Erweiterung des Glaubensbekenntnisses des Konzils von Nikaia (325) galt[8], nennt vier Merkmale: Einheit, Heiligkeit, Katholizität und Apostolizität. Die Frage nach den »Kennzeichen« (notae) der Kirche wird allerdings erst dort zu einem kontroverstheologischen Problem, wo die Erfahrung unterschiedlich verfasster Christentümer für die Menschen unausweichlich wurde. Das ist im Westen in einer umfassenden und systematischen Weise erst im 16. Jahrhundert der Fall[9].

Trotz der Spur, die Augustinus im 5. Jahrhundert in Richtung auf die Universalkirche hin legt, ist die Praxis des ersten Jahrtausends die »Communio«, die in etwa vergleichbar ist der Praxis der heutigen orthodoxen Gemeinschaft, d. h. ein Netz von Ortskirchen, die je um ihren Bischof geschart sind. Die theologische Rationalisierung dieser Praxis des *Mon*episkopats (*ein* Bischof in einer Kirche) findet sich zuerst in den Schriften des Ignatius von Antiochia[10] (gestorben spätestens 117)[11]. Eine Wende im Vergleich zum ersten Jahrtausend stellt im Westen die »Gregorianische Reform« dar, die im 11. Jahrhundert beginnt[12]. Einige haben deshalb die »Gregorianische Reform« nicht eine »reformatio«, sondern eher eine »deformatio« der Kirche genannt[13]. Der »Dictatus papae« (1075) Gregors VII. initiiert programmatisch den Kampf um die »libertas ecclesiae« (Freiheit der Kirche) gegen den Zugriff »weltlicher« Gewalten (Kaiser, Könige, lokale Herrscher) durch die Rückbindung der Gesamtkirche an den Bischof von Rom. Es beginnt die ekklesiologische Praxis der »Iurisdictio«, die im zweiten Jahrtausend tonangebend und auf dem Vaticanum I am 18. Juli 1870 dogmatisiert wird[14]. Graphisch lässt das entsprechende Kirchenbild die Universalkirche in Gestalt einer Pyramide erscheinen, an deren Spitze der Papst steht.

Verstärkt durch die Ausgrenzung der »spiritualistischen« (Armuts-)Bewegungen im 12. und 13. Jahrhundert (Albigenser, Katharer, Waldenser) und im Kontext dieser programmatischen Aktion der »Gregorianischen Reform« und ihrer Kontestation entstehen um die Wende vom 13. zum 14. Jahrhundert die ersten ekklesiologischen Traktate. Das Klima des Streites zwischen dem Papst auf der einen Seite und dem deutschen Kaiser bzw. dem französischen König auf der anderen um die Gewalt und Leitung der Kirche in dieser Geburtsstunde des Traktates Kirche schafft eine Hypothek, die die westliche und insbesondere die katholische Ekklesiologie bis heute belastet. Die Titel der oft polemischen Kampfschriften verraten das Interesse: »De potestate« (Gewalt, Vollmacht) bzw. »regimine« (Regierungssystem) bzw. »iurisdictione« (Rechtskompetenz) (»papae« bzw. »ecclesiae« bzw. »regis« oder »imperatoris«)[15]. Das hier und auf diese Weise formulierte Leitthema (Wer entscheidet?) prägt und bestimmt die Auseinandersetzungen der Folgezeit in der katholischen Kirche zwischen der Papsttheorie und ihren episkopalen oder synodalen Gegenpositionen im Konziliarismus, Gallikanismus, Episkopalismus, Febronianismus und Staatskirchentum (wie etwa im Josephinismus). Die Reformation hat diesen Trend in der katholischen Ekklesiologie eher noch verstärkt. Die römischen bzw. »altgläubigen« oder »papistischen« Theologen, wie sie von Martin Luther (1483–1546) betitelt werden, heben gegenüber dem Kirchenbild der Reformatoren ab auf die Sichtbarkeit der Kirche. Berühmt geworden ist die Kirchendefinition Robert Bellarmins (1542–1621), die durch mehrere Jahrhunderte und bis in das Vaticanum II die katholische Ekklesiologie dominiert hat[16]: »Unsere Auffassung aber ist: Es gibt nur eine Kirche, nicht zwei, und sie ist jene eine und wahre Gemeinschaft (coetus) von Menschen, die durch das Bekenntnis desselben christlichen Glaubens und durch die Teilnahme (communio) an denselben Sakramenten verbunden sind unter der Leitung der rechtmäßigen Hirten und besonders des einen Stellvertreters Christi auf Erden, des römischen Papstes.« Der reformatorischen Kirchenbeschreibung aus dem rechten Glauben aufgrund der »reinen« Predigt des Evangeliums und der »rechten« bzw. »evangeliumsgemäßen« Sakramentenverwaltung (CA 7)[17] wird hier (zusätzlich) die Leitungsgewalt der Bischöfe und insbesondere des Papstes an die Seite (bzw. gegenüber) gestellt. Das entspricht der traditionellen katholischen Auffassung von den »tria vincula«, den »drei sichtbaren Banden der Gemeinschaft«[18], durch die die Einheit der

Kirche bewahrt und garantiert wird. Diese sind das »vinculum symbolicum« (das Glaubensbekenntnis), das »vinculum liturgicum« (die Sakramente) *und* das »vinculum sociale vel hierarchicum« (das bischöfliche Amt)[19]. Einen gewissen Abschluss dieser Suche nach einer letzten menschlichen Sicherheit und Autorität als Antwort auf die Frage nach der letztverbindlichen menschlichen Instanz in der Kirche stellt das Vaticanum I in seiner Dogmatischen Konstitution über die Kirche »Pastor Aeternus« (18. Juli 1870) dar. Der theologische Widerspruch gegen diese sicher theologisch (und soziologisch) durchaus zu begründende, aber doch in mancher Hinsicht ausgesprochen einseitige Sicht der Kirche unter dem nahezu ausschließlichen Vorzeichen der sichtbaren Autorität artikuliert sich im 19. Jahrhundert beispielsweise in den ekklesiologischen Überlegungen Johann Michael Sailers (1751–1832), der Katholischen Tübinger Schule (Johann Sebastian Drey [1777–1853], Johann Adam Möhler [1796–1838]) und John Henry Newmans (1801–1890) und sammelt sich nach dem Ersten Weltkrieg unter dem pneumatologisch verstandenen Leitbild »Leib Christi«, das von Paulus stammt. Romano Guardini (1885–1968) hat diesen Aufbruch 1922 mit dem Satz beschrieben[20]: »Ein religiöser Vorgang von unübersehbarer Tragweite hat eingesetzt: Die Kirche erwacht in den Seelen.« Das ekklesiologische Umdenken zeigt sich z. B. in der Liturgischen Bewegung (einschließlich einer Intensivierung der eucharistischen Praxis schon unter Pius X.), einem bewussten Neulesen der Bibel in der Bibelbewegung, die verbunden war mit der Erneuerung der katholischen Exegese und der patristischen Forschung, in einer allmählichen Aufnahme des ökumenischen Dialogs und damit einer Beschäftigung mit den Kirchenvorstellungen der anderen christlichen Kirchen und Konfessionen, wobei lehramtlich vor allem der Kontakt mit den Orthodoxen gefördert wurde, und in der Unterstützung von Bewegungen, die ein aktives Engagement der Laien propagierten, wie dies etwa die Katholische Aktion tat. Diese neue Sicht von Kirche wurde begleitet und verstärkt durch den etwa zeitgleich auftretenden »ekklesiologischen Frühling« in der evangelischen Theologie[21], nachdem noch 1912 Ernst Troeltsch (1865–1929) allen Ernstes den Vorschlag gemacht hatte, auf das Wort »Kirche«, das »ohnedies von unseren Zeitgenossen nur schwer ertragen« werde (und nach seiner Meinung sowieso nur zur katholischen Auffassung passe), gänzlich zu verzichten[22]. 1927 veröffentlicht Otto Dibelius (1880–1967) das Buch »Das Jahrhundert der Kirche«. Die in anderen Punkten durchaus weiterführende Enzyklika »Mystici Corporis« von Pius XII. (1943) identifiziert in der Kritik an manchen Aussagen innerhalb dieser Strömung den »Leib Christi« mit der hierarchisch verfassten (und unter dem Papstamt geeinten) Kirche des Vaticanum I: Die katholische Kirche *ist* der Leib Christi. Da der Begriff »Leib Christi« nach 1943 gleichsam lehramtlich reklamiert ist, übernehmen katholische Theologen, die vor dem Vaticanum II die Kirche umfassender (und eben nicht ausschließlich in einer eher rechtlichen Perspektive) verstehen wollen, aus dem AT und der protestantischen Theologie den Begriff »Volk Gottes« zur Beschreibung der Kirche.

Das Vaticanum II war nach einem Wort von Kardinal Leo Josef Suenens, einem der vier Moderatoren des Konzils, das »Konzil der Kirche über die Kirche«. Es stellte sich die Frage: Kirche – was sagst du von dir selber? In der »Quadriga« der beiden Dogmatischen Konstitutionen über die göttliche Offenbarung (DV) und über die Kirche (LG) sowie der Liturgie- (SC) und der Pastoralkonstitution (GS) sind wohl die Hauptaussagen und die thematischen Schwerpunkte des Konzils zu finden (nach innen und nach außen, ad intra und ad extra)[23]. »Lumen Gentium« ist in dieser Sicht geradezu die »Magna Charta« katholischer Ekklesiologie. Die Kirchenkonstitution ist überhaupt der erste lehramtliche Versuch eines Konzils, die Kirche in ihrer Gesamtheit zu beschreiben. In der Situation des Vaticanum II ist dies dadurch gelungen, dass das Konzil die Ekklesiologie des 2. Jahrtausends und des Vaticanum I (»Iurisdictio«) neben die Ekklesiologie des 1. Jahrtausends (»Communio«) gestellt hat. Besonders deutlich wird das im 3. Kapitel von »Lumen Gentium«, wo überdies die »Communio« sehr juridisch gefasst ist. Das Nebeneinanderstellen verschiedener theologischer Auffassungen ist keine Eigenheit des Vaticanum II, sondern entspricht der gängigen Praxis der Konzilien, die in der Regel keine offenen theologischen Schuldiskussionen entscheiden, sondern ihre Lösung der nachfolgenden Theologie überlassen. Das in »Lumen Gentium« praktizierte, manchmal unvermittelte Nebeneinander verschiedener Ekklesiologien (Kirche als personales Mysterium, als pneumatologisch-soziale Communio, ortskirchlich und weltkirchlich-hierarchisch verfasst) ist deshalb genau das Problem heutiger katholischer Ekklesiologie und Anlass vieler nachkonziliarer Konflikte.

Dieser Schnelldurchgang durch die Geschichte des Traktates Kirche zeigt, dass es Phasen der Christentumsgeschichte gab, etwa im 13./14., im 16. und im 19./20. Jahrhundert, in denen recht intensiv über das Phänomen Kirche nachgedacht wurde, während in anderen Zeiten und zumal im ganzen ersten Jahrtausend dieses Thema nur en passant reflektiert wurde. Das macht darauf aufmerksam, dass die Ekklesiologie kein Primärthema des Glaubens und der Theologie ist. Die »Hierarchie der Wahrheiten« (UR 11) kennt viel zentralere Themen. Zumal heute, wo die in den 70er-Jahren des 20. Jahrhunderts gebrauchte Formel: »Jesus ja – Kirche nein«[24] vielfach abgelöst ist durch die von Johann Baptist Metz konstatierte »Gotteskrise« in unserer Gesellschaft mit dem Stichwort »Religion, ja – Gott, nein«[25], stellen sich viel dringlicher die Fragen nach Gott (d. h. seiner Existenz, seiner Erkennbarkeit oder der Theodizee) oder nach Jesus Christus (Wer ist Jesus von Nazaret?). Auf diesen nachgeordneten Platz der Ekklesiologie im Spektrum theologischer Aussagen hat z. B. Henri de Lubac hingewiesen[26]. Die lateinische Form des altkirchlichen Glaubensbekenntnisses macht den sprachlichen Unterschied: »Credo *in* Deum Patrem ..., *in* Iesum Christum ..., *in* Spiritum Sanctum ...« (Ich glaube *an* Gott den Vater ..., *an* Jesus Christus ..., *an* den Heiligen Geist ...) und: »Credo ... Ecclesiam« (Ich glaube die Kirche bzw. dass Kirche ist). Das entspricht einer Stufung des Glaubensengagements von einem bloßen Für-wahr-Halten hin zu einem radikalen Einsatz des Lebens: »Credo *in* Deum«. Bei einem Festakt in München zum Abschluss des Vaticanum II hat dies Karl Rahner (1904–1984) (noch vor den Debatten um die Probleme der Nutzung der Kernenergie in einem damals unproblematischen Bild) so formuliert[27]: »Alles Kirchliche, also alles Institutionelle, Rechtliche, Sakramentale, alles Wort, aller Betrieb in der Kirche und also auch alle Reform von all diesem Kirchlichen ist im letzten Verstand und in der letzten Absicht, so es sich nur selber richtig begreift und sich nicht selbst vergötzt, *Dienst*, reiner Dienst, bloße Hilfestellung für etwas ganz anderes, etwas ganz Einfaches und so gerade unbegreiflich Schweres und Seliges zumal: *für Glaube, Hoffnung und Liebe in den Herzen aller Menschen*. Es ist hier, um ein recht profanes Beispiel zu beschwören, wie bei der Gewinnung von Radium. Man muß eine Tonne Pechblende schürfen, um 0,14 Gramm Radium zu gewinnen und doch lohnt es sich. Alles kirchliche Tun als solches in Regieren,

Reden, Theologisieren, Reformieren, in Unterricht und in Selbstbehauptung inmitten der heutigen Gesellschaft ist mit all dem riesigen Apparat, Aufwand und Betrieb, die dabei unvermeidlich sind, nur so etwas wie die Förderung von ungeheuren Mengen Pechblende, damit *in unserem Herzen* – und da letztlich allein – ein klein wenig Radium von Glaube, Hoffnung und Liebe gewonnen werde. ... Alle subtile Theologie, alles Dogma, alles Kirchenrecht, alle Anpassung und alles Nein der Kirche, alle Institution, alles Amt und alle seine Vollmacht, alle heilige Liturgie und alle mutige Mission haben nur das einzige Ziel: Glaube, Hoffnung und Liebe zu Gott und den Menschen. Alle anderen Pläne und Taten der Kirche aber würden absurd und pervers, wollten sie sich dieser Aufgabe entziehen und allein sich selbst suchen.« Obwohl die Frage nach der Kirche also im Vergleich zu anderen Fragen des christlichen Glaubens sekundär ist, ist sie trotzdem wichtig. Zum einen steht sie in der Eigen- wie in der Fremdwahrnehmung diesen viel entscheidenderen Fragen nach Gott und Jesus oft im Wege[28]. Zum anderen werden aber auch (nicht nur entwicklungspsychologisch oder pädagogisch, sondern – zumindest nach katholischem Verständnis – theologisch) in der Regel für die Christglaubenden die Gottes- und die Jesusfrage durch die Kirchenfrage vermittelt.

Die Vorgehensweise dieses Buches ist historisch-systematisch in ökumenischer Absicht. Historisch, das heißt: In einer chronologischen Darstellung soll die Entstehung ekklesiologischer Themen aufgespürt und analysiert werden. Systematisch, das heißt: In der Abfolge verschiedener Epochen sollen Strukturen der Kirche erhoben werden, die unter Umständen zu ihrem Wesen gehören und damit »ius divinum« (göttliches Recht), also »von Gott gewollt« und irreversibel sind. Dabei wird sich hoffentlich in der Durchführung erweisen, ob es diese Strukturen »iuris divini«, die natürlich immer und notwendig menschlich-geschichtlich vermittelt sind, tatsächlich auch gibt, oder ob die Kirche nur ein menschliches Unternehmen ist, das ausschließlich (!) aufgrund bestimmter soziologischer Interessen und Gesetzmäßigkeiten entstanden und durch sie am Leben erhalten wird. Das Ganze soll im ökumenischen Gespräch situiert werden.

Texte

*Das Glaubensbekenntnis des Konzils von Konstantinopel I (381)
(DH 150):*

»Ich glaube an den einen Gott (Credo in unum Deum), den allmächtigen
Vater, den Schöpfer des Himmels und der Erde, alles Sichtbaren und
Unsichtbaren.
Und an den einen Herrn Jesus Christus (Et in unum Dominum Iesum
Christum), Gottes einziggeborenen Sohn ...
Und an den Heiligen Geist (Et in Spiritum Sanctum) ...
Und die eine heilige katholische und apostolische Kirche (Et unam sanc-
tam catholicam et apostolicam Ecclesiam).«

*Augsburgische Konfession (Confessio Augustana) (1530), Art. 7
(BSLK 61):*

»Es wird auch gelehret, dass alle Zeit musse ein heilige christliche Kirche
sein und bleiben, welche ist die Versammlung aller Glaubigen (congregatio sanctorum), bei welchen das Evangelium rein (pure) gepredigt und
die heiligen Sakrament lauts des Evangelii (recte) gereicht werden. Dann
dies ist gnug zu wahrer Einigkeit der christlichen Kirchen (ad veram uni-
tatem ecclesiae satis est), dass da einträchtiglich nach reinem Verstand das
Evangelium gepredigt und die Sakrament dem gottlichen Wort gemäß
gereicht werden.«

*Robert Bellarmin, Disputationes de controversis christianae fidei adver-
sus huius temporis haereticos, IV. Generalkontroverse: De conciliis, Liber
III: De Ecclesiae natura et proprietatibus, c. 2: De definitione Ecclesiae,
in: Opera omnia, hrsg. v. Justinus Fèvre, Bd. 2, Paris 1870 (unveränderter Nachdruck: Frankfurt 1965), 317:*

»Unsere Auffassung (sententia) aber ist: Es gibt nur eine Kirche, nicht
zwei, und sie ist jene eine und wahre Gemeinschaft (coetus) von Menschen, die durch das Bekenntnis desselben christlichen Glaubens und
durch die Teilnahme (communio) an denselben Sakramenten verbunden
sind unter der Leitung der rechtmäßigen Hirten und besonders des einen
Stellvertreters Christi auf Erden, des römischen Papstes.«

2. Jesus und die Kirche

Die Fragestellung, die in der Überschrift impliziert ist, ist in der Theologie nicht sehr alt. Sie wird zum bedrängenden Problem in der evangelischen Theologie des 19. Jahrhunderts und in der katholischen Theologie zu Beginn des 20. Jahrhunderts im Kontext der Modernismuskrise. In der philosophischen Aufklärung galt es seit Hermann Samuel Reimarus (1694–1768) und in der atheistischen Religionskritik spätestens seit David Friedrich Strauß (1808–1874) als ausgemacht, dass Jesus natürlich keine Kirche gestiftet bzw. gegründet habe. Auf die naheliegende Frage, wer denn dann, wenn nicht Jesus, die Kirche ins Leben gerufen habe, gab es außertheologisch verschiedene Antworten. Zumeist wurden die Jünger dafür verantwortlich gemacht. Hermann Samuel Reimarus argwöhnte einen großangelegten Betrug der Jüngergemeinde; David Friedrich Strauß vermutete die erzählende und verklärende Phantasie der Jünger (vergleichbar dem absichtslos webenden Volksgeist der Romantik, aus dem Märchen und Sagen entspringen) am Ursprung der Kirche und der Dogmatik; Friedrich Nietzsche (1844–1900) fokussierte speziell Paulus als den Gründer der Kirche heraus. Im 19. Jahrhundert stand die Problemstellung überdies unter der Prämisse Georg Wilhelm Friedrich Hegels (1770–1831) und des Deutschen Idealismus, derzufolge das Individuum nie das Subjekt der Geschichte sein könne, weil diese notwendig das Bewusstwerden und das Bewusstsein des absoluten Geistes abspiegele. Das hieß: Die real existierende Religion und Kirche könnten gar nicht auf dem Wollen eines Einzelnen gründen (weil ein einzelnes Individuum nie das Subjekt geschichtlichen Handelns sei), sondern sie gründeten auf geschichtlicher Notwendigkeit. Die Fragestellung hängt natürlich auch mit der unterschiedlichen Deutung der Person Jesus von Nazaret und mit dem Problem seines Selbstverständnisses zusammen. Hat sich Jesus selbst als Messias (oder als eine endzeitliche Erlösergestalt) verstanden, der eine Gemeinschaft um sich sammeln wollte – oder hat er sich (aus welchen Gründen auch immer) überhaupt keine Gedanken darüber gemacht, ob und wie die Menschen, die zu seinen Lebzeiten mit ihm zogen, nach seinem Tod als identifizierbare Gruppe weiterleben? In der theologischen Diskussion bilden sich zwei terminologische Unterscheidungen heraus.

- Die erste Unterscheidung besteht zwischen »stiften« und »gründen«[1].»Stiften« bedeutet das Setzen eines punktuellen Aktes mit gleichsam juridischer Verbindlichkeit. Dieser Akt markiert einen bestimmten Zeitpunkt und damit ein Vorher und ein Nachher. Mit diesem Akt beginnt die Kirche, wobei sich sofort die Frage stellt, wo im NT dieser Akt bzw. diese Akte gesetzt werden, und ob es sich tatsächlich um »ipsissima verba et facta« (historischkritisch erweisbare authentische Worte und Taten) des irdischen Jesus bzw. des auferstandenen Kyrios handelt. So galt in der traditionellen katholischen Theologie die Verheißung an Petrus in Mt 16,18f als ein solcher *Stiftungs*akt Jesu. Als andere »Stiftungsakte« wurden die Berufung der Jünger, die Bestellung der Zwölf oder das Letzte Abendmahl genannt. Mit dieser Auffassung ist oft das Geschichtsmodell der Kirche als »Fertigbau« verbunden, demzufolge Jesus im Wissen um die ganze Zukunft der Kirche mindestens den Zwölf ausdrücklich lehrmäßig mitgeteilt (bzw. organisatorisch mitgegeben) habe, was die Kirche für ihre Pilgerschaft in der Geschichte benötige. »Gründen« meint demgegenüber ein prozesshaftes Handeln Jesu, ein graduelles und geschichtliches Initiieren eines Prozesses im Sinne eines fundamentalen Willens Jesu, dass seine Botschaft von der Jüngergemeinde weitergetragen wird, wobei sich sofort wieder das Problem stellt, wo und wie sich dieser Wille denn manifestiert. Entsprechend redet man auch hier manchmal von »kirchegründenden« Akten Jesu. Als solche »kirchegründende« Akte werden gewöhnlich die Predigt Jesu, die Sammlung der Zwölf, die Aussendung der Jünger, das Letzte Abendmahl oder die Passion Jesu genannt. Das entsprechende Geschichtsmodell ist die Kirche als sich in der Geschichte entwickelnde Größe, deren Existenz sich der Gesamtdynamik des von Jesus initiierten Prozesses verdankt.
- Eine zweite Unterscheidung ist grundlegender, nämlich die Differenzierung zwischen Taten des irdischen Jesus und Taten des auferstandenen Herrn (Kyrios)[2]. *Beide*, so jedenfalls die These von Karl Rahner[3], können »göttliches Recht« (d. h. von Menschen nicht aufhebbares Recht) und von daher irreversible

Strukturen in der Kirche begründen. Natürlich besteht eine Identität zwischen dem irdischen Jesus und dem auferstandenen Herrn. Das artikuliert ja gerade das christliche Glaubensbekenntnis (Röm 10,9): »Jesus *ist* der Herr (Kyrios).« Trotzdem legitimiert schon die frühe Kirche Handlungen, die geradezu das Wesen von Kirche ausmachen und sie konstituieren, die aber der irdisch-historische Jesus selbst nie vollzogen hat. Gerhard Lohfink hat als den Konsens der exegetischen Forschung gezeigt, dass sich der historische Jesus als zu dem empirischen Volk Israel gesandt verstanden hat[4]. Eine Heidenmission oder eine Mahlgemeinschaft mit Heiden hat er nicht praktiziert[5]. Insbesondere der in Antiochia zwischen den Jakobusleuten (gemeint sind die in Gal 2,12 beschriebenen Abgesandten des »Herrenbruders« Jakobus, der – wie es in Gal 2,9 heißt – als eine der »Säulen« der Gemeinde von Jerusalem gilt), Paulus und Kephas ausgetragene Streit (vgl. Gal 2,11–14)[6], bei dem die Jakobusleute die Praxis des irdischen Jesus auf ihrer Seite hatten, während Paulus offensichtlich mit Geisterfahrungen des auferstandenen Herrn argumentierte, zeigt, dass die frühe Jüngergemeinde sich durchaus ermächtigt sah, unter Berufung auf dieses Geistwirken neue Entscheidungen zu treffen, die in der Praxis Jesu vielleicht einen impliziten, aber jedenfalls keinen (für alle Christen der frühen Kirche evidenten und) unmittelbaren Anhalt fanden und sie (in einer Re-Lecture seines Lebens) interpretierten[7]. Klaus Schatz hat denen, die erklären, jede heutige Kirchenstruktur, die als irreversibel deklariert werde, müsse in ihrer Legitimität auf ein Wort des *irdischen* Jesus zurückgeführt werden, einen Mangel an »historischer Hermeneutik« und ein ungeschichtliches Geschichtsbild, das im Grunde die Geschichte nicht ernst nimmt, vorgeworfen[8]. Ich möchte grundsätzlicher argumentieren: Eine *exklusive* Herleitung der Kirche vom irdischen Jesus entspricht nicht dem biblischen Befund. Wie stellt sich jedoch dieser Befund dar? In einem ersten Schritt soll zunächst erarbeitet werden, wie heute die Möglichkeit beurteilt wird, historisch begründete Aussagen zu Jesus von Nazaret zu machen. Die Frage nach der Entstehung der Kirche soll dann im Blick auf die Botschaft Jesu, das Spektrum exegetischer Positionen, den aktuellen Diskussionsstand der systematischen Theologie und die Aussagen des Lehramtes diskutiert werden.

2.1 Geschichte der Leben-Jesu-Forschung

Was wissen wir eigentlich vom historischen Jesus und seiner Botschaft? Die Geschichte der Leben-Jesu-Forschung von Reimarus bis zum Anfang des 20. Jahrhunderts hat Albert Schweitzer (1875–1965) zusammengefasst[9]. Eine (knappe) Weiterführung (mit Literaturhinweisen) bis in unsere Tage hat Joachim Gnilka skizziert[10]. Man unterscheidet gewöhnlich drei Hauptphasen (bzw. Suchbewegungen), die jeweils von einer Klärungsphase eingeleitet werden:

(1) *Die erste Suche nach dem historischen Jesus*
Diese Phase (bzw. Suchbewegung) (»von Reimarus bis Wrede«) ist nach dem Urteil von Schweitzer gescheitert. Sie war ein Kind der Aufklärung. Die Aufklärung ging von zwei Grundüberzeugungen aus:
– Gott greift nicht mehr in die Welt ein (»Deismus«). Es gibt also keine Wunder. Entsprechende Erzählungen und Berichte (die Wundergeschichten der Bibel des AT und des NT, die Gottessohnschaft Jesu, die Auferstehung) müssen und können allesamt natürlich erklärt werden.
– Aus diesem Grund stellen die kanonischen Evangelien Jesus von Nazaret nicht so dar, wie er wirklich war und wie er historisch aufgetreten ist. Damit besteht ein grundlegender Gegensatz zwischen dem historischen Jesus von Nazaret und dem Christus des kirchlichen Dogmas[11]. Die Aufklärung verabschiedet sich deshalb von dem (altlutherischen) Glauben, dass sich die Bibel geradezu selbst auslege. Sie trennt konsequent den Literalsinn der Texte von den interessegeleiteten (»dogmatischen«) Interpretationen der Kirche.
Den Anfang des Projektes der Leben-Jesu-Forschung setzen Hermann Samuel Reimarus und David Friedrich Strauß.
Reimarus war in Deutschland ein bedeutender Vorkämpfer für die Vernunftreligion der englischen Aufklärung. Das Land des Empirismus und des Deismus (England) wird zum Ursprungsland der systematischen Bibelkritik[12]. Für die englischen Aufklärer des 17. und 18. Jahrhunderts (vor allem Edward Herbert von Cherbury, John Toland, Anthony Collins, Matthew Tindal) sind die biblischen Weissagungen und Wunderberichte bestenfalls belanglose Rand-

glossen der eigentlich entscheidenden Aussagen der Vernunftreligion und schlimmstenfalls bedrohliche Hindernisse auf dem Weg, die wahre (»natürliche« bzw. »vernünftige«) Religion wiederherzustellen. Dem Beruf nach war Reimarus kein Theologe, sondern Professor der orientalischen Sprachen in Hamburg. Er hatte seine Behauptungen zu Jesus (und zu den Schriften des AT) nur im engsten Freundeskreis zirkulieren lassen. Nach seinem Tod hatte Gotthold Ephraim Lessing (1729–1781) von 1774–1778 in sieben Fragmenten (relevant für die Leben-Jesu-Forschung sind das 6. und das 7. Fragment »Über die Auferstehungsgeschichte« und »Vom Zwecke Jesu und seiner Jünger«) das Manuskript des Reimarus, ohne dessen Namen zu nennen, mit dem Titel »Wolfenbütteler Fragmente eines Ungenannten« veröffentlicht. Vollständig wurden die Thesen erst 1972 (!) in einer zweibändigen Ausgabe mit dem Titel »Apologie oder Schutzschrift für die vernünftigen Verehrer Gottes« herausgegeben[13]. Lessing selbst gab als Begründung der Edition an, dass er die Gefahr der historischen Kritik für den Begriff der Offenbarung demonstrieren und damit zu einer Verteidigung des Christentums habe aufrufen wollen[14]. In dem Fragment »Vom Zwecke Jesu und seiner Jünger« unterscheidet Reimarus das auf historischen Fakten beruhende »Systema« des verkündigenden Jesus (der Israel zeitlich erlösen wollte) von dem auf Phantasie und Wunschdenken gründenden »Systema« der Jünger. Für Reimarus ist Jesus ein Volksbetrüger gewesen, der den von der römischen Besatzung unterdrückten Juden ein weltliches Königreich, »das Reich Christi oder des Messias«, verheißen, sich darin allerdings auch selbst getäuscht und erst am Kreuz seinen Irrtum erkannt habe. Der Auferstehungsbericht kaschiere einen kriminellen Akt, mit Leichendiebstahl und Betrug der Jünger. Die Jünger Jesu hätten, um sich nicht wie Jesus als im Grunde gescheitert bekennen zu müssen, den Leichnam gestohlen und, als der Leichnam nach 50 Tagen nicht mehr identifizierbar war, die Auferstehung und baldige Wiederkehr Jesu verkündigt. Mittels erdichteter Erscheinungen und angeblicher Mitteilungen des Auferstandenen hätten sie ein christliches Lehrsystem ausgebaut, das ihnen einen gewissen Ersatz für die durch den Tod Jesu unmöglich gewordene ursprünglich erhoffte irdische Machtergreifung dadurch geboten habe, dass sie nun eine herausragende Stellung in der Gemeinde eingenommen hätten. Daraus sei die christliche Kirche entstanden.

David Friedrich Strauß hat mit seinem Werk »Das Leben Jesu«[15] großes Aufsehen erregt[16]. Strauß ist – vermittelt durch seinen Lehrer Ferdinand Christian Baur (1792–1860), der 1826 Professor an der Tübinger evangelisch-theologischen Fakultät geworden war und einer der Väter der historisch-kritischen Exegese ist – ein Schüler Hegels. Das zeigt sich etwa daran, dass er seine eigene (mythische) Deutung des Jesus-Geschehens als Synthese (im Sinn der Dialektik Hegels) aus der seiner Meinung nach unzulänglichen Interpretation des »Supranaturalismus« (als »These«), der alle Wundererzählungen wörtlich nimmt, und des »Rationalismus« (als »Antithese«), der alle Wundererzählungen als »natürliche« Geschehnisse interpretiert und damit wegerklärt (Auferweckung als Scheintod, Seewandel als Jüngerhalluzination usw.), versteht. Für Strauß hat ein irdischer Jesus zwar gelebt[17]. Er löst also das Leben Jesu nicht vollständig in einen Mythos auf. Aber die Person Jesu sei von den Evangelisten in geschichtsartiger Einkleidung religiöser Ideen mit Material ausgeschmückt worden, das im AT und in der Religionsgeschichte bereitgelegen habe. Die im NT überlieferten Wunder (die übernatürliche Geburt Jesu, die Wundertaten, Auferstehung und Himmelfahrt) seien keine Tatsachenberichte, sondern »Mittel der Darstellung« zur Veranschaulichung der Sendung Jesu. Das sei der »philosophische« oder »evangelische« Mythos, der über den historischen Jesus gestülpt worden sei und die Idee zum Ausdruck bringen wolle, dass es grundsätzlich in der Geschichte eine Einheit von Unendlichkeit und Endlichkeit, Gott und Mensch, göttlichem und menschlichem Bewusstsein gebe. Jesus sei nicht der einzige Fall, sondern ein (geschichtlich kontingentes, wenn auch – religionsgeschichtlich gesehen – das relativ bedeutendste) Exempel dieser Vorstellung der Gottmenschheit. Die »Wahrheiten« des christlichen Glaubens werden bei Strauß deshalb nicht auf eine Person, d. h. auf Jesus (Christus), gegründet, sondern auf diese »reale Idee« (bzw. auf den »ewigen Geist«), in der nach der Philosophie Hegels Gott und Menschheit in eins zusammenfallen. Er fordert deshalb ein Christentum, das »zur Idee im Faktum, zur Gattung im Individuum«[18] vorstößt. Im Anschluss an Hegel spricht Strauß von Beschränktheit, wenn die Auffassung vertreten werde, der Inhalt der Christologie sei notwendig mit der Person und Geschichte eines Einzelnen verknüpft. Jesus sei der zufällig-kontingente Vermittler der Grundidee von der Einheit von Gott und Menschheit. Allein die durch ihn ausgedrückte Idee sei notwendig, nicht ihr Mittler.

Die spätere sich daran anschließende sogenannte *liberale* Leben-Jesu-Theologie stellt insgesamt das Bemühen dar, gegenüber der radikalen Leugnung der Heilsbedeutung Jesu, wie sie in unterschiedlicher Form bei Reimarus und Strauß begegnet, durchaus die Person Jesu wieder in den Mittelpunkt von Theologie und Glauben zu stellen. Der entscheidende Begriff, mit dem dieser Versuch unternommen wurde, hieß »Persönlichkeit«. Bis zum Beginn des 20. Jahrhunderts kämpften die »liberalen« Jesusbiographen um ein historisch gesichertes, aus Jesu Lehre, seinem Verhalten und nicht zuletzt seinem Lebensgeschick erarbeitetes Bild der »Persönlichkeit« Jesu. In diesem Kontext gab es zahlreiche Versuche, echte »Biographien« zu schreiben, die teilweise einen beträchtlichen Umfang besaßen. Zu nennen sind etwa die romanhaften Darstellungen von Karl Friedrich Bahrdt (1741–1792): Briefe über die Bibel im Volkston. Eine Wochenschrift von einem Prediger auf dem Lande, Halle 1782 (mit 816 Seiten); Ausführung des Plans und Zwecks Jesu. In Briefen an Wahrheit suchende Leser, 11 Bde., Berlin 1784–1792 (mit insgesamt 3000 Seiten), und Karl Heinrich Venturini (1768–1849), Natürliche Geschichte des großen Propheten von Nazareth, 4 Bde., Bethlehem (= Kopenhagen) 1800–1802; ²1806 (mit 2700 Seiten), die Jesus als (geheimes) Mitglied der Essener darstellen. Der wohl bekannteste (zu seiner Zeit aber auch sehr umstrittene) Autor ist Ernest Renan (1823–1892). Im ersten halben Jahr nach Erscheinen seines Buches »Vie de Jésus«[19] (1863) wurden in Frankreich 60 000 Exemplare verkauft. Renan rechnet für das öffentliche Auftreten Jesu mit achtzehn Monaten und zeichnet eine innere Entwicklung:

Am Anfang (erster Akt) steht der sanfte Jesus, der in Galiläa das Reich Gottes auf Erden realisieren möchte. Er sammelt eine Gruppe von Männern und Frauen um sich, alle jung wie er, alle voller Idealismus wie er. Wohin er kam, wurden Feste gefeiert. Renan beschreibt das auch: Die Landschaft blüht auf, der Himmel öffnet sich, Lachen und Freundschaft beherrschen die Szene.

Zweiter Akt: Aufgrund seines Jerusalemaufenthaltes und der dort erfahrenen Ablehnung durch die Schriftgelehrten der Hauptstadt verliert Jesus die Unbefangenheit des Anfangs. Seine Rede wird hart. Er verkündet das drohende Reich der Apokalypse. Das

Szenario wird dunkel. Jesus begreift, dass er für seine Predigt in den Tod gehen muss. Eine merkwürdige Sehnsucht nach dem Martyrium ergreift ihn. Im dritten Akt – in der Passion – wird die Bühne immer düsterer. Alle verlassen ihn. Jesus stirbt. Am Schluss spekuliert Renan, ob Jesus nicht vielleicht kurz vor dem Sterben ein Bedauern über ein verpfuschtes Leben und eine verpasste Gelegenheit zur Familiengründung gespürt habe. Die einzige überlebende Lichtgestalt in diesem Desaster ist Maria von Magdala, deren Schmerz so groß ist, dass sie den Geliebten vor dem Grab herbeihalluziniert, wodurch schließlich das Leben Jesu in einer tragischen Liebesgeschichte und einem Melodram ohne Happyend ausklingt.

Die erste Suche nach einem »Leben Jesu« endete allerdings in einem Debakel. Vier Gründe sind dafür verantwortlich:

– Albert Schweitzer hatte in seinem Resümee der Forschung gezeigt, wie sehr die in diesen Büchern entfalteten Jesus-Bilder der jeweilige Widerschein der konkreten humanistisch-aufgeklärten Überzeugungen des ausgehenden 19. Jahrhunderts vom Fortschritt des moralischen Bewusstseins in der Geschichte, vom unbedingten Wert des Individuums, von der rationalen Erklärbarkeit aller Phänomene und vom Vorrang der wissenschaftlich geprägten abendländischen Kultur waren. Die Autoren fanden in Jesu Person genau die Eigenschaften wieder, die ihnen und ihrer Zeit als höchstes anzustrebendes ethisches Ideal galten. In anderen Worten: Der »Jesus« dieser Autoren war nicht der historische Jesus, sondern eine Projektion des 19. (und später des 20.) Jahrhunderts. Die historisch-kritischen Forscher trugen so lange Schichten der Jesus-Überlieferung ab, bis der Jesus vor ihnen erschien, der ihnen selbst vernünftig vorkam. Mit dem historischen Jesus hatte die so dargestellte Person kaum etwas oder gar nichts gemein.

– Die Fremdheit Jesu, speziell im Gegenüber zum 19. Jahrhundert, hat besonders das Buch von Johannes Weiß (1863–1914), Die Predigt Jesu vom Reiche Gottes[20], betont. Weiß gehörte der sogenannten Religionsgeschichtlichen Schule an, die 1886–1893 aus einem Freundeskreis meist in Göttingen habilitierter Bibelwissenschaftler und Kirchenhistoriker entstand[21]. Er war der erste, der ausdrücklich und systematisch die (schon von Franz Overbeck vorgelegte) These vertrat, dass die »Basileia tou theou«, die

Herrschaft oder das Reich Gottes, der entscheidende Grundbegriff der Verkündigung Jesu, bei diesem etwas konsequent Endzeitlich-Eschatologisches sei. Es war eine Grundüberzeugung der Religionsgeschichtlichen Schule, dass das Christentum nicht an das (jüdische) AT, sondern an das »Spätjudentum« anschließe, das seinerseits Einflüsse der babylonischen, iranischen und ägyptischen Religionen aufgenommen habe. Die »Basileia« werde sich, so stellte Weiß die Auffassung Jesu dar, nicht innerhalb der menschlichen Geschichte (und hier – so die in der »liberalen« Theologie vielfach vertretene Meinung – in den sittlichen »Persönlichkeiten«) herausbilden, sondern trete mit der nach Jesu Meinung unmittelbar bevorstehenden Ankunft des Menschensohnes ein – und mit diesem übernatürlichen Eingreifen Gottes sei dann die Weltgeschichte an ihr Ende gelangt. Jesus wollte in der Darstellung von Weiß keineswegs eine immer und überall in gleicher Weise geltende Ethik proklamieren, sondern er habe ausschließlich ein aktuell bevorstehendes Ereignis im Sinn gehabt, nämlich den Anbruch der »Basileia« und damit das Ende oder eine Verwandlung der Welt durch göttliches Eingreifen. Für das damalige »verbürgerlichte« Christentum (»Kulturprotestantismus«) und seinen Optimismus im Blick auf eine ständige Höherentwicklung des sittlichen Ideals und eine innerweltliche Kulturoptimierung bedeutete diese These (und das darin implizierte Jesusbild) geradezu eine Revolution[22].

– William Wrede (1859–1906)[23] zerstörte das Vertrauen in die Geschichtlichkeit des Markusevangeliums. Aufgrund der Zwei-Quellen-Theorie (seit der Mitte des 19. Jahrhunderts) war man in der Exegese zu der Auffassung gekommen, das Markusevangelium sei zusammen mit der Logienquelle Q ein sehr alter und im Wesentlichen vertrauenswürdiger Quellentext für den historischen Jesus. Es biete in groben Zügen eine plausible Biographie mit dem Anfang in Galiläa, der Entwicklung des messianischen Bewusstseins und der stattgefundenen Wende (die in der Frage Jesu an die Jünger in der Gegend von Caesarea Philippi in Mk 8,27: »Für wen halten mich die Menschen?« reflektiert sei) bis hin zur Passion[24]. Wrede vertrat dagegen die Auffassung, dass das Markusevangelium nicht eine Biographie schreiben, sondern ein theologisches Programm habe durchsetzen wollen. Jesus habe sich nicht als Messias, sondern als Prophet verstanden. Erst die frühchristliche Gemeinde habe den *Auferstandenen* als Messias bekannt. Der Evangelist habe nun dieses nachösterliche Bekenntnis in seiner Darstellung in das Leben des irdischen Jesus eingetragen. Den Widerspruch zwischen dem (unmessianischen) Auftreten Jesu und dem nach der Deutung des Evangelisten schon von Anfang an bestehenden Messiasanspruch habe der Verfasser des Markusevangeliums mittels der Auskunft überbrückt, Jesus habe seinen Jüngern (und den Dämonen) befohlen, ihn nicht *in der Öffentlichkeit* als »Messias« zu proklamieren (»Messiasgeheimnis«). Damit war auch dieses Evangelium nicht mehr eine wenigstens in den Grundzügen zuverlässige Quelle zu einer Biographie Jesu, sondern – wie die anderen Evangelien auch – einzureihen unter die übrigen Zeugnisse des nachösterlichen Christusbildes.

– Die »formgeschichtliche Methode« (ursprünglich von Hermann Gunkel [1862–1932] in der alttestamentlichen Exegese begründet und von Karl Ludwig Schmidt, Martin Dibelius und Rudolf Bultmann in der neutestamentlichen Exegese weitergeführt) hat dann herausgearbeitet, dass die ursprüngliche Jesus-Überlieferung aus »kleinen Einheiten« bestand, die vor allem durch die Bedürfnisse der jeweiligen Gemeinde (»Sitz im Leben«) geprägt waren[25]. Die Evangelisten hätten aus diesen vorgegebenen und ursprünglich selbstständig in den Gemeinden umlaufenden Einheiten nachträglich eine chronologisch und geographisch strukturierte Geschichte geschaffen. Wenn diese Hypothese, die sehr bald ihren Siegeszug in der Exegese begann, akzeptiert wird, ist es nicht mehr möglich, aus der Reihenfolge der Perikopen im Markusevangelium oder in einem anderen Evangelium psychologisch eine Entwicklung der »Persönlichkeit« Jesu oder seines theologischen Selbstverständnisses abzuleiten.

(2) *Die zweite Suche (im Fachjargon: »New Quest«)*
Rudolf Bultmann (1884–1976)[26] hat aus dieser historischen Not eine theologische Tugend gemacht. Entscheidend sei im Christentum nicht das historische Wissen, sondern der Glaube. Der Glaube richte sich in einer existentiellen Begegnung auf das neutestamentliche »Kerygma«, d. h. die Botschaft von dem Handeln Gottes *an* Jesus. Dieses »Kerygma« habe nicht den irdischen Jesus zum Inhalt, also seine Wirktätigkeit und seine Verkündigung, sondern

das Tun Gottes an ihm in Kreuz und Auferstehung[27]. Der christliche Glaube wird entsprechend als Glaube an den erhöhten »Kyrios« verstanden, für den der historische Jesus als solcher (unter Einschluss seiner Predigt) keine konstitutive Bedeutung habe. Die These findet sich schon in der Veröffentlichung des evangelischen Dogmatikers Martin Kähler (1835–1912) »Der sogenannte historische Jesus und der geschichtliche, biblische Christus« (1892)[28]. Bultmann interessiert nicht der historische Jesus, sondern der »kerygmatische« Christus bzw. der Christus des Glaubens[29]. Überdies werde die Verkündigung Jesu selbst (und das neutestamentliche »Kerygma«) in der Gestalt eines Anrufes zur »Entscheidung« vorgelegt. Eine solche Entscheidung im Sinne eines Sprunges in den Glauben dürfe nicht durch objektive Tatsachen, also etwa ein historisches Wissen, abgesichert werden. Nach Bultmanns Meinung ist das Kommen der Gottesherrschaft nicht ein Ereignis, das gleichsam objektivierbar und innerhalb der Geschichte (etwa in großen »Persönlichkeiten«) auftritt. So handle Gott nicht. Das Wesentliche der Verkündigung Jesu sei also nicht der Inhalt, der in einer (unter Umständen auch von Jesus selbst geteilten) »mythologischen« Sprache und Vorstellungswelt (Satan, Dämonen, Auferstehung, Gericht Gottes) präsentiert werde, sondern der Anruf Jesu und damit letztlich die Beschreibung des Menschen als eines Wesens, das jetzt in der »Entscheidung« stehe[30]. Bultmann rezipiert bzw. appliziert hier durchaus Gedanken Sören Kierkegaards und Martin Heideggers[31]. Karl Barth (1886–1968) hat ihm vorgeworfen, er reduziere die Bedeutung Jesu (die »in sich« bestehe) auf den existentiellen Nachvollzug des Empfängers des Kerygmas in einem geradezu psychologischen Selbstfindungsprozess[32]. Jesus sei (so Barth an die Adresse Bultmanns) die entscheidende »Zentralfigur« des NT (und dies in ihrer »objektiven« Gestalt)[33].

Mit dem Vortrag von Ernst Käsemann (1906–1998) »Das Problem des historischen Jesus« vom 20. Oktober 1953 auf der Tagung »alter Marburger«, d.h. vor Schülern und theologischen Mitstreitern Bultmanns, der in Marburg dozierte, in Jugenheim beginnt die zweite Suchbewegung nach dem historischen Jesus[34]. Das entscheidende Kriterium, mit dessen Hilfe Käsemann zu historischen Aussagen über Jesus kommen (bzw. ein kritisch gesichertes historisches Minimum garantieren) wollte, ist das »Unähnlichkeits-«

bzw. »Differenzkriterium«. Es besagt: Eine Tradition ist dann auf Jesus zurückzuführen, wenn sie weder aus dem zeitgenössischen Judentum abgeleitet noch den urchristlichen Gemeinden zugeschrieben werden kann[35]. Das historische Fundament ist also durch den religions- und traditionsgeschichtlichen Vergleich des überlieferten Jesus-Stoffes zu finden. Als Beispiele eines durch das Unähnlichkeitskriterium gesicherten historischen Fundaments des irdischen Jesus nennt Käsemann etwa die erste, zweite und vierte Antithese der Bergpredigt, die Stellungnahmen zum Sabbatgebot und zu den jüdischen Reinigungsvorschriften oder das Logion Mt 11,12f (in der die Heilsperiode des AT mit Johannes dem Täufer abgeschlossen wird)[36]. Das leitende Interesse dieser neuen »zweiten« Suche war es, die Besonderheit Jesu deutlich zu machen und auf diese Weise ein Verständnis dafür zu ermöglichen, wie der Prozess der Christologisierung beginnen konnte[37].

(3) Die »dritte« Suchbewegung (= »Third Quest«)

Das Problem des Ansatzes der zweiten Suche bestand darin, dass das Spezifikum Jesu durch Abgrenzung gefunden wurde. Jesus war besonders dort er selbst, wo er der frühchristlichen Gemeinde und dem Judentum entgegenstand. Die »zweite« Suchbewegung (in der Fassung Käsemanns) teilt damit die Voraussetzung der »ersten« Suche, dass der vorösterliche Jesus und der nachösterliche Christus und dass die Predigt des historischen Jesus und die theologische Reflexion der frühen christlichen Gemeinde (wie sie schon im NT nachweisbar ist) prinzipiell voneinander unterschieden werden können (und müssen). Besonders aber (so Käsemann) sei die Gefahr der Verfälschung dort zu vermuten, wo religionsgeschichtliche (jüdische oder hellenistische) Parallelen zwischen den Berichten des NT und religiösen Texten des Judentums und der Umwelt Israels aufgewiesen werden könnten. Gegen diesen Trend (der schon vor Käsemann nachweisbar ist) bildete sich eine Bewegung heraus, die für das 20. Jahrhundert entscheidende Markierungen gesetzt hat, nämlich die jüdische Beschäftigung mit Jesus.

Zu den ersten bedeutenden jüdischen Jesusforschern gehört Claude Goldsmid Montefiore[38]. Er vergleicht Jesus mit den großen jüdischen Propheten. Jesus habe schon deswegen keine neue Religion gründen wollen, da er das Weltende als unmittelbar bevorstehend verkündet habe. Weiter zu nennen sind Joseph Klausner[39], der Jesus als herausragenden Lehrer der Moral und als Virtuosen in der Artikulation von Gleichnissen beschrieb, und Robert Eisler[40], der ihn als sozialrevolutionären Rebellen gegen das damals herrschende (von den Römern geprägte) Gesellschaftssystem darstellte. Andere Autoren (Martin Buber, Schalom Ben-Chorin, Pinchas E. Lapide) haben in ähnlicher Weise versucht, Jesus als typischen jüdischen Glaubenden und als einen Lehrer des Judentums zu reklamieren, der voll und ganz im Kontext der mosaischen und rabbinischen Gesetzgebung verstanden werden müsse und diesen Rahmen auch nie überschritten habe. Die Erzählungen des NT, die einen Verstoß Jesu gegen das jüdische Gesetz berichten (etwa das Ährenraufen am Sabbat in Mk 2,23–27 oder die Aufhebung des Unterschieds von reinen und unreinen Speisen in Mk 7,15), seien nachträgliche Gemeindebildungen oder ein Missverständnis der Überlieferung. Der Kreuzestod wird dann ähnlich als ein politisches Missverständnis der Obrigkeit dargestellt. In dem Zusammenhang der jüdischen Verortung Jesu ist auch der bekannte Kommentar zum NT aus Talmud und Midrasch von Paul Billerbeck zu sehen: Hermann L. Strack – Paul Billerbeck, Kommentar zum Neuen Testament aus Talmud und Midrasch, 6 Bde., München 1922–1928 (und weitere Auflagen) (Bd. 1–4), fortgeführt 1956 und 1961 (Bd. 5–6)[41]. Eine neuere jüdische Auseinandersetzung mit Jesus liefert Jacob Neusner, Ein Rabbi spricht mit Jesus (1993)[42].

Mit dem Ende der Bultmannschule (einschließlich der Reaktion Käsemanns) beginnt die neue (dritte) Phase der christlich-theologischen Leben-Jesu-Forschung, die bis heute andauert. In der Forschung hat sich für sie der englische Name »Third Quest« eingebürgert[43]. Der neue Ansatz ist vor allem dadurch gekennzeichnet, dass außerbiblische (nicht-kanonische) Quellen (besonders oft das apokryphe Thomasevangelium) verstärkt herangezogen werden, um ein Bild Jesu zu gewinnen. Ein weiterer gemeinsamer Nenner ist, im Unterschied zum Differenzkriterium Käsemanns, die Überzeugung, dass Jesus vor allem durch seinen jüdischen Hintergrund verständlich werde. Man könnte dies ein »historisches Plausibilitätskriterium« nennen[44]: Historisch wahrscheinlich dürfte all dies bei Jesus sein, was im jüdischen Kontext der damaligen Zeit plausibel ist. Schwerpunktmäßig lassen sich zwei Strömungen benennen:

Eine Richtung hat ein sozialgeschichtliches Interesse. Ein Initiator dieser Forschung ist wohl Heinz Schürmann[45]. Einflussreich geworden ist Gerd Theißen[46]. Die Autoren verweisen darauf, dass die »Jesusbewegung« viele Parallelen zu anderen Gruppen im Judentum und in anderen Kulturen aufweist, die ebenfalls auf einen radikalen Wandel der Weltwirklichkeit hofften. Jedesmal seien diese Gruppen von einer charismatischen Gestalt beherrscht worden, deren Lebens- und Predigtstil Niederschlag gefunden habe im Auftreten der Gemeinschaft, die sich auf diese Person berufe. So lassen sich aus dem Leben (und der Verkündigung) der urchristlichen Wanderprediger[47] Rückschlüsse auf die Person Jesu ziehen.

Andere Autoren nehmen in christlicher Perspektive die jüdische Jesus-Forschung auf. Jesus wird nicht gegen das Judentum, sondern (in seiner kontextgebundenen Besonderheit und Individualität) in ihm profiliert[48]. Es wird darauf hingewiesen, dass es das Anliegen Jesu gewesen sei, das (ganze) jüdische Volk zu sammeln. Da die ersten Anhänger Jesu nach Ostern Juden gewesen seien, bestehe auch eine größere Identität und Kontinuität zwischen dem irdischen Jesus und dem »kerygmatischen« Christus als z. B. die liberale Leben-Jesu-Forschung zugestanden habe. Die besondere Stellung Jesu nach Ostern sei nämlich zunächst mit jüdisch-biblischen Bildern beschrieben worden. Aus dieser jüdischen Verortung Jesu ergeben sich gewisse Konsequenzen für die mögliche Rekonstruktion seines Willens zur Gestalt der von ihm initiierten Gemeinschaft. Wenn die »Basileia« nach jüdischer Auffassung (und wohl auch nach der Auffassung Jesu) innerhalb des von Gott längst erwählten und von der Tora geformten Israel ihren Ort haben sollte, dann ist die These der »liberalen« Leben-Jesu-Forschung unhaltbar, dass Jesus dem Kreis derer, die ihm nachfolgten, keine Organisation, keine Verfassung und keine feste Struktur gegeben habe. Wenn die Botschaft Jesu auf Israel hin ausgerichtet ist, dann setzt sie die konkrete jüdische Gesellschaft voraus, die allerdings etwa in der Jüngerunterweisung Jesu unter ein neues, d. h. eschatologisches, Vorzeichen gestellt wird. Nach Mk 10,43 f wird es auch in der Jüngergemeinde Jesu »Große« und »Erste« geben, solange sie »Diener« und »Sklaven« der übrigen Jünger sind.

(4) Ein neuer Trend?

Nur sehr in Umrissen, aber durchaus eindrucksvoll zeichnet sich aktuell eine Entwicklung ab, die die klassische Unterscheidung zwischen dem historischen Jesus und dem Christus des Glaubens in Frage stellt. Ermuntert durch die größere Zuversicht der Autoren des »Third Quest«, tatsächlich historisch-kritisch gerechtfertigte Aussagen über den irdischen Jesus treffen (und damit objektiv-historische Erkenntnisse erlangen) zu können, versucht eine Gruppe von Theologen, die Methode der »Christologie von oben« als einen Gegenentwurf zu der in der (christlichen) Leben-Jesu-Forschung üblichen »Christologie von unten« zu etablieren. Der angeblich breite (und für manche Positionen unüberbrückbare) Graben zwischen dem vorösterlichen Jesus und dem nachösterlichen Christus sei eine künstliche Abstraktion und eine Trennung, die nicht zu halten sei[49]. Klaus Berger hat sich bemüht, den Nachweis zu erbringen, dass ausnahmslos alle Kategorien, die von der Liberalen Theologie (etwa in der Gestalt Harnacks) als repräsentativ für die hellenistische Überlagerung des historischen Jesus angeführt wurden, ohne Probleme aus der Tradition Israels erklärbar sind[50]. Weder die immer wieder von der (historisch-kritischen) Exegese vorgebrachten biblischen Argumente zugunsten des vorgeblichen Dualismus von vorösterlichem Jesus und nachösterlichem Christus (die Erkenntnis Jesu als des Christus sei erst nachösterlich erfolgt; die sehr alte Tradition der sogenannten Logienquelle Q zeige keine Christologie und lege ausschließlich den verkündigenden Jesus vor; die Christologie der neutestamentlichen Briefliteratur sei unabhängig vom historischen Jesus) noch gar die außerbiblischen philosophischen Argumente für die strikte Trennung zwischen dem verkündigenden und dem verkündigten Jesus (die behauptete Diastase zwischen hypothetischer Geschichtswahrheit und notwendiger Vernunftwahrheit, die Unterscheidung zwischen unmittelbar zugänglicher Wahrheit und verfälschender Reflexion, die Differenz zwischen dem Jesus der Schrift und dem Christus des Dogmas) können – so Berger –, wenn man die Faktenlage genauer prüfe, die Aussage begründen, dass das Christusbekenntnis ausschließlich die theologische Leistung der frühen (nachösterlichen) Gemeinde sei und in keiner Weise auf die Zeit des irdischen Jesus zurückgeführt werden dürfe. Man muss sicherlich die Auffassung Bergers nicht in allen Punkten teilen, der im Übrigen zuweilen eine ausgeprägte Skepsis gegenüber der historischen Echtheitsfrage an den Tag legt[51]. So scheint mir die Frage immer noch durchaus sinnvoll, ob nicht doch (gegen Berger[52]) die Erfahrung von Ostern (auch für die Jüngergemeinschaft des irdischen Jesus) eine qualitative Neubewertung Jesu zur Folge hatte. Verschiedene neutestamentliche Texte (etwa die lukanische Emmausgeschichte) scheinen in der Tat eine neue Sicht Jesu *nach* Ostern nahezulegen. Wenn von einzelnen Autoren[53] darauf insistiert wird, dass das Christusbekenntnis schon vor Ostern möglich war (und die Christologie mit Weihnachten, d.h. mit der Inkarnation, und nicht erst mit Ostern, d.h. mit der Auferstehung, beginne), dann stellt sich in einer Reflexion auf die Christusbekenntnisse der Jünger zu Lebzeiten des irdischen Jesus doch die Frage, ob die vorösterlichen Christusbekenntnisse tatsächlich die spezifische Bedeutung Jesu voll erfassen (konnten). Das Matthäusevangelium überliefert ein Christusbekenntnis des Petrus, das die Realität der Passion ausklammern will (Mt 16,16.22)[54].

Unabhängig von den Ergebnissen dieser Debatte um den »objektiven« Anfang der Christologie (von dem noch einmal der Beginn der Erkenntnis dieses Faktums durch die Jünger unterschieden werden kann) meldet sich damit gegenwärtig eine Darstellung des Lebens Jesu zu Wort, die an die lange vernachlässigte Tradition einer Theologie der »Mysterien des Lebens Jesu« anknüpft[55]. Sie hat eine gewisse Nähe zur dogmatischen Christologie, ist aber nicht mit ihr zu verwechseln. Die Differenz zu den bisherigen Ansätzen der Leben-Jesu-Forschung liegt vor allem darin, dass die Autoren dieser Richtung dem Jesus-Bild der Evangelien mehr trauen als den hypothetischen Rekonstruktionen, die die Exegese seit dem Anfang der Leben-Jesu-Forschung vorgelegt hat. Sie ersetzt die bisher übliche Hermeneutik des Verdachts, die hinter die biblischen Zeugnisse zurückfragt, um zu dem »authentischen« Jesus vorzustoßen, durch eine »Hermeneutik des Vertrauens« in den Wahrheitsgehalt der evangelischen Texte[56]. Die historisch-kritische Exegese und ihre Ergebnisse werden durchaus anerkannt; sie werden aber ergänzt durch eine theologische Auslegung der biblischen Zeugnisse (in Texten der Patristik, der Liturgie und der Hagiographie, also der Praxis und des lebendigen Gedächtnisses der Kirche). Das Standardwerk des 20. Jahrhunderts zu diesem Ansatz ist das Buch »Der Herr« (1937) von Romano Guardini[57].

In die breitere theologische Diskussion geraten ist dieses Projekt durch die Monographie »Jesus von Nazareth« (2007), die Joseph Ratzinger/Benedikt XVI. verfasst hat[58]. In der Debatte, die Joseph Ratzinger (Benedikt XVI.) im Kapitel über die Bergpredigt mit dem Rabbiner Jacob Neusner führt, gehen *beide* davon aus, dass bereits der irdische Jesus in der Tat göttliche Autorität beansprucht hat[59]. Damit setzen sich *beide* ab von christlichen Exegeten und jüdischen Gelehrten, die das Christusbekenntnis zum Produkt der nachösterlichen Gemeinde (bzw. theologischer Interpretationen in ihr) erklären. Für Neusner ist damit der jüdisch-christliche Differenzpunkt (im Sinne von Schalom Ben-Chorins Diktum: »Der Glaube Jesu einigt uns, … aber der Glaube an Jesus trennt uns«[60]) im Glaubensanspruch *Jesu* selbst grundgelegt, der »sich selbst« der Tora »hinzugefügt« habe[61]. Eine gewisse methodische Parallele zu Ratzinger/Benedikt XVI. demonstriert das dogmatische Werk »Jesus ist Gott der Sohn« (2008) von Karl-Heinz Menke, das sich ausdrücklich ebenfalls »gegen bestimmte Formen der Trennung des historischen vom bezeugten Christus, des Jesus vor Ostern vom Christus nach Ostern« wendet[62]. Ähnliche Ansätze finden sich bei Peter Hünermann und Christoph Kardinal Schönborn[63]. Der Titel des Buches von Menke ist Programm: Das Christusbekenntnis (als theoretische Kurzformel des Christseins: Röm 10,9) soll stark gemacht und gegen jede Form von Relativierung verteidigt werden. Ausgangspunkt des Nachdenkens Menkes (und überhaupt der Bezugspunkt jeder christlich-theologischen Christologie) ist die Definition des Konzils von Chalkedon (451)[64]: Jesus Christus ist »vollkommen in der Gottheit« *und* »vollkommen in der Menschheit«, »wesensgleich« mit Gott dem Vater *und* »wesensgleich« mit uns Menschen – »ein und derselbe ist Christus, der einziggeborene Sohn und Herr, der in zwei Naturen unvermischt, unveränderlich, ungetrennt und unteilbar erkannt wird, wobei nirgends wegen der Einung der Unterschied der Naturen aufgehoben ist, vielmehr die Eigentümlichkeit der beiden Naturen gewahrt bleibt und sich in *einer* Person und *einer* Hypostase vereinigt …« Die Aussage, Jesus Christus sei »vollkommen« Mensch, sei der Widerspruch gegen den (doketistischen) Gnostizismus, für den die menschliche Natur Jesu Christi nur die Verkleidung (und nicht die Offenbarung) seiner Gottheit gewesen sei. In den Systemen des Gnostizismus erfolgt der Weg zur Erlösung nicht durch das Menschsein Jesu (mit all seinen Implikationen wie dem Einsatz für den Mitmenschen in Not, die Suche nach der Erfahrung der Gemeinschaft der Menschen miteinander, das Streben nach einer Form der je eigenen Nachfolge auf dem Lebensweg Jesu im Sinne einer jesuanischen Spiritualität), sondern allein in der persönlichen Aneignung der durch den göttlichen Erlöser übermittelten *Lehre* (und nicht in seinem Handeln). Für bestimmte doketistisch-gnostische Positionen ist nicht der Mensch Jesus am Kreuz gestorben, sondern ein »Scheinleib« oder ein Doppelgänger. Die Aussage, Jesus Christus sei »vollkommen« Gott, sei der Widerspruch gegen jede Reduktion der Bedeutung Jesu Christi für uns auf die Funktion einer großen Gestalt der Religionsgeschichte, die durch ihr Vorbild und ihre Lehre ein neues Bewusstsein und eine neue Praxis schaffen. Da das Christusbekenntnis ein von Anfang an (also von der Inkarnation an) bestehendes Faktum beschreibt, sind für Menke die Dogmen der Präexistenz des Logos, der Geburt Jesu von der Jungfrau Maria und der Auferweckung – und damit der Credo-Artikel der Gottes-Sohnschaft Jesu – keine Interpretamente der nachösterlichen Gemeinde, sondern ein geschichtliches Geschehen »an und für sich«[65]. Das Dogma von Chalkedon ist nach Menke allerdings nicht nur Ausgangspunkt, sondern auch Kriterium[66].

2.2 Die Basileia-Botschaft Jesu

Jesus hat, so lautet die vorherrschende Auffassung unter den Exegeten, nicht von der »Kirche« gesprochen. Das Wort »Kirche« (ekklesia) begegnet im NT im Munde Jesu nur in Mt 16,18 (im Sinne von Universalkirche) und Mt 18,17 (zweimal im Sinne von Lokalkirche bzw. Ortsgemeinde). Da diese Stellen (als Hapaxlegomena) nur im Matthäusevangelium vorkommen, werden sie in einem breiten Konsens der heutigen exegetischen Forschung gewöhnlich Jesus abgesprochen. Begründet wird das in der Regel damit, dass Jesus nicht eine Sondergemeinde in Israel, sondern das gesamte Volk habe sammeln wollen, und dass er sowieso in der Naherwartung des baldigen Weltendes gelebt habe, sodass der Gedanke an die Fortexistenz einer strukturierten Gemeinde für ihn völlig fremd gewesen sei.

In der Tat: Jesus hat in seiner Verkündigung von dem Kommen der »Basileia« gesprochen. Aber schon im NT (zumal in seinen Spätschriften) ansatzweise und ausgebildet dann im 3./4. Jahrhundert ist eine christliche Großkirche aufweisbar – mit einem festgelegten Kanon heiliger Schriften, mit einem Glaubensbekenntnis und mit einem hierarchisch gegliederten Amt. Es hat also eine Entwicklung stattgefunden. Wie ist sie zu interpretieren? Ist sie ein Missverständnis der ursprünglichen Botschaft Jesu oder besteht zwischen der Verkündigung Jesu und der faktischen geschichtlichen Entwicklung ein tiefer Zusammenhang?

Der Grundbegriff der Verkündigung Jesu ist in den Gleichnissen, in denen wohl am deutlichsten die »ipsissima vox« (die authentische Stimme) Jesu zum Ausdruck kommt, die »Basileia«[67]. Das (griechische) Wort beschreibt den zentralen Inhalt der Botschaft Jesu. Das zu Grunde liegende hebräische Wort lautet »malkut«. Im profangriechischen Wortgebrauch schwankt die Wortbedeutung von »Basileia« zwischen einem funktionalen (Herrschaft oder Königsherrschaft, Königsamt, Königswürde, Monarchie) und einem statisch-geographischen Sinn (Reich bzw. Königreich). Beide Bedeutungen sind auch für das hebräische Wort und im NT nachweisbar[68]. Da in der deutschen Sprache kein Wort *beide* Nuancen abdeckt, kann man der Übersetzungsproblematik dadurch aus dem Weg gehen, dass der Terminus »Basileia« eingeführt wird (und damit das Wort unübersetzt bleibt). Schwerpunktmäßig in der Predigt Jesu in den Gleichnissen wird jedoch »Basileia« (ebenso wie zumeist »malkut« im AT) als »nomen actionis« (zur Bezeichnung eines Handelns oder Geschehens) verwendet, d. h. nicht zur Beschreibung eines statischen bzw. regional umschreibbaren »Reiches«, sondern zur Schilderung der Macht und Machtausübung bzw. »Königsherrschaft« Gottes. Der Gedanke reicht zurück in das AT. In der Zeit der Wüstenwanderung wird Gott als der Führer und Hirte dargestellt, der sein Volk leitet und ihm Weisungen gibt. In der Richterzeit wird Gottes alleinige Herrscherstellung so stark hervorgehoben, dass der Richter Gideon die Herrscherwürde mit Erbfolge (unter Hinweis auf die Herrschaft Gottes) ablehnt (Ri 8,23) und der Seher Samuel gegen den Wunsch des Volkes, einen irdischen König einzusetzen, polemisiert (1 Sam 8,6–18; 12,12). Als doch ein politisches Königtum eingeführt wird, erscheint in Israel der König niemals (wie in Ägypten oder Babylon) als Verkörperung und Personifikation Gottes, sondern stets nur als Gottes Statthalter. Die»Basileia« hat deshalb eine spirituelle und eine politische Seite. Die Spiritualität der»Basileia« lebt von den geistlichen Erfahrungen der Gegenwart Gottes im Gebet, von der Liturgie des Gotteslobes, von prophetischen Visionen vollkommener (oder vollendeter) Gerechtigkeit und von den Einsichten der Weisheitsliteratur in die durch die Schöpfung begründete Weltordnung. Die politische Dimension der»Basileia« gründet in der prophetischen Aussage, dass keine menschliche Herrschaft (und eben auch nicht die Zeit eines weltlichen Königtums in Israel) vollkommene Gerechtigkeit und ewigen Frieden bringen könne (und werde), und in der damit verbundenen Warnung vor der Verführung durch (und dem Vertrauen auf) menschliche Macht. Die Verkündigung der»Basileia« durch Jesus respektiert daher durchaus weltliche Gewalt und irdische Gerechtigkeit, begrenzt allerdings ihren Anspruch (Mk 12,17:»So gebt dem Kaiser, was dem Kaiser gehört, und Gott, was Gott gehört«).

Das Königtum Gottes ist aber nicht auf Israel beschränkt. Da es nur einen Gott gibt, ist dieser auch der Herr des Himmels und der Erde. Der Himmel ist sein Thron, die Erde der Schemel seiner Füße (Jes 66,1; vgl. Mt 5,34f), er regiert die Menschheit (Jer 10,7; vgl. Jes 40,12–25) und das Universum. Schon bei den Propheten (Mi 4,6f; Jes 2,1–4) wird die Vorstellung entwickelt, dass am Ende der Geschichte Gott selbst (oder – in typisch jüdischer Sichtweise des Handelns Gottes in der Welt – ein Beauftragter Gottes) eingreifen und ein universales Friedensreich (unter dem Vorrang Israels) und ein neues Paradies (Jes 11,6–9) schaffen werde. An diese Botschaft der Propheten, dass Gott seine Herrschaft antritt (Jes 52,7), knüpft Jesus unmittelbar an (Mk 1,15; vgl. Lk 4,16–21).

Die Auffassung von der»Basileia« war im Judentum zur Zeit Jesu nicht einheitlich. Allerdings ist es aufgrund der Quellenlage schwierig, genau zu bestimmen, welche Rolle der Begriff»basileia« bzw.»malkut« spielt. Ein sachlicher Bezug besteht natürlich mit dem Motiv des 1. Gebotes im Dekalog. Die verschiedenen religiösen Gruppen (Essener und Qumran-Leute, Pharisäer, Zeloten, Sadduzäer) scheinen sich vor allem in der Art und Weise unterschieden zu haben, welchen Einsatz sie vom Menschen (gleichsam als Vorbedingung) forderten, dass die durch Gottes Handeln realisierte»Basileia« komme (Rückzug von der Welt, Heiligung des

Alltags, gewaltsame Aktionen gegen die als widergöttlich emp-
fundene Fremdherrschaft, Tempelkult – all dies neben der Einhaltung der Tora). Sehr verschieden waren auch die konkreten
inhaltlichen Hoffnungen[69]:

- Die populäre Vorstellung, die noch in den Evangelien als herrschende Volksmeinung dargestellt wird, erwartet das Kommen
  eines politischen Messias, der die fremden Bedrücker vertreibt,
  Jerusalem von den Heiden reinigt und Israel sammelt und
  regiert. Am deutlichsten ist diese religiös-nationale Auffassung
  der »Basileia« wohl bei den Makkabäern, eventuell bei den Zeloten und vielleicht bei den Qumran-Leuten (in der »Kriegsrolle«),
  auch wenn sie vielfach mit eschatologischen Vorstellungen
  amalgamiert wird.
- In der späteren rabbinischen Literatur (und damit vielleicht
  schon in einigen pharisäischen Schulen) taucht die Vorstellung
  auf, dass die »Basileia« (als Herrschaft Gottes) sowohl Israel als
  auch die ganze Welt umfasst, dass es aber Hoch- und Tiefzeiten
  ihrer Anerkennung durch die Israeliten und durch die Menschen gibt, sodass in bestimmten geschichtlichen Situationen
  (etwa zur Zeit der Sintflut, im Abfall des Volkes Israel vor dem
  Exil) Gott quasi lediglich über den Himmel herrscht, da die
  grundlegende Realität der »Basileia« nur noch in Potenz und
  nicht mehr aktuell gegenwärtig ist. Für die rabbinischen Autoren stellt sich die eschatologische »Basileia« als Spezialfall der
  immerwährenden Herrschaft Gottes dar. Sie sprechen daher
  nicht vom »Kommen«, sondern vom »Errichten« oder »Erscheinen« der »Basileia«. Die »Basileia« erscheine dort aktuell, wo die
  Israeliten sich zum Monotheismus und zur Tora bekennen bzw.
  die Menschen die Gebote des Noachbundes[70] halten.
- In der apokalyptischen Literatur (also etwa im Danielbuch, in
  den Bilderreden des Henoch oder in 4 Esra) wird die »Basileia«
  als eine künftige, *eschatologische* Wirklichkeit (ein *neuer* Himmel
  und eine *neue* Erde) dargestellt, die den ganzen Kosmos umfasst.
  Zuweilen (etwa in 4 Esra) erscheint die Vorstellung, dass vor
  dem neuen Äon ein (irdisches) messianisches Reich entstehen
  werde, in dem das Fundament für die endzeitliche »Basileia«
  gelegt werde. Diese Auffassung stellt eine Verbindung her zu
  populären Erwartungen und Hoffnungen. Kennzeichnend für
  die Apokalyptik ist allerdings, dass die »Basileia« mit Zahlen-

spielereien vorausberechnet und in phantastischen Ausmalungen der Endzeitnöte plastisch geschildert ist. Jesus hat sich einerseits auf die umlaufenden Motive bezogen, andererseits aber auch von ihnen abgegrenzt. Grundsätzlich hat er die Vorstellung verworfen, dass die »Basileia« durch das Handeln von Menschen herstellbar oder erzwingbar sei. Der Mensch kann um ihr Kommen nur beten (Lk 11,2). Am nächsten scheint Jesus der apokalyptischen Gedankenwelt und damit der eschatologischen Deutung zu stehen. Er wehrt sich allerdings gegen Spekulationen über den Zeitpunkt des Endes und die Gestalt der kommenden »Basileia«. Das Besondere der »Basileia«-Predigt Jesu liegt darin, dass er diese »Basileia« als nahe, ja geradezu als schon andringende (wirksame und spürbare) Wirklichkeit verkündigt, die sich – irgendwie – geheimnisvoll mit seiner Person (in Wort und Tat) verbindet (vgl. Mk 4,11: das »Geheimnis« der »Basileia«). Die »Basileia« ist einerseits ein Geschenk, das angenommen werden will, andererseits verlangt sie eine radikale Entscheidung. Sie ist einerseits »schon« da, andererseits steht sie endgültig aus und ist also definitiv »noch nicht« anwesend. Wie verhalten sich die gegenwärtige und die künftige »Basileia« in der Verkündigung Jesu? In der Beantwortung dieser Frage werden in der Exegese bis heute verschiedene Positionen vertreten[71]:

(1) *Konsequente Eschatologie*
Einflussreiche Vertreter sind etwa Johannes Weiß und Albert Schweitzer[72]. Nach ihrer Auffassung ist die »Basileia« für Jesus zwar in der Zeit seines öffentlichen Auftretens noch nicht gegenwärtig. Er habe sie jedoch für die unmittelbare Zukunft (d. h. noch für die Endzeit seines irdischen Wirkens oder für die Zeit bald nach seinem Tod) angekündigt.

(2) *Verwirklichte Eschatologie (»realized eschatology«)*
Charles Harold Dodd[73] identifiziert die »Basileia« vollinhaltlich mit der Person Jesu. Die Predigt Jesu bestehe darin, dass in seiner Person und in seinem Handeln alle Erwartungen, die auf die Endzeit gerichtet waren, schon jetzt vollkommen erfüllt seien. In seiner Person vollziehe sich das Gericht Gottes und die Scheidung unter den Menschen.

(3) *Progressive Deutung (vorauswirkende Eschatologie)*
Nach dieser Position wirkt die »Basileia« mit (und durch) Jesus schon in die Gegenwart hinein. Sie komme durch ihn auf die Menschen zu, aber nur vorläufig. Ihre eigentliche Ankunft indes stehe noch aus. Das ist die traditionelle katholische Auffassung. Die »Basileia« sei in Jesu Worten und Taten schon wirklich gegenwärtig, entfalte sich aber fortschreitend bis zum künftigen Endzustand. Verschiedentlich wird sie in diesem Reifungsprozess mit der Kirche identifiziert[74].

(4) *Dialektische Interpretation*
Diese Deutung eines legitimen Nebeneinanders von präsentischer und futurischer Wirklichkeit der »Basileia« wird vielfach (und in verschiedenen Varianten) in der Exegese vertreten. Ein katholischer Vertreter ist etwa Robert Grosche[75]. Die Gegenwart und die Zukunft der »Basileia« seien gleichberechtigte Wirklichkeiten. Die Dialektik des »Schon-da« und des »Noch-nicht-da« entspreche der Botschaft Jesu und beschreibe die beiden Perspektiven derselben »Basileia« in der »doppelten Schau des Eschaton«.

(5) *Heilsgeschichtlich-dynamische Auffassung*
Rudolf Schnackenburg hat folgende Sicht vorgelegt[76]: In Jesus und in seinen Werken ist die »Basileia« voll und ganz anwesend. Aus diesem Grund ist auch ihre endgültige Offenbarung gewiss. Trotzdem ist die Fülle unter der Perspektive der Hoffnung enthalten. Sie ist eben noch nicht vollständig eingetreten. Das gegenwärtige Heilsgeschehen ist nur ein Anfang. Die Wachstumsgleichnisse[77] (die allerdings auch von den anderen Deutungen reklamiert werden) belegen das.

Zusammenfassung
Markus (Mk 1,14f: »Nachdem man Johannes ins Gefängnis geworfen hatte, ging Jesus wieder nach Galiläa; er verkündete das Evangelium Gottes und sprach: Die Zeit ist erfüllt, das Reich Gottes ist nahe. Kehrt um, und glaubt an das Evangelium«) und Matthäus (Mt 4,23: »Er zog in ganz Galiläa umher, lehrte in den Synagogen, verkündete das Evangelium vom Reich und heilte im Volk alle Krankheiten und Leiden«; vgl. 9,35) resümieren die Verkündigung Jesu als »Evangelium« von der »Basileia«. Die Nähe dieser »Basileia« wird festgestellt; als Antwort des Menschen auf dieses

Geschenk Gottes werden Bekehrung (Umkehr) und Glaube gefordert.

Dass diese Ankündigung tatsächlich die Mitte der Botschaft Jesu darstellt, bestätigt die Wortstatistik. Das Wort »Basileia« kommt im NT an »ca. 162« Stellen vor[78]. 99 Erwähnungen finden sich in den synoptischen Evangelien und davon wiederum 90 sind enthalten in Worten Jesu. Im Johannesevangelium und in den übrigen neutestamentlichen Schriften spielt das Wort keine herausragende Rolle[79]. Jesus verkündigt, wenn er von der »Basileia« Gottes spricht, schlicht und einfach Gott, insofern dieser (in der Verkündigung Jesu, in Taten Jesu und in der Person Jesu) in der Welt und in der Geschichte jetzt ganz konkret agiert[80]. Das Besondere der Predigt Jesu (etwa in den Gleichnissen) besteht darin, dass er den Hörern erklärt: Gott handelt jetzt, in dieser Stunde und in dieser Situation. Das zeigt sich auch in den Taten Jesu, den Krankenheilungen und Dämonenaustreibungen, deren grundsätzliche Historizität nicht ernsthaft bezweifelt werden kann (so sehr auch immer die einzelnen Erzählungen stilisiert sein mögen). Bemerkenswert ist, dass das griechische Fachwort »thauma« (Wunder; lateinisch: »miraculum«) für derartige Handlungen in den Evangelien nicht verwendet wird. In den synoptischen Evangelien ist die Rede von »Machttaten« (bzw. »Kräften«) (griechisch: »dynameis«), die sich der »Vollmacht« (griechisch: »exousia«) (vgl. Mk 11,28; auch 2,10)[81] verdanken. Das Johannesevangelium hat diesen Gedanken weitergeführt. In ihm werden Jesu Wunder »Zeichen« (griechisch: »semeia«; lateinisch: »signa«) genannt. Sie zeigen die »Herrlichkeit« (griechisch: »doxa«) bzw. den Glanz des Gottseins Gottes, die durch Jesus in die Welt ausstrahlt (Joh 1,14)[82].

Von der »Herrschaft« bzw. dem »Reich« Gottes ist zu unterscheiden das »Reich« Christi. Die beiden Begriffe sind nicht synonym, obwohl sie (selten) im NT parallelisiert werden (Eph 5,5; Offb 11,5; 12,10). Die Vorstellung vom »Reich« Christi beinhaltet allerdings sehr unterschiedliche (und auch nicht ganz einfach miteinander zu vermittelnde) Bedeutungsinhalte[83]. Zu ihnen gehören die messianische Herrschaft des erhöhten Herrn (1 Kor 15,24f; als tausendjährige Herrschaft: Offb 20,1–6), die Welt als Herrschaftsbereich des Menschensohnes (Mt 13,41), die Herrschaft Christi, die bei der Parusie in Erscheinung tritt (Mt 16,28; 20,21; vgl. Lk 22,29f; 2 Tim 4,1), der gegenwärtige Herrschaftsbereich Christi im Gegensatz zur Welt (Joh 18,36) und der himmlische Bereich des Heils, in das die aktuell lebenden Glaubenden schon jetzt hineinversetzt sind (sodass die Kirche beinahe als ein irdischer »Himmel« erscheint) (Kol 1,13; vgl. Eph 1,20–23) oder noch werden (2 Tim 4,18; 2 Petr 1,11; Lk 23,42f).

Schon sehr früh in der Theologie der ersten Jahrhunderte lassen sich Argumentationen nachweisen, die versuchen, die Idee der »Basileia« (Gottes) christologisch oder ekklesiologisch zu reflektieren. Seit der Patristik lassen sich drei Auffassungen, wie sich die »basileia« auf Jesus oder die Kirche bezieht, unterscheiden[84].

(1) *Christologisch*
Origenes (um 185–253/254) hat Jesus selbst als die »autobasileia«, die Gottesherrschaft in Person, bezeichnet[85]. Der alexandrinische Theologe schlägt diese Bedeutung zögernd vor: *Vielleicht* ist Jesus die »autobasileia«. Origenes bezieht sich dabei auf die Verheißungen der Bergpredigt, in der den »Armen vor Gott« und den »um der Gerechtigkeit willen Verfolgten« die »Basileia« zugesagt ist (Mt 5,3.10). Jesus selbst ist also diese »Basileia«, sodass die »Basileia«-Predigt geradezu eine implizite Christologie beinhaltet. In Jesu Person und Handeln ist Gott unter den Menschen gegenwärtig. Ähnlich sieht das auch die Kirchenkonstitution des Vaticanum II (LG 3: »Vor allem aber wird dieses Reich offenbar in der Person Christi selbst …«). Markion (ca. 85–ca. 160) hatte einen ähnlichen Gedanken formuliert: »Im Evangelium ist das Reich Gottes Christus selbst« (In evangelio est Dei regnum Christus ipse). Tertullian (ca. 150–220) zitiert diesen Satz[86] und kritisiert ihn zugleich, da Markion offensichtlich damit eine etwas reduzierte Weise des Handelns Gottes (unter Ausschluss einer möglichen Umwandlung der Schöpfung und in Opposition zu einem eschatologischen Verständnis) verbunden hatte.

(2) *Idealistisch (oder mystisch)*
In diesem Verständnis ist die »Basileia« wesentlich im Inneren des Menschen zu finden. Auch diese Deutung findet einen Anhaltspunkt bei Origenes. In einer Schrift über das Gebet schreibt er[87]: »Wer um die Ankunft von Gottes Reich betet, betet unzweifelhaft um das Reich Gottes, das er in sich selber trägt, und er betet darum, dass dieses Reich Frucht trage und zu neuer Fülle gelange.

Denn in jedem der heiligen Menschen herrscht Gott … Wenn wir also wollen, dass Gott in uns herrsche, dann darf auf keine Weise die Sünde in unserem sterblichen Leib herrschen (Röm 6,12) … Dann soll in uns wie in einem geistlichen Paradies Gott lustwandeln (Gen 3,8) und allein in uns herrschen mit seinem Christus …« Der Ort der »Basileia« ist also die innere Befindlichkeit des Menschen, in dem Gott (durch Christus) Besitz ergreift und gegenwärtig ist. Die Liberale Theologie hat diesen Gedanken aufgegriffen. Adolf von Harnack (1851–1930) unterscheidet in der Monographie »Das Wesen des Christentums« (1900) zwei Extrembedeutungen des Begriffs »Basileia«[88]. In der einen Extrembedeutung sei das »Reich Gottes« eine rein zukünftige und *äußere* Herrschaft Gottes. Diese apokalyptische Vorstellung habe Jesus mit seinen Zeitgenossen geteilt[89]. In der zweiten Bedeutung sei das »Reich Gottes« eine *innerliche* Größe, die bereits in der Gegenwart beginne. Die zweite Aussage sei die eigentliche Botschaft Jesu bzw. der »Kern« seines Evangeliums. Das Evangelium hat also nach Harnack von seinem Wesen her keine Beziehung zu einer bestimmten Gesellschaftsform, denn es richtet sich nur an das Individuum und hier an sein Inneres bzw. an seine Seele. Eine objektiv feststellbare Sozialgemeinschaft hatte Jesus nach Harnacks Meinung nicht im Blick. Sie habe außerhalb seines Interesses gelegen. »Jesus hat immer nur den Einzelnen im Auge …«[90]

(3) *Kirchlich*
In der katholischen Theologie des 19. Jahrhunderts (besonders in der Katholischen Tübinger Schule)[91] und auch des frühen 20. Jahrhunderts wurden die »Basileia« und die Kirche aufeinander bezogen. Es bürgerte sich die Formel von der Kirche als dem »Reich Gottes« auf Erden ein. Die Kirche galt als Verwirklichung (allerdings durchaus in einer gewissen Abstufung) der »Basileia« in der Geschichte[92]. Eine gewisse Zusammenschau von Kirche und »Basileia« findet sich allerdings auch schon in der Patristik. Augustinus wagt in »De civitate« sogar den Satz[93]: »Also ist jetzt die Kirche das Reich Christi *und* (Hervorhebung W. K.) das Reich der Himmel.« Trotzdem stehe der Kirche (die gegenwärtig aus »Guten« und »Bösen« bestehe) noch das endgültige Gericht bevor, sodass die Gegenwart der »Basileia« Christi in der Kirche von der definitiven »Basileia« Gottes unterschieden werden müsse.

Grundsätzlich sind »Basileia« und Kirche nicht identisch. Die Kirche ist eine innerweltliche Größe; die »Basileia« dagegen ist eine eschatologische Wirklichkeit, die in dieser Welt nie im Sinne einer Theokratie (und schon gar nicht durch menschliches Handeln) aufgebaut werden kann. Auf der anderen Seite ist die »Basileia« bereits real. Die »Basileia« ist »nahe gekommen« (Mk 1,15), ist »schon zu euch gekommen« (Mt 12,28), ist »mitten unter euch« (Lk 17,21). Sie ist zunächst klein und unscheinbar wie ein Senfkorn (als der kleinste Keim unter den Samenkörnern). Sie ist wie ein Sauerteig, der allerdings den ganzen Teig durchziehen wird. Sie ist wie eine Saat, die ausgesät wird und verschiedene Geschicke erleidet. Sie ist aber zugleich auch ein Schatz, der überraschend gefunden wird, eine Ernte, die ohne Zutun des Menschen bis zur Reife heranwächst. Besonders im Lukasevangelium hat Jesus das Kommen der »Basileia« mit seiner Person verbunden. Lk 17,20f erklärt: »Als Jesus von den Pharisäern gefragt wurde, wann das Reich Gottes komme, antwortete er: Das Reich Gottes kommt nicht so, dass man es an äußeren Zeichen erkennen könnte. Man kann auch nicht sagen: Seht, hier ist es!, oder: Dort ist es! Denn: Das Reich Gottes ist (schon) mitten unter euch.« Die Deutung der Stelle ist umstritten, zumal die Vertreter einer »idealistischen« Position sie gerne in ihrem Sinne heranziehen. Jesus scheint allerdings in diesem Wort auf sich selbst zu verweisen (vgl. Joh 1,30f). Etwas deutlicher ist Lk 11,20: »Wenn ich aber die Dämonen durch den Finger Gottes austreibe, dann ist doch das Reich Gottes schon zu euch gekommen.« Durch Jesu Handeln ist offensichtlich die »Basileia« gegenwärtig. Es besteht also in der Botschaft Jesu eine Dialektik. Neben den zahlreichen Stellen, die von der vollendeten »Basileia« sprechen, von der Bitte um ihr Kommen (Mt 6,10) oder von dem eschatologischen (!) Hochzeitsmahl, stehen Gegenwartsaussagen (Lk 7,28; 11,20; 16,16), die von einer in Jesus erfahrbaren Heilsgeschichte reden (Lk 7,22f; 10,18; 10,23; 11,31f; 19,9). Die Patristik hat Jesus in der Weise verstanden, dass er selbst als der in Vollmacht kommende »Menschensohn« die Fülle der »Basileia« herbeiführen werde (vgl. Mk 9,1; Mt 16,28; auch Mk 8,38; Lk 12,9; Mk 14,25; 14,62).

2.3 Exegetische Positionen

Hat der Jesus der »Basileia«-Verkündigung eine Kirche gewollt? Noch schärfer: Konnte er überhaupt eine Kirche wollen? In der Theologie war es in den christlichen Großkirchen bis in das 19. Jahrhundert unstrittig, dass Jesus tatsächlich eine Kirche mindestens intendiert habe. Zwar war in dem von den Katholiken zur Begründung der Stiftung einer Kirche durch Jesus traditionell angeführten Wort Mt 16,18 (»Du bist Petrus, und auf dieser Petra *werde* ich meine Kirche bauen«) zwischen den Kirchen kontrovers, was denn dieser Felsen genauer sei[94], aber das Faktum einer jesuanischen Kirchenstiftung wurde von keinem Theologen angezweifelt. Eine Wende in der evangelischen Christologie und Ekklesiologie markiert das Buch von Johannes Weiß, Die Predigt Jesu vom Reiche Gottes (1892)[95]. Er polemisiert gegen die Vorstellung, es gebe einen Willen Jesu zu einer sichtbaren Gemeinschaft seiner Jüngerinnen und Jünger nach seinem Tod. In Jesu »Basileia«-Botschaft finde sich kein Platz für eine innerweltliche Entwicklung dieser Herrschaft Gottes und die Stiftung einer Kirche. Jesus habe die »Basileia« als eine rein zukünftige Wirklichkeit angesehen, die unmittelbar nach seinem Tod von Gott heraufgeführt werde. Die Liberale Theologie hat deshalb als Konsequenz die Predigt Jesu und das Entstehen der Kirche voneinander getrennt. Albrecht Ritschl (1822–1889) sieht die Geschichte des Christentums als eine Geschichte des Abfalls vom Ursprung[96]. Immer mehr habe die Kirche (als von Menschen geschaffene Institution) das in Jesu Verkündigung proklamierte Handeln Gottes durch ihr eigenes Handeln ersetzt. Adolf von Harnack greift diesen Gedanken Ritschls auf[97]. In der Vorlesung »Das Wesen des Christentums«, die er im Wintersemester 1899/1900 an der Berliner Universität gehalten hatte und die mit dem gleichen Titel 1900 in Leipzig als Monographie veröffentlicht worden war, markiert er den Ausgangspunkt der ekklesiologischen Debatte zu Beginn des 20. Jahrhunderts. Harnack war (Kirchen- und Profan-)Historiker und betrieb auch seine theologischen Studien vor allem in einer historischen Perspektive. Er ging von der Voraussetzung aus, dass das ursprüngliche schlichte Evangelium Jesu durch die späteren kirchlich-dogmatischen Entscheidungen, die für ihn das Ergebnis des Zusammentreffens von Evangelium und griechischem (bzw. hellenistischem) Denken waren, bis zur Unkenntlichkeit verdeckt worden sei. Das christliche Dogma (die Christologie, aber auch die Ekklesiologie) habe seine Zeit gehabt. Seine Geschichte gehe mit dem 16. Jahrhundert, mit der Reformation und mit der Entstehung des konfessionellen Zeitalters zu Ende. Die wesentlichen Elemente des (undogmatischen) Evangeliums Jesu beschreibt Harnack in der grundlegenden dritten Vorlesung in drei »Kreisen«[98]: a) das Kommen des »Reiches Gottes« (so übersetzt er »Basileia«) in die Seele des Individuums, b) die Väterlichkeit Gottes und der unendliche Wert jeder Menschenseele und c) »die bessere Gerechtigkeit und das Gebot der Liebe«. Was heißt das nun für die Ekklesiologie?

Jesus habe vom »Reich Gottes« und seinem Kommen gepredigt. Dieser Begriff und diese Erwartung stünden in der Mitte der Predigt Jesu[99]. Das Originelle gegenüber den auch von Jesus selbst geteilten zeitgenössischen Vorstellungen von der »Basileia« (und deshalb der wesentliche und entscheidende Kern der Botschaft Jesu) sei die Doppelaussage: Das Reich Gottes kommt zu dem einzelnen Individuum (je in seiner Gegenwart) und es kommt innerlich[100]. Diese *eigentliche* Botschaft Jesu, mit der sich Jesus von dem Verständnis der Zeitgenossen, Johannes des Täufers und auch der jesuanischen Jüngergemeinde abhebe, beschreibe allerdings nicht eine äußerliche Realität, sondern einen innerseelischen Zustand des Friedens und der Freiheit im Individuum. Harnack hat deshalb Lk 17,21 übersetzt mit: Die »Basileia« ist »in euch« (statt »unter euch«). Das Evangelium habe daher von seinem Wesen her keine Ausrichtung auf irgendeine Form von Sichtbarkeit oder gar institutioneller Verfasstheit.

Dennoch gesteht Harnack einen Ansatzpunkt für eine legitime Entwicklung zu einer Kirche zu. Dies sei der Zug zu einer neuen Ethik, der die Verkündigung Jesu auszeichne. Man kann, sagt Harnack, das Evangelium »als eine ethische Botschaft darstellen, ohne es zu entwerten«[101]. Da Jesus »in der Übung der Nächstenliebe und Barmherzigkeit die eigentliche Betätigung der Religion erkannt« habe[102], ergebe sich von daher die soziale Dimension des Evangeliums und der Beginn der Gemeinschaftsbildung. Jesus hat also dem einzelnen Menschen und der Menschheit insgesamt das Reich Gottes als das Leitziel des Lebens gewiesen. Daraus entsteht nach Harnack ein »Bruderbund, der sich ausgestalten und erweitern wird«[103]. Die Entwicklung zu einer Gemeinschaft verlaufe notwendig. Jesus habe einer solchen Gemeinschaft, die er nicht ausgeschlossen, aber auch nicht ausdrücklich intendiert habe, keinen festen Strukturplan und keine Rechtsordnung vor- und mitgegeben. Er habe dieser Gemeinschaft allein das Gesetz der Liebe eingestiftet. Die konkrete Formulierung dieses Gesetzes hat aber bei Harnack eine sehr individualistische (und beinahe postmodernbeliebige) Prägung[104]:»Dir und deiner Freiheit ist es überlassen, wie du im irdischen Leben dich zu bewähren hast und in welcher Weise du deinem Nächsten dienen willst.« In der Harnackschen Konzeption ist die konkret-faktische Kirche der frühen Christenheit (und entsprechend ihre heutige Form) ein unter Umständen notwendiges Ergebnis soziologischer Gesetzmäßigkeiten, zugleich aber auch in hohem Maße indifferent gegenüber der eigentlichen, auf die innere Umwandlung des Individuums zielenden Reich-Gottes-Predigt Jesu. Etwas zugespitzt gesagt: Für Harnack ist jede konkrete Struktur der Kirche legitim, soweit sie die Realisierbarkeit des Liebesgebotes Jesu ermöglicht, aber eine bestimmte Gestalt ist nicht notwendig. Eine übergeschichtliche, wesensnotwendige Gestalt der Kirche, die gar auf einen Willen Jesu zurückgeführt werden könne (oder müsse), gebe es nicht[105]. Der Bezugspunkt der Ekklesiologie bildet die anthropologische Überzeugung von der in sich stehenden Einzelpersönlichkeit. Ausgangspunkt und Grunddatum des Christentums ist das einzelne christliche Individuum. Das Evangelium Jesu verbindet die Glaubenden zu einer rein geistigen und innerlichen Gemeinschaft, deren Zentrum der transzendente Gott ist. Alle Initiativen zur Bildung einer organisierten Kirche, die aus Zweckmäßigkeitsgründen (und nicht zuletzt aufgrund der Notwendigkeit geschichtlicher Selbstbehauptung) entsteht, verlaufen jeweils von»unten« (also von partikulären Zusammenschlüssen der einzelnen Individuen) nach»oben« (zu umfassenden Konföderationen). Eine theologische Relevanz kommt diesen freien Initiativen und menschlichen Handlungen nicht zu.

In der exegetischen Debatte, die etwa im letzten Drittel des 19. Jahrhunderts beginnt, lassen sich sechs Positionen unterscheiden, die sich in der Regel auf das von Johannes Weiß gestellte Problem und die von Harnack formulierte Auffassung der Liberalen Theologie beziehen[106]. Eine Vorbemerkung: Die behandelten Autoren, die jeweils einer bestimmten These zugeordnet werden, bilden nicht notwendig eine (gemeinsame) theologische Schule. Unter Umständen unterscheiden sie sich in Details ihrer Darstellung der Kirchenentstehung und in anderen Fragen nicht unwesentlich. Wenn sie in einem Abschnitt erwähnt werden, soll das hier nur besagen, dass sie der durch die Überschrift markierten These zustimmen.

(1) *Fehlentwicklung aufgrund eines Missverständnisses*
Zur Frage nach der Struktur der Kirche bzw. der Genese ihrer Struktur im Anfang gibt es eine sehr bekannt gewordene und zunächst faszinierend-provokative Hypothese. Sie wurde in der Systematik von Emil Brunner (1889–1966) in seinem Buch »Das Missverständnis der Kirche«[107] formuliert: Die gesamte Entwicklung der frühen Christenheit hin zu einer gesellschaftlich-institutionellen Form in der Gestalt der sichtbaren Kirche gründe in dem Missverstehen der Botschaft Jesu durch die ersten Christen. Nur die durch den Heiligen Geist versammelte Christusgemeinde (Ekklesia), die weder mit den verfassten Kirchen identisch noch an deren Grenzen gebunden sei, entspreche dem NT und nur sie könne die der Institution entfremdeten Menschen erreichen. Eine Existenzberechtigung für die existierenden Kirchen gibt es für Brunner nur, soweit diese dem Werden der Ekklesia als durch den Geist (und nicht durch institutionelle Formen) organisierter Christengemeinde dienen bzw. es zumindest nicht hindern. Brunner hat Vorläufer in dem Juristen **Rudolph Sohm** (1841–1917)[108] und in den beiden Theologen Paul Wernle (1872–1939)[109] und William Wrede (1859–1906)[110]. Grundlegend ist vor allem die Deutung von Sohm, die Brunner aufgreift. Wernle und Wrede liefern dieser Hypothese eher einen gewissen theoretischen Flankenschutz, indem sie einen zu Jesus alternativen Gründer eines gesellschaftlichen Christentums, nämlich Paulus, benennen. Im 19. Jahrhundert hatte der Philosoph Friedrich Nietzsche die These aufgestellt, Paulus habe das Christentum institutionell begründet und das Evangelium Jesu verfälscht[111].
Für Sohm stellt sich die frühe Geschichte des Christentums folgendermaßen dar: Die ersten Christen hätten sich nicht als eine Sammlung von Individuen, sondern als das von Gott berufene neutestamentliche Volk Gottes verstanden. Das griechische Wort

»ekklesia« drücke dieses Selbstbewusstsein aus. Allerdings werde mit diesem Wort keine rechtlich festgelegte Form, sondern jede Versammlung von Christen (von der Hausgemeinde bis zu einer überörtlichen Zusammenkunft) beschrieben[112]. »Ekklesia« war also, so stellt es Sohm dar, die Bezeichnung einer im Glauben erfassten Wirklichkeit, die jedoch gegenüber konkreten gesellschaftlichen Aktualisierungen indifferent, ja widerstrebend, auftrat[113]. Die »charismatischen Organisationen« des Anfangs hätten aber in einen »pneumatischen Anarchismus« gemündet[114]. Aus diesem Grund seien konkrete Rechtsformen gesucht worden. Der Sündenfall der frühen Christen sei es nun gewesen, dass sie die überweltliche »Ekklesia« (= die allein wesentliche Wirklichkeit) mit der irdischen Christentumsgemeinde (= einer sehr kontingenten Realität) identifiziert und damit dem entstehenden Kirchenrecht zu Unrecht eine überweltliche und göttliche Qualität zugesprochen hätten. Präzise aus dieser Wesensverwandlung erwächst für Sohm das Missverständnis der Kirche[115]: »Das Kirchenrecht steht mit dem Wesen der Kirche in Widerspruch.« Aus einer Gemeinschaft der Liebe (Agape), der Freiheit und der Geistesgaben (Charismen) sei eine Institution geworden. Sohm sieht das zum ersten Mal deutlich an der Wende zum 2. Jahrhundert im 1. Klemensbrief realisiert. An die Stelle einer personalen Begegnung mit Christus trete das Dogma, an die Stelle der Liebe das (sogenannte altkatholische) (Kirchen- oder Sakraments-)Recht, an die Stelle des Geistes das Amt. Das sei eine Abfallgeschichte. Je mehr in einer Kirche Dogma, Recht und Amt ausgeprägt seien, je mehr also »frühkatholische« Elemente erschienen, desto stärker liege ein Missverständnis der eigentlichen Botschaft Jesu (und ein Abfall vom Ursprung) vor.

(2) *Entwicklung aus »Keimen«* ohne bewusstes Zutun Jesu
Während die erste Position ein Heimatrecht fast ausschließlich in der evangelischen Theologie besitzt, wird die zweite Hypothese von katholischen wie evangelischen Theologen vertreten: Die sichtbare Kirche sei aufgrund soziologischer Gesetzmäßigkeiten aus bestimmten Strukturelementen entstanden, die durchaus auf konkrete Handlungen des irdischen Jesus zurückgeführt werden können. Allerdings habe Jesus selbst mit diesen Handlungen weder eine geschichtliche Fortentwicklung einer sichtbaren Gemeinschaft intendiert noch gewusst, dass sich aus ihnen eine Kirche ent-

wickeln werde. Der konfessionelle Unterschied liegt darin, dass die evangelischen Theologen zwar eine soziologische Notwendigkeit der stattgefundenen Entwicklung behaupten, die aber gleichwohl keine bleibende Struktur verpflichtend mache, während katholische Theologen gewöhnlich erklären, die gegenwärtigen Kirchenstrukturen (in ihrer geschichtlichen Entwicklung) seien durch diesen Rückbezug auf die von Jesus gesetzten Akte legitim (und zumindest für die gegenwärtige Kirche notwendig). Zu nennen sind evangelisch Adolf von Harnack, Ernst Troeltsch (1865–1923) und Maurice Goguel (1888–1950) und katholisch besonders Alfred Loisy (1857–1940).

Für **Harnack** war die Gestaltwerdung der frühen christlichen Gemeinden nach den Modellen des zeitgenössischen Judentums oder hellenistischer Vorbilder zum Überleben der Möglichkeit der Verkündigung des Evangeliums historisch und soziologisch notwendig. Jesus, der für ihn Verkündiger und Bringer, aber nicht Bestandteil eines ursprünglich sehr schlichten Evangeliums war, habe sich um die Organisation der entstehenden Gemeinschaft nicht gekümmert. Er habe einen Kreis von Jüngern um sich gesammelt, aus dem sich geschichtlich alles andere entwickelt habe. In welcher Form sich diese Gemeinschaft nach seinem Tod strukturiere, habe ihn nicht beschäftigt[116]. Nach Ostern hat sich in Harnacks Deutung der engere Jüngerkreis als »Bruderbund« konstituiert. Da dies in Palästina geschehen sei, gestalteten sich die ersten christlichen Gemeinden innerhalb des Judentums als »jüdische Konventikel«[117]. Der Prozess der Vergesellschaftung sei weitergegangen, als die christlichen Gemeinden sich von dem jüdischen Synagogenverband getrennt hätten bzw. ausgeschlossen worden seien. Die neuen »heidenchristlichen« Gemeinden hätten sich für ihre Rechtsgestalt teilweise der vorhandenen Vorbilder aus der unmittelbaren gesellschaftlichen Umgebung ihrer Zeit bedient[118]. Das Evangelium bedürfe solcher rechtlichen Organisationsformen, da es sonst in der Gesellschaft nicht überleben könne. Aber diese Formen seien dem geschichtlichen Wechsel unterworfen und könnten nie die Autorität des Evangeliums beanspruchen. Entscheidend sei immer, dass mit Hilfe dieser Formen, die unter Umständen den wechselnden Bedürfnissen und Situationen entsprechend je neu angepasst werden, das *einzige* Ziel des Evangeliums erreicht werde: Den *einzelnen* Menschen mit Gott zu verbinden[119]. In anderen Worten: Das Evangelium muss sich in Strukturen verleiblichen, um überhaupt in dieser Welt geschichtswirksam sein zu können. Aber diese geschichtlich entstandenen Strukturen sind stets wandelbar und dienen nur dem Ziel, dass das Evangelium sachgemäß zu Wort kommt. Ihre konkrete Gestalt hängt von ihrer Effizienz in der Verkündigung des Evangeliums in einer bestimmten Geschichtsepoche ab[120]. Keine Strukturgestalt kann also Absolutheit beanspruchen. Bis zum 3. Jahrhundert hat sich Harnack zufolge die Kirche (besonders im Kampf gegen den Gnostizismus[121]) zum »Katholizismus« entwickelt[122]. Das sei durch eine in der jüdischen Tradition (und ihrem Verständnis von Theokratie) wurzelnde Verdrängung des eschatologisch-pneumatischen Charakters des Christentums geschehen[123]. Im Grunde wurden aber für Harnack in diesem Katholisch-Werden der Kirche die Prioritäten vertauscht: Die Kirche wird zur Heilsanstalt, der apostolische Episkopat zum Garanten des Evangeliums und das kontingent entstandene Recht zum göttlichen (unveränderlichen) Recht. In dieser Festschreibung eines geschichtlich gewordenen Zustandes, der durchaus in einer bestimmten Zeit tatsächlich der Verbreitung des Evangeliums gedient hat, sieht Harnack den Grundfehler der katholischen Kirche, weil sie das Äußerliche dem Innerlichen vorordne. Zwar sei auch im 19. Jahrhundert nicht alle Hoffnung verloren[124]: »Der unfehlbare Papst, der ›apostolisch-römische Polytheismus‹ der Heiligenverehrung, blinder Gehorsam und stumpfe Devotion – sie scheinen alle Innerlichkeit erstickt zu haben, und doch sind auch in dieser Kirche Christen zu finden, wie sie das Evangelium erweckt, ernst und liebevoll, erfüllt von Freude und Frieden in Gott. Endlich, nicht das ist der Schade, dass sich das Evangelium überhaupt mit politischen Formen verbunden hat – Melanchthon war kein Verräter, als er den Papst anerkennen wollte, wenn dieser die reine Verkündigung des Evangeliums zuließe[125] –, sondern er liegt in der *Sanktifikation* des Politischen und in der Unfähigkeit dieser Kirche, das abzustreifen, was einst unter besonderen geschichtlichen Verhältnissen zweckmäßig war, nun aber zum Hemmnis geworden ist.« Da die römisch-katholische Kirche (des 19. Jahrhunderts) nicht bereit ist, die äußere Form der Kirche als im Grunde belanglos abzutun, spricht Harnack ihr das Urteil[126]: »Der römische Katholizismus als äußere Kirche, als ein Staat des Rechts und der Gewalt, hat mit dem Evangelium nichts zu tun, ja widerspricht ihm grundsätzlich ...« Aus demselben Grunde sei der Protestantismus »namentlich in Deutschland« die Wiederentdeckung und Wiederherstellung des wahren Evangeliums gewesen[127], weil er die Innerlichkeit betone und die äußere Form zurückstufe.

Eine recht bemerkenswerte Variante innerhalb dieser Grundposition, derzufolge die Kirche sich gleichsam aus der in Jesus gesetzten Wurzel entwickle, ohne dass aber Jesus dies intendiert habe, vertritt Ernst Troeltsch, der als Systematiker der Religionsgeschichtlichen Schule gilt und sich um eine sozialgeschichtlich orientierte Darstellung des Christentums bemüht[128]. Er ist der Theoretiker des modernen Historismus als Methode[129], der die geschichtliche Bedingtheit jeder menschlichen Erkenntnis propagiert. Troeltsch charakterisiert seine eigene Methode mit den drei Stichworten »historische Kritik«, »Analogie« und »Korrelation«[130].

– Historische Kritik »besagt, dass es auf historischem Gebiet nur Wahrscheinlichkeitsurteile gibt«[131]. Das gelte auch für religiöse Texte, die zunächst einmal geschichtlich entstandene Dokumente und deswegen Materialobjekt der historischen Wissenschaften seien.

– Die Möglichkeitsbedingung der historischen Kritik beruht auf der Analogie. Analogie bedeutet für Troeltsch die »prinzipielle Gleichartigkeit allen historischen Geschehens«[132]. Gleichartigkeit heißt nicht Gleichheit bis hin zur Identität, sondern meint eine Art struktureller Gemeinsamkeit, die durchaus Raum für Originalität lässt. »Aufgrund der Analogizität aller historischen Abläufe und Gegebenheiten handeln Berichte von analogielosem Geschehen von real nicht Existentem. Prinzipiell Neues kann in der Geschichte nicht auftreten.«[133]

– Unter Korrelation versteht er – wegen der »Gemeinsamkeit und Gleichartigkeit des menschlichen Geistes und seiner geschichtlichen Betätigungen« – »die *Wechselwirkung* aller Erscheinungen des geistig-geschichtlichen Lebens, wo keine Veränderung an einem Punkte eintreten kann ohne vorausgegangene und folgende Aenderung (sic!) an einem anderen, so dass alles Geschehen in einem beständigen korrelativen Zusammenhange steht und notwendig einen Fluss bilden muss, indem Alles und Jedes zusammenhängt und jeder Vorgang in Relation zu anderem steht«[134]. In seiner universalhistorischen Methode will das heißen, dass geistige, soziale und politische Faktoren auch auf religiöse Ereignisse einwirken.

Eine ausführliche Darstellung der These von Troeltsch erforderte ein eigenes Kapitel[135]. An dieser Stelle sollen nur die Ergebnisse präsentiert werden. Troeltsch wendet die skizzierte Methode auf das Phänomen der Kirchenentstehung an.

Nach dem Prinzip der Analogie wird der Prozess der Kirchenentstehung den Gemeinschaftsbildungen in anderen Religionen vergleichbar sein. Er unterscheidet zwischen Natur- und Geistesreligionen. In den Naturreligionen sei die gesellschaftliche Gliederung schon vorgegeben. Die Religion sei hier die eine Seite der an sich schon bestehenden politischen, völkischen, stammesmäßigen oder familienhaften Einheit[136]. In der Geistesreligion werde ein konsequenter Monotheismus gelehrt. Der einzige Gott wende sich nicht an ein konkretes Kollektiv, sondern spreche den einzelnen Menschen, aber eben *jeden* einzelnen Menschen an. Deswegen eigne der Geistesreligion eine universale Perspektive. Es fehle ihr allerdings ein natürlicher Rückhalt etwa in einer vorgegebenen sozialpolitischen Größe. Andererseits brauche sie wegen der Mission, die zu ihrem Wesen gehöre, und der Vielfalt der Einflüsse, denen sie ausgesetzt sei, eine religiöse Gemeinschaftsbildung mit doktrinären und disziplinären Maßnahmen, die ihre Identität sichere. Deshalb dränge jede Geistesreligion gleichsam notwendig auf eine soziale Verleiblichung bzw. auf »Kirche«. Er unterscheidet hier drei Stufen[137]: Am Anfang steht eine herausragende (Stifter- bzw. Offenbarer-)Persönlichkeit, die eine neue religiöse Idee repräsentiert. Durch und um diese Persönlichkeit entsteht ein neuer Kult, der dieser vergöttlichten Person bzw. der durch sie ausgedrückten religiösen Wahrheit gilt. Dadurch erwächst eine neue religiöse Gemeinschaft, die sich bestimmte gesellschaftliche Autoritäten gibt, die sie wieder gliedern[138].

Mit diesem allgemeinen Modell deutet Troeltsch nun die Entstehung der christlichen Kirche. Wegen der Lückenhaftigkeit der tradierten Quellen ist sie für ihn »ein hoffnungsloses wissenschaftliches Problem«[139]. Eine historische Rekonstruktion sei schwierig. Trotzdem versucht er im Rückschluss von der historisch gesicherten Sicht der Kirche am Ende des 2. Jahrhunderts und mit der Methode der Analogie eine Darstellung der Kirchenentstehung

Die Kirche sei aus *zwei* Quellen entstanden, aus der von Jesus inaugurierten prophetisch-evangelischen Bewegung *und* aus der Begegnung mit der Antike. Jesus selbst habe keine institutionelle Kirche begründet: »Organisiert hat Jesus keine Gemeinde, sondern nur die Predigt ...«[140], etwa durch die Schaffung eines engeren Jüngerkreises. Trotzdem ging »der Anstoß für die Bildung einer Kirche in letzter Linie tatsächlich von Jesus« aus[141]. Einerseits habe die in seiner Predigt und vor allem die in der »Organisation« der Predigt implizierte soziologische Struktur[142] zur Gemeindebildung geführt. Andererseits sei Jesus nach seinem Tod durch die messianische Deutung seiner Person und den Glauben an seine Auferstehung zum Mittelpunkt des Kultes der Jüngergemeinde geworden[143]. Im Anfang war nach Troeltsch noch keine bestimmte Organisationsform festgeschrieben. In drei Haupttypen habe sich die Jüngergemeinde aufgrund der im Evangelium und im Jesus- bzw. Christuskult enthaltenen Möglichkeiten entwickelt: in der Kirche, in der Sekte und in der Mystik[144].

– Die *Kirche* sei durch zwei Weichenstellungen ins Leben gerufen worden. Die eine Weichenstellung sei bei Paulus geschehen. Mit Wernle und Wrede sieht Troeltsch in Paulus den organisatorischen Begründer der Kirche (und des Christuskultes als ihrer Grundlage)[145]. Paulus habe den Glauben »an den erhöhten, gegenwärtigen, alles durchdringenden Pneuma-Christus«[146] – nicht unbedingt im Widerspruch zum Evangelium Jesu, aber als Fortführung und Weiterentwicklung[147] – theoretisch entfaltet, die Taufe als Einpflanzung in den mystischen Leib des Pneuma-Christus und das Herrenmahl als Kommunikation mit diesem Leib gedeutet und so de facto das Heil an die christliche Gemeinschaft gebunden, die sich jetzt als selbstständige Religionsgemeinschaft verstehe[148].

– Diese paulinische Sicht sei im Frühkatholizismus ausgestaltet worden, den Troeltsch die zweite große »Fortbildung des Evangeliums nach dem Paulinismus« nennt[149]. Aus der religionsgeschichtlichen Umwelt habe sich die Gemeinde die Idee eines gemeindeleitenden Amtes entliehen. Daraus sei der Episkopat (bzw. »das eigentümliche christliche Priestertum«) entstanden[150]. Er verdanke sich »den Organisationsbedürfnissen«, den Geistbesitz und mit ihm die göttliche Wahrheit eingrenzbar, sichtbar und greifbar zu machen. Im Episkopat sei der Pneuma-

Christus quasi noch einmal inkarniert worden[151]. Untergeordnet dem Episkopat, aber demselben Zweck einer konkreten Festlegung des Geistbesitzes dienend, seien der Kanon des NT, die in der Tradition fixierte und durch die Bischöfe gesicherte Lehrnorm und das Sakramentenwesen hinzu gekommen[152]. Der ganze Prozess ist für Troeltsch a priori noch kein Verrat am Evangelium Jesu. Es gebe insoweit eine strukturelle Identität zwischen dem Episkopat und dem Anspruch Jesu, als auch Jesus sich auf eine eigene Autorität und eine maßgebliche Überlieferung berufen habe[153]. Grundsätzlich ist nach Troeltsch das entstehende christliche Priestertum (in der Gestalt des Episkopates) nicht die Verdrängung des Pneuma-Christus, sondern seine »Verkörperung und Konkretion«[154]. Ende des 2. Jahrhunderts habe sich folgendes Bild dargestellt[155]: Die Kirche galt als eine vom göttlichen Erlöser gestiftete übernatürliche Institution. In ihr war seine eigene Gottmenschlichkeit gegenwärtig, da der Erlöser die Kirche mit der Frucht seines Erlösungswerkes, dem Gnadenschatz der objektiven apostolischen Lehre, den Sakramenten und dem Amtspriestertum, das die Lehre und die Sakramente verwaltet und reguliert, ausgestattet hatte. Die Heiligkeit war damit zu einer objektiven Realität und von den einzelnen Personen auf die (institutionell verfasste) Heilsanstalt transferiert worden. Weil die Heilsanstalt wegen ihrer objektiven Gnadenschätze in gewissem Grad von dem persönlich-subjektiven Verhalten der Glaubenden unabhängig war, war sie in der Lage, große Menschenmengen zu integrieren. In der Kirche wurde auf diese Weise der universale Anspruch des Evangeliums in denkbar höchstem Maße zur Geltung gebracht.

Die zweite Realisation des Evangeliums in der frühen Christentumsgeschichte sei die *Sekte*. Das Wort ist vom lateinischen »secta« (von dem Verbum »sequi« = folgen), Gefolgschaft, Richtung, Schule, abzuleiten. Für Troeltsch ist »Sekte« kein Werturteil, sondern ein theologischer Terminus. Er versteht darunter eine Form von Kirche, in der nicht (wie bei der Großkirche des ausgehenden 2. Jahrhunderts) das »Heilsanstaltliche«, sondern die Freiwilligkeit prägend ist. Er nennt deshalb Sekten auch »Freiwilligkeitskirchen«[156]. Eine Sekte in diesem Sinn betone Jesu Vorbild und Weisung und lege Wert auf das aktive Tun der Glieder, die sich freiwillig und bewusst anschließen[157]. Sie sei deshalb von einem ethischen Rigorismus geprägt und immer nur auf relativ kleine Kreise beschränkt. Während die (Anstalts-) Kirche aus dem Evangelium Jesu den objektiven Gnadenbesitz (unabhängig von menschlichem Tun) und den unbedingten Universalismus hervorhebe, akzentuiere die Sekte aus demselben Evangelium die absolut persönliche Entscheidung (in einem intensiven christlichen Leben) und die radikale Liebesnachfolge. Beide liegen also gleichermaßen »in der Konsequenz des Evangeliums« Jesu[158]. Zu einer universalen Ausbreitung seien nur die Kirchen befähigt. »Die Sekten nähern im Fall der Massenausbreitung sich den Kirchen an.«[159] Die Sekte sammle eine »Elite der Berufenen« und stelle sie der Welt »schroff gegenüber«[160].

– Als dritte Realisation des Evangeliums nennt Troeltsch die *Mystik.* Sie führe über die Sekte hinaus den geistig-innerlichen »organisationslosen« Individualismus des Evangeliums zu seiner radikalsten Form[161]. In ihr spielten weder die Gemeinschaft mit Kult und Lehre noch sogar die Person des historischen Jesus (und damit die Geschichtsbeziehung des persönlichen Glaubens) eine Rolle. Die Einigung mit Gott werde ganz unmittelbar und gegenwärtig gefühlt und erlebt. Eine Wurzel der christlichen Mystik findet sich, meint Troeltsch, schon bei Paulus (etwa in seiner aus der antiken Mysteriensprache entlehnten Deutung des Herrenmahles, der Taufe und des »Christusleibes«), der selbst allerdings diese Vorstellungen in seine »kirchliche« Richtung integriert habe[162]. Die Mystik begleite das Christentum in einer spannungsreichen Verbindung von Anfang an. Sie insistiere auf der Notwendigkeit persönlicher Aneignung[163]. Die Gemeindebildungen der Mystik seien eher zufällige Gebilde, »Provisorien, Zugeständnisse an menschliche Bedürfnisse ohne innere Notwendigkeit und Göttlichkeit«[164]. Ein »positiver soziologischer Charakter« der *christlichen* Mystik sei allerdings durchaus vorhanden. Sie strebe aber auf die ihr »spezifisch eigene Gemeinschaftsidee: die Idee der unsichtbaren Kirche, der rein geistigen, nur Gottes Auge erkennbaren Gemeinschaft, für die der Mensch nicht zu sorgen braucht, sondern die unsichtbar ohne äußere Zeichen und Mittel alle überwaltet«[165]. Soziologische Formen der Mystik finden sich nach Troeltsch als »familienhafte Organisationen frommen Zusammenlebens, die an das Kloster erinnern«[166] (nicht notwendig in äußerlicher Trennung von den Kirchen oder Sekten), also als freie christliche Gruppen, »die sich um »religiöse Virtuosen« scharen[167], oder (zu seiner Zeit) individualisierend als »die Religiosität wissenschaftlich gebildeter Schichten«[168].

Wenn auch die Sympathie des Systematikers Troeltsch eher der von ihm beschriebenen Mystik gilt, stellt der (Sozial-)Historiker Troeltsch fest, dass der Typ der (Anstalts-)Kirche geschichtsmächtiger ist, weil er allein in der Lage war, eine Volksreligion zu begründen[169]. Auch wenn dieser Prozess notwendig war, verändert er nach Troeltsch dennoch das Evangelium, so wie er es sieht. Das Evangelium Jesu habe nämlich das Individuum in seiner Innerlichkeit angezielt[170]. Die (Anstalts-)Kirche betone die Gemeinschaft. So gehe die Kirchenbildung zwar »mit Notwendigkeit aus der religiösen Idee hervor und bedeute zunächst für sie Schutz und Förderung«, verändere aber »zugleich rückwirkend die religiöse Idee in ihrem Wesen und ihrer Wirksamkeit« entsprechend dem Ausbau des Institutionellen. Das heißt[171]: »Die Kirchen sind Schalen, welche allmählich den Kern verholzen, den sie schützen.« Diese Antinomie von individueller Grundausrichtung des Evangeliums und notwendiger sozialer Verflochtenheit des Menschen ist allerdings für Troeltsch in dieser Weltzeit nicht auflösbar[172].

In einer abschließenden Überlegung sieht Troeltsch die Kirche in seiner Methode der Korrelation als das »Endergebnis der Antike«. Er verwendet hier die Arbeiten der Religionsgeschichtlichen Schule[173]. Die Zerstörung der Polis und der Nationalstaaten durch die großen Weltreiche im Umkreis der Geburt Jesu schufen für Troeltsch ein Klima der Individualisierung, der Universalisierung und der Suche nach einer ethischen und transzendent bestimmten Selbstbesinnung. Als Angebote lagen die Mysterienreligionen, die in der mittleren Stoa (Poseidonios) und im Neuplatonismus (Porphyrios) zur Religion gewordene Philosophie und die durch die römischen Kaiser begründete Religionsbildung aus politischen Motiven bereit[174]. Die Kirche habe alle diese Tendenzen integriert. So sei die Kirche gleichsam »das naturgemäße Endergebnis der Antike«[175]. Allerdings sei die Kirche nicht monokausal erklärbar. »In Wahrheit ist die Kirche keine reine Entfaltung des Evangeliums, aber auch keine solche des Hellenismus«[176], sondern die »widerspruchsvolle, zukunftsreiche Synthese beider Ströme«[177]. Es gibt also für Troeltsch nicht einen christlichen Kern, den man aus der kirchlichen Gestalt am Ende des 2. Jahrhunderts gleichsam herausschälen kann. Die konkrete Kirche, so wie sie damals existierte, sei präzise das Christentum (in seiner damaligen Gestalt). Seine Stammväter seien Jesus, aber auch Platon und die Stoa und verschiedene religiöse Kräfte der antiken Welt[178]. Das Christentum ist also nach Troeltsch nicht eine in der Lehre Jesu ein für allemal fixierte Konzeption, sondern »*ein sich entwickelndes geistiges Prinzip*«[179], das sich in einem Prozess, der prinzipiell unabschließbar ist, auch heute noch fortentwickelt.

Maurice Goguel[180] sieht die Entstehung der Kirche denselben soziologischen Entwicklungs- und Strukturgesetzen unterworfen, die für alle religiösen Gemeinschaften gelten. Goguel war ein evangelischer Exeget, der der sogenannten »Pariser Schule« angehörte, die einerseits die Ergebnisse der deutschen liberalen Exegese (und hier zumal die Einsichten der historisch-kritischen Methode) rezipierte und andererseits sehr stark religionspsychologisch ausgerichtet war. Seine Thesen legte er zwischen 1930 und 1950 vor[181], als in der deutschen evangelischen Theologie im »Neuen Consensus« schon andere Stimmen zu hören waren. Goguel geht von zwei Voraussetzungen aus: a) Das Wesen der Religion ist für ihn das Gefühl der Erfahrung einer transzendenten Macht[182]. Religion spielt sich für ihn dabei zunächst und wesentlich als ein Geschehen im Inneren des Menschen ab[183]. b) Das bringt nach seiner Auffassung allerdings die Religion in Gefahr, sich individualistisch zu fragmentieren oder in einer Folge wechselnder Emotionen zu verflüchtigen[184]. Deswegen sei es für jede Religion überlebensnotwendig, dass sie sich in eine feste Lehre und eine organisierte Gesellschaft verobjektiviere bzw. geradezu inkarniere[185]. Obwohl diese Ausdrucksgestalten der Religion (in Lehre und gesellschaftlich verfasster Sozialgestalt) nicht ihr Wesen ausmachten, könne die Religion ohne sie nicht bestehen[186]. Aus diesen beiden Prämissen ergibt sich für Goguel der nie aufzulösende antinomische Charakter jeder von Menschen gelebten Religion. Auf der einen Seite bleiben die Lehrformeln und Organisationsstrukturen, in denen die religiöse Erfahrung objektiviert wird, gegenüber der Individualität und Spontaneität des persönlichen religiösen Lebens immer sekundär und zutiefst auch inadäquat. Sie können nie das eigentliche Wesen von Religion ausdrücken. Auf der anderen Seite steht der übernatürliche (weil auf einem transzendenten Prinzip beruhende) Charakter der organisierten religiösen Gemeinschaft (also der Kirche) in einer nicht zu vermittelnden Spannung zu ihrem natürlichen (d. h. soziologisch darstellbaren, rechtlichen und materiell-immanenten) Wesen. Diese Verbindung ist für Goguel widersprüchlich, aber unvermeidlich. Jede lebendige Religion steht also für ihn in einem Dilemma: Wenn sie individuell bleibt, geht sie mit dem konkreten Individuum unter. Wenn sie sich in einer Gemeinschaft umsetzt, steht am Schlusspunkt des Prozesses der Verleiblichung und Vergesellschaftung der Abfall vom Ursprung. Für die konkrete Religion scheint nach Goguel kein Ausweg aus diesem Dilemma herauszuführen. Einen neuen Anstoß geben allenfalls neue religiöse Erfahrungen von Individuen, die aber dann auch zu neuen religiösen Gemeinschaften führen[187].

Ganz formal entwickelt sich jede Religion nach Goguel in einem Dreischritt: a) Am Anfang stehe die religiöse Erfahrung eines einzelnen Individuums[188]. Die Mission bzw. Überzeugungsarbeit geschehe zunächst durch eine Form der unmittelbaren Einwirkung einer Person auf eine andere, die man fast eine Art (moralische oder spirituelle) Ansteckung nennen kann[189]. b) Im zweiten Schritt forme sich eine Gemeinschaft. Wo dies nicht gelinge, gehe sowieso diese neue religiöse Erfahrung verloren. Die entstehende Gemeinschaft grenze sich von anderen Formen der Vergesellschaftung nach außen ab. Dies geschehe durch einen eigenen Aufnahmeritus[190]. Nach innen forme sich die Gemeinschaft durch die Ausbildung einer Lehre, die diese neue religiöse Erfahrung thematisiere, durch den Kult (zur Verlebendigung dieser Erfahrung) und die Gemeinschaftsorgane, die sich um die Erziehung und die Disziplin (bis hin zum Ausschluß bei abweichenden Positionen) kümmern[191]. c) Der dritte Schritt geschehe beim Übergang von der ersten zur zweiten Generation. Hier ereigne sich eine Stabilisierung, und erst ab diesem Zeitpunkt könne man von Kirche sprechen. Wichtig werde jetzt die Tradition, die die Identität mit dem Ursprung garantiere. Die Ämter und die Riten, die sich verfestigen, werden durch einen Einsetzungsmythos legitimiert und so in der Transzendenz verankert[192].

Ähnlich hat etwas früher in Deutschland, ohne dass direkte gegenseitige Einflüsse nachweisbar sind, Joachim Wach (1898–1955) aufgrund religionsgeschichtlicher und -soziologischer Forschungsergebnisse einen formalen Aufriss der Entstehung religiöser Gemeinschaften zusammengestellt[193]. Wach war beeinflusst vor allem von Max Weber (1864–1920), aber auch von Ernst Troeltsch und Max Scheler (1874–1928)[194]. Für Wach verläuft der Entwicklungs- und Entstehungsprozess einer »Kirche« in allen von ihm untersuchten Religionen und religiösen Gemeinschaften ebenfalls in drei Schritten: a) Am Anfang stehe der »Stifter«[195] einer Religion, der durch eine einzigartige religiöse Erfahrung eine herausragende charismatische Autorität erlange. Er sammle einen »Kreis« um sich. Die Mitglieder dieses »Kreises« seien affektiv an den »Stifter« gebunden. b) Nach dem Tod des »Stifters« wandle sich der Kreis zur »Bruderschaft«. Der Stifter werde zum religiösen Verehrungsobjekt. Ansonsten bleibe die Organisation eher rudimentär und beruhe auf charismatischer Führung. c) Die letzte Stufe bilde der »kirchliche Körper« bzw. die Kirche. Hier entstehen normativ funktionierende Ausgestaltungen von Lehre, Kultus und gesellschaftlicher Organisation (einschließlich einer Amtsstruktur). Je nach der zugrundeliegenden religiösen Erfahrung gebe es zwei Extremtypen der Entwicklung. Der »Maximumtyp« sei die »Anstaltskirche«, in der die Tradition herrsche, die hierarchisch entfaltete Verfassungsstruktur als Offenbarung qualifiziert und damit sakrosankt werde und die Kirche in der Verwaltung der Gnadenmittel sich selbst als Heilsmittlerin darstelle. Das andere Extrem sei der »Minimumtyp«, der auf dem Gleichheitsprinzip aufbaue und die Gemeinschaft zu einem großen Teil oder gar völlig als rein geistig verstehe. Wach meint, hiermit ein auf alle Religionen und neue Religionsgründungen anwendbares (religions-) soziologisches Gesetz gefunden zu haben.

Aufgrund des bisher Gesagten wird deutlich, wie sich für Goguel die Entstehung der christlichen Kirche darstellt.

– Jesus habe die Kirche weder direkt noch indirekt (d. h. auch nicht durch die Schaffung des Zwölferkreises oder die Beauftragung des Petrus im Sinne der Loisyschen Hypothese eines »Keimes«) ins Leben gerufen. Der irdische Jesus und der vorösterliche Jüngerkreis gehören nicht in die Geschichte, sondern zur Vorgeschichte der Kirche[196]. Dennoch sei die Kirche das sachgerechte Resultat des Wirkens Jesu. Jesus selbst und seine Predigt hätten bei den Jüngern einen unauslöschlichen Eindruck hinterlassen. Wäre die Kirche nicht entstanden, hätte Jesu Werk keinen Bestand gehabt[197].

– Prinzipiell sei die Kirche in dem Augenblick entstanden, als das erste Individuum nach Jesu Kreuzestod und diesem Augenschein widersprechend an die göttliche Sendung Jesu geglaubt habe[198]. Die Entwicklung nach dieser am Anfang der Kirche stehenden neuen Sicht Jesu verläuft dann in der von Goguel allgemein aufgezeigten soziologischen Gesetzmäßigkeit. Am Ende des 2. Jahrhunderts war nach Goguel mit dem »Frühkatholizismus« (»l'ancien catholicisme«) der vorläufige Zielpunkt erreicht[199], der eine geschichtliche Dauerexistenz des Christentums ermöglichte. Die erste Phase (der Formung) reichte nach Goguel bis etwa 70 n. Chr. Die erste Generation (mit Ausnahme des Paulus) sei charakterisiert gewesen durch die enge Bindung an das Judentum, durch die bestehende eschatologische Naherwartung und durch den Pluralismus pneumatischer Phänomene. Vor allem die Taufe und die beginnende Reflexion auf Jesus, der zum Objekt kultischer Verehrung wurde, sicherten dieser Gruppe eine gewisse, vom Judentum abgegrenzte Identität[200]. Diese Vielfalt des Anfangs habe dann – soziologisch notwendig – ihre Fortsetzung in der Suche nach einer größeren Einheit gefunden.

– Damit begann der Schritt der Stabilisierung. Er setze an nach 70 n. Chr. Im ersten Abschnitt, der am Ende des 1. Jahrhunderts, d. h. etwa mit dem 1. Klemensbrief, ende[201], sei das Fundament gelegt worden. Das ist nach Goguel vor allem das (fortwirkende) Verdienst des Paulus und seiner Schule. Im Kontext des Paulinismus beginne die Entwicklung, die zum Frühkatholizismus führe[202]. Die Eschatologie und die pneumatischen Phänomene seien neutralisiert worden. Infolge des Todes der Zeitzeugen des Lebens Jesu sei das Festhalten an der (apostolischen) Tradition (und das Übereinstimmen mit ihr) wichtig geworden. Die organisatorische Einheit der Gemeinden sei über die Reduktion der Autorität auf das Apostolat und die Theorie der Amtssukzession aufgrund der Einsetzung der Apostel angestrebt worden[203]. Im 1. Klemensbrief war das nach Goguel noch als Programm formuliert. Am Ende des 2. Jahrhunderts (etwa mit Irenaeus und Tertullian) sei diese Theorie dann in eine Praxis umgesetzt worden[204]. Zur Abwehr von Gruppen, die sich diesem (nach Goguel soziologisch notwendigen) Trend widersetzten, seien die drei Instrumente geformt worden, die sich gegenseitig verstärkten: die Glaubensregel (regula fidei), die bischöfliche Gewalt und vor allem der Kanon des Neuen Testaments[205]. Alle drei seien auf die Apostel zurückgeführt worden[206], wobei diese Legitimation für Goguel ein »Mythos« ist, d. h. nicht die bewusste Ausarbeitung einer Fiktion, sondern die spontane Hervorbringung eines Symbols, das die Überzeugung der frühen Kirche zum Ausdruck gebracht habe, dass diese notwendigen Elemente von Gott gewollt und gegeben waren[207]. Für Goguel zeigt sich in der Entstehung der Kirche ein religionssoziologisches Gesetz des Überlebens einer Religion. Man mag die Entwicklung bedauern, man mag auch ihre Gefahr für die echte Religiosität der Innerlichkeit sehen, sie war jedenfalls notwendig und (religionsgeschichtlich gesehen) normal.

Für den katholischen Exegeten (und späteren Religionswissenschaftler) **Alfred Loisy** (1857–1940)[208] hat Jesus durch bestimmte Handlungen gleichsam »Keime« gelegt, etwa in der Einsetzung der Zwölf (im Unterschied zu den anderen Jüngern) oder in der Berufung des Petrus an die Spitze der Zwölf. Daraus sei dann in geschichtlicher Entwicklung die heutige Kirche entstanden, mit ihrer Hierarchie (deren »Keim« die Stellung der Zwölf gewesen sei) und dem Primat des Papstes, der in der Berufung des Petrus angelegt sei. Jesus selbst jedoch habe kein Wissen darüber gehabt, in welcher Richtung sich die Entwicklung vollziehe. Er habe zwar etwa den »Keim« für den späteren Primat gelegt, aber weder beabsichtigt noch gewusst, dass sich daraus die Stellung eines Papstes entfalte. In diesem Sinn muss man auch Loisys viel zitierten Satz »Jésus annonçait le royaume, et c'est l'Église qui est venue« (Jesus verkündete das Reich Gottes, und gekommen ist die Kirche)[209] verstehen. Der Satz steht in einem Kontext[210]. Loisy verfolgt in kritischer Auseinandersetzung mit Harnacks »Das Wesen des Christentums« zunächst das apologetische Ziel, die Plausibilität der katholischen Kirche nachzuweisen (ohne die – historisch gesehen – für ihn kein Christentum denkbar war)[211]. Gegen Harnacks individualisierende und subjektivistische Auffassung des Evangeliums als Botschaft von der Gotteskindschaft des *Einzelnen* betont Loisy entschieden die konsequent eschatologisch aufgefasste Verkündigung Jesu vom überindividuellen Reich Gottes. Der erste Träger der Verkündigung vom Reich Gottes war für Loisy Jesus. Der zweite Träger (d. h. als Subjekt, nicht als Objekt) der Verkündigung sei (nach der Passion) jetzt aber die Kirche. Loisy stellt also die Kontinuität zwischen Jesus (und seiner Botschaft) und der Kirche (und ihrer Botschaft, die im Grunde die Botschaft Jesu ist) heraus. Zugleich aber ist der Satz so ambivalent formuliert, dass man ihn in dem Sinn verstehen konnte: Jesus verkündete das Reich – und was kam, war (leider) die Kirche als Betriebsunfall im Heilsplan Gottes. »Danach hätte die Kirche als das von Menschen geschaffene Surrogat für das von Jesus verkündete und erwartete, dann aber ausgebliebene eschatologische Gottesreich zu gelten.«[212] In diesem Sinn wurde das Wort weithin rezipiert und auch zitiert[213]. Der ursprünglichen Intention Loisys entspricht diese Interpretation allerdings nicht. Der französische Exeget behauptet eine fundamentale Kontinuität zwischen der »Basileia«-Botschaft Jesu und dem Entstehen der Kirche wenigstens insoweit, als die Existenz der Kirche die Möglichkeitsbedingung dafür ist, dass diese Botschaft überhaupt weitergesagt werden konnte. Er bedient sich dabei der Kategorie der biologisch-organischen Entfaltung[214]. Die Kirche habe sich wie ein Organismus aus dem von Jesus selbst gepflanzten Samen entwickelt. Nach Loisy ist die Lehre des Christentums in der Evangeliumsbotschaft Jesu nicht vollständig ausformuliert, sondern wie in Samenkörnern oder Keimen ansatzhaft grundgelegt. Das gelte selbstverständlich auch von der Kirche. Für den französischen Exegeten verkündet die Kirche je aktuell das Evangelium in der Geschichte und in den verschiedenen Kulturen, entfaltet sich dabei aber auch selbst geschichtlich notwendigerweise in ihrer Struktur und Lehre. Die Dogmen (und die ekklesiologischen Aussagen etwa zum Amt oder zum Primat) sind für ihn notwendige Interpretationen und Weiterentwicklungen des Ursprungsevangeliums, die durch die Umstände unausweichlich geworden sind.

Zwei Probleme hat die These (und sie wurden im Laufe der katholischen Auseinandersetzung um das Buch von Loisy[215] immer stärker profiliert – und die Antworten Loisys wurden immer radikaler):

– Jesus hat nach der Auffassung Loisys zwar alle Keime der geschichtlichen Entwicklung (im Dogma und in der Organisationsform der Kirche) grundgelegt, aber Jesus selbst wusste noch nichts von dieser Entwicklung und hat sie auch nicht intendiert. Die Geschichte der Kirche sei ohne das Wissen und ohne den Willen Jesu (wenn auch nicht gegen seine ausdrückliche Intention, wie es Harnack meinte) entstanden.

– Diese Entwicklung in Dogma und Organisation gehe immer weiter und kein Mensch könne heute sagen, in welcher Richtung sie in der Zukunft verlaufen werde. Damit verflüchtigte sich für die katholischen Kritiker Loisys der Anspruch des Christentums auf die Identität der Botschaft Jesu. Die Kirche ist heute anders als zur Zeit Jesu. Sie wird morgen unter Umständen nach Loisys These völlig anders sein als heute. Was aber ist der rote Faden oder der gemeinsame Nenner? Nach der Meinung Loisys ist dieser gemeinsame Nenner jedenfalls gegenwärtig nicht erkennbar. Ein Christ des Jahres 3000 (wenn die Welt dann noch besteht) oder kurz vor der Parusie könne vielleicht sagen, wie sich konkret aus den von Jesus grundgelegten Keimen die Kirche und die christliche Lehre seiner Zeit entwickelt habe. Wir augenblicklich lebenden Christen, die wir uns noch im Fluss der geschichtlichen Entwicklung befinden, können das nach Loisys Auffassung nicht[216].

(3) *Ergebnis eines Kompromisses*
Einige Autoren vertreten die Auffassung, dass die Entstehung der christlichen Großkirche ein geschichtlich sekundäres Phänomen sei. Ursprünglich habe es mehrere christliche Gemeindebildungen mit je eigenen Referenzpersonen und spezifischen Theologien gegeben, die sich erst allmählich zu einer einzigen Kirche zusammengeschlossen hätten. Diese Hypothese geht bis in die Mitte des 19. Jahrhunderts und in ihrer ersten Form auf die Geschichtsdialektik Hegels zurück. Ferdinand Christian Baur (1792–1860), der Inspirator der evangelischen »Jüngeren Tübinger Schule«, der seit den 30er-Jahren des 19. Jahrhunderts auch von Einflüssen Hegels geprägt war, stellte die Entstehung der (Groß-)Kirche dar als Synthese zwischen zwei ursprünglich in schroffem Gegensatz zueinander stehenden Richtungen in der Urgemeinde, nämlich der »Petruspartei", d. h. der Gruppe der Judenchristen mit einer judaisierenden Lehre und Struktur unter der Leitung des Petrus, und der »Pauluspartei«, d. h. der Gruppe der Heidenchristen, die sich

auf Paulus bezogen hätten[217]. Die judenchristliche Gruppe mit Petrus als Haupt (die Petruspartei als These) habe die Rechtfertigung durch Glauben *und* Gesetzeswerke gelehrt und eine von jüdischen Vorbildern geprägte hierarchische Verfassung besessen. Die heidenchristliche Gemeinschaft mit Paulus als Führer (die Pauluspartei als Antithese) habe die Rechtfertigung aus Glauben *allein* proklamiert und ein gemeindliches Presbyterialsystem (etwa nach Art des Gemeindeaufbaues der späteren reformierten Kirchen) gehabt. Im Laufe des 2. und 3. Jahrhunderts sei eine allmähliche Angleichung erfolgt. Am Ende dieses Prozesses und als Ergebnis eines Kompromisses sei die »katholische« (Groß-)Kirche (als Synthese) entstanden. Einen Reflex dieses Annäherungsprogrammes fand Baur in den Schriften des neutestamentlichen Kanons. Als echt und tatsächlich in der apostolischen Zeit verfasst galten ihm als literarische Zeugnisse der paulinisch-heidenchristlichen Gruppe nur vier Paulusbriefe (1 und 2 Kor, Gal, Röm) und auf der Gegenseite die stark judaisierende (judenchristliche) Offenbarung des Johannes (Offb). Alle anderen Schriften gehörten der nachapostolischen Zeit, besonders dem 2. Jahrhundert, an und trügen die Spuren dieses späteren Kompromisses[218]. Das Baursche Geschichtsbild eines Gegensatzes im Kirchenverständnis zwischen der Jerusalemer Gemeinde und Paulus fand im 20. Jahrhundert bei Karl Holl, Maurice Goguel und Jean-Louis Leuba Zustimmung.

Eine zusätzliche Plausibilität für die These einer Vielzahl (oder zumindest einer Zweiheit) von gleich-ursprünglichen Gemeinden ergab sich durch die Ergebnisse der religionsgeschichtlichen Forschung. Wilhelm Heitmüller (1869–1926), der ebenfalls der Religionsgeschichtlichen Schule angehörte, hatte darauf hingewiesen, dass Paulus keine religionsgeschichtliche Neuheit in der Entwicklung des Christentums darstellte, sondern auf der (orientalisch-) hellenistischen Gemeinde fußte, sodass für die Anfangszeit folgende Stufen der Entwicklung anzusetzen seien: Jesus – palästinische (judenchristliche) Urgemeinde – (orientalisch-)hellenistisches Christentum – Paulus[219]. Aus dieser chronologischen Abfolge ergab sich nun für die Vertreter der zu besprechenden Position, dass der Eindruck der Person Jesu von Nazaret (und seiner Botschaft) relativ unabhängig voneinander in unterschiedlichen religiös-kulturellen Milieus zu verschiedenen Lehr- und Verfassungsformen geführt habe.

a) Entwicklung verschiedener Gemeindemodelle ohne ein Hinwir-
ken des irdischen Jesus oder des auferstandenen Herrn

Roland Schütz (1883–1979) versucht, innerhalb der Apostelgeschichte eine Quellenscheidung vorzunehmen. Er findet in ihr
eine Apostelquelle, die aus dem jüdischen Bereich stamme, und
eine Jüngerquelle, die im griechischen Umfeld anzusiedeln sei[220].
Demgemäß postuliert er zwei ursprüngliche Gemeinden. Nur eine
kleine Jüngergruppe sei nach Jesu Tod im Glauben, er sei auferstanden, von Jerusalem nach Galiläa gegangen (bzw. zurück-
gegangen, da ja der historische Jesus den Schwerpunkt seiner
öffentlichen Wirktätigkeit tatsächlich in Galiläa hatte). Unabhängig von Jerusalem habe es in Galiläa (und in den angrenzenden
jüdischen Gebieten) schon seit dem Auftreten des irdischen Jesus
bis zu seinem Tod und darüber hinaus eine Gruppe an ihn glaubender Menschen gegeben. Dies war für ihn die älteste Jesusge-
meinde. Ihre Kennzeichen seien ein pneumatischer Enthusiasmus,
Gesetzesfreiheit und Ablehnung des jüdischen Kultes und überhaupt eine gewisse Nähe zum Hellenismus gewesen. Erst danach
habe sich in Jerusalem die Gemeinde der gesetzestreuen Judenchristen gebildet, die aufgrund des Ostererlebnisses des Kephas
(Petrus) die Parusie Jesu als eines jüdischen Nationalmessias er-
warteten und sich auch nach jüdischem Vorbild (etwa in einem
Leitungsgremium von zwölf Männern) organisierten. Nach einiger
Zeit hätten beide Gruppen Kontakt aufgenommen. Das habe bei
einigen Mitgliedern der galiläischen Gemeinde zu einer aus jüdischen (aus dem palästinischen Judenchristentum stammenden)
und hellenistischen (aus dem hellenistischen Diasporajudentum
kommenden) Elementen zusammengesetzten, synkretistischen
Variante der gesetzesfreien Jesusreligion geführt, die so eine Art
Mittelglied zwischen Jerusalem und Galiläa herstellte[221]. Diese
zweite Stufe des hellenischen Christentums habe auf Paulus entscheidend eingewirkt und ihn geprägt[222], der auf diese Weise das
judenchristliche christologische Missverständnis in Jerusalem
theologisch überwinden konnte[223], wenn auch das ekklesiologische Erbe der Jerusalemer Gemeinde in der Großkirche erhalten
blieb. Schütz ist wohl der erste gewesen, der Galiläa eine entscheidende Bedeutung im Prozess der Kirchenentwicklung zugewiesen
hat, wenn auch seine anderen Themen kaum rezipiert worden
sind.

Einflussreich ist **Ernst Lohmeyer** (1890–1946) geworden[224]. Da Mk und Mt die Christophanien exklusiv in Galiläa verorten und das lukanische Geschichtswerk sie ausschließlich in Jerusalem (mit seiner Umgebung) lokalisiert, kommt er zu der Auffassung, dass sich hier zwei verschiedene Christologien artikulieren, deren Träger zwei unterschiedliche Gruppen im Christentum seien, nämlich eine galiläische und eine jerusalemische »Urgemeinde«[225]. Er entdeckt eine gewisse Spaltung schon in der Jüngergemeinde des irdischen Jesus. Dort habe es zunächst seine galiläischen Anhänger mit seinen Brüdern und Verwandten (!) an der Spitze gegeben. Diese Gruppe, die die strenge Gesetzestreue und die speziell jesuanische Botschaft der radikalen Armut proklamierte, sei dem irdischen Jesus am nächsten gestanden. Sie habe in Galiläa das durch Jesu Leben geheiligte Land eschatologischer Erfüllung gesehen[226] und deswegen in ihrer Mission nur auf die Randgebiete Galiläas, z. B. nach Damaskus, ausgegriffen[227]. Ein gesonderter Kreis der galiläischen Jünger, die Zwölf, habe eine abweichende national-jüdische Eschatologie vertreten[228] und die Erfüllung des Heilsplanes Gottes nicht in Galiläa, sondern in Jerusalem erhofft. Für sie sei Jesus durch die Auferstehung zum Messias »gemacht« worden[229], der jetzt nachösterlich durch die Apostel seine Ekklesia aufrichte. Als die Bedeutung der auf diese Weise entstandenen Jerusalemer Gemeinde in Galiläa erkannt und anerkannt worden sei, sei der Exponent der Galiläer, der Herrenbruder Jakobus, nach Jerusalem übergesiedelt und habe auf diese Weise die beiden Gemeinden verschmolzen. Nach Lohmeyer gab es also im Judenchristentum ursprünglich zwei Gruppen, die Galiläer und die Jerusalemer. Aus den Galiläern sei dann in Jerusalem die Gruppe der »Hellenisten« um Stephanus erwachsen, die die Lostrennung vom jüdischen Religionsverband forcierte[230]. Eine dritte Gruppe (neben der galiläischen und der jerusalemischen) stellten die Johannesjünger dar, die sich vor allem den Heiden zugewandt hätten[231]. Gerhard Saß[232] nahm aufgrund der Formel 1 Kor 15,3–8 mit der Liste der Auferstehungszeugen eine ursprüngliche Kephasliste (mit den Zwölfen) und eine (konkurrierende?) weitere Jakobusliste (mit den Aposteln) und diesen korrespondierend eine Petrusgemeinde in Galiläa (!) und eine Jakobusgemeinde in Jerusalem an. Wilhelm Hartke (1879–1966)[233] wollte gleich vier unabhängige Gemeinden (»Parteien«) am Anfang der Kirche identifizieren, – nämlich die Christengemeinschaft um Maria Magdalena (und ihren Sohn Johannes Marcus) in Jerusalem, die galiläische Gemeinde um Petrus und die Zehn (!), die bald nach Jerusalem kam, die Gruppe der Hellenisten, die ihr Zentrum in Antiochia fand, und die Partei des Jakobus, die allein sich in Jerusalem halten konnte, als die anderen die Stadt verlassen mussten, und die sich um die Gestalt des Judas Barsabbas als »judaistische Zeloten«[234] (!) noch einmal radikalisierte, eine mehrfache Entstehung der Kirche in den beiden Zentren Galiläa und Jerusalem angenommen. Beide glaubten ähnlich wie Lohmeyer an die mehrfache Entstehung der Kirche. Allerdings macht die zuweilen abenteuerliche Rekonstruktion der Autoren doch sehr deutlich, dass wir in der Tat über die Geschichte der frühen Christenheit nur sehr rudimentär ein historisch begründetes Wissen haben.

Neuere Autoren variieren den Versuch, die christliche (Groß-) Kirche als ein Produkt des Zusammenschlusses ursprünglich getrennt entstandener christlicher Urgemeinden zu erweisen. Gottfried Schille (1929–2005)[235] rechnet mit einer Vielzahl kleiner Einzelgemeinden als Urzustand des Christentums. Die wichtigsten seien der täuferische Kreis am Jordan, der auch nach Jesu Tod weiterbestanden habe, die bethanisch-judäische Gruppe und der nordgaliläische Kreis gewesen. Angestoßen worden sei die (großkirchliche) Einigung durch die wandernden Missionare Nordgaliläas, die in Aufnahme des jüdischen Schaliach-Instituts den Titel Apostel erhalten hätten. Die entstehende apostolische Kirche sei dann »das Ergebnis eines urchristlichen ökumenischen Gespräches« gewesen[236].

b) Eine doppelte Gründung der Kirche

Die bisher genannten Versuche hatten sich bemüht, die Entstehung der Großkirche aus unterschiedlichen und zunächst unabhängig voneinander entstandenen Urgemeinden abzuleiten, die sich dann später zusammengeschlossen hätten. Ein in dieser (angeblichen) Ursprungssituation erkennbares kirchegründendes Handeln des irdischen Jesus oder des auferstandenen Herrn war kein Gegenstand der Reflexion.

Anlässlich der Gründungsversammlung des ÖRK in Amsterdam (1948) gab es Stimmen, die die Vielzahl heutiger Kirchen auf zwei Grundtypen reduzieren wollten, nämlich auf das »katholische«

und das »protestantische Prinzip«[237]. Das »katholische Prinzip« sei z. B. verkörpert in der anglikanischen, altkatholischen, orthodoxen und (römisch-)katholischen Kirche, das »protestantische Prinzip« sei repräsentiert etwa durch die Lutheraner, die Reformierten und die freikirchlichen Gemeinschaften. Die Differenzpunkte, hieß es, ließen sich annähernd so beschreiben[238]: »Die ›katholische‹ Überzeugung begreift die Kontinuität der Kirche ein, ihren institutionellen Charakter und die vielfältigen Folgeerscheinungen daraus: sakramentales Verständnis des Amtes, Hochschätzung der Tradition, Behauptung der Apostolischen Sukzession (übrigens in verschiedenen Formen). Die ›protestantische‹ Überzeugung betont dem gegenüber die Freiheit des Heiligen Geistes, das ständig neue Eingreifen, durch das Gott mittels seines Wortes seine Kirche richtet, ermahnt, stützt, erquickt und tröstet, das allgemeine Priestertum und den charismatischen Charakter aller Ämter.« Der evangelische Exeget Jean-Louis Leuba (1912–2005) versuchte im Rahmen dieser Debatte, das Problem der praktisch-ökumenisch augenscheinlich nicht gelingenden Vermittlung der zwei Kirchenmodelle dadurch theologisch zu lösen, dass er beide Prinzipien auf ein je eigenes Gründungsgeschehen einerseits durch den irdischen Jesus und andererseits durch den Auferstandenen zurückführte. Über dieses erkenntnisleitende Interesse in der »Betrachtung« des neutestamentlichen Zeugnisses gibt er sich auch durchaus Rechenschaft[239]. Er geht methodisch von einer doppelten Voraussetzung aus:

1. Die im Kanon des NT enthaltenen Schriften beschreiben die Norm des Glaubens in der Weise, dass die *gesamte* in diesen Schriften fixierte kirchliche und theologische Entwicklung vom Ausgangspunkt »bis zum Ende der kanonisch-apostolischen Zeitspanne« als christlich zulässig rezipiert wurde[240].
2. Damit erhebt er die Gleichwertigkeit des *ganzen* Kanons zum Prinzip[241]. Es gebe keinen ekklesiologischen Kanon im Kanon, der die eigentlich gewollte Ursprungsform oder die ideale Endform von Kirchlichkeit beschreibe. *Alle* in den kanonischen Schriften identifizierbaren Ekklesiologien seien gleichermaßen legitim.

Leuba findet (mit Karl Holl [1866–1926][242]) im frühen Christentum eine entfaltete hierarchisch strukturierte Kircheninstitution in der Jerusalemer Urgemeinde und zur gleichen Zeit eine charismatisch verfasste Kirche in den heidenchristlichen Gemeinden, die aus der paulinischen Mission entstanden waren. Während aber Holl (im Gefolge von Baur) die beiden Kirchentümer in scharfem Gegensatz zueinander und allein den paulinischen Gemeindetyp vom Evangelium her als legitim sah, waren für Leuba beide Formen im NT bezeugt und *deshalb* auch beide anzuerkennen. Er begründet diesen (legitimen) Dualismus christologisch. Gott wirkt seiner Meinung nach in Jesus Christus auf eine zweifache Weise. Einerseits sei Jesus von Nazaret eingebunden in die Schöpfungsordnung. Er lebe in der Kontinuität der Menschheitsgeschichte und des Volkes Israel. Andererseits handle Gott in Jesus Christus mittels ständig neuer, vertikal-göttlicher Eingriffe, etwa der Jungfrauengeburt oder der Auferweckung von den Toten. Beide Weisen des göttlichen Wirkens, die Leuba »Institution und Ereignis in ihrer ursprünglichen Form« nennt[243], widersprächen sich nicht, sondern gehörten zueinander. Diese doppelte Weise des göttlichen Wirkens sieht er exemplifiziert in dem im NT bezeugten zweifachen Ursprung des Apostolates, aus dem wiederum der doppelte Ursprung der Kirche abgeleitet wird. Der irdische Jesus habe das Kollegium der Zwölf eingesetzt, indem er bestimmte Personen erwählte[244]. Der Auferstandene habe dann diese Erwählung durch die Verleihung des Apostolates bestätigt[245]. Zu Pfingsten (»nach der Himmelfahrt«) sei dieses Geschehen durch die Geistsendung vollendet worden[246]. In dieser Gruppe spiele Petrus eine wichtige Rolle[247]: »Die Kirche ist eine hierarchische Korporation, worin die Zwölf, Petrus an ihrer Spitze, einen zentralen Platz und Regierungsgewalt innehaben.« Aus dem vom irdischen Jesus grundgelegten und vom Auferstandenen bestätigten und so in einem tatsächlichen Sinn durch einen Stiftungsakt entstandenen Zwölferapostolat sei die judenchristliche Kirche (mit einer hierarchischen und zentralisierten Struktur[248]) entstanden und aus ihr das »katholische Prinzip« bzw. der Katholizismus. Die Bestellung des Paulus zum Apostel dagegen sei (nicht in Etappen wie bei den Zwölf, sondern) mittels einer exklusiven und unmittelbaren Berufung durch den Auferstandenen erfolgt[249]. Die Predigt des Paulus habe zur Entstehung der heidenchristlichen Gemeinden und damit der heidenchristlichen Kirche (mit einer ursprünglich kongregationalistischen Struktur[250]) geführt, aus der das »protestantische Prinzip« bzw. der Protestantismus entstanden sei. Beide Kirchen stellten keine sich ausschließenden Gegensätze dar, sondern bildeten die einander ergänzenden und sich gegenseitig vervollständigenden Pole der einen Kirche Christi – als »Institution« und als »Ereignis«[251].

Leubas verblüffende Lösung des ökumenischen Problems, die im Grunde darin besteht, es gerade offen zu lassen, hat bei einigen Theologen Zustimmung gefunden. Oscar Cullmann erklärt, Leuba biete »eine gute historische Lösung für das interkonfessionelle Gespräch«[252]. Ähnlich (ohne ausdrücklichen Bezug auf Leuba) äußert sich Eilert Herms, wenn er zwischen der katholischen Kirche und den reformatorischen Kirchen eine »fundamentale Überzeugungsdifferenz« mit dem Charakter eines »kontradiktorischen Widerspruchs«[253] bzw. »kontradiktorischen Lehrgegensatzes«[254] diagnostiziert und diese »Überzeugungsdifferenz« als »zwei Weisen des Geistwirkens« versteht, die »als providentiell zu respektieren« seien[255]. In die gleiche Richtung argumentiert Laurentius Klein[256], der (ebenfalls ohne exegetische Begründung) die bestehenden Gegensätze zwischen den Konfessionen nicht aufheben, sondern beibehalten will, da sie als »schöpferisch« und »zum Leben (der Christenheit) gehörig« angesehen werden.

(4) *Paradoxe Existenz der eschatologischen Heilsgemeinde in der Geschichte*

Die Vertreter dieser jetzt zu nennenden Position stammen aus einem breiten Spektrum theologischer Ansätze und Schulen. Gemeinsam ist ihnen allen, dass sie die seit Johannes Weiß allgemein in der Theologie anerkannte durchgängige eschatologische Haltung der frühen Urgemeinde nicht aufheben, sondern als den entscheidenden Faktor in der Geschichte der Kirchenentstehung diagnostizieren[257]. Nach ihrem Verständnis ist die Existenz der Kirche von einer unaufhebbaren Spannung geprägt, die ihr von ihrem Anfang an bis zum Ende der Geschichte erhalten bleiben wird. Die beiden Faktoren, die das Erscheinungsbild der Kirche prägten, seien die »Basileia«-Predigt Jesu und (von ihr abgeleitet) die eschatologische Grundhaltung der frühen christlichen Gemeinde auf der einen Seite und die geschichtlich notwendige Vergesellschaftung der sichtbaren Gemeinschaft auf der anderen.

Historisch wird diese Auffassung zuerst von der **konsequent eschatologischen Schule** vertreten. Zu ihr gehören vor allem

Albert Schweitzer[258] und, von ihm abhängig, Martin Werner (1887–1964)[259] und Fritz Buri (1907–1995)[260]. Diese Schule teilt die am Ende des 19. Jahrhunderts in der evangelischen Theologie tonangebende ekklesiologische Überzeugung, dass das Wesen des Evangeliums keine organisierte Kirche beinhalte und fordere, so dass die historisch vorgefundene Kirche das Ergebnis freier menschlicher Gestaltung gewesen sei. Das Christentum befand sich nach der Meinung dieser Autoren von Anfang an in einem ausweglosen Dilemma. Jesus selbst habe die Welt in der Sicht der spätjüdischen apokalyptischen Eschatologie gesehen, die alle seine Aussagen und Handlungen bestimmt habe[261]. Er und die frühe Christenheit hätten als unmittelbare Wirkung seines Todes seine Parusie als die des Menschensohnes in Herrlichkeit und in eins damit das Erscheinen der präexistenten Heilsgemeinde der Heiligen und Gerechten erwartet. Auf diese eschatologische Endzeitgemeinde hätten sich die Auswahl der Zwölf oder die Worte an Petrus (etwa in Mt 16,18f) bezogen[262]. Aber die Parusie sei nicht gekommen. Diese »Parusieverzögerung« bzw. das »Nichteintreffen der Parusie« habe zu einer fortschreitenden »Enteschatologisierung« der christlichen Religion geführt[263]. Gemessen an diesem Maßstab und der stets behaupteten Überzeugung des Christentums, dass allein die Botschaft Jesu maßgeblich sei, sei jede Umdeutung Häresie[264]. Deswegen seien *alle* frühchristlichen Lehrartikulationen und Kirchenbildungen »Häresien«. Es hat sich also nach dieser Auffassung im 2. und 3. Jahrhundert in der Entstehung der christlichen Großkirche nicht die Wahrheit bzw. die Orthodoxie durchgesetzt, sondern es hat diejenige »Häresie« gesiegt, die am besten organisiert war und am geschicktesten und anpassungsfähigsten taktiert hatte[265]. Zunächst habe sich die Jüngergemeinde als die geschichtliche »Realisierung der messianisch-zukünftigen Gemeinde der spätjüdischen Apologetik« verstanden[266]. Paulus selbst habe noch ganz in der Naherwartung des Endes gelebt. Er habe dann allerdings die nahfuturische in eine rein präsentische (und somit zeitlose) Eschatologie umgebogen bzw. die Weichen für diese Umwandlung gestellt, als er die Anwesenheit des Reiches Gottes mit der Auferstehung Jesu als real gegeben, wenn auch bis zur Parusie in Verborgenheit existierend, proklamiert[267] und durch die »Mystik« des »Seins in Christo« die in Erscheinung tretende Kirche als »Leib Christi«, d.h. als Vorwegnahme der eschatologischen Christusgemeinschaft interpretiert habe[268]. Die entscheidende Station der Enteschatologisierung sei dann die Hellenisierung gewesen, denn sie habe das »frühkatholische Christentum« als einen vollendeten Typ der hellenistischen Mysterienreligionen geschaffen[269]. An die Stelle des Reiches Gottes habe sich auf diese Weise immer mehr die hierarchisch strukturierte, von Menschen regierte, sich selbst verabsolutierende und als übernatürlich verstehende Heilsanstalt der Kirche gesetzt, die die Verwirklichung der wahren Gemeinschaft der Glaubenden eher behinderte als förderte[270].

Wilhelm Kamlah (1905–1976) war kein Theologe, sondern Philosoph[271]. In seiner Arbeit »Christentum und Geschichtlichkeit« (1951)[272] beschäftigte er sich mit dem Entstehen des Christentums zu einer auf Dauer angelegten Weltreligion (und im Zusammenhang damit mit dem Werden der christlichen Kirche) angesichts der nahfuturischen Eschatologie bei Jesus und seinen ersten Anhängern. Er beruft sich in seiner Diagnose der konstitutiven Bedeutung dieser Eschatologie allerdings nicht auf Johannes Weiß oder die Vertreter der konsequent eschatologischen Schule, sondern auf Franz Overbeck[273]. Für Kamlah gründet das Christentum in einer zweifachen Wurzel. Die eine Wurzel sei die zunächst in Ansätzen bei Sokrates und dann entschieden bei Platon sich zeigende neue Philosophie der Griechen[274], die von einer Wahrheit rede, »die ohne menschliches Handeln allein von sich aus den Menschen anspricht, und so nun erst die eigentliche Einsamkeit der Person erreicht und heilt, indem sie die Eigenmächtigkeit niederwirft und die Verlorenheit beendet«[275]. Das klingt wie die auf die Philosophie übertragene These des (lutherischen) Rechtfertigungsartikels. In dieser Proklamation beinhalte die platonische Vernunft die Gottesfrage in der Suche nach einem Gott, der alle (geschichtlichen) Absonderungen des Menschen und der Menschheit aufhebt[276]. Diese erste Wurzel stellt sich also in der Form einer Frage dar. Die Antwort gibt die zweite Wurzel des Christentums, die Predigt Jesu und seiner unmittelbaren Nachfolger. In der Verkündigung Jesu sei die Zielrichtung der israelitisch-jüdischen Geschichte zum Abschluss gekommen: Die in wiederholten Vorstößen, zumal im Wirken der Propheten, versuchte, aber erst mit Jesus radikal erreichte »Entgrenzung« der israelitisch-jüdischen Geschichtlichkeit[277] hin zu einer radikalen »Vereinzelung

(Verselbstständigung) des Einzelnen«[278]. In anderen Worten: Die griechisch-philosophische Frage nach dem einen Allgemeinen, in das hinein alle Spaltungen aufgehoben werden, findet in Jesu Verkündigung ihre Antwort in der Botschaft von dem einen (jenseitigen) Gott, der von sich aus auf den Menschen zukommt und ihm das Leben schenkt, mit der Klausel allerdings, dass der Mensch seine Selbstständigkeit und Eigenmacht radikal zerstören lässt und die Wahrheit in reiner Rezeptivität annimmt. Das ist im Grunde die Interpretation des Evangeliums durch die Liberale Theologie, verbunden mit der Rechtfertigungslehre. Die Jerusalemer Urgemeinde habe diese Befreiung bzw. Entschränkung von der jüdischen Volksgemeinschaft und der jüdischen Gesetzlichkeit nicht bewahrt und sei wieder in diese »verfallen«[279]. Von neuem aufgenommen worden sei die Predigt Jesu erst wieder bei Paulus und Johannes[280], die somit die erste tatsächlich *christliche* Urgemeinde repräsentieren, allerdings in der Form, die der durch Jesu Tod und Auferstehung veränderten Situation entsprach. Die Predigt dieser (paulinisch-johanneischen) urchristlichen Gemeinde habe gelautet: In Jesu Kreuz hat Gott das Vernichtungsurteil »über alle menschliche Eigenmacht« gesprochen[281]. Die an Jesus Christus Glaubenden hätten sich nach seiner Passion sofort wieder zu einer Gemeinschaft zusammengeschlossen. Aber dieser Zusammenschluss sei zunächst keine Kirche gewesen, die selbst wieder in der Geschichte existierte und durch Recht geordnet war. Die sich als eschatologisch bzw. endzeitlich verstehende Gemeinde von Glaubenden, die allein auf Gott vertraut und der weiterlaufenden Geschichte und der real existierenden Gesellschaft keine Beachtung geschenkt habe, weil diese eigentlich nicht mehr sein sollten[282], sei durch die trotzdem sich ereignende und fortschreitende Weltgeschichte mit dem Faktum konfrontiert worden, dass das in der idealen (und kirchenlosen) Urzeit noch plausible eschatologische Selbstverständnis durch das Ausbleiben der Parusie und das faktische Geschichtlichwerden der Gemeinde nicht durchgehalten werden konnte[283]. So habe der Übergang zum Frühkatholizismus begonnen, der in etwa schon in der Apostelgeschichte bezeugt werde. Kamlah sieht diese Entwicklung als unvermeidlich (und jedenfalls nicht als »Abfall von der ursprünglichen ›evangelischen‹ Reinheit« bzw. vom evangelischen Ursprung) an[284], obwohl als Ergebnis der Entwicklung gerade das Gegenteil der Predigt Jesu (im Kamlahschen Verständnis) entstanden sei. Am Ende habe die Selbstbehauptung einer Kirche mit einer neuen, eigenen Tradition[285] und einer gegliederten, sakramental legitimierten Ämterorganisation[286] gestanden, die sich auf diese Weise vergeschichtlicht und von der Außenwelt abgesondert habe. Die Entstehung des Christentums als einer universalen Religion hätten dann die Apologeten (und ihre Rezeption der griechischen Philosophie) bewirkt[287]. Vollendet habe sie der »Platoniker Augustinus«[288]. Die von den Apologeten aus der griechischen Philosophie übernommene Überzeugung von der prinzipiellen Erkenntnisfähigkeit und der sittlichen Kraft der menschlichen Natur, die im Widerspruch stand zu dem Evangelium Jesu (in Kamlahs Darstellung) von der Ermöglichung wahrer Humanität allein (!) durch die Aktualität der Gnade Gottes[289], habe die tödliche Bedrohung des Christentums durch den Gnostizismus erfolgreich abgewehrt[290]. Damit seien Natur und Gnade, Schöpfung und Erlösung, griechische Philosophie und Evangelium Jesu miteinander vermittelt worden[291]. Parallel dazu sei – ebenfalls im Kampf gegen die gnostischen Strömungen – der Prozess der Vergeschichtlichung der Gemeinde (mittels Kanonbildung des Neuen Testaments, Glaubensregel und Ämterhierarchie) verlaufen[292]. Der Anspruch, die eschatologische Gemeinschaft zu sein, wurde aufgegeben, meint Kamlah, als der römische Bischof Kallist (Calixtus I., 217–222) die Buße nach der Taufe zuließ und so offiziell die Kirche als ein »corpus mixtum« aus Sündern und Heiligen deklarierte[293]. Damit sei die katholische Kirche entstanden. Erst dieses so konkretisierte Christentum verstand sich nach Kamlahs Deutung »als eine neue universalgeschichtliche Religion, und erst dieses Christentum *war* auch wirklich eine neue, geschichtlicher Dauer fähige Religion«[294]. Damit zeige sich die »Paradoxie des Ursprungs christlicher Geschichtlichkeit«. Auf der einen Seite habe sich mit der durch die Abwehr des Gnostizismus verursachten wachsenden Vergeschichtlichung der Kirche die Abwendung von der ursprünglichen Eschatologie verstärkt. »Andererseits war eben diese Härtung der eschatologischen Geschichtlichkeit zusammen mit der christlichen Philosophie der einzige Weg für das Christentum, auf dem es sich inmitten einer verfallenden Welt zu behaupten vermochte.«[295]. Damit sind nach Kamlah die Entstehung und die Existenz von Christentum und Kirche ein unaufhebbares Paradox. Die Geschichtsgestalt tendiert für ihn immer zur Verfestigung und Selbstbehauptung und damit zur Aufhebung des Evangeliums Jesu vom Anfang des Lebens im Ende der Selbstmächtigkeit. Die (auf Jesus zurückgehende) Botschaft, die Christentum und Kirche verkünden, dränge dagegen je zur Aufhebung der konkreten Geschichtlichkeit. Kirche bauen heiße, sich in der Welt einrichten; das Evangelium verkünden bedeute, die Entfremdung von der Welt proklamieren. Unter den Bedingungen irdischen Lebens sei keine Entscheidung für das eine oder das andere allein möglich. Das sei das unüberwindliche Dilemma des Christentums[296]. Der Gang der christlichen Kirche (als konkreter Sozialgestalt des Christentums) zeige dieses Dilemma in dem unaufhörlichen Kreislauf von Vergeschichtlichung, Reinigung und radikaler Neugründung (inspiriert durch die Predigt Jesu in den synoptischen Evangelien, die Briefe des Paulus und die Schriften des Johannes), erneuter Vergeschichtlichung und erneuter Reformation.

Rudolf Bultmann[297] hatte das Anliegen, die paulinisch-lutherische Rechtfertigungslehre, die er für die Mitte der neutestamentlichen Botschaft hielt, in den Verstehenshorizont seiner Zeitgenossen hinein auszulegen[298]. Geprägt wurde er in seinem theologischen Denken von der Dialektischen Theologie und ihrem Widerspruch gegen die Liberale Theologie, die, so die Auffassung der Dialektischen Theologie, die Theologie auf reine Anthropologie reduziert habe, sodass die Dialektische Theologie ihrerseits die absolute Jenseitigkeit Gottes, seines Handelns und seines Heils und die ausschließliche Initiative Gottes im Heilsgeschehen hervorhob[299], und von der Ontologie des frühen Heidegger[300]. In der Sicht der Rechtfertigungslehre Luthers hafte diesem Leben eine nicht zu beseitigende negative Qualität an, sodass es »von vornherein nicht zur Vollendung, d.h. zum schuldlosen Gottesverhältnis geeignet« sei[301]. Das gelte auch für den Erlösten. Auch für ihn ist nach Bultmanns Auffassung das irdische Leben von sich her heillos[302] und bleibt das Heil transzendent[303]. Diese Sicht verstärkt Bultmann durch sein Gottesverständnis. Gott ist für ihn absolut jenseitig und daher im Verhältnis zu allem, was nicht er selbst ist, exklusiv Subjekt[304]. Gott und sein Handeln können also niemals Objekt menschlicher Betrachtung werden[305]. Gottes Handeln sei deshalb mit dem objektiv Feststellbaren nur paradox identisch und vermöge in seinem innerweltlichen Medium, durch das es sich ausdrücke, auch nie unmittelbar als göttlich bzw. »als eschatologisches nicht weltlich« ausgewiesen werden[306]. Der naturwissenschaftlichen wie der historischen Forschung biete sich also stets ein geschlossener Kausalzusammenhang.

Dieser Ansatz Bultmanns, alles Gegenständliche und Verobjektivierte als für das Heil belanglos zu deklarieren, wird verstärkt durch seine Rezeption der Philosophie Heideggers. Bultmann skizziert entsprechend dieser philosophischen Deutung interpersonales Handeln, da für ihn Gottes Heilshandeln am Menschen nur in der Struktur interpersonaler Aktion vorstellbar ist. »Die Beziehung von Person zu Person, sofern sie von der einen Person als solcher ausgehen und die andere Person als solche meinen, sind auf beiden Seiten existentieller Art. Andernfalls wären sie kausal zwingende Naturvorgänge, die den Menschen als Person gar nicht treffen könnten. Personale Akte sind daher immer nur je als Ereignis wirklich, das jeglicher Objektivierung entzogen ist. Man erkennt sie, indem man sie als auf sich persönlich gerichtete Akte erfährt und erwidert.«[307] Ein Heilswerk an sich, das einem Empfänger nur zugewendet wird, erscheint in dieser Perspektive ebenso als Mythos (weil als Naturprozess konzipiert) wie die Eingliederung eines Menschen in eine außerhalb von ihm sich befindende, objektive heilsbedeutsame Größe. Das Heilshandeln Gottes kann also aus einem zweifachen Grund nicht objektiviert werden:

1. Da Gott der absolut Jenseitige sei, berühre sein Wirken die Welt nur wie in einem mathematischen Punkt. Neutrale Beobachtung könne es nicht konstatieren. Es sei nur dem Glauben zugänglich[308].

2. Da Gottes Handeln am Menschen in einer interpersonalen Aktion geschehe, könne es nur in einer existentiellen Entscheidungsantwort des Menschen begriffen werden. Auch diese sei einem Außenstehenden verschlossen[309].

Bultmann wendet diese Überlegungen nun auf seine Sicht der Entstehung der Kirche an. Jesus Christus sei Gottes eschatologische Tat, und zwar nicht in seiner historischen Gestalt oder dem Wie und Was seiner Verkündigung[310], sondern ausschließlich im Dass seiner Verkündigung bzw. in der durch das Ereignis seiner Person geschehenden Anrede[311]. Dieses Dass der existentiellen Anrede geschehe vorzugsweise im Kreuz Christi, das (in gut paulinischlutherischer Tradition) für Bultmann das Heilsereignis schlechthin ist[312], insofern das Kerygma des Gekreuzigten und zugleich Auferstandenen verkündet werde. Zum Heilsereignis werde das Kerygma, wenn die Verkündigung im Glauben als personale Anrede Gottes existentiell angenommen werde[313], unbeschadet von der für den christlichen Osterglauben belanglosen Frage, was sich damals historisch zu Ostern zugetragen habe[314]. Wenn das Kreuz das eschatologische Wort Gottes war, dann heißt das aber auch, dass es mit Ostern in das Ein-für-allemal des lebendigen Verkündigungswortes bzw. des Kerygmas der Auferstehungszeugen übergehen musste[315]. Damit sind im Grunde die Entstehung und die Funktion der Kirche in der Theologie Bultmanns beschrieben. Zum eschatologischen Heilsgeschehen und zu seiner Aktualisierung gehöre die lebendige Predigt durch Verkünder, die Gott eingesetzt habe[316]. Im Akt des Verkündens – und nur in ihm, nicht in einer institutionellen Dauer – sei Jesus Christus als der erhöhte Herr (auf paradoxe Weise) im Verkünder präsent[317]. Die Kirche selbst samt der Erstzeugen[318] sei das Geschöpf des Kerygmas und in diesem Sinne von ihm gestiftet[319] – als »creatura verbi«. Andererseits werde jedoch heute das Kerygma auch durch die Kirche konstituiert, da allein autorisierte Boten die Heilsbotschaft verkünden könnten und es »autorisierte Predigt« »nur in der ekklesia« gebe[320]. Bultmann kommt in diesem Zusammenhang zu der bemerkenswerten Aussage, die Kirche sei ebenso ein »Skandalon« wie das Kreuz und »der Glaube an die Kirche als Trägerin des Kerygmas« sei »der Osterglaube«[321], wobei er keine Institution, sondern stets die eschatologische Größe bzw. das eschatologische Geschehen meint[322]. Die geschichtliche Realisierung dieser eschatologischen Größe unterliegt natürlich ebenfalls den Bultmannschen Prämissen göttlichen Handelns. Das heißt: Von ihrem Wesen her sei die Kirche unsichtbar[323], kein soziologisches Gebilde[324] und nur dem Glauben zugänglich[325]. Am reinsten komme das Wesen der Kirche in den jeweiligen kultischen Versammlungen zum Ausdruck[326], d. h. konkret in der Verkündigung des Wortes und dem antwortenden Bekenntnis des Glaubens[327]. Eine bestimmte wesensnotwendige institutionelle Struktur ist nach Bultmann in der Kirche nicht vorhanden. Wenn die Kirche den Anspruch erheben würde, sie gründe direkt auf Gottes Eingreifen oder durch sie käme Gott unmittelbar zur Erscheinung, widerspräche sie dem

Wesen des Handelns Gottes und des Glaubens in der Darstellung Bultmanns. Dieser Gefahr, sagt Bultmann, ist die Kirche der Pastoralbriefe, der Apostelgeschichte und des 1. Klemensbriefes[328] erlegen, als sie ihr unsichtbares und nur je im Akt des Glaubens realisiertes Wesen »institutionell organisiert« und dabei die Heilszuwendung geradezu verobjektiviert habe[329]. Der wesentlich regulative Charakter des Amtes wurde auf diese Weise (nach Bultmann zu Unrecht) zu einem konstitutiven[330]. Im Idealfall muss die Kirche nach Bultmann dieses paradoxe Zusammentreffen von eschatologischem Heilsgeschehen in der Kirche und notwendiger Verleiblichung der Gemeinschaft der an Jesus Christus Glaubenden, das aber nie eine glatte Identität ist, stets auch dialektisch proklamieren.

In den Zusammenhang dieser Argumentation, dass der entscheidende Faktor in der Entwicklung der Kirche der eschatologische Grundduktus der Botschaft Jesu sei, sodass sich die Kirche von Anfang an in einem unaufhebbaren Paradoxon zwischen der jeweiligen konkreten Vergeschichtlichung (die soziologisch notwendig sei) und den stets darauf folgenden Reformversuchen (die aus Treue zur Botschaft Jesu gleichfalls notwendig geschähen) befunden habe und zu allen Zeiten auch befinden werde (es geht nicht anders, aber es sollte eigentlich anders sein), und dass (wie die Geschichte zeige) die Kirche regelmäßig der Versuchung erliege, ihr eigentlich unsichtbares, die Geschichte transzendierendes Wesen im Diesseits und in der Geschichte zu verobjektivieren, gehört auch die bibeltheologische Rekonstruktion des Bultmannschülers Ernst Käsemann. Das NT enthält nach dessen Meinung nicht die Konzeption einer einheitlichen Ekklesiologie. Der Kanon des NT bezeuge vielmehr eine Vielzahl konkreter kirchlicher Gestaltformen. Damit bestätige und legitimiere das NT die Situation der heutigen getrennten Christentümer. Käsemann ist der Auffassung, »die Spannungen zwischen judenchristlicher und hellenistischer Gemeinde, zwischen Paulus und den korinthischen Enthusiasten, zwischen Johannes und dem Frühkatholizismus (seien) nicht geringer (gewesen) als die unsrigen«[331]. Das NT präsentiere daher lediglich »das Modell unserer eigenen Situation mit ihren Differenzen, Verlegenheiten und Gegensätzen, bestenfalls eine antik-ökumenische Konföderation ohne Ökumenischen Rat«[332]. Das ist aber für ihn kein Problem, denn die von Gott gewollte

Kirche Jesu Christi befindet sich nach seiner Meinung jenseits der konkreten christlichen Konfessionen oder quer durch alle faktischen Vorfindlichkeiten mitten unter ihnen.

(5) *Stiftung durch den irdischen Jesus von Nazaret*
Bis in das 19. Jahrhundert und vereinzelt in manchen theologischen (konservativen oder hochkirchlichen) Strömungen sogar bis in das 20. Jahrhundert bestimmte die evangelische Theologie die Überzeugung, dass der irdische Jesus planvoll die Kirche ins Leben gerufen habe. Der von Francois Marie Braun apostrophierte »Neue Consensus«[333] (im Grunde ein Wiedererstarken der konservativen und hochkirchlichen Strömung nach 1920) hatte dieser Position noch einmal Aufwind gegeben. Sie hatte zahlreiche gewichtige Vertreter in der evangelischen Theologie in Skandinavien, im angelsächsischen Raum, vereinzelt in Frankreich und in den Niederlanden, und in Deutschland[334]. Die traditionelle katholische Theologie (bis etwa zu Anton Vögtle) war ja sowieso dieser Ansicht und fühlte sich durch den »Neuen Consensus« bestätigt[335]. Der Siegeszug des »Neuen Consensus« wurde erst durch den Artikel »Die Frage nach der Echtheit von Mt 16,17–19« (1941) von Rudolf Bultmann[336] beendet oder mindestens abgeschwächt, der der Methode und der Argumentation dieser Autoren mit der Behauptung widersprach, eine historisch-kritische Analyse der Quellen lasse keine kirchenstiftende Absicht Jesu erkennen.
Bei manchen unterschiedlichen Thesen in Einzelfragen lassen sich die Grundpositionen dieser Gruppe in vier Punkten zusammenfassen[337]:

– Die Kirche Jesu Christi wird identifiziert als das von Gott berufene Volk der Endzeit, in dem die Heilsgeschichte Gottes mit dem Volk Israel zur Vollendung kommt.

– Jesus (in seiner irdischen Existenz) verstand sich als der Menschensohn-Messias, d. h. als die eschatologische Rettergestalt gemäß der Verheißungen des AT, deren wesentliche Aufgabe die Sammlung des endzeitlichen Gottesvolkes beinhaltet. Das ist ja präzise die Funktion des Messias. Jesus hatte deshalb selbstverständlich die Absicht der Stiftung einer Gemeinschaft (Kirche) und demonstrierte diese in der Setzung konkreter Taten.

– Mit dieser Aufgabe hat Jesus in der Bildung des Zwölferkreises begonnen. Dieser ist gleichsam der Rest des alten Gottesvolkes (und garantiert somit die heilsgeschichtliche Kontinuität) und zugleich der Kern des endzeitlichen Gottesvolkes (das die überbietende Erfüllung der Verheißungen darstellt). Weitere Belege dieses bewussten Handelns Jesu zur Sammlung einer Gemeinschaft sind die Vorbereitung auf die Passion (bis hin zum Abendmahl vor der Verhaftung) und das Kreuzesgeschehen.

– Die dieses Wirken Jesu bestätigende Konstituierung der Kirche geschah durch die Passion und das Sterben am Kreuz sowie die Auferstehung (mit der in der Regel die pfingstliche Geistsendung verbunden wird).

Auf die Spur eines kirchenstiftenden Willens Jesu hatten einige Gedankenanstöße geführt, die gelegentlich bei vorausgehenden Autoren begegnen, die ansonsten nicht dieser Gruppe zuzuordnen sind, unter ihnen z. B. Rudolph Sohm[338]. Aus den Anmerkungen Sohms zur urchristlichen Ekklesia ergaben sich folgende Überlegungen, die dann in der Folgezeit vertieft wurden: Die Urkirche hat sich nicht als eine Addition von Individuen verstanden, sondern als Gemeinschaft, wie auch immer das dann begrifflich gefasst wurde (neues »Volk Gottes«, »Leib Christi« o. ä.). Sie hat diese Gemeinschaft auch religiös und supranatural gedeutet, sodass die Frage nach einem übernatürlichen Ursprung ihrer Existenz ganz von selbst aufkam. Sie hat sich weiter als pneumatische oder jedenfalls dem Pneuma nahe Größe im Gegensatz zur Welt und als Erfüllung der Heilsgeschichte begriffen. Damit war ebenfalls mindestens die Möglichkeit im Blickfeld, das neue »Gottesvolk« (die Kirche) analog dem klassischen »Gottesvolk« (Israel) wenigstens in wesentlichen Strukturelementen auf Gottes Wollen zurückzuführen.

Der erste Vertreter des »Neuen Consensus« war **Ferdinand Kattenbusch** (1851–1935). Er markierte den Widerspruch gegenüber der Liberalen Theologie vor allem mit seinem Aufsatz »Der Quellort der Kirchenidee« (1921)[339], in dem er die apokalyptischen Überzeugungen nicht als geschichtlich bedingt und theologisch belanglos beiseite schob, sondern sie zum Ausgang seiner Sicht der Kirchenentstehung nahm. Er begann mit dem »Selbstbewusstsein Jesu« und gehörte damit »zu jenen Theologen, die mit psychologischen Konstruktionen die innere Geschichte Jesu nachzuzeichnen versuchten und daraus theologisch relevante Ergebnisse ableiteten«[340]. Nach seiner Auffassung war sich Jesus bewusst, dass er der Sohn Gottes sei. Gott habe ihm dies offenbar gemacht[341]. Durch geschichtliche Erfahrung (vor allem im Tauferlebnis) und durch die Reflexion auf die Weissagung Dan 7,9–28 (kombiniert mit den Aussagen Deutero-Jesajas) habe Jesus seine messianische Bestimmung gelernt und zugleich gedeutet[342] und sich selbst aufgrund der Danielstelle in einer zweifachen Weise gesehen, nämlich als Messias bzw. als der dort beschriebene endzeitliche Menschensohn und als »Repräsentant« des Volkes der Heiligen[343]. Als Messias habe er mit seiner Wiederkunft gerechnet, als Repräsentant des Gottesvolkes es als seine Aufgabe begriffen, dieses Volk erst zu schaffen. Deshalb sei die Danielsweissagung der »Quellort der Kirchenidee«[344]. Um dies zu erreichen, habe Jesus eine Jüngergemeinde gesammelt. In der (im Matthäusevangelium dargestellten) Krise bei Caesarea Philippi habe sich der Jüngerkreis bewährt. Das »Volk der Heiligen« sei damit im Prinzip konstituiert gewesen[345]. Allerdings handelt es sich in Mt 16,17–19 noch um keine Stiftung, sondern um eine bloße Absichtserklärung. Die eigentliche Kirchenstiftung habe Jesus während des letzten Abendmahles vorgenommen[346], indem er seiner Gemeinde den Auftrag zur Feier einer Kulthandlung gegeben habe. Daraus folgert Kattenbusch allerdings eine sehr eigene Wesensbestimmung der Kirche: Das von Jesus gesammelte Gottesvolk verwirkliche sich nicht institutionell (wie etwa das jüdische), sondern exklusiv aktuell. Das Gottesvolk bestehe also nur dort, wo tatsächlich die Gläubigen in der Feier versammelt seien[347].

Einflussreicher als Kattenbusch war **Karl Ludwig Schmidt** (1891–1956)[348]. Er geht von der Stelle Mt 16,18 aus, gegen deren Echtheit seiner Meinung nach weder textkritische noch literarkritische noch sachkritische Argumente von überzeugender Kraft vorgebracht werden könnten[349]. Jesus habe in dieser Aussage die Bildung einer Sondersynagoge angekündigt[350]. Aber diese Stelle sei kein isolierter Akt innerhalb der Gesamtverkündigung Jesu, sondern konzentriere nur seine »Gesamthaltung seinem Volk gegenüber«, das Jesus ursprünglich als Ganzes sammeln wollte und in dem er nach dessen Verweigerung eine »Bekennergemeinde« als »Rest und Kern des Gottesvolkes«[351] ausgesondert hatte[352]. Allerdings sei mit dieser Sammlung bzw. Stiftung noch nichts über die Struktur dieser Gruppe gesagt oder von Jesus vorentschieden[353]. Eine bestimmte Organisationsstruktur dieser Gruppe oder die Notwendigkeit bestimmter Strukturelemente habe Jesus mit dieser Stiftung nicht festgelegt. Alle diese Dinge entstammten menschlicher Verfügungsgewalt und gehörten nicht zum Wesen der Kirche[354]. Wo diese Elemente als göttliches Recht proklamiert würden, gleite die Kirche in den Katholizismus ab. Das sei schon in der Jerusalemer Urgemeinde geschehen, in der den Aposteln und der Stadt eine heilige Autorität zugeschrieben worden sei[355]. Schmidt gibt auch keinen präzisen Zeitpunkt der Kirchenstiftung an. Einen solchen zu bestimmen sei wegen »der Art der evangelischen Berichterstattung« unmöglich[356]. Zusätzliches Licht könnte auf die Kirchenentstehung geworfen werden, meinte er, wenn es gelänge, das sogenannte »Messiasbewusstsein« Jesu und die »Stiftung des Abendmahls« zu analysieren. Weil dies aber (noch) nicht möglich sei, ließ er diese zwei Faktoren für seine Argumentation unberücksichtigt[357]. Im Rückschluss heißt dies wohl, dass er der Auffassung war, in der Sammlung der Zwölf und im Geschehen bei Caesarea Philippi einen solchen sicheren Anhaltspunkt zu haben.

Einen anderen Akzent, wenn auch im Rahmen der gemeinsamen These von der Kirchenstiftung durch den historischen Jesus, setzt **Adolf Schlatter** (1852–1938)[358]. Jesus habe sich eindeutig als der von Gott berufene Messiaskönig verstanden, dessen Lebenswerk es sei, Israel für die Endzeit vorzubereiten[359]. In diesem Zusammenhang habe er den Zwölferkreis konstituiert und dem Simon (Petrus) eine Vorrangstellung zugewiesen. Nach Ostern habe dann der Auferstandene das von Jesus gestiftete Apostolat (und den Primat des Petrus) neu in Geltung gesetzt und auf höherer Ebene bestätigt[360]. Damit sei die Kirche begründet worden[361]. Der Auferstandene ratifiziere also, was der irdische Jesus ins Werk gesetzt habe.

Die These von Schlatter hat **Gerhard Gloege** (1901–1970)[362] systematisch entfaltet. Er geht von der Prämisse aus, dass die alttestamentliche Vorprägung des Messiasbegriffes (= des »Retter-Knechtes«) notwendig eine Gemeinde (= die »Rettungsgemeinde«) impliziert[363]. »Jesus ist als der Christus der Schöpfer der Gottesgemeinde«[364] – oder er ist eben nicht der Christus[365]. Aus einer affirmativen Antwort auf die christologische Frage ergibt sich also für Gloege unausweichlich eine gleichfalls affirmative Antwort auf die Frage nach der Kirchengründung durch Jesus. Als alttestamentliche Quelle bzw. (in der Sprache Gloeges) als »Urstelle« des messianischen Selbstverständnisses Jesu benennt er die Gottesknechtvorstellung in Deuterojesaja[366]. Durch das von ihm übernommene (stellvertretende) Sühneleiden für die Sünden des Volkes werde Jesus zum Schöpfer des neuen Gottesvolkes[367]. Entscheidend ist für Gloege also der Kreuzestod, der die eigentliche kirchenschöpferische Tat des Christus Jesus war[368], auch wenn die Entstehung der Kirche sich in einem Prozess vollzieht, der im Handeln des irdischen Jesus beginnt (Schaffung und Beauftragung des Zwölferkreises) und mit Pfingsten einen gewissen Abschluss findet[369]. Trotzdem hält es Gloege für schwierig, von historischen (im Sinne von: *eindeutig* in den Quellen nachweisbaren, abgeschlossenen) Gründungsakten zu sprechen. Der eigentliche und stete Kirchengründer ist für ihn Gott. Dieser habe durch seinen »Knecht« Jesus angefangen, das neue Gottesvolk zu sammeln, er habe den Tod des Messias und die Auferstehung Jesu und die erstmalige Geistsendung in die Wege geleitet[370] – und er bleibe zu allen Zeiten durch den auferstandenen Herrn und die fortdauernde Geistsendung der je neue Schöpfer der Kirche[371]. Kein Geschehen der Vergangenheit, weder das Abschiedsmahl noch das Pfingstfest, könne deshalb ein »Gründungsmonopol« beanspruchen[372]. Dieses ständige Neuschaffen der Kirche durch Gott schließt für Gloege ein, dass die Kirche nie auf Personen oder Strukturen gebaut werden konnte oder kann[373].

Heinz-Dietrich Wendland (1900–1992)[374] greift diesen Gedanken eines ständig an seiner Kirche handelnden Gottes auf. Die Gründungsgeschichte der Kirche, die der Christusgeschichte koextensiv sei, habe sich in drei Phasen abgespielt, die nicht voneinander isoliert oder auf einen einzelnen Gründungsakt reduziert werden könnten[375].
– Die erste Phase der Kirchenentstehung stelle die Sendung Jesu als Christus vom Himmel in die Welt dar. Jesus hatte nach Wendland von Anfang an eine ihm von Gott geschenkte, übermenschliche Kenntnis seines Weges und seines Auftrages[376]. Das Ziel seiner Mission als Messias und Gottessohn sei die Sammlung des endzeitlichen Gottesvolkes gewesen[377].

– In der zweiten Phase handle der irdische Jesus als Christus, der die Kirche als streng auf das Reich Gottes bezogene Endzeitgemeinde in der Berufung der Jünger (als Ruf zur Nachfolge), in der Beauftragung des Petrus und in der Stiftung des Herrenmahles gegründet habe[378] – allerdings ohne institutionelle und organisatorische Vorgaben.

– Von entscheidender Bedeutung für das Entstehen der Kirche seien die Erlösungstaten des Christus im Sühnesterben am Kreuz, in der Auferstehung und im Pfingstgeschehen gewesen[379]. Zumal die Geistsendung zu Pfingsten sei zentral, denn erst sie habe die bleibende Gegenwart des Erhöhten bei seiner Kirche ermöglicht[380].

Allerdings sei mit der Geistsendung der Prozess der Kirchenschöpfung nicht abgeschlossen. »So könnte die Gründung nur dann dargestellt werden, wenn die Kirche als ein Etwas, als eine bloße Institution zu begreifen wäre, die objektiv besteht und in ihrem Ansichsein dem personalen Leben des einzelnen gegenübertritt.«[381] Die Kirche entsteht für Wendland immer wieder dort neu, wo sich Menschen vom erhöhten Christus je neu in die Nachfolge rufen lassen.

Der wohl bekannteste und einflussreichste Vertreter des »Neuen Consensus« ist **Oscar Cullmann** (1902–1999)[382]. Cullmann argumentiert an entscheidenden Stellen seiner Analyse mehr als Systematiker denn als historisch-kritischer Exeget. Er sieht die Entstehung der Kirche im Zusammenhang der Heilsgeschichte, die er aus Gal 3,6 – 4,7 ableitet[383]. Ausgangspunkt dieser Heilsgeschichte Gottes ist das Aufbegehren des Menschen gegen die Offenbarung Gottes und die daraus folgende Verfluchung des Menschen und der mit ihm verbundenen Schöpfung. Da der Fluch nicht Gottes letztes Wort sein könne, habe Gott einen »Heilsplan« entworfen, der auf eine Versöhnung der Menschheit und eine neue Schöpfung ziele[384]. Das Mittel dieser Rettungsgeschichte sei der Grundsatz der Erwählung und »Stellvertretung«, d. h. »der *Erwählung einer Minderheit zur Erlösung der Gesamtheit*«[385]. Dabei erkennt Cullmann eine fortschreitende Verdichtung und Konzentrierung in einer »progressiven Reduzierung« der Heilsgeschichte, die sich von der umfassenden Basis bis zur Spitze in Christus verengt in den Stufen »Schöpfung – Menschheit – Israel – der Rest[386] – der Eine«[387], wobei dieser »Eine« als »Ebed Jahwe« bei Deuterojesaja und als »Menschensohn« im Danielbuch (Dan 7,13–27) die Vielen vertrete. Diese Entwicklung mit ihrem Gipfel in Christus gehe von ihm aus weiter, sodass in Cullmanns heilsgeschichtlicher Perspektive Christus die Mitte und der Umschlagplatz ist. Von ihm her zeichnet er ebenfalls eine Linie, diesmal hin zur Sammlung der Vielen, mit den Stufen: Der Eine – die Apostel – die Kirche – die (erlöste) Menschheit – die neue Schöpfung (am Ende der Weltgeschichte)[388]. Aufgrund dieser Konzeption ist es nicht verwunderlich, dass Cullmann ebenfalls die Ekklesiologie aus der Christologie bzw. (das ist für ihn dasselbe) aus dem Messiasbewusstsein Jesu ableitet.

Jesus selbst habe ein präsentisch-messianisches Selbstverständnis besessen, jedoch vom Kommen der Basileia gesprochen. Cullmann vermittelt diese Spannung mit der Auskunft, dass für Jesus tatsächlich »das Gottesreich erst in der Zukunft kommt, aber in seiner Person während seines irdischen Daseins bereits verwirklicht und vorweggenommen ist«[389]. Das hat Konzequenzen für Cullmanns Lösung des Problems der Kirchenentstehung. Jesus hat nach der Auffassung des evangelischen Theologen in seiner Person bereits eine eigentliche eschatologische Verheißung erfüllt. Daher liege für ihn die Sammlung der messianischen Gemeinde nicht in einer fernen oder nahen Zukunft. Aus dem Anspruch Jesu ergebe sich unmittelbar die Gründung der Endzeitgemeinde. Ähnlich wie Wendland sieht Cullmann die Kirchenentstehung als einen Prozess, in dem Jesus durch bestimmte Taten bewusst und planvoll Markierungen setzt. Dazu gehörten die Konstituierung des Zwölferkreises[390], das letzte Mahl mit seinen Jüngern[391] und der Sühnetod – als zentrales Ereignis – am Kreuz[392]. Auch für Cullmann bestätigen die Auferstehung und die Geistsendung zu Pfingsten diese kirchegründenden Taten Jesu und vollenden sie[393].

Einen ganz eigenen Beitrag im Rahmen der eben beschriebenen Position liefert **Albrecht Oepke** (1881–1955)[394]. Nach seiner Auffassung besaß Jesus als Messias ein über gewöhnliches Menschenmaß hinausgehendes Vorauswissen um sein Schicksal, sein Werk, d.h. konkret seinen Tod und seine Auferstehung, und über die Entstehung der Kirche[395]. Allerdings sieht er Jesus mit seinem Versuch, Israel als Gottesvolk zu erneuern, völlig und radikal gescheitert. Die Kreuzigung Jesu habe den definitiven und irreparablen

Bruch des alten Bundes bedeutet[396]. Es habe keinen Punkt gegeben – auch die Jüngergemeinde Jesu nicht –, an dem Gott noch hätte anknüpfen können. So sei eine völlig neue Jüngergemeinde und ein völlig neues Gottesvolk entstanden[397]. In der Abendmahlsfeier habe Jesus – im Wissen um Gottes Absicht – diesen grundlegend neuen Weg Gottes proklamiert[398]. Als Messias habe Jesus die künftige Entwicklung, d. h. die Verwerfung seiner Person durch sein Volk, aber auch die neu eintretende Situation infolge seines Todes und seiner Auferstehung und die sich daran anschließende Bildung des neuen Gottesvolkes, vorausgewusst. Mit dieser Betonung des unüberbrückbaren Bruches zwischen der irdischen Tätigkeit Jesu und der nachösterlichen Entwicklung, die nicht durch die Jüngergemeinde, sondern allein durch das Vorauswissen Jesu vermittelt wird, blieb Oepke allerdings in der eben behandelten Gruppe ein Außenseiter.

Die traditionelle katholische Darstellung findet sich bei **Johannes Betz** (1914–1984)[399]. Die Zeit des »historischen« Jesus umfasst für ihn die Periode bis zur Himmelfahrt, in der die Gründung der Kirche geschah, wobei sich die »charismatische Vollendung« der Kirche durch die pfingstliche Geistsendung ereignet habe[400]. Jesus habe in der Tat die Nähe der »Gottesherrschaft« verkündet. Die Ausweitung der »Gottesherrschaft« auf eine Gefolgschaft sei grundsätzlich im (von Jesus erhobenen) Messiasanspruch eingeschlossen[401]. Die Stelle Mt 16,17–19 sei eher vorösterlich[402] zu verorten (wenn auch Betz eine genaue zeitliche Fixierung dieses seiner Meinung nach durchaus echten Wortes Jesu ablehnt[403]). Entscheidend sei das Abendmahlsgeschehen, in dem Jesus in der Art eines Testaments Vorsorge für die Zeit der »Kirche« (dieses Wort sei durchaus im semitischen Denken vorstellbar[404]) getroffen habe, nicht als *ein* isolierter Gründungsakt, sondern gleichsam als Zusammenfassung einer ganzen »Aktkette«[405].

(6) Nachösterliche Geistschöpfung
Die Tendenz der Autoren, die ein kirchegründendes Handeln des irdischen Jesus annehmen, ging in die Richtung, dem planvollen Handeln Jesu das Setzen eines gewissen Fundaments zuzuschreiben, das aber dann durch Ostern und / oder Pfingsten ratifiziert werden muss und auch wird. Oepke, der einen unüberbrückbaren

Graben zwischen der vor- und der nachösterlichen Zeit proklamiert, bleibt eine Ausnahme. Allerdings sehen die behandelten
evangelischen Autoren keine Akte Jesu oder des Auferstandenen,
die bestimmte Wesensstrukturen der Kirche ein für allemal fest-
schreiben. Die Autoren, die im Folgenden behandelt werden,
klammern den historischen Jesus (oder zumindest die Betonung
gewisser Akte des irdischen Jesus als wesentlicher Fakten der
Kirchengründung) aus der Kirchenentstehung aus und verlegen
die eigentliche Gründung der Kirche auf die Zeit nach Ostern
(und/oder präzise auf das Pfingstereignis), in der der Auferstandene durch seine Geistsendung (in einer Synergie bzw. Kooperation des Jüngerkreises mit dem Wirken des von Christus
vermittelten Geistes) die Kirche stiftet oder gründet. Bei aller
Rückbindung der Kirche an die ihr durch Jesus vermittelten jüdischen Fundamente geschieht die Weichenstellung nachösterlich in
der Umorientierung der reinen Israelorientierung hin zur Heidenmission. Die katholischen bzw. katholisierenden Autoren dieser
Richtung erklären in der Regel, dass in dieser Periode zwischen
Ostern und Pfingsten auch bestimmte, der Kirche wesentliche
Strukturelemente grundgelegt worden seien.

a) Katholische Variante
Zu nennen sind insbesondere Erik Peterson (1890–1960), Heinrich
Schlier (1900–1978) und Anton Vögtle (1910–1996). Peterson und
Schlier waren evangelische Theologen[406], sind aber beide zur
katholischen Kirche konvertiert. Einflussreich geworden ist Vögtle,
der selbst wieder auf Peterson fußt.

Peterson hatte sich 1929 aufgrund innerer Konflikte mit der evangelischen Kirche und Theologie von seiner Professur in der Evangelischen Fakultät Bonn entpflichten lassen. Die Berufung zum
Honorarprofessor für Religionsgeschichte des Hellenismus, altchristliche und byzantinische Literatur an der Bonner Philosophischen Fakultät hat er zwar angenommen, die Funktion aber faktisch nicht ausgeübt. 1930 konvertierte er in Rom zur katholischen
Kirche. Die ekklesiologischen Studien Petersons sind geprägt
durch seine Diskussion mit Karl Barth, der in einer Rezension zu
Petersons Kleinschrift »Was ist Theologie?« (1925) die Ansicht vertreten hatte, die Autorität der Kirche sei eine von Christus in der

Himmelfahrt verliehene Autorität: Sie stehe unter dem Vorzeichen der Wiederkunft Christi, bilde damit eine zeitliche, relative und formelle Autorität und werde begrenzt durch die unmittelbare Autorität Christi, die in der Bibel als der verschriftlichten Form des Kerygmas bezeugt und gegenwärtig sei[407]. Er wandte sich auch gegen Adolf von Harnack, dem er eine Individualisierung und subjektive Auflösung der Jesus- (bzw. Christus-)Beziehung vorwarf[408]. In dem Artikel »Die Kirche« (1929) entfaltet er folgende Geschichtssicht: Der historische Jesus habe in der Tat, wie die neutestamentlichen Quellen zeigen, den Juden nur das (eschatologische) Gottesreich gepredigt und das Kommen dieses Reiches unmittelbar erwartet[409]. Er habe deshalb »weder unmittelbar die Kirche gestiftet« noch kirchliche Ämter »eingesetzt«[410]. Allerdings sei die Ankunft des Reiches und seine damit verbundene Parusie als Messias in seinen Augen von der Bedingung abhängig gewesen, dass die Juden, die allein die Adressaten seiner Predigt und der Verheißung des Gottesreiches gewesen seien, vorher zum Glauben an ihn als den Messias kommen würden[411]. Diese Hoffnung Jesu auf die Umkehr Israels habe sich für ihn nicht erfüllt. Durch den vom historischen Jesus selbst für die Sammlung des Volkes Israel berufenen[412] und mit Vollmacht ausgestatteten[413] Zwölferkreis sei diese Hoffnung Jesu auf die Bekehrung des Volkes nach seinem Tod zunächst weitergetragen worden. Als die Mehrzahl der Juden nicht zum Glauben an Jesus als den Christus gelangt sei, umgekehrt aber viele Heiden zu diesem Glauben gefunden hätten, hätten die Zwölf mit der Missionierung der Heiden begonnen[414]. Erst jetzt könne man von »Kirche« sprechen, denn die Kirche sei entstanden wegen der Verweigerung Israels (bzw. des Großteils Israels) und sie sei in ihrem Wesen »Heidenkirche« (oder besser: »Kirche aus Juden und Heiden«[415]). Diese wohl wichtigste Entscheidung in der Geschichte des Christentums sei aber nicht einer Willkürlaune der Zwölf entsprungen, sondern habe seine Basis in einer Ermächtigung durch den Heiligen Geist. Geschichtlich habe sich dieser Entschluss aus vielen Einzelentscheidungen innerhalb eines längeren Zeitraumes zusammengesetzt. Die Apostelgeschichte habe diesen Prozess prophetisch in ein einziges Ereignis, die Ausgießung des Geistes an Pfingsten, zusammengezogen. Das sei für die Apostelgeschichte der Beginn der Kirche gewesen[416]. Der Ursprung der Kirche liegt also für

Peterson nicht unmittelbar bei Jesus[417]. Sie gründe vielmehr in dem vom Heiligen Geist geleiteten Handeln der Zwölf, die dadurch zu den zwölf Aposteln wurden[418]. Mit dieser Entscheidung ist für ihn klar, dass die Kirche ein Wesenskonstitutivum hat. Dies sei das kirchliche Amt, das sich in der Gestalt der Zwölf vom historischen Jesus herleite[419], wenn auch Jesus mit dem Institut der Zwölf ursprünglich eine andere Intention verbunden habe. Durch das Wirken des Erhöhten mittels des Heiligen Geistes seien die Amtsträger der Kirche – nach dem Vorbild jener ersten Entscheidung der Zwölf, auf der historisch und theologisch die Kirche gründe – in der Lage und ermächtigt, selbstständige (allerdings durchaus geistgeleitete) dogmatische Entscheidungen zu treffen, die glaubensverbindlich seien[420]. Gegenüber dem Vorwurf eines unkritischen »Kirchenpositivismus«, der zuweilen an Peterson gerichtet wird[421], ist allerdings darauf hinzuweisen, dass er in einer doppelten Frontstellung argumentiert. Zum einen wendet er sich (auch im Blick auf den sich allmählich durchsetzenden Nationalsozialismus) gegen eine zu starke (protestantische) Tendenz, die den christlichen Glauben nicht politisch ortet und einem starken Staat gegenüber keine objektiv-sichtbare Struktur findet[422]. Zum anderen kritisiert er eine (katholische) Tendenz, die die konkrete Kirche (Organisation) schon durch ihre bloße Existenz rechtfertigt und zu wenig bedenkt, dass die Offenbarung Gottes (Institution) eine wesentlich eschatologische (und auch sakramentale) Dimension besitzt[423].

Heinrich Schlier, der als Exeget unter der Betreuung von Rudolf Bultmann promoviert worden war und seine Habilitationsschrift »Christus und die Kirche im Epheserbrief« (veröffentlicht: Tübingen 1930) bei Karl Ludwig Schmidt eingereicht hatte, verlor im Dritten Reich 1935 seine Stelle in Marburg, weil er sich in der Bekennenden Kirche (und als Lehrer in der Kirchlichen Hochschule Wuppertal-Elberfeld) engagiert hatte. Nach dem Krieg wechselte er nach Bonn auf die Ordentliche Professur für Neues Testament und Geschichte der Alten Kirche. 1953 verzichtete er auf dieses Amt und konvertierte in Rom (im Beisein Petersons) zur katholischen Kirche. Schliers Rekonstruktion des Geschichtsablaufs lässt sich folgendermaßen zusammenfassen[424]: Hätte Israel, an das sich der Messias Jesus ausschließlich wandte, die Basileia

Gottes, die in Jesus angekommen war, angenommen, wären sogleich die Parusie und die durch Israel vermittelte Herrschaft Jesu Christi über die Welt gekommen[425]. Da sich Israel aber verweigert habe, sei eine Änderung der eschatologischen Lage eingetreten, die die Christen selbst erst allmählich begriffen hätten[426]. Der »*unmittelbar* bevorstehende Einbruch des Reiches Gottes« sei »suspendiert und der Welt noch einmal eine Frist geschenkt worden«, indem an die Stelle von Gottes Reich zwischen Ostern und der Parusie das »Reich Christi für alle Welt« (bzw. das Reich Gottes *als* »Reich Christi für alle Welt«) gekommen sei[427]. Jesus Christus wirke in dieser Zeit als »Herr« (Kyrios) durch den Heiligen Geist und konkret vermittelt durch die vom Erhöhten gesandten und mit dem Geist ausgerüsteten Apostel[428]. Mit der Beauftragung der Apostel durch den Auferstandenen (!) sei die Kirche entstanden. Sie sei dadurch auf das apostolische Amt (einschließlich des Primates) gegründet[429].

Weitere katholische Autoren, die die konkrete Erscheinungsform der Kirche (einschließlich ihrer von Gott oder vom Auferstandenen gegebenen wesenskonstitutiven Strukturen) nicht (oder jedenfalls nur in Ansätzen) auf den geschichtlich lernenden Jesus, sondern primär auf das Wirken des Auferstandenen in den Oster- und Pfingstereignissen und die Strukturen der Kirche auf diese Weise auf göttliches Wollen zurückführen, sind Josef Blank (1926–1989)[430], Karl Kertelge (geboren 1926)[431] und vor allem Anton Vögtle mit seiner Konzeption einer dialektisch und dialogisch verlaufenden Heilsgeschichte Gottes, in der Gott durch Leben, Tod und Auferstehung Jesu die konkrete Kirche nachösterlich ins Dasein setzt, dem sich auch Josef Schmid (geboren 1937)[432] und Rudolf Schnackenburg (1914–2002)[433] anschließen.

b) Evangelische Variante
Der Unterschied zwischen evangelischen und katholischen Autoren, die die Position vertreten, die Entstehung der Kirche sei vorrangig ein nachösterliches Ereignis, liegt in der Frage der theologischen Qualifizierung der nachösterlich entstehenden Strukturen. Traditionell finden evangelische Autoren hier keine göttliche Festlegung. Wenn sie es anders sehen – wie Peterson und Schlier –, werden sie katholisch.

Wilhelm Michaelis (1896–1965)[434] teilt die Voraussetzung des rein futurisch-eschatologischen Charakters der Verkündigung Jesu (und auch des Täufers Johannes). Damit ergibt sich für ihn der neutestamentliche Befund, dass Jesus selbst angesichts des eigenen Todes nur seine eigene Parusie als Menschensohn und das Endgericht Gottes erwartet[435] und weder Christophanien noch die Geistsendung vorausgesagt und auch nicht Taufe, Abendmahl, eine organisierte Gemeinde oder ein kirchliches Amt eingesetzt habe[436]. Ostern und Pfingsten hätten deshalb die Jünger überrascht[437]. Im Lichte dieser neuen Offenbarung bzw. dieser offenbarenden Taten Gottes[438] seien die Jünger nun herausgefordert gewesen, soziologische Formen für ihre Gemeinschaft zu entwickeln[439], d. h. sich in einer Heilsgeschichte einzurichten. Die christliche Gemeinde konnte also erst durch den Offenbarungseingriff Gottes zu Ostern und Pfingsten entstehen, musste sich dann aber sachnotwendig entwickeln.

Die ausgefeilteste Argumentation der Vertreter der Meinung, die Kirche sei durch das nachösterliche Eingreifen Gottes entstanden, bietet **Werner Georg Kümmel** (1905–1995)[440]. Kümmel entfaltet seine Position im Gegenüber zum »Neuen Consensus« vor allem in dem Beitrag »Kirchenbegriff und Geschichtsbewußtsein in der Urgemeinde und bei Jesus« (zuerst veröffentlicht 1943)[441] und in dem Artikel »Jesus und die Anfänge der Kirche« (1953)[442]. Auch Kümmel diagnostiziert die Haltung Jesu als futurisch-eschatologisch. Jesus habe sich als »zum Messias *bestimmt*« bzw. als »messias designatus« verstanden, der zwar jetzt schon die künftige endzeitliche Vollmacht in Anspruch nehme, aber dessen Fülle und Vollendung (in der Parusie) noch ausstehe[443]. In anderen Worten: Jesu Eschatologie ist nicht zu trennen von seiner eigenen Christologie. In der Analyse des NT sucht Kümmel nachzuweisen, dass die Äußerungen und Handlungen des irdischen Jesus, wie sie überliefert sind, eine Kirchengründung ausschließen. Auch der Jüngerkreis (einschließlich des inneren Kreises der Zwölf), den Jesus um sich sammelte, sei nicht der »Kern des neuen Gottesvolkes«[444]. Die Auferstehung Jesu habe die Situation völlig verändert. Der von den Toten erweckte Jesus habe sich als der von Gott in sein endzeitliches Herrscheramt Erhöhte (als »Kyrios«) zu erkennen gegeben[445]. Der Beweis für das endzeitliche Herrschersein Jesu sei

die Sendung des eschatologischen Geistes auf die an ihn Glaubenden im Pfingstgeschehen gewesen[446]. Diese Geistbegabten, die sich
»die Heiligen«, die »Auserwählten« oder die »ekklesia« nannten,
hätten sich als das wahre Gottesvolk der Endzeit verstanden[447].
Diese Entstehung der Jesus-Christus-Gemeinde als eschatologisches Gottesvolk in der Form einer eigenen, vom Judentum abge-
grenzten organisatorischen und soziologischen Größe ist für Kümmel aber kein Bruch gegenüber dem Wirken des irdischen Jesus.
Zum einen bildeten faktisch die Jünger des irdischen Jesus den
Kern der jetzt entstehenden Urgemeinde und garantierten damit
eine zunächst äußerliche Kontinuität[448]. Zum anderen habe die
Urgemeinde aufgrund der Erfahrung von Tod und Erhöhung Jesu
als eschatologisches Handeln Gottes auch die Geburt und das
Leben Jesu in diese eschatologische Tat Gottes einbezogen und
damit theologisch das Handeln Gottes in, an und durch den irdi-
schen Jesus gleichfalls als eschatologische Tat Gottes verstanden[449].
Historisch entsteht für Kümmel erst aufgrund der Oster- und
Pfingstgeschehnisse die Kirche – und dies durchaus als göttliche
Stiftung[450]. Theologisch tiefer geblickt aber beginnt für ihn die
Gründung der Kirche mit Jesu Geburt[451]: »Die Kirche hat ihren
Ursprung … in dem ganzen Handeln Gottes in Jesus Christus von
Jesu Geburt, Jesu Wirken und Jüngerberufung an bis zur Gabe des
Geistes an die Zeugen der Auferstehung.«

Der Auffassung, die Kirche sei durch Ostern und Pfingsten (meist
mit den Stufen Christophanien, damit zusammenhängend Bestel-
lung der Zwölf zur Mission und/oder Stiftung des Apostolates,
Geistsendung) entstanden, haben sich zahlreiche evangelische
Autoren angeschlossen. Zu erwähnen sind Günther Bornkamm
(1905–1990)[452], Hans von Campenhausen (1903–1989)[453], Nils
Alstrup Dahl (1876–1940)[454] und Eduard Schweizer (1913–2006)[455].
In der Tendenz klammern diese Autoren den irdischen Jesus aus
dem Geschehen der Kirchenentstehung eher aus und verlegen die
Gestaltwerdung der Kirche auf die Zeit *nach* Ostern (bis zu Pfingsten), in der der Auferstandene durch seine Geistsendung die Kirche stiftet oder gründet.
Noch einmal die Hypothese (in der katholischen Fassung): Der
irdische Jesus habe in der Tat, wie die neutestamentlichen Quellen
zeigen, nur die »Basileia« gepredigt und ihr Kommen unmittelbar

erwartet. Er habe deshalb weder unmittelbar die Kirche gestiftet noch kirchliche Ämter eingesetzt. Allerdings sei die Ankunft der Basileia und seine damit verbundene Parusie als Messias in seinen Augen von der Bedingung abhängig gewesen, dass die Juden, die ausschließlich die Adressaten seiner Predigt gewesen seien, vorher zum Glauben an ihn als den Messias kommen würden. Diese Hoffnung Jesu auf die Umkehr Israels habe sich aber nicht erfüllt. In anderen Worten: Der Ausgangspunkt der Kirche ist die Absage Israels (in seinen maßgeblichen Führern) an Jesu Predigt und seine Person. Manche Exegeten sprechen in diesem Zusammenhang von der »Galiläischen Krise«. Die definitive Form der Ablehnung ist das Kreuzesgeschehen. Nach dem Tod Jesu habe die Jüngerbewegung daraus die Konsequenz gezogen und die Botschaft Jesu an die Heiden verkündet. Erst jetzt könne man von »Kirche« sprechen, denn die Kirche sei nur entstanden wegen der Verweigerung Israels und sei in ihrem Wesen eine Gemeinschaft von Juden *und* Heiden (Peterson tituliert sie als »Heidenkirche«). Der Ursprung der Kirche liege nicht unmittelbar bei Jesus, sondern im vom Heiligen Geist geleiteten Handeln der Zwölf und anderer (wie Paulus), die dadurch zu Aposteln werden, und bestehe aus einer Vielzahl von Einzelentscheidungen innerhalb eines längeren Zeitraumes, die von der Apostelgeschichte prophetisch und proleptisch in ein einziges Ereignis, nämlich die Ausgießung des Geistes zu Pfingsten, zusammengezogen worden seien.

2.4 Systematische Reflexion

Für die systematische Reflexion in der katholischen Theologie ist (neben Peterson) besonders Vögtle wichtig geworden. Im Blick auf ihn soll deshalb der exegetische Diskussionsstand der eben genannten Gruppe noch einmal festgehalten werden[456]. Vögtle schlägt vor, die *Heilsgeschichte* als echte *Geschichte* zu verstehen, in der konkrete Ergebnisse geradezu dialektisch gleichermaßen durch den Willen Gottes *und* durch freie Entscheidungen der Menschen herbeigeführt werden. Durch die Einbeziehung der menschlichen Reaktionen auf Gottes Heilswirken in der Heilsgeschichte erhält diese eine dialogische Struktur und wird echte Geschichte. Heilsgeschichte ist also nicht eine Geschichte, in der Gott seinen

Heilsplan unbeirrt und unveränderlich durchsetzt, sondern in der auch die menschlichen Reaktionen auf Gott und Gottes neuerliche Antwort darauf eine Rolle spielen. In den 30er-Jahren des 20. Jahrhunderts hatte Romano Guardini (weniger exegetisch begründet und in meditierenden Überlegungen) eine ähnliche Hypothese erarbeitet[457]. Gott geht dieser Theorie zufolge sogar auf die nicht zielführenden und »negativen« Antworten der Menschen ein und integriert sie in seinen Heilsplan.

Die Entstehung der Kirche hat in dieser Deutung folgenden Verlauf genommen: Der irdische Jesus hatte sich ausdrücklich an Israel gewandt und hatte auch – bis zu seinem Tod – in erster Linie dieses Volk im Blick. Die Berufung einer Jüngergruppe und zumal die Konstituierung des Zwölferkreises (als Rekonstruktion des Zwölf-Stämme-Volkes) sollten nicht ein »neues« Gottesvolk begründen, sondern sind als »ein missionarisches Instrument Jesu im Ringen um sein Volk« zu interpretieren[458]. Diese ursprüngliche Mission Jesu ist gescheitert. Aufgrund der Gleichgültigkeit des Volkes und der Ablehnung durch die Führungsschicht erkennt und lernt Jesus (in einem echten geschichtlichen Lernen), dass seine bisherige Predigt nicht Gottes letztes Wort ist, sondern dass Gott durch sein Sterben als stellvertretendes Sühnesterben »für die Vielen« ein neues Heilsangebot und einen neuen Bund (einschließlich der Heiden) stiften will. Spekulativ gefragt: Was wäre passiert, wenn Israel tatsächlich die Nähe der Basileia in Jesus bzw. Jesus als den Messias anerkannt hätte? Das Kreuz wäre dann wohl nicht gekommen. Damit wäre auch die Auferstehung nicht notwendig gewesen. Heinrich Schlier war der Meinung, dass in diesem Fall sogleich die Parusie und die durch Israel vermittelte Herrschaft Jesu Christi über die Welt eingetreten wären[459]. Die Weltgeschichte wäre also an ihr Ende gelangt.

Auf jeden Fall ist durch die Absage Israels eine Änderung der eschatologischen Lage bzw. eine heilsgeschichtlich neue Situation entstanden. Der endgültige Einbruch der »Basileia« ist sozusagen suspendiert und der Menschheit noch einmal eine Frist geschenkt worden. Vögtle meinte, Jesus habe ein »Interim«, also eine Zwischenzeit, zwischen seinem Tod und dem definitiven Erscheinen der »Basileia« vorausgesehen und für diese Zeit eine Kirche als ein Provisorium konzipiert. Diese ihm zugewachsene neue Einsicht teilt Jesus im Umfeld des Letzten Abendmahles den Zwölfen mit. Vielleicht äußert er im selben Kreis (und ebenfalls spätestens in dieser Situation des Abschiednehmens) auch die in Mt 16,18f überlieferte Verheißung vom *künftigen* Neubau seiner Kirche[460]. Cullmann und Schnackenburg, die diesen Spruch dem historischen Jesus zuschreiben, platzieren ihn deshalb aus sachlichen und »heilsökonomischen« Gründen an das Ende des irdischen Wirkens Jesu. Entscheidend für die Kirchengründung sind dann die Christophanien. Zumal Petrus wird in der frühen Kirche wichtig. Paulus schreibt ihm sogar (mit einer ihm selbst vorliegenden Tradition) die Protophanie zu (1 Kor 15,5)[461].

Was ist von dieser Hypothese zu halten? Aus drei Gründen erscheint sie mir bedenkenswert.

– *Erklärung der Überlieferung*
Diese Rekonstruktion erklärt einige Brüche der Überlieferung. Es ist unstrittig, dass der historische Jesus keine Heidenmission betrieben hat. Nach Mt 10,5 verbietet er sie ausdrücklich. Andererseits gibt der auferstandene Herr den Befehl zu einer umfassenden Mission unter *allen* Völkern (Mt 28,19). In Antiochia streiten die Jünger (personifiziert in den Führerfiguren Jakobus, der durch Abgesandte gegenwärtig ist, Kephas bzw. Petrus und Paulus) um den wahren Willen des Herrn im Blick auf die Gestalt der Jüngergemeinschaft (Gal 2,11–14). Das würde sich von daher begründen lassen, dass die neue Einsicht Jesu im Umfeld der Katastrophe des Kreuzes noch nicht allen Jüngern plausibel erschien bzw. bekannt war. Das NT berichtet z. B. nichts von einer Anwesenheit des Herrenbruders Jakobus beim Abschiedsmahl.

– *Gründung zwischen Ostern und Pfingsten*
Die Gründungszeit der Kirche ist in dieser Sicht nicht die Zeit Jesu, sondern genauer die Zeit zwischen Ostern und Pfingsten (mit der Geistsendung). Das ermöglicht eine Verbindung mit der patristischen und der orthodoxen Theologie. In den Glaubensbekenntnissen der frühen Kirche wird die Kirche nicht im zweiten Hauptteil im Kontext des Jesusgeschehens, sondern im dritten Hauptteil im Zusammenhang des Sprechens über den Heiligen Geist erwähnt. Die orthodoxe Theologie wirft traditionell der westlichen Ekklesiologie einen Trend zum Christozentrismus, vereinzelt sogar zum Christomonismus vor[462]. In

der Tat haben die beiden bisher einzigen Dogmatischen Konstitutionen zur Kirche der zwei Vatikanischen Konzilien *Jesus
Christus* zum Titel (»Pastor Aeternus« und »Lumen Gentium«).

– *Kirche in geschichtlicher Entwicklung*

Auf diese Weise wird das ungeschichtliche Geschichtsbild der
Kirche als »Fertigbau« obsolet. Es ist eben historisch einfach
nicht wahr, dass die Kirche von Anfang an auf ein gleichblei-
bendes Reservoir von festgelegten Lehrinhalten in der Ekklesiologie zurückgreifen konnte. Es hat wohl erst gegen Ende der
40er-Jahre des ersten christlichen Jahrhunderts eine allgemein
rezipierte Entscheidung zur Heidenmission gegeben. Es hat bis
zum 2. Jahrhundert gedauert, bis das Institut des Monepiskopats im Osten erschien, und es hat bis in das 3. Jahrhundert
gedauert, vielleicht sogar noch später, bis es sich in der (Groß-)
Kirche durchgesetzt hat. Der Primat des Bischofs von Rom wird
in den Quellen frühestens ab dem 3. Jahrhundert, deutlich dann
erst im 4. und 5. Jahrhundert greifbar. Die Glaubensbekenntnisse
entstehen ab dem 2. Jahrhundert (Apostolicum), der heutige
Kanon des NT ist erst im 4. Jahrhundert eindeutig nachweisbar.
Auch die Sakramente als »rituelle Grundvollzüge« der Kirche,
so sehr sie in ihrem Inhalt auf das geschichtlich festzustellende
Heilswirken Gottes im Handeln des vorösterlichen Jesus zurückgehen, haben sich in ihrer konkreten Gestalt im Laufe der Zeit
erst allmählich herausgebildet[463]. Wie lässt sich das erklären,
wenn schon der irdische Jesus die Kirche in einer definitiven
Form *gestiftet* hat?

Die Hypothese von Vögtle (bzw. Peterson) ist zumindest in der
deutschsprachigen katholischen Systematik rezipiert. Belege dafür
finden sich bei Hans Küng[464], Heinrich Fries[465], Leonardo Boff[466]
und Miguel Garijo-Guembe (1935–1996)[467]. Drei Beispiele seien
besonders herausgegriffen:

Für **Karl Lehmann** ist der Unterschied »zwischen dem Reich
Gottes, das allein durch die Tat Gottes kommt, und jeder innerweltlichen Einrichtung (einschließlich der Kirche; Anm. W.K.)
fundamental«[468]: »Nicht die Kirche, sondern das Reich Gottes ist
das letzte Ziel der Heilsgeschichte.« Lehmann spricht von einem
Prozess der Kirchewerdung, »der aber nicht nur als schnurgerade
Ausführung eines von Anfang klaren Plans aufzufassen ist. Das

Wagnis eines geschichtlichen Weges mit seinen Folgen gehört in dieses Geschehen hinein.«[469] Als Stufen dieses Prozesses sieht er Jesu Ruf zur Nachfolge (besonders an die Zwölf), die Ablehnung der Jesus-Botschaft und der Jesus-Bewegung durch einen großen Teil des Judentums, Jesu Sterben[470], die Auferstehung und die endgültige Scheidung zwischen dem wahren Israel und dem Judentum. »Überhaupt muss man die ganze Zeit zwischen Ostern und Pfingsten als eine große Einübung in das Kirchewerden verstehen.«[471] Das »Geburtsfest« der Kirche sei Pfingsten[472]. Vor Pfingsten kann man nach Lehmanns Meinung schon deshalb nicht von »Kirche« sprechen, weil ein Wesenszug der Kirche die Scheidung zwischen dem alten und dem neuen Israel ist. Diese Scheidung sei endgültig vollzogen durch die Kreuzigung, die Ablehnung Jesu als des Messias und die Mission bei den Heiden. Lehmann beruft sich für diese Sicht auf das lukanische Geschichtswerk und (!) auf Erik Peterson[473].

Joseph Ratzinger zitiert 2 Kor 3,17[474]: »Der Herr (Kyrios) ist der Geist (Pneuma).« Die Kirche sei zwar vom irdischen Jesus in ihren wesentlichen Elementen (etwa in der Berufung der Zwölf oder in der Feier des Abendmahls) vorgeformt worden, in ihrer konkreten Realität aber eine »Setzung im Heiligen Geist«, die endgültig erst nach der »Glaubensverweigerung Israels« und aufgrund des sich daraus ergebenden »einstweiligen Ausbleibens« der »Basileia« ins Dasein trete. »Dies schließt zugleich ein, dass die Kirche in ihrer konkreten Gestalt nicht allein auf dem Wort des historischen Jesus ruht, sondern auch auf der durch den Heiligen Geist gegebenen Entscheidung der Apostel.«[475] Eine direkte und ausschließliche Herleitung der »Institution« (der sichtbar verfassten Kirche) aus der Inkarnation (und dem irdischen Jesus) ist für Ratzinger »unbiblisch«[476].

Einer der einflussreichsten Protagonisten dieses Modells im 20. Jahrhundert war **Karl Rahner**[477]. Er geht von der Beobachtung aus, dass der Kanon des NT erst im 4. Jahrhundert endgültig feststand. Das heißt für ihn, dass die lehramtliche Aussage[478], die Offenbarung sei »abgeschlossen« »mit dem Tod des letzten Apostels«, offenkundig nicht auf die Augenzeugen Jesu (und auf den Tod des »Johannes« ca. 100) zu begrenzen sei. Übrigens ist hier sicher der neutestamentliche Apostelbegriff zu klären, der etwa für das lukanische Geschichtswerk nur im Blick auf die Zwölf, für Paulus aber sehr viel umfassender konzipiert ist[479]. Rahner stellt nun die Kirchenentstehung in folgender Weise dar: Der Inhalt der Predigt Jesu sei das geschichtliche Ereignis der Ankunft der »Basileia« gewesen. »Zu dieser Basileia gehört selbstverständlich ein Heils-, ein Gottesvolk, das diese Basileia bildet, da sie ja ein Ereignis ist, das der Heilswille Gottes gerade dadurch zustande bringt, dass er das Volk der Glaubenden sammelt.«[480] Für jüdisches Denken sei es paradox und unverständlich zu sagen, Jesus habe die »Basileia« verkündet, aber keine sichtbare Gemeinschaft intendiert. Das Besondere der »Basileia« sei ja gerade der Umstand, dass der Mensch in eine Gemeinschaftsbeziehung zu Gott und zu den Mitmenschen trete und nicht mehr vereinzelt und isoliert bleiben müsse. Die Entstehung der Kirche selbst sei ein geschichtliches Geschehen. Diese Geschichte sei zum einen stets *Heils*geschichte, in der Gott an seinem Volk handle[481]. Zum anderen sei sie aber auch zugleich eine echte *Geschichte* freier Akteure, d. h. Gottes *und* der Menschen. Eine Geschichte sei nicht programmierbar, denn wäre sie dies, wäre sie eben nicht mehr Geschichte, sondern ein inszeniertes Theaterstück, das einem vorgegebenen Libretto folge. Das gelte auch für die Geschichte der Organisation und der Struktur der Kirche. In der konstitutiven Zeit der Kirche (etwa bis zum 4. Jahrhundert)[482] habe sich die Kirche – »aus der – wenn man so sagen darf – Mutterlauge ihres ursprünglichen Anfangs heraus«[483] – aus den gesellschaftlich-biblisch vorgegebenen verschiedenen Möglichkeiten in *freier* Entscheidung bestimmte Strukturen gegeben, die »göttliches Recht« und nicht mehr in Freiheit abzuschaffen seien[484]. »Göttliches Recht« (ius divinum) heißt in theologischer Fachsprache, dass etwas in der Kirche nicht mehr der Verfügungsgewalt der Menschen untersteht und deshalb auch nicht als irrelevant für das Wesen der Kirche erklärt werden kann. Konkret: In dieser Zeit habe sich die Kirche eine verbindliche Lehre (in der Gestalt des neutestamentlichen Kanons) und eine ebenso verbindliche Struktur (in der Form einer monarchisch-episkopalen Verfassung und eines bleibenden Petrusamtes) gegeben[485]. Da diese Entscheidung vom Heiligen Geist gleichsam sanktioniert worden sei, sei sie für die Folgezeit irreversibel[486]. Diese Entscheidungen seien dann »von Jesus herkünftig«, wenn nachgewiesen werden könne, dass sie »innerhalb der durch Jesus und den Glauben an ihn gegebenen echten Möglichkeiten liegen«, »auch wenn sie nicht auf ein eigenes und für uns eindeutig historisch greifbares Stiftungswort Jesu zurückgeführt werden können«[487]. Es widerspricht also nach Rahner nicht einander, wenn die geschichtliche Entwicklung der Strukturen der Kirche (einschließlich der erst allmählich wachsenden theologischen Einsicht in ihre Notwendigkeit, die ja selbst wieder geschichtlich bedingt ist) schlicht konstatiert und doch zugleich die bleibende Notwendigkeit dieser geschichtlich gewachsenen Strukturen behauptet wird[488]. So laufe eben Geschichte ab. Geschichte ist nach Rahners Auffassung eine »Einbahnstraße«. Man könne nicht immer von vorne anfangen[489]. Mit all diesen Entscheidungen (auch der späteren Zeit in den Dogmatisierungen der Konzilien der Christentumsgeschichte) sei dann regelmäßig der Weg *zurück* versperrt. Man kann also nach der Meinung Rahners nicht so tun und sagen, dass es uns noch einmal freisteht, darüber zu beschließen, ob wir wieder eine jüdische Sekte werden wollen oder ob bestimmte Schriften dem Kanon des NT hinzugefügt oder aus ihm entfernt werden sollten. In diesem Fall würde die Identität des christlichen Glaubens in Frage gestellt[490]. Aber in derselben Weise hätten diese Strukturen (und zumal die Verfassungsstrukturen wie Bischofsamt oder Petrusamt) eine Geschichte *nach vorne*, die offen und damit wirkliche *Geschichte* sei[491].

2.5 Lehramtliche Aussagen

Dieses Geschichtsbild (nicht unbedingt in der Deutung Rahners) ist auch in lehramtliche Dokumente eingegangen. Dazu eine Vorbemerkung: Die für eine katholische Theorie der Dogmengeschichte und -hermeneutik sehr wichtige Nr. 5 der »Erklärung ›Mysterium Ecclesiae‹ zur katholischen Lehre über die Kirche und ihre Verteidigung gegen einige Irrtümer von heute« (15. Februar 1975) stellt die geschichtliche Bedingtheit aller kirchlich-dogmatischen Glaubensaussagen (und damit natürlich auch aller ekklesiologischen Formeln) heraus und betont zugleich auch die Notwendigkeit des theologischen Bemühens um die Klärung des eigentlichen Sinnes dieser Wahrheiten angesichts der jeweils geschichtlich verankerten Sprach- und Ausdrucksformen, der »bisweilen« (nonnumquam) unvollständigen (»in unvollständiger, aber deshalb nicht in falscher Weise«) und einseitigen Artikulation, der je konkret-situativen Perspektivität und der »bisweilen« (inter-dum) auch vom Lehramt nicht zu vermeidenden Kontaminierung der Glaubenswahrheiten durch diese Probleme der Versprach-lichung der Offenbarungsinhalte[492]. Angewendet auf die lehramt-lichen Aussagen zur Entstehung der Kirche heißt dies: Die Bin-dung der ekklesiologischen Aussagen an eine bestimmte Sprache und auch an bestimmte geschichtliche Situationen wird auch vom Lehramt eingeräumt. Ebenso wird aber weiterhin eine wirkliche Entfaltung des christlichen Glaubens zugestanden, die den an-gezielten Sinn von Schrift (und Tradition) bestätigt und erhellt und auf diese Weise die grundlegende Identität der apostolischen Lehre (als Niederschlag der geoffenbarten Wahrheit) beibehält. Damit wird weiterhin die Situationsbezogenheit (und Perspek-tivität) der lehramtlichen Aussagen in der Klärung konkreter Einzelfragen und der spezifischen Abgrenzung von zeitgeschicht-lichen irrigen Anschauungen anerkannt. Die ekklesiologischen Aussagen stehen also nicht gleichsam übergeschichtlich und abso-lut in sich selbst, sondern sind immer das Produkt einer geistigen Auseinandersetzung um den Sinn der christlichen Offenbarung[493]. Folgende lehramtliche Texte sind relevant:

(1) *Der »Antimodernisteneid«* (1. September 1910)
Der »Antimodernisteneid«, der im Motu Proprio »Sacrorum anti-stitum« (1. September 1910) allen kirchlichen Amtsträgern ver-bindlich gemacht wurde, erklärt als »Lehrkapitel«, dass die Kirche durch den irdischen Jesus »unmittelbar und direkt eingesetzt« (proxime ac directo institutam) worden sei[494]. Das war vor allem gegen Loisy gesagt und will unterstreichen, dass Jesus von Naza-ret in der Tat die Absicht hatte, eine Gemeinschaft zu begründen, die nach seinem Tod fortwirken sollte. In der Praxis wurde die Aussage aber häufig im Sinne einer unmittelbaren Kirchen*stiftung* (im Sinne des Geschichtsmodells der Kirche als »Fertigbau«) ver-standen. Der Text des Eides stammte von Louis Billot SJ und Wil-lem van Rossum CSsR, die die Auffassung vertraten, der Eid sei ein Glaubensbekenntnis (sodass eine Person, die ihn nicht ablegen wolle, zu exkommunizieren sei). Die Kardinäle des Sanctum Offi-cium widersprachen ausdrücklich dieser Einschätzung und stell-ten fest, der Eid sei »nur« eine Gehorsamsleistung gegenüber dem Lehramt. Eidverweigerer wurden deshalb suspendiert oder vom

Lehramt ausgeschlossen[495]. Die Eidesverpflichtung wurde 1967 von Papst Paul VI. abgeschafft.

(2) *Die Enzyklika »Mystici Corporis« (29. Juni 1943)*
Die Kirchenenzyklika »Mystici Corporis« von Papst Pius XII. spricht von einer gestuften Gründung (das dafür verwendete lateinische Wort heißt »condere«) der Kirche[496].

a) Den ersten Schritt habe Jesu durch die Predigt des Evangeliums getan. Er habe selbst gepredigt, Apostel erwählt und gesandt, ihnen in Petrus ihr Haupt gegeben, ihnen die Offenbarung Gottes mitgeteilt, die Taufe angeordnet und im Abschiedsmahl die Eucharistie eingesetzt. Zu den grundlegenden Elementen der Kirchenentstehung werden als Akte des irdischen Jesus die Predigt von der »Basileia«, die Wahl und Sendung der Apostel (einschließlich der Berufung des Petrus in eine besondere Stellung innerhalb des Zwölferkreises), die Übermittlung der Offenbarungslehre an die Apostel und die Beauftragung zu Taufe und Eucharistie gerechnet.

b) Dieses Werk der Grundlegung habe Jesus am Kreuz vollendet (»consummavisse«). Die Enzyklika belegt mit Eph 2,14–16 (und mit patristischen Zitaten), dass erst der Tod Jesu am Kreuz das jüdische Gesetz abrogiert und eine Jesus-Christus-Gemeinde aus Juden *und* Heiden ermöglicht. Der Kreuzestod ist also *der* eigentliche Gründungsakt der Kirche (»Quam autem sanguine suo condidit Ecclesiam …«). Erst durch das Sterben am Kreuz sei Jesus Christus »im Vollsinn des Wortes Haupt der Kirche geworden«.

c) Im Pfingstgeschehen wird, erklärt die Enzyklika weiter, diese neue Gemeinschaft (aus Juden und Heiden), d. h. die Kirche, in der Öffentlichkeit manifestiert und sichtbar (»manifestare ac promulgare«) gemacht. Für die Außenstehenden ist deshalb Pfingsten das Stiftungsfest der Kirche.

(3) *Die Kirchenkonstitution »Lumen Gentium« (21. November 1964)*
Die Dogmatische Konstitution »Lumen Gentium« spricht gleichfalls von einer »Gründung« (fundatio) der Kirche (LG 5,1). Auch sie unterscheidet drei Stufen.

– Den »Anfang seiner Kirche« habe Jesus durch die Predigt der Ankunft der »Basileia« gesetzt. Diese »Basileia« leuchte auf im

Wort der Verkündigung Jesu, in seinem »Werk«[497] und »vor allem« in der Person Jesu selbst[498] (LG 5,1). Das Konzil geht also von einem Prozess der Kirchenentstehung aus. Zugleich wird durch den Verweis auf die Gegenwart der »Basileia« in Jesus Christus auch die Aussage theologisch gestützt, dass die Kirche (als »Mysterium«) »eine einzige komplexe Wirklichkeit (sei), die aus menschlichem und göttlichem Element zusammenwächst« (LG 8,1). Die Menschlichkeit des Menschen ist der Ort, an dem Gott sich selbst offenbart. Der personale Vollzug der alttestamentlich bezeugten Gottebenbildlichkeit des Menschen in seiner Vollendung ist Jesus Christus, der Erlöser, den LG 2 in neutestamentlicher Sprache als »Bild des unsichtbaren Gottes« bzw. als den »Erstgeborene(n) aller Schöpfung« (Kol 1,15) tituliert. Die (erwählten) Menschen seien »vorhergekannt und vorherbestimmt, gleichförmig zu werden dem Bild seines Sohnes, auf dass dieser der Erstgeborene sei unter vielen Brüdern« (Röm 8,29)[499].

– Die Kirche (als »das im Mysterium schon gegenwärtige Reich Christi«) wird »sichtbar in der Welt« (LG 3). Die Kirchenkonstitution stellt in Artikel 3 (im Sinne der patristischen Exegese von Joh 19,34) ausdrücklich eine Verbindung von Kreuzesgeschehen und Kirche her: Blut (als Symbol der Eucharistie) und Wasser (als Zeichen der Taufe) entströmen der Seitenwunde Jesu. Die beiden kirchenkonstituierenden Sakramente Taufe (als Taufe auf den Namen der Trinität einschließlich Christi bzw. – in der paulinischen Deutung der Taufe – als Sterben und Auferwecktwerden in Christus) und Eucharistie (als Gedächtnisfeier seiner Passion und seiner Auferstehung) gründen »zeichenhaft« im Kreuzesgeschehen, das (chronologisch) stattgefunden haben muss, *damit* Kirche anfangen und wachsen kann. Ähnlich sieht das die Liturgiekonstitution (SC 5,2): »Denn aus der Seite des am Kreuz entschlafenen Christus ist das wunderbare Geheimnis der ganzen Kirche hervorgegangen.«

– »Offenbart« worden ist die Kirche, heißt es weiter in der Kirchenkonstitution, »durch die Ausgießung des Heiligen Geistes« zu Pfingsten (LG 2). Pfingsten ist die öffentliche Proklamation der Kirche und in diesem Sinne der Geburtstag der Kirche (vgl. LG 4,1; 5,2)[500].

2.6 Resümee

Wie ist also die Frage zu beantworten, ob Jesus von Nazaret tatsächlich eine Kirche ins Leben gerufen habe? Im Sinne der terminologischen Unterscheidung von »stiften« und »gründen« lässt sich sagen: Jesus von Nazaret hat während seines irdischen Wirkens natürlich (noch) keine Kirche *gestiftet*[501]. Das wäre angesichts seines Selbstverständnisses und seines Sendungsbewusstseins weder historisch noch theologisch plausibel. Es geht ihm zunächst um eine prinzipiell offene Gruppe (durchaus auch im Sinn einer Gemeinschaft) innerhalb Israels, in die hinein er das ganze Volk sammeln will. Trotzdem geschieht in seiner Predigt und in seinem Leben die *Grundlegung* der Kirche. Die Kirche ist kein Missverständnis oder eine Verzeichnung der Botschaft, für die Jesus in den Tod gegangen ist. Ich schlage folgende Rekonstruktion vor, von der ich überzeugt bin, dass sie den historischen Fakten, den Aussagen des Lehramtes und dem zeitgenössischen theologischen Diskussionsstand entspricht, weil sie die Geschichtlichkeit (oder theologisch: das Faktum der Inkarnation) der Person Jesus von Nazaret und der Jesus-Christus-Gemeinde ernst nimmt[502].

Jesus hat sich als gesandt zu dem sichtbaren und empirischen Volk Israel verstanden[503]. Seine Botschaft war ein Aufruf zu einer Sammlungsbewegung in, für und mit Israel und ein Ruf zur Umkehr angesichts der hereinbrechenden »Basileia« Gottes. Dass er das konkrete Volk Israel im Blick hatte, beweist z. B. die Konstituierung des Zwölfer-Kreises (d. h. die Neukonstituierung des Zwölf-Stämme-Volkes). Die Auseinandersetzung der Protagonisten im »antiochenischen Zwischenfall« (d. h. der Jakobusleute, des Kephas und des Paulus) wird völlig unverständlich, wenn schon der historische Jesus *eindeutig* den Blick über Israel hinaus gerichtet hätte. Die Botschaft der »Basileia« (enthalten vor allem in den Gleichnissen, aber auch in den radikalen Forderungen der matthäischen Bergpredigt [Mt 5–7] bzw. in der lukanischen Feldrede [Lk 6,17–40]), die zugleich auch ein konkretes Gottesbild proklamiert, der damit zusammenhängende Ruf in die Nachfolge (die eine bestimmte Praxis impliziert), sein praktischer Umgang mit den Menschen, denen er begegnete, und sein Leben des absoluten Gottvertrauens sind maßgeblich für alle, die sich religiös auf Jesus beziehen. In diesem Sinne ist jede Gemeinschaft von Menschen, die sich auf Jesus Christus berufen, im Leben des historischen Jesus »grundgelegt«.

Mit der Botschaft von der unmittelbar hereinbrechenden »Basileia« ist Jesus in Israel (zumindest bei den führenden Personen und in der breiten Masse des Volkes) gescheitert. Schwierig ist allerdings die psychologisierende Frage zu beantworten, wann genau Jesus selbst zum Bewusstsein dieses Scheiterns gekommen ist, in der »Galiläischen Krise«, wenn es tatsächlich eine solche gegeben hat[504], in der Interpretation seines eigenen Sterbens als »Sühne für die Vielen« (nach dem Vorbild Deutero-Jesajas) oder in der Abendmahlsszene. Alle Evangelien berichten jedenfalls, dass es einen Bruch in der öffentlichen Wirktätigkeit Jesu gegeben und er seinen Tod interpretiert habe. In dieser Phase, d. h. in der Deutung des Todes Jesu durch ihn selbst und durch die Jüngergemeinde, im Kreuzesgeschehen und in der Auferstehung, werden die Weichen gestellt. Zu diesen Weichenstellungen gehören als Taten des irdischen Jesus die Sammlung der Jünger als einer Kontrastgesellschaft und damit einer Nachfolgegemeinschaft (mit einem spezifischen Ethos, das etwa in der Bergpredigt artikuliert ist) und die Feier des letzten Mahles Jesu (mit der dort gegebenen Interpretation der Passion). Die Berichte der Evangelienüberlieferung zu diesen zwei Handlungen Jesu beziehen sich wohl auf historische Ereignisse (so sehr auch die Einzelheiten redaktionell bearbeitet sein mögen). Angesichts der neutestamentlichen Textüberlieferung ist es schwierig, andere Taten, die zuweilen in diesem Zusammenhang genannt werden (etwa die Berufung des Petrus zu einer besonderen Stellung im Jüngerkreis) *eindeutig* dem irdischen Jesus zuzuschreiben, wenn auch die Rede von einem »Petrusdienst«, der vom irdischen Jesus grundgelegt ist, durchaus in der aktuellen Exegese begegnet[505]. Die Tradition spricht davon, dass in dieser Zeit des Kreuzesgeschehens (mit der Auferstehung) die Kirchengründung »vollendet« sei.

In der konstitutiven Zeit der Kirche (Stichwort: »Pfingsten«) deuten die Jünger und Jüngerinnen Jesu aufgrund von bestimmten Akten des Auferstandenen (Christophanien) und unter Anleitung des Geistes des erhöhten Herrn (Geistsendung zu Pfingsten) in einer Relecture (Re-Lektüre) des Lebens Jesu sein Leben und seine Botschaft. Ein Beispiel für diese Reinterpretation bietet etwa die

Emmaus-Erzählung (Lk 24,13–35). Das führt zu einer Christologie und zu einer Ekklesiologie. Wolfgang Trilling hat beide Denkbewegungen in Beziehung zueinander gesetzt und, analog zur sogenannten impliziten Christologie, von der »impliziten Ekklesiologie« des NT gesprochen[506]. Im Umfeld des Pfingstgeschehens ist die Kirche »offenbar« und sich ihrer selbst bewusst geworden. Im lukanischen Geschichtswerk erscheint der Name »ekklesia« (Apg 5,11) zum ersten Mal nach dem Bericht über das Pfingstereignis (Apg 2,1–4). Die Diskontinuität (bei aller bleibenden Kontinuität und Verwiesenheit auf Israel) zeigt sich in der Taufe auf den Namen Jesu, in der gottesdienstlichen Praxis, in der Herausbildung erster organisatorischer Strukturen und – wohl entscheidend – in dem Weg zu den Heiden. Die nachösterliche Begründung der Heiden- (bzw. Völker-)Mission entspricht dem Zeugnis des NT, dass es erst die Erscheinungen des Auferstandenen gewesen seien, die einen über Israel hinausgehenden Missionsauftrag an die Völker enthalten haben (vgl. Mt 28,19f im Kontrast zu Mt 10,6; 15,24). Allerdings ist die Warnung Karl Lehmanns vor einer zu starken Betonung des »Ostergrabens« zu bedenken[507]. Die Entscheidung zur Heidenmission ist nicht eine ausschließlich menschliche Initiative der Jünger (unter Umständen aus Frustration über die weithin gescheiterte Judenmission) und sie ersetzt auch nicht den (nach dem neutestamentlichen Zeugnis) schon von Jesus erhobenen Umkehrruf an das Gottesvolk Israel, der auch von christlichen Missionaren und zumal von Paulus weiterhin ausgesprochen wird. Die Heidenmission gründet in einem expliziten Auftrag des Auferstandenen, aber sie hat auch vorösterliche Anhaltspunkte in dem (zugegebenermaßen seltenen) Umgang des irdischen Jesus mit Nicht-Juden[508].

Die Kirche ist also in einem Prozess entstanden, der seinen Ausgang beim historischen Jesus nimmt, in einem dialektisch-dialogischen Handeln Gottes an seinem Volk Israel eine Zuspitzung im Kreuzesgeschehen erfährt und einen gewissen Abschluss im Pfingstereignis findet[509]. Nach katholischem Verständnis hat sich in diesem geschichtlichen Ablauf zugleich »die grundlegende, bleibende und endgültige Struktur der Kirche« geformt[510].

Dieses Phänomen einer geschichtlichen Interpretation historischer Fakten bzw. einer geschichtlichen Hermeneutik historischer Personen und Vorgänge gibt es auch in anderen Religionen und

Zusammenhängen. In dem Midrasch bMen 29b zeigt Gott dem Mose, als dieser in den Himmel steigt, die Tora zu holen, das Lehrhaus des Rabbi Akiba (Aqiba) (aus dem 2. Jahrhundert n. Chr.), damit er zuhören kann. »Er (Mose; Anm. W. K.) verstand aber ihre Unterhaltung nicht und war darüber bestürzt. Als (Aqiba) zu einem (bestimmten) Problem Stellung nahm, fragten ihn seine Schüler: Woher weißt du das? und (Aqiba) antwortete ihnen: Dies ist eine Lehre des Moses vom Sinai! Da wurde (Mose) beruhigt.«[511] Die philosophische Debatte im 19. und 20. Jahrhundert um die Hermeneutik von Texten und Menschen hat darauf hingewiesen, dass es offensichtlich möglich ist, diese nachträglich in ihrer eigentlichen Intention besser zu verstehen als sie sich selbst verstanden haben. Speziell in der Deutung der Kirchenentstehung standen am Anfang geschichtliche Erfahrungen (etwa die Christophanien, das Erlebnis der Zusammengehörigkeit der an Jesus Christus Glaubenden usw.), die ihrerseits in einer Glaubensperspektive gedeutet wurden. Diese Glaubenserfahrungen führten frühzeitig zu einer Re-Lektüre des Lebens und der Botschaft Jesu und zugleich zu einer Re-Lektüre der Schrift[512].

Texte

Das Glaubensbekenntnis des Konzils von Chalkedon (325) (DH 301f):

»In der Nachfolge der heiligen Väter also lehren wir alle übereinstimmend, unseren Herrn Jesus Christus als ein und denselben Sohn zu bekennen: derselbe ist vollkommen in der Gottheit und derselbe ist vollkommen in der Menschheit; derselbe ist wahrhaft Gott und wahrhaft Mensch aus vernunftbegabter Seele und Leib; derselbe ist der Gottheit nach dem Vater wesensgleich und der Menschheit nach uns wesensgleich, in allem uns gleich außer der Sünde (vgl. Hebr 4,15); derselbe wurde einerseits der Gottheit nach vor den Zeiten aus dem Vater gezeugt, andererseits der Menschheit nach in den letzten Tagen unsertwegen und um unseres Heiles willen aus Maria, der Jungfrau (und) Gottesgebärerin, geboren;
ein und derselbe ist Christus, der einziggeborene Sohn und Herr, der in zwei Naturen unvermischt, unveränderlich, ungetrennt und unteilbar erkannt wird, wobei nirgends wegen der Einung der Unterschied der Naturen aufgehoben ist, vielmehr die Eigentümlichkeit jeder der beiden Naturen gewahrt bleibt und sich in einer Person und einer Hypostase vereinigt; der einziggeborene Sohn, Gott, das Wort, der Herr Jesus Christus, ist nicht in zwei Personen geteilt oder getrennt, sondern ist ein und derselbe, wie es früher die Propheten über ihn und Jesus Christus selbst es uns gelehrt und das Bekenntnis der Väter es uns überliefert hat.«

Albert Schweitzer, Geschichte der Leben-Jesu-Forschung (UTB 1302), Tübingen (1906) ⁹1984, 620f:

»Es ist der Leben-Jesu-Forschung merkwürdig ergangen. Sie zog aus, um den historischen Jesus zu finden, und meinte, sie könnte ihn dann, wie er ist, als Lehrer und Heiland in unsere Zeit hineinstellen. Sie löste die Bande, mit denen er seit Jahrhunderten an den Felsen der Kirchenlehre gefesselt war, und freute sich, als wieder Leben und Bewegung in die Gestalt kam und sie den historischen Menschen Jesus auf sich zukommen sah. Aber er blieb nicht stehen, sondern ging an unserer Zeit vorüber und kehrte in die seinige zurück. Das eben befremdete und erschreckte die Theologie der letzten Jahrzehnte, dass sie ihn mit allem Deuteln und aller Gewalttat in unserer Zeit nicht festhalten konnte, sondern ihn ziehen lassen musste. Er kehrte in die seine zurück mit derselben Notwendigkeit, mit der das befreite Pendel sich in seine ursprüngliche Lage zurückbewegt.«

Motu Proprio »Sacrorum antistitum« (1. September 1910) (=»Antimo-dernisteneid«) (DH 3540):

»Ebenso glaube ich mit festem Glauben, dass die Kirche, die Hüterin und Lehrerin des geoffenbarten Wortes, durch den wahren und geschicht-lichen Christus selbst, als er bei uns lebte, unmittelbar und direkt ein-gesetzt und dass sie auf Petrus, den Fürsten der apostolischen Hierarchie, und seine Nachfolger in Ewigkeit erbaut (wurde).«

Dogmatische Konstitution »Lumen Gentium«, Art. 5, in: LThK² 12, 163:

»Das Geheimnis der heiligen Kirche wird in ihrer Gründung offenbar. Denn der Herr Jesu machte den Anfang seiner Kirche, indem er frohe Bot-schaft verkündigte, die Ankunft nämlich des Reiches Gottes, das von alters her in den Schriften verheißen war: ›Erfüllt ist die Zeit, und genaht hat sich das Reich Gottes‹ (Mk 1,15; vgl. Mt 4,17). Dieses Reich aber leuch-tet im Wort, im Werk und in der Gegenwart Christi den Menschen auf ... Als aber Jesus nach seinem für die Menschen erlittenen Kreuzestod aufer-standen war, ist er als der Herr, der Gesalbte und als der zum Priester auf immerdar Bestellte erschienen (vgl. Apg 2,36; Hebr 5,6; 7,17–21) und hat den vom Vater verheißenen Geist auf die Jünger ausgegossen (vgl. Apg 2,33). Von daher empfängt die Kirche ... die Sendung, das Reich Christi und Gottes anzukündigen und in allen Völkern zu begründen. So stellt sie Keim und Anfang dieses Reiches auf Erden dar. Während sie allmählich wächst, streckt sie sich verlangend aus nach dem vollendeten Reich ...«

Dogmatische Konstitution »Lumen Gentium«, Art. 8, in: LThK² 12, 171–173:

»Die mit hierarchischen Organen ausgestattete Gesellschaft und der ge-heimnisvolle Leib Christi, die sichtbare Versammlung und die geistliche Gemeinschaft, die irdische Kirche und die mit himmlischen Gaben be-schenkte Kirche sind nicht als zwei verschiedene Größen zu betrachten, sondern bilden eine einzige komplexe Wirklichkeit, die aus menschlichem und göttlichem Element zusammenwächst. Deshalb ist sie in einer nicht unbedeutenden Analogie dem Mysterium des fleischgewordenen Wortes ähnlich. Wie nämlich die angenommene Natur dem göttlichen Wort als lebendiges, ihm unlöslich geeintes Heilsorgan dient, so dient auf eine ganz ähnliche Weise das gesellschaftliche Gefüge der Kirche dem Geist Christi, der es belebt, zum Wachstum seines Leibes (vgl. Eph 4,16). Dies ist die einzige Kirche Christi, die wir im Glaubensbekenntnis als die eine, heilige, katholische und apostolische bekennen. Sie zu weiden, hat unser Erlöser nach seiner Auferstehung dem Petrus übertragen (Joh 21,17), ihm und den übrigen Aposteln hat er ihre Ausbreitung und Leis-tung anvertraut (vgl. Mt 28,18–20), für immer hat er sie als ›Säule und

Feste der Wahrheit‹ errichtet (1 Tim 3,15). Diese Kirche, in dieser Welt als Gesellschaft verfasst und geordnet, ist verwirklicht (subsistit) in der katholischen Kirche, die vom Nachfolger Petri und von den Bischöfen in Gemeinschaft mit ihm geleitet wird. Das schließt nicht aus, dass außerhalb ihres Gefüges vielfältige Elemente der Heiligung und der Wahrheit zu finden sind, die als der Kirche Christi eigene Gaben auf die katholische Einheit hindrängen.«

Kongregation für die Glaubenslehre, Erklärung »Mysterium Ecclesiae« zur katholischen Lehre über die Kirche und ihre Verteidigung gegen einige Irrtümer von heute (15. Februar 1975), hrsg., eingeleitet und kommentiert v. Karl Lehmann, Trier 1975, 147–155 (Nr. 5) (Die Klammern zitieren den lateinischen Urtext oder die Anmerkungen):

»Die Weitergabe der göttlichen Offenbarung durch die Kirche gerät in Schwierigkeiten verschiedener Art. Diese entstehen dadurch, dass die verborgenen Geheimnisse Gottes ›ihrer Natur nach den menschlichen Verstand in der Weise übersteigen, dass sie auch nach erfolgter Offenbarung und gläubiger Annahme dennoch vom Schleier des Glaubens bedeckt und gleichsam in Dunkel gehüllt bleiben‹ (›Dei Filius‹: DS 3016); ferner auch aus der historischen Bedingtheit, der der Ausdruck der Offenbarung unterliegt.

Was diese Geschichtlichkeit (historica condicio) angeht, muss zunächst bedacht werden, dass der Sinn, den die Glaubensaussagen haben, teilweise von der Aussagekraft der zu einer bestimmten Zeit und unter bestimmten Umständen angewandten Sprache abhängt. Außerdem kommt es bisweilen (nonnumquam) vor, dass eine dogmatische Wahrheit zunächst in unvollständiger, aber deshalb nicht falscher Weise ausgedrückt wird und später im größeren Zusammenhang des Glaubens und der menschlichen Erkenntnisse betrachtet und dadurch vollständiger und vollkommener dargestellt wird. Ferner will die Kirche in ihren neuen Aussagen das, was in der Heiligen Schrift und in den Aussagen der frühen Überlieferungen schon einigermaßen enthalten ist, bestätigen oder erhellen (dilucidare); sie pflegt dabei aber zugleich an die Lösung bestimmter Fragen und die Beseitigung von Irrtümern zu denken. All dem muss man Rechnung tragen, um jene Aussagen richtig zu deuten. Schließlich unterscheiden sich zwar die Wahrheiten, die die Kirche in ihren dogmatischen Formeln wirklich lehren will, von dem wandelbaren Denken einer Zeit und können auch ohne es zum Ausdruck gebracht werden; trotzdem kann es aber bisweilen (interdum) geschehen, dass jene Wahrheiten auch vom Lehramt in Worten vorgetragen werden, die Spuren solchen Denkens an sich tragen.

Dies beachtend muss man sagen, dass die dogmatischen Formeln des kirchlichen Lehramtes die offenbare Wahrheit von Anfang an in geeigneter Weise mitgeteilt haben und, auch wenn die Formeln dieselben bleiben, das auch weiterhin tun werden, wenn man sie richtig interpretiert. Daraus folgt allerdings nicht, jede einzelne von ihnen sei oder bleibe dazu in gleicher Weise geeignet. Deshalb mühen sich die Theologen, die Lehrabsicht, die jene verschiedenen Formeln wirklich enthalten, genau zu umschreiben, und mit dieser Bemühung leisten sie dem lebendigen Lehramt der Kirche, dem sie unterstehen, eine bedeutende Hilfe. Darüber hinaus geschieht es aus demselben Grunde immer wieder, dass alte dogmatische und andere, ihnen irgendwie nahestehende Formeln im alltäglichen Gebrauch der Kirche lebendig und fruchtbar bleiben und ihnen dennoch in geeigneter Weise neue Darlegungen und Aussagen beigefügt werden, die ihren ursprünglichen Sinn bewahren und erhellen (illustrent). Ferner ist es auch schon geschehen, dass im alltäglichen Gebrauch der Kirche manche von jenen Formeln verschwunden sind zugunsten neuer Ausdrucksweisen, die, vom Lehramt vorgelegt und gebilligt, den gleichen Sinn klarer und vollständiger wiedergeben.

Der Sinn der dogmatischen Formeln selbst aber bleibt in der Kirche immer wahr und konstant, wenn er auch mehr erhellt (dilucidatur) und vollständiger erkannt wird. Die Christgläubigen müssen sich also von der Meinung abwenden, nach der: Erstens die dogmatischen Formeln (oder gewisse Arten von ihnen) die Wahrheit nicht bestimmt, sondern nur veränderlich approximativ bezeichnen und dabei verunstalten oder verändern; zweitens die Wahrheit nur unbestimmt bezeichnen, die man ständig durch die genannten Annäherungswerte suchen müsse. Wer eine solche Meinung annimmt, entgeht nicht einem dogmatischen Relativismus und verfälscht den Begriff der Unfehlbarkeit der Kirche, die sich auf die Lehre und das Festhalten der Wahrheit in bestimmter Gestalt erstreckt.«

3. Kirche im Neuen Testament

Es ist inzwischen in der Theologie ein Allgemeinplatz zu sagen, dass es nicht *eine* Ekklesiologie des NT gibt, sondern *mehrere* Ekklesiologien. Das darf man allerdings nicht in dem Sinn verstehen, als ob es sich jeweils um vollständig ausgeführte Ekklesiologien handle. Das NT reflektiert nicht eine feste Struktur bzw. eine »gewordene« Kirche, von der allenfalls am Ende des 2. bzw. am Anfang des 3. Jahrhunderts die Rede sein kann, sondern Schlaglichter auf dem Weg zu einer vollendeten Kirchenstruktur und -organisation bzw. eine »Kirche im Werden«[1]. Theologisch und interkonfessionell umstritten ist, wie dieses Faktum theologisch zu werten ist: als heutige Legitimation unterschiedlicher, ja konkurrierend-konträrer Kirchentümer (so tendenziell evangelische Stimmen) oder als Stufen auf einem Weg zu je größerer Klarheit und Eindeutigkeit (so die traditionell katholische Position, die von einem organischen Wachstum der Wahrheit des Evangeliums ausgeht). Historisch unbestritten ist allerdings, dass bestimmte Elemente der katholischen Kirchensicht, konkret die Amtstrukturen, die auf göttliches Wollen zurückgeführt werden, spätestens im 2. Jahrhundert in literarischen Texten außerhalb des NT nachgewiesen werden können und schließlich dominieren. Adolf von Harnack hatte das »Abgleiten« in den Katholizismus (wie er das Ergebnis dieser Entwicklung wertete) durch den Kampf gegen den Gnostizismus im 2. Jahrhundert erklärt. Seit dieser Diagnose wird gerne vom »Frühkatholizismus« gesprochen, der im evangelischen Denken den Sündenfall und den Abfall nach der apostolischen Zeit beschreibt[2]. Manche Vertreter der Bultmannschule hatten in der Diskussion darauf hingewiesen, dass »frühkatholische« Argumentationen (zur Sicherung der »apostolischen Hinterlassenschaft«) sich schon im NT selbst finden. Das war etwa für den Bultmannschüler Heinrich Schlier der Grund gewesen, zur katholischen Kirche zu konvertieren[3]. Ernst Käsemann hatte deshalb gefordert, in der Kritik schon im neutestamentlichen Kanon selbst (und konkret an den Pastoralbriefen, am lukanischen Geschichtswerk oder am 2. Petrusbrief) anzusetzen und einen »Kanon im

Kanon« aufzustellen, der durch die echten Paulinen repräsentiert sei, und damit zugleich die Schriftbegründung des katholischen Kirchenprinzips aus dem NT auszuscheiden[4].

An dieser Stelle geht es zunächst um die Erhebung des neutestamentlichen Befundes. Eine umfassende Einführung gibt Jürgen Roloff[5]. Thomas Söding[6] liefert eine eher populär gehaltene Fassung. Ich möchte vier Modelle besonders hervorheben. Gemeinsam scheinen all diesen Formen neutestamentlich bezeugter und in der frühen Kirche praktisch gelebter Kirchenmodelle folgende sechs Merkmale zu sein[7]:

(1) *Kleinheit des Anfangs*
Die Gemeinden, von denen das NT redet, sind klein. Angesichts der notorischen Unzuverlässigkeit der Zahlenangaben der antiken Historiographie sind wohl auch die neutestamentlichen Zahlenangaben cum grano salis zu verstehen. Die Berichte der Apg über die enormen Erfolge der urchristlichen Missionspredigt (z. B. Apg 2,41; 4,4) sind »stilisiert«[8]. Verlässliche objektive Zahlen sind kaum ausfindig zu machen. Einen gewissen Anhaltspunkt können die gottesdienstlichen Versammlungsorte der ersten Christengemeinden geben. Offensichtlich genügten für die gottesdienstlichen Versammlungen Privathäuser (vgl. Apg 2,46; 5,42; Röm 16,5; 1 Kor 11,34; Phlm 2). Zu solchen »Hausgemeinden« oder »Hauskirchen« können nicht übermäßig viele Menschen gehört haben.

(2) *Wenig deutliche Hinweise auf Amtsstrukturen*
Schon die paulinischen Briefe zeigen, dass es durchaus von Anfang an klare Verantwortlichkeiten und konkrete Aufgabenverteilungen im Spektrum der gemeindlichen Dienste gab. Das Amt des Apostels war nach dem Ausweis der Quellen wichtig für die konkrete Gemeindegründung und in gewisser Weise auch für die Gemeindeleitung. Über alles andere wissen wir jedoch historisch schlicht zu wenig, um die genaue Organisationsstruktur der ersten christlichen Gemeinden beschreiben zu können. Allerdings scheint es in der Forschung allgemein anerkannt zu sein, dass diese frühen Gemeinden von einem charismatischen Grundzug geprägt waren. Offensichtlich gab es konkrete Erfahrungen von geistlichen Aufbrüchen in Gruppen und von Initiativen geisterfüllter Individuen, die die frühen Christen als wesentliche (oder zumindest wichtige)

Elemente ihres Gemeinschaftslebens erkannten. Über das Zusammenwirken dieser charismatischen Phänomene mit den sich allmählich herausbildenden amtlichen Organisationsformen können wir ebenfalls nur Vermutungen anstellen.

(3) *Situation einer gesellschaftlichen Minderheit*
Besonders die Spätschriften des NT belegen, dass die christlichen Gemeinden, auch verursacht durch die Ablösung vom Judentum, in der Regel sehr bald in eine gesellschaftliche Außenseiterrolle gerieten, die soziale, wirtschaftliche und politische Diskriminierung, bis hin zu Verfolgungen, nach sich zog.

(4) *Gemeinschaft von Juden und Heiden*
Das Charakteristikum der urchristlichen Gemeinden ist die vielfach bezeugte Gemeinschaft von Juden *und* Heiden. Die ersten Christen und unter ihnen zumal die ersten Missionare waren natürlich christliche Juden (»Judenchristen«[9]). Auch Paulus war im weiteren Sinn ein »Judenchrist«, d. h. ein aus dem Judentum stammender Christ. Aber sehr bald entfaltete sich, wenn auch nicht konfliktfrei, eine Heidenmission. Das syrische Antiochia, damals nach Rom und Alexandria die drittgrößte Stadt des Imperium Romanum, spielte in dieser Entwicklung wohl eine zentrale Rolle (vgl. Apg 11,19–26)[10]. Nach dem Zeugnis der Apostelgeschichte war Antiochia die Stadt, in der man die Jünger »zum erstenmal Christen« nannte (Apg 11,26). Auf diese neuartige Form von Gemeinschaft heben nicht nur Paulus und seine Schule, sondern auch andere neutestamentliche Autoren ab.

(5) *Das Christentum als Stadtreligion*
Die ersten christlichen Gemeinden bilden sich, abgesehen von Galiläa und Teilen Kleinasiens, besonders in den (großen) Städten, die im Römischen Reich Anziehungspunkte für Menschen verschiedener Gesellschaftsschichten, Völker und Religionen waren[11]. Die manchmal und mitunter (wie bei Friedrich Nietzsche) polemisch vertretene Auffassung, das Christentum sei vorwiegend die Religion der Zukurzgekommenen, der aus unterschiedlichen Gründen Marginalisierten, der Armen und der Sklaven gewesen, wird durch genauere Fallstudien nicht belegt[12]. Sehr alte christliche Texte (1 Kor 12,13; Gal 3,28) bestätigen vielmehr umgekehrt, dass

die frühen christlichen Gemeinden durchaus heterogen zusammengesetzt waren, wenn auch der Anteil der im gesellschaftlichen Spektrum »unten« angesiedelten Gesellschaftsschichten im Vergleich mit der städtischen Gesamtbevölkerung wohl signifikant höher lag[13].

(6) *In Konkurrenz zu lebendigen Religionsformen*
Das Christentum entsteht nicht in einer Zeit, in der andere Religionen und weltanschaulich-religiöse Systeme im Römischen Reich müde geworden waren und ihm gleichsam kampflos das Feld räumten bzw. ihr Erbe hinterließen. Ganz im Gegenteil! Auf der einen Seite erlebte die jüdische Religion in den Jahrhunderten vor Jesus von Nazaret und im 1. Jahrhundert n. Chr. eine religiöse Blütezeit, die durch die Katastrophe des jüdisch-römischen Krieges allenfalls etwas abgeschwächt, aber doch in der für die kommenden Jahrhunderte maßgeblichen Schulgründung durch Gelehrte (in der sogenannten rabbinischen Periode) fortgesetzt wurde[14]. Auf der anderen Seite ist gerade im Umkreis der Entstehung des Christentums eine Hochkonjunktur verschiedener orientalischer, ägyptischer, griechisch-hellenistischer und römischer Religionen, manchmal in synkretistischen Varianten, festzustellen, die eine enorme Attraktivität entfalten[15]. Das Christentum war also beileibe nicht der einzige Anbieter und Bewerber auf dem Markt der Meinungen, Religionen und Weltanschauungen.
Wie stellen sich nun maßgebliche neutestamentliche Autoren zur Frage der Gemeinde- bzw. Kirchenorganisation?

3.1 Paulus

»Natürlich setzt Paulus Gemeinden voraus, wie er sie unablässig gründet und in seinen Briefen anredet. Eine Theologie der Kirche zu schreiben, hat er jedoch seinen Nachfolgern und heutigen Interpreten überlassen.«[16] Paulus war Gemeinde-Gründer, aber er war auch, was manchmal übersehen wird, Gemeinde-Leiter. Mehr als die Evangelien reflektieren seine Briefe innergemeindliche Probleme und Entwicklungen der frühchristlichen Zeit, da Paulus, durch konkrete Anfragen und Probleme in den Gemeinden herausgefordert, immer wieder die Notwendigkeit sah, ekklesiologi-

122

sche Themen auch grundsätzlich anzusprechen. Ernst Käsemann hat jedoch in dem eben angeführten Zitat recht, wenn er davor warnt, aus den Schriften des Paulus abstrakt eine systematische Ekklesiologie heraus- oder hineinzukonstruieren. Paulus war in dieser Frage in einem echten Sinn ein Gelegenheitsschriftsteller und ein »Missionar und Mann der kirchlichen Praxis«[17]. Klar scheint allerdings zu sein, dass sein ekklesiologisches Denken sich an zwei Grundmotiven orientiert, nämlich an den Begriffen bzw. ekklesiologischen Leitbildern »Leib Christi« und »Volk Gottes«[18].

3.1.1 »Leib Christi«

Dieser Ansatz hat als Bezugsrahmen die Christologie. Die Kirche erscheint »als das Miteinander von Menschen, die durch ein besonders qualifiziertes Verhältnis zu Christus bestimmt sind«[19]. Paulus entwirft dieses Bild ausführlich in 1 Kor 12,12–27. Kaum eine andere Kirchenmetapher hat in der katholischen Theologie eine solche Bedeutung gewonnen wie die paulinische Beschreibung der Kirche als »Leib Christi«[20]. Dabei ist festzuhalten, dass das Bild im NT nur im paulinischen Schrifttum, d. h. in den echten Paulinen und in den deuteropaulinischen Schriften der Paulusschule[21], begegnet. Allerdings ist die Verwendung des Begriffs »Leib Christi« bei Paulus und in den Deuteropaulinen nicht völlig deckungsgleich. Für Paulus ist die Gemeinschaft der Christusgläubigen insgesamt der »Leib Christi«. Der Epheserbrief ergänzt dieses Bild (Eph 4,12) durch die Metapher von Christus als dem Haupt des Leibes (Eph 4,15). Die Spannung dieses Doppelbildes (Christus als Leib und Christus als organisierendes Zentrum des Leibes) löst der Kolosserbrief (der älter als der Epheserbrief ist) auf: Die Kirche ist der Leib; Christus ist das Haupt dieses Leibes (Kol 1,18).
Für Paulus ist die Eintrittskarte in die Gemeinschaft derer, »die durch ein besonders qualifiziertes Verhältnis zu Christus bestimmt sind« (also die Kirche), die Taufe. In ihr ist der Getaufte der alten Wirklichkeit der Welt, in der er bisher lebte, gestorben und mit Christus in einer neuen Wirklichkeit auferstanden (Röm 6,3–8). Die Taufe ist für Paulus schon jetzt eine Auferstehung zu einem neuen Leben »in Christus«. In Gal 3,26–28, »einer Schlüsselstelle paulinischer Ekklesiologie«[22], wird dies so formuliert: »Ihr alle seid durch

den Glauben Söhne Gottes in Christus Jesus. Denn ihr alle, die ihr auf Christus getauft seid, habt Christus (als Gewand) angelegt (oder: habt Christus angezogen). Es gibt nicht mehr Juden und Griechen, nicht Sklaven und Freie, nicht Mann und Frau; denn ihr alle seid ›einer‹ in Christus Jesus.« Paulus ist also offensichtlich der Meinung, dass durch die Taufe »in Christus« eine neue »Sozialstruktur« geschaffen wird. Das »In-Christus«-Sein bedeutet deshalb nicht bloß eine physische oder spirituelle Identifikation mit Christus in einem individualistischen Sinn. Im Hintergrund steht wohl religionsgeschichtlich der Gedanke der »Gesamtpersönlichkeit«, der auch die Argumentation der Adam-Christus-Typologie von 1 Kor 15,20–28 (vgl. Röm 5,11–21) bestimmt: Die Nachkommen sind durch das Handeln und Schicksal des Stammvaters geprägt. Christus ist auf diese Weise der zweite Stammvater (und der endzeitliche Adam), der die geschichtliche Existenz und damit auch die Identität der ihm zugehörigen Menschen reguliert[23]. Das Interesse des Paulus liegt aber nicht auf einer gleichsam mystischen Vereinigung, sondern auf einer bestimmten Form des empirischen Zusammenlebens[24]. Es handelt sich um eine neue Realität, die die alten heilsgeschichtlichen und gesellschaftlichen Differenzen in einer wahrhaft revolutionären Veränderung aufhebt. Paulus scheint davon überzeugt zu sein, dass die von ihm gegründeten und angesprochenen Gemeinden tatsächlich Erfahrungsorte eines (durch Christus vermittelten) neuen Zusammenlebens der Menschen miteinander sind, trotz oder gerade wegen der Kritik, die Paulus an Missständen besonders in Korinth (und an den dort auftretenden Parteiungen) immer wieder massiv formuliert. In der Christusgemeinde wird die gesellschaftliche Wirklichkeit anders dargestellt bzw. wird eine der Gesellschaft gegenüber neue Sozialform menschlichen Zusammenlebens Realität (vgl. besonders Gal 3,28). Das ist ein Motiv, das auch in der synoptischen Tradition begegnet[25].

Der Ort, wo der Christ/die Christin durch die Taufe in diese neuartige (und gleichsam eschatologische) Sozialstruktur, die ganz neue Beziehungen der Menschen zueinander ermöglicht, eingegliedert wird, ist die jeweilige örtliche »ekklesia«[26]. In der griechischen Umwelt ist »ekklesia« die Vollversammlung der freien Bürger der »polis« (unter Ausschluss der Frauen, der Kinder, der Sklaven und der Fremden und Gäste), die zu den Bürgerrechten gehört und in der das Gemeinwesen von den Vollbürgern gestaltet wird. Im Unterschied zu dieser Bedeutung ist die »ekklesia« bei Paulus nicht die nach demokratischen Prinzipien gestaltete (Voll-) Versammlung (in der Antike allerdings nur der freien Bürger), in der das Zusammenleben geregelt wird, sondern eine Versammlung, die »in Christus Jesus« geschieht (1 Thess 2,14; Gal 1,22). Paulus verwendet – bis auf sehr wenige Ausnahmen (Gal 1,13; 1 Kor 15,9; vielleicht auch 1 Kor 10,31) – »ekklesia« zur Bezeichnung der Christen und Christinnen *an einem Ort*. Der wohl älteste erhaltene Paulusbrief beginnt mit der Adresse (1 Thess 1,1): »An die Ekklesia der Thessalonicher ...« Gemeint ist damit gewöhnlich die örtliche *gottesdienstliche* Versammlung. Die »ekklesia« ist deshalb nicht irgendeine oder jede Versammlung, sondern das Zusammenkommen der Christusglaubenden an einem bestimmten Ort zur Feier des Herrenmahles, das die Identität der eucharistischen Versammlung mit dem »Leib Christi« zum Ausdruck bringt. Anachronistisch (und in der Sprache der neueren orthodoxen Theologie) ausgedrückt handelt es sich bei Paulus um eine »eucharistische Ekklesiologie«. Das wird deutlich etwa in 1 Kor 11,17 f.20:

»Wenn ich schon Anweisungen gebe: Das kann ich nicht loben, dass ihr nicht mehr zu eurem Nutzen, sondern zu eurem Schaden zusammenkommt. Zunächst höre ich, dass es Spaltungen unter euch gibt, wenn ihr als ekklesia zusammenkommt; zum Teil glaube ich das auch ... Was ihr bei euren Zusammenkünften tut, ist keine Feier des Herrenmahles mehr.« Interessanterweise sagt Paulus angesichts der Gruppenbildungen nicht: Wenn ihr in verschiedene Parteien gespalten seid, feiert nur das Herrenmahl; dann wird das Problem schon durch die Feier gelöst! Das Herrenmahl ist für ihn nicht der Weg, eine vorher nicht bestehende Einheit zu schaffen. Der Vollzug des Herrenmahles im Zustand der Trennung »ist keine Feier des Herrenmahles mehr«. Diese Aufforderung, *zuerst* die Versöhnung unter den Menschen (und eine Form der Einheit) zu verwirklichen, *damit* Gott die Versöhnung mit sich schenkt, begegnet schon in der Evangelientradition (Mt 6,12.14f).

Pointiert ausgedrückt: Der Sinn der »ekklesia« ist das (auf eine neue Weise) Zusammenkommen. Wo eine Gemeinde dies verkennt, wo sie sich versammelt und trotzdem die alten (in Jesus Christus schon längst aufgehobenen) Rangordnungen abspiegelt, d. h. Parteiungen und Gruppenunterschiede beibehält, oder gar neue Parteiungen produziert, verfehlt sie nicht nur ihren Auftrag, sondern sich selbst. Sie ist dann eine beliebige Versammlung eines Vereins, ja sogar qualitativ schlechter als ein gut funktionierender Verein und gerade nicht »ekklesia«. Paulus erläutert das mit Blick auf die Außenstehenden: Wenn eine »ekklesia« sich nicht um die Vermittlung der verschiedenen in ihr agierenden Geistesansprüche, die sich etwa in der Glossolalie ausdrücken, bemüht und auf diese Weise eine pneumatische Anarchie produziert, die keine gesellschaftlich wirksame Relevanz besitzt (und auch keine Veränderung der gesellschaftlichen Realität bewirkt), ist sie nicht »ekklesia«, sondern nur noch ein Ärgernis[27]. Den reichen Christen in Korinth, die bei der gemeinsamen Mahlzeit im Rahmen der gottesdienstlichen Versammlung die Ärmeren durch ihr Verhalten ausschließen, wirft Paulus deshalb Verachtung der »ekklesia Gottes« vor (1 Kor 11,22). Die »ekklesia Gottes« wird durch ein Verhalten verachtet, das dem Sinn des Zusammenkommens widerspricht, weil es die bestehenden Unterschiede (in diesem Fall sozialer Art) nicht aufhebt, sondern manifestiert oder vergleichgültigt.

In den echten Paulusbriefen wird dreimal ausdrücklich gesagt, dass die Kirche »Leib (Christi)« sei[28]:

1 Kor 10,16f (Eucharistische Aussage; 10,17: »... wir viele sind *ein* Leib«),

1 Kor 12,12–27 (Gleichnis vom Leib und den Gliedern; 12,13: »Durch den einen Geist wurden wir in der Taufe alle in einen einzigen Leib aufgenommen ...«; 12,27: »Ihr aber seid der Leib Christi ...«), Röm 12,4f (mit der Formel 12,4: »... wir, die vielen, sind *ein* Leib in Christus«).

(1) *1 Kor 10,16f: Gemeinschaft mit Christus und miteinander*

»Ist der Kelch des Segens, über den wir den Segen sprechen, nicht Teilhabe (Koinonia) am Blut Christi? Ist das Brot, das wir brechen, nicht Teilhabe (Koinonia) am Leib Christi? *Ein* Brot ist es. Darum sind wir viele *ein* Leib; denn wir haben alle teil an dem *einen* Brot.« Das Problem der Gemeinde (bzw. Ortskirche) von Korinth ist ihre Aufsplitterung in Fraktionen und Parteiungen. Über diese betrübliche Situation erhält Paulus Informationen durch Leute der Chloe (1 Kor 1,10–12). Die Streitenden missbrauchen offensichtlich die Namen ihrer Bezugspersonen (genannt werden in 1 Kor 1,12: Paulus, Apollos, Kephas bzw. Petrus und Christus[29]), um spezifische Gruppeninteressen durchzusetzen. Die Argumentation des Paulus angesichts dieser Situation liegt auf der Linie der paulinischen Strategie in Antiochia (Gal 2,11–14): Gruppenbildungen und Parteiungen darf es in der christlichen Gemeinde nicht geben; sie zerstören die Einheit der Christusnachfolge. »Ist denn Christus geteilt?«, fragt Paulus rhetorisch (1 Kor 1,13). Christus ist das »Fundament« bzw. der »Grund« (themelios) und niemand sonst (1 Kor 3,11; vgl. 3,9.16f). Die Christusglaubenden sind durch ihre Zusammengehörigkeit *in Christus* verbunden. Damit sind alle anderen menschlichen Zugehörigkeiten innerhalb und außerhalb (vgl. 1 Kor 6,15–17) der Kirche relativiert und sogar aufgehoben.

Die Zusammenfassung und der Ausdruck dieser Kirchensicht ist die Teilhabe am eucharistischen Blut und Leib Christi. Die Christen in Korinth hatten den Kommunionempfang offensichtlich heilsindividualistisch missverstanden. Für Paulus ist der Empfang des Herrenleibes Gemeinschaft bzw. Teilhabe (Koinonia) an Christus und *deshalb* Gemeinschaft (Koinonia) untereinander. Das heißt: Wer als Getaufter an der Eucharistie teilnimmt und dort an Christus partizipiert, konstituiert damit (oder besser: wird durch Christus hineinkonstituiert in) eine neue, sozial anders verfasste Gemeinschaft, die sich im Gegenüber zur Welt definiert (1 Kor 10,21): »Ihr könnt nicht den Kelch des Herrn trinken *und* den Kelch der Dämonen. Ihr könnt nicht Gäste sein (im griechischen Urtext wörtlich: Anteil haben) am Tisch des Herrn *und* am Tisch der Dämonen.« Die in der Herrenmahlsfeier durch den Kommunionempfang ausgedrückte (und nach der Meinung des Paulus aufgrund der Taufe schon vorher bestehende) Zusammengehörigkeit der Kommunizierenden hat deshalb Konsequenzen für den Alltag. Weil dieser als Voraussetzung des Gottesdienstes eigentlich schon geforderte und vom Gottesdienst ausgehende Sozialimpuls in Korinth nicht gesehen wird (und die Eucharistie nicht in dieser Zielrichtung gefeiert wird), ist die Gemeinde krank (vgl. 1 Kor 11,20).

Die heutige ökumenische Debatte um Interkommunion und Eucharistische Gastfreundschaft steht dann der Argumentation des Paulus entgegen, wenn die gemeinsame Feier der Eucharistie und der Empfang der Kommunion im gesellschaftlichen und kirchlichen Alltag sozial folgenlos bleibt[30]. In der Eucharistie gibt es für Paulus keine Gäste, sondern nur eine echte Familiengemeinschaft. Die Vorstellung, dass Menschen in der Eucharistie an Christus partizipieren und dann im Alltag unterschiedliche Wege gehen bzw. getrennt bleiben, ist für ihn nicht nachvollziehbar bzw. beschreibt genau die Praxis, die er bekämpft. Eine Feier der Eucharistie, die keine Folgen für den Alltag nach sich zieht, ist in seiner Sicht keine Eucharistie. Eucharistiegemeinschaft ist Gemeinschaft in der »ekklesia«[31].

(2) *1 Kor 12,12–27: Die Kirche als Organismus*
Paulus bedient sich mit diesem Bild eines in der Antike allgemein bekannten Vergleiches. Der Patrizier Menenius Agrippa trägt nach dem Bericht des Livius[32] den Plebejern die Fabel vom Aufstand der Glieder gegen den Magen vor, um sie zur Rückkehr nach Rom zu bewegen. Der Vergleich der Einheit des Staates mit einem Leib findet sich schon bei Platon[33] und Flavius Josephus[34].
Der (durchaus ideologisch, d. h. im Sinne der Legitimierung einer bestehenden Machtstruktur, einzusetzende) Vergleich lässt sich in einer zweifachen Weise auswerten:
a) Er macht das Wesen der übergeordneten Gesamtgröße als eines gegliederten, durch das Wechsel- und Zusammenspiel vieler und vielfältiger Funktionen ermöglichten Organismus verständlich. Die umfassende Gemeinschaft ist nicht ein uniformer Monolith, sondern eine sehr differenzierte Einheit.
b) Er kann aber auch auf das Selbstverständnis des einzelnen Individuums abzielen. Dieses wird auf seine Funktion innerhalb einer es selbst miteinschließenden Größe hingewiesen.
Menenius Agrippa und Paulus unterscheiden sich durchaus in der Verwendung der Metapher. Das entscheidende Organ bei Menenius Agrippa ist der verborgen wirkende (scheinbar träge, aber doch das Leben des Körpers erst ermöglichende) Magen, während Paulus den gekreuzigten und auferstandenen Herrn im Blick hat, in dessen Herrschaftsbereich und Lebensraum diejenigen angegliedert werden, die an ihn glauben. Paulus intendiert auch (zumal im Kontext von 1 Kor 12,1–31a), das Zusammenwirken der verschiedenen Charismen des alltäglichen Lebens aus der gemeinsamen Geistgabe der Taufe[35] (und vielleicht an dieser Stelle auch aus der Feier der Eucharistie[36]) abzuleiten. Aber in einem Punkt haben beide im Vergleich das gleiche Anliegen. Bei Menenius

Agrippa zerbricht die Einheit des römischen Stadtstaates, weil sich eine Gruppe verweigert. Bei Paulus löst sich in Korinth die »ekklesia« auf, weil sich die Parteiungen nicht mehr aufeinander beziehen. Das Ziel der Argumentation des Menenius Agrippa wie des Paulus ist also der Nachweis, dass der Standort des einzelnen Christen wie auch verschiedener Gruppen und das daraus sich ergebende Selbstverständnis sich allein bestimmen durch den Bezug auf das Ganze der Gemeinschaft bzw. der »ekklesia«. In der Patristik begegnet ein Merksatz, den Ernst Bloch (als »Prinzip eines hintergründigen Kollektivs«) zitiert[37]: »Unus christianus nullus christianus« (*ein* Christ [ist] *kein* Christ).

Der Ausgangspunkt ist der in der Taufe gegebene (und in der Feier des Herrenmahles durch den Kommunionempfang jeweils neu aktualisierte) allen gemeinsame Geist, der sich in einer Vielzahl von Charismen zeigt, die sich eben gerade dadurch als Gaben des Geistes erweisen, dass sie alle als Dienste am »Aufbau« (griechisch: oikodome) (vgl. 1 Kor 14,26) des *einen* Leibes fungieren. Das Ganze ist insgesamt ein Geistgeschehen. Es gilt also nicht (wie es noch die Liberale Theologie gerne interpretiert hat): Menschen kommen als einzelne Individuen (die sie bleiben) zusammen und solidarisieren sich zu gemeinsamem Handeln. Paulus argumentiert von der Geistgabe (in der einmaligen Taufe und dem wiederholten Herrenmahl) her: Menschen erhalten durch den Geist Anteil an Christus und sind dann (und dadurch) nicht mehr Einzelne, sondern Glieder in einer größeren, sie umfassenden Einheit (»Leib«). Allerdings (und das kritisiert Paulus gerade an den Korinthern) ist diese Geistgabe (und der daraus resultierende Geistbesitz) kein Automatismus. Er fordert ein bestimmtes gemeinschaftliches Verhalten im Alltag auf Seiten des Empfängers. Der Indikativ der Geistgabe muss auch hier zum Imperativ eines bestimmten Handelns werden.

(3) *Röm 12,4f: Wir gehören zueinander.*
»Denn wie wir an dem einen Leib viele Glieder haben, aber nicht alle Glieder denselben Dienst leisten, so sind wir, die vielen, *ein* Leib in Christus, als einzelne aber sind wir Glieder, die zueinander gehören.«
Im Römerbrief wird der Gedanke des »Leibes (Christi)« nicht weiter vertieft. Er erscheint eher wie eine schon bekannte Formel.

Auch hier betont Paulus die Zusammengehörigkeit und deshalb das notwendige Zusammenwirken aller Glieder des Leibes Christi. Das gilt vom Erfassen des Glaubens (vgl. Röm 1,12; auch 12,3) und von der Rücksicht (auch in der Praxis des Glaubensvollzuges) aufeinander (Röm 14). Diesen Punkt hatte Paulus schon in Korinth bemängelt. Während sich die ärmeren und einfachen Gläubigen wohl vor allem im sozialen Umfeld der christlichen Gemeinde orientiert haben dürften, scheinen die wohlhabenderen, aufgeklärteren und intellektuellen Gemeindeglieder Kontakte auch zur (nichtchristlichen) Gesellschaft und Kultur gepflegt zu haben. Der Beleg dafür ist die unterschiedliche Wertung des Essens von Götzenopferfleisch in der Gemeinde von Korinth (1 Kor 8).

3.1.2 »Volk Gottes«

Dieses Motiv führt in die Dimension der Heilsgeschichte und des Bundes Gottes mit dem Volk Israel. Johannes Paul II. hat in einer Ansprache in Mainz (1980) Israel als das »Gottesvolk des von Gott nie gekündigten (vgl. Röm 11,29) Alten Bundes« apostrophiert[38]. Es geht um die Kontinuität des Handelns Gottes mit seinem Volk Israel in der Geschichte und um die Frage, wie Israel und die Gemeinschaft der an Jesus Christus Glaubenden zueinander stehen. Im AT begegnet die Formel »Volk Jahwes« (nur zweimal heißt es »Volk Gottes«: Ri 20,2; 2 Sam 14,13; vgl. Ps 47,10). Sie bezeichnet in der Regel Israel[39] und steht vor allem im Kontext der Bundestheologie: Jahwe hat sich ein (»heiliges«) Volk (Dtn 26,19) erwählt. Sehr selten werden bei den Propheten auch andere Völker von Jahwe als »mein Volk« bezeichnet (Jes 19,25: »Gesegnet ist Ägypten, mein Volk, und Assur, das Werk meiner Hände, und Israel mein Erbbesitz«; vgl. Jes 19,18–25 und Am 9,7) bzw. wird von einer endzeitlichen Völkerwallfahrt zum Berg Zion gesprochen (vgl. Jes 66,19–23; Ps 100,3). Im NT wird unterschieden zwischen den (heidnischen) Völkern (griechisch: ta ethne) und dem Volk (griechisch: ho laos) Gottes, wobei sich die christliche Gemeinde als Erfüllung des alttestamentlichen Gottesvolkes (Apg 15,14; 1 Petr 2,9f) versteht: Durch den Glauben an Jesus Christus werden Israel und alle Völker zu einem neuen Gottesvolk (Apg 10,34–48). Für Paulus ist klar, dass das Bekenntnis zu Jesus Christus die Kirche konstituiert. Kirche ist (so definiert 1 Kor 1,2) die Gemeinschaft derer, die »den Namen Jesu Christi, unseres Herrn, (im Bekenntnis; Anm. W. K.) … anrufen«. Das erklärt auch den grundsätzlichen christozentrischen Charakter der »Ekklesiologie« des Paulus. Für die Jerusalemer Urgemeinde, deren Repräsentant der Herrenbruder Jakobus war, und vielleicht auch für die »Hellenisten« um Stephanus war die »ekklesia« ganz selbstverständlich das endzeitlich gesammelte und erneuerte Israel. Dieser Gedanke änderte sich auch nicht wesentlich, als sich (unter anfänglichem Widerstand konservativ-jüdischer Kreise in Jerusalem) Heiden der Kirche anschlossen. Grundsätzlich blieb das aber die Ausnahme, die der besonderen Rechtfertigung bedurfte und bestimmten Bedingungen unterlag. Selbst wenn man in »gemischten« Gemeinden wie in Antiochia auf die Beschneidung und die Einhaltung der Reinheitsbestimmungen der Tora durch die Heiden verzichtete (für die Juden galten beide Gebote selbstverständlich noch), wurde von den neu hinzugekommenen Heiden erwartet, dass sie wenigstens ein Minimum jüdischer Reinheitsregeln, vor allem die Speisegebote, einhielten.

Für Paulus stellte sich die Situation ganz anders dar. Das Hinzukommen der Heiden zur Heilsgemeinde war für ihn nicht die Ausnahme, die eine besondere Begründung nötig hatte, sondern der Normalfall. Er wusste sich aufgrund seiner Berufung von Gott selbst dazu gesandt, Jesus Christus »unter den Heiden« (wörtlich: »unter den Heidenvölkern«) zu verkündigen (Gal 1,16) – und zwar ohne die Tora. Grundlegend in dieser Frage war für ihn die theologische Einsicht, dass die Heiden *ohne das jüdische Gesetz* zur Heilsgeschichte berufen sind. Mit Christus sei die Tora an ihr Ende gekommen (Gal 3,10–14; Röm 10,4). Paulus war sogar der Auffassung, dass sich in der gegenwärtigen endzeitlichen Situation Christus und das Gesetz als einander ausschließende Größen gegenüberstehen. Er sah die Wahrheit seiner Einsicht durch den großen Erfolg seiner Evangeliumsverkündigung (ohne jüdisches Gesetz) bestätigt.

Diese Sicht des Paulus blieb nicht ohne Widerspruch bei manchen (judaisierenden) judenchristlichen Missionaren, die eine massive Gegenpropaganda entwickelten, hinter der die Forderung stand, dass nur die äußere Kontinuität mit Israel (durch Beschneidung und Toraobservanz) die Zugehörigkeit zur endzeitlichen Heilsgemeinde verbürge. Konzentriert sichtbar ist dieser Konflikt auf dem

Aposteltreffen in Jerusalem (ca. 48), auf dem Paulus (nach seiner eigenen Darstellung: Gal 2,1–10) nicht als Bittsteller, sondern in dem Bewusstsein auftritt, das Recht des Evangeliums auf seiner Seite zu haben. Ähnlich ist er im antiochenischen Zwischenfall (Gal 2,11–14) bereit, gegen Petrus (Kephas), der auf Drängen der Abgesandten des Herrenbruders Jakobus zur Beachtung jüdischer Regeln zurückkehrt (vielleicht in der Furcht, dass durch die Tischgemeinschaft mit den Heiden die äußere Verbindung mit dem Judentum abgeschnitten und die fragile Existenz der judenchristlichen Gemeinde in Jerusalem in Frage gestellt werden könnte), diesen Abbruch äußerer Kontinuität (um der Wahrheit des Evangeliums willen) in Kauf zu nehmen. Im Galaterbrief und im Römerbrief versucht er, gegenüber wechselnden Zielgruppen (im Gal eine heidenchristliche Gemeinde, die der Argumentation judaisierender judenchristlicher Missionare zuneigt; im Röm eine wohl heidenchristliche Mehrheit, die auf die angeblich verworfenen Juden verächtlich herabsieht) seine Auffassung durchzusetzen.

Aus dieser diffizilen Problemlage erklärt sich, dass Paulus den Begriff »Volk Gottes« (griechisch: »laos theou«) mit äußerster Zurückhaltung benutzt. Er verwendet ihn ausschließlich in alttestamentlichen Zitaten und überwiegend in Stellen, die sich auf Israel beziehen[40]. Angewandt auf die christliche »ekklesia« begegnet der Begriff nur in 2 Kor 6,16 und in Röm 9,25f[41]. Paulus sieht einen Zusammenhang zwischen Israel und der Kirche. Dieser Zusammenhang ist die Grundkonstante des Handelns Gottes an den Menschen, die er beruft und die ihm deshalb besonders zugehören. Gott sammelt, rettet und leitet Menschen, so dass sie sein *Volk* werden. So zu handeln, entspricht seinem Wesen. Der Gott, der sich in der Schrift zeigt, ist immer ein Gott, dem ein Volk zugehört, der Gott Israels. Israel *und* die an Jesus Christus Glaubenden verdanken sich diesem gleichbleibenden Handeln Gottes. Das heißt: Sie sind *beide* Volk Gottes. Israel war es unstrittig bis zur Kreuzigung Jesu. Die Kirche (berufen aus Juden *und* Heiden) ist es für Paulus jetzt (Röm 9,24–27). In Gal 6,16 ist die Kirche aus Juden *und* Heiden das eigentliche »Israel Gottes« (ein Hapaxlegomenon in den Paulinen).

Wie verhält es sich aber (in der Auffassung des Paulus) mit den zeitgenössischen Juden, die sich dem Glauben an Jesus Christus

132

verschließen (oder bisher verschlossen haben)? Gehören sie (in der Sicht des Paulus) noch zum Volk Gottes? Paulus hat mit diesem Thema zeitlebens gerungen. Vier Antworten lassen sich bei ihm unterscheiden, die chronologisch aufeinander aufbauen[42]:

(1) *Enterbungs- bzw. Substitutionstheorie*
Sie findet sich in Andeutungen in 1 Thess 2,14–16. Paulus führt die gesellschaftlich-sozialen Schikanen, denen die junge Gemeinde von Thessalonike (Thessaloniki) in ihrer Umwelt ausgesetzt ist, zumindest teilweise auf jüdische Machenschaften und Intrigen[43] zurück oder setzt sie zumindest in Parallele zu den Anfeindungen der judenchristlichen Gemeinden in Judäa durch die Juden. Von daher kommt er zu dem Urteil: »Ihr habt von euren Mitbürgern das gleiche erlitten wie jene (judenchristlichen Gemeinden in Judäa; Anm. W. K.) von den Juden. Diese haben sogar Jesus, den Herrn, und die Propheten getötet; auch uns haben sie verfolgt. Sie missfallen Gott und sind Feinde aller Menschen; sie hindern uns daran, den Heiden das Evangelium zu verkünden und ihnen so das Heil zu bringen. Dadurch machen sie unablässig das Maß ihrer Sünden voll. Aber der ganze Zorn ist schon über sie gekommen.« Einerseits greift Paulus hier mit dem Hinweis auf den Prophetenmord ein traditionelles Motiv innerjüdischer Umkehrpredigt (aus dem Milieu des palästinischen Spätjudentums) auf[44]. Andererseits bedient er sich aber auch eines gängigen Klischees zeitgenössischer Judenfeindschaft. Schon in einem (von einem Widersacher der Juden inspirierten) Brief des persischen Großkönigs Xerxes (im Text der Einheitsübersetzung heißt er Artaxerxes) an seine Statthalter ist die Rede von den Juden als Feinden aller Menschen (Est 3,13e:»So sind wir zu der Ansicht gelangt, dass dieses Volk als einziges sich gegen alle Menschen ohne Ausnahme feindlich verhält …«). Ein gleicher Vorwurf findet sich bei Tacitus[45]. Eine historische Parallele: Nach dem Bericht des Tacitus von der Hinrichtung der Christen in Rom unter Nero war der entscheidende Anklagepunkt nicht das Verbrechen der Brandstiftung[46], sondern der »Hass (bzw. die hasserfüllte Einstellung) gegen das Menschengeschlecht (odium humani generis)«[47]. Ein drittes Element lässt sich in der paulinischen Polemik im Brief an die Thessalonicher identifizieren. Es ist dies die Vorstellung vom (eschatologischen) »Maß« der Sünden[48]. Im jüdischen Denken war der Gedanke

lebendig, dass Gott bestimmte »Maße« der Zeit, der zu rettenden (bzw. der geretteten) Menschen, der Sünden usw. gesetzt habe, nach denen sich sein Handeln bestimme. Gewöhnlich wurde davon ausgegangen, dass Israel hoffen konnte, nie das (von Gott vorgegebene) »Maß« seiner Sünden zu erfüllen, da Gottes Züchtigung (die in diesem Kontext als ein Ausdruck der Barmherzigkeit Gottes angesehen wurde) dies verhindern werde. In Jesus Sirach etwa wird die göttliche »Zuchtrute« erbeten, »damit meine Fehler sich nicht mehren, meine Sünden sich nicht häufen …« (Sir 23,3). Die Heidenvölker können in dieser Sichtweise nicht damit rechnen. In ihrem Fall warte Gott geduldig, bis das »Maß ihrer Sünden« erfüllt sei. Dann werde ein vernichtendes Gericht über sie kommen (2 Makk 6,14; vgl. 6,12–16). In 1 Thess 2,16 wendet Paulus diesen Gedanken auf »die Juden« selbst an. Sie machen »das Maß ihrer Sünden« voll (und unterscheiden sich damit nicht von den Heidenvölkern). »Solche Schärfe ist singulär im Rahmen der frühjüdischen Literatur.«[49] Der »Zorn«, von dem Paulus spricht, wird in der Folgezeit einerseits als das göttliche Strafgericht in der Katastrophe des jüdisch-römischen Krieges, andererseits aber auch als Ersetzung des »Alten« Bundes durch den neuen Christusbund interpretiert[50]. Festzuhalten bleibt, dass Paulus in 1 Thess 2,16 die Vorzüge, die Israel nach Ausweis des AT besitzt, den die »ekklesia« verfolgenden Juden abspricht und sie auf eine Stufe mit den Heiden stellt.

Die polemische Weiterführung des Gedankens ist in Gal 4,21–31 belegt. Paulus versucht von der Schrift her zu beweisen, dass die an Jesus Christus Glaubenden die Söhne (bzw. Erben) Abrahams sind (Gal 3,26–29; 4,1–7). Sie seien sogar die eigentlichen legitimen Abrahamssöhne, während die Juden, die sich noch an das Gesetz halten, im Grunde nur illegitime Abrahamssöhne seien, die dadurch außerhalb der göttlichen Verheißung stehen. Den biblischen Beleg dafür liefern die zwei Genesis-Erzählungen von den beiden Frauen Abrahams, Hagar, der Magd, und Sara, der Freien, mit den jeweiligen Söhnen Ismael und Isaak (Gen 16f; 21,9–21)[51]. Hagar ist für Paulus die Repräsentantin des Gesetzes, Sara bedeutet das Urbild derer, die durch den Glauben an Jesus Christus frei geworden sind und in der wahren Verheißung Gottes leben. Hagar mit ihrem Sohn Ismael steht für das gegenwärtige irdische Jerusalem des empirischen Volkes Israel. Sara mit ihrem Sohn Isaak stellt die

Gemeinde des himmlischen Jerusalem, d. h. die Christen, dar. »Das Ganze mündet aus in einen doppelten Appell: Die Galater sollen endgültig begreifen, dass ihr Platz nicht auf der Seite des Gesetzes, sondern auf der der Freiheit ist; sie sind ›nicht Kinder der Magd, sondern der Freien‹ (V. 31). Und sie sollen einsehen, dass Gott selbst den Befehl gegeben hat, Hagar, die Unfreie, samt ihrem Sohn zu verstoßen (V. 30).«[52] Paulus setzt in der Galaterbriefstelle das empirische Volk Israel mit dem Gesetz (den Sinaibund) in einen scharfen Kontrast zum wahren Israel der an Christus Glaubenden (die auf den Abrahambund zurückgehen, der als Verheißungsbund den Sinaibund als Gesetzesbund überragt) (vgl. Gal 3,6 f.16f) und spricht den im jüdischen Gesetz Verharrenden den Anspruch ab, legitime Nachkommen Abrahams und damit das »Israel Gottes« (Gal 6,16) zu sein. Der Apostel bezieht sich dabei auf *eine* bestimmte jüdische Tradition des Abrahambundes[53]. Dieser wird in zwei Varianten berichtet, Gen 15,1–21 (mit 13,6: »Abram glaubte dem Herrn, und der Herr rechnete es ihm als Gerechtigkeit an«) und Gen 17,1–27 (mit 17,11–14: die Beschneidung als Bundeszeichen). Wie aus Gal 3,6–18 hervorgeht, sieht Paulus Abraham als »Vater« *aller* (jüdischen und heidnischen an Jesus Christus) Glaubenden. Die Beschneidung und die Landgabe gelten ihm nur als Konsequenz des ursprünglichen Verheißungsbundes (Röm 4,9– 12): »Wir haben gesagt: Abraham wurde der Glaube als Gerechtigkeit angerechnet. Wann wurde er ihm angerechnet: als er beschnitten oder als er unbeschnitten war? Nicht als er beschnitten, sondern als er noch unbeschnitten war. Das Zeichen der Beschneidung empfing er zur Besiegelung der Glaubensgerechtigkeit, die ihm als Unbeschnittenem zuteil wurde; also ist er der Vater aller, die als Unbeschnittene glauben und denen daher Gerechtigkeit angerechnet wird, und ist der Vater jener Beschnittenen, die nicht nur beschnitten sind, sondern auch den Weg des Glaubens gehen, des Glaubens, den unser Vater Abraham schon vor seiner Beschneidung hatte.«

(2) *Teilungstheorie (Theorie des Erwählungshandelns Gottes)*
In Röm 9,1–5 wird das Problem formuliert: Die Zusage der Schrift (Röm 9,4f: »Sie sind Israeliten; damit haben sie die Sohnschaft, die Herrlichkeit, die Bundesordnungen, ihnen ist das Gesetz gegeben, der Gottesdienst und die Verheißungen, sie haben die Väter …«)

steht in Spannung zur gegenwärtigen Situation Israels (vgl. Röm 9,2: »Ich bin voll Trauer, unablässig leidet mein Herz«), das Jesus Christus, der »dem Fleische nach« aus dem jüdischen Volk stammt, eben nicht als den verheißenen Erlöser (an-)erkennt. Paulus versucht nun zwei Antworten, einmal von Gott her (Röm 9,6–29, evtl. auch 9,30–33) und einmal von Israel her (Röm 10,1–21)[54]. Die erste Antwort, die man als Teilungstheorie (bzw. Theorie des Erwählungshandelns Gottes) bezeichnen kann, begegnet in Röm 9,6–29. 30–33. Paulus stellt klar: »Israel« ist nicht eine empirisch feststellbare oder durch blutsmäßige »Generationenfolge« klar umrissene Größe[55] (Röm 9,6f): »Denn nicht alle, die aus Israel stammen, sind Israel; auch sind nicht alle, weil sie Nachkommen Abrahams sind, deshalb schon seine Kinder, sondern es heißt: *Nur die Nachkommen Isaaks werden deine Nachkommen sein*« (als Zitat aus Gen 21,12). Zu allen Zeiten, meint Paulus, hat es eine Teilung im empirischen Volk Israel gegeben, die in Gottes freiem Erwählungshandeln begründet ist. Das Gotteswort (der Verheißung an Israel) ist für Paulus deshalb nicht hinfällig geworden, weil Gottes Zusagen immer nur einen Teil des erwählten Gottesvolkes anvisiert hatten. Er illustriert das an Sara (Röm 9,9f) (implizit ist hier wieder auf Hagar angespielt) und den beiden Söhnen von Isaak und Rebekka, nämlich Esau (dem Erstgeborenen und Stammvater der Edomiter[56]) und Jakob (Röm 9,10–13). Aus dieser Gegenüberstellung von Jakob und Esau, d. h. von Annahme eines wahren (im Glauben verankerten) Israel und Verwerfung einer bloß äußerlichen und durch natürliche Abstammung (auch wenn sie sich auf ein formales Erstgeburtsrecht berufen kann) vermittelten Zugehörigkeit, ergibt sich für Paulus die Interpretation der gegenwärtigen Situation Israels, die er erlebt. »Volk Gottes« wird für ihn zum Verheißungsbegriff (Röm 9,25f unter Bezugnahme auf Hos 2,1.25). Paulus argumentiert, dass Gott zu allen Zeiten stets nur einen Teil des empirischen Volkes Israel erwählt habe. Auch zu seiner Zeit findet er dies bestätigt. Im von Gott erwählten Volk aus Juden und Heiden (Röm 9,24) findet sich präzise ein »Rest« (Röm 9,27 mit Zitat aus Jes 10,22). Gemeint sind die Judenchristen. Ihre Existenz gilt für Paulus als Beweis, dass Gott seine Verheißungstreue bewahrt (vgl. Röm 11,1–10)[57].

(3) Theorie der Treuekonstanz Gottes
In Röm 10,1–21 nimmt Paulus Israel (als den Adressaten des Handelns Gottes) in den Blick. Gott hat in der Darstellung des Paulus seine »Gerechtigkeit« in Jesus Christus geoffenbart, d. h. seine (umfassende) Barmherzigkeit den Menschen gegenüber demonstriert (vgl. Röm 10,2f). Damit hat Gott in der Sicht des Paulus die Konstanz seiner Treue zu Israel bewiesen. Er habe Israel auch durchaus die Möglichkeit gegeben, die Botschaft des Heiles (in Jesus Christus) zu hören – und Israel habe diese Botschaft (in der Verkündigung der christlichen Glaubensboten, die wiederum auf der Predigt Jesu gründet) auch gehört (vgl. Röm 10,17f). Aber Israel (in der überwiegenden Mehrheit des Volkes) ist ja nicht zum Glauben an Jesus Christus gekommen. Das stellt die Frage nach dem Verstehen dieser Botschaft[58]. Paulus antwortet mit drei Schriftzitaten (Röm 10,19–21): Israel soll »eifersüchtig« werden auf ein Volk, »das kein Volk ist« (Dtn 32,21); Gott hat sich von denen finden lassen, die ihn nicht suchten (Jes 65,1); Gottes Hände bleiben ausgestreckt »nach einem ungehorsamen und widerspenstigen Volk« (Jes 65,2). In der Glaubensgeschichte Israels findet Paulus also Beispiele, die ihn die jetzige Situation verstehen lassen: Gottes Barmherzigkeit (und Langmut) Israel gegenüber bleibt bestehen (wie es auch in der Vergangenheit der Fall war). Aber Israel erweist sich als »ungehorsam«. Aus diesem Grund verschiebt sich der Status der Heidenvölker und Israels. Diejenigen, die nicht nach ihm suchten, fanden ihn; diejenigen, die mit »Eifer«, aber »ohne Erkenntnis« (vgl. Röm 10,2) nach ihm suchten, fanden ihn (noch) nicht. So bedient sich Gott der gläubig gewordenen Heiden, um Israel »eifersüchtig« zu machen und es zur Umkehr zu bringen. Gott hat also seinen Heilsplan für Israel noch nicht aufgegeben. Das Motiv der »Eifersucht« entfaltet Paulus in Röm 11,11–15.

(4) Theorie der Umkehr Israels
In Röm 11,1–36 findet sich dann das letzte (und wohl auch theologisch reifste) Wort des Paulus zur Stellung Israels angesichts des Christusereignisses und der Existenz der Kirche aus Juden *und* Heiden. Die Argumentation lässt sich folgendermaßen zusammenfassen:
Gott hat »sein Volk« Israel nicht zur Gänze verworfen (»verstoßen«), da sich »ein Rest« (unter ihnen Paulus selbst, der sich als

»ein Israelit, ein Nachkomme Abrahams, aus dem Stamm Benjamin« bezeichnet: Röm 11,1) in der Kirche befindet (Röm 11,2–7). Auch wenn die anderen Israeliten sich verhärtet haben (Röm 11,8–10), so ist diese Verhärtung ebensowenig endgültig wie die Strafen, die Israel immer wieder in der Geschichte getroffen haben. Der Widerstand Israels gegen das Evangelium erlaubt den Heiden den Eintritt in die Heilswirklichkeit (Röm 11,11–24), aber nach den Heiden wird auch Israel (in Röm 11,26 heißt es: »ganz Israel«) den Weg zurück finden (Röm 11,25–29). Israel ist ungehorsam geworden. Auf diese Weise sind die Israeliten (wie die Heiden zu ihrer Zeit) angewiesen auf das göttliche Erbarmen, das ihnen allerdings mit Sicherheit gewährt wird (Röm 11,30–32). Im Zentrum der Darlegung steht die Aussage: Gott hat sein Volk nicht auf Dauer verstoßen, »denn unwiderruflich sind Gnade und Berufung, die Gott gewährt« (Röm 11,29). Die Verweigerung des Glaubens an Jesus Christus ist, schreibt Paulus unter Bezugnahme auf seine eigene Berufung als Apostel, kein endgültiges Scheitern Israels, sondern wird eine vorübergehende Episode bleiben. Israel ist, als es in seiner Mehrzahl den Glauben an Christus verweigerte, gestolpert; aber dieses Stolpern war kein endgültiges »Fallen« (Röm 11,11a): »Sind sie etwa gestrauchelt, damit sie zu Fall kommen? Keineswegs!«. Paulus diagnostiziert in diesem »Straucheln« und in dieser »Verstockung« (vgl. Röm 11,7 als Passivum divinum) eine »göttliche Missionsstrategie«[59]. Paulus stellt in diesem Zusammenhang den alttestamentlich-prophetischen Gedanken der Völkerwallfahrt zum Zion geradezu auf den Kopf: Das jüdische Volk wird zum Glauben an Jesus Christus kommen, wenn das Lebenszeugnis der Heidenchristen den Juden plausibel macht, dass sie in dieser Heilserfahrung das ihnen zugesagte Heil wiedererkennen (Röm 11,11–15). Paulus begründet das mit dem Ölbaumgleichnis (Röm 11,16b–24), das sich auf Jer 11,16 (Israel als »üppiger Ölbaum von schöner Gestalt«) bezieht. Die Heiden werden von Gott dem »Ölbaum« Israel aufgepfropft, der seine Lebenskraft empfängt aus der »Wurzel« der Heilsgeschichte (bzw., paulinisch gesprochen, der »Verheißung[en]«), die mit Abraham und den Patriarchen beginnt. Gott hat, sagt Paulus (im Widerspruch zu jeder gärtnerisch-botanischen Praxis), jederzeit die Möglichkeit, die ausgebrochenen Zweige (= die ungläubig gebliebenen Juden) am »Ölbaum« Israel wieder einzupfropfen. Gott selbst wird, so enthüllt der

Apostel prophetisch ein »Geheimnis« (mysterion), also ein dem Alltagsdenken verborgenes Wissen, dieses Wunder wirken (Röm 11,25). Vor dem Hintergrund dieser Aussage warnt Paulus die (römischen) Heidenchristen, sich über die Juden zu erheben (Röm 11,17f): »Wenn aber einige Zweige herausgebrochen wurden und wenn du als Zweig vom wilden Ölbaum in den edlen Ölbaum eingepfropft wurdest und damit Anteil erhieltest an der Kraft seiner Wurzel, so erhebe dich nicht über die anderen Zweige. Wenn du es aber tust, sollst du wissen: Nicht du trägst die Wurzel, sondern die Wurzel trägt dich.« Die »Wurzel« ist wohl Abraham[60]. Für Paulus ist Abraham *vor* der Beschneidung von Gott »gerechtfertigt« worden (Röm 4,9f). Damit ist er der Vater *aller* Glaubenden (Röm 4,1–25), der Juden (vor dem Christusereignis) und der Juden- und Heidenchristen. Die nicht an Jesus Christus glaubenden Juden stammen aus dieser Wurzel (und bleiben – nach der Darstellung des Paulus – ihr auch verbunden). Die an Jesus Christus glaubenden Heiden(-christen) haben über Abraham eine wurzelhafte Beziehung zu Israel. Sie sind damit nicht in den Bund Gottes mit Israel, aber in die Verheißungsgeschichte (die mit Abraham beginnt) hineingenommen. Aber das ist nach der Auffassung des Paulus kein Grund zur Überheblichkeit. »Das ganze Heidenchristentum ist nur ein Notbehelf.«[61] Der natürliche Weg wäre die Umkehr des jüdischen Volkes zu Jesus Christus (vgl. Röm 11,23f), der die Zusammenfassung der jüdischen Heilsgeschichte ist. Die eschatologisch erhoffte Rückkehr Israels zu Gott ist allerdings kein Sonderweg *an Christus vorbei*, sondern erfolgt (nach Röm 11,26) durch das Auftreten des »Retters« (d. h. des Christus in der Parusie) vom Gottesberg Zion her[62]. Man kann in diesem Sinn nach der Auffassung des Paulus tatsächlich von zwei Wegen zum Heil sprechen, die aber beide durch *Christus* vermittelt sind: die Mission unter den Völkern *und* die geschlossene Umkehr Israels am Ende der Zeiten und der Heilsgeschichte Gottes[63]. Bemerkenswert ist, dass Paulus die Frage nach dem Heil des *einzelnen* Juden, der »verstockt« gegenüber dem Evangelium Jesu ist (vgl. Röm 11,7), gar nicht traktiert. Das individuelle (individualistische) Heilsideal entspricht nicht jüdischer (und auch nicht neutestamentlicher) Sichtweise. Das Entscheidende im Heilshandeln Gott ist das »Volk« (laos) – sei es nun das »fleischliche« oder das »wahre« (bzw. »pneumatische«) Israel. Das Heil erlangt ein Mensch in dieser

Sicht nur durch die Gliedschaft innerhalb des »Volkes«. Es könnte sein, dass Paulus an die Überbringung der Kollekte nach Jerusalem, die er als große Solidaritätsdemonstration der Heidenkirche mit Jerusalem gestaltete[64], die Hoffnung geknüpft hatte, sie könnte ein Mittel sein, die (ungläubig gebliebenen) Juden zum Glauben zu führen. Das Ganze endete allerdings in einem Fehlschlag (Apg 21), in dessen Folge Paulus selbst sein Leben verlor.

Nach seinem eigenen Verständnis schreibt Paulus am Ende der Heilsgeschichte. Den Zusammenhang zwischen Israel und der Kirche sieht er darin, dass die Kirche der Zielpunkt des Handelns Gottes an Israel ist. Anders ausgedrückt: Die Kirche ist die Endphase der Geschichte Gottes mit Israel. Wer »in Christus« (bzw. Glied des »Leibes [Christi]«) ist, ist *zugleich* für Paulus ein Nachkomme Abrahams[65]. Allerdings definiert Paulus diese Nachkommenschaft nicht durch das Mittel der Beschneidung, sondern im Sinne der dem Abraham gegebenen Verheißungen (Gal 3,6–9 – wohl unter Bezug auf Gen 12,3). Für ihn sind die Heiden *in gleicher Weise* Erben der Verheißung des Gottes Israels. In der Kirche (bzw. in ihrer Mission) bricht in der Sicht des Paulus bereits an, was (zumindest teilweise in der prophetischen Tradition) zur Endzeiterwartung Israels gehört: das Heil der Heidenwelt[66]. Für Paulus war das noch eine spannungsvolle Einheit. Doch die Entwicklung nahm einen anderen Verlauf, den Paulus nicht vorausgesehen hatte. »Der Zustrom der Heiden ging weiter. Unter ihnen wuchs eine Kirche heran, für die die Rückbindung an Israel keine Lebenswirklichkeit mehr war. Zum andern endete das Wachstum des Christusglaubens unter Israel schon bald und die Katastrophe des Jahres 70 ließ die Judenchristen zu einer Randgruppe verkümmern[67]. So kam es, dass die paulinische Ekklesiologie hinsichtlich ihrer Mitte, des spannungsvollen Bezugs von Christus und Israel, bereits in der dritten christlichen Generation kein Echo mehr fand. Es ist noch eine letzte, ferne Nachwirkung, wenn in altkirchlichen Mosaiken zwei allegorische Frauengestalten nebeneinander abgebildet werden: die Kirche aus den Juden und die Kirche aus den Heiden.«[68] Die Bildprogramme des (Hoch-)Mittelalters zeigen eine andere Konstellation: das personifizierte Gegenüber von (triumphierender) Ekklesia mit Krone, Kelch und Kreuzesstab oder -fahne und einer Synagoge mit gesenktem Kopf und verbundenen

Augen, mit zerbrochener Lanze oder Stab und aus ihren Händen gleitenden Gesetzestafeln[69].

3.1.3 Amtsverständnis

Wie waren die Kirchen (= Ortskirchen) des Paulus strukturiert? Die historisch redliche und ehrliche Antwort lautet: Das wissen wir nicht genau. Manche meinen allerdings, sie wüssten präzise Bescheid. Hans Küng zeichnet den Aufbau der Kirche in Korinth als das Modell »charismatischer Gemeindeordnung« nach Paulus[70]. So seien *die* paulinischen Gemeinden aufgebaut. Erstens stellt sich jedoch die Frage, ob die turbulente und in vielfacher Weise chaotische Gemeinde von Korinth tatsächlich repräsentativ für andere paulinische Gemeinden ist. Zweitens übersieht Küng in diesem Modell völlig die Rolle des Paulus selbst. Die Art und Weise, wie Paulus in die Gemeinde eingreift, wie er Direktiven gibt, ermahnt und zurechtweist, zeigt, dass er eine bestimmte Stellung in der Gemeinde beansprucht, die nicht aus ihr selbst erwachsen ist. Interessant ist die Frage, wer nach dem Tod des Apostels in die von Paulus ausgeübte Funktion eingerückt ist. Aber diese Frage wird natürlich in den echten Paulinen nicht beantwortet. Sachgemäßer erscheint mir deshalb die Auskunft von Jürgen Roloff[71]: Wie die paulinischen Gemeinden (bzw. Kirchen) exakt strukturiert waren, welche Aufgaben einem bestimmten Amt (wie Apostel, Evangelist oder Lehrer) zukommen, in welcher Form und ob eine »Ordination« zu diesen Ämtern erfolgte, wissen wir nicht. Allerdings finden sich bei Paulus Aussagen über das Amt, die theologisch Grundsätzliches klären[72]:

(1) *Rückbezug auf die Botschaft und das Verhalten des dienenden Jesus* Paulus bezeichnet sein Apostolat ebenso wie andere Funktionen in der Kirche als »Dienst« (diakonia). Dahinter steht eine christologische Begründung (2 Kor 4,5): »Wir verkündigen nämlich nicht uns selbst, sondern Jesus Christus als den Herrn, uns aber als eure Knechte um Jesu willen.« In der spezifischen Ausprägung, die das Apostolat durch Paulus erhält, wird der Apostel (und jeder Amtsträger) zum personalen Scharnier zwischen Jesus Christus und der Kirche. Auf der einen Seite ist der Apostel der beauftragte Tradent der Botschaft des Evangeliums, die für Paulus auf die Sammlung

des eschatologischen Gottesvolkes aus Juden *und* Heiden ausgerichtet ist. Dies ist sein Auftrag. Auf der anderen Seite repräsentiert der Apostel (und jeder Amtsträger) in der Kirche das für jedes christliche Amtsverständnis maßgebliche Grundbild des dienenden und sich im Kreuz hingebenden Jesus (Mk 10,44f[73]). So wie sich der Apostel an Jesus orientiert, sollen sich die Glaubenden an ihm orientieren (vgl. 1 Kor 11,1: »Nehmt mich zum Vorbild, wie ich Christus zum Vorbild nehme; wörtlich: Werdet meine Nachahmer, wie auch ich Christi [Nachahmer werde]«). Die Amtsträger wie die Gemeinde insgesamt sollen hier dem »Beispiel« des Herrn folgen (1 Thess 1,6 [in wörtlicher Übersetzung]: »Ihr seid unsere Nachahmer und [Nachahmer] des Herrn geworden«).

(2) *Orientierung am Evangelium*
Damit hängt eine zweite Norm zusammen. Die Weitergabe des Evangeliums, das geschichtlich in der Person Jesu Gestalt angenommen hat, lässt sich nicht nur auf die Tradierung einer Lehre reduzieren. Jesu Botschaft *und* sein Handeln interpretieren sich gegenseitig und sind die zwei Seiten ein und derselben Medaille. Der Mensch Jesus ist insgesamt (als Prediger *und* als Handelnder) das Evangelium. Das gilt nach Paulus auch für den Aposteldienst. Der Apostel (und jeder Amtsträger) ist der Verkünder des Evangeliums (Röm 1,1). Aber er ist dies nicht nur als Bote einer Information, sondern vor allem durch seine Existenz. In 2 Kor 2,14 – 7,4[74] expliziert der Apostel durch seine Existenz (in ihrer Christusbezogenheit), wie das Evangelium zum Maßstab in der Gemeinde werden muss. Es sagt im Grunde: Lest an meinem Leben und meiner Biographie ab, wie das Evangelium als Norm gelebt werden kann und soll.

Bekannt ist das Wort von Friedrich Nietzsche über die christlichen Amtsträger: »Bessere Lieder müssten sie mir singen, dass ich an ihren Erlöser glauben lerne: erlöster müssten mir seine Jünger aussehen!« Es wird oft in der Fassung zitiert: »Erlöster müssten mir die Christen aussehen!« Das Zitat findet sich in »Also sprach Zarathustra« (im 2. Teil) im Kapitel »Von den Priestern«[75]. Nicht (bloß) durch Worte, sondern durch das Zeugnis der eigenen Person vollzieht sich die Predigt der Amtsträger. In den Tagebüchern schreibt Sören Kierkegaard über Johannes Chrysostomos (deutsch: Goldmund)[76]: »Chrysostomus ist wahrlich auch beredt – aber er gestikuliert mit seiner ganzen Existenz.« Der christliche Amtsträger ist deshalb nicht bloß Tradent und Bote einer Information, sondern ganz wesentlich Zeuge einer Realität, die ihn im Inneren verwandelt hat[77]. Nur durch das Hören auf solche von Christus gesandten Zeugen entsteht nach der Überzeugung des Paulus auch der Glaube (Röm 10,13–15).

(3) Ausrichtung auf die Erbauung der Gemeinde
Der Sinn jedes Amtes in der Gemeinde ist nicht, dass die Amtsträger mit ihren Fähigkeiten brillieren und ihre (vom Geist gewirkten) Talente zur Schau stellen. In der Auseinandersetzung in Korinth mit einer Gruppe von Wandermissionaren, die genau dies tun und die Mitglieder der Gemeinde auffordern, solche Fähigkeiten bei sich zu wecken, nennt Paulus diese Leute »Lügenapostel« (2 Kor 11,13). Die »Lügenapostel« haben die Frage nach dem Gemeindebezug ihrer Fähigkeiten anscheinend nicht gestellt. Für Paulus dagegen ist es klar: Die verschiedenen Funktionen in der Gemeinde erhalten ihre Bedeutung erst durch den Bezug auf das Ganze. Das will auch das Bild vom »Leib (Christi)« ausdrücken. Deshalb ist die Frage, welches Amt höher steht als die anderen (und deshalb vielleicht vorrangig anzustreben wäre), für Paulus falsch gestellt. *Jedes* Amt hat seine Bedeutung, insofern es dem »Aufbau« (griechisch: oikodome) (vgl. 1 Kor 14,26) dient.

(4) *Zuordnung zum Bereich des Pneumatischen*
Paulus nennt die verschiedenen Fähigkeiten, die Christen/Christinnen zur Auferbauung der Gemeinde einbringen, »Charismata«, Charismen bzw. Geistesgaben. Der Begriff begegnet im NT nur in Schriften des Paulus, in den Pastoralbriefen und im 1. Petrusbrief (1 Petr 4,10). (Die Pastoralbriefe reservieren das »Charisma« den Amtsträgern.) Jede Tätigkeit – auch die profanste, z. B. der Kassenwart, der die Spenden verwaltet (Röm 12,8: »Wer gibt, gebe ohne Hintergedanken«) – wird zum »Charisma«, sofern sie erkennbar im Dienst der Gemeinde ausgeübt wird. Eine Liste solcher Charismen (in vielleicht absichtlich bunter Reihenfolge) findet sich in 1 Kor 12,28 (Apostel, Propheten, Lehrer, Wundertäter, Krankenheiler, Helfer, Leiter, Zungenredner bzw. Ausleger solcher Glossolalie) und in Röm 12,6–8 (Propheten, »Diener« [griechisch: Träger des »Charismas« der »diakonia«], Lehrer, Tröster und Ermahner,

Kassenwart, Vorsteher, Helfer). Paulus wendet sich mit 1 Kor 12 gegen die in Korinth verbreitete Hochschätzung *besonderer* pneumatischer Gaben (und unter ihnen vor allem die ekstatische Glossolalie). In dieser Charismenliste ist unter Umständen der erste Ansatz zu einer Ämterordnung »auf Dauer«[78] zu finden, unbeschadet des Faktums, dass wir nicht genau wissen, was konkret die so bezeichneten Funktionen wirklich beinhalteten und wie man in sie berufen und eingesetzt wurde. Dem paränetischen Ansatz von 1 Kor 12 wie Röm 12 widerspricht es wohl, in der paulinischen Liste eine Art Kirchenverfassung im Rohentwurf zu erkennen.

Exkurs: »Charisma«[79]

Man hat die paulinische Charismenlehre im Sinne einer »charismatischen Gemeindeordnung« deuten wollen, die auf das freie Wirken des Geistes setze und keinen Raum für feste, an Personen gebundene Ämter habe. Rudolph Sohm veranschaulichte diese Auffassung durch die Gegenüberstellung der »charismatischen Organisation« der frühen Christenheit zur rechtlichen Verfassungsform der späteren katholischen Kirche[80]. »Charisma« und »Institution« werden also als Gegensatz gesehen[81]. Der Soziologe Max Weber hat (in Weiterführung der Unterscheidung von Sohm) den Begriff des Charismatikers entwickelt[82]: »›Charisma‹ soll eine als außeralltäglich … geltende Qualität einer Persönlichkeit heißen, um derentwillen sie als mit übernatürlichen oder übermenschlichen oder mindestens spezifisch außeralltäglichen, nicht jedem andern zugänglichen Kräften oder Eigenschaften (begabt) oder als gottgesandt oder als vorbildlich und deshalb als ›Führer‹ gewertet wird.« Der Charismatiker (als charismatischer Redner, Organisator, Darsteller, Führer usw.) ist die *außergewöhnliche* Persönlichkeit, die aufgrund ihrer überwältigenden Ausstrahlungskraft Menschen unmittelbar an sich zu binden vermag und dazu keiner Ordnung oder Institution bedarf. Die Definition von Weber hat überhaupt keinen Bezug zur Bedeutung des Begriffs »Charisma« bei Paulus. In diesem Sinn vertritt Paulus auch keine »charismatische Gemeindeverfassung«. Ganz im Gegenteil! Die Definition entspricht eher dem Selbstverständnis der korinthischen Pneumatiker, die Paulus bekämpft.

Neben den Charismenlisten in 1 Kor und Röm kennt Paulus noch andere »Charismen«. In 1 Kor 7,7 spricht Paulus von Ehe und Ehelosigkeit als »Charisma«, ohne dass ein Gemeindebezug ersichtlich ist. Der Philipperbrief (Entstehungsort und -zeit sind in der Forschung umstritten[83]) nennt in der Adresse (Phil 1,1) »Episkopen und Diakone«. Auch hier wissen wir nichts Genaues über die Aufgabenfelder. Klar scheint allerdings ein Doppeltes:

- Die von Paulus genannten Charismen (bzw. »Ämter«) (ein spezieller Fall ist die Ehe bzw. Ehelosigkeit in 1 Kor 7,7) beziehen sich auf konkrete Ortskirchen. Ein überregionales »Charisma« – mit Ausnahme der Funktion des Paulus – kennen die Paulinen nicht.
- Einen gewissen Vorrang unter diesen Ämtern scheinen die Funktionen der Wortverkündigung (Apostel, Evangelisten, Lehrer) einzunehmen, wenn auch hier die genaue Aufgabenverteilung schwierig zu rekonstruieren ist[84].

3.2 Matthäusevangelium

Das Matthäusevangelium ist – wie kaum ein anderes Evangelium – vom Kirchengedanken geprägt. Es ist auch das einzige Evangelium, in dem das Wort »ekklesia« vorkommt (Mt 16,18; 18,17). Der Evangelist »Matthäus« erzählt die Geschichte Jesu mit der Absicht, dadurch Wesen und Selbstverständnis der Kirche darzustellen. Das zeigen besonders die fünf umfangreichen Redekompositionen: Bergpredigt (5,1 – 7,29), Sendungsrede (10,1 – 11,1), Gleichnisrede (13,1–53), Gemeinderede (18,1 – 19,2) und Parusierede (24,1 – 26,2). Der Missionsauftrag (28,16–20) am Schluss des Evangeliums (mit der Formel Mt 28,20: »... *lehrt* sie, alles zu befolgen, was ich euch *geboten* habe«) fasst die ganze Lehre Jesu in den Blick, die die »elf Jünger« zu tradieren haben. Die ursprünglich Israel geltende Erwählung wird ausgeweitet auf »alle Menschen«.

Zur Einordnung: Das Evangelium ist wohl um 80 (nicht früher als 80?) n. Chr. entstanden, vielleicht in der Nähe Palästinas (in Syrien oder im Umfeld Antiochias?). Die Gemeinde, in der es geschrieben wird, ist vom Synagogenverband getrennt (unter Umständen ausgeschlossen worden), aber die dadurch entstandene Wunde ist noch nicht vernarbt. Die Gemeinde hat sich aktiv in die Heidenmission eingeschaltet, aber (in diesem Punkt im Unterschied zu Paulus) sie kann und will das jüdische Gesetz nicht ausklammern. Jesus hat – ihrer Auffassung nach – das Gesetz *abschließend* interpretiert (Mt 5,17–19): Er ist nicht gekommen, um die Tora und die Propheten »aufzuheben«, sondern um sie zu »erfüllen«. Allerdings ist die Gemeinde in der Frage offensichtlich zerstritten. Es gibt in ihr sogar eine Gruppe, die die Übernahme der ganzen Tora für die Heiden fordert. Der Verfasser ist nicht dieser Meinung (Mt 16,6: »Gebt acht, hütet euch vor dem Sauerteig der Pharisäer und Sadduzäer«; vgl. 16,11).

Noch in einer anderen Frage ist die Gemeinde wohl gespalten. Darauf haben die Untersuchungen von Gerd Theißen hingewiesen. Theißen hat soziologisch in der Jesusbewegung zwei Gruppen unterschieden. Der eigentliche Kern der Jesusbewegung seien die »Wandercharismatiker«, die ganz radikal (»Wanderradikalismus«) zur Zeit des irdischen Jesus und nach seinem Tod die Lebensweise Jesu übernommen hätten. Das theoretische Programm seien die Worte Jesu, die etwa in der Bergpredigt überliefert worden seien und deren darin ausgedrückten Lebensstil Theißen für »authentisch« hält[85]. Dieser engere Jüngerkreis habe eine klar ausgeprägte Sozialstruktur besessen. Die »heimatlosen« Wandercharismatiker seien die ersten und eigentlichen Träger dessen gewesen, was später Christentum heißen wird. Ohne sie wäre in der Tat die »Sache Jesu« nicht weitergegangen. Die anderen Anhänger / Anhängerinnen Jesu, von denen das NT berichtet, die nicht unmittelbar in der Nachfolge lebten, sondern noch in ortsfesten Bindungen und in der jüdischen Umwelt zu Hause waren, die »Grauzone« der Sympathisanten, die aber nicht mit Jesus wanderten, sind für Theißen letztlich eine für die Tradierung des eigentlichen Lebensstils Jesu eher zu vernachlässigende Randgruppe, auch wenn sie logistisch für die Wandermissionare Anlaufstelle und Bezugspunkt waren.

Über die These von Theißen, dass die entscheidende Rolle für die Tradierung der Botschaft Jesu in der Geschichte der Jesusbewegung und in der Frühzeit des Christentums die heimatlosen »Wandercharismatiker« (und nicht die ortsansässigen Anhänger / Anhängerinnen) gespielt hätten, kann man sicherlich wissenschaftlich diskutieren. Unstrittig scheint allerdings in der Forschung zu sein, dass es diese beiden Gruppen tatsächlich gegeben hat. Sie existieren auch in der Ortskirche des Matthäusevangeliums. Das Zusammenleben der beiden Gruppen ist voller Spannungen. Die »Elite« in der Gemeinde hat ein ausgeprägtes Selbstbewusstsein. Sie lebt in einer radikalen Weise das Evangelium Jesu (vgl. Mt 10,5–15: »Jüngerordnung«) und neigt offenkundig dazu, dem Rest den vollen Status des Jünger-Seins abzusprechen. Dieser Gemeindeteil stellt bewusst eine Kontinuität her zwischen der vorösterlichen Jesus-Nachfolge und der nachösterlichen Gemeinde. *Genauso* wie die Jünger Jesu damals soll ihrer Ansicht nach auch die Gemeinschaft der an Jesus Glaubenden heute leben. Das Anliegen (und vielleicht die Leistung) des »Matthäus«, der wahrscheinlich aus der Gruppe der »Radikalen« stammt (und möglicherweise ein in der Schriftauslegung ausgewiesener Gemeindeleiter war), besteht darin, dass er die »Radikalen« und den Rest der Gemeinde miteinander zur Kooperation bringen will (und vielleicht sogar gebracht hat).

Er tut dies zum einen dadurch, dass er die »radikalen« Jünger davor warnt, die sogenannten »Kleinen« (im Glauben) (Mt 10,42; 18,6.10) geringzuschätzen. Das Motiv ist im Matthäusevangelium sehr deutlich aufweisbar: Auch die, die das Evangelium nicht so radikal leben können oder wollen, gehören zur Jesusbewegung.

Auf der anderen Seite appelliert er an die »Kleinen«, auch auf ihre Weise die (radikalen) Gebote zu leben. Das geschieht vor allem in der Bergpredigt. Nach der Darstellung des Matthäusevangeliums wendet sich Jesus auf einem »Berg« (auf dem auch seine mit ihm ziehenden Jünger versammelt sind) an *alle* Zuhörer und Zuhörerinnen, die auch »sehr betroffen« auf seine Lehre reagieren (Mt 5,1f; 7,28). Die Rede Jesu beginnt mit den Seligpreisungen (Mt 5,3–12); die *ganze* angesprochene Gemeinschaft der Hörer und Hörerinnen ist »Salz der Erde« und »Licht der Welt« (Mt 5,13–16). Jesus beansprucht nun, in seinen Weisungen den eigentlichen Inhalt der Tora und der Propheten auszulegen (zu »erfüllen«) (Mt 5,17–19). Dann werden sechs Antithesen formuliert (Mt 5,21–48: Töten, Ehebruch, Ehescheidung, Schwören, Wiedervergeltung, Feindesliebe)[86]. Den zweiten thematischen Block bilden die drei Frömmigkeitsregeln (Mt 6,1–18) zu Almosen, Beten und Fasten, in deren Mittelpunkt das Vaterunser (Mt 6,9–13) steht. Die anschließenden Forderungen (Mt 6,19 – 7,11) stellen im Wesentlichen die »Basileia« als Kriterium der Gerechtigkeit dar und unterstreichen in diesem Zusammenhang die Notwendigkeit des »Tuns« (als Reaktion der

Jüngergemeinde auf das Kommen der »Basileia«) (Mt 7,13–27). Die Weisungen der Bergpredigt sind für den Evangelisten Regeln, die nicht bloß »Zielgebote« oder für einen kleinen Kreis von Vollkommenen bestimmt sind, sondern grundsätzlich für *alle* gelten und auch *allen* eine Zielrichtung ihres Lebens geben (die in einem praktischen Handeln umgesetzt werden muss)[87]. Über den Anspruch der Bergpredigt auf Allgemeingültigkeit und die in ihr formulierte Aufforderung zu einem konkreten Handeln besteht in der heutigen Exegese weitgehend ein Konsens; die Auffassungen zur hermeneutischen und praktischen Umsetzung differieren allerdings[88]. Einen zweifachen Weg der Nachfolge (etwa in vollkommener Weise in den evangelischen »Räten« und für den Alltag in den normalen »Grundgeboten« des Christentums, was auch immer das dann sein mag) kennt »Matthäus« nicht. Er will vielmehr die Spaltung der Gemeinde dadurch überwinden, dass er *alle* zur Radikalität des Tuns aufruft.

Der Evangelist sieht die Kirche heilsgeschichtlich: Gott sendet Jesus zu *Israel*, um seine Verheißungen zu erfüllen. Auf Israel allein konzentriert sich das Wirken Jesu (Mt 10,6). (Diese Darstellung entspricht wohl der historischen Wirklichkeit.) Aber Israel verweigert sich in seinen Führern und besonders in der Gruppe der Pharisäer. (Das spiegelt natürlich die Situation zur Entstehungszeit des Matthäusevangeliums, in der die Pharisäer und die auf sie folgenden rabbinischen Gelehrten die herrschende Gruppe im Judentum wurden.) Die Jesusbewegung ist damit jedoch nicht sinnlos geworden. Es sind Strukturen vorhanden, die eine Umorientierung erlauben. Diese Strukturen sind vorgegeben durch die Jüngergemeinde, die in Israel entstanden ist. Ihr gilt nun ein *neuer* Auftrag. Der irdische Jesus hatte den Jüngern strikt verboten, unter den Heiden (bzw. den »Völkern«) zu missionieren (Mt 10,5b). Der auferstandene Herr gibt ihnen genau dies zum Auftrag (Mt 28,18–20). Die Kirche ist damit eine Jüngergemeinschaft zunächst in Israel und anschließend in der Welt. Die Gestalt dieser neuen Gemeinschaft ist die Jünger*nachfolge* (Mt 28,19: »Macht alle Menschen zu meinen *Jüngern*«) mit radikalen Forderungen.

Aus der Patristik wissen wir, dass das Matthäusevangelium bis Irenaeus von Lyon das grundlegende (und am meisten zitierte) Evangelium in der Urkirche war[89]. Das hängt mit der seit Ende des 2. Jahrhunderts (Irenaeus von Lyon, Klemens von Alexandria) nachweisbaren Überzeugung zusammen, der Verfasser des Evangeliums sei identisch mit »Matthäus«, einem Mitglied des Zwölferkreises. Markus und Lukas galten nicht als unmittelbare Augenzeugen Jesu. Das Johannesevangelium, das in der frühen christlichen Überlieferung auf den Zebedaiden Johannes zurückgeführt wurde und in dieser Hinsicht mit dem Matthäusevangelium vergleichbar war, galt zwar durchaus schon sehr früh als zitabel (Beispiele etwa bei Ignatius von Antiochia oder Justin dem Märtyrer im 2. Jahrhundert). Da es aber auch bei gnostischen Schriftstellern beliebt war, ist in der frühesten Zeit der Kirche eine gewisse Zurückhaltung in der Rezeption (und damit in der Zitierung) aufweisbar. Die frühe Kirche ist nahezu einhellig der Überzeugung, dass die radikalen Forderungen des Matthäusevangeliums von allen erfüllt werden können und müssen. Noch Johannes Chrysostomos (349/350–407) betont ihre Allgemeingültigkeit und weist Einwände gegen ihre Erfüllbarkeit zurück[90]. Die Urkirche war eine sehr rigorose Kirche. Das zeigen z. B. die Bußpraxis, die erst seit der Mitte des 3. Jahrhunderts allmählich gemildert wurde[91], oder die Absage an die »pompa« (die Pracht, den »Pomp« des »Satans«) im Taufritus. Unter der »pompa« des »Satans« (bzw. der »pompa diaboli«[92] – in unserem heutigen Taufritus heißt es da etwas kryptisch: »Widersagst du den Verlockungen des Bösen?«) sind konkret gemeint etwa der Kriegsdienst, der Dienst in der staatlichen Verwaltung, der Besuch von Theatern (einschließlich der Wettkämpfe oder Gladiatorenspiele) oder das Zinsnehmen. Die altchristliche Kirchenordnung »Traditio apostolica« stellt harte Forderungen an die Taufbewerber. Bestimmte Berufe oder Verhaltensweisen waren ausgeschlossen[93]: Bordellbesitzer, Bildhauer oder Maler, die Götzenbilder herstellen, Schauspieler, Lehrer, Wagenlenker und Wettkämpfer in der Arena, Gladiatoren (und Organisatoren von Gladiatorenspielen), Götzenpriester (und Wächter von Götzenbildern), Soldaten, Beamte und staatliche Würdenträger, Dirnen, »Homosexuelle« (gemeint sind wohl »Strichjungen«), Magier, Zauberer, Sterndeuter, Wahrsager, Traumdeuter, Falschmünzer, Hersteller von Amuletten, Konkubinen und Männer, die sich Konkubinen halten. Im Blick waren Menschen, deren Beruf mit heidnischem Götzendienst oder der heidnischen Mythologie (etwa als Lehrer) verbunden war, die in ihrem Beruf gezwungen werden konnten, andere Menschen zu töten, und deren Lebenswandel dem christlichen Sittenideal nicht entsprach. Wer nicht bereit war, von diesen Tätigkeiten abzulassen, wurde nicht zur Taufe zugelassen. Im Grunde war damit die unbedenkliche Teilnahme am gewöhnlichen Leben der Gesellschaft unmöglich geworden. Manche Kandidaten/Kandidatinnen haben deswegen bis kurz vor ihrem vermuteten Lebensende (oder aktuell bis zum Sterbebett) gewartet, bis sie sich unter diesen Umständen taufen ließen, weil sie sich ein solchermaßen gesellschaftlich eingeschränktes Leben nicht zutrauten oder zumuten wollten. Wer getauft war und danach eine schwere Sünde auf sich geladen hatte, blieb in den ersten beiden christlichen Jahrhunderten in der Regel als Sünder bis an sein Lebensende vom Kommunionempfang ausgeschlossen. Ich will damit nicht sagen, dass das Matthäusevangelium die Ursache für diese rigide Strenge war, aber die ethische Radikalität des Evangeliums kam der Grundstimmung der Urkirche ausgesprochen entgegen. Das Matthäusevangelium ist in der Christentumsgeschichte eine beliebte Autorität radikaler Gruppen (innerhalb der Montanismusbewegung, der Asketen- und Ordensbewegung, der extremen Strömungen auf dem »linken« Flügel der Reformation, der Böhmischen Brüder oder der englischen »Dissenters«) geworden.

In diese Gemeinschaft (bzw. Kirche), von der das Matthäusevangelium spricht, kommt man nicht aus eigener Entscheidung, sondern man wird in sie durch Jesus berufen. Dieser Topos, dass Jesus die Initiative hat und beruft, wen er will, findet sich in allen Berufungsberichten der Evangelien (vgl. Mk 1,16f; Joh 15,16). Er entspricht dem Typ alttestamentlicher Berufungsgeschichten, wie sie von Elija und Elischa erzählt werden (1 Kön 19,19–21). Das Matthäusevangelium kennt allerdings auch Szenen, in denen sich Menschen um die Nachfolge bewerben (Mt 8,18–22 par. Lk 9,57–60)[94]. Aber auch in diesen Fällen nennt Jesus die (durchaus harten) Bedingungen. Die Berufung durch Jesus gilt auch nach dem Tod Jesu. Jesus selbst ist es immer noch (und nicht der Geist), der seine Gemeinde konstituiert und neu beruft (Mt 18,20): »Wo zwei oder drei in meinem Namen versammelt sind, da bin *ich* mitten unter ihnen.« Für den Verfasser des Matthäusevangeliums ist die Kirche also kein Geistgeschehen, sondern ein *Jesus*geschehen. Jesus (Christus) *allein* ist der Lehrer (Mt 23,10), *seine* Lehre gilt es zu verkünden, *sein* Leben gilt es nachzuahmen. Deswegen ist auch Petrus wichtig. Er ist der Augenzeuge par excellence des *irdischen* Jesus und (deshalb) eine wichtige Autorität in der Kirche des »Matthäus« (Mt 16,17–19). Die Kirche hat einen konkreten Auftrag (»Salz der Erde«, »Licht der Welt«) und sie ist sichtbar wie eine Stadt auf dem Berg (Mt 5,13–16), aber sie ist *nicht* das definitive »Reich der Himmel« (so nennt das Evangelium die »Basileia« Gottes)[95]. Es gibt in ihr »Böse *und* Gute« (Mt 22,10), »Unkraut« *und* »Weizen« (Mt 13,24–30), »gute« *und* »schlechte Fische« (Mt 13,47–50). Das Werkzeug, dessen sich der erhöhte Jesus bedient, ist so unvollkommen wie die Welt. Den Auftrag der Kirche nennt der Evangelist ganz umfassend: die »guten Werke« (Mt 5,16). Drei dieser »Werke« werden im Zentrum der Bergpredigt (um das Vaterunser gruppiert) genannt: Almosen, Beten und Fasten (vgl. Mt 6). Ob die Kirche tatsächlich diese Funktion erfüllt, wird sich erst im Weltgericht herausstellen (Mt 25,31–46). Die Pointe der Erzählung ist wohl, dass die Glieder der Kirche nach *denselben* Kriterien gerichtet werden wie »alle Völker«[96]. Der Evangelist geht offensichtlich davon aus, dass die »guten Werke« immer wieder getan werden, um ihrer selbst willen – und nicht nur von den Jüngerinnen und Jüngern Jesu. Im Licht des Evangeliums (also im Horizont der »Basileia«) lässt sich sehen, dass sie »gute« Werke sind (Mt 5,16): »So soll euer Licht vor den Menschen leuchten, *damit* sie eure guten Werke sehen …«

Eine systematisch entwickelte Amtsstruktur ist aus dem Matthäusevangelium nicht abzuleiten. Im Vergleich zum Markusevangelium kritisiert das Matthäusevangelium die »Zwölf« eher zurückhaltend. Als eigene »Ämter« (neben den »Zwölf«: vgl. die Namenliste mit Petrus »an erster Stelle« [Mt 10,2] und »Judas Iskariot, der ihn [= Jesus; Anm. W. K.] später verraten hat« [Mt 10,4] an letzter Position: Mt 10,2–4) werden genannt (christliche) Schriftgelehrte (Mt 13,52) und (christliche) Propheten[97]. Das Institut der »Propheten« ist aus der Didache (wahrscheinlich gegen Ende des 1. oder Anfang des 2. Jahrhunders wohl im syrisch-palästinischen [!] Raum entstanden) bekannt (Did 11.13). Did 11,3 spricht von »Aposteln und Propheten« (den »Wandercharismatikern« im Sinne Theißens[98]). Wo es diese nicht mehr gebe, solle man »Bischöfe und Diakone« (aus den Reihen der Ortsgemeinde) einsetzen[99].

3.3 Deuteropaulinen

Das Thema »Kirche« nimmt in einigen Deuteropaulinen eine zentrale Stellung ein. Die Deuteropaulinen sind eine Gruppe von Briefen, die in den vier Jahrzehnten nach dem Tod des Paulus vielleicht von einer sogenannten »Paulusschule« (in der römischen Provinz Asia mit der Metropole Ephesus?) verfasst wurden. Die »Paulusschule« (wenn es sie denn als eine identifizierbare Größe gegeben hat) ist allerdings nicht einheitlich. Sie umschließt zwei Gruppen und damit *zwei* Ekklesiologien, nämlich die zusammengehörigen Briefe Kol und Eph, die eher theologisch-spekulativ argumentieren, und die pragmatisch-nüchternen Pastoralbriefe (1 und 2 Tim, Tit). Für beide Gruppen ist Paulus die unbestrittene Autorität in der Kirche.

(1) *Kolosserbrief und Epheserbrief*
a) Der Kolosserbrief ist wohl kurz nach dem Tod des Paulus (von einem uns unbekannten Paulusschüler) verfasst, also in den 60er-Jahren (oder Ende dieser Dekade) des 1. Jahrhunderts, und gehört damit zur zweiten christlichen Theologengeneration. Der Brief wirkt wie eine Skizze. Im Kolosserbrief stellt sich »Paulus« als der verantwortliche Oberhirte der Region vor (Kol 1,24 – 2,5). Er hat die Gemeinde, wird gesagt, bisher durch seinen Stellvertreter Epaphras geleitet (Kol 1,7); nun greift er persönlich ein. Die Existenz anderer Apostel neben Paulus wird nicht erwähnt. Er ist der »Diakonos« der Kirche (Kol 1,25). Dieser Amtstitel für Paulus ist singulär im NT. Im Zentrum der Argumentation steht die Christologie, die sich im Hymnus (Kol 1,15–20) verdichtet, der Christus als Schöpfungs- und universalen Versöhnungsmittler, als »Haupt des Leibes« der Kirche (Kol 1,18) preist. Gegenüber den Vertretern einer sogenannten »Philosophie« (gemeint ist vielleicht ein hellenistisch-jüdischer Mittelplatonismus), »die sich auf die Elementarmächte der Welt, nicht auf Christus berufen« will (Kol 2,8), beschreibt der Verfasser des Kolosserbriefes die Kirche als »Leib (Christi)« (Kol 1,18.24; vgl. 2,19), der schon jetzt Anteil hat an der himmlischen Welt (»am Los der Heiligen, die im Licht sind«) (Kol 1,12). In der Parusie wird diese (augenblicklich verborgene) Realität der Christen offenbar werden (Kol 1,5; 3,3f). Für den Kolosserbrief ist die Kirche der Ort, wo die

Herrschaft Christi *jetzt* realisiert ist. Diese Herrschaft soll die ganze Welt umfassen; deshalb ist die Kirche eine ganzheitlich-weltweite Größe. Für Paulus war sie vor allem Ortskirche.

b) Der Epheserbrief, vielleicht um 90 (oder jedenfalls in zeitlicher Nähe zu anderen neutestamentlichen Spätschriften) in der dritten christlichen Theologengeneration verfasst, formuliert die im Kolosserbrief (der ihm vorliegt) angedeutete Ekklesiologie aus. Im Epheserbrief vollzieht sich ausdrücklich geradezu eine kopernikanische Wende im Vergleich zu den echten Paulinen. Im Mittelpunkt der echten Paulinen steht das Christusereignis (Kirche als »Leib *[Christi]*«). Von ihm her wird die Kirche abgeleitet. Im Epheserbrief steht die Kirche im Zentrum. Von ihr her wird das Christusereignis interpretiert. Friedrich Schleiermacher hat hier im 19. Jahrhundert den Unterschied zwischen Katholiken und Protestanten gesehen[100]: Für die Protestanten sei das (individuelle) Verhältnis zu Christus entscheidend. Von daher entscheide und bestimme sich das Verhältnis zur Kirche. Für die Katholiken sei das Verhältnis des einzelnen Christen zur Kirche entscheidend. Von daher bestimme sich das Verhältnis zu Christus. Die Analyse Schleiermachers ist sicher überzogen[101]. Auch im evangelischen Bereich ist die Kirche ein Mittel, sich Christus zu nähern[102], und im katholischen Denken ist die Kirche nicht Selbstzweck, sondern vor allem ein Instrument, um eine Beziehung zu Christus zu ermöglichen[103]. Das Diktum Schleiermachers profiliert aber, denke ich, einen je unterschiedlichen Zugang zur Christologie und zur Ekklesiologie. Der Epheserbrief jedenfalls argumentiert von der Kirche her, um zur Christologie zu gelangen. Das führt dann in der Konsequenz zu den altkirchlichen Glaubensbekenntnissen, in denen die Kirche als eigenständiger (wenn auch sekundärer) Glaubensinhalt thematisiert wird: »Ich glaube … die Kirche …«
Formal ist der Epheserbrief ein Rundschreiben (anachronistisch: eine Enzyklika). In wichtigen Textzeugen fehlt die Adresse Eph 1,1: »An die Heiligen in Ephesus«. Auch in diesem Brief ist Paulus *der* Apostel schlechthin (vgl. Eph 1,1). Aber es gibt neben ihm andere »Apostel und Propheten«, die (mit ihm) das Fundament der Kirche tragen (Eph 2,20; vgl. 3,5). Das eigentliche Thema des Briefes ist die Kirche als Offenbarung des göttlichen Heilsge-

heimnisses (Eph 3,9), in der Juden und Heiden (als Repräsentanten der durch das Versöhnungswerk Christi zusammengeführten Menschheit) alle Feindschaft überwunden haben (Eph 2,11–22). Christus ist, sagt der Epheserbrief, von Gott als Haupt der Kirche eingesetzt; er ist aber auch das Haupt der gesamten Welt (Eph 1,22f). Beide Bereiche (Kirche und Welt) verhalten sich zueinander wie »zwei konzentrische Kreise«. So beschreibt Rudolf Schnackenburg in seinem Epheserbrief-Kommentar ihr Verhältnis[104]. Beide Bereiche haben als Herrschaftszentrum und als Mitte Christus. In der Kirche ist die Christusherrschaft manifest, in der Welt ist sie (noch) latent. Die Kirche hat daher den Auftrag sich auszubreiten (und schließlich die ganze Welt zu erfüllen), damit die Welt ihre wahre Bestimmung begreift. Das Vaticanum II hat dieses Modell des Epheserbriefes in der Kirchenkonstitution (LG 14–16) im Bild der konzentrischen Kreise (die gesamte Menschheit um die Mitte Jesus Christus gruppiert) rezipiert.

Der Partner des Handelns Christi ist im Epheserbrief die Kirche, nicht das christliche Individuum. Christus verhält sich zur Kirche wie der Mann zur Frau (Eph 5,32). Die Kirche tritt in der Sicht des Epheserbriefes zwischen Christus und die einzelnen Glaubenden. Das Heil entsteht dadurch, dass einer / eine durch die Taufe in die Kirche hineingenommen wird (Eph 2,5f). Der Kirche wird geradezu als der präsentische »Himmel« beschrieben (Eph 2,6): »Er (= Gott; Anm. W. K.) hat (!) uns mit Christus auferweckt und uns zusammen mit ihm einen Platz im Himmel (!) gegeben.« Damit ist der Bereich gemeint, wo Christus *jetzt* manifest ist. Diese neue Wirklichkeit ist eine Größe, wo es keine Parteiungen und deshalb keine Feindschaft mehr gibt. Auch die heilsgeschichtlichen Unterschiede zwischen Juden und Heiden bestehen nicht mehr. *Alle* Menschen sind *prinzipiell* versöhnt (Eph 2,14–16). Die neue Wirklichkeit (in der Kirche aktuell, in der Welt potentiell) ist deshalb *eine* Einheit (Eph 4,3–6): »*Ein* Leib und *ein* Geist, ... *eine* gemeinsame Hoffnung ...; *ein* Herr, *ein* Glaube, *eine* Taufe, *ein* Gott und Vater aller ...« Versöhnung und Einheit sind die beiden Wesenseigenschaft der Kirche im Epheserbrief.

Fünf Ämter der Kirche werden angeführt. Nach der Darstellung des Epheserbriefes sind sie von Christus gestiftet und damit konstitutiv für Kirche (Eph 4,11): »Er (= Christus; Anm. W. K.) gab (!) den einen das Apostelamt, andere setzte er als Propheten ein, andere als Evangelisten, andere als Hirten und Lehrer ...« In diesen Ämtern konkretisiert sich die Einheit der Kirche (Eph 4,7–16), deren Ziel das neue Leben in Christus ist (Eph 4,17–24), das gegenüber der umgebenden Welt den Widerspruch einer Kontrastgesellschaft formuliert (Eph 4,17: »Lebt nicht mehr wie die Heiden ...«). Apostel und Propheten sind das Fundament (Eph 2,20). Evangelisten, Hirten und Lehrer werden der Gegenwart zugeordnet. Welche Funktionen sie genau ausübten, wissen wir nicht. In Apg 20,28 und in 1 Petr 5,2f sind die Hirten Episkopen und Gemeindeleiter.

Der Epheserbrief hat eine nicht zu überschätzende Wirkungsgeschichte gehabt. Im Grunde liefert er im NT die Magna Charta einer *katholischen* Ekklesiologie. Aus diesem Grund tut sich traditionell die evangelische Theologie schwer mit diesem Brief[105]. Auf jeden Fall sind hier alle Motive zu finden, die für die katholische Ekklesiologie der Folgezeit maßgeblich werden, nämlich die Vorordnung der Kirche vor dem einzelnen glaubenden Individuum, die Einschätzung der Kirche als heilsrelevante Größe und die Wertung des Amtes als konstitutiv für Kirche.

(2) *Die Pastoralbriefe*

Der Name »Pastoralbriefe« für die beiden Briefe an Timotheus und den Brief an Titus stammt aus dem 18. Jahrhundert. Die drei Briefe sind etwa um 90 (in der dritten christlichen Generation: vgl. 2 Tim 1,5?) entstanden und zählen zu den spätesten neutestamentlichen Schriften. Der (heidenchristliche?) Verfasser (es handelt sich wohl um einen einzigen) gehört wahrscheinlich ebenfalls zur Paulusschule. Sein Interesse ist zur Gänze praktischer Art. Es geht um die Gestaltung kirchlicher Praxis vom Gottesdienst bis zur Ordnung gemeindlicher Ämter und um die Abwehr von Irrlehren. Die Briefe stellen sich dar als Anweisungen des Apostels an seine engsten Mitarbeiter Timotheus und Titus. Der 1. Timotheusbrief und der Titusbrief sind ausgeführte Kirchenordnungen. Der 2. Timotheusbrief erscheint als Abschiedsrede und Testament des Paulus. Das zentrale ekklesiologische Leitbild der Pastoralbriefe ist die Kirche als »Haus« bzw. »Hauswesen« Gottes (vgl. 1 Tim 3,15). Gemeint ist die konkrete Ortskirche (vgl. Paulus!). Die in der

Gesellschaft vorherrschenden Überzeugungen vom Aufbau eines durchschnittlichen Hauswesens (griechisch: »oikos«) werden nun konsequent und in traditionssichernder Absicht auf die Kirche übertragen[106]. Gott ist der »Hausherr« (despotēs) (2 Tim 2,21); er hat einen »Hausverwalter« bzw. »Haushalter« (oikonómos) eingesetzt, den örtlichen Bischof bzw. Gemeindeleiter (Tit 1,7). Die Gemeinde ist gegliedert nach Ständen mit je eigenen Regeln, Männer und Frauen (1 Tim 2,8–15; 5,1f; Tit 2,2–6), Alte und Junge (1 Tim 5,1f; Tit 2,2–6), Herren und Sklaven (1 Tim 6,1f; Tit 2,9f) und schließlich Witwen (1 Tim 5,3–16). Jeder/Jede soll sich so verhalten, wie es seiner/ihrer Gruppenzugehörigkeit entspricht. Damit spiegelt die christliche Gemeinde die sie umgebende gesellschaftliche Situation. Zugleich ist aber auch die Einsicht des Paulus in Gal 3,28, dass es in der christlichen Kirche keine gesellschaftlich (ethnisch, kulturell oder geschlechtsspezifisch) vorgegebenen Unterschiede mehr gebe, aufgehoben. Die gesellschaftlichen, durch die klassische Philosophie (und hier zumal durch die Ordnungsvorstellungen des Aristoteles fixierten) Unterschiede werden geradezu kirchlich sanktioniert und festgeschrieben.

Warum drängen die Pastoralbriefe darauf, dass die Kirche die gesellschaftlichen Vorgegebenheiten übernimmt und in idealer Weise vorlebt? Die Briefe greifen einen Gedanken auf, den Paulus andeutet. Der Apostel wirbt darum, dass die christliche Gemeinde durch ihr Verhalten nicht das sittliche Empfinden der Umwelt verletzt (1 Kor 11,13: »Urteilt selber! Gehört es sich …?« Es geht um das Schleiertragen von Frauen im Gottesdienst) und sich an den in der Gesellschaft akzeptierten ethischen Regeln orientiert (Phil 4,8: »Was immer wahrhaft, edel, recht, was lauter, liebenswert, ansprechend ist, was Tugend heißt und lobenswert ist, darauf seid bedacht.« Er bezieht sich auf die ethischen Werte der hellenistischen Moralphilosophen seiner Zeit). Daraus entwickeln die Pastoralbriefe nun den zentralen Grundsatz: Die christliche Kirchenstruktur und das gesellschaftliche Zusammenleben der Christen soll den Außenstehenden als Idealtyp der ihnen bekannten und von ihnen praktizierten Formen des sozialen Lebens vorgestellt werden. Das geht so weit, dass der Verfasser rät, die Urteile der Außenstehenden zu übernehmen. Der »Episkopos« muss einen guten Ruf *auch* bei den Außenstehenden haben (1 Tim 3,7); es ist besser, dass die (jüngeren) Witwen (als ein eigener Stand in der

Kirche) wieder heiraten, weil sonst die Außenstehenden Anstoß nehmen (1 Tim 5,14)[107]. Die Kirche ist in den Pastoralbriefen nicht das Gegenüber zur Welt, sondern eine Abspiegelung der Welt. Das vorausgesetzte Denkmodell heißt: Wir müssen besser als die anderen die gesellschaftlichen (und gleichsam »naturrechtlich« gegebenen) Wertvorstellungen (die nicht – auch nicht vom Evangelium her – in Frage gestellt werden) leben, damit die anderen zu uns kommen (können). Positiv kann man das als eine frühe Form der Inkulturation deuten. Martin Dibelius hat das (etwas missverständlich) als christliche »Bürgerlichkeit« beschrieben[108]. Jürgen Roloff nennt es »eine werbende Lebensführung« um der Mission willen[109]. Festzuhalten ist dabei, dass die Pastoralbriefe die vorausgesetzten gesellschaftlichen Lebensformen nicht als Ausdruck einer gleichsam göttlichen Ordnung verabsolutieren[110]. Die Pastoralbriefe betreiben keine tiefgründige Spekulation, sondern argumentieren durchgängig pragmatisch. Negativ muss jedoch notiert werden, dass die hier demonstrierte (und im Vergleich mit dem ganzen NT einzigartige) Offenheit für die Gesellschaft das bei Paulus noch dominierende gesellschaftskritische Potenzial des Evangeliums bis zur Unkenntlichkeit abschwächt. Theologisch gesehen ist die Welt für die Pastoralbriefe nicht eine gottferne Realität, in die das Evangelium als etwas von außen kommendes Fremdes hineingetragen wird, sondern offensichtlich eigenständig der Betätigungsort einer »natürlichen« Erfahrung von Gottes Heilszusage für die Menschheit, der durch das Evangelium »nur« noch aufgehellt und jedenfalls nicht abgeschafft werden muss.

Die Pastoralbriefe kennen drei hauptsächliche Ämter: »Episkopen«, »Diakone« und »Älteste« (Presbyteroi). Klar ist, dass es in jeder Gemeinde *einen* (und nur *einen*) Episkopen gibt (das Ideal des *einen* Hausvaters bzw. Hausverwalters)[111]. Das ergibt sich aus dem Verständnis der Kirche als »oikos«. Hier beginnt im NT eine Entwicklung, die in der frühen Kirche zum Monepiskopat als Grundstruktur der Kirche führt. Neben dem einen »Episkopos« gibt es mehrere Diakone und »Älteste« (Presbyteroi), die ihm zur Seite stehen.

Ob die Pastoralbriefe auch weibliche Diakone kennen, wie manche meinen[112], ist umstritten. In 1 Tim 3,8–13 ist von den Diakonen die Rede. Dann heißt es in 1 Tim 3,11: »Ebenso sollen die Frauen ehrbar sein, nicht verleumderisch, sondern nüchtern und in allem zuverlässig.« Das könnte eine weibliche Form des Diakonenamtes meinen. Vom griechischen Wortlaut her könnten aber auch schlicht die Frauen der Diakone angesprochen sein. Allerdings enthält der 1. Timotheusbrief ein generelles Lehrverbot für Frauen (1 Tim 2,12)[113] und die Tendenz, Frauen eher auf den häuslichen Lebensbereich zu reduzieren (vgl. 1 Tim 5,14). Wenn in 1 Tim 3,11 also tatsächlich von weiblichen Diakonen die Rede ist, dann ist damit offensichtlich nicht die Lehre verbunden. Inwieweit der eigene Stand der Witwen tatsächlich ein spezifisches »Amt« in der Kirche bildet (vgl. 1 Tim 5,3–16), kann man diskutieren.

Von den drei Ämtern »Episkopos« (1 Tim 3,1–7), »Diakonoi« (1 Tim 3,8–13) und »Presbyteroi« (1 Tim 5,17–20) erhält der »Episkopos«, dem exklusiv die Vollmacht der Gemeindeleitung zukommt[114], die größte Aufmerksamkeit. Die »Diakonoi« sind eng dem »Episkopos« zugeordnet. Wie sich die »Presbyteroi« zum »Episkopos« verhalten und was sie konkret tun können, wird (ebenso wie bei den »Diakonoi«) nicht recht deutlich. »Episkopos«, »Diakonoi« und »Presbyteroi« werden als Berufe vorgestellt. Man wird dafür bezahlt (1 Tim 5,17f)[115]. Man kann diese Ämter anstreben, wenn man entsprechende Qualifikationen hat. Genannt werden allerdings sehr profane Befähigungsmerkmale (1 Tim 3,1–13): Führungsqualitäten, untadeliges Familienleben, anständiges Verhalten im Alltag (»unbescholten«), charakterliche Stabilität (kein überschwänglicher »Neubekehrter«). Vom »Episkopos« werden eine bestimmte Form des Lebensstils (er soll nur einmal verheiratet sein)[116] und immerhin wenigstens ein geistliches Merkmal (er soll die Fähigkeit zur Lehre haben) verlangt (1 Tim 3,2). Die Hauptaufgabe des »Episkopos« ist in der Tat die Lehre. Für die Pastoralbriefe ist die Lehre (etwa im Sinne des instruktionstheoretischen Offenbarungsmodells) die Sammlung vorgegebener Glaubenssätze, die der »Episkopos« als Erbe erhalten hat. Die Pastoralbriefe sprechen von der »paratheke« (= Hinterlassenschaft) (vgl. 1 Tim 6,20; 2 Tim 1,14). Die Lehre ist die verbindlich festgelegte »Überlieferung« (Tradition). Oberste Aufgabe des »Episkopos« ist es, diese Lehre in derselben Form, wie er sie überliefert bekommen hat, unverfälscht weiterzugeben (1 Tim 6,20). Diese Weitergabe ist kein automatisch und selbstverständlich gesichertes Geschehen. Sie ist bedroht vor allem durch Irrlehrer verschiedener Art. Weil die Identität der Lehre (und nur sie) die Identität der Kirche garantiert, ist es notwendig, dass sie abgesichert wird. Diese Absicherung geschieht in der Sukzession der Amtsträger. Obwohl der Begriff nicht erscheint, ist dies der Sache nach genau der Gedanke der apostolischen Sukzession. In (neu-)scholastischer Sprechweise: Für die Pastoralbriefe ist die gleichbleibende Kontinuität der apostolischen Lehre entscheidend (Sukzession des Wortes, »successio verbi«). Um wirksam zu werden und abgesichert zu sein, bedarf sie der Kontinuität der Amtsträger (Sukzession der Amtsträger, »successio ministrorum«). Die gleichbleibende Lehre ist der »Gehalt«, die kontinuierliche Abfolge der Amtsträger die »Gestalt« der apostolischen Sukzession[117]. Die Amtsträger sind auf diese Weise zugleich Tradenten, aber auch Wächter der Überlieferung. Sie werden eingesetzt durch die Handauflegung der Vorgänger, durch Paulus (2 Tim 1,6) und/oder durch die »Presbyteroi« (1 Tim 4,14). Durch diese Handauflegung wird dem Amtsträger ein spezifisches »Charisma« (im Sinne einer exklusiven »Amtsgnade«) übertragen, das direkt von Gott kommt[118]. Hier (und nur hier eindeutig im NT) erscheint die Vorstellung, die dann bei den antignostischen Autoren des 2. und 3. Jahrhunderts dominiert, dass durch eine Kette von Handauflegungen eine geschichtliche Kette von Amtsträgern konstituiert wird, die die Identität der Lehre verbürgt.

3.4 Der 1. Petrusbrief und das johanneische Schrifttum

(1) *Der 1. Petrusbrief*
Der 1. Petrusbrief ist verfasst zwischen 80 und 90 (oder jedenfalls nach 80 n. Chr.), vielleicht in Rom von einem Vertreter einer sogenannten »Petrusschule«, aus der auch der 2. Petrusbrief stammt. Er ist ein Rundbrief an die Kirchen in Kleinasien (interessanterweise also im Missionsgebiet des Paulus[119]), nicht an eine einzelne Kirche. Die Adressaten, die wohl mehrheitlich Heidenchristen sind, leben als Minderheit in der »Diaspora« (»Zerstreuung«) (1 Petr 1,1). Weil sie Christen sind (vgl. 1 Petr 4,16), sind sie wirtschaftlich-sozialen Repressionen der heidnischen Umwelt ausgesetzt, ohne dass allerdings eine systematische (und staatlich gelenkte) Verfolgung angenommen werden muss. Der 1. Petrusbrief wertet die in Kleinasien anzutreffende Situation als ein Paradigma für alle ande-

ren Kirchen (1 Petr 5,9b). Im Gegensatz zum Epheserbrief, der die Aufgabe der Kirche dadurch definiert, dass sie die Welt erfüllen müsse, und zu den Pastoralbriefen, die konkrete Lebensformen der Welt in der Kirche verbindlich machen, beschreibt der 1. Petrusbrief die Christen/Christinnen grundsätzlich als »Fremde« (1 Petr 1,1) in dieser Welt, weil sie sich durch ihre Lebensweise notwendig der sie umgebenden Gesellschaft entfremdet haben. (Das hat starke Anklänge an Paulus.) Diese Situation lässt sich nach Auffassung des 1. Petrusbriefes auch nicht ändern. Sie ist und bleibt wesentlich so: Christen/Christinnen sind anders als ihre Zeitgenossen und führen ein Leben, das sie von ihren Mitmenschen unterscheidet (1 Petr 1,14f). Die Christen sollen diese Situation im Blick auf das Verhalten Jesu, konkret auf sein Leiden und Sterben, bewältigen. Das Fremdsein in der Diaspora und das Scheitern gehören zum Christenleben. Auch Jesus starb ja am Kreuz und hat damit den Christen ein Beispiel gegeben (1 Petr 2,21). Das Leiden (in der Form der gesellschaftlichen Diskriminierung), das die Christen als Anfechtung erfahren, ist getragen und umfasst von der alles überwindenden Gnade Gottes (1 Petr 5,10.12). Ähnlich wie im Matthäusevangelium wird die Jesus-Nachfolge als die verbindliche Norm für die Gestalt des Lebens der Christen dargestellt. Mit der Möglichkeit, dass ein solches Verhalten der Christen die Gesellschaft als Ganzes verändert, rechnet der 1. Petrusbrief nicht. Aber es ist für den Verfasser des Briefes vorstellbar, dass einzelne Außenstehende (z. B. Ehepartner oder Familienangehörige) zum Glauben kommen, wenn sie beobachten können, wie die Christen Gutes tun und ihren Alltag im Gehorsam auf das Wort des Evangeliums praktisch bewältigen (vgl. 1 Petr 3,1). Die einzige realistische Hoffnung für die Außenseitergruppe, die die Christen im 1. Petrusbrief sind, besteht darin, dass die Außenstehenden, die in der Gesellschaft die Mehrheit darstellen (und stets darstellen werden), die Christen tolerieren, d. h. sie *nicht* diskriminieren oder verfolgen, weil die Christen Diakonie in der Gesellschaft betreiben (1 Petr 2,15), ein gesellschaftlich anerkanntes (»rechtschaffenes«) Leben führen (1 Petr 2,12–17) oder als Einzelne (z. B. als christliche Sklaven in einem heidnischen Haushalt oder als christliche Ehefrauen in einer heidnischen Großfamilie) in einer Mikrogesellschaft Gutes tun (1 Petr 2,18–20; 3,1–6). Als gemeindlicher Dienst ist nur ein Gremium erwähnt, die »Presbyteroi« (Ältesten) (1 Petr 5,1–4), die als »Hirten« (Gemeindeleiter) angesprochen werden. Jesus Christus wird als »Hirte und Bischof (»Episkopos«) eurer Seelen« (1 Petr 2,25) apostrophiert. Am 24. September 1992 haben die deutschen Bischöfe einen Hirtenbrief an die Priester gerichtet. Die Aussage des Textes lautet[120]: So ist die Situation der Gesellschaft und der Kirche – leider. Ändern können wir sie nicht. Schauen wir deshalb gemeinsam auf das Kreuz. Das ist die Ekklesiologie des 1. Petrusbriefes.

(2) *Das johanneische Corpus*
Eine vergleichbare Ekklesiologie der (gesellschaftlichen) Absonderung vertritt das johanneische Corpus. Gemeint sind das Johannesevangelium, die drei Johannesbriefe und die Offenbarung des Johannes[121]. Die apokryphen »Johannesakten« sind nicht im Kanon enthalten. Das (kanonische) Corpus entsteht (wenn Klaus Berger nicht Recht hat[122]) zwischen 90 und dem Beginn des 2. Jahrhunderts. Ob alle genannten Schriften vom gleichen Verfasser stammen, wird sehr kontrovers diskutiert und in der heutigen Forschung eher ausgeschlossen. Die Verfasserfrage ist schon deshalb kaum eindeutig zu klären, weil das Evangelium in verschiedenen Entwicklungsstufen bearbeitet wurde und in seiner kanonischen Form das Werk eines »großkirchlichen« Redaktors (bzw. einer gestuften Bearbeitung eines Jüngerkreises) ist. Die heutige (kanonisch-neutestamentliche) Fassung zeigt sehr deutlich das Bemühen, wieder Anschluss an die Großkirche zu gewinnen. Das wird besonders sichtbar an den Stellen, in denen Petrus (in Verbindung mit dem »Lieblingsjünger«) eingeführt wird, und sehr explizit im Nachtragskapitel Joh 21. Die johanneische Gemeinde ist in ihrer Ursprungsgestalt offenkundig eine isolierte Gruppe in der christlichen Großkirche; ihre Leitfigur und Autorität ist der im Evangelium oft genannte, aber namenlose »Lieblingsjünger« (bzw. der Jünger, »den Jesus liebte«) (vgl. besonders Joh 21,24). Die drei (von der Tradition allerdings nicht sehr einhellig dem Johannes zugeschriebenen[123]) Briefe von unterschiedlicher Länge, deren Verfasserfrage ebenfalls nicht eindeutig zu klären ist, führen in eine Zeit, in der der johanneische Gemeindeverband zerfällt. Der 2. und der 3. Johannesbrief nennen als Verfasser einen »Ältesten« (Presbyteros). Die »Offenbarung des Johannes« beruft sich auf einen Seher bzw. Geistvisionär »Johannes« (Offb 1,1.4.9; 22,8)[124]. Ob und wie

diese Person mit dem Verfasserkreis des Evangeliums und/oder der drei Johannesbriefe in Verbindung steht, lässt sich aus den Quellen nicht beantworten[125]. Unabhängig von der Verfasserfrage kann man aber insgesamt das johanneische Schrifttum (d. h. zumindest das Evangelium und die drei Briefe[126]) einer identifizierbaren redaktionellen Gruppe zuordnen, die wiederum einen spezifischen frühchristlichen Gemeindeverband repräsentiert.

Das Charakteristische an diesem Corpus ist, dass das Wort »Kirche« fast nicht vorkommt. Es erscheint im Evangelium und in den ersten beiden Briefen überhaupt nicht. Im 3. Johannesbrief wird es in 3 Joh 6 einmal neutral zur Bezeichnung der Ortskirche (oder Hausgemeinde) verwendet und zweimal in 3 Joh 9f in Verbindung mit Diotrephes gebracht, dem kirchlichen Gegner des Verfassers, der offensichtlich einer »ekklesia« (einer Hausgemeinde?) vorsteht, die – aufgrund des Handelns des Diotrephes – die Ansichten des Verfassers ablehnt. 3 Joh richtet sich an einen gewissen Gaius, dessen Treue zur Wahrheit und dessen Gastfreundschaft gegenüber reisenden Brüdern gelobt werden. Vielleicht war auch Gaius Leiter einer »Hauskirche«, die durch sein Beispiel der Gruppe des Diotrephes entgegensteht.

Für das Johannesevangelium ermöglichen Tod (»Erhöhung«) und Auferstehung Jesu *erst jetzt* eine gültige Einschätzung Jesu (Joh 2,21f): »Er (= Jesus; Anm. W. K.) meinte den Tempel seines Leibes. *Als er* von den Toten *auferstanden war*, erinnerten sich seine Jünger, dass er dies gesagt hatte, und sie glaubten der Schrift und dem Wort, das Jesus gesprochen hatte.«

Diese neue Sicht Jesu ist möglich, weil der Auferstandene den Jüngern an Ostern (bzw. bei der Christophanie vor den Jüngern) den Geist verliehen hat (Joh 20,22). Interpret dieser anderen Perspektive ist der »Paraklet«, der als »Beistand«, »Helfer« und »Anwalt« der Jünger die Botschaft Jesu endgültig interpretiert. Er ist der eigentliche Lehrer (Joh 14,26), der – von Gott gesandt – in Vollmacht die Botschaft Jesu auslegt. (Im Matthäusevangelium ist der eigentliche und einzige Lehrer der irdische Jesus.) Der Paraklet nimmt natürlich von dem, was Jesus schon gesagt hat, aber er führt die Jünger in die *volle* Wahrheit ein (Joh 16,13); er sagt das, was der vorösterliche Jesus noch nicht sagen konnte (Joh 16,12). Den (durch den Parakleten vermittelten) Geistbesitz hat jeder Glaubende (1 Joh 2,20f). Es gibt also nicht Lehrende und Lernende

(1 Joh 2,26: »Die Salbung, die ihr von ihm empfangen habt, bleibt in euch, und ihr braucht euch von niemand belehren zu lassen«). Diese vielleicht für manche heutige Leser sympathische Konzeption trägt allerdings ein historisches Manko. Sie hat es nicht geschafft, mit den in die Gemeinde einbrechenden Irrlehren fertig zu werden. Die johanneische Kirche bricht in gegenseitigen Exkommunikationen auseinander, wie gerade der 3. Johannesbrief belegt.

Ein zentrales Motiv des Johannes*evangeliums* ist die Einheit der Glaubenden (Joh 17,11.21). Diese Einheit ist konstituiert durch die Christusgemeinschaft jedes Einzelnen. Der entscheidende Beleg für dieses Verständnis ist die Bildrede vom »Weinstock« (Joh 15,1–8), die das Verhältnis von Christus und Kirche thematisiert und das charakteristische Kirchenbild des Johannesevangeliums beschreibt. Das Evangelium unterstreicht ausschließlich das Verhältnis des einzelnen Christen zu Christus als dem wahren »Weinstock«. Die einzelne Rebe bezieht ihre Lebenskraft daraus, dass sie »am Weinstock bleibt«. Das wird streng christologisch interpretiert: Der einzelne Glaubende ist in Christus und Christus ist im einzelnen Glaubenden (Joh 15,5: »Wer in mir bleibt und in wem ich bleibe, der bringt reiche Frucht«; vgl. Joh 6,56: »Wer mein Fleisch isst, und mein Blut trinkt, der bleibt in mir, und ich bleibe in ihm«; ähnlich Joh 14,20; 15,7; 17,23; 1 Joh 3,6.24). Eine ähnliche »Individualisierung«[127] zeigt sich in Joh 10,11–16: Der »gute Hirt« Jesus »kennt« jedes Schaf der Herde und wird auch von jedem gekannt (Joh 10,14). Das Evangelium betont bei der Beschreibung des Empfanges der Eucharistie die Wirkungen auf den einzelnen Glaubenden (»das ewige Leben«, die Auferweckung »am Letzten Tag«, das Bleiben in persönlicher Gemeinschaft mit Jesus Christus) (Joh 6,53–58), lässt aber (im Unterschied zu Paulus) die gesellschaftlich-kirchliche Bedeutung dieses Handelns unerwähnt. Allerdings beschränkt sich das Evangelium nicht auf die Darstellung eines sich selbst genügenden Heilsindividualismus[128]. Aus der Christusbeziehung des einzelnen Glaubenden ergibt sich *sekundär* die Gemeinschaft der an Jesus Christus Glaubenden. Einheit hat aber zunächst eine vertikale und damit – eigentlich sehr paradox – eine individuelle Komponente. Der Verlust der je individuellen Beziehung mit (bzw. der Bezugnahme auf) Jesus Christus zerstört die Einheit. (Zur Erinnerung: Der Gegensatz der Einheit ist bei Paulus das Auseinanderfallen in Gruppen.) Diese Einheit, von der das Johannesevangelium spricht, wird nicht von Menschen gemacht, sondern ist von Gott geschenkt. Demgegenüber ist die horizontale Ebene eher zweitrangig, auch wenn sie nicht völlig ausgeblendet wird. So wie Jesus den Jüngern die Füße wäscht, sollen auch diese *aneinander* handeln (Joh 13,12–20). Aus der Lebensgemeinschaft mit Jesus Christus (oder besser: aus der Hereinnahme des Glaubenden in die Lebensgemeinschaft von Vater und Sohn: Joh 17,21) ergibt sich die Konsequenz des Liebesdienstes der Glaubenden an den anderen Glaubenden (1 Joh 1,7): »Wenn wir aber im Licht leben, wie er im Licht ist, haben wir Gemeinschaft (koinonia) miteinander ...« Die »Bruderliebe« (d. h. der Liebesdienst an den anderen an Jesu Christus Glaubenden) (vgl. 1 Joh 2,3–10) ist exklusiv und abgrenzend verstanden. Sachlich bestehen hier Parallelen zur Auffassung des 1. Petrusbriefes, dass die Kirche eine Sondergemeinschaft im Gegenüber zur Welt sei und bleibe. Das Motto Joh 17,21 (aus dem »hohepriesterlichen Gebet« innerhalb der Abschiedsreden) »Alle sollen eins sein« hat in der ökumenischen Bewegung eine große Bedeutung gewonnen, wie die Ökumene-Enzyklika Johannes Pauls II. »Ut unum sint« (1995) belegt. Allerdings ist das nicht ganz ohne Ironie: Es geht im Johannesevangelium (oder zumindest in seinem ursprünglichen Text vor seiner »großkirchlichen« Bearbeitung, die etwa im 21. Kapitel, dem sogenannten »Nachtragskapitel«, aufscheint) nicht um die Sammlung der Menschheit oder zumindest aller Christen. Es geht zunächst um das Selbstverständnis einer kleinen Gruppe, die sich abgrenzt gegenüber der Welt und sogar gegenüber anderen Christen, die eine andere Christologie vertreten (1 Joh 2,22–25; 2 Joh 7–9). Solche »Christen« darf man nicht einmal grüßen (2 Joh 10f). Die Ekklesiologie des johanneischen Corpus ist »Einheit in der Abgrenzung« und hat durchaus sektenhafte Züge[129].

In der »Offenbarung« entschlüsselt »Johannes« (Offb 1,1.4.9; 22,8), der als »Knecht« (doulos) oder »Bruder« (adelphos) tituliert ist, den angesprochenen sieben (konkreten) Gemeinden (Kirchen) den göttlichen Plan der Weltgeschichte[130]. Offensichtlich sind aber (ausgedrückt durch die Zahl Sieben) nicht nur die sieben Städte um Ephesus gemeint, sondern die Gesamtkirche. Der erhöhte Herr, der in Offb an 28 Stellen als »Lamm« (vgl. die Parallele in Joh 1,29) bezeichnet wird, hat durch Tod und Auferstehung die Weltherrschaft »schon jetzt« angetreten, aber die christliche Heilsgemeinde hat aktuell die sehnsüchtig erwartete Vollendung der endgültigen Gemeinschaft mit Jesus Christus (in Verbindung mit Gott) »noch nicht« erreicht. Diejenigen, die dem Wort Gottes bzw. dem Zeugnis Christi treu bleiben, werden aufgerufen, der krisenhaften Situation und dem sich verschärfenden Leidensdruck der Gegenwart standzuhalten. Sie können dies in großer Gewissheit des Heils tun, weil ihnen der göttliche Heilsplan, den Gott souverän (gegen alle Widerstände vordergründig und scheinbar triumphierender widergöttlicher Instanzen, die etwa im hellenistisch-römischen Kaiserkult personifiziert sind) durchsetzen wird (Offb 1,1; 22,6: »was bald geschehen *muss*«), und damit der endgültige Sieg der christlichen Heilsgemeinde in den gegenläufigen Erfahrungen der sie umgebenden gesellschaftlichen Realität »entschlüsselt« sind.

3.5 Resümee

Wie ist dieser Befund, dass sich im NT sehr unterschiedliche Kirchenvisionen finden, theologisch zu deuten? Ernst Käsemann hat in einem bekannten Artikel aus den 50er-Jahren des 20. Jahrhunderts die These vertreten, dass der Kanon des NT alle (oder jedenfalls die meisten) heute existierenden Kirchentümer legitimiere[131]. Das Problem der Käsemann-These ist allerdings, dass kein einziges der heute gegebenen Kirchentümer *direkt* und *unmittelbar* ein Gegenbild im NT zu finden scheint. Um dies zu konstatieren, wissen wir auch schlicht zu wenig von dieser Zeit. Ulrich Luz hat deshalb Käsemann vorgehalten, dass der Bezug auf einzelne Schriften des Kanons des NT allenfalls »postmodern« eine grundsätzliche Beliebigkeit der Jesus-Nachfolge impliziere, wenn man die neutestamentlichen Schriften schon für die Legitimierung der sichtbaren Gestalt der Kirche heranziehen wolle[132]. Die traditionelle katholische Deutung hat demgegenüber darauf hingewiesen, dass die Spätschriften des NT und in concreto einige Deuteropaulinen (Kol, Eph und Pastoralbriefe) eine sehr ausgeprägte Kirchentheologie und deutlicher noch eine ausgeführte Kirchenpraxis bezeugen, die wiederum Grundüberzeugungen der katholischen Kirchensicht vorwegnehmen. Das Problem dieser durchaus richtigen Feststellung ist allerdings, dass etwa die Pastoralbriefe ihrerseits neutestamentliche Motive (z. B. das Motiv der Kirche als Gegen-über bzw. sogar als Kontrastgesellschaft zur Welt, wie es im Matthäusevangelium, in den Paulinen, im 1. Petrusbrief und im johanneischen Schrifttum begegnet) bewusst ausblenden, denen nicht so ohne weiteres ein wie auch immer festzustellender Jesus-bezug oder eine theoretische Nähe zur frühen Kirche abgesprochen werden können.

Weiter könnte meiner Meinung nach ein Hinweis der neueren (englischsprachigen) Exegese führen, die den »canonical approach« favorisiert[133]. Im Grunde hat Paulus die Methode in seinen Briefen vorexerziert. Auf der einen Seite beschreibt er die Kirche christolo-gisch als »Leib« und bezeichnet damit eine sichtbare Sozialgestalt, deren Lebensgesetz der dienende und sich am Kreuz hingebende Jesus Christus ist. Das ist auch die Sicht des Matthäusevangeliums: Die Kirche ist eine Jüngergemeinschaft, die in der radikalen Nach-folge Jesu und im Hören auf seine Lehre ein Hoffnungszeichen (»Licht«) für die Welt ist. Noch radikaler betonen etwa die johan-neischen Schriften den christozentrischen Ansatz. Auf der anderen Seite interpretiert Paulus die Kirche heilsgeschichtlich (unter Berücksichtigung der eschatologischen Perspektive) als »Volk Got-tes«, das sich dem Handeln Gottes verdankt, der in der Geschichte Israel als sein Volk erwählt hat und in derselben Geschichte (die nun eschatologisch verstanden wird) die Kirche aus Juden *und* Heiden sammelt. Hier ist eine Parallele etwa zum Kolosser- und zum Epheserbrief deutlich: Für beide Briefe ist die Kirche in geschichtlich-heilsgeschichtlicher Dimension das endzeitliche Got-tesvolk und eine (potenziell) universal-weltweite Größe. In der spannungsvollen Juxtaposition der beiden Kirchenbilder, die nicht aufeinander zurückgeführt werden, sondern nebeneinander Gel-tung haben, findet Paulus seine Sicht der Kirche. Damit nimmt er methodisch vorweg, was der Kanon des NT dann systematisch praktiziert. Die Existenz des Kanons des NT ist ein bedenkenswer-tes theologisches Phänomen[134]. Die frühe Kirche hat mit der Bil-dung des Kanons offensichtlich versucht, die verschiedenen Theo-logien der frühchristlichen Schriften miteinander zu vermitteln, weil sie sie insgesamt als Reflex der Lehre, der Person und des Handelns Jesu von Nazaret erfahren hat. Das Kirchenbild des NT (im Sinne eines Referenzrahmens heutigen theologischen Nach-denkens über die Kirche) ist also nicht durch die Privilegierung *eines* Traditionsstranges (im Sinne eines »Kanons im Kanon«) zu gewinnen, sondern durch das gegenseitige In-Beziehung-Setzen der verschiedenen neutestamentlichen Schriften. In der Ökumene hat sich diese Vorgehensweise (unter dem Stichwort der »Komplementarität«) im katholisch-lutherischen Dialog bewährt. »Komplementarität« heißt hier nicht, wie bei dem dänischen Physiker Niels Bohr, dass dasselbe Objekt (z. B. ein Photon) je nach den bei der Beobachtung angewandten Untersuchungsmitteln sich gegenseitig ausschließende Beschreibungen (als Korpuskel bzw. Teilchen oder als Welle) erfahren kann, die jedoch keinen Widerspruch darstellen, weil die atomare Wirklichkeit beide zulässt[135]. Eine solche Festschreibung des Status quo soll ja gerade in der offiziellen Ökumene ausgeschlossen werden. »Komplementarität« meint in der gewöhnlichen Sprache und im offiziellen katholisch-lutherischen Dialog eine wechselseitige Entsprechung und Ergänzung. Das Kirchenbild, das sich wirklich auf das NT berufen kann, muss also ein Modell sein, in dem die Paulinen, das Matthäusevangelium, die Deuteropaulinen *und* der 1. Petrusbrief (und das johanneische Corpus) (wie auch die anderen Schriften des NT) ihren Platz finden.

Texte

Röm 11,1–32:

»Ich frage also: Hat Gott sein Volk verstoßen? Keineswegs! Denn auch ich bin ein Israelit, ein Nachkomme Abrahams, aus dem Stamm Benjamin. Gott hat sein Volk nicht verstoßen, das er einst erwählt hat. Oder wisst ihr nicht, was die Schrift von Elija berichtet? Elija führte Klage gegen Israel und sagte: Herr, sie haben deine Propheten getötet und deine Altäre zerstört. Ich allein bin übriggeblieben, und nun trachten sie auch mir nach dem Leben. Gott aber antwortete ihm: Ich habe siebentausend Männer für mich übriggelassen, die ihr Knie nicht vor Baal gebeugt haben. Ebenso gibt es auch in der gegenwärtigen Zeit einen Rest, der aus Gnade erwählt ist – aus Gnade, nicht mehr aufgrund von Werken; sonst wäre die Gnade nicht mehr Gnade. Das bedeutet: Was Israel erstrebt, hat nicht das ganze Volk, sondern nur der erwählte Rest erlangt; die übrigen wurden verstockt … Nun frage ich: Sind sie etwa gestrauchelt, damit sie zu Fall kommen? Keineswegs! Vielmehr kam durch ihr Versagen das Heil zu den Heiden, um sie selbst eifersüchtig zu machen. Wenn aber schon durch ihr Versagen die Welt und durch ihr Verschulden die Heiden reich werden, dann wird das erst recht geschehen, wenn ganz Israel zum Glauben kommt … Ist die Erstlingsgabe vom Teig heilig, so ist es auch der ganze Teig; ist die Wurzel heilig, so sind es auch die Zweige. Wenn aber einige Zweige herausgebrochen wurden und wenn du als Zweig vom wilden Ölbaum in den edlen Ölbaum eingepfropft wurdest und damit Anteil erhieltest an der Kraft seiner Wurzel, so erhebe dich nicht über die anderen Zweige. Wenn du es aber tust, sollst du wissen: Nicht du trägst die Wurzel, sondern die Wurzel trägt dich … Ebenso werden auch jene, wenn sie nicht am Unglauben festhalten, wieder eingepfropft werden; denn Gott hat die Macht, sie wieder einzupfropfen. Wenn du aus dem von Natur wilden Ölbaum herausgehauen und gegen die Natur in den edlen Ölbaum eingepfropft wurdest, dann werden erst recht sie als die von Natur zugehörigen Zweige ihrem eigenen Ölbaum wieder eingepfropft werden. Damit ihr euch nicht auf eigene Einsicht verlaßt, Brüder, sollt ihr dieses Geheimnis wissen: Verstockung liegt auf einem Teil Israels, bis die Heiden in voller Zahl das Heil erlangt haben; dann wird ganz Israel gerettet werden, wie es in der Schrift heißt: Der Retter wird aus Zion kommen, er wird alle Gottlosigkeit von Jakob entfernen. Das ist der Bund, den ich ihnen gewähre, wenn ich ihre Sünden wegnehme. Vom Evangelium her gesehen sind sie Feinde Gottes, und das um euretwillen; von ihrer Erwählung her gesehen sind sie von Gott geliebt, und das um der Väter willen. Denn unwiderruflich sind Gnade und Berufung, die Gott gewährt. Und wie ihr einst Gott ungehorsam wart, jetzt aber infolge ihres Ungehorsams Erbarmen gefunden habt, so sind sie infolge des Erbarmens, das ihr gefunden habt, ungehorsam geworden, damit jetzt auch sie Erbarmen finden. Gott hat alle in den Ungehorsam eingeschlossen, um sich aller zu erbarmen.«

Gal 3,26–28:

»Ihr seid alle durch den Glauben Söhne Gottes in Christus Jesus. Denn ihr alle, die ihr auf Christus getauft seid, habt Christus (als Gewand) angelegt. Es gibt nicht mehr Juden und Griechen, nicht Sklaven und Freie, nicht Mann und Frau; denn ihr alle seid ›einer‹ in Christus Jesus.«

1 Kor 10,16f:

»Ist der Kelch des Segens, über den wir den Segen sprechen, nicht Teilhabe (koinonia) am Blut Christi? Ist das Brot, das wir brechen, nicht Teilhabe (koinonia) am Leib Christi? Ein Brot ist es. Darum sind wir viele ein Leib; denn wir alle haben teil an dem einen Brot.«

1 Kor 11,18–22:

»Zunächst höre ich, dass es Spaltungen (schismata) unter euch gibt, wenn ihr als Gemeinde (ekklesia) zusammenkommt: zum Teil glaube ich das auch. Denn es muss Parteiungen geben (dei haireseis einai) unter euch; nur so wird sichtbar, wer unter euch treu und zuverlässig ist. Was ihr bei euren Zusammenkünften tut, ist keine Feier des Herrenmahls mehr; denn jeder verzehrt sogleich seine eigenen Speisen, und dann hungert der eine, während der andere schon betrunken ist. Könnt ihr denn nicht zu Hause essen und trinken? Oder verachtet ihr die Kirche (ekklesia) Gottes? Wollt ihr jene demütigen, die nichts haben? Was soll ich dazu sagen? Soll ich euch etwa loben? In diesem Fall kann ich euch nicht loben.«

1 Kor 12,4–31a:

»Es gibt verschiedene Gnadengaben (charismata), aber nur den einen Geist. Es gibt verschiedene Dienste, aber nur den einen Herrn. Es gibt verschiedene Kräfte, die wirken, aber nur den einen Gott: Er bewirkt alles in allen. Jedem aber wird die Offenbarung des Geistes geschenkt, damit sie anderen nützt. Dem einen wird vom Geist die Gabe geschenkt, Weisheit mitzuteilen, dem anderen durch den gleichen Geist die Gabe, Erkenntnis zu vermitteln, dem dritten im gleichen Geist Glaubenskraft, einem anderen – immer in dem einen Geist – die Gabe, Krankheiten zu heilen, einem anderen Wunderkräfte, einem anderen prophetisches Reden, einem anderen die Fähigkeit, die Geister zu unterscheiden, wieder einem anderen verschiedene Arten von Zungenreden, einem anderen schließlich die Gabe, sie zu deuten. Das alles bewirkt ein und derselbe Geist; einem jeden teilt er seine besondere Gabe zu, wie er will. Denn wie der Leib eine Einheit ist, doch viele Glieder hat, alle Glieder des Leibes aber, obgleich es viele sind, einen einzigen Leib bilden: so ist es auch mit Christus. Durch den einen Geist wurden wir in der Taufe alle in einen einzigen Leib aufgenommen, Juden und Griechen, Sklaven und Freie; und alle wurden wir mit dem einen Geist getränkt. Auch der Leib besteht nicht nur aus einem Glied, sondern aus vielen Gliedern. Wenn der Fuß sagt: Ich bin keine Hand, ich gehöre nicht zum Leib!, so gehört er doch zum Leib. Und wenn das Ohr sagt: Ich bin kein Auge, ich gehöre nicht zum Leib!, so gehört es doch zum Leib. Wenn der ganze Leib nur Auge wäre, wo bliebe dann das Gehör? Wenn er nur Gehör wäre, wo bliebe dann der Geruchssinn? Nun aber hat Gott jedes einzelne Glied so in den Leib eingefügt, wie es seiner Absicht entsprach. Wären alle zusammen nur ein Glied, wo bliebe dann der Leib? So aber gibt es viele Glieder und doch nur einen Leib. Das Auge kann nicht zur Hand sagen: Ich bin nicht auf dich angewiesen. Der Kopf kann nicht zu den Füßen sagen: Ich brauche euch nicht. Im Gegenteil, gerade die schwächer scheinenden Glieder des Leibes sind unentbehrlich. Denen, die wir für weniger edel ansehen, erweisen wir um so mehr Ehre und unseren weniger anständigen Gliedern begegnen wir mit mehr Anstand, während die anständigen das nicht nötig haben. Gott aber hat den Leib so zusammengefügt, dass er dem geringsten Glied mehr Ehre zukommen ließ, damit im Leib kein Zwiespalt entstehe, sondern alle Glieder einträchtig füreinander sorgen. Wenn darum ein Glied leidet, leiden alle Glieder mit; wenn ein Glied geehrt wird, freuen sich alle anderen mit ihm. Ihr aber seid der Leib Christi, und jeder einzelne ist ein Glied an ihm. So hat Gott in der Kirche die einen als Apostel eingesetzt, die anderen als Propheten, die dritten als Lehrer; ferner verlieh er die Kraft, Wunder zu tun, sodann die Gaben, Krankheiten zu heilen, zu helfen, zu leiten, endlich die verschiedenen Arten von Zungenrede. Sind etwa alle Apostel, alle Propheten, alle Lehrer? Haben alle die Kraft, Wunder zu tun? Besitzen alle die Gabe, Krankheiten zu heilen? Reden alle in Zungen? Können alle solches Reden auslegen? Strebt aber nach den höheren Gnadengaben!«

Eph 4,11–13:

»Und er (= Christus; Anm. W. K.) gab den einen das Apostelamt, andere setzte er als Propheten ein, andere als Evangelisten, andere als Hirten und Lehrer, um die Heiligen für die Erfüllung ihres Dienstes zu rüsten, für den Aufbau des Leibes Christi. So sollen wir alle zur Einheit im Glauben und in der Erkenntnis des Sohnes Gottes gelangen, damit wir zum vollkommenen Menschen werden und Christus in seiner vollendeten Gestalt darstellen.«

Die sechs Antithesen der Bergpredigt:

1. Mt 5,21f:

»Ihr habt gehört, dass zu den Alten gesagt worden ist: Du sollst nicht töten (Ex 20,13); wer aber jemand tötet, soll dem Gericht verfallen sein. Ich aber sage euch: Jeder, der seinem Bruder auch nur zürnt, soll dem Gericht verfallen sein; und wer zu seinem Bruder sagt: Du Dummkopf!, soll dem Spruch des Hohen Rates verfallen sei;, wer aber zu ihm sagt: Du (gottloser) Narr!, soll dem Feuer der Hölle verfallen sein.«

2. Mt 5,27:

»Ihr habt gehört, dass gesagt worden ist: Du sollst nicht die Ehe brechen (Ex 20,14). Ich aber sage Euch: Wer eine Frau auch nur lüstern ansieht, hat in seinem Herzen schon Ehebruch mit ihr begangen.«

3. Mt 5,31f:

»Ferner ist gesagt worden: Wer seine Frau aus der Ehe entlässt, muss ihr eine Scheidungsurkunde geben (Dtn 24,1). Ich aber sage euch: Wer seine Frau entlässt, obwohl kein Fall von Unzucht vorliegt, liefert sie dem Ehebruch aus; und wer eine Frau heiratet, die aus der Ehe entlassen worden ist, begeht Ehebruch.«[136]

4. Mt 5,33 f.37:

»Ihr habt gehört, dass zu den Alten gesagt worden ist: Du sollst keinen Meineid schwören (Ex 20,7; Num 30,3; Dtn 23,22), und: Du sollst halten, was du dem Herrn geschworen hast. Ich aber sage euch: Schwört überhaupt nicht … Euer Ja sei ein Ja, euer Nein ein Nein; alles andere stammt vom Bösen.«

5. Mt 5,38f:

»Ihr habt gehört, dass gesagt worden ist: Auge für Auge und Zahn für Zahn (Ex 21,24). Ich aber sage euch: Leistet dem, der euch etwas Böses antut, keinen Widerstand, sondern wenn dich einer auf die rechte Wange schlägt, dann halt ihm auch die andere hin.«

6. Mt 5,43f:

»Ihr habt gehört, dass gesagt worden ist: Du sollst deinen Nächsten lieben (Lev 19,18) und deinen Feind hassen. Ich aber sage euch: Liebt eure Feinde und betet für die, die euch verfolgen …«

4. Wandel des Kirchenbildes

Es sollen hier nur Stichworte genannt werden[1]. Kirchenbild bedeutet in diesem Zusammenhang ein Doppeltes:

Es meint das Bild (bzw. die Vision), das sich die christliche Gemeinschaft der Glaubenden davon macht, was Kirche ist – und sein soll.

Es meint zweitens die konkrete Gestalt (das »Image«), das die Kirche dem jeweiligen Betrachter darbietet, sei er nun innerhalb oder außerhalb der Kirche.

Beide Dimensionen stehen natürlich in Wechselwirkung.

4.1 Die ersten drei Jahrhunderte: Die Kirche als Mysterium

Gemeint ist die Geschichtsperiode bis etwa zur »Konstantinischen Wende«. Theologiegeschichtlich ist das die Zeit der »Apostolischen Väter«, der Apologeten und der antignostischen Autoren, die allesamt der »patristischen« Epoche (von dem lateinischen Wort »patres«, das »Väter«, hier »Kirchenväter« bezeichnet) zugehören[2]. In der Theologie des 19. Jahrhunderts (Johann Josef Ignaz von Döllinger[3], Johann Adam Möhler[4]) wurde diese Periode oft als die »klassische Zeit« der Kirche beschrieben, deren Exemplarität (in der Praxis der Diakonia und in der Bereitschaft der Martyria) und Normativität (in der Ausformulierung der Glaubensbekenntnisse, in der Gestaltung des Gottesdienstes bzw. der Liturgia und des Amtes) den grundlegenden Referenzpunkt des Christentums darstellten[5]. Im Hintergrund mancher Darstellungen stand dabei der Gedanke, dass die »Konstantinische Wende« (mit einer neuen Vision des Verhältnisses von Kirche und Staat) quasi den Sündenfall der Kirche inszeniere, sodass die unverdorbene (bzw. staatlich nicht kontaminierte) Kirche in der Tat die Kirche der ersten drei Jahrhunderte gewesen sei[6]. Allerdings finden sich schon in der Antike unter christlichen Autoren Klagen über den Verfall der Moralität und der Praxis des Christentums[7]: »Betrug in Handel und Wandel, Kuppelei, Orgien auf Märtyrergräbern, Vernachlässigung des Kirchenbesuchs und wilder Aberglaube.« Bei manchen Autoren geht die Stilisierung des frühen Christentums als einer (im Unterschied zu späteren Depravierungen) noch unverfälschten Religion in eins mit einem antidogmatischen Ressentiment. Adolf von Harnack hat in der Monographie »Die Mission und Ausbreitung des Christentums in den ersten drei Jahrhunderten« (1902)[8] die spezifische Verbindung von »Einfachheit« (radikaler Schlichtheit in der Lehre) und »Weite« (»wunderbarer Anpassungsfähigkeit«) als das Erfolgsgeheimnis des Christentums beschrieben. Er sieht diese »einfache« und »schlichte« Lehre des Christentums in der Botschaft Jesu begründet[9]. Ob diese idealisierte Darstellung tatsächlich der Realität entspricht, ist wohl eher zu bezweifeln[10]. Schon Friedrich Nietzsche hat 1874 in den »Unzeitgemäßen Betrachtungen« gegen allzu einfache (und etwas naive) Dekadenzmodelle polemisiert[11]: »Hört man aber diese allerreinlichsten Christenthümer sich über die früheren unreinlichen Christenthümer aussprechen, so hat der nicht betheiligte Zuhörer oft den Eindruck, es sei gar nicht vom Christenthume die Rede …« Trotz der raschen Ausbreitung im gesamten »Imperium Romanum« bleiben die Christen auch noch zu Beginn des 4. Jahrhunderts eine Minderheit in der Gesellschaft. Das schließt in einigen Regionen durchaus einen beträchtlichen Prozentsatz christlicher Einwohner (zuweilen sogar fast die Hälfte der Bevölkerung) nicht aus. Insgesamt ist davon auszugehen, dass der christliche Anteil an der Gesamtbevölkerung des »Imperium Romanum« bis zu Beginn des 4. Jahrhunderts etwa 12–15 Prozent betragen hat. Die christlichen Gemeinden (in der Regel in Hausgemeinden oder -kirchen organisiert) bleiben im sozio-kulturellen Kontext allerdings eher ein Fremdkörper in der sie umgebenden hellenistisch-römischen Gesellschaft. Der absolute Wahrheitsanspruch des Glaubens (mit seinem hohen sittlichen Anspruch) wird – auch von der Außenwelt – als direkte Infragestellung der synkretistischen Grundhaltung der im Reich herrschenden Kultur verstanden und nötigt immer wieder zur Verteidigung (Apologia) der Andersartigkeit des christlichen Glaubens. In der gottesdienstlichen Versammlung (Taufe und Eucharistie) konstituiert sich die jeweilige christliche Gemeinde, die sich – auch in Abgrenzung zu heterodoxen Strömungen in ihr – in verbindlichen Instanzen (Kanon der heiligen Schriften, Glaubensregel, Glaubensbekenntnis, bischöfliches Amt) und in Instrumenten der Vorbereitung und Versöhnung (im Falle des Scheiterns) (Katechumenat, Kirchenbuße) konzentriert. Grundgestalt der Kirche zu Anfang des 4. Jahrhunderts ist die bischöfliche (d. h. vom Bischof, umgeben von seinem Presbyterium, geleitete) Eucharistiefeier[12].

Man hat das Kirchenbild dieser Zeit mit dem Stichwort »Mysterium« beschrieben. Was heißt das? Das griechische Wort »Mysterion« meint Geheimnis. Wahrscheinlich hat es Tertullian (um 150–220) mit dem Wort »sacramentum« (Verpflichtung, Fahneneid) ins Lateinische übersetzt. Bei Ignatius von Antiochia (gestorben um 117) und in der Didache bedeutet »Mysterion« Christus, seine Heilstat und schließlich die Kirche. Natürlich klingt hier auch die Bedeutung des Wortes an, die sich in den zeitgenössischen Mysterienreligionen findet. Justin (gestorben um 165), Irenaeus (gestorben um 202) und vor allem Klemens von Alexandria (gestorben um 215) haben die christlichen Mysterien mit den heidnischen Mysterien verglichen. Durchgeführt hat das dann Origenes (gestorben um 253/254): Jedes Mysterium enthält eine verhüllende Form und die verhüllte Wirklichkeit. Diese ist im Christentum der Weg Gottes in der Heilsgeschichte (im AT, im Heilsgeschehen Jesu und in der Kirche), bis sich alle diese Stufen eschatologisch in der Gotteswirklichkeit selbst vollenden, die in dieser Zeit nur verhüllt anwesend ist.

Kennzeichnend für diese Zeit ist, dass die Kirche eher gelebt und weniger reflektiert wird. Das Nachdenken über sie geschieht auf den Spuren und in Richtung der Bilder, die im NT grundgelegt sind[13].

Folgende Bilder sind klassisch geworden:

(1) Neues *Volk Gottes*
Dieses Bild greift den Gedanken des Epheserbriefes (Eph 4,17–24; vgl. 2,11–22) auf, dass die Kirche eine *neue* Gemeinschaft (in der Patristik: ein »tertium genus«, ein »drittes Geschlecht«) aus Juden *und* Heiden sei. Die Didache (9,4; 10,5 in der Beschreibung der Eucharistiegebete) schildert die Kirche als eine Sammlungsbewegung Gottes aus *allen* Völkern der Erde. Schon der 1. Petrusbrief hat diese Kirchensicht (in der Aufnahme prophetischer Visionen eines Neuen Bundes, die in der jüdischen Exils- und Nachexilszeit formuliert werden) geradezu hymnisch formuliert (1 Petr 2,9: »Ihr

aber seid ein auserwähltes Geschlecht, eine königliche Priester-schaft, ein heiliger Stamm, ein Volk, das sein besonderes Eigentum wurde, damit ihr die großen Taten dessen verkündet, der euch aus der Finsternis in sein wunderbares Licht gerufen hat«). Die Glieder der Christusgemeinde sind das Volk (griechisch: laos) Gottes; sie sind als »Laien« (vor jeder Ausdifferenzierung in Funktionen innerhalb dieses Volkes) insgesamt zu einem königlichen, priester-lichen und prophetischen Dienst an der Menschheit berufen[14]. Im Laufe der Geschichte hatte dieses Bild allerdings auch die Konno-tation, dass das neue Gottesvolk (die Kirche) jetzt das alte Gottes-volk (Israel) ablöst.

(2) *Präexistenz der Kirche*

Im »Hirten des Hermas« (Pastor Hermae) (Rom, wohl um 140 n. Chr. verfasst) wird der Gedanke artikuliert, dass die Kirche so alt wie die Schöpfung, ja sogar das Ziel der Schöpfung sei. Der »Hirte des Hermas« beschreibt die Kirche als eine sehr alte Frau. Sie sei schon vor der Schöpfung bei Gott gewesen. Um ihretwillen habe Gott die Welt erschaffen (unter Berufung auf Eph 1,4: »Er-wählt *vor* der Erschaffung der Welt«). Das wird dann ausgedrückt in der Formel der »ecclesia ab Abel« (Augustinus)[15], der »Kirche von Anbeginn« der Menschheit (seit dem ersten »Gerechten« Abel).

(3) *Leib (Christi)*

Das paulinische Bild wird sehr früh aufgegriffen. Es findet sich im 1. Klemensbrief und bei Ignatius von Antiochia. Bei Ignatius (ange-deutet schon in 1 Klem) erscheint der zusätzliche Gedanke, dass die irdische Kirche (als Leib Christi) – besonders in ihrer gottes-dienstlich-liturgischen Form – die himmlische Kirche gleichsam in Parallelität abbilde (vgl. später Ps.-Dionysios Areopagites um die Wende des 5. zum 6. Jahrhundert in der Schrift »De ecclesiastica hierarchia«). Nicht ganz logisch (im Kontext des paulinischen Bil-des) ist dann allerdings die Konsequenz, die Ignatius zieht, wenn er den Bischof zuweilen nicht als Abbild Christi, sondern *Gottes* (des Vaters Jesu Christi) darstellt. Abbild *Christi* sind für Ignatius besonders die Diakone (wenn sie der Gemeinde insgesamt den Heilsdienst Christi vor Augen führen).

(4) *Haus (Tempel) Gottes*

Auch dieses Bild findet sich im NT (vorrangig bei Paulus und in der Paulusschule)[16]. Gemeint ist die konkret sich versammelnde Gemeinde. Sie nimmt in der Patristik den Ort ein, den in Israel im 1. Jahrhundert n. Chr. (bis zur Zerstörung des zweiten Tempels) der Tempel besetzt, d.h. sie erscheint als die Stelle, in der Gott den Menschen zugänglich wird. Es ist ein typischer Sprachgebrauch der Patristik, nur konkrete Versammlungen von Menschen, die sich im Namen Christi versammeln, »Haus« (bzw. »Tempel«) Gottes zu nennen[17]. Erst seit dem 5. Jahrhundert werden auch die christlichen Kultgebäude als »Haus« Gottes bezeichnet[18]. Damit ist ein immer wieder eingeschärfter Gedanke verbunden, dass nämlich die an Christus Glaubenden dafür Sorge tragen müssen, dass der so apostrophierte Tempel (d.h. der einzelne Glaubende und die Gemeinschaft der Glaubenden) nicht (wieder) zur Räuberhöhle pervertiert. Die in den Evangelien überlieferte Tempelreinigung Jesu wird dafür zum Paradigma.

Ein weiteres Motiv, das mit dem Tempelbild zusammenhängt, ist die Vorstellung, dass das Gebäude auf dem Fundament der Apostel (und Propheten) mit dem »Schlussstein« Jesus Christus gründet (Eph 2,20–22).

(5) »*Communio Sanctorum*« *(Gemeinschaft der Heiligen)*

Die patristische Formel ist in das altkirchliche Credo eingegangen, »Communio Sanctorum«, »Gemeinschaft der Heiligen«[19]. Ursprünglich geht die Formel wohl auf die paulinische Anrede der Gemeindeglieder als »Heilige« zurück. Das griechische Äquivalent »koinonia ton hagion« hatte von Anfang an eher die »klar umrissene Bedeutung von ›Teilhabe an heiligen Dingen‹, d.h. an den eucharistischen Elementen«[20]. Manche späteren Autoren des Westens haben deshalb betont, dass der Genitiv zunächst von »sancta«, d.h. den heiligen Gaben (Taufe, Eucharistie, Christus), abgeleitet werden müsse. Weil Menschen Anteil (Koinonia, Communio) an den »sancta« haben, sind sie »Gemeinschaft der Heiligen« (Communio der »sancti«). Der Gedanke legt sich in seiner eucharistischen Perspektive von 1 Kor 10 her nahe und wird dann (vielleicht nachträglich[21]) mit dem ursprünglichen personalen Verständnis der Formel »communio sanctorum« verbunden. In diesem Sinn sprechen Basilius der Große (ca. 330–379) vom »kommunizieren« (koinonein)[22] und Augustinus von »communicare«[23] im Blick auf den Empfang der eucharistischen Gaben. Die praktischen Auswirkungen dieser so konstituierten Zusammengehörigkeit zeigen sich etwa in den durch den jeweiligen Bischof ausgestellten »Kommunionbriefen« (litterae communicatoriae) der frühen Kirche[24].

(6) *Braut Christi*

Ausgangspunkt ist wohl der Epheserbrief (5,29–32)[25], der selbst wieder eine alttestamentliche (etwa beim Propheten Hosea bezeugte) Symbolik (Gott als Bräutigam seines Volkes Israel) nachzeichnet. Dieses Bild betont einerseits die Bezogenheit, andererseits aber auch die Nichtidentität von Christus und Kirche.

(7) *Kirche der Sünder*

Deutlicher wird diese Unterschiedenheit ausgesprochen in der oft (1 Klem, Justin, Irenaeus, Origenes) gebrauchten Wendung von der Kirche der Sünder. Grundgelegt ist dieses Motiv in der alttestamentlichen Figur der Dirne Rahab, die die israelitischen Kundschafter in ihr Haus aufnimmt (Jos 2). Der in Mt 1,1–17 überlieferte »Stammbaum« Jesu nennt in der ansonsten von Männern repräsentierten Geschlechterfolge (abgesehen von Maria) vier Frauen (Tamar, Rahab, Rut, die Frau des Urija), die im AT als Dirnen und Ehebrecherinnen beschrieben waren oder jedenfalls einen eher zweifelhaften Ruf besaßen. In der Patristik wurden diese Frauen gerne als Typos der Kirche gesehen, die Gott ohne eigenes Verdienst und unter Vernachlässigung ihrer »Unzucht« (d.h. des Götzendienstes der Heidenvölker) – als Kirche aus den Heiden – erwählt hat. Die Kirche galt als »casta meretrix«, als »keusche Dirne«[26]. Das reibt sich ein wenig mit den Forderungen des Paulus, die Kirche sei die »reine Jungfrau« (2 Kor 11,2), und des Epheserbriefes, sie sei »ohne Flecken, Falten oder andere Fehler, heilig und makellos« (Eph 5,27).

Gewöhnlich unterscheidet man dann in der Synopse der beiden Motive a) entweder eine Elite der Reinen und Heiligen in der großen Schar der Kirchenglieder, die diesem Ideal nicht entsprechen, oder b) die innere (heilige) Dimension der Kirche (ihr wahres Sein) im Unterschied zu der äußerlich-dürftigen Gestalt.

(8) *Kirche als Mutter*[27]

Das Motiv wird schon von Paulus verwendet (vgl. Gal 4,21–31). Mit dem Bild hat dann Cyprian (gestorben 258) in einer später einflussreichen Formel gespielt[28]: »Gott kann der nicht mehr zum Vater haben, der die Kirche nicht zur Mutter hat.« Es begegnet aber vor allem in der (in der Folgezeit von der mittelalterlichen Mystik aufgenommenen) Vorstellung, dass Christus geradezu »täglich« oder »immer« im Herzen der Glaubenden wiedergeboren werden müsse, die wiederum auf die (ur-)christliche Tauftheologie zurückgeht, derzufolge die Glaubenden durch die Kirche (als Jungfrau-Mutter) in der Taufe zu einem christusähnlichen Leben wiedergeboren werden. Vor allem Klemens von Alexandria und Origenes haben diesen Gedanken entfaltet. Als Muttertypen gelten Eva oder Maria. Ein beliebtes Motiv der Patristik ist die Vorstellung, dass die Kirche (als zweite Eva) aus der Seite des gekreuzigten Jesus (als des zweiten Adams) genommen sei, als nach Joh 19,34 Blut und Wasser (als Symbol für Eucharistie und Taufe) aus dem Gekreuzigten herausfließen. Zuweilen wird auch Bezug genommen auf Joh 7,38f (Verheißung des lebendigen Wassers[29], das durch die Kirche der Menschheit vermittelt wird). Wenn Maria als Urtyp der »Kirche als Mutter« gezeichnet wird, dann wird das aus ihrem Glaubensvorbild entfaltet[30]. Eine Variante dieses Motivs ist die Vorstellung der Mutter als Erzieherin (bzw. im Falle der Kirche das Bild der »mater et magistra«)[31]. Der Gedanke findet sich bei Origenes[32] und bei Augustinus[33].

(9) *Säule und Grundfeste bzw. Fundament der Wahrheit*

Das ist ein Zitat aus 1 Tim 3,15, das Irenaeus in antignostischer Perspektive übernimmt[34].

(10) *»Mysterium lunae« (Geheimnis des Mondes)*

Das Bild stammt aus der antik-hellenistischen Religionenwelt. Es soll zum Ausdruck bringen, dass die Kirche nicht aus eigenem Licht leuchtet, sondern durch Christus, der allein das »Licht« (vgl. den Titel »Lumen Gentium« der Kirchenkonstitution des Vaticanum II) ist. Die patristische Spekulation, die bei Origenes fast zu einer »lunaren Dogmatik« wird und die Ambrosius (um 339–397) in der Polemik gegen den von den Kaisern Aurelian und Julian Apostata geförderten (neu-)heidnischen Kult des »Sol invictus«

und der lunaren Muttergottheit entfaltet, bewegt sich in drei Hauptthemen[35]: a) Die Kirche (in ihrer sichtbaren Gestalt) verschwindet (»stirbt«) – wie der angesichts der heraufkommenden Sonne (lateinisch: sol; griechisch: helios) erlöschende Mond (lateinisch: luna; griechisch: selene) – vor der Gestalt des verherrlichten Herrn, dem sie entgegeneilt. Sie muss gleichsam in der Welt (ab-) sterben, damit sie in der Ewigkeit leben kann, in der allein das allumfassende göttliche Licht Christi existiert. b) Die Kirche wird (so wie der Mond im mythologischen Denken der Antike die Herrschaft über das Wasser hat) zur großen »Wasserspenderin« (in der Taufe) und zur Mutter allen Lebens. c) Die Kirche wird (in der »Auferstehung des Fleisches«) in das strahlende Licht des göttlichen Lebens verwandelt. Das (Hin-)Schwinden und Neuwerden des Mondes ist etwa für Augustinus das populäre Symbol der Auferstehung der Toten.

(11) *Schiff*
Beliebt ist auch die nautische Symbolik, die auf biblische Vorbilder (die Arche Noachs oder das Boot des Petrus) zurückgreift[36]. Sie begegnet in verschiedenen Variationen, etwa als Schiff des Petrus, in dem Jesus predigt (Lk 5,3), als neue Arche Noachs (vgl. 1 Petr 3,20f) oder als Schiff, das aus dem Holz des Kreuzes gezimmert ist. Die patristische Allegorese deutete etwa gerne Mastbaum und Segelstange der Handelsschiffe als Zeichen des Kreuzes und erkannte (wohl zum ersten Mal bei Klemens von Alexandrien) in dem homerischen Mythos von Odysseus, der sich an den Mastbaum des Schiffes fesseln ließ, um den Verlockungen der Sirenen zu entkommen, einen Hinweis auf das göttliche Erlösungshandeln am christlichen Individuum und an der Menschheit. Hippolyt von Rom (geboren vielleicht vor 170–235) oder der (pseudoklementinische) »Brief des Papstes Klemens an den Apostel Jakobus« (entstanden wohl um 200 in Rom) entfalten das Bild vom Schiff der Kirche in einer ausführlichen Einzelsymbolik, die vom Meer (= Welt), von dem Steuermann (= Christus) bzw. Untersteuermann am Bug[37] (= Bischof), von den Matrosen (= Priester) und der Besatzung (= den Gläubigen), dem Süßwasserbehälter (= die Taufe) über die Seekrankheit (= Reinigung von Sünde) und die Gegenwinde (= die Versuchungen) bis zur Ankunft im Hafen (= das himmlische Jerusalem) reicht. Theodoret von Cyrus (ca. 393 – ca.

466) vergleicht die an Bord notwendige Ordnung, damit das Schiff der Kirche in den Stürmen dieser Welt nicht versinkt, mit der gestuften Gliederung (und Verantwortung) (»oikonomia«) eines Hauswesens[38]. Das Schiff der Kirche wird als eine Überlebensgemeinschaft dargestellt, die funktional gegliedert sein muss, damit sie bestehen kann.

Das Bild der Kirche als (neue) Arche Noachs kontrastiert die Heilszusage innerhalb der kirchlichen Gemeinschaft der unwirtlichen und geradezu heillosen Außenwelt[39].

Zentral sind unter diesen Bildern besonders die biblisch-paulinischen: Volk Gottes, Leib Christi (Braut Christi) und (deuteropaulinisch) Haus (und Tempel) Gottes. Ein gewisses Resümee der Patristik bietet Augustinus in seiner Schrift »De civitate Dei«. Er beschreibt dort die Kirche als die »Pilgerkolonie« der himmlischen Civitas Dei auf Erden. In der biblischen Darstellung versucht er eine Synthese[40]: »Die Kirche ist … das als Leib Christi bestehende Volk Gottes.«

Bemerkenswert ist es, dass diese Zeit fast nur Hauskirchen kennt, die erst im 3. Jahrhundert als eigener Kultraum reserviert werden. Die »Basilika« als Kirchenbau ist ein Phänomen der Zeit nach der Konstantinischen Wende.

4.2 Nach der Konstantinischen Wende: Die Kirche als Imperium

Einen gewissen Abschluss der frühen Kirche markiert Kaiser Konstantins (270/288–337) Sieg über Licinius (324), der ihn zum Alleinherrscher des Imperium Romanum macht. Der Sieg über Maxentius an der Milvischen Brücke (312) und auch das Toleranzedikt von Mailand (313) markieren wichtige Stufen auf diesem Weg. Es werden aber auch andere Jahreszahlen genannt, etwa die Völkerwanderung (Beginn 375) und der Sturz des letzten weströmischen Kaisers (476), die Taufe des merowingischen Königs Chlodwig (497, 498 oder 499) oder die geschichtlichen Ereignisse, die durch Muhammad heraufgeführt wurden. Zuweilen wird auch Karl der Große (768–814) ins Gespräch gebracht[41]. Karl der Große ist die historische Gestalt, die die Politik der gegenseitigen

Verbundenheit von Päpsten und fränkischen Herrschern und auch das Entstehen des Kirchenstaates der Bischöfe von Rom gleichsam personal repräsentiert. Nach der Konstantinischen Wende[42] wird aus der verfolgten Kirche die rechtlich anerkannte und schließlich die privilegierte Staatskirche, aus der Kirche der »Bekenner« (Confessores) die Massenkirche und schließlich das christliche Reich (bzw. die christliche Gemeinschaft der Völker). »Christ wird man nicht mehr durch Entscheidung, sondern durch Geburt.«[43] Seit Kaiser Theodosius »dem Großen« (345–395) wird die Kirche nicht nur eine Staats- und Großkirche, sondern geradezu ein christliches Imperium. Die Großkirche – als Reichskirche – deckt sich beinahe mit der politischen Landkarte des Imperium Romanum, wenn es auch zu allen Zeiten christliche Gemeinden außerhalb dieses Reiches gab (in Persien, Äthiopien, Indien usw.). Das theologische Nachdenken über die Kirche brach von Anfang an allerdings in zwei Alternativansätze auseinander:

Im Westen zerfiel im 4. und 5. Jahrhundert die Macht des römischen Staates aufgrund der Völkerwanderung. In das politische Vakuum rückten besonders die Bischöfe von Rom (Leo I. [440–461], Gregor I. [590–604]) ein, die als Nachfolger Konstantins geradezu politische Aufgaben übernahmen. Eine wichtige Voraussetzung der gesellschaftlichen Entwicklung des Westens, an der nicht zuletzt die Kirche partizipierte, war die Ausbildung von Grundherrschaft und Lehnswesen. Leitmotiv war die »imitatio imperii« (die Nachahmung des weltumspannenden Herrschaftsanspruches des römischen Imperiums). Damit brach aber im Westen die Spannung auf, die im Grunde das ganze Hochmittelalter kennzeichnet, die Bestimmung des Verhältnisses von »Regnum« (Kaiser- bzw. Königsgewalt) und »Sacerdotium« (im Sinne von Papstgewalt) innerhalb des einen Corpus Christianum. Die mittelalterliche Kirche des Westens, deren Einheit im 16. Jahrhundert auseinanderbricht, stellt die äußerliche (weltliche, gesellschaftliche, politische und institutionelle) Seite der Kirche in den Mittelpunkt des theologischen Interesses. Damit im Zusammenhang stehen die Anfänge einer juridisch ausgerichteten Ekklesiologie, die vor allem die kirchliche Hierarchie (und ihre Rechtskompetenzen) thematisiert.

Im Osten herrschte das Modell des »Cäsaropapismus« (bzw. des »religionspolitischen Monophysitismus«)[44], in dem der christliche

Kaiser de facto zum Herrn der Kirche wurde. Exemplarisch hat das im 6. Jahrhundert Kaiser Justinian (Justinianos I.) (527–565) vorgelebt. Die Bestellung des oströmischen Kaisers erfolgte durch die einmütige Akklamation (anárrhesis, anagóreusis) von Heer (konkret den Truppen des Kaiserpalastes in Konstantinopel), Senat (bzw. der Klasse der höchsten Würdenträger des Staates) und Volk. Die seit dem 5. Jahrhundert in der Regel durch den Patriarchen von Konstantinopel (als dem angesehensten Repräsentanten des Staates, *nicht* der Kirche) vollzogene Krönung war in Byzanz (so der ursprüngliche Name von Konstantinopel) »niemals ein konstitutives Element der Kaiserwerdung«[45]. Das (oströmisch-) byzantinische Kaisertum stellt eine Mischung aus römischen Staatsrechtsvorstellungen (in der Gestalt des Imperium Romanum), griechischer Kulturprägung und christlichen Motiven dar[46]. Grundlage der christlichen Deutung ist die schon in antiken Wurzeln[47] begründete Vorstellung von einer göttlich begnadeten und zugleich von Gott übertragenen Herrschaft, die aber in der Regel auch mit dem Gedanken verbunden bleibt, dass der Kaiser (offizieller Titel seit dem 7. Jahrhundert: »basileus« und seit dem 10. Jahrhundert zusätzlich: »autokrator«) die Gesamtheit der »politeia« verkörpert (und damit auf die Zustimmung der Untergebenen angewiesen bleibt)[48]. Das oströmische Kaisertum betrachtet sich (als »Neues Rom«) in der legitimen Nachfolge des (ungeteilten) römischen Reiches und dessen Anspruches auf umfassende Weltherrschaft oder zumindest Menschheitserziehung und -kultivierung[49]. Der byzantinische Kaiser berief die allgemeinen (ökumenischen) Reichskonzilien ein, deren Vorsitz er führte und deren (dogmatische wie rechtliche) Beschlüsse (»Kanones«) er ratifizierte, setzte die Patriarchen ein (und auch ab) und griff durchaus auch in Streitigkeiten theologischer Art ein.

Rom und Konstantinopel werden die beiden antagonistischen Schwerpunkte einer sich auseinander lebenden Christenheit, deren prekäre Einheit im 1. Jahrtausend immer wieder angefochten war, bis sie dann im 2. Jahrtausend auseinanderbrach.

Das labile Gleichgewicht von »Sacerdotium« und »Regnum« im Westen wird durch die »päpstliche Revolution« Gregors VII. (1073–1085) (»Dictatus papae« 1075) aufgekündigt[50]. Vorbereitet durch die monastische Reform Clunys (aber auch die Pseudoisidorischen Fälschungen des 9. Jahrhunderts) war die »Gregorianische Reform« der Versuch, die »Libertas ecclesiae«, d. h. die Unabhängigkeit (Freiheit) der Kirche von weltlicher Gewalt und Einflussnahme (konkret in der Besetzung kirchlicher Ämter durch weltliche Herrscher), durch den Rückbezug auf Rom und die Übertragung der Pflichten der Mönche auf den Klerus zu erkämpfen. Der Programmruf der »Libertas ecclesiae« intendierte allerdings in der »Gregorianischen Reform« nicht die neuzeitlich-liberale Vorstellung von Kirche und Staat als zweier unabhängiger Größen. Die gregorianischen »Reformer« erstrebten durchaus eine einheitlich christliche Gesellschaft, deren Oberhaupt allerdings nicht weltliche Herrscher (etwa der Kaiser, konkrete Könige oder Landesfürsten), sondern der Papst darstellen sollte. Es war auch eine Folge der »Gregorianischen Reform«, dass im Westen der christliche Herrscher, dessen Installation (in der Kaiserkrönung oder Königssalbung) zuweilen in der Kategorie einer kirchlichen Weihe verstanden wurde, zunehmend aus der religiösen Sphäre herausgedrängt wurde. Der Papst wird in der Programmatik der (extremen) Papsttheoretiker zum uneingeschränkten Herrscher des (westlichen) »Corpus Christianum«. *Der* Papstkaiser par excellence ist zu Beginn des 13. Jahrhunderts Innozenz III. (1198–1216). Den Höhepunkt des theoretischen Machtanspruchs dieser Position stellt die Bulle »Unam sanctam« (1302) von Papst Bonifaz VIII. (1294–1303) dar, die in ihrem Schluss erklärt, es sei »heilsnotwendig«, dem Papst (auch in weltlichen Dingen) »untertan« zu sein[51]. Die Kirche wird identifiziert mit der Hierarchie und ist im Grunde ein Papststaat bzw. eine Papstmonarchie. Das Interesse an der Rechtsgestalt der Kirche zeigt sich in der Auffassung, dass ordinierte Amtsträger ihre Vollmacht (potestas) gleichsam unabhängig von der konkreten Ortsgemeinde erhalten können (»absolute Ordination«) und dass die kirchliche Gewalt (potestas ecclesiastica) eine zweifache sei, eine Weihegewalt (potestas ordinis) und eine Rechts- oder Hirtengewalt (potestas iurisdictionis)[52]. Die »absolute Ordination« (als Weihe zu einem kirchlichen Amt ohne Bezug zu einer konkreten Ortskirche) wurde auch auf dem Konzil von Chalkedon verurteilt[53], aber das Verbot ist ohne Erfolg geblieben. Die Praxis der »absoluten Ordination« erhielt im Westen einen Aufschwung durch die »iroschottische Kirche«[54]. Von 520–1200 war sie im Grunde eine Mönchskirche, wobei allerdings schon seit etwa 800 der Niedergang einsetzte. De facto stellten die Äbte die höchste Autorität in der kirchlichen Ordnung dar, obwohl sie vielfach nicht Bischöfe waren. Die iroschottische Mission wird begründet und geleitet durch Wandermönche. Damit erhalten die sich entwickelnden Strukturen einen mönchischen, nicht-episkopalen Charakter, der die Konsequenz mit sich zieht, dass die Bischöfe (wie Beda Venerabilis [672/673–735] in seiner »Kirchengeschichte des englischen Volkes« erzählt) zuweilen einem amtierenden Priesterabt jurisdiktionell unterstellt sind[55]. Die Bischofsweihe gibt also in bestimmten Fällen keine jurisdiktionelle Vollmacht, sondern verleiht »nur« die Fähigkeit, Weihen vorzunehmen. In der »iroschottischen Kirche« war die »absolute Ordination« von Bischöfen durchaus die Regel. »Absolut« ordinierte Bischöfe bildeten auch einen gewichtigen Teil der iroschottischen Missionare auf dem europäischen Festland. In diesem Kontext entwickelte sich im Westen das Institut der »Chorbischöfe«[56], die keine eigene Diözese leiten und keine Jurisdiktion besitzen. Noch 934 ist dieses Institut (das durch die Kirchenreform des Bonifatius im Frankenreich allmählich verschwindet) im westfränkischen Limoges nachweisbar. Im Hintergrund steht die bei Theodor von Mopsuestia (ca. 350–428), dem Ambrosiaster, einem unbekannten Autor, der in Rom zur Zeit des Damasus (366–384) seine Thesen formuliert hat, und Hieronymus (um 347–414) belegte und von Petrus Lombardus (um 1095–1160) konzipierte (und erst auf dem Vaticanum II[57] definitiv lehramtlich zurückgewiesene) Auffassung, dass die Bischofsweihe keinen sakramentalen Unterschied zwischen Bischof und Priester konstituiere, da das Wesentliche des kirchlichen Amtes die Feier der Eucharistie sei und hier der Bischof keine größere Vollmacht als der Priester besitze[58]. In der »Gregorianischen Reform« wird die Weihegewalt (mit der obersten Instanz des Bischofsamtes) der Rechtsgewalt (mit der obersten Instanz des Papstamtes, das in der Terminologie der mittelalterlichen Kanonistik ein »nomen iurisdictionis«, d. h. eine Bezeichnung einer Rechtswirklichkeit, ist) untergeordnet. Der oberste Rechtsträger in der Kirche wird der Papst, der die »Fülle der (Rechts-)Gewalt« (plenitudo potestatis) besitzt und an andere Rechtsträger delegiert.

Eine wichtige Rolle in diesem Prozess spielen die neuen »Bettelorden« (vor allem Dominikaner und Franziskaner), die sich als Klerus des Papstes verstehen. Die Konsequenz dieser Entwicklung ist die immer deutlichere Differenzierung von Klerikern und Laien in der Kirche und eine zunehmende Klerikalisierung (und auch Individualisierung) in der Liturgie (etwa in der Form der Privatmesse oder der privaten eucharistischen Anbetung).

Der Widerstand gegen dieses Kirchenmodell formiert sich in einer zweifachen Weise:

Auf der einen Seite wenden sich die weltlichen Herrscher dagegen, etwa die deutschen Kaiser oder die französischen Könige (Philipp IV. »der Schöne«; 1303 Anagni).

Auf der anderen Seite entsteht eine innerkirchliche Kritik. Sie findet ihren Ausdruck in der Vision einer »ecclesia spiritualis« in den Schriften des ehemaligen Zisterzienserabtes Joachim von Fiore (ca. 1130–1202), der für das 13. Jahrhundert nach dem (a) Zeitalter des Vaters (= des AT) und dem (b) Zeitalter Christi (= dem NT und der »petrinischen« »Kirche der Prälaten«) den Beginn des (c) Zeitalters des Heiligen Geistes (= der Mönche und der »johanneischen Kirche«) prophezeit[59]. Wilhelm von Ockham (ca. 1286–1349), John Wyclif (ca. 1330–1384), Hieronymus von Prag (ca. 1365–1416) und Johannes Hus (ca. 1370–1415) (um nur einige Kontestatoren zu nennen) haben sich in ihrer Kritik gegen die sichtbare auf die unsichtbare (und eigentliche) Kirche berufen. Ein weiterer Ausdruck der Kritik sind die Armutsbewegungen, die Waldenser, die Fraticelli – aber auch (auf ihre Weise und in ihrer Ursprungsintention) die Bettelorden von Franz von Assisi (1181/1182–1226) und Dominikus (ca. 1170–1221). In der Mystik, zumal in der Deutschen Mystik (Meister Eckhart [ca. 1260–1328], Johannes Tauler [ca. 1300–1361], Heinrich Seuse [1295–1366]), wird Christus nicht mehr als der thronende Imperator, sondern als leidender und gekreuzigter Jesus dargestellt[60]. Im Spätmittelalter wird etwa die Schrift »De imitatione Christi« (entstanden zwischen 1414 und 1427)[61], die Thomas von Kempen (1379/1380–1471) zugeschrieben wird[62], zum Ausdruck der praktisch-mystischen Reformbewegung (»devotio moderna«). Diese ist charakterisiert durch eine gewisse spätmittelalterliche Resignation und durch die Hinwendung zum Individuum und zur moralischen Einzelbelehrung, die eine subjektive Christusbegegnung ermöglichen will.

4.3 Neuzeit: Die Kirche in Konfessionen

Ein neues Kirchenbild entsteht im 16. Jahrhundert zu Beginn der Neuzeit[63]. Seit dem 14. Jahrhundert und noch konzentrierter seit dem 15. Jahrhundert zerbricht der das Mittelalter dominierende Ordo-Gedanke, d. h. die Vorstellung einer einheitlichen göttlichen Ordnung der Welt. Das Corpus Christianum der abendländischen Christenheit fragmentiert sich in verschiedene Nationen, die Laien lösen sich aus der Bevormundung durch den Klerus, die weltliche (säkulare) Ordnung etabliert sich im Gegenüber zu Christentum und Religion. Eine Weichenstellung vollzieht der Nominalismus des 14. Jahrhunderts in der Gestalt Wilhelm von Ockhams, der einerseits die (durch nichts und niemanden einschränkbare) Allmacht Gottes (potentia Dei absoluta) proklamiert und andererseits deshalb die grundlegende Begrenztheit der menschlichen Vernunft vertritt, sodass die Theologie (wie die Philosophie) zwar »in sich« (theologia in se) eine Wissenschaft sei, aber (anders als die Philosophie) als von Menschen betriebene (theologia nostra) nicht in einem eigentlichen Sinn als Wissenschaft vollzogen werden könne, weil ihre Prinzipien nicht vernunftgesetzt, sondern offenbarungsgegeben seien[64]. Gott und Mensch, Glaube und Wissen, Offenbarung und Vernunft treten in der Folge auseinander. Gott wird für die menschliche Vernunft zu einem verborgenen Gott; die in der Schöpfung grundgelegte Ordnungsstruktur der Welt ist jedenfalls nicht mehr aus dem Wesen Gottes abzuleiten und wird so letztlich fundamentlos. Eine andere Weichenstellung geschieht durch Marsilius von Padua (1280/1290–1343), der in seiner Politiktheorie die Kirche (bzw. die religiöse Instanz) der von den Menschen (in einer freien Entscheidung) organisierten Gesellschaft ein- und unterordnet. Mit ihm beginnen die Gesellschaftsvertragstheorien der Neuzeit. Für Marsilius von Padua ist der menschliche Gesetzgeber (als Gesamtheit aller Bürger oder als ihr »wichtigerer Teil«), der keiner übergeordneten Wertehierarchie (und keiner göttlichen Ordnung) verpflichtet ist, souverän[65]. Den entscheidenden Ausgangspunkt der Neuzeit bilden die Renaissance und der Humanismus, die schon die bei René Descartes (1596–1650) artikulierte »Wende zum Subjekt« (das philosophisch-theologische Epochensignum der Neuzeit) in Ansätzen vorwegnehmen, und die Reformation. Als Ergebnis der Reformation brach im Westen im Zeitalter der »Konfessionalisierung« (mit dem Beginn in der zweiten Hälfte des 16. Jahrhunderts[66]) die immer noch (wenn auch prekär) aufeinander bezogene abendländische Christenheit in institutionell voneinander unabhängige und gegeneinander argumentierende Christentümer, die »Konfessionskirchen«, auseinander. Einen bedeutenden Markstein auf dem Weg der Konfessionalisierung stellt der Augsburger Religionsfrieden von 1555 dar[67]. Die Frage wird dringlich, was denn eigentlich die Kirche und welche von den verschiedenen Konfessionskirchen die wahre Kirche Christi sei[68].

Als erste »lehramtliche« Stellungnahme irgendeiner Kirche zu dieser Frage gilt der berühmte Artikel 7 der »Confessio Augustana« (1530) Philipp Melanchthons (1497–1560). Dort wird erklärt, die Kirche sei die Versammlung aller Gläubigen (congregatio sanctorum), bei denen »das Evangelium rein (pure) gepredigt und die heiligen Sakrament lauts des Evangelii (recte) gereicht werden«. Das sei »genug« (satis est) zur wahren Einheit der Kirche. Nicht notwendig sei es, dass eine Einheit in menschlichen Traditionen bzw. Zeremonien oder Riten, die von Menschen eingesetzt seien, gehalten werde[69]. Ähnlich äußert sich die reformierte »Confessio Helvetica Posterior« (1566), die ursprünglich (als Privatbekenntnis) von Heinrich Bullinger (1504–1575) zusammengestellt wurde. Was sind diese menschlichen Traditionen bzw. »Zeremonien«? Die Liberale Theologie (Adolf von Harnack) hat darunter auch eine bestimmte, geschichtlich entstandene Gestalt des kirchlichen Amtes (z. B. das dreifach gestufte Amt in katholischer Prägung) verstanden. Die hochkirchliche Theologie im Luthertum hat dagegen argumentiert, durch die Adverbien (»pure«, »recte«) sei impliziert, dass es notwendig ein kirchliches Amt geben müsse, das für die Reinheit der Lehre und für die Richtigkeit der Sakramentenverwaltung einzutreten habe. Das kirchliche Amt sei also gleichfalls konstitutiv für die (und damit ein Wesensmerkmal der) Kirche[70]. Als das Amt, das für diese Einheit der Lehre und der Sakramentenverwaltung zu sorgen habe, wird in CA 28 (aufgrund göttlicher Einsetzung, »de iure divino«) das Bischofsamt genannt[71]. Die (römisch-)katholische Definition der Kirche findet sich noch nicht in den Texten des Konzils von Trient, das auch sonst keine ausformulierte Ekklesiologie vorlegt[72]. Am deutlichsten formuliert die (römisch-)katholische Position Robert Bellarmin (1542–1621) in der für die katholische Apologetik maßgeblichen Schrift »Disputationes de controversiis christianae fidei adversus huius temporis haereticos«[73]: »Kirche ist eine Gemeinschaft von Menschen, die durch das Bekenntnis desselben Glaubens, durch die Teilnahme an denselben Sakramenten vereinigt sind unter der Leitung der rechtmäßigen Hirten und besonders des einen Stellvertreters Christi auf Erden, des römischen Papstes.«

Das sind die berühmten drei »Bande« bzw. »vincula« (vinculum symbolicum, vinculum liturgicum, vinculum hierarchicum vel sociale), die in LG 14,2 rezipiert sind und den drei (auf dem Vaticanum II beschriebenen) Grundfunktionen des Bischofs (Lehre, Sakramentenverwaltung, Hirtendienst) (LG 25; 26; 27) entsprechen. Der hauptsächliche Gegner Bellarmins in der Ekklesiologie ist Jean Calvin (1509–1564). Nach Calvin trägt die Kirche dann ihren Namen zu Recht, wenn sie sich im Dienst am Wort und an den Sakramenten ausrichtet[74]. Wo nicht der Dienst am Wort herrsche, da bestehe ein verkehrtes und aus Lügen zusammengeschmiedetes Regiment, d. h. eine falsche Kirche. Die wahre Kirche sei nur dort, wo dieses Wort Gottes gehört werde. Nach dem Verständnis Calvins sind auch unter den »Papisten« tatsächlich Spuren der Kirche übrig geblieben. Ausdrücklich nennt er die Taufe. Bellarmin lehnt die von Calvin genannten Elemente der wahren Kirche (Wort und Sakrament), die auch in der lutherischen Tradition (CA 7) begegnen, grundsätzlich nicht ab. Sie stehen durchaus in einer schon vorreformatorischen Tradition[75]. Er ergänzt sie jedoch im Gegenüber zu den protestantischen Gliedschaftsformeln kontroverstheologisch (»*Nostra* autem sententia«) durch die ausdrückliche Hinzufügung des (bischöflichen) Amtes (einschließlich des Papstamtes). Bei Bellarmin ist diese Definition Reaktion der Kirche bzw. der Kirchenglieder gegenüber dem Handeln und Mittlerdienst Jesu Christi, dessen Beschreibung auf das (ebenfalls von Calvin vorgelegte) Drei-Ämter-Schema zurückgreift (Jesus Christus als Prophet bzw. Lehrer, Priester und König)[76]. Der Satz Bellarmins wird noch präzisiert durch die zweite »Definition«[77]: »Die Kirche ist eine Gemeinschaft von Menschen, so sichtbar und greifbar wie die Gemeinschaft des römischen Volkes oder das Königreich Frankreich oder die Republik Venedig.« Die Kirche wird bestimmt durch die Sichtbarkeit, die sich äußert im objektiven Glaubensbekenntnis, in den Sakramenten und in der Institution, die durch das Leitungsamt der Bischöfe (und des Papstes) definiert ist.

Im Zeitalter der Konfessionalisierung beginnt der eigentliche systematische »Traktat Kirche« (die sogenannte »demonstratio catholica«). Die »demonstratio catholica« besteht in dem Versuch, historisch und/oder theologisch aufzuzeigen, dass die gegenwärtige katholische Kirche dem Gründerwillen Jesu Christi entspricht und in ungebrochener Kontinuität zur frühen (»apostolischen«) Kirche steht. In der Praxis haben sich dann drei Argumentationswege (bzw. »viae«) herausgebildet[78].

- Die »via historica« belegt durch die Untersuchung frühchristlicher Texte, dass die katholische Kirche die christliche Kirche des Anfangs ist, die als eine einzige, sichtbare, hierarchisch und sogar monarchisch gegliederte Gesellschaft erscheint. Bei manchen Autoren wird dies dann in der Behauptung zugespitzt, dass konkret der Primat des Bischofs von Rom das entscheidende Kriterium der (wahren) Kirche sei (»via primatus«), weil dieses alle anderen Kriterien in sich einschließe[79].

- Der zweite Argumentationsgang der Apologetik, die »via notarum«, unternimmt den Versuch, die altkirchlichen (im Glaubensbekenntnis verankerten und durch die gegenreformatorischen »Katechismen« noch einmal in das populäre Glaubensbewusstsein getretenen) vier »notae« der Kirche (als »eine, heilige, katholische und apostolische«) konkret in der (römisch-)katholischen Kirche nachzuweisen – und zwar durch die Demonstration, dass die Kirche zu allen Zeiten und Orten diese Kennzeichen besessen habe.

Der Begriff »notae« (Kennzeichen) der Kirche ist auch in der reformatorischen Theologie geläufig[80]. In der Apologetik unterscheidet man »proprietas« (Wesenseigenschaft), »nota« (Kennzeichen) und »signum« (Zeichen). Als »signa« gelten die Wunder. »Notae« sind diejenigen »proprietates«, die geeignet sind, in einem *rationalen* (apologetischen) Beweisverfahren als unterscheidende Kennzeichen zu dienen. »Dazu müssen sie folgende vier *Bedingungen* erfüllen: Sie müssen 1. leichter erkennbar sein als die Kirche selber *(notior ecclesia)*, 2. allen, auch den einfacheren Menschen, zugänglich sein *(obviae omnibus, etiam rudioribus)*, 3. allein der wahren Kirche zukommen *(propriae)* und 4. von der wahren Kirche nicht zu trennen sein *(inseparabiles ab ecclesia).*«[81] Allmählich setzten sich die vier genannten »notae« durch. Die Argumentation verlief gewöhnlich in einem Schlussverfahren:

Obersatz: Jesus Christus hat seine Kirche mit vier »notae« ausgestattet (»quaestio iuris«).

Untersatz: Diese »notae« finden sich allein in der katholischen
Kirche (»quaestio facti«).

Schlussfolgerung: Die katholische Kirche ist deshalb die einzige
wahre Kirche Jesu Christi[82].

– Victor-Auguste Dechamps (1810–1883) hat vorgeschlagen, diesen doch etwas anspruchsvollen (weil historische und theologische Kenntnisse voraussetzenden) Beweisgang durch die »**via
empirica**« (die »Methode der Vorsehung«) (als dritten Argu-
mentationsweg) zu ersetzen, in der die bloße (gegenwärtige)
Existenz der katholischen Kirche als ein unmittelbar und allen
Menschen einsichtiges moralisches Wunder (im Sinne eines
»signum«) gezeigt werden soll, das so als göttliches Siegel für
die authentische Herkunft der katholischen Kirche aus dem
Willen Jesu Christi gelten könne. Das Vaticanum I hat diese
Auffassung (ohne ausdrückliche Bezugnahme auf Dechamps)
aufgegriffen[83].

Sinnenfälliger künstlerischer Ausdruck dieses gegenreformatori-
schen Kirchenbildes einer sichtbaren »ecclesia triumphans« ist der
Barock; in den Kirchen des Barock wird die (römisch-)katholische
Kirche auf vielfache Weise als Siegerin über die Irrlehren und als
Vorhalle des Himmels dargestellt.

4.4 Aufklärung – Romantik – Restauration:
Die Kirche als Anstalt und Gesellschaft

Eine neue geistesgeschichtliche Situation führt die Aufklärung her-
auf. Sie ist insgesamt in ihren nationalen Ausprägungen in England, Frankreich und Deutschland ein durchaus vielschichtiges
Phänomen. In der Einschätzung der Religion (und konkret in der
Bewertung der real existierenden »geschichtlichen« bzw. »positiven« Religionen) differieren die Auffassungen nicht unwesentlich.
Trotzdem besteht eine gemeinsame Grundüberzeugung: Gegenüber den konfesssionellen Zersplitterungen erklärt die Aufklärung
als das eigentliche Wesen der Religion das ethische Handeln. Entscheidend sei nicht der Dogmenglaube, sondern der Einsatz für
das Humanum.

Die *katholische* Aufklärung (in ersten Ansätzen in Deutschland um 1730 bis zum Abklingen etwa um 1850[84]) entsakralisiert die Kirche und deutet sie als eine »moralische Anstalt«, die die Menschen zu Vernunft, Frieden und Tugend erziehe. Sie besitze als »vollkommene Heilsanstalt« (societas perfecta) alle dazu notwendigen Mittel. Sie sei zugleich aber auch eine »societas inaequalis«, eine Gemeinschaft von Ungleichen. Der Haupthandelnde in der Kirche sei der Kleriker, der durch die Predigt die oben genannten Ziele anstreben soll. Johann Adam Möhler hat in einer Rezension das entsprechende Kirchenbild mit dem berühmten Satz karikiert[85]: »Gott schuf (am Anfang; Anm. W. K.) die Hierarchie, und für die Kirche ist nun bis zum Weltende mehr als genug gesorgt.«

Dieses klerikale Kirchenbild der katholischen Aufklärung reflektiert auf seine Weise das Gottesbild der Aufklärung, den »Deismus«, in dem Gott nicht mehr aktuell in die Weltordnung eingreift.

Einen gewissen Wandel bewirken die Französische Revolution und die politischen Umwälzungen Europas im Gefolge der napoleonischen Kriege, konkret auch in der »Säkularisation« kirchlichen Besitzes durch den Reichsdeputationshauptschluss (1803), deren konkrete Praxis der Theologe und Bischof von Regensburg Johann Michael Sailer (1751–1832) »von unten hinauf« ein »großes Unrecht« und »von oben hinunter« ein »großes Recht« genannt hat[86]. Das Verschwinden der »Germania Sacra«, der deutschen Reichskirche mit ihren oft hochadligen geistlichen Kurfürsten, Fürstbischöfen und Fürstäbten, ist die eine Seite dieses Wandels. Damit verbunden ist der (vielfache) Verlust der bisherigen wirtschaftlichen Grundlagen der Kirche. Auf der anderen Seite gewinnt die Kirche eine (gewisse) Unabhängigkeit gegenüber dem Staat. Einzelkonkordate bzw. staatskirchenrechtliche Verhandlungen zwischen der römischen Kurie und den Einzelstaaten des Deutschen Bundes regeln die kirchliche Organisation und den Rechtsstatus der Kirche.

Kulturgeschichtlich ist dies die Phase der Romantik (in Deutschland von etwa 1798–1850), die die Bedeutung von Tradition und Geschichte hervorhebt, das Gespür für die Innerlichkeit und das Herz entdeckt und die literarischen Schätze der Volksgemeinschaft und der sie tragenden Mythen und Sagen herausarbeitet. Themen der (Spät-)Romantik, einschließlich der positiven Sicht der Heilsgeschichte – zumal des Mittelalters – (gegenüber der sogenannten

Vernunftkälte der Aufklärung), sind deutlich in der für die katholische Ekklesiologie wichtigen Katholischen Tübinger Schule nachzuweisen[87]. Die Katholische Tübinger Schule (vor allem in ihrer »ersten Generation«, zu der besonders Johann Sebastian Drey [1777–1853], Johann Baptist Hirscher [1788–1865], Johann Adam Möhler [1796–1838] und in einem weiteren Sinn der hauptsächlich in Freiburg dozierende Dogmatiker Franz Anton Staudenmaier [1800–1856] zählen) bedient sich gerne der Motive des inkarnatorischen Prinzips (das Christusereignis als eingebettet in Geschichte und geschichtliche Vermittlung) und des (romantischen) Organismus- und Gemeinschaftsgedankens (die Kirche als objektive und durch lebendige Überlieferung vermittelte Gegenwart der christlichen Urtatsache im Gemeinschaftsgefüge) zum Verständnis der kirchlichen Institution. Vielfach gab es im zeitgenössischen katholischen Denken einen durchaus fließenden Übergang von der Aufklärung zur Romantik. Das zeigt sich etwa in dem Münsterschen Kreis um die Fürstin Amalia zu Gallitzin (1748–1806), in dem einerseits mit Franz Friedrich Wilhelm von Fürstenberg (1729–1810) eine gemäßigte, pädagogisch-praktische (Spät-)Aufklärung und andererseits mit dem Konvertiten Friedrich Leopold Graf zu Stolberg (1750–1819) und dem späteren Erzbischof Clemens August Freiherr von Droste zu Vischering (1770–1846) auch eine von der Romantik geprägte streng-kirchliche Richtung vertreten war. Die bayerische Bewegung um Johann Michael Sailer umschloss zum einen eine aufgeklärte, biblisch und christozentrisch ausgerichtete Theologie und zum anderen eine romantische Innerlichkeit (mit Erweckungscharakter und beinahe pietistischen Zügen). Johann Baptist Hirscher, der 1837 von Tübingen nach Freiburg gewechselt war, verband in seiner Theologie heilsgeschichtliche (und antideistische) Aussagen mit aufklärerischen Überzeugungen. Der Sinn für das Überrationale, das Unbewusste und das Geheimnis (einschließlich der Wunder und der mystischen Erfahrung), die Hochschätzung der Tradition, der Autorität und der Gemeinschaft, das Leitbild des christlich-universalen Mittelalters, all das sind Grundgedanken der Romantik, die ihr eine gewisse Affinität zur katholischen Kirche geben.

Nach dem endgültigen Sturz Napoleons (1815) etabliert sich in Frankreich und etwas später in Deutschland (und Österreich) und in England die Bewegung des »Ultramontanismus«, die sich nach den europäischen Revolutionen von 1848 im Neo-Ultramontanismus noch einmal radikalisiert[88]. Der Begriff »ultramontan« (von »ultra montes«, jenseits der Berge), der an sich sehr unscharf und empfänglich für geradezu gegensätzliche Verwendung ist (denn alles hängt ja davon ab, von wo aus man ein »jenseits der Berge« betrachtet), wurde zunächst nur geographisch gebraucht. Seit der Mitte des 18. und dann vor allem im 19. Jahrhundert gewinnt der Begriff in der Polemik mit episkopalistisch-febronianistischen Bestrebungen, mit dem Jansenismus und mit gallikanischen Einflüssen, mit einem aufkommenden aufgeklärten Staatskirchentum und mit dem Protestantismus und seiner Publizistik eine fest umrissene Bedeutung. Der Begriff ist ursprünglich in polemischer Absicht formuliert, wird dann aber zur Selbstbezeichnung von »strengkirchlichen« Geistlichen und Laien, die sich Orientierung vom Papst erhoffen. Er beschreibt am Anfang des 19. Jahrhunderts eine Haltung, die (ähnlich wie in der Gregorianischen Reform«, aber nun unter den Bedingungen der Neuzeit, d. h. der Trennung von Kirche und Staat) für die Freiheit der Kirche gegenüber dem Staat eintritt und diese Freiheit durch eine Stärkung der Macht des Papstes und der Kirche auf allen Gebieten des öffentlichen Lebens zu erlangen sucht – in scharfer Auseinandersetzung mit konkurrierenden Tendenzen[89]. Der Ultramontanismus ist zunächst eine Basisbewegung von Laiengruppen, oft unterstützt auch von Konvertiten, und Vertretern des niederen Klerus – im Widerstand gegen die staatskirchlich bestellten Bischöfen in Deutschland, Österreich-Ungarn und Frankreich. Die ersten Spuren dieser Entwicklung in der deutschsprachigen Theologie sind im Wiener Kreis um Clemens Maria Hofbauer (1751–1820) und Friedrich Schlegel (1772–1829) zu finden[90]. Eine zweite Gruppe bildete die (erste und zweite) Mainzer Schule, deren Ansichten durch die 1821 gegründete Zeitschrift »Der Katholik« verbreitet wurden[91]. Bedeutende publizistische Vertreter der ultramontanen Theorie waren Louis Veuillot (1813–1883)[92], der Chefredakteur der Zeitschrift »L'univers« in Frankreich, der Kanonist George Phillips (1804–1872) in Wien (seit 1851)[93], Juan Donoso Cortés (1809–1853)[94] in Spanien, Henry Edward Manning (1808–1892)[95] und William George Ward (1812–1882)[96] in England. Auffällig ist, dass die Hauptträger der Bewegung fast allesamt »Konvertiten« entweder aus einer Lebensphase liberal-aufklärerischer Skepsis oder aus dem anglikanisch-protestantischen Milieu waren. Eine wichtige Rolle spielte auch die sogenannte Römische Schule (Giovanni Perrone [1794–1876], Carlo Passaglia [1812–1887], Clemens Schrader [1820–1875])[97]. Der französische Ultramontanismus gründet nicht zuletzt in den Schriften von Hugo Félicité Robert Lamennais (bis 1834 de la Mennais) (1782–1854)[98], dessen zentrale politische Thesen von Gregor XVI. in der Enzyklika »Mirari vos« (15. August 1832) verurteilt wurden[99]. Eine herausragende Programmschrift des Ultramontanismus wurde die Schrift des Hobby-Theologen und Diplomaten Joseph Marie de Maistre (1753–1821) »Du Pape« (Vom Papst) (1819)[100]. Für de Maistre sollte die geistliche Monarchie des Papsttums die schädlichen Folgen der französischen Revolution überwinden und die Grundlagen jeder gesunden gesellschaftlichen Entwicklung (in Europa) darstellen. Die radikale Überwindung der französischen Revolution und eine glaubwürdig begründete Restauration der (französischen) Monarchie setzen daher für de Maistre die Anerkennung der wahren Vorrangstellung des Papstes voraus[101]. Das kirchenpolitische Feindbild der Ultramontanen war repräsentiert durch das Staatskirchentum, das in die Rechte des Papstes (und der Bischöfe) eingriff, und die Aufklärung, von der nach Ansicht der Ultramontanen die ältere Generation des Klerus geprägt war. Das sogenannte »Kölner Ereignis«, die Festnahme des Kölner Erzbischofs Clemens August von Droste zu Vischering durch die preußische Regierung der Rheinprovinz am 20. November 1837 wegen eines kirchenpolitischen Streites um die Erziehung von Kindern aus konfessionsgemischten Ehen, bewirkte eine ultramontane Mobilisierung des deutschen Katholizismus, deren literarischer Ausdruck die Kampfschrift »Athanasius« von Johann Joseph Görres (1776–1848) war[102].

4.5 Das Vaticanum I und der ekklesiologische Aufbruch

Die Kirche versteht sich im 19. Jahrhundert als Gegensatz zur Welt. Einflussreich sind Fra Mauro Capellari (1765–1846), der Verfasser des Werkes »Il Trionfo della Santa Sede e della Chiesa contro gli assalti dei Novatori« (1799)[103], der spätere Papst Gregor XVI. (seit 1831), und vor allem der ihm folgende Papst Pius IX. (1846–1878) in seinem »Syllabus« geworden, einer Sammlung von 80 »Irrtümern« der Zeit (einschließlich fast aller gesellschaftlicher Errungenschaften des 19. Jahrhunderts wie Presse- und Religionsfreiheit), die der Enzyklika »Quanta cura« (1864) beigegeben wurde[104]. In These 80 wird der Satz verworfen[105]: »Der römische Bischof kann und soll sich mit dem Fortschritt, mit dem Liberalismus und mit der modernen Kultur versöhnen und anfreunden.« Das Vaticanum I ist insgesamt der Reflex dieser Mentalität einer von allen Seiten belagerten Kirche, die sich in ihr Getto zurückzieht[106]. Das eigentliche Verhängnis (und die falsche Weichenstellung) der philosophisch-theologischen Neuzeit besteht nach der Auffassung der neuscholastischen Theologie, die in der katholischen Theologie das Jahrhundert zwischen 1850 und 1950 dominiert, in der Loslösung der Vernunft von der Offenbarung und ihrer autoritativen kirchlichen Vermittlung. Die beiden Dogmatischen Konstitutionen des Vaticanum I, »Dei Filius« über den Glauben (und die Offenbarung) und »Pastor Aeternus« über die Kirche, aber de facto nur über das Papstamt, artikulieren auf ihre Weise dieses Bewusstsein und die Suche nach Sicherheit im Glauben und nach einer sichtbaren Autorität in einer Zeit der Krise. Die Konsequenz des Vaticanum I war der von Karl Rahner so bezeichnete »Pianische Zentralismus«. Die Pontifikate der Pius-Päpste (von Pius IX. bis Pius XII.) manifestieren das Bild einer monolithisch und zentralistisch auf Rom hin ausgerichteten Kirche, die ihre Kraft aus ihrer Uniformität bezieht. Die Kirche versteht sich als eine »vollkommene (gemeint ist: unabhängige und mit allen für ihren Bestand notwendigen Einrichtungen versehene) Gesellschaft« (societas perfecta), in Freiheit und Unabhängigkeit dem Staat gegenüber[107], aber auch (das ist die ultramontane und vorneuzeitliche Konnotation dieser Formel) im Widerspruch zur neuzeitlichen Kultur und Gesellschaft (mit ihren Freiheitsrechten). Allerdings beansprucht die Kirche durchaus auch politische Rechte in der Gesellschaft[108]. Etwas zögerlich, aber dann doch recht eindrucksvoll beginnt zu Beginn des 20. Jahrhunderts (mit singulären Vorläufern wie Johann Adam Möhler und John Henry Newman im 19. Jahrhundert[109]) ein erneutes Nachdenken über die Kirche. Die ekklesiologische Reflexion erhält wichtige Anstöße durch die Erschütterungen des Ersten Weltkrieges. Otto Dibelius[110] in der evangelischen Theologie und Romano Guardini[111] im katholischen Denken proklamierten (vielleicht etwas überschwänglich) ein »Jahrhundert der Kirche«

(Dibelius) oder zumindest die Phase eines »Erwachens« kirchlicher Realität in der subjektiven Erfahrung (Guardini). Orte der Neuerfahrung der Kirche als Praxisfeld und Raum des gemeinschaftlichen Erlebens waren vor allem Frankreich (Mission de France/Mission de Paris) und Deutschland (Bibelbewegung, Jugendbewegung, Liturgische Bewegung). In beiden Ländern profitierte die katholische Ekklesiologie von der Rückbesinnung auf biblische und patristische Grundgedanken (nicht zuletzt durch den Kontakt mit der orthodoxen Theologie). Wichtige lehramtliche Texte in diesem Zeitraum sind die Kirchenenzyklika »Mystici Corporis« (1943) und die Dogmatische Konstitution über die Kirche »Lumen Gentium« (1965) des Vaticanum II. Weitere ekklesiologische Neuaufbrüche zeichnen sich in den sogenannten »Basisgemeinden« etwa in Lateinamerika ab[112].

5. Spaltungen

5.1 Überlegungen zur Terminologie

Spannungen und »Spaltungen« hat es in der Christenheit von Anfang an gegeben. Ein frühes Zeugnis enthält der 1. Korintherbrief. Paulus unterscheidet und kritisiert in Korinth vier Gruppen, die Parteien des Kephas, des Apollos und des Paulus und eine etwas rätselhafte »Christuspartei« (1 Kor 1,12). Paulus bezeichnet diesen Zustand als »Schisma« (1 Kor 1,10). Von Spaltungen und Aufruhr in Korinth ist auch die Rede im 1. Klemensbrief. Um 140 n. Chr. wendet sich Markion gegen die großkirchliche Lehre und gründet eine eigene »markionitische Kirche«. Die Aufzählung lässt sich problemlos weiterführen. Diese Gruppen zwingen die »Großkirche« zu einer Reflexion auf die Struktur kirchlicher Einheit (wie im 1. Klemensbrief), auf Art und Umfang des kirchlichen Kanons der biblischen Schriften (wie im Disput mit Markion) oder auf die Inhalte der christlichen Botschaft (wie im Kampf gegen den Gnostizismus oder in den trinitarischen, christologischen und pneumatologischen Auseinandersetzungen der ersten christlichen Jahrhunderte). In 1 Kor 11,19 heißt es sogar[1]: »Spaltungen müssen unter euch sein« (dei gar haireseis en hymin einai). Augustinus hat darauf hingewiesen, dass das in der Bibel vorkommende griechische Wort »dei« (es ist notwendig, es muss) (als gleichsam passivische Form) in der Bibel hier (wie auch sonst immer) in irgendeiner Weise auf ein Handeln Gottes bzw. eine eschatologische Notwendigkeit verweise[2]. Das hieße dann, dass man diese zunächst lokal gemeinte Bemerkung bei Paulus durchaus ins Allgemeine übertragen könnte. Gott realisiert vielleicht in den Spaltungen der Christentumsgeschichte einen uns zunächst verborgen bleibenden Plan. »Auch wenn Spaltungen zuallererst menschliches Werk und menschliche Schuld sind, so gibt es in ihnen doch auch eine Dimension, die einem göttlichen Verfügen entspricht.«[3] Sachlich gründet der Hinweis des Paulus in der frühchristlichen Überzeugung, dass Bedrohungen der Einheit durch dogmatische und ethisch-moralische Abweichungen und »Streitigkeiten« (1 Kor 1,11) das Kennzeichen der Endzeit seien, sodass »Wachsamkeit« nötig sei (vgl. Mk 13,33–37; Apg 20,28–31; 1 Tim 4,1; 2 Petr 3,3; Jud 18f). Im 19. Jahrhundert hat Johann Evangelist Kuhn (1806–1857), der zur Katholischen Tübinger Schule gehört, darauf aufmerksam gemacht, dass sich die Dogmenentwicklung nicht in einem einfachen organischen Wachstum vollzogen habe, sondern stets in einer krisenhaften Entwicklung in der Form einer geistigen Auseinandersetzung zwischen verschiedenen Strömungen, die sich z. T. erbittert bekämpften[4]. Offensichtlich war es zu einem besseren Verständnis der Offenbarung tatsächlich »notwendig« (oder zumindest ist es geschichtlich faktisch so gewesen), dass die Wahrheit in einem geradezu dialektischen Streit diskutiert bzw. herausgearbeitet wird. Ein Beispiel ist etwa der Disput der beiden theologischen Schulen von Alexandria und Antiochia bis zum Konzil von Chalkedon (und darüber hinaus)[5].

John Henry Newman hat im 19. Jahrhundert aus der theologischen Reflexion auf die Geschichte der christologischen Streitigkeiten bis in die Mitte des 5. Jahrhunderts Rückschlüsse auf die ekklesiologische Debatte gezogen. Er argumentiert folgendermaßen[6]: Konziliare Entscheidungen fallen nicht vom Himmel. Sie beziehen sich jeweils auf konkrete Fragestellungen, die sich in der Geschichte auch ändern. Das Konzil von Nikaia (325) habe eine bestimmte Entscheidung getroffen (»eines Wesens mit dem Vater«). Sie sei einigen »extrem« erschienen und habe Kontroversen ausgelöst. Die Konzilien von Konstantinopel (381) und Ephesus (431) hätten ihrerseits versucht, die Entscheidung von Nikaia zu präzisieren, waren aber nach seiner Auffassung wenig erfolgreich. Das Konzil von Chalkedon (451) habe dann eine vorläufige Synthese erzielt, die aber selbst wieder Anlass zu Interpretationen gegeben habe. Eine wichtige Beobachtung allerdings: Die Nachfolgerkonzilien hätten nie das Vorgängerkonzil kassiert oder völlig revidiert, sondern sie hätten es je neu interpretiert, ergänzt und kontextualisiert. Ähnliches erwartete Newman deshalb in der Ekklesiologie[7]: Das (später so bezeichnete) Vaticanum I habe in der Ekklesiologie eine Entscheidung getroffen. Sie ist seiner Ansicht nach in den Augen vieler in der Tat »extrem« und Anlass mancher Auseinandersetzungen, weil sie in der Darstellung der Kirche eigentlich nur vom Papst handelte. Newman hoffte auf ein neues Konzil und andere Päpste, die diese Entscheidung nicht kassieren, sondern interpretieren, ergänzen und kontextualisieren, um die Kirche wieder ins Gleichgewicht zu bringen[8]. Das Vaticanum II hat in der Frage der Kirchenleitung im Grunde nur über die Bischöfe gehandelt. Auch das erschien einigen noch zu wenig (und ist es wohl auch). Über die ekklesiologische Stellung und Bedeutung der anderen Amtsträger wurden kaum Aussagen gemacht. Auch das Theologumenon zum gemeinsamen Priestertum aller Glaubenden wurde nicht ausgewertet. Das Vaticanum II ist deshalb schwerlich das letzte Wort in der Ekklesiologie und es werden sicher noch andere Konzilien kommen (müssen), die sowohl das Vaticanum I als auch das Vaticanum II weiterführen.

Terminologisch unterscheidet man zwischen »Schisma« und »Häresie«. Ein Schisma (griechisch: Riss, Spaltung) ist eine Spaltung innerhalb der Kirche aufgrund von Differenzen über die Kirchenordnung oder Fragen der Disziplin und der Autorität. Eine Häresie (griechisch: Wahl, Auswahl; deutsch: Ketzerei, von der Bewegung der »Katharer« im 13. Jahrhundert, die sich die »Reinen«, Katharoi, nannten) ist eine Irrlehre in Glaubensfragen, die den gemeinsamen Glauben in Frage stellt.

In Einzelfällen ist die Unterscheidung nicht immer einfach anzuwenden, da für manche Christen Fragen der Kirchenordnung auch Glaubensfragen und die Perspektiven sehr unterschiedlich sind. Die Anhänger des französischen Missionserzbischofs (von Dakar) Marcel Lefebvre (1905–1991), der sich nach dem Vaticanum II dem Konzil widersetzte, sind aus katholischer Sicht Schismatiker[9]. Gleiches gilt aus traditionell katholischer Perspektive für die Orthodoxen. Die beiden Papstdogmen von 1870 (wie auch die Mariendogmen von 1854 und 1950) werden jedoch von den Orthodoxen abgelehnt. Die ausdrückliche Verwerfung eines Dogmas definiert nun aber gerade die Häresie. Andererseits sind aus der Sicht mancher Orthodoxen die westlichen Christen (einschließlich der Katholiken) wegen der Einfügung des »filioque« ins Glaubensbekenntnis Häretiker. Vielleicht ist es deshalb besser, die beiden Begriffe wegen der sehr komplizierten Situation nicht mehr zu verwenden und (wie es das Vaticanum II praktizierte) schlicht von »Trennungen« (bzw. »getrennten Brüdern«) zu reden.

In der Alten Kirche sind vier Problemfelder nachweisbar, in denen sich das Bemühen um die Einheit der Christenheit manifestiert:

(1) *Der Kampf gegen den Gnostizismus*
Schon früh ist im NT und in der frühen Kirchengeschichte der Kampf biblischer Autoren und antignostischer Theologen (Irenaeus von Lyon) gegen die sehr heterogene Bewegung des Gnostizismus nachweisbar. Sehr bald entstanden gnostische Gruppen, die sich auf christliche Inhalte beriefen und sie uminterpretierten. Ein Beispiel ist etwa die Sekte des Kerinthos in Kleinasien.

(2) *Der Streit um das Osterdatum*
Das Datum für die Osterfeier war schon in der Alten Kirche umstritten[10]. Die Gegensätze kulminierten in der Mitte und gegen Ende des 2. Jahrhunderts in der zeitweiligen Aufkündigung der Kirchengemeinschaft zwischen Rom (Victor I.) und den Kirchen Kleinasiens. Irenaeus von Lyon (und anderen Bischöfen des Abendlandes) gelang es, diese Spaltung zu beheben.

(3) *Kampf um Sittenstrenge und Bußdisziplin*
Ethisch rigoristische (teils asketisch und enthusiastisch geprägte) Gruppen kritisierten die ihrer Ansicht nach zu laxe Bußdisziplin und die mangelnde Sittenstrenge der Großkirche. Sie erstrebten eine Kirche der Heiligen und Reinen, der Bekenner und Märtyrer. Es kam zur Bildung von Sonderkirchen, die sich von der Großkirche trennten bzw. von ihr als schismatisch oder häretisch erklärt wurden. Zu nennen sind die Montanisten im 2. Jahrhundert, die Novatianer im 3. Jahrhundert und die Melitianer und Donatisten im 4. Jahrhundert.

(4) *Christologische und trinitarische Streitigkeiten*
Theologische Auseinandersetzungen um christologische und trinitarische Fragen führten zu kirchlich-theologischen Gruppenbildungen und schließlich zu Eigenkirchen der Arianer und Macedonianer im 4. Jahrhundert und der »Nestorianer« und »Monophysiten« (manche ziehen heute den Ausdruck »Miaphysiten« vor) im 5. Jahrhundert.

Interessant ist in diesem Zusammenhang eine Unterscheidung, die Ernst Troeltsch vorgeschlagen hat. Seiner Meinung nach sind von Anfang an drei Möglichkeiten vorhanden gewesen, wie sich Menschen in Reaktion auf Jesus und sein Evangelium organisieren konnten, die Kirche, die Sekte und die Mystik[11]. Die »Kirche« (als übernatürliche »Heilsanstalt«) sei die effizientere Gestalt der Gemeinschaftsbildung gewesen, weil sie allein in der Lage gewesen sei, eine Volksreligion zu begründen und den universalen Anspruch des Evangeliums zum Ausdruck zu bringen. Die »Sekte« (als »Freiwilligkeitskirche«) akzentuiere die absolut persönliche Entscheidung und die Radikalität der Liebesnachfolge. Die »Mystik« schließlich ziele auf die je individuelle Einung mit Gott. Ich halte die Unterscheidung von Troeltsch heuristisch durchaus für hilfreich. Viele Spaltungen entstehen aus dem empfundenen Ungenügen mancher (überzeugter) Christen / Christinnen an der konkreten Erscheinungsform des kirchlichen Christentums. Die Vermittlung, die z. B. das Matthäusevangelium versucht hat, gelingt nicht immer. Das Phänomen der »Sekte« ist schließlich der Ausdruck dieser Kritik. Allerdings können in der Regel die »Sekten« nur dann überleben, wenn sie selbst Elemente des Kircheseins (im Sinne von Troeltsch) entwickeln. Ein klassisches Beispiel ist die Bewegung der Baptisten, die ursprünglich auf eine innerkirchliche Protestbewegung, den angelsächsischen Baptismus des 17. Jahrhunderts, zurückgeht, und die heute zu den evangelischen Freikirchen zählt.

5.2 Drei Hauptgruppen

Von den verschiedenen Spaltungen der Christentumsgeschichte, die gegenwärtig fortbestehen, sind folgende erwähnenswert:

5.2.1 Vorchalkedonensische (Altorientalische) Kirchen

Als das Konzil von Chalkedon (451) gegen die »Nestorianer« und »Monophysiten« (bzw. die »Miaphysiten«) die Formel der zwei »Naturen« Christi (die göttliche und die menschliche) dogmatisierte, haben einige Kirchen diese Entscheidung nicht übernommen. Sie bilden die »vorchalkedonensischen« (bzw. »altorientalischen«) Kirchen. Zu ihnen gehören z. B. die Koptisch-orthodoxe Kirche (vor allem in Ägypten)[12], die Ostsyrische Kirche (»Apostolische Kirche des Ostens«)[13], die Syrisch-Orthodoxe (Westsyrische)

Kirche von Antiochia (in Gemeinschaft mit der Syrisch-orthodoxen oder »jakobitischen« Kirche in Indien), die Armenische Apostolische Orthodoxe Kirche und die Äthiopische Orthodoxe Kirche. In ihnen leben in gewisser Weise die »Nestorianer« und »Monophysiten« (bzw. »Miaphysiten«) noch heute weiter[14]. Diese geschichtliche Episode kann ein wenig vorsichtig stimmen gegenüber der Hoffnung, die manche auf ein Konzil zur Überwindung der Spaltung in der Christenheit setzen. Die nach katholischer Zählung letzten drei Ökumenischen Konzilien haben entweder die Trennung nicht aufgehoben (Trient) oder neue Spaltungen provoziert (Vaticanum I: Alt-Katholiken; Vaticanum II: Lefebvre).

5.2.2 Spaltung zwischen östlicher und westlicher Christenheit

Die östliche und die westliche Christenheit hat sich im Laufe des 1. Jahrtausends aus (kirchen-)politischen, kulturellen und theologischen[15] Gründen auseinandergelebt. Wann der Bruch geschichtsmächtig endgültig wurde, ist umstritten[16]. Drei Jahreszahlen werden gewöhnlich genannt:
- 1054

 Am 16. Juli 1054 legt der römische Kardinal Humbert a Silva Candida (als Legat des Papstes Leo IX., der allerdings schon am 19. April 1054 gestorben war) auf den Altar der Hauptkirche Hagia Sophia in Konstantinopel eine Bannbulle nieder, die den Patriarchen Michael Kerullarios und seine Helfer aus der Kirchengemeinschaft ausschloss. Der Gegenbann des Patriarchen (am 20. Juli und in einem Synodalakt noch einmal am 24. Juli) trifft die Urheber dieser Bulle[17]. Es war also keine formelle Exkommunikation der orthodoxen Kirchen insgesamt und der römischen Kirche als ganzer. Der Bann wurde nach dem Vaticanum II offiziell durch Papst Paul VI. und Patriarch Athenagoras I. aufgehoben.
- 1204 (1261)

 Im Jahr 1204 eroberten die westlichen »Kreuzfahrer« des 4. Kreuzzuges Konstantinopel. Vom Papst wurde in der Stadt ein lateinischer Patriarch eingesetzt, der sich bis 1261 halten konnte[18]. Für das kollektive Gedächtnis vor allem der griechischen Orthodoxie ist dieses Datum wohl schwerwiegender als 1054.

Wiederholt gab es Versuche einer Versöhnung:
Auf dem (zweiten) Konzil von Lyon (1274) formulierte der damalige byzantinische Kaiser Michael (VIII.) Palaiologos ein Glaubensbekenntnis, das im Grunde den Rechtsvorrang Roms anerkennt[19].
Es fand in den orthodoxen Kirchen keine Resonanz.
Auf dem Konzil von (Ferrara-)Florenz[20] wurde mit der Bulle »Laetentur caeli« (6. Juni 1439)[21] eine Vereinbarung unterzeichnet, die eine Kirchenunion ermöglichen sollte. Schon auf dem Konzil war Metropolit Markos Eugenikos von Ephesus Zentrum des orthodoxen Widerstandes, der in Florenz (ebenso wie die russische Gesandtschaft) die Unterschrift verweigert hatte. Den orthodoxen Teilnehmern des Konzils wurde nach ihrer Rückkehr von ihren Gemeinden »Verrat« an der Orthodoxie vorgeworfen. Die orthodoxen Bischöfe, die auf dem Konzil eine Einigung mit der lateinischen Kirche erreicht hatten, wurden deshalb von ihrem Klerus und den Gläubigen ihrer Diözesen gezwungen, die verabschiedete Einigungsformel zu verwerfen. Die sogenannte »Basis« war nicht bereit, den Weg der Kirchenleitung mitzugehen. Das Konzil hatte auch keine praktische Auswirkung, da eine neue Situation entstand:
– 1453

In diesem Jahr wird Konstantinopel von den muslimischen Türken erobert. Die orthodoxe Kirche im Gebiet des osmanischen Reiches bricht (bis in das 20. Jahrhundert) de facto alle Außenkontakte ab. In der Konsequenz betrachtet sich die russisch-orthodoxe Kirche (in der Gestalt des Moskauer Patriarchats, das seit dem 26. Januar 1589 besteht) als das »dritte Rom« – im Widerspruch zum häretischen »ersten Rom« des Westens und in Nachfolge des unterdrückten (aber auch nach Auffassung der russischen Orthodoxie auf dem Konzil von Florenz in eine »häretische« Situation geratenen) »zweiten Rom« in Konstantinopel.

Die orthodoxen Kirchen entwickelten im Laufe der Jahrhunderte ein ausgeprägtes Selbstbewusstsein, aufgrund dessen die Prägungen der oströmisch-byzantinischen Zeit im Verhältnis von Kirche und Nation, in feierlichen Formen der Liturgie und im ausdrücklichen Bezug auf die klassische Zeit östlich-patristischer Theologie (einschließlich der damit zusammenhängenden Ekklesiologie) betont und fortgeführt, aber auch (in der weltweiten Ausdehnung aufgrund geschichtlicher Ereignisse) adaptiert werden[22]. Seit dem

16. Jahrhundert beginnen katholische Unionsverhandlungen mit einzelnen orthodoxen Kirchen (etwa in Polen und in der Ukraine), aber auch mit altorientalischen Landeskirchen (z. B. den Maroniten im Libanon[23] oder der syro-malabarischen Kirche in Indien), die heute noch als sogenannte »unierte« Kirchen fortbestehen (etwa die Ukrainisch-Katholische Kirche). Die Existenz dieser »unierten« orthodoxen Landeskirchen und Patriarchate, die sich (unter Anerkennung des Primates des Bischofs von Rom) gleichsam im Alleingang mit Rom vereinigten, ist allerdings bis heute ein Haupthindernis des katholisch-orthodoxen Dialogs (»Uniatismus«).

Folgende größere Unionen können genannt werden[24]:

- die Union von Brest-Litovsk (1595/1596) mit orthodoxen Gemeinschaften in Polen-Litauen,
- die Union von Užhorod (1646) im Nordosten des damaligen Ungarn,
- die Union der Rumänen Siebenbürgens (1700),
- die Union mit der melkitischen Kirche durch die Wahl des Patriarchen Kyrill VI. von Antiochia (1724),
- die Union (bzw. Unionen) mit der armenischen Kirche, die vor allem im 18. Jahrhundert in Syrien geschlossen wird (Patriarch Petrus [Abraham Ardzivian] von Kilikien, der seit 1740 eine katholische Patriarchenlinie begründet),
- Unionen mit »Jakobiten« und Kopten, die in Syrien (im 17. und vor allem im 18. Jahrhundert) und in Ägypten (seit dem 18. Jahrhundert) durch die Wahl bzw. Ernennung mit Rom verbundener Bischöfe vollzogen wurden,
- Unionen mit der »Apostolischen Kirche des Ostens«, die sich (vor allem seit dem 16. Jahrhundert aufgrund der Kontaktaufnahme mit Rom und der Palliumsverleihung durch Papst Julius III. im Jahr 1553 an den Patriarchen Johannes Sullāquā von Mosul) »Chaldäer« nannte (Einsetzung eines »Patriarchen der Chaldäer« im 18. Jahrhundert),
- Unionen mit den »Thomaschristen« in Indien, die ihrerseits seit den ersten Jahrhunderten dem Ritus und der Kirchenordnung der Ostsyrer (Chaldäer) gefolgt waren, entstanden nach einer unter portugiesischer Autorität 1599 in Udayamperur (portugiesisch: Diamper) veranstalteten Synode, in deren Konsequenz (auch im Gefolge politischer und kolonialer Umwälzungen) viele Thomaschristen sich in eigenen Kirchen organisierten, in

der Gestalt der chaldäo-malabarischen (bzw. syro-malabarischen) Kirche und der malankarischen (bzw. syromalankarischen) katholischen Kirche[25].

5.2.3 Die Reformation

Im 16. Jahrhundert zerbricht die Einheit der westlichen Christenheit. Es entstehen folgende Kirchen:

(1) *Die Evangelisch-Lutherische Kirche*
Im Zeitalter der »Konfessionsbildung« (2. Hälfte des 16. Jahrhunderts und Anfang des 17. Jahrhunderts) bildet sich die Evangelisch-Lutherische Kirche, die sich auf die Reform Martin Luthers beruft. Grundlegende (neue) Bekenntnisschriften[26] (neben den beiden Katechismen Luthers, d. h. dem Kleinen und dem Großen Katechismus von 1528/1529) sind die »Confessio Augustana« (CA) und die Apologie der CA von Philipp Melanchthon (1530), Melanchthons Traktat »Von der Gewalt und Obrigkeit des Papstes« (1537), die »Schmalkaldischen Artikel« Luthers (1537) und die »Konkordienformel« (1580), die allerdings nicht in allen lutherischen Landeskirchen gleichermaßen anerkannt sind. Seit 1947 sind die meisten lutherischen Landeskirchen im Lutherischen Weltbund zusammengeschlossen[27].

(2) *Die reformierten Kirchen*
Sie entstehen historisch aus der Schweizer Reformation (Huldrych Zwingli[28] in Zürich und Jean [Johannes] Calvin[29] in Genf). Später stoßen die französischen »Hugenotten« und die italienischen Waldenser dazu, die sich auf die Armutsbewegung des Petrus Waldes im 12. Jahrhundert zurückführen. Ein einheitliches Bekenntnis besteht nicht. Das erklärt sich aus der geringeren Bedeutung, die die kirchlichen Lehrnormen in der reformierten Tradition besitzen. Aus diesem Grund besteht in der Regel auch eine relativ große Offenheit für die Revision und Neufassung von Bekenntnisschriften. Der reformierte Theologe Karl Barth hat etwa 1934 die bekannte »Barmer Theologische Erklärung« vorbereitet, die geradezu ein Glaubenssymbol der »Bekennenden Kirche« in Deutschland geworden ist. Die Sammlungen reformierter Bekenntnisschriften der Frühzeit sind deshalb stets »privater« (oder regionaler)

Natur[30]. Wichtig sind das Hugenottenbekenntnis von 1559 (Confessio Gallicana), der Heidelberger Katechismus von 1563, das zweite Helvetische Bekenntnis von 1566 (Confessio Helvetica Posterior) und das Westminster-Bekenntnis (Westminster Confession) von 1647. Seit 1970 besteht der Reformierte Weltbund, dem aber nicht alle reformierten Kirchen angehören.

(3) *Anglikanische Kirchengemeinschaft (Anglican Communion)*
»Ecclesia anglicana« (englische Kirche) war ursprünglich die Selbstbezeichnung der beiden englischen Kirchenprovinzen von Canterbury und York, die sich unter Heinrich VIII. mit der »Suprematsakte« von 1534[31] von der Gemeinschaft mit Rom losgesagt hatten. Ihre systematische Ausbildung erhielt die »Church of England« in der zweiten Hälfte des 16. Jahrhunderts unter Elizabeth I. (1558–1603) (»Elizabethan Settlement«)[32]. Grundlegend sind das Book of Common Prayer (Erstfassung 1549; revidierte Ausgabe 1552; weitere Ausgaben 1559 und 1662) und die »39 Artikel« (1562/1563 formuliert, 1571 promulgiert)[33]. Mit der britischen Kolonialisierung wurde die »Church of England« zu einer weltweiten Kirchengemeinschaft, der »Anglikanischen Gemeinschaft« (Anglican Communion)[34].

(4) *Die (römisch-)katholische Kirche*
Sie artikuliert ihr Selbstverständnis im Konzil von Trient (1545–1563)[35]. Eine bedeutende Rolle in der katholischen Reform spielten die neuen Aufbrüche der Frömmigkeit und der Mystik, die sich in den neu entstehenden Orden (Theatiner, Barnabiten, Somasker, Oratorianer, Ursulinen, Barmherzige Brüder und nicht zuletzt die »Societas Jesu«, d. h. die »Jesuiten«) sowie in Reformbewegungen innerhalb der »alten« Orden (Feuillianten als Reformgemeinschaft der Zisterzienser, Kapuziner als striktere Form der observanten Franziskaner, die Bewegung der »Unbeschuhten Karmeliter«) konzentrierten. Zu nennen sind hier besonders Teresa von Avila (1515–1582), Ignatius von Loyola (1491–1556), Juan de la Cruz (1542–1591) und Franz von Sales (1567–1622).

(5) *Die evangelischen Freikirchen*
Die evangelischen »Freikirchen« umfassen heute eine Vielzahl von Kirchen, die sich in Einzelheiten des Bekenntnisses, der Organi-

sation und der Gemeindeverfassung nicht unwesentlich unterscheiden[36]. Unter »Freikirche« versteht man gewöhnlich eine
Gemeinschaft, die (im Unterschied etwa zu Volks- oder Landeskirchen mit ihrer Praxis der Kindertaufe) den freien Zusammenschluss bewusster Christusbekenner, die eine persönliche Bekehrung in sich erlebt haben, als Grundlage des kirchlichen
Zusammenlebens proklamiert. Troeltsch hatte in diesem Zusammenhang synonym von »Freiwilligkeitskirche« und »Sekte«
gesprochen. Eine andere Wurzel der Entstehung von Freikirchen
ist der Widerspruch gegen erlebte christliche Defizite des Staats-
oder Landeskirchentums angesichts konkreter gesellschaftlicher
Nöte (ohne dass die Erwachsenentaufe bzw. die Kindertaufe als
unterscheidendes Merkmal hervorgehoben wird). Die Bezeichnung »Freikirche« stellt damit eine europäische (wohl zum ersten
Mal im 19. Jahrhundert in Schottland für die Abspaltung eines
presbyterianisch geprägten Teils der »Church of Scotland« verwendet, der sich als »Free Church of Scotland« präsentierte)
bzw. deutsche Wortschöpfung dar, die sich aus der Geschichte des
Landes- bzw. Staatskirchentums entwickelt hat. Im deutschen Kontext ist »Freikirche« ein undifferenzierter Sammelbegriff für alle
(vorwiegend protestantischen) Gemeinschaften, die sich von der
katholischen Kirche, den evangelischen Landeskirchen (die territo-
rial verfasst sind) und der Orthodoxie unterscheiden und zugleich
von den Sekten abgegrenzt und unterschieden werden. Einige
dieser Kirchen sind vorreformatorisch grundgelegt wie die Brü-
der-Gemeinden (die »Herrenhuter Brüdergemeine« seit dem 18.
Jahrhundert), die sich aus Kontakten mit den Böhmischen und
Mährischen Brüdern (und der Predigt waldensischer Missionare)
des 15. Jahrhunderts entwickelten. Die Böhmischen Brüder, die in
der Mitte des 15. Jahrhunderts eine eigene religiöse Gemeinschaft
gebildet hatten, waren im 16. Jahrhundert vereinzelt mit Luther in
Kontakt getreten. In der Folgezeit gewann allerdings die Lehre
Calvins größere Bedeutung. Die Waldenser entstanden um 1175
aufgrund der Predigt ihres Gründers, des ehemaligen Kaufmanns
Petrus Waldes in Lyon, und übernahmen nach einer wechselvollen
Geschichte, die sie u. a. auch nach Böhmen (weitere Verbreitungs-
orte waren Frankreich, Italien, Ungarn, Polen, Südostdeutschland
und Schweiz) führte, in der Regel ebenfalls die Lehre Calvins.
Andere Freikirchen entstehen im 16. Jahrhundert aus dem soge-

nannten »linken Flügel« der Reformation, den (Wieder-)Täufern oder »Schwärmern«, wie sie Luther abwertend nannte. Dazu zählen etwa die Mennoniten oder die Hutterer. Wieder andere bilden sich im 17.–19. Jahrhundert aufgrund von Protestbewegungen gegen die englische Staatskirche (Dissenters) oder im Gefolge von Frömmigkeitsbewegungen innerhalb evangelischer Kirchen in Nordamerika. Dazu gehören z. B. die Baptisten (im 17. Jahrhundert)[37], die Quäker (Selbstbezeichnung: »Friends«, Freunde) bzw. »Religiöse Gesellschaft der Freunde« (Ende des 17. Jahrhunderts)[38], die Methodisten (im 18. Jahrhundert), pietistisch geprägte Gruppen der Erweckungsbewegung des 19. Jahrhunderts, die sich als »Vereinigung der Freien evangelischen Gemeinden und Abendmahlsgemeinschaften« (1874; seit 1928: »Bund freier evangelischer Gemeinden in Deutschland«) zusammenschlossen, die »Heilsarmee« (zweite Hälfte des 19. Jahrhunderts; mit diesem Namen seit 1878)[39], und die sogenannten »Pfingstler« bzw. die Vertreter der Pfingstbewegung oder -erweckung (in Deutschland »Mülheimer Verband Freikirchlich-Evangelischer Gemeinden« [Anfang des 20. Jahrhunderts] und der »Bund freikirchlicher Pfingstgemeinden« [seit dem Zweiten Weltkrieg]). Im Protest gegen staatlich verordnete Zusammenschlüsse lutherischer und reformierter Landeskirchen in Deutschland (in den sogenannten »unierten« Kirchen), aber auch gegen theologische Entwicklungen (Stichwort: »liberale Theologie«) im 19. Jahrhundert entstanden »altlutherische« Kirchen, die seit den Zusammenschlüssen des 20. Jahrhunderts nun den Namen »Selbständige Evangelisch-lutherische Bekenntniskirche« (1972) tragen. Ebenfalls besteht seit 1970 die »Evangelisch-altreformierte Kirche in Niedersachsen«, die aus Gemeindegründungen des 19. Jahrhunderts erwachsen ist. Oft sind hier die Grenzen zu Sekten fließend[40]. In manchen Veröffentlichungen wird etwa die Neuapostolische Kirche noch als Sekte bezeichnet; in anderen Veröffentlichungen wiederum gilt sie (schon) als (Frei-)Kirche[41].

(6) *Katholische Kirchen*[42]
Aus der innerkatholischen theologischen Opposition gegen die beiden Papstdogmen des Vaticanum I, aber auch im Protest gegen manche praktischen Formen des päpstlich-römischen Zentralismus sind die sogenannten »altkatholischen« Kirchen erwachsen.

Gründungen einer altkatholischen Kirche fanden in Deutschland 1873 (mit der Wahl und Bischofsweihe des Breslauer Professors für Kirchengeschichte Joseph Hubert Reinkens [1821–1896]), in der Schweiz 1875 (als »Christkatholische Kirche«), Österreich (die dort entstandenen Gemeinden erhalten 1925 einen Bischof), in den USA 1897 (aufgrund der Initiative polnischer Auswanderer) und in Polen, in der Tschechoslowakei und in Kroatien zu Beginn des 20. Jahrhunderts statt. Anfang des 18. Jahrhunderts hatte sich die Kirche (= Diözese) von Utrecht aufgrund disziplinärer Streitigkeiten im Zusammenhang mit den Bischofswahlrechten des Utrechter Metropolitankapitels von Rom getrennt. Der damalige Bischof dieser katholischen Kirche hatte Bischof Reinkens in Deutschland geweiht. Die altkatholischen Bischöfe der Niederlande, Deutschlands und der Schweiz gründeten 1889 in Utrecht die »Utrechter Union«, der später die altkatholischen Kirchen Österreichs, der Tschechoslowakei, Kroatiens, Polens und Nordamerikas beitraten[43]. Andere katholische (aber von Rom unabhängige) Kirchen entstanden im 19. Jahrhundert in Spanien (Reformierte Bischöfliche Kirche) und Portugal (Lusitanisch-Katholische Kirche) sowie auf den Philippinen (Philippinische Unabhängige Katholische Kirche; Philippine Independent Church) (1896 gegründet; 1902 formell konstituiert). Zu diesen Kirchen gehört auch die (nationalkirchliche) Kirche der Mariaviten in Polen (1906).

(7) *Pfingstkirchen und charismatische Gruppen*
Seit etwa der zweiten Hälfte (und noch einmal verstärkt seit den 90er-Jahren) des 20. Jahrhunderts entstehen weltweit neue Kirchen oder Bewegungen, die unter dem Begriff Pfingstkirchen oder charismatische Kirchenbewegungen zusammengefasst werden[44]. Sie wachsen in vielen Teilen der Welt und verändern die bisherigen konfessionellen Konstellationen. In die ökumenische Bewegung sind sie kaum integriert[45].

Texte

Konzil von Konstantinopel I (381) (DH 150):

»Ich glaube ... Und die eine heilige katholische und apostolische Kirche (lateinisch: Credo ... Et unam sanctam catholicam et apostolicam ecclesiam); die griechische Fassung:»Pisteuomen ... Eis mian hagian katholiken kai apostoliken ekklesian« (deutsche Übersetzung: Wir glauben ... An [die] eine heilige katholische und apostolische Kirche).«

Glaubensbekenntnis, das den Anhängern des Petrus Waldes zur Überprüfung ihrer Orthodoxie vorgelegt wird (1180) (DH 792f):

»Wir glauben von Herzen und bekennen mit dem Mund die eine Kirche nicht der Häretiker, sondern die heilige, Römische, katholische und apostolische, außerhalb derer, wie wir glauben, niemand gerettet wird. Wir verwerfen auch in keiner Hinsicht die Sakramente, die in ihr unter Mitwirkung der unschätzbaren und unsichtbaren Kraft des Heiligen Geistes gefeiert werden, selbst wenn sie von einem sündigen Priester gespendet werden, solange ihn die Kirche zulässt; auch verunglimpfen wir nicht die von ihm vollzogenen kirchlichen Verrichtungen bzw. Segnungen, sondern nehmen sie wie vom Gerechtesten wohlwollenden Herzens an; denn die Schlechtigkeit eines Bischofs oder Priesters schadet weder bei der Taufe eines Kindes noch bei der Konsekration der Eucharistie, noch bei den übrigen kirchlichen Verrichtungen, die für die Untergebenen vollzogen werden.«

Glaubensbekenntnis des 4. Laterankonzils (1215) (DH 800–802):

»Es gibt nur Eine allgemeine Kirche der Gläubigen. Außer ihr wird keiner gerettet. In ihr ist Jesus Christus Priester und Opfer zugleich ... Dieses Sakrament (= die Eucharistie; Anm. W.K.) bringt nur der Priester zustande, der gültig geweiht ist, entsprechend der Schlüsselgewalt der Kirche, die Jesus Christus selbst den Aposteln und ihren Nachfolgern verlieh. Das Sakrament der Taufe wird im Wasser unter Anrufung Gottes und der ungeteilten Dreifaltigkeit, nämlich des Vaters und des Sohnes und des Heiligen Geistes, vollzogen. Es gereicht Kindern und Erwachsenen zum Heil, von wem immer es auch in der Weise der Kirche gespendet werden mag. Ist jemand nach Empfang der Taufe in Sünde gefallen, so kann er immer durch wahre Buße wieder geheilt werden. Nicht bloß die Jungfrauen und Enthaltsamen, sondern auch die Eheleute sind würdig, zur ewigen Seligkeit zu gelangen, wenn sie nur durch den rechten Glauben und ein gutes Leben Gott wohlgefällig sind.«

Das Glaubensbekenntnis des (byzantinischen) Kaisers Michael Palaiologos auf dem Konzil von Lyon (1274) (DH 861):

»Auch besitzt die heilige römische Kirche den höchsten und vollen Vorrang und die Herrschaft über die gesamte katholische Kirche. Sie ist sich in Wahrheit und Demut bewusst, dass sie diesen Vorrang vom Herrn selbst im heiligen Petrus, dem Fürsten und Haupt der Apostel, dessen Nachfolger der römische Bischof ist, mit der Fülle der Gewalt empfangen hat. Wie sie vor allen anderen zur Verteidigung der Glaubenswahrheit verpflichtet ist, so müssen auch alle auftauchenden Fragen über den Glauben durch ihr Urteil entschieden werden. Jeder Angeklagte hat das Recht, in Fragen, die der kirchlichen Gerichtsbarkeit unterstehen, an sie Berufung einzulegen, und in allen Angelegenheiten, die zum kirchlichen Bereich gehören, kann man sich an ihr Urteil wenden. Ihr sind alle Kirchen unterstellt, und ihr erweisen deren Vorsteher Gehorsam und Ehrfurcht. Diese Machtfülle aber besitzt sie in der Weise, dass sie auch die anderen Kirchen an ihren Sorgen teilhaben lässt. Viele von ihnen, besonders die Patriarchatskirchen, hat dieselbe römische Kirche mit besonderen Vorrechten ausgestattet, doch bleibt ihr eigener Vorzug auf Allgemeinen Kirchenversammlungen wie auch in anderen Dingen stets gewahrt.«

Suprematsakte Heinrichs VIII. (3. November 1534), in: Ekklesiologie II. Von der Reformation bis zur Gegenwart (TzT. Dogmatik 5, 2), bearbeitet v. Peter Neuner, Graz 1995, 28f:

»Obgleich seine Majestät der König nach Recht und Gesetz das Oberhaupt der Englischen Kirche ist und sein soll und von der Geistlichkeit des Reiches in ihren Kirchenversammlungen als solches anerkannt worden ist, wird trotzdem zur Bestätigung und Bekräftigung dessen, zur Stärkung des christlichen Glaubens im Königreich England und zur Beseitigung und Ausrottung aller Irrtümer, Irrlehren und anderen Schändlichkeiten und Missbräuche, die bislang hier üblich waren, kraft der Gewalt dieses Parlaments verfügt, dass unser höchster Herr und König, seine Erben und Nachfolger, die Könige dieses Reiches, als das alleinige Oberhaupt der Kirche von England, genannt Anglicana Ecclesia, betrachtet, gelten und angesehen werden. Zusammen mit der Krone des Reiches sollen sie den Titel und darüber hinaus alle Ehren, Würden, Vorrechte, Sonderrechte, Vollmachten, Freiheiten und Vorteile besitzen und genießen, die zur Würde eines Oberhauptes dieser Kirche gehören.«

39 Glaubensartikel der »Church of England« (Articles of Religion) (1563 bzw. 1571), in: Die Kirche von England. Ihr Gebetbuch, Bekenntnis und kanonisches Recht (CConf 17. Abteilung, Bd. 1), bearbeitet v. Cajus Fabricius, Berlin 1937, 388. 396:

Artikel 19: Von der Kirche: »Die sichtbare Kirche Christi ist eine Versammlung von Gläubigen, in welcher das Wort Gottes rein gelehrt wird und die Sakramente in allem, was notwendig dazu gehört, der Einsetzung Christi gemäß recht verwaltet werden.«
Englischer Text: »The visible Church of Christ is a congregation of faithful men, in which the pure Word of God is preached, and the Sacraments be duly ministered according to Christ's ordinance in all those things that of necessity are requisite to the same.«

Artikel 34: Von den kirchlichen Überlieferungen: »Es ist nicht unter allen Umständen notwendig, dass die Überlieferungen und Zeremonien überall dieselben oder gar ganz gleich sind. Denn sie sind immer mannigfaltig gewesen und können je nach der Verschiedenheit der Länder, Zeiten und Sitten geändert werden, wenn nur nichts im Gegensatz zum Worte Gottes angeordnet wird.«
Englischer Text: »It is not necessary that Traditions and Ceremonies be in all places one, and utterly like; at all times they have been divers, and may be changed according to the diversities of countries, times and men's manners, so that nothing be ordained against God's Word.«

Unionskonzil von (Ferrara-)Florenz: Bulle »Laetantur caeli« (1439) (DH 1307f):

»Ebenso bestimmen wir, dass der heilige Apostolische Stuhl und der Römische Bischof den Primat über den gesamten Erdkreis innehat und der Römische Bischof selbst der Nachfolger des seligen Apostelfürsten Petrus und der wahre Stellvertreter Christi, das Haupt der ganzen Kirche und der Vater und Lehrer aller Christen ist; und ihm ist von unserem Herrn Jesus Christus im seligen Petrus die volle Gewalt übertragen worden, die gesamte Kirche zu weiden, zu leiten und zu lenken, wie es auch in den Akten der ökumenischen Konzilien und in den heiligen Kanones festgehalten wird.
Wir erneuern überdies die in den Kanones überlieferte Rangordnung der übrigen ehrwürdigen Patriarchen, dass (nämlich) der Patriarch von Konstantinopel der zweite ist nach dem heiligsten Römischen Bischof, der dritte aber der von Alexandrien, der vierte aber der von Antiochien und der fünfte der von Jerusalem, selbstverständlich unter Wahrung aller ihrer Privilegien und Rechte.«

Das Glaubensbekenntnis des Konzils von Trient (1564) (DH 1868f):

»Ich anerkenne die heilige katholische und apostolische Römische Kirche als Mutter und Lehrerin aller Kirchen; und ich gelobe und schwöre dem Römischen Bischof, dem Nachfolger des seligen Apostelfürsten Petrus und Stellvertreter Jesu Christi, wahren Gehorsam.

Ebenso anerkenne und bekenne ich ohne Zweifel alles übrige, was von den heiligen Kanones und ökumenischen Konzilien, und zwar hauptsächlich vom hochheiligen Konzil von Trient überliefert, definiert und erklärt wurde; und alles, was dem entgegengesetzt ist, sowie alle Häresien, die von der Kirche verurteilt, verworfen und mit dem Anathema belegt wurden, verurteile, verwerfe und belege ich gleichfalls mit dem Anathema.«

6. Geschichte der ökumenischen Bewegung

Das griechische Wort »Oikoumene« findet sich schon in der vorchristlichen Antike. Seine Bedeutung hat sich allerdings im Laufe der Geschichte verändert.

6.1 Der Begriff »Ökumene« (bzw. »ökumenisch«)

Das Substantiv »Ökumene« (»Oikoumene« ist die substantivierte Femininform des passiven Partizips von »oikein«, wohnen, bewohnen) hatte in der Geschichte bis heute folgende Bedeutungen[1]:
- In der Antike war damit die ganze bewohnte Erde (griechisch: gē oikoumene) gemeint. Bei Herodot (im 5. Jahrhundert v. Chr.) beschreibt das Wort in einem geographischen Sinn den ganzen (bewohnten) Erdkreis. Diese Verwendung begegnet in der griechischen Übesetzung des AT (Septuaginta) in Ps 24,1.
- In hellenistisch-römischer Zeit bezeichnete das Wort den politischen Umfang des »Imperium Romanum«, des »Römischen Reiches«. Die »Ökumene« tritt an die Stelle der Polis, d. h. des ursprünglichen politischen Gliederungsprinzips der hellenistischen Welt. »Ökumene« umfasst die zivilisierte Welt im kulturellen Sinn (einschließlich ihrer rechtlich-politischen Ordnung). »Ökumenische Konzilien« sind in diesem Sinne Versammlungen der römischen *Reichs*kirche, nicht der christlichen Kirchen etwa in Persien, d. h. außerhalb des römischen Reichsgebietes.
- Allmählich setzt sich dann im kirchlichen Bereich die Bedeutung »zur Kirche als ganzer gehörend oder sie vertretend« durch. Damit wird »ökumenisch« fast im Sinne von »katholisch« oder »universal« verwendet. Schon für Origenes im 3. Jahrhundert ist die (Gesamt-)Kirche die »oikoumene«, nicht eine Ortskirche. Der Patriarch von Konstantinopel versucht im 6. Jahrhundert, sich den Titel »ökumenischer Patriarch« beizulegen, ein Akt, den Papst Gregor I. (der Große) von Rom heftig kritisiert[2].
- Von daher leitet sich die vierte Bedeutung her: »allgemeine kirchliche Gültigkeit besitzend«. »Ökumenische Kanones« sind

z. B. Konzilsentscheidungen (Kanones), die in der ganzen Kirche Gültigkeit haben sollen, nicht bloß in einer bestimmten Region[3]. In dieser Bedeutung spricht man von »ökumenischen« Glaubensbekenntnissen oder »ökumenischen« Konzilien.

– Seit den großen Spaltungen der Christenheit (im 5., nach dem 11. und im 16. Jahrhundert) gewinnt »ökumenisch« die Bedeutung »die Beziehungen zwischen mehreren Kirchen oder zwischen Christen verschiedener Konfessionen betreffend«. In diesem Sinne ist die Rede von »ökumenischen Gottesdiensten« oder von »ökumenischen Dialogen«. Das lässt sich programmatisch fassen: Unter »ökumenisch« versteht man eine geistig-geistliche Haltung (»ökumenische Spiritualität«), in der das Wissen um die christliche Einheit und das Streben nach ihr zum Ausdruck kommen[4].

Eine neuere Verwendung des Wortes »Ökumene« – die »Ökumene der Religionen« (im Gefolge von LG 14–16 und NA) – hat sich (noch?) nicht allgemein durchgesetzt.

6.2 Entwicklung des ökumenischen Gedankens

Die ökumenischen Bemühungen der Neuzeit, deren Beginn schon in der Reformationszeit angesetzt werden kann[5], erhielten durch vier Strömungen Unterstützung[6]:

(1) *Der Humanismus*
Besonders im katholisch-lutherischen Gespräch waren viele sogenannte »Ireniker« Humanisten. In der Person des Erasmus von Rotterdam (1469–1536) hat der Humanismus ja schon in der Frühphase der Reformation eine Rolle gespielt[7]. Die Humanisten drängten darauf, eine Einigung durch den »consensus quinquesaecularis« zu finden, d. h. durch die Anerkennung der gemeinsamen Lehre und Praxis der ersten fünf Jahrhunderte (einschließlich der ersten vier »ökumenischen« Konzilien Nikaia I, Konstantinopel I, Ephesus und Chalkedon), durch die Beschränkung der Glaubenszustimmung auf die heilsnotwendigen »Fundamentalartikel« des Glaubens[8] oder durch die Herausstellung der schlichten ethischen Forderungen des Evangeliums als ausreichender Einigungsgrundlage.

(2) *Die Aufklärung*

Die Aufklärung, die manche Anliegen des Humanismus und besonders den letzten Punkt (Religion als Ethik) aufgreift, relativiert den Konfessionalismus (mit dem »Dogmatismus«), ja sah in ihm das entscheidende Hindernis auf dem Weg zu wahrer Humanität. Besonders die englischen und deutschen Aufklärer diagnostizierten als den eigentlichen Kern aller Konfessionen und Religionen die Befolgung ganz weniger grundlegender ethischer Normen[9] und folgerten daraus die Notwendigkeit zunächst der Toleranz und schließlich der Gewissens- und Religionsfreiheit.

(3) *Der Pietismus*

Der Pietismus, der seit dem 17. Jahrhundert in Deutschland die Lutherische Orthodoxie ablöst, betont im Protestantismus die Innerlichkeit des Glaubensvollzuges[10]. Die Gemeinschaft der Kinder Gottes wird durch das persönliche Erleben der Wiedergeburt und das christliche Leben erfahren. Die Pietisten fühlten sich nicht wegen einer bloß äußerlichen Kirchenzugehörigkeit einander verbunden, sondern wegen ihres subjektiv erfahrenen Glaubens. Es wird ein Gegensatz ausgerufen zwischen den »Glaubensbrüdern« durch innerliche Wiedergeburt und den »Kirchenbrüdern« durch die (nur) äußerliche Taufe. Nikolaus Ludwig von Zinzendorf (1700–1760), der Begründer der »Herrnhuter Brüdergemeine«[11], sah im Kreuz Jesu Christi den Vereinigungspunkt für alle Christen. Die bestehenden Konfessionen bezeichnete er als »Tropen« (»trope« = Wendung, Vertauschung des eigentlichen Ausdrucks mit einem bildlichen; Erziehungsform). Die Konfessionen seien geschichtlich-konkrete Erscheinungsweisen und Ausprägungen der einen wahren Kirche, die sich eines Tages von selbst auflösen würden. Aus diesem Gedanken entwickelte sich in England (zunächst wohl in der anglikanischen Oxford-Bewegung des 19. Jahrhunderts[12]) die sogenannte »Branch Theory«: Die Konfessionen (in ihrer katholischen, orthodoxen und anglikanischen Ausprägung) seien (gleichrangige) Zweige am Baum der Christenheit bzw. die rechtmäßigen Zweige der (frühen) Kirche der »Väter«.

(4) *Theologische Impulse katholischer Theologie im 19. Jahrhundert*

Zu nennen sind besonders Johann Michael Sailer (1751–1832) und Johann Adam Möhler[13], die beide in der Tradition der (gemäßigten) katholischen Aufklärung (Sailers Lehrer war der Jesuit Benedikt Sattler [1720–1797])[14] stehen. Sailer bemüht sich um eine Vermittlung einer christozentrisch ausgerichteten Frömmigkeit (jeder Christ müsse in seiner eigenen Konfession ein inniges Glaubensverhältnis zu Jesus Christus suchen, aus dem dann das Band der Freundschaft zu den anderen Christen erwachse) mit der Achtung kirchlicher Ordnungsstrukturen (die Gemeinschaft mit dem Bischof von Rom stelle das Zentrum der geistlichen Einheit für die sichtbare Kirche dar). Bei ihm verschmelzen die Erlebnistheologie der geistlich »Erweckten« mit der Sehnsucht der Romantik nach einer sichtbar-organischen Einheit der Kirche. Möhler beschreibt in seinem Klassiker »Symbolik oder Darstellung der dogmatischen Gegensätze der Katholiken und Protestanten nach ihren öffentlichen Bekenntnisschriften« (1832) die Vereinigung der Kirchen als einen Weg, der nur begangen werden könne durch das gemeinsame Ringen um die (christliche) Wahrheit. Die christliche Einheit (als *die* »Idee« der Kirchengeschichte schlechthin) sei deshalb von zwei Seiten gefährdet, nämlich von einer durch unsachliche Polemik geförderten dauernden Spaltung sowie von »Vereinigungen im Unglauben«, d.h. Unionen, »in welchen man sich gegenseitig das Recht einräumte, zu meinen, was man will«[15].

Die eigentliche ökumenische Bewegung, wie sie sich heute präsentiert, entstand in der Mitte des 19. Jahrhunderts.

6.3 Die ökumenische Bewegung im 19. und 20. Jahrhundert

Etwas schematisch lassen sich drei Phasen unterscheiden:

(1) *Mitte des 19. bis Anfang des 20. Jahrhunderts*
Die zweite Hälfte des 19. Jahrhunderts sah das Erstarken der Organisation der einzelnen christlichen Gemeinschaften auf Weltebene. Das hängt mit der gesellschaftlichen Tendenz der zweiten Hälfte des 19. Jahrhunderts zu Verbindungen auf Weltebene zusammen, wenn auch sicherlich noch mit stark eurozentrischer Tendenz. Folgende Initiativen in der sich allmählich als global und aufeinander verwiesen verstehenden (Welt-)Gesellschaft können in diesem Zusammenhang genannt werden: 1851 die Erste Weltaustellung (London), 1864 Gründung des Roten Kreuzes, 1864 Internationale

Arbeiterassoziation (mit Karl Marx), 1873 Weltpostverein, 1896 Beginn der Olympischen Spiele der Neuzeit, als Folgewirkung des Ersten Weltkrieges 1920 Gründung des Völkerbundes in Genf. Das hängt sicher mit der fortschreitenden Globalisierung der damaligen Lebenswirklichkeit zusammen, die sich den wissenschaftlichen Entdeckungen der Neuzeit im Kommunikationswesen (Erfindung der Telegraphie und Etablierung eines Telegraphienetzes) und den verbesserten Reisemöglichkeiten verdankte. Dieser Trend zur Internationalisierung *und* übergreifenden Institutionalisierung zeigt sich *intrakonfessionell* in der Gründung von konfessionellen *Welt*organisationen bzw. in der Aktualisierung eines weltweiten Anspruches:

1867 Beginn der Lambeth-Konferenzen der Anglican Communion,

1869–1870 das 1. Vatikanische Konzil der katholischen Kirche,

1875 Weltallianz der Reformierten Kirchen (World Alliance of the Reformed Churches holding Presbyterian System) (= »Reformierter Weltbund«),

1881 Beginn der Ecumenical Methodist Conferences,

1889 Altkatholische Union von Utrecht,

1891 International Congregational Council,

1905 Baptistische Weltallianz (Baptist World Alliance).

Aufgrund des landeskirchlichen Prinzips waren die Lutheraner die letzte christliche Großkirche, die diesen Trend realisierte. 1923 wurde in Eisenach der Lutherische Weltkonvent gegründet, aus dem 1947 in Lund der Lutherische Weltbund hervorging.

– Die *interkonfessionelle* ökumenische Idee manifestierte sich in diesen Jahrzehnten *nicht* in Kontakten der jeweiligen Kirchenleitungen, sondern in Initiativen einzelner Persönlichkeiten oder freier christlicher Gruppen, die in zwei Richtungen verliefen.

Die eine Initiative bemühte sich um das gemeinsame Gebet von Christen unterschiedlicher Konfessionen – nicht nur, aber auch um das gemeinsame Gebet um die Einheit. 1846 wurde in London durch Christen aus verschiedenen evangelischen Konfessionen, die besonders aus der Erweckungsbewegung stammten, die »Evangelische Allianz« gegründet, deren Hauptziel bis heute das gemeinsame Beten (und ein gemeinsames soziales und missionarisches Engagement) von Christen auf Ortsebene ist. 1857 entstand in London die »Association for the Promotion of the

Unity of Christendom«, deren Mitglieder vor allem anglikanische, katholische und griechisch-orthodoxe Christen waren. Ihr Hauptziel war das tägliche Gebet um die Einheit. Diese letzte Unternehmung hatte deswegen keine große Wirkung, weil das Heilige Offizium 1864 den Katholiken die Teilnahme an ihr verbot[16]. Die ursprünglich 1907 auf Vorschlag des später zur katholischen Kirche konvertierten Anglikaners Paul Wattson – als Gebet um die »Einheit mit dem Stuhl Petri« – eingeführte und 1916 von Papst Benedikt XV. für die ganze katholische Kirche verbindlich erklärte katholische Gebetsoktav für die Einheit der Christen (18.–25. Januar; der 18. Januar war damals das Fest »Petri Stuhlfeier« [Cathedra Petri], der 25. Januar ist der Gedenktag »Bekehrung des Apostels Paulus«) und die Weltgebetswoche für die Einheit (in der Woche vor Pfingsten), die 1920 durch eine Initiative des Vorbereitungsausschusses für die erste Weltkonferenz für »Glauben und Kirchenverfassung« angestoßen wurde (1941 verlegte die »Kommission für Glauben und Kirchenverfassung« dieses Datum auf Januar, damit es mit der katholischen Aktion zusammenfallen konnte, obwohl die Praxis des Betens vor Pfingsten noch weitergeführt wurde), stehen in dieser Tradition[17]. In den gleichen Zusammenhang gehört auch der 1887 in Amerika ins Leben gerufene Weltgebetstag der Frauen (seit 1919/1920 am ersten Freitag in der Passionszeit)[18].

– Die andere Initiative bemühte sich um gemeinsame soziale Aktionen auf Feldern, in denen die Not der Spaltung besonders scharf ins Licht trat, in der christlichen Jugendarbeit (1844 in London Gründung der »Young Men Christian Association« [YMCA], deutsch: »Christlicher Verein junger Männer« [CVJM], seit 1956: »Christlicher Verein junger Menschen«, 1855 am Rande der Weltausstellung in Paris Formulierung einer weltweiten »Basis-«Formel; 1895 Gründung des Christlichen Studentenweltbundes), in der Mission (seit 1854 fanden besonders im englischsprachigen Raum überkonfessionelle Missionskonferenzen statt) und – vor und während des Ersten Weltkrieges – in der Friedensarbeit. Auch hier waren es einzelne, die sich ohne ausgeprägte offiziell-kirchliche Unterstützung engagierten. Wichtige Vertreter der (späteren) offiziellen kirchlichen Ökumene entstammten dem CVJM und dem Christlichen Studentenweltbund[19]. Dieser praktisch-soziale Impuls der Ökumene, neben den und außerhalb der verfassten Kirchen, ist noch heute lebendig, etwa im sogenannten Ökumenischen Netzwerk.

(2) *Erste Hälfte des 20. Jahrhunderts (bis zu Beginn des Vaticanum II)*
Das Charakteristikum der zweiten Phase ist die Einbindung der offiziellen Kirchenleitungen in die Ökumene. Die markante Ausnahme blieb die katholische Kirche. Zwar war die Haltung der Päpste von Pius IX. zu Pius XII. nicht schlechthin gegen jede Form der Ökumene gerichtet. Etwas plakativ gesagt: Es gab deutliche Avancen der Päpste gegenüber den Orthodoxen, deren besondere Nähe zur katholischen Kirche immer wieder hervorgehoben wurde, und es gab starke Vorbehalte gegenüber den Kirchen der Reformation, wobei die Situation der anglikanischen Gemeinschaft nicht immer gemäß ihrem eigenen Selbstverständnis dargestellt wurde. Da die offizielle ökumenische Bewegung am Anfang in Rom als von den evangelischen Kirchen dominiert angesehen wurde, galt sie als suspekt. So erklären sich die Verurteilungen des ökumenischen Engagements in der Enzyklika »Mortalium animos« von Papst Pius XI. (6. Januar 1928)[20] und während des Pontifikates von Papst Pius XII. das »Monitum ›Cum compertum‹« (5. Juni 1948)[21] und die »Instructio ›De motione oecumenica‹« (20. Dezember 1949)[22] des Heiligen Offiziums, die die Teilnahme katholischer Laien und vor allem kirchlicher Amtsträger an Lehrgesprächen (nicht im Blick sind – wie die »Instructio« erläutert – Treffen zur Vereinbarung praktischer Aktionen) von der vorherigen Zustimmung des bischöflich-päpstlichen Lehramtes abhängig machen. Die Enzyklika »Mortalium animos« kritisiert, die Voraussetzung der ökumenischen Bewegung sei die These, es gebe in der Christenheit viele *gleichberechtigte* Kirchen und es käme darauf an, unter Hintanstellung der Lehre und des christlichen Glaubens die gegenseitige Liebe zum Fundament der Einheit zu machen. Pius XI. will die Reihenfolge umdrehen. Die gegenseitige Liebe beruhe auf dem Fundament des unversehrten Glaubens. Nur wenn hier Übereinstimmung erzielt werde, sei eine echte Liebe möglich[23].

Wann genau beginnt die »offizielle« Ökumene der Neuzeit? Die angelsächsische Geschichtsschreibung gibt dazu in der Regel die Weltmissionskonferenz von 1910 in Edinburgh an, eine Versammlung von über 1200 Delegierten aus 150 Missionsgesellschaften und Kirchen. Es ging hier um praktische Fragen der Mission. Die evangelischen Landeskirchen in Europa waren nicht vertreten, wohl aber ihre Missionsgesellschaften, und ebenfalls waren die katholische Kirche und die orthodoxen Kirchen nicht repräsentiert. Bewusst klammerte man Themen der Glaubensformulierung, des Bekenntnisses und der Lehre aus. Weitere Konferenzen dieser Art tagten in Jerusalem (1928), Tambaram (in der Nähe von Madras in Indien; 1938) und Whitby (Kanada; 1947).

In der Linie der Methodik der Weltmissionskonferenz von 1910, Fragen von »Glauben und Kirchenverfassung« und damit eine dogmatische Diskussion nicht zu thematisieren, sondern grundsätzlich nach Feldern zu suchen, in denen die Kirchen politisch und sozial gemeinsam handeln können, standen die Weltkirchenkonferenzen für Praktisches Christentum (Stockholm 1925, Oxford 1937). An ihnen nahmen offizielle Delegierte von Kirchen – auch aus der Orthodoxie – teil. Damit ist die erste Wurzel der ökumenischen Bewegung der Neuzeit markiert, die »Bewegung für Praktisches Christentum« (Life and Work)[24]. Allerdings stellte sich diese Einschränkung in der faktischen Arbeit der Konferenzen doch als sehr schwierig dar, weil bestimmte Optionen für ein konkretes Handeln sehr oft einer bestimmten Theologie oder Ekklesiologie entspringen. Eine Diskussion über die dogmatischen Voraussetzungen kirchlichen Handelns sollte aber gerade ausgeschlossen sein. Andererseits ist dieser praktisch-pragmatische Impuls des ökumenischen Gedankens (»Praktisches Christentum«) in der kirchlichen Arbeit des ÖRK in Genf immer noch sehr wirksam[25].

Den ersten Anstoß, gerade »Glauben und Kirchenverfassung« (»Faith and Order«) zum Thema der Ökumene zu machen, gab der anglikanische, aus der Protestant Episcopal Church in den USA stammende Bischof Charles Henry Brent (1862–1929)[26], Missionsbischof auf den Philippinen, während der Versammlung in Edinburgh (1910). Die zweite Wurzel der heutigen offiziellen Ökumene (neben der »Bewegung für Praktisches Christentum«), die »Bewegung für Glauben und Kirchenverfassung«, erwächst also aus einer ursprünglich anglikanischen Sichtweise (in der Episkopalkirche in den USA und vor allem in den Lambeth-Konferenzen der Anglican Communion[27]). Unterstützung kam aus der orthodoxen Kirchengemeinschaft. Das Ökumenische Patriarchat von Konstantinopel veröffentlichte 1920 eine Patriarchal- und Synodalenzyklika »An die Kirchen Christi in der ganzen Welt«, in der zur Vorbereitung der Einung des Christentums – in Analogie zum »Völkerbund« (Koinonia ton ethnon) – ein »Kirchenbund« (Koinonia ton ekklesion) vorgeschlagen wurde. Weiter ging die »Lambeth-Konferenz« der Anglikaner von 1920 in dem »Aufruf an alle Christen«, die zu einer in »Glauben und Kirchenverfassung« geeinten Kirche aufrief.

1920 wurde eine Vorkonferenz in Genf abgehalten. Die maßgeblichen »Weltkonferenzen für Glauben und Kirchenverfassung« (vor der Gründung des ÖRK) fanden dann in Lausanne (1927) und Edinburgh (1937) statt. Bei der Vorkonferenz in Genf standen drei Positionen zum Wesen der geeinten Kirche einander gegenüber:

– die reformierte (kongregationalistische) Position, derzufolge die Einheit der Kirche nicht in einem gesetzlichen Bekenntnis oder in einer festen Struktur zum Ausdruck komme, sondern in einem geistlichen Christusbekenntnis und in der Aufgeschlossenheit füreinander,

– die lutherische Position, die Kirche sei gegründet auf Gottes Wort und auf Glauben, damit auf einem gemeinsamen Bekenntnis, allerdings nicht auf vorgegebenen (Amts-) Strukturen, und

– die anglikanisch-orthodoxe Position, die Einheit der Kirche werde sakramental vermittelt durch die altkirchlichen Amtstrukturen.

Bis 1937 blieb das Problem der Beschreibung der anzustrebenden kirchlichen Einheit ungelöst. Die Versammlung von Edinburgh (1937) stellt die damaligen drei Modelle im Sinne einer Bestandsaufnahme unvermittelt nebeneinander. Man kann die drei Formen einer zu verwirklichenden geschichtlich-sichtbaren Einheit im Sinne einer Stufung verstehen. In der Bewertung der jeweiligen Stufe zeigten sich jedoch die unterschiedlichen Auffassungen. »Sahen die einen in einer erreichten Stufe ein Durchgangsstadium, so war sie für andere schon das zu erreichende Endziel.«[28] Zu nennen sind hier:

– die (bloß) organisatorische Föderation zum Zweck praktischer Zusammenarbeit,

– die Abendmahlsgemeinschaft als volle gegenseitige Anerkennung (unter Beibehaltung der bisherigen Kirchenformen), und

– die »körperschaftliche Vereinigung« oder »organische Union« als *eine* einzige, alle bisherigen Christentümer umfassende Kirche.

Beide Impulse (»Praktisches Christentum« *und* »Glauben und Kirchenverfassung«) gingen ein in die Vorbereitung zur Konstituierung des ÖRK. 1945 war die UNO gegründet worden. Der Wunsch, in der sich nach dem Zweiten Weltkrieg einenden Welt auch eine sichtbare Form christlicher Einheit anzustreben, führte 1948 zur Gründungsversammlung des ÖRK in Amsterdam, an der 147 evangelische und orthodoxe Kirchen (außerhalb des kommunistischen Ostblocks) teilnahmen[29]. Als Grundlage wurde in Amsterdam folgende Selbstbeschreibung formuliert: »Der Ökumenische Rat der Kirchen ist eine Gemeinschaft von Kirchen, die unseren Herrn Jesus Christus als Gott und Heiland anerkennen (accept).« Da immer wieder Kritik an dieser Formel (etwa an der nur impliziten Nennung der Inkarnation oder der Trinität oder an der Vernachlässigung des Zeugnischarakters des Christentums für die Welt) geäußert wurde, hat die Vollversammlung des ÖRK in Neu-Delhi (1961) die ursprüngliche »Basisformel« erweitert. Sie lautet nun[30]:

»Der Ökumenische Rat der Kirchen ist eine Gemeinschaft von Kirchen, die den Herrn Jesus Christus gemäß der Heiligen Schrift als Gott und Heiland bekennen (confess) und darum gemeinsam zu erfüllen trachten, wozu sie berufen sind, zur Ehre Gottes, des Vaters, des Sohnes und des Heiligen Geistes.«

Allerdings ist festzuhalten: Das Grundproblem der »Bewegung für Glauben und Kirchenverfassung« wurde nicht gelöst und blieb bis heute unbeantwortet, nämlich eine einvernehmliche Antwort auf die Frage, wie denn die Einheit der Kirche auszusehen habe. Die Toronto-Erklärung des Zentralausschusses des ÖRK »Die Kirche, die Kirchen und der Ökumenische Rat der Kirchen« (1950) beschreibt im Grunde den ekklesiologischen Status quo[31].

Weitere Vollversammlungen des ÖRK (nach Amsterdam) fanden in Evanston (1954), Neu-Delhi (1961), Uppsala (1968), Nairobi (1975), Vancouver (1983), Canberra (1991), Harare (1998) und (als 9. Vollversammlung) Porto Alegre (2006) statt[32].

(3) *Das Engagement der katholischen Kirche in der ökumenischen*
    Bewegung seit dem Vaticanum II
Natürlich gab es schon vor 1961 katholische Protagonisten für die Ökumene. Die Texte des Konzils sind ja nicht vom Himmel gefallen. Zu diesen »privaten« Initiativen gehörten sicherlich die

Mechelner Gespräche von 1921–1926 (mit dem belgischen Kardinal Désiré Mercier) zwischen Privatpersonen aus der anglikanischen und katholischen Kirche. Zu nennen sind weiter in je eigener Akzentsetzung Paul-Irénée Couturier (1881–1935)[33] und Max Josef Metzger (1887–1944)[34] und in der Theologie Erich Przywara (1889–1972)[35], Max Pribilla SJ (1884–1956)[36], Arnold Rademacher (1873–1939)[37], Matthias Laros (1882–1965)[38], Robert Grosche (1888–1967)[39], Yves Congar (1904–1995)[40] und Joseph Lortz (1887–1965)[41], aber auch der sogenannte »Jaeger-Stählin-Kreis«[42] (seit 1946), der von dem evangelischen Bischof Wilhelm Stählin und dem katholischen Erzbischof (und späteren Kardinal) Lorenz Jaeger von Paderborn geleitet wurde und als Arbeitskreis immer noch weiterexistiert[43]. Eine wesentliche Wurzel des »Jaeger-Stählin-Kreises« (wie überhaupt der verstärkten Zuwendung zur Ökumene in der katholischen Kirche) waren die Erfahrungen der gemeinsamen christlichen Frontstellung im Dritten Reich[44]. Aber im Grunde (und jedenfalls offiziell) ist die katholische Kirche erst mit dem Vaticanum II in die ökumenische Bewegung eingetreten. Der maßgebliche lehramtliche Text ist das Dekret über den Ökumenismus »Unitatis redintegratio« (21. November 1964)[45]. Weitere wichtige lehramtliche Texte sind das »Direktorium zur Ausführung der Prinzipien und Normen über den Ökumenismus« (25. März 1993) des Päpstlichen Rates zur Förderung der Einheit der Christen und die Enzyklika von Papst Johannes Paul II. »Ut unum sint« (25. Mai 1995)[46]. Am 5. Juni 1960 hatte Papst Johannes XXIII. mit dem Motu Proprio »Superno Dei nutu« (über die Bildung von elf Kommissionen zur Vorbereitung des Vaticanum II) das »Sekretariat zur Förderung der Einheit der Christen«[47] geschaffen, dessen erster Präsident Augustin (Kardinal) Bea SJ wurde[48]. Nachfolger Beas waren die Kardinäle Johannes Willebrands und Walter Kasper. Das Ergebnis dieses ökumenischen Engagements ist inzwischen eine Vielzahl von veröffentlichten Konvergenz- oder Konsenspapieren auf globaler und regionaler Ebene[49].

Diese theologische »Konsensökumene« ist inzwischen in die Krise geraten. Sie hatte den Strang »Glauben und Kirchenverfassung« sehr verstärkt. Ein wichtiger Text ist das »Lima-Dokument«, die Konvergenzerklärung der Kommission für Glauben und Kirchenverfassung des ÖRK über »Taufe, Eucharistie und Amt« von 1982[50]. Aber viele werden ungeduldig, weil sich die erhofften

Ergebnisse nicht schnell erzielen lassen. Andere fragen sich, ob eine Einheit der Kirche, die durch einen formulierten Konsenstext vermittelt ist und einen großen Wert auf die sichtbare Institution legt, angesichts der Nöte dieser Welt überhaupt ein vorrangig erstrebenswertes Ziel darstelle. Sie meinen, dass der praktische Einsatz der Christen für Gerechtigkeit, Frieden und Bewahrung der Schöpfung viel wichtiger sei. Die Vollversammlung des ÖRK hatte 1983 in Vancouver zu einem »konziliaren Prozeß gegenseitiger Verpflichtung« für Gerechtigkeit, Frieden und Bewahrung der Schöpfung aufgerufen. Carl Friedrich von Weizsäcker hatte 1985 in einer Rede auf dem evangelischen Kirchentag in Düsseldorf die auf Dietrich Bonhoeffer und Max Josef Metzger zurückgehende Idee eines gesamtchristlichen Friedenskonzils zur Lösung der globalgesellschaftlichen Probleme aufgegriffen und eine universale Versammlung aller christlichen Kirchen gefordert, die sich den zeitgenössischen Menschheitsproblemen widmen solle[51]. Seit Vancouver existiert der sogenannte ökumenische »Konziliare Prozeß«[52], der durch lokale, regionale, nationale und weltweite Versammlungen offizieller Kirchenvertreter und Mitglieder ökumenischer bzw. interkonfessioneller Basisgruppen und Netzwerke gekennzeichnet ist (Stuttgarter Forum 1988; Dresdener Kirchentag 1989; Europäische Ökumenische Versammlung Basel 1989; Ökumenischer Kirchentag Utrecht 1989; Weltversammlung für Gerechtigkeit, Frieden und Bewahrung der Schöpfung Seoul 1990; Zweite Europäische Ökumenische Versammlung Graz 1997; Dritte Europäische Versammlung 2006/2007 als ökumenischer Pilgerweg mit Stationen in Rom 2006, Wittenberg 2007 und Sibiu/Hermannstadt 2007). Er basiert auf dem Gedanken der Konziliarität (als eines notwendigen Strukturprinzips der Kirchen) und einer zeitkritischen Diagnose der globalen Lebenssituation der Menschheit. Gefordert wird eine geistliche Umkehr und ein politischer Widerstand des einzelnen christlichen Individuums, christlicher Gruppen und der Kirchen angesichts der gesellschaftlichen, ökumenischen und ökologischen Menschheitsprobleme von heute. Im »Konziliaren Prozess« ist das Erbe der Bewegung für »Praktisches Christentum« lebendig.

Der Zwiespalt zwischen denen, die zunächst eine kirchliche und lehramtliche Einheit anstreben, und denen, die zuerst ein gemeinsames christliches Handeln an der Menschheit in ihrer alltäglichen

Not fordern, begleitet die ökumenische Bewegung von Anfang an. Sie zerreißt allerdings auch oft einzelne Kirchen, wie die Debatte um die »Befreiungstheologie« gezeigt hat. Wo liegt hier die christliche Wahrheit? Ich denke, der Blick ins NT zeigt, dass die Alternative eines »entweder – oder« hier nicht greift. Beide Zielvorstellungen bedingen sich gegenseitig. Vielleicht ist es das Problem der Ökumene von heute, dass wir diese Verbindung oft zu wenig sehen.

6.4 Texte zur Ökumene von Katholiken und Lutheranern

Seit dem Vaticanum II besteht ein offizieller ökumenischer Dialog zwischen dem Lutherischen Weltbund und dem katholischen Sekretariat für die Einheit der Christen. Die Initiative dazu ging von den Konzilsbeobachtern der lutherischen Kirche in den USA aus. Von der Zahl der veröffentlichten Dokumente her ist der Dialog zwischen Katholiken und Lutheranern der fruchtbarste und der wichtigste ökumenische Dialog auf Weltebene. Im Grunde geht es in den bisherigen vier Gesprächsrunden mit zunehmender Deutlichkeit um *den* Streitpunkt zwischen Lutheranern und Katholiken, die Funktion der Kirche im Heilsplan Gottes.

1. Phase (1967–1971)
Die erste Phase von 1967–1971 (nach den vorbereitenden Sitzungen 1965 und 1966 in Straßburg) endete mit der Veröffentlichung des Abschlussberichtes »Das Evangelium und die Kirche« (»Malta-Bericht«) 1972. Damit sind die beiden Ausgangsthemen benannt, »Evangelium (bzw. Rechtfertigung)« und »Kirche«. »Evangelium (bzw. Rechtfertigung)« ist das lutherische (oder genauer: deutsch-lutherische) Spezialthema in allen ökumenischen Dialogen. Das war im Luthertum geschichtlich und ist auch heute noch auf Weltebene nicht immer so gewichtet. Die Aufklärung und die Liberale Theologie haben den Akzent durchaus anders gesetzt und auch die lutherische Theologie in den USA und in Schweden sieht die Stellung des Rechtfertigungsartikels sehr differenziert. In Deutschland kam der Glaubensartikel der Rechtfertigung erst seit der Luther-Renaissance des 20. Jahrhunderts (Karl Holl, Emanuel Hirsch, Rudolf Hermann) wieder stärker in den Blick[53]. Die luthe-

rischen Theologen, die der 4. Vollversammlung des Lutherischen Weltbundes vom 30. Juli bis zum 11. August 1963 in Helsinki zuge-arbeitet hatten, stellten die deutsch-lutherische Interpretation in dem Dokument Nr. 3 »Über die Rechtfertigung« in Frage[54]: »Die Feststellung, dass das Evangelium sich ohne Bezugnahme auf das Wort Rechtfertigung verkündigen lässt, wirft Fragen auf für den heutigen Lutheraner. Können wir weiterhin behaupten, dass der Artikel von der Rechtfertigung der *articulus stantis et cadentis ecclesiae* sei, wenn sogar in der frühesten Periode des Lebens der Kirche die Möglichkeit bestand, das Evangelium ohne Bezug-nahme auf ihn zu verkündigen? Wäre es nicht denkbar, dass das Beharren auf der zentralen Stellung der Rechtfertigung ein Beispiel dafür ist, wie eine Kontroverse das theologische Denken formt, ja verzerrt? Sollten wir nicht ehrlich und mutig genug sein, um unsere Theologie der ganzen Weite des Evangeliums zu öffnen?« Das zweite Thema »Kirche« markiert das katholische Interesse. Es ist schon mehrmals darauf aufmerksam gemacht worden, dass die ökumenischen Dialoge seit dem Eintritt der katholischen Kirche in sie ein deutliches »ekklesiologisches Gefälle« manifestieren und den Strang »Glauben und Kirchenverfassung« des ÖRK zumindest im Anfang verstärkt haben[55].

2. Phase (1973–1985)
Die zweite Phase begann 1973 und endete 1985. In rascher Folge wurden von der offiziell von den Kirchenleitungen eingesetz-ten Gemeinsamen römisch-katholischen/evangelisch-lutherischen Kommission theologische Texte zu Einzelfragen veröffentlicht: »Das Herrenmahl« (1978), »Wege zur Gemeinschaft« (1980) »Alle unter einem Christus« (1980) (zur 450-Jahrfeier der Confessio Augustana), »Das geistliche Amt in der Kirche« (1981), »Martin Luther – Zeuge Jesu Christi« (1983) (zum 500. Jahrestag des Ge-burtstages des Reformators) und »Einheit vor uns. Modelle, For-men und Phasen katholisch/lutherischer Kirchengemeinschaft« (1985).
Das Ergebnis dieser Runde war einerseits eine atmosphärische Verbesserung, die sich z. B. in der gemeinsamen positiven Würdi-gung der Confessio Augustana und Martin Luthers zeigte, und andererseits eine weitgehende Übereinstimmung oder zumindest Konvergenz in vielen traditionellen Streitfragen, z. B. der Interpre-

tation der Realpräsenz Christi im Herrenmahl, in der Deutung des Messopfers, dem Verständnis der Ordination und der Thematik der grundlegenden Bedeutung des Bischofsamtes. Drei Probleme ergaben sich jedoch:

a) Die Dialogergebnisse blieben in vielen Fällen auf die Kommission selbst und einen ökumenisch interessierten Teil der theologischen Öffentlichkeit beschränkt. Die Vermittlung in die theologische »scientific community« zumindest in Deutschland gelang zu wenig. Das hat sich dann in der dritten Phase sehr bedauerlich ausgewirkt.

b) Kein einziges dieser Dokumente wurde kirchenamtlich rezipiert. Die Texte zitierten sich gegenseitig und erweckten den Eindruck eines steten Fortschrittes in der Ökumene. Aber sie blieben selbstreferentiell und kirchenamtlich folgenlos. Das Ganze erschien auch manchen Insidern als ein Glasperlenspiel ökumenisch motivierter Theologinnen und Theologen[56].

c) Viel wichtiger jedoch: Auch den Teilnehmern dieser Gesprächsrunde selbst wurde deutlich, dass in all diesen erfreulichen theologischen Fortschritten das eigentliche Grundproblem zwischen Katholiken und Lutheranern noch nicht direkt in den Blick genommen wurde.

3. Phase (1986–1995)

Die dritte Dialogphase begann 1986[57] und endete mit der Unterzeichnung der »Gemeinsamen offiziellen Feststellung« zur »Gemeinsamen Erklärung zur Rechtfertigungslehre« am 31. Oktober 1999 in Augsburg durch das Präsidium des Lutherischen Weltbundes und den Präsidenten des Rates zur Förderung der Einheit der Christen. Sie griff noch einmal die Thematik der ersten Phase auf – ein »Blick zurück nach vorn«. Es entstand das vorläufig letzte Dokument der Gemeinsamen Kommission: »Kirche und Rechtfertigung. Das Verständnis der Kirche im Licht der Rechtfertigungslehre« (1994)[58]. Der Ausgangspunkt der neuen Gesprächsrunde hieß: Wir kommen nicht recht weiter mit unserem theologischen Austausch. Wir diskutieren und lösen Einzelfragen. Aber kaum haben wir in einem Punkt Übereinstimmung oder Annäherungen erreicht, tauchen wieder neue ungelöste Probleme auf. Lassen sich vielleicht all diese Differenzen auf eine jeweilige Grundvorentscheidung der beiden Kirchen zurückführen, deren spezielle Aktualisierungen sie dann jeweils sind? Für Martin Luther war in den »Schmalkaldischen Artikeln« (geschrieben 1536, veröffentlicht 1537) die entscheidende Differenz der Glaubensartikel der Rechtfertigung, den er den »articulus stantis et cadentis (bzw. ruentis) ecclesiae« (der Artikel, mit dem die Kirche steht und fällt) nannte. Aus ihm ergaben sich für Luther dann die drei weiteren ekklesiologischen Differenzpunkte der Auffassung der Messe als eines Opfers von Priester und Gemeinde, des Ordenswesens als eines eigenen Standes in der Kirche und des Papstamtes. Als Ergebnis der offiziellen Debatten zwischen der katholischen Kirche und den evangelisch-lutherischen Kirchen scheint es ein theologischer (Mehrheits-)Konsens zu sein, dass die beiden Glaubensartikel »Kirche« und »Rechtfertigung« nicht chemisch rein auf die beiden Kirchen verteilt werden können (und dürfen). Liegt vielleicht genau in diesem Punkt das eigentlich Unterscheidende zwischen den Kirchen, d. h. nicht darin, dass die Lutheraner »Rechtfertigung« sagen und die Katholiken »Kirche«, sondern in den unterschiedlichen Konsequenzen, die aus dem *gemeinsam geglaubten* Artikel der Rechtfertigung für Wesen und Auftrag der Kirche gezogen werden[59]?

Die durch die Unterschrift in Augsburg als erstes Dokument des katholisch-lutherischen Dialogs von beiden Kirchen offiziell-»lehramtlich« rezipierte »Gemeinsame Erklärung zur Rechtfertigungslehre« bejaht diese Ausgangsfrage. In der »Gemeinsamen Erklärung« (Nr. 1) heißt es, dass im 16. Jahrhundert die lutherische Reformation und die katholische Theologie und Kirche eine je »anders geprägte Rechtfertigungslehre« vertreten hätten. Strittig war also nicht die biblisch-paulinische Lehre der Rechtfertigung, sondern die daraus zu ziehende Konsequenz. Die »Gemeinsame Erklärung« hat einen Proteststurm durchaus maßgeblicher Vertreter der deutschen lutherischen Theologie hervorgerufen[60]. Der Widerspruch macht deutlich, dass es nicht gelungen ist, das neue theologische Paradigma, das sich in der »Gemeinsamen Erklärung« ausdrückt, ausreichend zu vermitteln, und dass zugleich eine ekklesiologische Gewichtsverschiebung in der lutherischen Kirchengemeinschaft stattzufinden scheint. Bisher waren die theologischen Fakultäten durch Lehrgutachten und Voten gleichsam das oberste Lehramt und nahmen diese Verantwortung auch gegenüber den Synoden wahr. Bei der Zustimmung zur »Gemeinsamen Erklärung« haben lutherische Synoden sich gegen das ausdrückliche Votum ihrer Fakultäten und maßgeblicher lutherischer Theologen gewandt.

4. Phase (seit 1999)

Die vierte Dialogphase, die 1999 begonnen hat, trägt den Titel »Apostolizität der Kirche«. Sie sollte die in Anmerkung 9[61] und Nr. 43[62] der »Gemeinsamen Erklärung« genannten noch offenen Fragen zur Kirche klären. Aus lutherischer Sicht gefragt: Hält das katholische Verständnis von Kirche einer Prüfung vom Rechtfertigungsartikel her stand? Oder werden katholischerseits *zusätzliche* Bedingungen zum Heil gefordert? Aus katholischer Sicht gefragt: Lässt die Rechtfertigung als Kriterium ein Verständnis von Kirche zu, wie es die katholische und die orthodoxe Kirche, aber auch der Kolosser- und der Epheserbrief, die Pastoralbriefe und in einer anderen Perspektive das Matthäusevangelium vertreten? Oder wird durch dieses Kriterium die volle neutestamentliche Wirklichkeit der Kirche eingeschränkt? Die vierte Phase ist vorläufig abgeschlossen durch die Veröffentlichung des Studiendokumentes »Die Apostolizität der Kirche« (2009)[63]. Der Text ist kein Konsensdokument, sondern eine Zwischenbilanz, die noch weitere Klärungen erwarten lässt. Ausdrücklich keine Themen dieser Studien waren die Frage der Ordination von Frauen zum Pfarramt und ihre Ernennung ins Bischofsamt und die Frage des Papstamtes (Jurisdiktionsprimat und Unfehlbarkeit des päpstlichen Lehramtes)[64].

Neben diesem Weltdialog sind drei regionale Dialoge in den USA[65], in Schweden[66] und in Deutschland hervorzuheben. Die Lutheraner in den USA haben sich dabei sogar zu der Aussage durchgerungen, dass in einer wiedervereinigten Kirche ein (erneuertes) Papstamt sehr wohl als *ein* (möglicher) Träger der im NT identifizierbaren »petrinischen Funktion« (d. h. des Dienstes eines einzelnen Amtsträgers an der Einheit der Gesamtkirche) in Betracht gezogen werden könne[67]. Der regionale Dialog in Deutschland, der seit dem ersten Pastoralbesuch Johannes Pauls II. 1981 offiziell initiiert worden ist, kann schon verschiedene Studien vorweisen. Zu nennen sind »Kirchengemeinschaft in Wort und Sakrament« (1984)[68], »Lehrverurteilungen – kirchentrennend?« (1986)[69] und »Communio Sanctorum« (2000)[70].

In »Communio Sanctorum« erklären die lutherischen Theologen, die an der Entstehung der Studie mitgewirkt haben, dass gegen einen gesamtkirchlichen »Petrusdienst« keine (lutherischen) Einwände bestehen, dass ein solcher »Dienst« »in Strukturen kollegialer und synodaler Gesamtverantwortung verpflichtend eingebunden sein« müsse (unter Beachtung der »Eigenständigkeit der regionalen Teilkirchen – einschließlich ihrer konfessionellen Prägung«) und dass sich die »Bindung eines solchen gesamtkirchlichen Petrusdienstes an den Bischof von Rom« (»aus historischen Gründen«) nahelege[71]. Beide Gesprächspartner, d. h. die katholischen *und* die lutherischen Theologen, beteuern als Fazit *gemeinsam*[72]: »Ein universalkirchlicher Dienst an der Einheit und der Wahrheit der Kirche *entspricht dem Wesen und Auftrag der Kirche*, die sich auf lokaler, regionaler und universaler Ebene verwirklicht. Er ist daher grundsätzlich als *sachentsprechend* anzusehen. Dieser Dienst *repräsentiert die gesamte Christenheit* und hat eine pastorale Aufgabe an allen Teilkirchen.«

7. Zielvorstellungen der Ökumene

In der »Kurze(n) Erzählung vom Antichrist« schildert Wladimir Solowjew (1853–1900)[1], wie der Antichrist, nachdem er von der (dem Erzählungsduktus nach evangelischen) Theologischen Fakultät in Tübingen ein Ehrendoktorat erhalten hatte, Repräsentanten der drei großen christlichen Konfessionen unter Führung des katholischen Papstes Petrus II., des orthodoxen Staretz Johannes und des evangelischen Theologieprofessors Ernst Pauli zu einem Ökumenischen Konzil nach Jerusalem beruft, um die Einheit der gesellschaftlich zur Minderheit gewordenen Christen herzustellen. Dies gelingt ihm vordergründig bei der überwiegenden Mehrzahl der Teilnehmer, als er zur Befriedigung der Katholiken den Primat des Papstes, zur Genugtuung der Orthodoxen die unbedingte Gültigkeit der orthodoxen Tradition und unter dem Beifall der meisten evangelischen Theologen das uneingeschränkte Recht zum wissenschaftlichen Studium der Heiligen Schrift als gemeinsame Elemente in der von ihm geeinten Christenheit dekretiert. Die verbleibende geringe Opposition, zu der aber insbesondere Petrus II., Johannes und Ernst Pauli gehören, wird getötet oder in das Exil geschickt. Der neue Papst der Einheitskirche bekennt: »Ich bin ein ebenso wahrhaft orthodoxer und wahrhaft evangelischer Christ wie ich wahrhafter Katholik bin.« Erst ein Aufstand der Juden (!), das unmittelbare Eingreifen Gottes und die Parusie Christi beenden die Herrschaft des Antichrist und stiften die wahre Einheit der Christen. Die Moral dieser uns heute vielleicht skurril anmutenden Fabel des russischen Religionsphilosophen und Dichters, die natürlich in seinen philosophischen und theologischen Grundüberzeugungen und in seiner Biographie wurzelt, lautet: Die Einung der Christenheit infolge gesellschaftlich-staatlichen Drucks als staatlich oder sonstwie autoritativ dekretierte Synthese bisher divergierender Lehr- und Glaubensüberzeugungen wird nicht zuletzt an dem bei Solowjew allerdings durchaus positiv gewerteten Sich-Verweigern der Kirchenleitungen scheitern. Das wirft ein interessantes Schlaglicht auf die Entstehungsgeschichte der ökumenischen Bewegung, weil sowohl der berühmte Aufruf in der Patriarchal- und Synodalenzyklika des Ökumenischen Patriarchates von Konstantinopel »An die Kirchen Christi in der ganzen Welt«[2] (1920) zur Bildung einer »Koinonia tỹn ekklesiỹn« in Analogie zum gerade in Genf gegründeten politischen Völkerbund (»Koinonia tỹn ethnỹn«) (das Wort »koinonia« ist hier ausdrücklich nicht im ekklesiologischen Sinn einer Koinonia der Kirchen in den Sakramenten gemeint) als auch die Gründungsversammlung des »Ökumenischen Rates der Kirchen« (ÖRK) in Amsterdam (1948), die nach der Gründung der »Vereinten Nationen« (UNO) von 1945 einberufen wurde, politische Vorbilder und Initiativen vor Augen hatten. Für Solowjew ist die endgültige Einigung der Christen auch nicht das Resultat einer gemeinsamen erduldeten Minderheiten- oder Verfolgungssituation, sondern eine strikt eschatologische Wirklichkeit.

Wo steht im Augenblick die Ökumene? Die Antwort auf diese Frage fällt nicht leicht angesichts der vielen Ungleichzeitigkeiten in der weltweiten, regionalen und lokalen Ökumene, in den offiziellen ökumenischen Kontakten, Initiativen und Lehrgesprächen und in der Basisökumene vor Ort, in der kirchlich verantworteten Ökumene und in den zahlreichen, vielfach vernetzten Aufbrüchen zu einer praktischen Ökumene, die sich zuweilen einem mehr oder weniger diffusen Ressentiment gegenüber Theologie und Kirchenleitungen verdanken angesichts der behaupteten Stagnation der Ökumene bzw. der vorgeblichen Behinderung des Einheitsstrebens der Basis, die alle Probleme im Grunde schon gelöst habe, aufgrund der angeblichen Halbherzigkeit der kirchenamtlichen Ökumene. Die ausgesprochen emotional und nicht gerade vorbildhaft verlaufene Debatte gerade in Deutschland um die Annahme der »Gemeinsamen Erklärung zur Rechtfertigungslehre« zwischen Katholiken und Lutheranern[3] hat allerdings auch demonstriert, dass in der bisherigen Konsens- und Konvergenzökumene sowohl je inner- als auch zwischenkirchlich Kommunikationsdefizite über die Inhalte, mehr aber noch über die Zielvorgaben der ökumenischen Dialoge bestehen.

Soll die theologische Konsens- und Konvergenzökumene in dieser Situation die ihr zukommende Relevanz wieder erhalten, ist zunächst eine eigentlich schon längst fällige, aber bisher ausgebliebene Verständigung der ökumenischen Partner notwendig. Konrad Raiser, der frühere Generalsekretär des ÖRK, hat 1989 von den

drei »Unschlüssigkeiten« der ökumenischen Bewegung gesprochen[4]. Sie sei sich uneinig über ihre Ziele[5], über die anzuwenden-
den Methoden und über die entscheidenden Subjekte bzw. Träger
der Ökumene. Da nach der klassischen Mahnung »Quidquid agis,
prudenter agas et respice finem« wohl nicht nur mit Jesus Sirach
7,36 der Tod als das Ende jedes menschlichen Bemühens, sondern
überhaupt die Finalität eines bestimmten Tuns das sinnvoll im
Blick zu behaltende Kriterium für die Notwendigkeit konkreter
Schritte sein sollte, ist eine Vergewisserung über mögliche Ziele
der Ökumene anzustreben. Aus dieser Klärung ergeben sich Konsequenzen für die »Methode«. »Das Ziel steht nicht fest und war-
tet; wer einen Weg einschlägt, der nicht schon in seiner Art die Art
des Zieles darstellt, wird es verfehlen, so starr er es im Auge
behielt; das Ziel, das er erreicht, wird nicht anders aussehen als der
Weg, auf dem er es erreichte.«[6] Es geht also zur Klärung um die
deskriptive Darstellung ökumenischer Leitbilder, die in der Regel
ekklesiologischen Grundüberzeugungen entspringen.

7.1 Der Blick ins Neue Testament

Die christlichen (Groß-)Kirchen berufen sich (allerdings in unterschiedlicher Gewichtung) auf die Schrift als die verpflichtende
Grundlage ihres Lehrens und Lebens. Das Problem dabei ist, dass
die Schrift nicht wie ein neutraler Schiedsrichter über den Gegensätzen der einzelnen Traditionen steht, sondern dass der Umgang
mit ihr durch die Voraussetzungen geprägt ist, die in den einzelnen Traditionen gelten. Das lässt sich pars pro toto etwa belegen
durch den Hinweis auf Ernst Käsemanns Rede vom »Kanon im
Kanon« oder auf Karl Rahners These von dem normativen Charakter der »konstitutiven Zeit« der Kirche, d. h. bis zum »Abschluss« der neutestamentlichen Kanonbildung im 4. Jahrhundert.
Zusätzliche Belege für die jeweilige hermeneutische Vorentschei-
dung in der Lektüre der Schrift liefert die Debatte um die Annahme der »Gemeinsamen Erklärung« in reichem Maße. Das
katholisch/lutherische Gespräch in den USA in den 70er-Jahren
des 20. Jahrhunderts hat deshalb zunächst im Blick auf den Primat,
aber auch grundsätzlich, vorgeschlagen, nicht oder wenigstens
nicht zu früh Entwicklungen oder Fragestellungen einer späteren

Zeit anachronistisch in das NT einzutragen, damit nicht das wahre Zeugnis der Schrift verdunkelt werde[7]. Die kritische Funktion der Schrift gegenüber den heute vorfindlichen Christen- und Kirchentümern erweist sich nicht durch die Vorlage präzise ausgeführter Kirchenmodelle. Die im NT durchaus vorhandenen und bedeutsamen ekklesiologischen Ausführungen sind eher prinzipieller Natur und entspringen der Notwendigkeit der frühen christlichen Gemeinden, auf der Basis der im Vergleich zur Ekklesiologie schon weiter fortgeschrittenen christologischen Reflexion ekklesiologische Konsequenzen (aufgrund konkreter Gemeindesituationen) zu ziehen und sich selbst gegenüber dem empirischen Israel definieren zu müssen[8].

Sind diese (Vor-)Überlegungen konsensfähig, dann scheint es mir nicht möglich, die Schriften des NT unübersetzt auf die heutige ökumenische Situation anzuwenden. Damit ist Ernst Käsemanns These, die (unvermittelte) Vielfalt der heute existierenden christlichen Konfessionen sei im NT grundgelegt[9], ebenso fragwürdig, wie der Versuch von Oscar Cullmann, aus der Exegese der paulinischen Charismenlehre in 1 Kor 12,3–11 (im Blick auf christliche Individuen!) geradezu kollektive Geistesgaben an einzelne Kirchen oder Kirchentypen abzuleiten[10]. Mindestens ebenso zu befragen ist dann aber auch die traditionelle katholische Argumentation, die versucht, aus dem unbestrittenen Faktum, dass in den Deuteropaulinen das Thema Kirche zentral diskutiert und zumal im Kolosser- und im Epheserbrief fast eine grundsätzliche »Magna charta« »katholischer« Ekklesiologie entfaltet wird[11], die neutestamentliche Legitimation »katholischer« Kirchlichkeit direkt herzuleiten.

Welche Aussagen zum Thema der »Einheit« finden sich im NT? Das *Wort* »Einheit« begegnet erst in späteren Schriften und wird dort nicht in Verbindung mit »Kirche« verwendet[12]. Eph 4,3 spricht von der »Einheit (henótes) des Geistes«, Eph 4,13 von der »Einheit des Glaubens und der Erkenntnis des Sohnes Gottes«. Der Sache nach wird jedoch die Einheit der Glaubenden vorausgesetzt. Das zeigt sich an der häufigen Verwendung des Zahladjektivs »eins«[13]. Vor allem die neutestamentlichen Briefe warnen vor Rivalitäten und Spaltungen (bzw. Parteiungen) (1 Kor 1,10–13; 3,3f; 12,4–30; Röm 12,3–8; Eph 4,3–6; Jud 19). Die geforderte Einheit wird christologisch und pneumatologisch begründet (vgl. Joh 17,20–23;

Gal 3,27f; Eph 4,4f)[14]. Eph 4,3–6 argumentiert im Rahmen einer Taufkatechese[15]. Der Begriff der Einheit ist allerdings durch eine einflussreiche philosophische Tradition und zumal durch seine Verwendung in der platonischen Philosophie vorgeprägt, die Einheit als Gegenbegriff zu Vielheit versteht. Das Urchristentum (und natürlich auch das NT) »teilt in vollem Maße die gemeinantike Bevorzugung von Einheit und die negative Einschätzung von Vielheit in ihren verschiedenen Manifestationen«[16]. Das ökumenische Gespräch von heute hat, vorbereitet durch die Beiträge der orthodoxen Theologie und die Communio-Ekklesiologie des Vaticanum II, das offizielle anglikanisch/katholische Gespräch (ARCIC I) und die Erklärung »Die Einheit der Kirche als Koinonia: Gabe und Aufgabe« der Vollversammlung des ÖRK in Canberra 1991[17], darauf hingewiesen, dass der Begriff Koinonia bzw. Communio dem neutestamentlichen Zeugnis von der Zusammengehörigkeit der Kirche adäquater sei[18]. Das griechische Substantiv »koinonia« (vom Verbum »koinonein«, teilen, teilnehmen, Anteil haben, etwas gemeinsam haben mit jemandem oder gemeinsam mit jemandem handeln) bezeichnet im Alltagsgriechisch zunächst eine gemeinsame Unternehmung und die daraus resultierende Gemeinsamkeit. Die Zebedäussöhne Jakobus und Johannes waren nach Lk 5,10 »koinoinoi«, also zunächst »Teilhaber«, Mitarbeiter am Fischzug des Simon (Petrus). Apg 2,42 zeichnet das Idealbild der frühen Kirche: »Sie (= die ersten Christen; Anm. W. K.) hielten an der Lehre des Apostel fest und an der Koinonia, am Brechen des Brotes und an den Gebeten.« Vier Elemente der Gemeinschaft werden genannt: die Lehre der Apostel, die Koinonia, das Brotbrechen (wohl das Herrenmahl, das vielleicht mit einem Sättigungsmahl verbunden war) und das Gebet. In der paulinischen Theologie ist die Koinonia eine Gabe (als Anteilhabe an Jesus Christus), die in der Taufe vermittelt und in der Eucharistie jeweils neu aktualisiert wird, *und* zugleich eine Aufgabe des gemeinsamen Zusammenlebens, die gerade eine realisierte Sozialutopie anstrebt. In der Praxis (auf die wohl die Apostelgeschichte anspielt) stellte die Koinonia eine Form der Gütergemeinschaft (und damit einen individuellen Besitzverzicht) dar[19]. Für Paulus ergibt sich aus der Koinonia der Christusglaubenden im Herrenmahl, das selbst die Aktualisierung der von Gott in Christus geschenkten Koinonia in der Taufe ist, *notwendig* die alltägliche Koinonia, die sich manifestiert als »Koinonia des Geistes« (Phil 2,1; vgl. 2 Kor 13,13), als »Koinonia mit den Leiden (Christi)« (Phil 3,10), als »Koinonia des Glaubens« (Phlm 5f) und als »Koinonia in allen Gütern« (in einem Austausch zwischen Katecheten und Katechumenen, der auch materielle Güter einschließt) (Gal 6,6)[20]. In diesem Sinn nennt Paulus die Vereinbarung mit den drei »Säulen« (Jakobus, Kephas und Johannes) in Jerusalem »den Handschlag der Koinonia« (Gal 2,9), die er dann praktisch in der unter den heidenchristlichen Gemeinden veranstalteten Kollekte für die Jerusalemer Gemeinde realisiert sieht (vgl. Gal 2,10; 2 Kor 8f). Obwohl es eher fraglich ist, dass Paulus den Begriff einer institutionell durchorganisierten Gesamtkirche kannte, geben doch seine Briefe Zeugnis nicht nur von der Forderung nach dem inneren Zusammenhalt einer örtlichen »ekklesia«, sondern von dem Bewusstsein der Zusammengehörigkeit und der Solidarität der einzelnen »ekklesiai« miteinander. Allerdings ist bei der heutigen Verwendung des Begriffes »Koinonia« (vor allem wenn er geradezu im Gegensatz zum Begriff der [uniformen] »Einheit« der Kirche eingeführt wird) zu fragen, welches Verständnis von (Kirchen-)Gemeinschaft damit artikuliert werden soll. Im NT sind die Begriffe »Einheit« und »Koinonia«, die nicht einfach synonym gesetzt werden können, miteinander verflochten[21]. Die in der Kirche zu realisierende Einheit ist (wie dies die drei anderen Kirchenattribute der »Heiligkeit«, der »Apostolizität« und der »Katholizität« auf ihre Weise auch sind) jedoch nach Joh 17,21.23 vom Modell der Trinität her Gabe und Aufgabe, Sein und Sendung[22].

7.2 Ekklesiologische Zielvorstellungen

Drei Vorbemerkungen:
1. Das erste Problem in der Darstellung der ökumenischen Zielvorstellungen (Modellen der Einigung) ist die gerade auf diesem Feld weithin herrschende terminologische Unklarheit, die auch schon im offiziellen ökumenischen Dialog registriert worden ist[23]. Neben der Begriffsvielfalt findet sich eine nicht vermittelte Bedeutungsvielfalt. Es wäre ein entscheidender Schritt in der Ökumene, wenn es gelänge, hier eine verbindliche Sprachregelung zu finden. Ein Grund für die bestehende Unklarheit sind die sehr unter-

schiedlichen ekklesiologischen Vorverständnisse, die natürlich die Einigungsmodelle bestimmen. Die Rede von »Schwesterkirchen« z. B. impliziert im katholisch/orthodoxen Dialog andere Eigenschaften des Wesens der beteiligten Kirchen als im katholisch/lutherischen Gespräch, wo von evangelischer Seite aus mit diesem Begriff in der Regel der Gedanke der gegenseitigen Anerkennung gemeint ist, während das katholische Lehramt den Begriff im Blick auf die Kirchen der Reformation ausdrücklich vermeidet[24]. Das gilt auch von den beliebten Begriffen der »versöhnten Verschiedenheit« oder der »Communio«, mit denen in den einzelnen Kirchen sehr unterschiedliche Bedeutungen verbunden werden.

2. In der ökumenischen Bewegung sind seit den ÖRK-Vollversammlungen in New Delhi (1961) und Nairobi (1974) vier »Grunderfordernisse« (basic requirements) für Einheit anerkannt[25]. Einigungsmodelle, die eines oder mehrere dieser Elemente unberücksichtigt lassen, sind deshalb allenfalls Modelle partieller Einigung[26]. Es sind dies »a) Beendigung von Vorurteilen und Feindschaft; Aufhebung von Verurteilungen; b) gemeinsame Teilhabe an einem Glauben; c) gegenseitige Anerkennung von Taufe, Eucharistie und Amt; d) Einigung über Wege zu gemeinsamer Beschlussfassung und gemeinsamem Handeln«[27].

3. Die vier Kirchenattribute des großen Symbolums des Konzils von Konstantinopel I (381)[28], das ein gemeinsames Bekenntnis der christlichen Großkirchen ist, sind ihrem Wesen nach »funktionalkorrelativ« aufeinander bezogen. »Sie bedingen einander und enthalten in sich bereits Aspekte, die von den anderen auszusagen sind. Sie sind also zusammen zu sehen.«[29] Die Einheit der Kirche lässt sich nicht trennen von ihrer Heiligkeit, Katholizität und Apostolizität. Allerdings sind auch diese Kirchenattribute, zumal die beiden letztgenannten, in ihrer inhaltlichen Bestimmung zwischen den Konfessionen strittig[30].

Die vier Kirchenattribute lassen sich folgendermaßen beschreiben:

7.2.1 Einheit

In den ersten vier Kapiteln des 1. Korintherbriefes wendet sich Paulus gegen die verschiedenen »Parteien« in Korinth (1 Kor 1,12): »Ich meine damit, dass jeder von euch etwas anderes sagt: Ich halte zu Paulus – ich zu Apollos – ich zu Kephas – ich zu Christus.« Paulus hat die Gemeinde in Korinth (mit-)gegründet. Apollos ist ein Judenchrist aus Alexandria, der in Rhetorik und Exegese gebildet war (Apg 18,24f). Nach dem Weggang des Paulus hat er in Korinth gewirkt. Eine dritte Gruppe beruft sich auf Kephas (Petrus), von dessen persönlicher Anwesenheit in Korinth wir keine Information haben. Die Christus-»Partei« hat vielleicht die (eigentlich für Christen selbstverständliche) Berufung auf Jesus Christus zu einer Parteiparole verkommen lassen und in Korinth als Kampfmittel eingesetzt. Paulus scheint sie deshalb zu kritisieren. Die Lösung des Paulus liegt auf der Linie der paulinischen Strategie in Antiochia: Gruppenbildungen und Parteien darf es in der christlichen Gemeinde nicht geben; sie zerstören die Christusnachfolge. »Ist denn Christus geteilt?«, fragt Paulus deshalb rhetorisch (1 Kor 1,13; vgl. 3,22).

In Röm 12,4–11 spricht Paulus vom »einen« Geist, vom »einen« Herrn und vom »einen« Gott, die die Kirche inspirieren (Röm 12,4–6): »Es gibt verschiedene Gnadengaben, aber nur den einen Geist. Es gibt verschiedene Dienste, aber nur den einen Herrn. Es gibt verschiedene Kräfte, die wirken, aber nur den einen Gott: Er bewirkt alles in allen.« Der Geist vermittelt die verschiedenen Charismen in der Kirche, die existieren, damit sie »anderen« nützen (Röm 12,7).

Im Johannesevangelium wird die Kirche im Bild des Weinstockes beschrieben (Joh 15,1–8). Der Weinstock ist Jesus Christus (Joh 15,1); die Christen sind ihm eingegliedert und beziehen daraus ihre Funktionsfähigkeit (Joh 15,7): »Wenn ihr in mir bleibt und wenn meine Worte in euch bleiben, dann bittet um alles, was ihr wollt: Ihr werdet es erhalten.« Diese Gemeinschaft hat, wie das sogenannte »hohepriesterliche Gebet« Jesu (Joh 17,1–26) in den Abschiedsreden formuliert, ihr Urbild in der Gemeinschaft Jesu mit dem Vater (Joh 17,11): »Heiliger Vater, bewahre sie in deinem Namen, den du mir gegeben hast, damit sie eins sind wie wir.« Die Einheit ist ein missionarisches Zeichen nicht nur der Jünger des irdischen Jesus, sondern der Kirche (Joh 17,20–23): »Aber ich bitte nicht nur für diese hier, sondern auch für alle, die durch ihr Wort an mich glauben. Alle sollen eins sein: Wie du, Vater, in mir bist und ich in dir bin, sollen auch sie in uns sein, damit die Welt glaubt, dass du mich gesandt hast. Und ich habe ihnen die Herrlichkeit gegeben, die du mir gegeben hast; denn sie sollen eins sein, wie wir eins sind, ich in ihnen und du in mir. So sollen sie vollendet sein in der Einheit, damit die Welt erkennt, dass du mich gesandt hast und die Meinen ebenso geliebt hast wie mich.« Das 4. Kapitel des Epheserbriefes ist eine Mahnung zur Einheit. Eph 4,3–6 nennt sieben Einheitselemente: »Bemüht euch, die Einheit des Geistes zu wahren durch den Frieden, der euch zusammenhält. *Ein* Leib und *ein* Geist, wie euch durch eure Berufung auch *eine* gemeinsame Hoffnung gegeben ist; *ein* Herr, *ein* Glaube, *eine* Taufe, *ein* Gott und Vater aller, der über allem und durch alles und in allem ist.«

Der gemeinsame Nenner dieser neutestamentlichen Aussagen scheint zu sein, dass die Einheit (der Kirche) nicht erst von Menschen herzustellen ist, sondern durch Gottes Heilshandeln in Jesus Christus eigentlich schon besteht. Die Einheit ist damit einerseits eine Gabe Gottes[31]. Für Paulus wird der Glaubende durch die Taufe in einen vorgegebenen »Leib« (Christi) inkorporiert. Für das Johannesevangelium findet die Einheit der Glaubenden (im »Weinstock« Jesu Christi) ihren maßgebenden Referenzpunkt in der Einheit Jesu mit dem Vater. Für den Epheserbrief (Eph 4,3–6 und besonders Eph 4,5f ist wohl traditionsgeschichtlich in der Taufkatechese zu verorten[32]) gründet die Einheit im Versöhnungshandeln Jesu Christi, der die bisherige Feindschaft und Trennung der Menschheit aufgehoben hat (Eph 2,11–22)[33]. Andererseits ist aber die Einheit auch eine Aufgabe, die in der zeichenhaften Darstellung durch die Menschen besteht[34].

Das Bewusstsein von der notwendigen Einheit der Christen zeigt sich im Umkehrschluss schon im NT in den mannigfachen Warnungen vor ihrer Preisgabe. Paulus klagt etwa über »falsche Brüder« (2 Kor 11,26). Die Apostelgeschichte prognostiziert das Auftreten von »Wölfen«, die nach dem Weggang des Paulus die Einheit der Christen zerreißen (Apg 20,29). In den Briefen, die Ignatius von Antiochia zugeschrieben werden, wird als Gegenmittel gegen den Zerfall der Christenheit in einander sich bekämpfende Häresien die Treue zum eigenen Bischof und Klerus und die Eintracht des Klerus (zusammen mit dem Bischof) empfohlen. Das positive Mittel zur Aufrechterhaltung der Einheit sind die »litterae communicatoriae«, die Kommunionbriefe, durch die ein Gemeindeleiter (in der Regel ein Bischof) einem reisenden Gemeindeglied die »Communio«, d. h. vor allem die Zulassung zur Eucharistie, in seiner Heimatgemeinde attestiert und dieselbe »Communio« für dieses Gemeindeglied in anderen Ortskirchen erbittet. Ein wesentliches Element der Einheit der frühen Kirche ist die »Communio« der Bischöfe, die durch die Praxis zum Ausdruck kommt, dass Nachbarbischöfe bei der Weihe eines Ortsbischofs assistieren und dass Bischöfe ihre Kollegen in der Region oder in bedeutenden Bischofssitzen von ihrer Wahl und Weihe informieren. »Die Akzeptanz eines Bischofs durch seine Kollegen ist ein wesentliches Kriterium seiner Legitimität.«[35] Sehr früh schon entsteht in der frühen Kirche ein Verständnis von Einheit, das sich im glaubensmäßigen, liturgischen und praktischen Zusammenhalt ausdrückt. Die Entwicklung der altkirchlichen Glaubensbekenntnisse (»Symbola«) und des Kanons des NT (und auch des christlichen AT), der gemeinsamen Sakramente und des Instituts des Monepiskopats bestärken dieses Einheitsverständnis. Bei Augustinus (in seiner Polemik gegen die Donatisten) manifestiert sich Einheit vor allem als Hinordnung auf und Einordnung in die Gesamtkirche (im Unterschied zu Winkelkirchen, die sich mit ihren regionalen Bezügen begnügen). Grundform von Kirche scheint aber im 1. christlichen Jahrtausend die Ortskirche (= Diözese) zu sein. Im Westen vollzieht sich seit der »Gregorianischen Reform« ein Wandel des Einheitsverständnisses, in dem die Zuordnung auf (und Unterordnung unter) den Papst ein ausdrücklich geforderter Wesensbestandteil wird. Der Protest der Reformation wendet sich demgegenüber von einer sichtbaren Gestalt der Kirche eher einer »geistlichen Einheit« zu. Bemerkenswert bleibt allerdings die Klausel Philipp Melanchthons zu seiner Unterschrift unter die »Schmalkaldischen Artikel«[36]: »Ich Philippus Melanthon halt diese obgestallte Artikel auch für recht und christlich, vom Bapst aber halt ich, so er das Evangelium wollte zulassen, dass ihm umb Friedens und gemeiner Einigkeit willen derjenigen Christen, so auch unter ihm sind und kunftig sein möchten, sein Superiorität über die Bischofe, die er hat *jure humano*, auch von uns zuzulassen (und zu geben) sei.« Dieses Zugeständnis Melanchthons war und ist innerevangelisch umstritten[37]. Nach christlichem Verständnis ist die Einheit (der Kirche) zunächst eine Gabe Gottes (und eine innerliche Realität), die dadurch gewirkt wird, dass Gott den Glauben erweckt, der alle Glaubenden im Bekenntnis zu Jesus Christus vereint. Die Einheit ist in diesem Sinn Gabe und Sein. Nach dem neutestamentlichen Zeugnis (und dem Prinzip der Inkarnation) folgt jedoch aus dieser vorgegebenen Wirklichkeit der Auftrag und die Sendung an die Menschen, diese Einheit auch sichtbar zum Ausdruck zu bringen. Während der Reformationszeit standen diese beiden Prinzipien manchmal etwas unverbunden neben- und gegeneinander, wenn die Reformatoren von einer (nur)»geistlichen Einheit« sprechen, während Bellarmin vor allem die Sichtbarkeit und strukturelle Ausgestaltung der Einheit hervorhebt. Spuren dieses unterschiedlichen Ansatzes sind im ökumenischen Gespräch immer noch nachweisbar:

– Nach katholischer Überzeugung gehören zur Einheit der Kirche sichtbare Strukturen (etwa die drei »Bande« Bellarmins und nicht zuletzt das Papstamt). Das ist kein Gegensatz zur geistgewirkten (und unter Umständen schon bestehenden) Einheit der Glaubenden mit Jesus Christus (und damit untereinander), sondern ihr Ausdruck[38]. Die Einheit zeigt sich im Bekenntnis des einen Glaubens, in der gemeinsamen Feier des Gottesdienstes (in den Sakramenten) und in der gesellschaftlich verfassten Einheit der Kirche (unter der Leitung der Bischöfe, die im Kollegium mit dem Papst als Haupt das dreifache Amt der Lehre, der »Verwaltung« der Sakramente und der Leitung [vgl. UR 2] ausüben). Damit ist nicht notwendigerweise ein uniformes (zentralistisch auf Rom hin orientiertes) Kirchenbild verbunden. »Unterhalb« der als wesentlich angesehenen sichtbaren Strukturen ist (mindestens theoretisch) eine Vielzahl praktischer Formen kirchlichen Lebens vorstellbar. Es wird manchmal übersehen, dass in der katholischen Kirche in der Gestalt der »unierten« Kirchen durchaus eigenständige Gemeinschaften (mit eigenen Traditionen der Liturgie und der Disziplin und einem eigenen Kirchenrecht) bestehen. Auch das Verhältnis zwischen Papst und Bischöfen ist nicht im Sinn einer päpstlichen Alleinherrschaft zu verstehen. Zumindest böte das neutestamentliche Einheitsmodell der »Koinonia« (Communio) Anknüpfungspunkte für praktische Entwürfe einer Einheit in Vielfalt.

– Im evangelischen Denken scheinen demgegenüber eher Auffassungen konsensfähig zu sein, die sichtbare Einheitsstrukturen relativieren (und unter Umständen grundsätzlich in Frage stellen). Man hat in diesem Zusammenhang manchmal von einem

»ekklesiologischen Platonismus« gesprochen[39]: Die »eine« Kirche des Glaubensbekenntnisses ist wesentlich unsichtbar und realisiert sich in unterschiedlichen Kirchen und vielerlei Formen der Struktur und der Kirchenleitung. Manche evangelische Stimmen beschreiben die real existierende (und organisatorisch unvermittelte) Vielheit der christlichen Kirchen deshalb nicht als Manko, sondern als bleibende Realität dieser Weltwirklichkeit, die allenfalls eschatologisch in einer Einheit zusammenfindet. Zu nennen sind hier etwa Ulrich H. J. Körtner[40], der sich auf Peter L. Berger beruft[41] und damit seine These in ein postmodernes Wahrheitsverständnis verortet, aber auch Jean-Louis Leuba, Konrad Raiser, Oscar Cullmann und Eilert Herms[42].

7.2.2 Heiligkeit

Das Adjektiv »heilig« ist das älteste Kirchenattribut des Glaubensbekenntnisses. Es findet sich bereits seit dem 2. Jahrhundert in Credo-Formeln[43]. In manchen frühen Glaubensbekenntnissen ist es die einzige Beschreibung der Kirche (»Ich glaube an die heilige Kirche«)[44]. In einem Taufbekenntnis, das Ende des 4. Jahrhunderts verfasst wird, begegnet zum ersten Mal die Formel: »Ich glaube an den Heiligen Geist, die heilige katholische Kirche, die Gemeinschaft der Heiligen …«[45] Der Begriff »heilig« hat in der jüdisch-christlichen Tradition eine eigene Bedeutung, die nicht immer mit der umgangssprachlichen (und religionswissenschaftlichen) Verwendung des Wortes vermittelt werden kann. Der (ursprünglich evangelische Theologe und) Religionswissenschaftler Rudolf Otto, ein Schüler Friedrich Schleiermachers, bestimmt phänomenologisch als den Inhalt aller Religionen »das Heilige«[46]. In der späteren Fortführung der Diskussion vermeidet er aus einem evangelischen Ressentiment gegen Ethisierungen in der Religion das ethisch »vorbelastete« Wort »das Heilige« und spricht lieber vom »Numinosen«. Otto bestimmt als Momente des »Numinosen« das »tremendum« (= das Schauervolle), zu dem auch die Aspekte des Majestätischen, des rastlos Tätigen und des Mysteriums gehören, und das »fascinans« (= das Anziehende, Faszinierende). Der Inhalt aller Religionen ist also für ihn ein »mysterium tremendum« und »fascinans« zur gleichen Zeit, ein schauervolles und ebenso faszinierendes Geheimnis. Es graut mir vor ihm und doch drängt es mich zu ihm hin. Diesem »Numinosem« bzw. »Heiligem« stellt er das »Profane« gegenüber. »Fanum« heißt im Lateinischen der heilige Bereich oder der Tempel; »pro-fanum« ist dann der Bereich vor dem Tempel. Otto sagt nun, dass alle Religionen und auch das Christentum diese Unterscheidung zwischen »Numinosem« bzw. »Heiligem« (heiligen Orten, Zeiten, Personen usw.) und »Profanem« (profanen Orten, Zeiten, Personen usw.) treffen. Das hat aber die Folge, dass es nun zwei Bereiche gibt, nämlich ein Bereich, wo das »Numinos«-Transzendente erscheint, und ein weiterer Bereich, wo es dies nicht (mehr) tut[47].

»Heiligkeit« ist im AT eine Wesenseigenschaft Jahwes, dessen Name »heilig« ist (Lev 20,3). Das unterscheidet eben Gott und Mensch (Hos 11,9): »Denn ich bin Gott, nicht ein Mensch, der Heilige in deiner Mitte.« Im AT ist Gott das Subjekt der Heiligkeit, deren Begriff konsequent personal verstanden ist. Ein Beispiel dafür bietet etwa die Berufungsvision Jesajas, in der Gott als (dreimal) »heilig« qualifiziert wird (Jes 6,3), während sich der Prophet im Angesicht der »Heiligkeit« Gottes als sündiger Mensch erfährt (Jes 6,5). »Heiliger Israels« ist bei Jesaja eine für den Propheten typische Gottesprädikation (Jes 1,4; 5,19.24; 10,24). Aus der »Heiligkeit« Gottes ergibt sich die Forderung an das Volk, das er auserwählt hat (Lev 19,1; vgl. 20,26; 21,8): »Seid heilig, denn ich, der Herr, euer Gott bin heilig.« Der Appell zur Heiligkeit gilt trotz der (zumal bei den Propheten bezeugten) steten Geschichte des Scheiterns vor diesem Anspruch. Die Heiligung ergreift den rituell-kultischen (der Mensch heiligt sich durch Besprengungen, Salbungen, Waschungen: Ex 19,10; 40,9–15; Lev 8,12; 22,6) und den religiös-ethischen Bereich (Heiligung geschieht durch Furcht und Zittern oder durch Vertrauen und Gehorsam: Num 20,12; 27,14; Dtn 32,51; Jes 8,13; 9,23). Die Initiative zur Heiligung liegt bei Gott: Er heiligt besonders den Sabbat (Gen 2,3; Ex 20,11), der deshalb vom Menschen geheiligt werden soll (Ex 20,8).

Das NT setzt die alttestamentliche Heiligkeitsvorstellung voraus. Gottes Heiligkeit, die ihn von den Menschen unterscheidet, ist der Referenzrahmen (und sogar Maßstab) jeder menschlichen Reaktion. Die alttestamentliche Mahnung zur Heiligkeit (weil Gott heilig ist) findet sich der Sache nach an zentraler Stelle in der Bergpredigt (Mt 5,48): »Ihr sollt also vollkommen sein, wie es auch euer himmlischer Vater ist.« Die Vaterunserbitte um die Heiligung des Namens Gottes artikuliert den Wunsch, dass er sich als Gott bekunden möge. Kennzeichnend für das NT ist der Titel »der Heilige Gottes« (Mk 1,24; Lk 4,34; Joh 6,69) als messianisches Prädikat Jesu. Der »heilige Vater« (so die Gottesrede Jesu in Joh 17,11) hat ihn »geheiligt«, als er ihn in die Welt gesandt hat (Joh 10,36).

Auch im NT ergibt sich aus der vorgegebenen Heiligkeit Gottes (und Jesu Christi) der Aufruf zu einer entsprechenden menschlichen Reaktion. Jesus Christus ist »für uns« von Gott zur »Heiligung« gemacht worden (1 Kor 1,30; vgl. Kol 1,22). Er ist also der Grund (und Ort) menschlicher Heiligkeit. Paulus spricht die Christen der verschiedenen Adressatengemeinden, die »in Christus Jesus« sind, als »berufene Heilige« an (Röm 1,7; 1 Kor 1,2; 2 Kor 1,1). Bei Paulus und in der Paulusschule ist die Formel »die Heiligen (die an Christus glauben)« ein Titel der Christen (Röm 8,27; 16,2; 1 Kor 14,33; Phlm 5,7; Eph 1,15; 3,18; 4,12; 5,3; 6,18; Kol 1,4; 1 Tim 5,10; Hebr 3,1). Nach der Auffassung des Paulus wird das Heiligsein der Christen durch die Taufe bewirkt (1 Kor 6,11; vgl. Eph 5,26). Damit sind die Christen durch Gottes Handeln (1 Thess 5,23) in eine neue Wirklichkeit versetzt worden. Diese neue Realität (bei Paulus und in der Paulusschule beschrieben als »Leib [Christi]«, »Haus [Gottes]«, »heiliger Tempel« oder »heiliges Volk«), in der Gott durch Jesus Christus und seinen Geist (»Pneuma«) die Menschen heilig macht (und sie in dieser Heiligkeit auch erhält) (1 Kor 6,11; Eph 1,13; 4,30), ist aber auch der Bewährungsort eines menschlichen Handelns, das die Gabe Gottes als einen sittlichen Auftrag interpretiert (im Imperativ: »Seid heilig, wie ich heilig bin …«). Die Mahnung zu einem Handeln, das der göttlichen Berufung entspricht, findet sich bei Paulus (2 Kor 7,1; 1 Thess 4,3) und sehr ausgeprägt im 1. Petrusbrief, der Lev 19,2 zitiert, um den Imperativ christlichen Handelns einzuschärfen (1 Petr 1,15f). Die Gabe wird zur Aufgabe, das Sein zur Sendung (1 Petr 2,5: »Lasst euch als lebendige Steine zu einem geistigen Haus aufbauen, zu einer heiligen Priesterschaft, *um* durch Jesus Christus *geistige Opfer darzubringen*, die Gott gefallen«; 2,9: »Ihr aber seid ein auserwähltes Geschlecht, eine königliche Priesterschaft, ein heiliger Stamm, ein Volk, das sein besonderes Eigentum wurde, *damit ihr die großen Taten dessen verkündet*, der euch aus der Finsternis in sein wunderbares Licht gerufen hat«). Die Titel der Kirche in 1 Petr 2,9, die allesamt alttestamentliche Privilegien Israels beschreiben, machen allerdings auch auf die schon alttestamentlich geschilderte Gefährdung dieses Auftrags aufmerksam: Die »berufenen Heiligen« können eben auch versagen.

Speziell in Korinth kämpft Paulus gegen ein Missverständnis des Evangeliums, das die indikativische Heils- und Heiligungszusage als Freibrief für Permissivität und Indifferenz gegenüber sittlichem Fehlverhalten pervertiert. Der Apostel fordert die Gemeinde auf, ein bestimmtes ethisches Fehlverhalten nicht zu tolerieren und die Betreffenden aus der Gemeinschaft auszuschließen (zu »exkommunizieren«) (1 Kor 5,1–6.11). Die frühe Kirchenordnung der »Traditio Apostolica« schloss Menschen von der Taufe aus, die bestimmte Berufe, die mit Götzendienst oder heidnischer Mythologie oder mit staatlich oder gesellschaftlich (Gladiator!) tolerierter Gewaltanwendung verbunden waren, ausübten (und nicht bereit waren, diese aufzugeben), oder die ein nach christlichem Verständnis nicht akzeptierbares ethisches Fehlverhalten (als Prostituierte oder Strichjungen und als Konkubinen bzw. Männer, die sich Konkubinen halten)[48] an den Tag legten. Man kann die Frage stellen, ob diese Vorschriften auch ebenso rigoros urgiert wurden. Im Falle des Lehrers, der Kinder (in der heidnischen Mythologie) zu unterrichten hat, kennt die »Traditio Apostolica« Ausnahmen[49]. Tertullian, der in etwa ein Zeitgenosse der »Traditio Apostolica« gewesen ist, ist bereit, Taufbewerber, die schon im Militärdienst stehen, zu tolerieren[50]. Trotzdem galt in der frühen Kirche das (schon bei Paulus nachweisbare) Taufverständnis: Die Taufe war der Eintritt in eine neue gesellschaftlich anders konstituierte Wirklichkeit, die als Abkehr von bisherigen selbstverständlichen Verhaltensweisen interpretiert wurde. Die »Traditio Apostolica« überliefert, dass die Taufbewerber (Katechumenen) in der Regel drei Jahre lang unterwiesen wurden[51]. Der Empfang der Taufe wurde – wie die noch heute übliche Exorzismusformel belegt – als Abwendung vom Teufel (und von den Dämonen) und von dem Bereich der Finsternis (Westen) und als Hinwendung zu Jesus Christus und zum Licht (Osten) und als Neugeburt gefeiert. Erst allmählich sah sich die frühe Kirche in der Lage, Menschen, die nach dem Empfang der Taufe eine schwere Sünde (Ehebruch, Tötung eines Menschen) begangen hatten, noch einmal die Chance einer zweiten Versöhnung mit Christus und der Kirche anzubieten. Ab dem 2. Jahrhundert entstand (nicht ohne Widerspruch etwa der später so genannten »Montanisten«) ein kirchliches Bußinstitut (mit dem öffentlichen Bekenntnis der Sünde, dem öffentlichen Bußwerk, während dessen der Sünder aus der gottesdienstlichen Gemeinde exkommuniziert war, und der Versöhnung, die als Restitution der christlichen Würde gedeutet wurde). Im Streit mit den nordafrikanischen Donatisten, die eine Kirche der wirklich reinen Christen, die sich von der Welt abgrenzen und in absoluter Identifikation mit dem erhöhten Christus leben sollten, forderten (und etwa die Gültigkeit der von einem Bischof gespendeten Sakramente von seinem persönlich untadeligen Leben abhängig machten) entwickelte Augustinus von Hippo (354–430) die Idee der »ecclesia mixta« (unter Berufung auf Mt 13,24–40.47–50). Nach der Auffassung des Augustinus will Gott in der Tat eine reine und makellose Kirche. Sie existiere als »civitas Die« bereits jetzt im Himmel. An diesem »Gottesstaat« erlangen Christen Anteil, wenn sie »dem Verdienst nach« (de merito) der Kirche angehören. Allerdings gebe es auch Christen, die der Kirche »der Zahl nach« (de numero) angehören. Sie seien Glieder der irdischen Kirche (»ecclesia qualis nunc est«), nicht der himmlischen Gemeinschaft. Jesus Christus sei aufgrund der Inkarnation zum »Haupt der irdischen Kirche« (»caput ecclesiae, quae in hominibus est«) geworden. Deshalb habe die irdische Kirche eine Dynamik zum himmlischen »Gottesstaat«, die in ihrem sakramentalen Handeln wirksam werde, in dem Christus selbst an den Menschen wirke. Unabhängig von der sittlichen Stellung des Sakramentenspenders vermittle also die (irdische) Kirche echtes, von Gott stammendes Heil. Für Augustinus hat die Kirche ihr Ziel noch nicht erreicht. Erst mit der (eschatologischen) Parusie Christi werde der »Gottesstaat« vollendet. Bis dahin plädiert Augustinus für realistische Geduld angesichts des Versagens der Kirchenglieder. Die Suche nach einer Kirche der »Reinen« mit hohen ethischen Anforderungen an die Glieder (im Sinne der »Sekte« von Troeltsch) manifestiert sich etwa in den Bewegungen der Katharer (vom griechischen Adjektiv »katharoi«, die »Reinen«, »Unbefleckten«; das deutsche Wort Ketzer leitet sich davon ab) und Waldenser im 12. und 13. Jahrhundert, in manchen Gruppen auf dem »linken« Flügel der Reformation im 16. Jahrhundert und in den Jahrhunderten danach in verschiedenen »dissentierenden« Reaktionen (»Dissenters«) gegenüber den verfassten Kirchen vor allem im angelsächsischen Kulturkreis. Vielfach ist die treibende Moti-

vation die Kritik an der vorgeblichen Laxheit und Weltverfallen-
heit der christlichen (Groß-)Kirchen, denen bisweilen das Christ-
und Kirchesein abgesprochen wird. Eine großkirchliche Antwort
war das Mönchtum (Antonius der Große [251/252–357], Pacho-
mius der Ältere [um 287–347]) und das Ordenswesen, das sich in
den Bettelorden des 13. Jahrhunderts noch einmal radikalisierte.
In der reformatorischen Theologie hat vor allem Johannes Calvin
(1509–1564) in seiner Kirchenordnung »Ordonnances ecclésiasti-
ques« (überreicht 1537, zweite Fassung 1541), die für Vergehen die
Exkommunikation vom monatlich gefeierten Abendmahl oder
drastischere Maßnahmen vorsah[52], großen Wert auf die gemeind-
liche Disziplin (und damit auf ein christlich-sittlich überprüfbares
Leben der Christen) gelegt.

Die augustinische Unterscheidung zwischen einer (in dieser
menschlichen Wirklichkeit existierenden) sichtbaren Kirche, die
eine sehr »durchmischte« (als »corpus permixtum«) Größe aus
Sündern und heiligmäßig lebenden Glaubenden ist, und dem
jenseitigen »Gottesstaat«, der die Sünder nicht einschließt, findet
einen Reflex in der Ekklesiologie Luthers und Melanchthons. Die
von Augustinus diagnostizierte Differenz von »sichtbarer« (ecclesia visibilis) und »unsichtbarer« Kirche (ecclesia invisibilis), die
durchaus auch von Luther verwendet wird, kann in einem (neu-)
platonischen (und donatistischen) Sinn missverstanden werden,
dass zur »eigentlichen« Kirche nur die »Heiligen« (und eben nicht
die Sünder) gehören. Die (altgläubigen) Konfutatoren der »Confessio Augustana« auf dem Augsburger Reichstag haben genau
diese Interpretation CA 7 (»Es wird auch gelehrt, dass alle Zeit
musse ein heilige christliche Kirche sein und bleiben, welche ist die
Versammlung aller Glaubigen …«; lateinisch: »congregatio sanctorum«)[53] unterstellt[54]. Melanchthon wehrt sich in der Apologie der
»Confessio Augustana« gegen dieses Urteil. Er beruft sich auf die
Aussage in CA 8[55], derzufolge die Kirche zwar »eigentlich« (proprie) die Versammlung der Heiligen und wahrhaft Glaubenden
(congregatio sanctorum et vere credentium) sei, aber trotzdem in
der realen Wirklichkeit dieser Welt Heuchler und »Böse« einschließe
(und die von der Kirche gespendeten Sakramente auch dann wirksam seien, wenn sie von unwürdigen Amtsträgern gespendet werden)[56]. Trotzdem bleibt die Frage, wie sich die »eigentliche« Kirche
(»ecclesia proprie vel stricte dicta«) (als »Versammlung der Heili-

gen und wahrhaft Glaubenden«) und die real existierende Kirche (»ecclesia late dicta«), der auch die Sünder angehören, zueinander verhalten. Luther hat (unter Zustimmung wenigstens des frühen Melanchthon) zunehmend die Redeweise von der »Verborgenheit der wahren Kirche« favorisiert[57]. Nach der Ekklesiologie der Apologie der »Confessio Augustana« zeigt sich die »wahre« Kirche in »erster Linie« (principaliter) als ein Bund des Glaubens und des Heiligen Geistes »in den Herzen«, aber sie besitzt durchaus auch »äußere notae«, nämlich die »reine Lehre des Evangeliums und die Verwaltung der Sakramente gemäß dem Evangelium Christi«[58].

Im Kirchenverständnis der Reformatoren ist die Kirche zwar in ihrer geschichtlichen Realität verborgen, aber sie ist deshalb keine unsichtbare Größe (als »platonische Idee«), die in der Welt nicht aufweisbar in Erscheinung tritt. Sie ist verwiesen auf die »äußeren« Kennzeichen des Glaubensbekenntnisses und der Sakramente. Das objektive (amtliche) Handeln in der Gestalt ihrer Amtsträger (unabhängig von ihrer persönlichen Würdigkeit) ist allerdings für die Reformatoren kein Kennzeichen der Kirche[59].

In der Reformationszeit haben die katholischen Theologen demgegenüber *zusätzlich* das Wirken der Amtsträger als ein weiteres äußerliches Kennzeichen der Kirche genannt. Augustinus hatte das sakramentale Handeln der Kirche (zumal in ihren Amtsträgern und unabhängig von der persönlichen Würdigkeit dieser Menschen) als Ausdruck des Geistwirkens Jesu Christi dargestellt. Dazu gehören nach Augustinus der Sakramentendienst *und* – wie seine eigene Bischofstätigkeit in den großen Kontroversen mit den Donatisten und mit Pelagius belegen – die Lehrtätigkeit. Die Gefahr der Sündenverfallenheit und der menschlich-begrenzten Perspektivität droht nach katholischem Verständnis durchaus auch dem offiziell-authentischen (lehramtlichen) Sprechen der Kirche (etwa in Dogmen). Der Papst ist in seinem Handeln nicht »unfehlbar« in einem intellektuellen oder moralischen Sinn. Die »Unfehlbarkeit« (ein besseres Wort, das die gemeinte Sache adäquater ausdrückt, ist vielleicht »Letztverbindlichkeit«) des päpstlichen Lehramtes, die vom Dogma sehr strikten Beschränkungen unterworfen ist, schließt auch nicht aus, dass dogmatische Aussagen in einer zu triumphalistischen, unnötig verletzenden oder missverständlichen Sprache artikuliert werden. Das bedeutet aber nicht, dass derartige Aussagen keine letztverbindliche Wahrheit enthalten[60]. Insgesamt lässt sich das Beharren des katholischen Lehramtes auf dem unverfügbaren objektiven Gegenüber der Kirche (und der Lehre) – bei allen zugleich vorhandenen »Strukturen« der Sünde (auch in der katholischen Kirche), von denen die Enzyklika »Ut unum sint« spricht[61] – gegenüber jeder subjektiven Rezeption (mit der Gefahr der subjektivistischen Beliebigkeit) als Hinweis auf den fordernden und vom Menschen nicht verhandelbaren und auch nicht bestimmbaren Anspruch des Evangeliums verstehen, der den Menschen (der ihn sich natürlich aneignen muss, aber in dieser Aneignung nicht über ihn verfügt) von »außen« (extra nos) entgegentritt und ihn deswegen verwandeln kann. Dietrich Bonhoeffer (1906–1945) hat genau aus diesem Grund in seinem Buch »Nachfolge« (1937), das seine Vorlesungen vor den Kandidaten des Predigerseminars in Finkenwalde enthält, den Widerspruch gegen jede christliche Ethik formuliert, die die Gebote Jesu kleinredet (oder sie im Sinne etwa Adolf von Harnacks der freien Wahl und Interpretation des Einzelnen überlässt). Im Grunde handelt es sich in dieser Sammlung um die Auslegung der Bergpredigt, in der es immer um das Halten des Gebotes und gegen das Ausweichen vor seinem Anspruch geht. Das Buch beginnt mit der Absage an die »billige Gnade« (»Billige Gnade ist der Todfeind unserer Kirche«[62]) und fordert das Bekenntnis zur »teuren Gnade«, die den Menschen (in Bindung an und in Konzentration auf die Gestalt Jesu) zum aktiven Handeln in der Nachfolge, die stets eine Form der Gemeinschaft impliziert, ruft. Im (evangelischen) Kirchenkampf, der 1933 begann, stellte Bonhoeffer die Frage: Wo ist die Kirche (Gottes) anzutreffen? Der Hinweis auf eine unsichtbare oder verborgene Kirche kam für ihn nicht in Frage. Es standen sich die Kirche der sogenannten »Deutschen Christen« von Hitlers Gnaden und die »Bekennende Kirche« gegenüber. Bonhoeffer sah allein in der »Bekennenden Kirche« die rechtmäßige Kirche Jesu Christi. Er lehnte jedes Zugeständnis ab: Wer in einen Zug eingestiegen ist, der in die falsche Richtung fährt, dem hilft es auch nichts, wenn er innerhalb des Zuges in die entgegengesetzte Richtung läuft. Es geht, so stellt er es dar, um das Heil. Wer in der Kirche der »Deutschen Christen« den Weg der Nachfolge suche, verwirke auf ewig das Heil[63]. Der Rückzug in eine ideale Christusgemeinschaft außerhalb sichtbarer Strukturen war für Bonhoeffer eine Illusion.

Der Begriff »heilig« ist nach christlichem Verständnis, das wiederum in der Selbsterfahrung und -beschreibung des auserwählten Volkes Israel gründet, in der Initiative Gottes grundgelegt. »Heilig« ist in der geschöpflichen Wirklichkeit nur das, was von Gottes Geist angeleitet und mit einer besonderen Verheißung versehen ist. Wenn die Kirche schon in den Glaubensbekenntnissen seit dem 2. Jahrhundert als »heilig« apostrophiert wird, ist allein diese Gabe (bzw. diese Selbstzuwendung) Gottes gemeint. Zugleich ist es ebenso eine allgemeine christliche Überzeugung, dass die Macht des Bösen und die Sünde, obwohl beide eigentlich von Jesus Christus überwunden sind und die Kirche nie zerstören können, immer noch in der Kirche am Werke sind. Genauer: Auch in der Kirche gibt es Sünde und Sünder bzw. Sünderinnen. Tendenziell scheint in der evangelischen Theologie eher der Gedanke vorzuherrschen, dass die Kirche (ähnlich wie der gerechtfertigte Mensch »gerecht und Sünder zugleich« [simul iustus et peccator] ist) immer beide Eigenschaften, als »heilige« *und* »sündige«, an sich trage. Die katholische (wie auch die orthodoxe) Theologie neigt eher dazu, »Heiligkeit« und »Sünde« unterschiedlichen Dimensionen in der Kirche zuzuordnen[64]: »Heilig ist die Kirche in ihren von Gott gewirkten Aspekten, in ihrer Institution, in ihren Sakramenten, ihrer Lehre, ihren Heiligen und Märtyrern. Sünde gibt es in der Kirche nur als Sünde ihrer Glieder.« In der ersten Position wird die Heiligkeit (oder Makellosigkeit) der Kirche erst in einer eschatologischen Zukunft erwartet oder in einer spiritualistischen Innerlichkeit verortet. In der zweiten Position wird sie auf institutionell-sakramentale Vollzüge und herausragende Menschen reduziert. Die Kirchenkonstitution »Lumen Gentium« hat auf zwei Grunddimensionen der Kirche hingewiesen: Auf der einen Seite ist sie aufgrund des Christusgeschehens (das sich in der Taufe konkretisiert) der Ort, in dem sich Gott in liebender, erlösender, reinigender und vergebender Form ein »heiliges« Volk erwählt (und ausgegrenzt) hat. Für diese Gabe dankt die Kirche in der Liturgie. Auf der anderen Seite ist dieser Bereich nicht von der Weltwirklichkeit getrennt, zu der es mannigfache Bezüge gibt. Die Kirche besteht aus Menschen, die immer auch von der Sünde bedroht sind. Sie kann nicht von ihren Gliedern abstrahiert werden. Die Sünde der Menschen ist aber nicht nur ein individueller geistiger Akt, sondern hat stets eine gesellschaftlich-kollektive Dimension. Damit ist nicht nur das Individuum, sondern auch die Kirche immer der Umkehr bedürftig (»ecclesia semper reformanda«)[65]. Der zweite Grundakt der Kirche (neben dem Lob und Dank für die Erwählung) ist deshalb das Bekenntnis der Sünden. Das Sündenbekenntnis, das Schuldbekenntnis und die Vergebungsbitte implizieren das Wissen um die eigene Sünde (und Sündenverfallenheit), aber auch die Bereitschaft zu Umkehr und Buße und zu neuem (dem Evangelium entsprechenden) Handeln. Das Bekenntnis zur »Heiligkeit« (der Kirche) ist also Dank für Gottes Gabe und Mahnung zu Umkehr. Die Kirchenkonstitution formuliert das so (LG 8,3): »Während aber Christus heilig, schuldlos, unbefleckt war (Hebr 7,26) und Sünde nicht kannte (2 Kor 5,21), sondern allein die Sünden des Volkes zu sühnen gekommen ist (vgl. Hebr 2,17), umfasst die Kirche Sünder in ihrem eigenen Schoße. Sie ist zugleich heilig und stets der Reinigung bedürftig, sie geht immerfort den Weg der Buße und Erneuerung.«

Dieser Zusammenhang von Gabe Gottes (die Kirche ist »heilig« aufgrund des Christusgeschehens) und Aufruf an den Menschen, diese »Heiligkeit« anzustreben, findet sich in 2 Kor 11,2f (Paulus will die Gemeinde als »reine Jungfrau« Christus zuführen, aber er befürchtet einen Misserfolg) und Eph 5,27f (Christus will die Kirche »ohne Flecken, Falten oder andere Fehler«, *darum* sollen Christen bestimmte Aufgaben erfüllen). Er ist auch deutlich beschrieben in einem Brief des Bischofs Nicetas von Remesiana (gestorben nach 414), der der älteste Zeuge der Formel »Gemeinschaft der Heiligen« (communio sanctorum) ist[66]: »Was ist die Kirche anderes als die Versammlung *(congregatio)* aller Heiligen? Denn vom Beginn der Welt an sind die Patriarchen Abraham und Isaak und Jakob wie die Propheten und Apostel und Märtyrer oder die übrigen Gerechten, die waren und sind und sein werden, die eine Kirche. Weil sie durch den einen Glauben und Wandel geheiligt sind, mit einem Geist gezeichnet, sind sie zu einem Leib gemacht. Dass das Haupt dieses Leibes Christus ist, wird überliefert und steht geschrieben. Ich sage mehr dazu: Auch die Engel, auch die Kräfte und die himmlischen Mächte sind in dieser einen Kirche zusammengeschlossen. Der Apostel hat uns gelehrt, dass ›in Christus alle versöhnt sind, nicht allein, die auf Erden sind, sondern auch die im Himmel‹ (Kol 1,20). Du glaubst also, dass du in dieser Kirche die *communionem sanctorum* (Übersetzungsvariante 1: Anteilhabe am Heiligen bzw. an den heiligen Gaben; Übersetzungsvariante 2: Anteilhabe an den Heiligen; Anm. W.K.) erlangen wirst. Wisse also, dass es diese eine katholische Kirche ist, die auf dem ganzen Erdball gestiftet ist, deren Gemeinschaft *(communio)* du fest zu bewahren hast.«

Die irdische Kirche ist in der Sicht des Nicetas quasi nach »oben« offen; die einzelnen Individuen, die ihr eingegliedert sind, haben »Anteil« an den heiligen Gaben und sind auf dem Weg, »heilig« zu werden (d.h. sie sind es in dieser Weltzeit eben noch nicht). Die Spannung zwischen dem Anspruch auf (auch sittliche) Heiligkeit und der Erfahrung des faktischen Scheiterns und Versagens der Kirchenglieder schlägt sich nieder in der polemischen Formel der Kirche als Dirne bzw. Hure (die schon im Hoseabuch im Blick auf Israel erscheint), die in der Patristik geprägt wird, auch bei den Katharern und Albigensern eine Rolle spielt und noch bei Girolamo Savonarola (1452–1498) im 15. Jahrhundert angewendet wird[67]. Im Grunde liegt bei den patristischen Theologen, die diese Metapher verwenden, ein doppeltes Motiv vor: Zum einen soll das Bild (paulinisch-rechtfertigungstheologisch) die bleibende Angewiesenheit der Kirche (auf ihrem Weg der Heiligkeit) auf Gottes Gnade und Treue in Jesus Christus artikulieren. Auf der anderen Seite verleiht diese Überzeugung, dass das göttliche Erbarmen (und nicht das perfekte Handeln der menschlichen Glieder) die Kirche trägt, die Fähigkeit zu schonungsloser Selbstkritik (geradezu im Sinne einer echten »nota ecclesiae«)[68].

7.2.3 Katholizität

Das griechische Wort »katholikos«, gebildet von der adverbialen Form »kat-holou« (von dem Neutrum »to holon«, das Ganze), bezeichnet die Ganzheit, Fülle, Vollständigkeit[69]. Es meint eine eher organische Fülle (im Unterschied etwa zu »pas«, das im Griechischen Ganzheit in einem summativen Sinn beschreibt). In der außerchristlichen Antike war der »Katholikos« etwa der Steuereinnehmer, der die für die Allgemeinheit bestimmten Steuern (im Unterschied zu den kaiserlichen Privatsteuern) einzieht. Im Lateinischen begegnet das Fremdwort »catholica« als Bezeichnung des Universums[70]. Justin der Märtyrer[71] nennt die allgemeine (zweite) Auferstehung die »katholische« Auferstehung. Klemens von Alexandria[72] bezeichnet das Aposteldekret Apg 15,22–29 als den »katholischen« Brief aller Apostel. Der Sammelbegriff »Katholische Briefe«, der seit dem 2. Jahrhundert nachweisbar ist, gilt für die neutestamentlichen Schreiben, deren Adressat die Gesamtheit (und Gemeinschaft) der Christen ist. Der Begriff »katholisch« wird nicht im NT, aber bereits bei Ignatius von Antiochia auf die Kirche bezogen[73]: »Wo der Bischof sich zeigt, da soll sein Volk sein, wie da, wo Jesus Christus ist, die katholische Kirche ist.« In der Sache repräsentiert der Begriff »katholisch« die urchristliche (und biblische) Überzeugung, dass in Jesus Christus der *gesamten* Menschheit die *Fülle* des Heils (Kol 2,9f; Joh 1,16) geoffenbart und das Volk Gottes aus Juden und Heiden begründet sei (Eph 2,11–22). Das Matthäusevangelium überliefert den Missionsbefehl, der an *alle* Völker gerichtet ist (Mt 28,19f). Augustinus hat dann in Auseinandersetzung mit schismatischen Gruppen (Donatisten) den geographischen Aspekt hervorgehoben. »Katholisch« ist die Kirche, die sich in Einheit universal ausgebreitet hat[74]. Zusätzlich argumentiert Augustinus, die Glaubensgewissheit sei durch die kirchliche Lehre, die von der katholischen Kirche autorisiert sei, begründet (»Ich würde aber dem Evangelium nicht glauben, wenn mich nicht die Autorität der katholischen Kirche dazu bewegte«[75]). Damit gewinnt der Begriff einen Bezug zur Rechtgläubigkeit. Das ist nicht neu. Schon seit der 2. Hälfte des 2. Jahrhunderts impliziert »katholisch« die »richtige« (orthodoxe) Lehre (im Unterschied zu »häretischen«) Auslegungen. Im Glaubensbekenntnis von Nikaia erscheint die »katholische« Kirche als Subjekt von Verurteilungen[76]. Die »katholische« Kirche verstand sich quantitativ (in der universalen Ausdehnung) und qualitativ (in der Fülle der heilsrelevanten Lehre und der Heilsmittel) als einzigartig gegenüber den nur regional repräsentierten und selektiv aus der christlichen Botschaft auswählenden Gemeinden der »Häretiker«. Das Religionsedikt von Kaiser Theodosius I. (380) macht die »katholische« Kirche zur Staatskirche. In diesem Sinn wird der Begriff »katholikos« von den Konzilien aufgegriffen[77]. Ab dem 5. Jahrhundert tritt der Aspekt der diachronen Dimension (geschichtliche Kontinuität) ergänzend zu der Auffassung des Augustinus von der umfassenden (geographischen) Ausbreitung hinzu. Vinzenz von Lérins (gestorben vor 450), im Gnadenstreit ein Gegner des Augustinus, findet die berühmt gewordene (und zunächst anti-augustinische)

Kampfformel, dass (allein) dies katholisch sei, »was überall, immer und von allen geglaubt worden ist«[78]. Damit will Vinzenz Kriterien vorlegen, mit denen sich die wahre (»katholische«) Lehre mit Sicherheit von den jeweils umlaufenden häretischen Neuerungen unterscheiden lasse. Genannt werden die »allgemeine Verbreitung« (universitas), das »Alter« (antiquitas bzw. vetustas) und die (dia- und synchrone) »Übereinstimmung« (consensus bzw. consensio) einer Lehre. Der Glaubensinhalt lasse sich bei den »magistri probabiles«, d. h. den »beweiskräftigen Lehrern«, finden. Damit sind diejenigen »Lehrer« gemeint, die in der Gemeinschaft der katholischen Kirche übereinstimmend das Gleiche geschrieben und gelehrt haben. Im Mittelalter setzt sich dann die Identifizierung von »ecclesia catholica« und »ecclesia Romana« durch. Luther selbst gebraucht die Formel »sancta Catholica Christiana«[79], kritisiert aber die Gleichsetzung von »catholica« und »Romana«. Er hat in der Übersetzung des (Nicaeno-)Constantinopolitanum »katholisch« mit »christlich« wiedergegeben, um diese Identifikation, die er im Sinne der allerdings erst später einsetzenden Konfessionalisierung als Bezeichnung einer bestimmten Form des Christentums interpretiert hat, zu vermeiden. Allerdings hat »christlich« eine andere Bedeutung (und Konnotation) als »katholisch«. »Christlich« bedeutet den bewussten, im Bekenntnis und im praktischen Leben vollzogenen Bezug auf Jesus Christus, den auferstandenen und erhöhten Herrn. »Katholisch« meint den umfassenden, universalen Anspruch der Kirche, die mit dem Bekenntnis zum einen und einzigen Gott, zum »Vater« Jesu Christi, zusammenhängt, ihre potenzielle Relevanz für die Menschen aller Geschichtsepochen (unabhängig von Volkszugehörigkeit, Alter, Geschlecht, Lebensstand usw.) (*quantitative* Katholizität). Durch das Heilshandeln Gottes in Jesus Christus ist ein dynamischer Prozess initiiert worden, der letztlich *alle* Menschen umfassen will. »Katholisch« meint aber auch die Fülle der Mittel zur Erreichung dieses Ziels (*qualitative* Katholizität). Das heißt einerseits, dass Gott seine Kirche mit allen Gaben (die Fülle der Selbstoffenbarung Gottes in Jesus Christus, die bleibende Geistgabe, die notwendigen Strukturen einschließlich der kirchlichen Ämter, die zur Heilsvermittlung notwendigen Instrumente wie etwa die Sakramente usw.) ausgestattet hat, die für diesen Zweck gebraucht werden. Das heißt andererseits aber auch, dass die Kirche als Sammlungsbewegung Gottes in und aus allen Völkern und Kulturen, die in diesen entwickelten geistigen, kulturellen, sozialen, wissenschaftlichen, künstlerischen usw. Errungenschaften nicht nivelliert, sondern (mindestens in der Theorie) zu einer immer größeren »katholischen« Fülle integriert. In der entstehenden (römisch-)katholischen Konfessionskirche wird das (auch abgrenzend verwendete) Wort »katholisch« zunehmend zum Eigennamen *einer* Kirche. Papst und Bischöfe werden zunehmend zu Garanten *dieser* Katholizität. Das Vaticanum II entfaltet demgegenüber (auch gegenüber manchen vielleicht zu selbstgenügsamen und selbstzufriedenen Verständnisformen von »katholisch«) in Artikel 13 der Kirchenkonstitution eine Vision von »katholisch«, die teilweise die altkirchliche Bedeutung wieder profiliert. Allerdings fällt auf, dass die Katholizität wesentlich in der Dimension der Räumlichkeit, weniger in der Dimension der Zeitlichkeit dargestellt wird[80]. Der zweite Aspekt wird immerhin angedeutet (LG 13,1: Das neue Gottesvolk muss sich »durch alle Zeiten hin ausbreiten«). In der Darstellung der Kirchenkonstitution hat die Katholizität (als drittes Kirchenattribut) folgende Eigenschaften:

(1) *Trinitarische und anthropologische Begründung (LG 13,1)*
Gott hat die Menschen als *eine* Menschheit geschaffen. Diese Einheit, die noch nicht realiter besteht, aber dem Willen Gottes entspricht, wird durch das »neue Gottesvolk« gleichsam Schritt für Schritt eingeholt, wenn es sich als ein Volk »über die ganze Welt« (universal) und »durch alle Zeiten« (geschichtlich) ausbreitet. Die Zusammenführung gründet in dem Schöpfungswillen Gottes und in der Sendung Christi (im Christusgeschehen) und des (Heiligen) Geistes. Die so begründete »Einheit« (»aus der Zerstreuung«) wird in der Lehre der Apostel und in Formen kirchlichen Zusammenlebens (genannt werden die »Communio«, die Eucharistie und das Gebet) realisiert und vermittelt. Das Konzil erwähnt in diesem Zusammenhang Apg 2,42.

(2) *Verhältnis des »Gottesvolkes« zu den »Völkern der Erde (LG 13,2)*
Das »Volk Gottes« »wohnt« (inest) »in allen Völkern der Erde«. Die Kirchenkonstitution verweist dazu auf die Unterscheidung des Johannesevangeliums »in der Welt, nicht von der Welt« (vgl. Joh 18,36). Die Gliedschaft im »Gottesvolk« bringt die Menschen

jedoch nicht in eine Konkurrenz zu den jeweiligen Gesellschaften und Kulturen, aus denen sie stammen. Das »Volk Gottes« bildet kein irdisches, sondern ein »himmlisches« Reich. Die »himmlische Natur« dieser Gemeinschaft zeigt sich irdisch-konkret, »insofern die Gläubigen sich durch den Heiligen Geist in einer die Völker, Völkergrenzen und verschiedenen Reiche übersteigenden Weise zusammengehörig wissen«[81]. Daraus ergibt sich in der Sicht der Kirchenkonstitution, dass die Kirche (»oder das Gottesvolk«) »dem zeitlichen Wohl irgendeines Volkes« nichts entzieht, sondern »Anlagen, Fähigkeiten und Sitten der Völker, soweit sie gut sind« fördert und übernimmt. Das Konzil entwickelt hier die ideale Vision eines sich gegenseitig bereichernden Kulturaustausches im Kontext der in diesem Sinn *katholischen* Kirche. Die kirchliche Schuldgeschichte der Überfremdung anderer Kulturen etwa im Zeitalter imperialer Machtansprüche oder des europäischen Kolonialismus bleibt an dieser Stelle unerwähnt. Der Maßstab dieses Gottesvolkes ist Jesus Christus. Es handelt sich um seine Gemeinschaft (»Reich Christi«); er ist das »Haupt«; die Katholizität (»die Eigenschaft der Weltweite«) ist seine »Gabe«. Da Jesus Christus der *gekreuzigte* und *auferstandene* Herr ist, hat das natürlich Auswirkungen auf das Selbstverständnis der Kirche.

(3) »*Katholizität*« *innerhalb der Kirche (LG 13,3)*
Nach der Vision der Kirchenkonstitution ist die Katholizität auch ein Strukturprinzip der Kirche. Das zeigt sich in dreifacher Hinsicht: a) Das Gottesvolk sammelt sich »aus den verschiedenen Völkern«. Damit ist schon eine gewisse Differenzierung gegeben. b) Es bildet sich »aus verschiedenen Ordnungen«. Gemeint sind die verschiedenen (amtlichen) Dienste und die unterschiedlichen geistlichen Lebensformen (etwa im Ordensstand oder in vergleichbaren Gemeinschaften). c) Es bestehen in ihm »zu Recht« »Teilkirchen, die sich eigener Überlieferungen erfreuen«. Der Primat des Bischofs von Rom habe u. a. die Aufgabe, »die rechtmäßigen Verschiedenheiten« zu schützen und die »Besonderheiten« in die katholische Einheit zu integrieren[82]. Als Konsequenz der so verstandenen Katholizität ergibt sich für die Kirchenkonstitution die »Gemeinschaft der geistigen Güter, der apostolischen Arbeiter und der zeitlichen Hilfsmittel«.

(4) *Die unterschiedlichen Formen der Zugehörigkeit und der Zuordnung*
   zur katholischen Einheit des Gottesvolkes (LG 13,4; 14–16)

Der letzte Abschnitt LG 13,4 gibt das Thema der Artikel 14–16 von
»Lumen Gentium« vor: »Zu dieser katholischen Einheit des Gottesvolkes, die den allumfassenden Frieden bezeichnet und fördert,
sind alle Menschen berufen. Auf verschiedene Weise gehören zu
ihr oder sind ihr zugeordnet die katholischen Gläubigen, die anderen an Christus Glaubenden und schließlich alle Menschen überhaupt, die durch die Gnade Gottes zum Heile berufen sind.«

Der Hintergrund der entsprechenden Aussagen ist eine Spannung,
die schon das neutestamentliche Zeugnis bestimmt. Auf der einen
Seite bekennt das NT den allgemeinen Heilswillen Gottes (1 Tim
2,4: Gott »will, dass alle Menschen gerettet werden und zur
Erkenntnis der Wahrheit gelangen«; vgl. 1 Tim 4,10: Gott ist der
»Retter aller Menschen, besonders der Gläubigen«). Das Erbarmen
Gottes umfasst die ganze Menschheit (Röm 11,32: »Gott hat alle in
den Ungehorsam eingeschlossen, um sich aller zu erbarmen«). Auf
der anderen Seite erklären zahlreiche Texte des NT, dass den Menschen das Heil nur durch Jesus Christus zuteil wird. Hervorzuheben sind etwa Röm 10,9 (mit der Kurzformel des Glaubens: »Jesus
ist der Kyrios«), Apg 4,12 (der Text spricht von Jesus Christus: »In
keinem anderen ist das Heil zu finden. Denn es ist uns Menschen
kein anderer Name unter dem Himmel gegeben, durch den wir
gerettet werden sollen«) und Joh 14,6 (die Erklärung Jesu: »Ich bin
der Weg und die Wahrheit und das Leben; niemand kommt zum
Vater außer durch mich«). In diesem Zusammenhang finden sich
auch Aussagen über die Heilsnotwendigkeit der Taufe (vgl. Joh
3,5: »Wenn jemand nicht aus Wasser und Geist geboren wird, kann
er nicht in das Reich Gottes kommen«).

Aufgrund der theologischen Debatte seit der Patristik über die
Vermittlung der Glaubensüberzeugung vom allgemeinen Heilswillen Gottes (und der zunehmenden Einsicht in das Faktum, dass
sich die Mehrzahl der Menschen außerhalb der sichtbaren Gestalt
der Kirche befindet) mit der weiteren Glaubensüberzeugung von
der Heilsnotwendigkeit des Bekenntnisses zu Jesus Christus, das
sich leiblich-gesellschaftlich konkretisieren muss (und damit von
einer gewissen Heilsnotwendigkeit der Kirche, wie sie sich etwa in
dem bekannten Prinzip »Außerhalb der Kirche gibt es kein Heil«
findet, das von Cyprian und Origenes formuliert wird[83]) ist heute

die Aussage von der prinzipiellen Heilsmöglichkeit von Menschen auch außerhalb der sichtbaren Gestalt der katholischen Kirche Bestandteil der katholischen Lehre. Die Kirchenkonstitution des Vaticanum II greift, ebenfalls unter Bezugnahme auf theologische Diskussionen der frühen Kirche, des Mittelalters, der Zeit der katholischen Reform und des 19. und 20. Jahrhunderts[84], die damit zusammenhängende, aber gleichwohl von der Frage der Heilsnotwendigkeit des Christusbekenntnisses und der Kirche zu unterscheidende Frage der Zugehörigkeit und Zuordnung zur Kirche auf. Drei theologische Stellungnahmen waren in dieser Diskussion maßgeblich geworden:

Augustinus unterscheidet die »ecclesia sacramentorum« von der »ecclesia sanctorum«. Die »ecclesia sanctorum« ist die Kirche der gegenwärtig lebenden und von Gott gerechtfertigten Glaubenden und der in Gott vollendeten »Heiligen«. Kirche in diesem Sinn ist seit Beginn der Menschheit (»ecclesia ab Abel«) realisiert und erstreckt sich bis zum universalen Weltgericht; sie umfasst *alle* Gerechtfertigten aller Völker und aller Geschichtszeiten. In der sichtbaren, sakramentalen Kirche (»ecclesia sacramentorum«) wird dieses innere Mysterium der Geschichte aufgedeckt und bezeugt[85]. Die konkrete Vermittlung des Evangeliums an die vor Jesus Christus Lebenden geschieht nach der Überzeugung der Patristik durch den »Höllenabstieg Christi«[86]. Für Augustinus ist mit diesem Gedanken kein universaler Heilsoptimismus verbunden. Er war eher der Auffassung, dass große Teile der Menschheit wegen der sündhaften Verfassung der Menschheit insgesamt (und aufgrund der Sünde des ersten Adam) dem göttlichen (Straf-)Gericht anheimfallen. Auch mit der Gliedschaft in der sichtbaren Kirche war für Augustinus nicht notwendig die Sicherheit gegeben, dass ein einzelner Mensch ein Glied der »ecclesia sanctorum« wird.

Thomas von Aquin sieht die Verbundenheit mit Christus, dem Haupt des mystischen Leibes (der Kirche), als Voraussetzung dafür an, ein Glied in der Kirche zu sein. Das für Thomas Entscheidende ist, dass ein Mensch (im Hören etwa auf die Stimme seines Gewissens) den Willen Gottes *tut*[87]. Es besteht nach seiner Auffassung grundsätzlich für *jeden* Menschen, der zum Gebrauch der Vernunft gelangt, die Möglichkeit, zum rechtfertigenden Glauben zu kommen. Thomas unterscheidet verschiedene Epochen der Heilsgeschichte, den Noach-, Abraham- und Mose-Bund, mit je eigenen (und ebenfalls unterschiedlichen) Sakramenten. Er begründet dies mit dem universalen Heilswillen Gottes *und* der Notwendigkeit des irdischen Menschen (der noch nicht die volle Wirklichkeit Gottes erfassen kann), sich konkreter Zeichen bedienen zu müssen. Die christlichen Sakramente bezeugen die in Jesus Christus gekommene Erlösung; die vorchristlichen (heidnischen und jüdischen Sakramente) weisen auf das in Jesus Christus kommende Heil hin[88]. Thomas eröffnet mit dieser Überlegung einen Weg, wie sich die christliche Theologie das Erreichen des Heils auch außerhalb der sichtbaren Kirche im Kontext nichtchristlich geprägter Gesellschaftsstrukturen vorstellen kann.

Robert Bellarmin betont gegenüber manchen reformatorischen Thesen, die (in der Terminologie des Augustinus gesprochen) die (unsichtbare) »ecclesia sanctorum«, d. h. die Kirche der von Gott Gerechtfertigten, hervorheben, das sichtbare, institutionelle Element der Kirche (also die »ecclesia sacramentorum«)[89].

Im 20. Jahrhundert hat die Kirchenenzyklika »Mystici Corporis« die Kirchengliedschaft sehr pointiert bestimmt[90]: »Zu den Gliedern der Kirche sind aber in Wirklichkeit (reapse) nur die zu zählen, die das Bad der Wiedergeburt empfangen haben und den wahren Glauben bekennen, die sich nicht selbst beklagenswerterweise vom Gefüge des Leibes getrennt haben oder wegen schwerster Vergehen von der rechtmäßigen Autorität abgesondert wurden. ... Daher können die, die im Glauben oder in der Leitung voneinander getrennt werden, nicht in diesem einen Leibe und in seinem einen göttlichen Geiste leben.« Die Enzyklika unterscheidet also eine reale (wirkliche) Kirchengliedschaft, die im Sinne der drei »Bande« Bellarmins (Lehre, Sakramente, Leitung) beschrieben wird, von einer anderen, allerdings etwas unbestimmt bleibenden Beziehung, die im Zeitalter der katholischen Reform Jesuitentheologen wie Robert Bellarmin oder Francisco Suárez (1548–1617) mit dem Gedanken des »votum ecclesiae« ausgedrückt haben[91]. Als Leonard Feeney SJ in einer rigorosen Interpretation des Satzes »Außerhalb der Kirche kein Heil« (Extra ecclesiam nulla salus) die These (wegen der er am 4. Februar 1953 von Pius XII. exkommuniziert wurde) vertrat, *alle* Menschen mit der Ausnahme von Katholiken und Katechumenen seien vom ewigen Heil ausgeschlossen (»Boston-Häresie«), erläuterte das Heilige Offizium in einem Brief vom 8. August 1949 an den Erzbischof von Boston den

Zusammenhang von Kirchenzugehörigkeit (und Heilsvermittlung) und realer Kirchengliedschaft[92]: »Damit einer nämlich das ewige Heil erlangt, wird nicht immer erfordert, dass er tatsächlich (reapse) der Kirche als Glied einverleibt wird, sondern mindestens das wird verlangt, dass er ebendieser durch Wunsch und Verlangen (voto et desiderio) anhängt. Dieser Wunsch muss jedoch nicht immer ausdrücklich sein, wie es bei den Katechumenen der Fall ist, sondern wenn ein Mensch an unüberwindlicher Unkenntnis leidet, nimmt Gott auch den einschlussweisen Wunsch (implicitum votum) an, der mit einem solchen Namen bezeichnet wird, weil er in jener guten Verfassung der Seele enthalten ist, durch die ein Mensch will, dass sein Wille dem Willen Gottes gleichförmig (sei).« Die theologische Debatte dieser Aussage der Enzyklika führte zu drei Positionen:

a) Die Kirchengliedschaft ist eine eindeutig bestimmbare und zugleich unteilbare Wirklichkeit. Ein »wirkliches« Glied der Kirche ist nur der Mensch, der alle drei Bedingungen Bellarmins erfüllt. Es gibt nur die volle Kirchen*gliedschaft* oder eine Kirchen*bezogenheit* im Sinne des genannten »votums«[93].

b) Zwei Formen von Gliedschaft werden unterschieden, die »konsekratorische Gliedschaft« und die »tätige Gliedschaft«[94]. Die »konsekratorische Gliedschaft« ist das durch die sakramentale Taufe vermittelte Personsein in der Kirche (mit allen Rechten und Pflichten). In diesem Sinn gehören alle Getauften in einer Beziehung sakramentaler Art zur Kirche (nicht bloß im Sinne eines – unter Umständen sogar unbewussten – »votums«). Die »tätige Gliedschaft« ist als »der personale Vollzug der konsekratorisch geprägten Christusförmigkeit« zu verstehen[95]. In dieser Bedeutung ist die notwendige persönliche Entfaltung dessen im Blick, was in der Taufe (und der mit ihr unverlierbar geprägten Christusförmigkeit) grundgelegt worden ist. Als (tätige) Glieder der Kirche gelten nur diejenigen, die sich tatsächlich zu ihr bekennen. Die genannte Position unterscheidet eine mehrschichtige oder -stufige Kirchenzugehörigkeit (der Getauften) und kann sogar eine gewisse Kirchlichkeit der getrennten nichtkatholischen Gemeinschaften anerkennen. Das Verhältnis der Nichtgetauften zur Kirche bleibt unberücksichtigt.

c) Das Vaticanum II referiert einerseits die klassische Lehre der Gleichsetzung von katholischer Kirche und »mystischem Leib

Christi«, deren Glieder durch die drei »Bande« zusammengeschlossen sind (OE 2), öffnet aber andererseits den ekklesiologischen Horizont, indem es kirchenbildende Elemente auch
außerhalb des sichtbaren Gefüges der katholischen Kirche anerkennt (vgl. LG 8,2; 15; UR 3). Insgesamt entwirft das Konzil (im
Sinne des Epheserbriefes) die Vision einer auf Jesus Christus hin
ausgerichteten Menschheit (auch unter Einschluss der Nichtgetauften) und zugleich einer mehrschichtigen bzw. -stufigen
Kirchenzugehörigkeit oder -zuordnung. Die jeweiligen Zuord-
nungsstufen gründen auf der Menschennatur als solcher, die
jeden Menschen in die durch die Inkarnation vermittelte Heils-
ordnung einfügt, »auf übernatürlichen Glauben, auf Rechtfertigung in der Liebe und heiligmachenden Gnade«, auf der Taufe
(als sichtbarem Element, aber ohne die drei »Bande« Bellarmins)
und schließlich auf der vollen Realisierung dieser drei Bande[96].
Diese dynamische Sicht von Kirchenzugehörigkeit und -zuord-
nung wird in LG 14–16 beschrieben. Das Konzil formuliert dazu
das Grundprinzip (LG 14,1): Jesus Christus ist (in einem exklusiven Sinn) »Mittler und Weg zum Heil«. Die Kirche als »sein
Leib« vergegenwärtigt ihn. Sie ist allerdings nicht schlechthin
mit ihm identisch, sondern reflektiert nur seine »Herrlichkeit« –
als »Sakrament, das heißt Zeichen und Werkzeug« (LG 1). Als
Stufen werden die *volle* Kirchengliedschaft (mit den drei »Banden« des gemeinsamen Glaubens, der Sakramente und der
Kirchenleitung) unterschieden, die selbst wieder verschiedene
Formen der Intensität aufgrund der je spezifischen Geistgabe
besitzen kann[97], das Katechumenat (LG 14,3), die Taufe (aber
ohne das »volle« Bekenntnis des Glaubens [integritas fidei] oder
ohne die »Einheit der Gemeinschaft unter dem Nachfolger
Petri«) und schließlich (unter Rückgriff auf die Lehre von Thomas von Aquin über Jesus Christus als Haupt aller Menschen,
die »auf verschiedene Weisen« dem Gottesvolk angefügt sind[98])
Formen der Zuordnung (bzw. Relation) (in konzentrischen Kreisen) (LG 16), wobei ausdrücklich das jüdische Volk (»in erster
Linie«), die an den Schöpfergott glaubenden Menschen (»unter
ihnen besonders die Muslime«), die anderen Religionen (»die in
Schatten und Bildern den unbekannten Gott suchen« – unter
Verweis auf die Areopagrede in Apg 17,25–28 und die These
vom universalen Heilswillen Gottes in 1 Tim 2,4) und zuletzt die

als religionslos bezeichneten Menschen, die aber ihrem Ge-
wissen folgen, genannt werden[99]. Der gegenreformatorische
Kirchenbegriff Bellarmins ist damit geweitet. »Das Volk Gottes
erscheint – in seinen unterschiedlichen Intensitätsstufen und
Ausprägungen – als die menschliche Gesellschaft schlechthin,
insofern diese sich – explizit oder implizit – vom lebendigen
Gott her versteht.«[100] Im Grunde ist das die Ekklesiologie des
Epheserbriefes. Ganz in diesem Sinne schließt das 2. Kapitel von
LG mit der Erinnerung an den Sendungsauftrag des erhöhten
Herrn (Mt 28,18–20; Joh 20,21) und dem Appell zur Mission (LG
17). Die biblische Überzeugung, dass der eigentliche Heilsweg
Jesus Christus ist und bleibt, hat das Vaticanum II stets wie-
derholt[101]. Das Kirchenprädikat der »Katholizität« umschreibt
diesen Anspruch.

(5) *»Katholizität« in der ökumenischen Diskussion*[102]
– Römisch-katholisch
Die westlich-lateinische Tradition bezog zunehmend die Verge-
wisserung der Katholizität auf die Lehrautorität der Bischöfe.
Das galt von der weltweiten Verbreitung (in der Gemeinschaft
der katholischen Bischöfe) und der zeitlichen Kontinuität (die
zugleich die sachliche Identität, bezogen auf den Inhalt der
Lehre, einschloss) (»apostolische Sukzession«). Seit der »Gregorianischen Reform« wird die Romorientierung der westlichen
Kirchen (und damit eine Näherbestimmung von »Katholizität«)
angestrebt, die dann in der Kontroverstheologie der katholischen
Reform (Bellarmin) und noch einmal verstärkt im Ultramontanismus des 19. und 20. Jahrhunderts (lehramtlich durch die beiden Papstdogmen von 1870 sanktioniert) das Papstamt als das
sichtbare Kriterium und die handlungsfähige (effiziente) Reprä-
sentierung der »Katholizität« der gegenwärtigen Kirche benennt.
– Lutherisch
Der Begriff »katholisch« erscheint vereinzelt in den lutherischen
Bekenntnisschriften[103]. Er wird in der Regel synonym mit »allgemein« und »christlich« verwendet[104]. Ausdrücklich wendet sich
die Apologie der CA gegen die Bindung der »Katholizität« an
die römische Gestalt des Papstamtes[105]. Im Zusammenhang der
ökumenischen Bewegung bemühen sich skandinavische oder
hochkirchlich geprägte lutherische Theologen um eine positive

Rezeption des Begriffs. Nathan Söderblom (1866–1931) fand das Konzept einer »evangelischen Katholizität« (im Sinne eines gemeinsamen christlichen Handelns in der Welt). Friedrich Heiler (1892–1967) entwarf das Syntheseprogramm »evangelischer Katholizität« (als »innerer Vereinigung von evangelischem Christentum und katholischem Kirchentum« in einer liturgischen und lehrmäßigen Einheit).

– Orthodox

Die »katholische« Kirche zeigt sich nach orthodoxem Verständnis in der rechten Feier der Liturgie, der Lehre der sieben (!) ökumenischen Konzilien und der bischöflich verfassten Kirchenstruktur. Die »Katholizität« der Kirche ist in der um den Bischof versammelten örtlichen Gottesdienstgemeinde *vollkommen* realisiert. Darüber hinausreichende Organisationsstrukturen fügen dieser »Katholizität« qualitativ nichts hinzu. Die konziliare Gemeinschaft der Bischöfe ist ein weiteres Element der Katholizität. Seit dem 9. Jahrhundert ist die sogenannte Pentarchie-Theorie nachweisbar, derzufolge die Gemeinschaft der fünf altkirchlichen (und zum ersten Mal in den Akten des Konzils von Chalkedon in dieser Reihenfolge aufgelisteten) Patriarchate von Rom, Konstantinopel, Alexandria, Antiochia und Jerusalem die »katholische« Kirche repräsentiere[106]. Der russisch-orthodoxe (Laien-)Theologe Aleksej Stepanoviã Chomjakov (1804–1860) nannte als das wesentliche Kennzeichen der Kirche die »katholike« (kirchenslawisch: sobornaja), d. h. die gesamte irdische und himmlische Kirche in der freien Einmütigkeit *aller* ihrer Glieder (also der Priester *und* Laien). Die »Sobornost« (Gemeinschaft) der Kirche zeigt sich in der Unfehlbarkeit des *ganzen* Kirchenvolkes, in dem sich die pneumatische »Fülle« (griechisch: pleroma) ausdrückt.

7.2.4 Apostolizität

Der Begriff »Apostolizität« leitet sich ab vom Adjektiv »apostolisch« und vom Substantiv »Apostel«. Gemeint ist die Übereinstimmung mit den Aposteln oder die Herkunft bzw. Ableitung von den Aposteln.

Das Wort »Apostel« wird im NT in der Regel als Titel für die zur Verkündigung des Evangeliums Berufenen verwendet[107]. Belege dafür finden sich vor allem in den Paulinen. Paulus unterscheidet »Apostel Jesu Christi«, die durch Christus eingesetzt sind (zu denen er sich selbst zählt und die einen umfassenden Auftrag besitzen), »Apostel der Kirchen« (2 Kor 8,23), die offensichtlich einen begrenzten Wirkungsbereich innehaben, und sogenannte »Überapostel« (wörtlich: »Apostel im Übermaß«) (2 Kor 11,5.13), die von ihm als Pseudo-Apostel (»Lügenapostel«) angesehen werden (und von denen er sich abgrenzt)[108]. Im Sprachgebrauch des NT zeigt sich folgender Befund:

– Mk unterscheidet die »Jünger« (Mk 3,7) und die »Zwölf« (Mk 3,14–19). In Mk 6,7.30 werden die »Zwölf« mit den »Aposteln« gleichgesetzt. Das lukanische Geschichtswerk identifiziert ebenfalls die »Zwölf« mit den Aposteln (Lk 6,13; vgl. Apg 1,21–26). Von den »Zwölf« werden »72 andere« Jünger unterschieden (Lk 10,1). Laut Mt 10,2 sind die »Zwölf« gleichzeitig »Apostel«. Nach 1 Kor 15,5.7 gibt es (trotz personeller Überschneidungen) eine Gruppe der »Zwölf« und eine (größere) Gruppe der »Apostel«. In der Jüngerbewegung Jesu lässt sich also die Kerngruppe der »Zwölf«, die für die Synoptiker »Apostel« sind, und die Gruppe der »Apostel« (zu der sich auch Paulus rechnet) voneinander abheben.

– Paulus kennt einen fest umrissenen Kreis von »Aposteln« (Gal 1,7: »die Apostel vor mir«; 1 Kor 15,7: »alle Apostel«). Durch seine Bekehrung (und nicht durch menschliche Vermittlung) weiß er sich selbst ebenfalls als »Apostel« berufen (Gal 1,1: »Paulus, zum Apostel berufen, nicht von Menschen oder durch einen Menschen, sondern durch Jesus Christus und durch Gott, den Vater, der ihn von den Toten auferweckt hat«). Konstitutiv für den »Apostel« sind nach dem Verständnis des Paulus die Christophanie und die Beauftragung mit der Verkündigung des Evangeliums. Hier besteht eine Differenz zwischen Paulus und dem lukanischen Geschichtswerk: In Apg 1,21f ist die konstitutive Bedingung der Nachwahl des Matthäus zu den »zwölf Aposteln« die Zeugenschaft des irdischen Jesus und der Auferstehung. Für Paulus ist die Berufung durch den auferstandenen Herrn entscheidend. Das Evangelium wird ihm unmittelbar geoffenbart und nicht durch menschliche Lehrer tradiert (Gal 1,12).

– Die Didache beschreibt einen größeren Kreis von »Aposteln«, die den Propheten gleichgestellt waren[109]. Zu dieser Gruppe gehören vielleicht die in 2 Kor 11f kritisierten »Lügenapostel« und wohl auch Andronikus und Junia (Junias?) (Röm 16,7). Ihre Autorität scheint sich in der Didache aus der Berufung auf Geisterfahrungen (Christophanien?) abzuleiten.

– Die Einsetzung der Zwölf (als vorösterlicher Akt Jesu) und die zeitlich begrenzte Aussendung der Jünger sind von der Berufung zum Apostolat getrennt zu halten, die jeweils die Beauftragung zum Zeugnisdienst beinhaltet. Das Amt des »Apostels Jesu Christi« ist nachösterlich. Es gründet im Ostergeschehen und bestellt den Berufenen zum Zeugnis für den auferstandenen Herrn[110].

– Der Apostel ist eine Funktion der »werdenden« Kirche. Er gehört in die Phase zwischen der Jüngerschaft des irdischen Jesus (innerhalb derer besonders das Institut der »Zwölf« hervorgehoben werden muss) und der Zeit der gewordenen bzw. entstandenen Kirche. Wie aus den Pastoralbriefen und der Didache (und auch schon aus den Paulinen) hervorgeht, spielen die Apostel eine wichtige Rolle in der Verkündigung des Evangeliums und der Gründung von Ortskirchen. Zumal die Didache überliefert einerseits die Wertschätzung, die diesem Institut entgegengebracht wird, andererseits aber auch die erlebten Defizite und Probleme (etwa im Missbrauch der Gastfreundschaft oder im Fehlen einer menschlichen Beauftragungsinstanz, die eine gewisse Kontrolle ausübt). Die Didache zeigt weiterhin, dass die »Apostel und Propheten« in den entstandenen Kirchen allmählich durch die ortsgebundenen Bischöfe und Diakone abgelöst werden. Der 1. Klemensbrief beschreibt, dass die Apostel »Bischöfe und Diakone« eingesetzt hätten[111].

Aus dieser grundlegenden Funktion der Apostel in der geschichtlichen Entwicklung, die zunächst einmal ein historisches Faktum ist, ergab sich die theologische Überzeugung von der Normativität dieser chronologischen Epoche (»Apostolische Zeit«)[112]. Unter dem Terminus »Apostolische Zeit« wird gewöhnlich der Zeitabschnitt verstanden, in dem die Apostel (und ihre ersten Schüler) wirkten[113]. In Eph 2,20 werden die Apostel (und Propheten) als »Fundament« der Kirche dargestellt. Offb 21,14 übernimmt die lukanische Sicht, derzufolge die »Zwölf Apostel« (also nicht etwa Paulus und andere Apostel, die nicht Mitglieder des Zwölferkollegiums waren) die »Grundsteine« des himmlischen Jerusalem bilden. Das katholische Lehramt bestätigt die kirchliche Singularität dieser Zeit, wenn es erklärt, dass die Offenbarung Christi durch die Apostel tradiert[114] und »mit dem Tod des letzten Apostels« abgeschlossen sei[115]. Gewöhnlich wird diese Ausssage als Beschreibung der Zeit verstanden, in der der neutestamentliche Kanon Gestalt angenommen hat[116]. Als letzte neutestamentliche Schrift wird zumeist der 2. Petrusbrief (der in 2 Petr 3,4 den Tod der »Väter«, d. h. der ersten christlichen Generation erwähnt) angesehen, der in der exegetischen Forschung auf den Anfang oder die erste Hälfte des 2. Jahrhunderts datiert wird. Offb 2,2 und Did 11,3–9 zeigen eine etwa zu dieser Zeit allmählich einsetzende Kritik am Institut der Wanderapostel.

Der Rückbezug auf die »Apostel« garantiert nach der Auffassung der frühen Kirche die Identität der Lehre. Apg 2,42 beschreibt die »Lehre der Apostel« gleichsam als Maßregel (Kanon) des Glaubensinhaltes. Die Pastoralbriefe und der 2. Petrusbrief belegen, dass neben den »Zwölf« auch dem Apostel Paulus normative Bedeutung für die Kirche der nachapostolischen Zeit zugeschrieben wird. So erinnert beispielsweise der Brief des Ignatius von Antiochia an die Römer[117] die Adressaten an ihre maßgeblichen Referenzapostel Petrus *und* Paulus. In der dritten christlichen Generation (nachdem zuerst Markion und das Judenchristentum Paulus und die »Zwölf« bzw. die Urapostel gegeneinander ausspielen wollten) waren die »Zwölf« und Paulus gleichberechtigt als Apostel anerkannt[118]. Für die frühe Kirche ergeben sich aus der Überzeugung von der in dem Bezug auf die Augenzeugenschaft des irdischen Jesus und in der Erfahrung der Christophanien des auferstandenen Herrn begründeten Normativität der Lehre der Apostel zwei Konsequenzen: Zum einen wird die apostolische Zeit zunehmend als abgeschlossen gesehen. Pius X. hat das in den theologischen Satz gefasst, die Offenbarung sei »mit dem Tod des letzten Apostels«[119] abgeschlossen. Zum anderen beginnt nun nach Auffassung der frühen Kirche der Prozess der Überlieferung der Lehre der Apostel. Schon die Pastoralbriefe zeigen, dass die Funktion der Amtsträger vor allem damit beschrieben wird, dass sie als Tradenten die Lehre der Apostel weiterzugeben und als Wächter für die Unverfälschtheit der Lehre einzustehen haben. In diesem Zusammenhang entsteht (vor allem gegenüber konkurrierenden

Lehrsystemen formuliert) der Gedanke der »apostolischen Sukzession«[120], der schon im 1. Klemensbrief zu finden ist: Die Apostel begründen in der Einsetzung von »Erstlingen« als Bischöfe (Episkopen) und Diakone die Ämterdiadoche der Kirche[121]. Allerdings kennt 1 Clem auch (noch) die Vorstellung, dass Amtsträger von Nicht-Aposteln eingesetzt werden[122]. In Auseinandersetzung mit der These von Vertretern des Gnostizismus, die sich auf Geheimlehren der Apostel berufen, entwickeln Irenaeus von Lyon und Tertullian den Gedanken der »apostolischen Sitze«, die von den Aposteln oder ihren Schülern gegründet worden seien und an denen die Identität der aktuellen großkirchlichen Lehre mit der apostolischen Verkündigung in einer öffentlichen Weise überprüfbar sei[123]. Aus diesem Grund entstehen sogenannte »Bischofslisten«[124], die etwa Eusebius von Caesarea in seiner »Kirchengeschichte« und in der »Chronik« für Rom, Alexandria, Antiochia und Jerusalem überliefert. Der vielleicht älteste Zeuge dieser Praxis ist Hegesipp (zweite Hälfte des 2. Jahrhunderts)[125]. Auch wenn die Historizität und die Chronologie dieser Listen umstritten und als Grundlage zunächst wohl nur bloße Namenslisten anzusetzen sind, ist das durch diese Listen ausgedrückte Prinzip in der frühen Kirche wichtig. Es besteht ein historischer Zusammenhang zwischen der apostolischen Zeit und dem aktuellen Amtsträger. Ein kontroverstheologisch diskutiertes Thema war seit der Reformation, ob diese Sukzession nur durch Bischöfe (Episkopen) oder auch durch presbyteriale Ordination vermittelt werden kann. Hieronymus und Cassian weisen auf presbyterial ausgeübte Ordinationen in der frühen Kirche hin[126]. Das 15. Jahrhundert kennt eine derartige päpstlich konzedierte Praxis[127]. Neben diesem Gedanken eines für die Existenz der Kirche lebensnotwendigen ständigen Rückbezuges der Kirche auf die apostolische Zeit (im Sinne einer Selbstvergewisserung der eigenen Identität) steht schon im 1. Klemensbrief die Auffassung, dass die Amtsträger (konkret in der Gestalt der Episkopen) ihre Legitimation nicht ausschließlich von der Gemeinde erhalten und von dieser (wenn sie einmal ihr Amt über eine gewisse Zeit unbeanstandet ausgeübt haben) nicht abgesetzt werden können[128]. Schon Paulus hat gegenüber seinen Gemeinden den Anspruch erhoben, dass er sein Apostelamt nicht durch menschliche Vermittlung erhalten habe (Gal 1,1) und sich auch als kritisches Gegenüber zu gemeindlichen

Missständen verstehe. Dass selbstverständlich die Gefahr besteht, dass ein konkreter Amtsträger aufgrund eines formalen Legitimationsanspruches (in der »Nachfolge« der Apostel) personale Herrschaftsansprüche und eigene Interessen durchsetzt (und dadurch gerade die »Nachfolge« Jesu verfehlt), ist schon in den Regeln der Didache im Umgang mit »Aposteln und Propheten« deutlich[129]: Die »Apostel und Propheten« sollen »wie der Herr aufgenommen werden«, aber die Gemeinde soll einen einzelnen »Apostel« oder »Propheten« »prüfen« und sich »Kenntnis über ihn verschaffen«. Das gilt von der vorgetragenen Lehre, von seinem Lebenswandel und von materiellen Forderungen, die er an die Gemeinde stellt. Die donatistische Forderung, die im Laufe der Kirchengeschichte immer wieder von radikalen Reformern (John Wyclif, Jan Hus)[130] belebt wurde, hat sicher einen gewissen Wahrheitskern darin, dass jeder Anspruch eines Amtsträgers sich am Lebensstil und der Praxis Jesu zu messen hat, wenn auch zugestanden (und hier Augustinus recht gegeben) werden muss, dass diese theologische Voraussetzung eines Handelns »in persona Christi« um der Heil- und Rechtssicherheit in der Kirche willen nicht in eine juridisch-ekklesiologische Gestalt gebracht werden darf, in der unter Umständen ein einzelner Glaubender bestimmte Entscheidungen eines kirchlichen Amtsträgers in ihrer Rechtsgültigkeit von seiner subjektiven Einschätzung der christusförmigen Nachfolge und Repräsentanz des Amtsträgers abhängig macht. Ob allerdings in einer bloß formalen Beanspruchung der apostolischen Autorität, die sich nicht in einem entsprechenden Lebenswandel niederschlägt, sich tatsächlich »Heil« im Sinne des Willens Jesu Christi ereignet, ist eine andere Frage[131]. Paulus scheint die beiden Elemente des objektiven apostolischen Anspruches (in der Kritik an Missständen in der Gemeinde) und der Überzeugung von der Anwesenheit des Geistes in den von ihm Angesprochenen (im Sinne einer gegenseitigen Stärkung von Apostel und Gemeinde, wie sie etwa Röm 1,11f beschreibt) dadurch zu vermitteln, dass er seine Ansichten nicht par ordre du mufti, sondern in einer aufwendigen Argumentation, die auf die innere Zustimmung der Adressaten zielt, vorträgt. In diesem Sinn ist auch die Kircheneigenschaft der Apostolizität Gabe *und* Aufgabe der Kirche, d.h. der Amtsträger *und* der Gemeinde.

7.3 Grundmodelle kirchlicher Einigung im 20. Jahrhundert

Drei Grundmodelle kirchlicher Einigung haben sich im 20. Jahrhundert herausgebildet[132]:

(1) *Das »kooperativ-föderative Modell«*[133]
Im Visier dieses Einigungsmodells steht das gemeinsame Handeln christlicher Individuen, freier christlicher Gruppen und Kirchen, das bei bleibender Eigenständigkeit der Kirchen realisiert wird, die nach außen hin unterschieden werden und als selbstständige Körperschaften agieren. Im Grunde handelt es sich um einen praktisch-pragmatischen Zusammenschluss, der ausschließlich dem Projekt dient, trotz der bestehenden Trennungen und theologischen Differenzen in den Punkten zusammenzuarbeiten, die möglich sind. Diese Konzeption stammt aus der Gedankenwelt der »Bewegung für Praktisches Christentum« und wurde auf der zweiten Weltkonferenz für Glauben und Kirchenverfassung in Edinburgh (1937) allenfalls als eine *Stufe* auf dem Weg zur völligen Einheit gewertet. In der Tat bleibt die Frage, wie dieses Modell die »Grunderfordernisse« b (»gemeinsame Teilhabe am einen Glauben«) und c (»gegenseitige Anerkennung von Taufe, Eucharistie und Amt«) der Treffen in Neu-Delhi und Nairobi angemessen berücksichtigt. Für manche ist jedoch diese Vorstellung schon das *Ziel* des ökumenischen Handelns. In die Richtung dieses Modells zielen die theologischen Beiträge von Erich Geldbach[134] und Laurentius Klein[135], die von einer »Einheit in Gegensätzen« reden, die sich durch den ständigen »Dialog«, der allerdings nicht notwendig auf Konsens oder Konvergenz aus ist, als Gemeinschaft zeigt, die durch die (gelegentliche) »Eucharistische Gastfreundschaft« noch einmal bestätigt wird[136].

(2) *Das »Modell gegenseitiger Anerkennung«*[137]
Während das erste Modell den Aspekt der Sendung (»ad extra«) hervorhebt, zielt das zweite Modell auf die Klärung des Verhältnisses der Kirchen zueinander (»ad intra«). Die beteiligten Kirchen bleiben zwar konfessionsspezifisch identifizierbar, erkennen sich aber gegenseitig in einem vollen Sinn als wahre Kirche Christi oder als wahre Teile der Kirche Christi an. Als Beispiele können die Vereinbarungen zwischen den reformatorischen Kirchen Europas

aufgrund der Leuenberger Konkordie (1973)[138] oder zwischen britischen und irischen anglikanischen Kirchen und lutherischen Kirchen in Skandinavien und im Baltikum (Porvoo-Agreement bzw. Porvooer Gemeinsame Feststellung) (1992)[139] dienen. Formen gegenseitiger Anerkennung, die etwa die Interkommunion vereinbaren, aber noch nicht zu einem gemeinsamen Amtsverständnis gelangen können, sind ein erster Schritt auf dem Weg zu diesem Modell. Die Meissener Erklärung (verabschiedet 1988 in Meissen, promulgiert 1991 in London und Berlin) zwischen der Church of England und der Evangelischen Kirche in Deutschland schließt etwa den Vollzug der Kirchengemeinschaft (gemeint ist die Konzelebration [»im Sinne von gemeinsamer Konsekration«] von Amtsträgern und damit die *uneingeschränkte* Gemeinschaft am Tisch des Herrn) sowie die Mitwirkung anglikanischer Bischöfe oder Priester in einem sakramentalen Sinn an der evangelischen Ordination) zwischen englischen Anglikanern und evangelischen (d. h. lutherischen, reformierten und unierten) Christen in Deutschland so lange aus, »bis wir ein gemeinsames, in vollem Einklang befindliches Amt haben«[140].

In der deutschen Theologie wird das Modell in zwei signifikanten konfessionellen Varianten vertreten:

Eilert Herms[141] sieht einen »kontradiktorischen Lehrgegensatz«[142] zwischen katholischer Kirche und reformatorischen Kirchen. Dieser Widerspruch sei nicht erkenntnistheoretisch, auch nicht durch »erkenntnistheoretische Toleranz«, zu vermitteln. Er entspreche »zwei Weisen des Geistwirkens«[143]. Beide Kirchen sollten sich also – *so wie sie sind* – als wahre Kirchen anerkennen. Oscar Cullmann zeigt im Rückgriff auf das NT[144]: »Der Heilige Geist wirkt seiner Natur gemäß diversifizierend … Uniformität ist Sünde gegen den Heiligen Geist.« Er plädiert deshalb für eine »Gemeinschaft getrennt bleibender[145] Kirchen«, die sich gegenseitig ihr Charisma bestätigen und als wahre Kirchen anerkennen[146]. Auch hier bleiben die Kirchen *wie sie sind*.

Das katholische Modell des sogenannten Rahner/Fries-Planes[147] bekennt sich zu dem Modell der »versöhnten Verschiedenheit«[148] – allerdings mit einer bemerkenswerten Nuance. Die »Teilkirchen« müssen nicht alle dogmatischen Lehren, die über die gemeinsamen Grundwahrheiten in der Schrift, im Apostolicum und im »(Nicaeno-)Constantinopolitanum« hinaus in den einzelnen Kirchen formuliert worden sind, explizit übernehmen, dürfen sie aber auch nicht ausdrücklich verwerfen. Allerdings muss in allen Kirchen eine Strukturgleichheit existieren, nämlich in der Gestalt des bestehenden oder zu übernehmenden Bischofsamtes. Erst dann sind sie tatsächlich »Teilkirchen«[149]. Gegenseitige Anerkennung als Kirchen ist also für den Rahner/Fries-Plan (nur) dann möglich, wenn ein gemeinsamer Bezugsrahmen in der Lehre *und* eine gemeinsame Amtsstruktur bestehen[150].

(3) *Das »Modell organischer Union«*[151]
Im Unterschied zu den beiden ersten Modellen bleiben in dieser Konzeption die bisherigen Konfessionskirchen nicht mehr als identifizierbare Organisationen erhalten, sondern sie lösen sich gleichsam auf, hinein in *eine* umfassende Kirche. Es ist das traditionelle Modell der »Bewegung für Glauben und Kirchenverfassung« und stark von ursprünglich anglikanischen, orthodoxen und (römisch-)katholischen ekklesiologischen Überzeugungen geprägt[152]. Die entstehende (neue) Gemeinschaft (mit neuer Identität) besitzt ein verpflichtendes Glaubensbekenntnis, eine Sakraments- und Amtsgemeinschaft und eine gemeinsame institutionelle Gestalt. Aus eben diesem Grunde wird es im evangelischen und zumal im freikirchlichen Bereich beargwöhnt. Die Debatte seit den 70er-Jahren des 20. Jahrhunderts hat allerdings gezeigt, dass dieses Modell nicht notwendig in der Gestalt einer uniformen »Welteinheitskirche« gedacht werden muss. Die bisherigen konfessionellen Traditionen könnten z. B. nach dem Modell des »Lima-Dokumentes« (1982), das die Kirchenleitung (bzw. das »ordinierte Amt«) einer geeinten Kirche als zur gleichen Zeit »personal«, »kollegial« und »gemeinschaftlich« (im Blick sind etwa synodale Leitungsformen [unter Einschluss der aktiven Teilnahme auch von nicht-ordinierten Christen], wie sie in evangelischen Kirchen vorhanden sind) verstehen will[153], oder entsprechend dem im katholisch/lutherischen Gespräch zur Rechtfertigungslehre entwickelten Gedanken der »Komplementarität« durchaus als notwendig aufeinander zu beziehende und miteinander zu vermittelnde Wahrheiten erhalten bleiben, müssen aber je auch ergänzt werden.

7.4 Ein neues Paradigma?

Die Diskussion um die Annahme der »Gemeinsamen Erklärung zur Rechtfertigungslehre« in Deutschland hat exemplarisch gezeigt, dass vielerorts Ängste vor einer kirchlichen Einheit bestehen, die eine Preisgabe der je eigenen bisherigen konfessionellen Tradition und Identität erforderte. Deswegen wird zuweilen in der Ökumene eine Anerkennung des Status quo unter Suspendierung der Wahrheitsfrage (im Sinne der Pluralismushypothese in der Theologie der Religionen), ein Verzicht auf eine institutionelle Gemeinschaft von Kirchen zugunsten eines »ökumenischen Netzwerks« von Individuen oder Gruppen oder sogar ein »Paradigmenwechsel«[154], der auch die anderen Religionen und die gesamte Menschheit miteinbezieht, gefordert. So berechtigt manche dieser Anliegen auch sein mögen, die ökumenische Grundfrage nach der Einheit der Kirche Jesu Christi, von der das sogenannte »(Nicaeno-)Constantinopolitanum« spricht, ist damit nur umgangen. Zielführender scheint vielleicht ein Weg, der versucht, die Wahrheiten der verschiedenen ekklesiologischen Grundüberzeugungen im Sinne einer ekklesiologischen Kanonbildung (analog der Bildung des neutestamentlichen Kanons) aufeinander zu beziehen und damit miteinander zu vermitteln, also etwa das personal-primatiale Amtsprinzip der katholischen Kirche mit der orthodoxen (bischöflichen) Kollegialität und der synodalen Struktur (unter Einschluss der Verantwortung der Laien für die Kirchenleitung und Glaubensverantwortung) der Kirchen der Reformation. Ökumenisches Lernen wäre dann nicht eine Kapitulation, sondern ein gegenseitiges Ergänzen und Bereichern. In anderen Worten: Die Kirchen müssten erkennen, dass eine Kircheneinigung nicht dadurch zustande kommt, dass ein ekklesiologisches Konzept, wie es in einer konkreten Kirche gelebt wird, allen anderen verbindlich gemacht wird. Aber eine Konzeption, die alle bestehenden Kirchentümer in gleicher Weise als Teile der wahren Kirche deklariert, ohne dass versucht wird, die sich augenblicklich noch ausschließenden Einheitsvorstellungen und Kirchenbilder zu vermitteln, schafft keine Einheit. Der Weg wird also darin bestehen müssen, ein Modell der Einung gemeinsam zu erarbeiten, in dem die bestehenden Kirchen die Wahrheit ihrer ekklesiologischen Grundüberzeugungen aufgehoben sehen. Wenn dies aber nicht nur eine bloß technisch-äußerliche Einheit sein soll, wie sie Solowjew in seiner Fabel als unzureichend beschrieben hat, dann wird es nicht genügen, dass das auf diese Weise vorgelegte Einungsmodell Raum für die je eigene Konzeption bietet. Es müsste gelingen zu zeigen, dass auch die anderen ekklesiologischen Grundüberzeugungen der anderen Kirchen nicht nur eine christliche Möglichkeit, sondern eine christliche Notwendigkeit und damit ein bisher vielleicht verdecktes Element der eigenen christlichen Glaubensüberzeugung sind[155]. Im heutigen ökumenischen Gespräch sind es vier Ansätze, die versuchen, die Ökumene als einen Weg zu einer größeren und umfassenderen christlich-katholischen Fülle und damit als gegenseitige Bereicherung zu beschreiben.

(1) *Lernen vom Anderen*
Das Ökumene-Dekret des Vaticanum II formuliert dieses Prinzip in Artikel 4:

UR 4,6: »*Obgleich nämlich die katholische Kirche mit dem ganzen Reichtum der von Gott geoffenbarten Wahrheit und der Gnadenmittel beschenkt ist, ist es doch Tatsache, dass ihre Glieder nicht mit der entsprechenden Glut daraus leben, so dass das Antlitz der Kirche den von uns getrennten Brüdern und der ganzen Welt nicht recht aufleuchtet und das Wachstum des Reiches Gottes verzögert wird.*«

UR 4,8: »*Auf der anderen Seite ist es notwendig, dass die Katholiken die wahrhaft christlichen Güter aus dem gemeinsamen Erbe mit Freude anerkennen und hochschätzen, die sich bei den von uns getrennten Brüdern finden. Es ist billig und heilsam, die Reichtümer Christi und das Wirken der Geisteskräfte im Leben der anderen anzuerkennen, die für Christus Zeugnis geben, manchmal bis zur Hingabe des Lebens ...*«

UR 4,9f: »*Man darf auch nicht übergehen, dass alles, was von der Gnade des Heiligen Geistes in den Herzen der getrennten Brüder gewirkt wird, auch zu unserer eigenen Auferbauung beitragen kann. Denn was wahrhaft christlich ist, steht niemals im Gegensatz zu den echten Gütern des Glaubens, sondern kann immer dazu helfen, dass das Geheimnis Christi und der Kirche vollkommener erfasst werde.*
Aber gerade die Spaltungen der Christen sind für die Kirche ein Hindernis, dass sie die ihr eigene Fülle der Katholizität in jenen Söhnen wirksam werden lässt, die ihr zwar durch die Taufe zugehören, aber von ihrer völligen Gemeinschaft getrennt sind. Ja, es wird dadurch auch für die Kirche

selber schwieriger, die Fülle der Katholizität unter jedem Aspekt in der Wirklichkeit des Lebens auszuprägen.« Der Text enthält (in einer uns heute etwas vielleicht fremden Kirchensprache) bemerkenswerte Aussagen. Zunächst wird ein Schuldbekenntnis abgelegt. Die konkrete Praxis der katholischen Kirchenglieder spiegelt zu wenig – auch und gerade den anderen Christen gegenüber – den »ganzen Reichtum der von Gott geoffenbarten Wahrheit und der Gnadenmittel«. Dann werden die nichtkatholischen Christen in den Blick genommen. In gewisser Weise steigert das Ökumene-Dekret die Anerkennung der anderen Christen: Zunächst werden die Katholiken aufgefordert, die positiven christlichen Werte, die sich »aus dem gemeinsamen Erbe« auch bei den anderen Christen und Kirchen finden, »mit Freude« anzuerkennen und hochzuschätzen. Das ist mehr, als sie bloß zur Kenntnis zu nehmen. Das Christuszeugnis »bis zur Hingabe des Lebens« in diesen Gemeinschaften ist durch die Trennung nicht entwertet, sondern Bestandteil eines gemeinsamen christlichen Christuszeugnisses. Dies anzuerkennen erklärt das Konzil zu einem Gebot der Gerechtigkeit und der Frömmigkeit (»billig und heilsam«). Im folgenden Abschnitt geht das Konzil noch einen Schritt weiter. Es ist ja durchaus nicht so, dass die Katholiken in der Lehre und Praxis der anderen christlichen Kirchen und kirchlichen Gemeinschaften nur solche Elemente wiederentdecken, die schon längst und in gleicher Intensität in der katholischen Theorie und Praxis realisiert sind. Es ist möglich (und auch de facto so), dass sich in Lehre und Leben der nichtkatholischen Gemeinschaften Eigenschaften und Facetten des Christseins entfaltet haben, die innerhalb der katholischen Kirche nur ungenügend oder noch nicht verwirklicht worden sind. Die Katholiken sollen diese Aspekte deshalb als Bereicherung des eigenen Glaubenslebens (»zu unserer eigenen Auferbauung«) und als Beitrag zur größeren Katholizität (einschließlich eines besseren [»vollkommeneren«] Verständnisses der Ekklesiologie) der eigenen Kirche betrachten.
Der abschließende Abschnitt erklärt dann, dass die Spaltungen in der Christenheit es auch für die katholische Kirche »schwieriger« machen, »die Fülle der Katholizität unter jedem Aspekt in der Wirklichkeit des Lebens auszuprägen«. Das Lernen von den anderen Gemeinschaften ist also das Mittel, das Kirchenattribut der »Katholizität« in der katholischen Kirche überzeugender darzu-

stellen. Als vorbildliche‘ und nachahmenswerte Charaktereigen-
schaften der orthodoxen Kirchen werden im Ökumene-Dekret die
Feier der Liturgie und besonders der Eucharistie, die Marien- und
Heiligenverehrung und die »monastische Spiritualität« genannt
(UR 15). Ebenfalls hervorgehoben werden das ausdrückliche
Bekenntnis zu Jesus Christus (UR 20) und »die Liebe und Hoch-
schätzung, ja fast kultische Verehrung der Heiligen Schrift« (UR
21) in den Kirchen der Reformation. Man kann hier deutlich die
Kampfformeln der Reformation Martin Luthers (»allein durch
Christus«, »allein die Schrift«) erkennen, deren grundsätzliche
Berechtigung – bei allen damit verbundenen theologischen Fragen,
die auch im ökumenischen Gespräch von heute diskutiert werden
– vom Konzil durchaus zugestanden wird.

(2) *Komplementarität*
Der Begriff »Komplementarität« hat eine doppelte Bedeutung. In
der Bildungssprache meint er gewöhnlich eine wechselseitige
Entsprechung und Ergänzung[156]. Zwei Vorstellungen, die sich
komplementär zueinander verhalten, bilden zusammen ein größe-
res Ganzes, komplettieren sich zu einer umfassenden Einheit. In
der Mikrophysik bedeutet die von dem dänischen Physiker Niels
Bohr[157] eingeführte Kategorie der Komplementarität bzw. des
Komplementaritätsprinzips, dass dasselbe Objekt (z. B. ein Photon)
je nach den bei der Beobachtung angewandten Untersuchungsmitteln sich gegenseitig ausschließende Beschreibungen (als Teilchen
oder als Welle) erfahren kann, die jedoch keinen Widerspruch darstellen, weil die atomare Wirklichkeit beide zulässt[158]. Das Modell
von Niels Bohr ist nur dann für das neue ökumenische Paradigma
relevant, wenn es nicht den Status quo in Lehre und Struktur zwischen den Kirchen festschreibt. Im Rahmen dieser Überlegungen
ist deshalb (etwas modifiziert) die erste Bedeutung von »Komplementarität« vorausgesetzt: Zwei Vorstellungen, die auf den ersten
Blick als Widerspruch erscheinen können, beschreiben je einen
Aspekt einer gegebenen Wirklichkeit, der in der je anderen Vorstellung zunächst unterbelichtet war, sie jedoch vertiefen und
»ergänzen« kann. Das Ökumene-Dekret meint etwa, dass einander
entgegenstehende theologische Formeln der westlichen und der
östlichen Tradition »oft« als sich gegenseitig (komplementär) er-
gänzende Aussagen verstanden werden können[159]. Ökumenisch

bedeutsam geworden ist der Begriff in der Debatte um die »Gemeinsame Erklärung zur Rechtfertigungslehre« zwischen Katholiken und Lutheranern[160]. Der Sache nach sind der Begriff und die damit verbundene Methode allerdings sehr alt.

Die ersten vier Jahrhunderte der Christentumsgeschichte sehen den Streit zwischen zwei großen Schulen der Theologie. Grundlegend für das Christentum ist das Bekenntnis: Jesus von Nazaret ist der Messias (oder griechisch: der Christos, der Gesalbte) bzw. der Sohn Gottes. Die eine große Schule der Theologie in der ägyptischen Stadt Alexandria legt den Akzent auf die philosophisch-systematische Spekulation. Bekannte Vertreter sind Klemens von Alexandria (gestorben nach 215), Origenes und Athanasius (ca. 295–373). Die alexandrinische Schule hebt im christlichen Bekenntnis das letztlich unfassbare Geheimnis (Mysterium) des menschgewordenen Wortes Gottes und die Göttlichkeit Jesu hervor. Die zweite große Schule bildet sich in der syrischen Stadt Antiochia heraus, in der die »Christen« zum ersten Mal diesen Namen als eine neuartige Gemeinschaft von Juden und Heiden erhielten (Apg 11,26). In Antiochia wird besonders die Exegese gepflegt. Bedeutende Theologen sind Theodor von Mopsuestia (ca. 352–428) und Johannes Chrysostomos (ca. 350–407). Aber auch Arius (Areios) (ca. 260 – ca. 336) und Nestorius (gestorben ca. 451) gehören in den Umkreis der antiochenischen Schule und Theologie. Das Grundthema der antiochenischen Schule in der Christologie ist die Verteidigung der biblisch begründeten wahren Menschheit Jesu von Nazaret. Beide Ansätze haben jeweils ihre spezifischen berechtigten Anliegen und Gefahren. Die trinitarischen und christologischen Streitigkeiten der ersten vier Jahrhunderte lassen sich auf diese Schulen zurückführen. Das Konzil von Chalkedon (451) vermittelt dann eine Synthese zwischen Alexandria und Antiochia in der bekannten Formel: Jesus Christus ist wahrer Gott *und* wahrer Mensch »in zwei Naturen unvermischt, unveränderlich, ungetrennt und unteilbar«[161]. In diesem Sinn kann man sagen, dass die Ansätze von Alexandria und Antiochia komplementär zueinander sind.

Ein zweites Beispiel ist das Konzil von (Ferrara-)Florenz[162]. Dieses Konzil war der Versuch einer ökumenischen Wiederversöhnung zwischen der lateinischen und der griechischen Kirche. Ein Streitpunkt war der Hervorgang des Heiligen Geistes »aus dem Vater«, wie es im ursprünglichen Glaubensbekenntnis von Nikaia stand, bzw. »aus dem Vater *und dem Sohn* (lateinisch: filioque)«, wie es spanische und fränkische Synoden[163] seit dem Ende des 6. Jahrhunderts formulieren und Benedikt VIII. dann ins lateinische Credo einfügt. Die Unionsbulle »Laetentur caeli« (1439) des Konzils von (Ferrara-)Florenz erklärt, dass beide Versionen möglich waren, weil die alte Formel »aus dem Vater« schon in der Patristik immer auch die Überzeugung »*durch* den Sohn« miteinschloss, so dass die lateinische Formel »aus dem Vater und dem Sohn« nicht bestreiten wolle, dass es nur *ein einziges* Prinzip für das Dasein des Heiligen Geistes gebe, während das Insistieren der Griechen auf dem Text des Konzils von Nikaia (»aus dem Vater« und ohne Erwähnung des Sohnes) nicht ausschließen wolle, dass auch der Sohn in gewisser Weise »Ursache« der Existenz des Heiligen Geistes sei[164]. Auch hier könnte man von einer gewissen Komplementarität sprechen[165]. Allerdings ist das Unionskonzil von (Ferrara-)Florenz an dem Widerstand der orthodoxen Gläubigen und vor allem des Klerus und der Mönche in Griechenland gescheitert.

Im ökumenischen Gespräch wird diese Methode aber nur dann fruchtbar werden, wenn die Partner spüren, dass sie nicht in einem »faulen Kompromiss« nun eine Glaubenslehre zu ihrem bisherigen Glaubensinhalt *hinzu* akzeptieren müssen, die ihnen im Grunde wesensfremd bleibt, sondern dass sie eine in ihrer Tradition unter Umständen »verdeckte« christliche Grundwahrheit durch den ökumenischen Partner entschlüsselt bekommen. Ein Beispiel dafür könnte das Problemfeld der Kirchenleitung im katholisch/lutherischen Dialog sein. Die katholische Seite hat hier traditionell die Bedeutung des Bischofsamtes für die letztverbindliche Lehrverantwortung betont[166]. Die evangelischen Gesprächspartner haben demgegenüber immer die Beteiligung der Theologen, der ordinierten Pfarrer (und – seit dem 20. Jahrhundert – Pfarrerinnen) und der Gemeinden und die Mitverantwortung der Laien konkret in der Synode in Entscheidungen zu Glaubensfragen unterstrichen[167]. Komplementarität könnte bedeuten, (wieder) zu entdecken, dass auch in der evangelischen Kirche die Bischöfe eine wesentliche Funktion in der Verantwortung der rechten Lehre haben. Die »Confessio Augustana« spricht geradezu von einem »göttlichen Recht« der Bischöfe in diesem Punkt[168]. Katholiken hingegen könnten (wieder) erkennen, dass bei vielen der von ihnen als »ökumenisch« anerkannten Konzilien etwa im ersten Jahrtausend oder im

15. Jahrhundert »Laien«, also konkret weltliche Herrscher oder später Professoren der Theologie und des Kirchenrechtes, die nicht Bischöfe und manchmal nicht einmal Priester waren, eine entscheidende Rolle gespielt haben[169]. Die Komplementarität von Aussagen des Lehramtes ist bislang in der katholischen Theologie noch wenig diskutiert worden[170].

(3) *Versöhnte Verschiedenheit*
Der Begriff beschreibt ursprünglich kein Konzept der Kircheneinheit, sondern eine Methode, um die Einheit der Kirche(n) herzustellen. Er lässt sich daher mit sehr verschiedenen Vorstellungen kirchlicher Einheit vereinbaren[171]. Die Formel geht von der Voraussetzung aus, dass die unterschiedlichen konfessionell-kirchlichen Formen der Lehre und der Struktur in dieser Verschiedenheit »einen bleibenden Wert« besitzen. So drückt es jedenfalls die Vollversammlung des Lutherischen Weltbundes in Dar-es-Salam (1975) aus[172]. Die konfessionell geprägten Gemeinschaften sollen weiterhin bestehen bleiben. Die lutherische Theologie plädiert gerne für diese Methode, weil im Luthertum die »Bekenntnisschriften«, d. h. konkret vor allem die »Confessio Augustana« von Philipp Melanchthon und die beiden Katechismen von Martin Luther, ein identitätsstiftendes Merkmal darstellen. Von daher erklärt sich auch der immer wieder vorgetragene Wunsch vieler Lutheraner nach der Wahrung des »Bekenntnisstandes«.
Die »Versöhnung« dieser »Verschiedenheiten« soll dadurch erreicht werden, dass sie gemeinsam auf die »Mitte« des christlichen Glaubens und des Evangeliums bezogen werden, ohne dass sie die Mitte in Frage stellen. Es stellt sich dann allerdings sofort die Frage, was denn diese Mitte sei. Allgemein gesehen lässt sich antworten, dass die Mitte des neutestamentlichen Zeugnisses und damit des christlichen Glaubens die Botschaft von Gottes Heilshandeln in Jesus Christus ist[173]. Je mehr es gelingt, die je verschiedenen theologischen und kirchlich-strukturellen Traditionen auf diese Mitte hin zu erschließen, desto deutlicher wird es gelingen, die Verschiedenheiten zu versöhnen bzw. die Einheit in der Verschiedenheit herauszuarbeiten. Prinzipiell ist auch diese Methode offen für das Lernen oder Wiederentdecken vergessener und in diesem Sinn »neuer« Glaubensinhalte. Tendenziell scheint aber im evangelischen Denken diese Methode eher die Festschreibung des

konfessionell-kirchlichen Status quo anzuzielen (als gegenseitige Anerkennung der Kirchen so wie sie jetzt sind)[174]. In der katholischen Theologie meint die »Versöhnung« der Verschiedenheiten gewöhnlich die Übernahme grundlegender gemeinsamer Strukturelemente (konkret des Bischofsamtes) bei gleichzeitiger großer Freiheit im rechtlichen, liturgischen und disziplinären Bereich[175]. Der Unterschied liegt darin, was als für die Einheit der Kirche »notwendig« gesehen wird[176].

(4) *Differenzierter Konsens*
Die Formel und die damit beschriebene Methode entstanden in der Vorbereitung der »Gemeinsamen Erklärung zur Rechtfertigungslehre«, die von katholischen und lutherischen Theologen erarbeitet wurde. Der lutherische Theologe Harding Meyer hat den »differenzierten Konsens« auf den Begriff gebracht[177]. Die Methode wird im vierten Teil der »Gemeinsamen Erklärung« (Nr. 19–39) durchgeführt. In Anwendung auf einen konkreten strittigen Lehrartikel (z. B. zum Sündersein des Menschen und zur Gerechtmachung des Menschen in der Taufe oder zur Bedeutung der guten Werke usw.) wird folgendermaßen argumentiert: Es wird eine gemeinsame Aussage darüber gemacht, was in diesem Lehrartikel als das Grundlegende oder Wesentliche angesehen wird. Man formuliert weiter eine gemeinsame Aussage dazu, warum die verbleibenden Verschiedenheiten durchaus noch legitim weiterbestehen können und die Übereinstimmung im Grundlegenden nicht in Frage stellen.
Ein Beispiel kann dies verdeutlichen: In der Reformationszeit betonte Martin Luther, dass der Mensch »allein durch Gnade« und durch Gottes Handeln wieder gerecht gemacht werde. Die Aussage seiner Gegner, dass auch das Tun (die »Werke«) des Menschen eine Rolle spiele, deutete er als »Werkgerechtigkeit« und als den Versuch, den Menschen zu einem mit Gott gleichrangigen Partner bei der Erlösung zu machen. Der Mensch könne nicht, meinte er, an der Heilstat Gottes (im Sinne einer gleichrangigen *K*ooperation) »*mit*wirken«.
Die »Gemeinsame Erklärung« von Katholiken und Lutheranern stellt das jetzt so dar[178]:
»*Wir bekennen gemeinsam, dass gute Werke – ein christliches Leben in Glaube, Hoffnung und Liebe – der Rechtfertigung folgen und Früchte der*

Rechtfertigung sind. Wenn der Gerechtfertigte in Christus lebt und in der empfangenen Gnade wirkt, bringt er, biblisch gesprochen, gute Frucht. Diese Folge der Rechtfertigung ist für den Christen, insofern er zeitlebens gegen die Sünde kämpft, zugleich eine Verpflichtung, die er zu erfüllen hat; deshalb ermahnen Jesus und die apostolischen Schriften den Christen, Werke der Liebe zu vollbringen.«

Katholiken und Lutheraner kommen in der Streitfrage der Reformation über die Notwendigkeit der guten Werke zu einer gemeinsamen Aussage. Sie gewinnen diese durch den Blick auf die Sprechweise der Bibel und auf die (ethischen) Forderungen Jesu und der (»apostolischen«) Schriften der frühen Kirche.

Nun werden die verbleibenden Unterschiede benannt[179]:

»Nach katholischer Auffassung tragen die guten Werke, die von der Gnade und dem Wirken des Heiligen Geistes erfüllt sind, so zu einem Wachstum in der Gnade bei, dass die von Gott empfangene Gerechtigkeit bewahrt und die Gemeinschaft mit Christus vertieft werden. Wenn Katholiken an der ›Verdienstlichkeit‹ der guten Werke festhalten, so wollen sie sagen, dass diesen Werken nach dem biblischen Zeugnis ein Lohn im Himmel verheißen ist. Sie wollen die Verantwortung des Menschen für sein Handeln herausstellen, damit aber nicht den Geschenkcharakter der guten Werke bestreiten, geschweige denn verneinen, dass die Rechtfertigung selbst stets unverdientes Gnadengeschenk bleibt.«

Auch bei den Lutheranern gibt es den Gedanken eines Bewahrens der Gnade und eines Wachstums in Gnade und Glauben. Sie betonen allerdings, dass die Gerechtigkeit als Annahme durch Gott und als Teilhabe an der Gerechtigkeit Christi immer vollkommen ist, sagen aber zugleich, dass ihre Auswirkung im christlichen Leben wachsen kann. Wenn sie die guten Werke des Christen als ›Früchte‹ und ›Zeichen‹ der Rechtfertigung, nicht als eigene ›Verdienste‹ betrachten, so verstehen sie gleichwohl das ewige Leben gemäß dem Neuen Testament als unverdienten ›Lohn‹ im Sinn der Erfüllung von Gottes Zusage an die Glaubenden.«

Beide Partner können auf diese Weise ihre bisherigen (gegensätzlichen) Glaubensaussagen und damit ihre je eigene Tradition im Licht der gemeinsamen Aussage zu Beginn deuten und weiter zu ihnen stehen, ohne dass sie noch kirchentrennend bleiben *müssen*. Die Methode des »differenzierten Konsenses« ist bisher nur in der »Gemeinsamen Erklärung« angewendet worden. Ob sie auch in anderen ökumenischen Streitfragen wie im Problemfeld des kirchlichen Amtes weiterführen kann, wird die Zukunft zeigen. Sie als

Methode des ökumenischen Lernens auszuprobieren, lohnt sich allemal. Sie eröffnet einerseits den Blick auf die gemeinsamen christlichen Grundlagen in der Verkündigung Jesu und seiner Jüngergemeinde und in den Schriften des NT und sie erlaubt andererseits die Treue zur je eigenen kirchlichen Tradition, die für viele christliche Kirchen ein Bestandteil ihres Glaubens ist.

Die Methode des ökumenischen Lernens als eines Lernens des Glaubens vom Partner ist im Grunde ein Plädoyer für die aus verschiedenen Gründen etwas in Misskredit geratene theologische Konsens- und Konvergenzökumene. Ökumenisch lernen heißt im Sinne von Röm 1,11f nicht eine Einbahnstraße der Belehrung, sondern eine gegenseitige Stärkung des Glaubens, indem füreinander der Glaube bezeugt wird. Walter Kasper hat das so ausgedrückt[180]: »Die Ökumene kommt nicht dadurch voran, dass wir die eigene Glaubensüberzeugung aufgeben. Nicht aufgeben sollen wir sie, sondern – wie bei der Rechtfertigungslehre geschehen – tiefer in sie eindringen, so tief, dass sie mit der Tradition der anderen Kirche kompatibel wird.«

Texte

Confessio Helvetica Posterior 17, in: Reformierte Bekenntnisschriften und Kirchenordnungen in deutscher Übersetzung, bearbeitet und hrsg. v. Paul Jacobs, Neukirchen 1949, 218:

»Außerdem lehren wir, sorgfältig darauf zu achten, worauf am meisten die Wahrheit und Einheit der Kirche besteht, damit wir nicht leichtfertig Spaltungen erzeugen und in der Kirche begünstigen. Die Einheit besteht nicht in Zeremonien und äußeren Gebräuchen, sondern vielmehr in der Wahrheit und Einheit des allgemeinen Glaubens (fides catholica). Der allgemeine Glaube ist uns nicht in menschlichen Gesetzen überliefert, sondern in der Heiligen Schrift, deren Zusammenfassung das apostolische Glaubensbekenntnis ist. Daher lesen wir, dass es bei den Alten mancherlei Verschiedenheit der Gebräuche gegeben hat, aber eine freie Verschiedenheit, die niemals jemand so angesehen hat, dass dadurch die kirchliche Einheit aufgelöst werde. Deshalb sagen wir, dass die wahre Einmütigkeit der Kirche in Glaubenslehren und in der wahren und einmütigen Verkündigung des Evangeliums Christi und in den vom Herrn besonders überlieferten Gebräuchen bestehe …«

Chicago-Lambeth-Quadrilateral (1888)[181]:

»Dass, nach Meinung der Konferenz, die folgenden Artikel eine Basis bieten, von der aus man, wenn Gott Segen gibt, der Wiedervereinigung näherkommen kann:

a) Die Heilige Schrift Alten und Neuen Testaments als ›alles zum Heil Notwendige enthaltend‹ und als Regel und letzte Richtschnur des Glaubens.

b) Das Apostolische Glaubensbekenntnis als Taufsymbol und das Nizänische Bekenntnis als ausreichende Erklärung des christlichen Glaubens.

c) Die beiden von Christus selbst eingesetzten (ordained by Christ Himself) Sakramente – Taufe und Abendmahl – verwaltet unter unverfälschter Verwendung der Einsetzungsworte (words of Institution) Christi und der von Ihm verordneten Elemente.

d) Das Historische Bischofamt, in den Formen seiner Amtsausübung den verschiedenen Erfordernissen der von Gott zur Einheit Seiner Kirche berufenen Nationen und Völker angepasst (locally adapted).«

Erklärung der 3. Panorthodoxen Vorkonziliaren Konferenz in Chambésy (1986), deutscher Text: Meyer, Ökumenische Zielvorstellungen (Anm. 29), 40f:

»1. Die Orthodoxe Kirche in ihrer tiefen Überzeugung und in ihrem kirchlichen Bewusstsein, die Bewahrerin und Zeugin des Glaubens und der

Tradition der einen, heiligen, katholischen und apostolischen Kirche zu sein, glaubt fest daran, dass sie in dem, was das Fortschreiten zur Einheit der Christen betrifft, einen zentralen Platz einnimmt.

2. Die Orthodoxe Kirche stellt fest, dass es im Laufe der Geschichte aus verschiedenen Gründen und auf verschiedene Weisen zu zahlreichen und wichtigen Abweichungen von der Tradition der ungeteilten Kirche gekommen ist. So haben sich in der christlichen Welt voneinander abweichende Auffassungen von der Einheit und vom eigentlichen Wesen der Kirche gezeigt.

Die Orthodoxe Kirche sieht die Einheit der Kirche begründet in ihrer Stiftung durch unseren Herrn Jesus Christus und in der Gemeinschaft in der Heiligen Trinität und in den Sakramenten. Diese Einheit kommt zum Ausdruck durch die apostolische Sukzession und die patristische Tradition und ist bis auf den heutigen Tag in ihrem Schoße gelebt worden. Die Orthodoxe Kirche hat den Auftrag und die Pflicht, die ganze Wahrheit zu überliefern, die in der heiligen Schrift und der heiligen Tradition enthalten ist und die der Kirche ihren universalen Charakter verleiht. Die Verantwortung der Orthodoxen Kirche und ihr ökumenischer Auftrag ... sind durch die ökumenischen Konzile zum Ausdruck gebracht worden. Diese haben insbesondere das unauflösliche Band betont, das zwischen dem wahren Glauben und der eucharistischen Gemeinschaft besteht. Die Orthodoxe Kirche hat stets danach getrachtet, die verschiedenen Kirchen und Konfessionen mit sich zu nehmen bei dem gemeinsamen Suchen nach der verlorenen Einheit der Christen, damit alle zur Einheit des Glaubens gelangen ...

6. Jedoch weist die Orthodoxe Kirche in Treue zu ihrer Ekklesiologie, zur Identität ihrer inneren Struktur und zur Lehre der ungeteilten Kirche ... den Gedanken einer ›Gleichheit der Konfessionen‹ weit von sich und vermag nicht, die Einheit der Kirche als Ausgleich zwischen den Konfessionen zu verstehen. In diesem Sinne kann die gesuchte Einheit ... nicht einfach das Ergebnis theologischer Übereinkünfte sein. Gott ruft jeden Christen zur Einheit des Glaubens, so wie sie im Mysterium und in der Tradition innerhalb der Orthodoxen Kirche gelebt wird.«

Unionskonzil von (Ferrara-)Florenz: Bulle »Laetantur caeli« (1439) (DH 1307f):

»Ebenso bestimmen wir, dass der heilige Apostolische Stuhl und der Römische Bischof den Primat über den gesamten Erdkreis innehat und der Römische Bischof selbst der Nachfolger des seligen Apostelfürsten Petrus und der wahre Stellvertreter Christi, das Haupt der ganzen Kirche und der Vater und Lehrer aller Christen ist; und ihm ist von unserem Herrn Jesus Christus im seligen Petrus die volle Gewalt übertragen worden, die gesamte Kirche zu weiden, zu leiten und zu lenken, wie es auch in den Akten der ökumenischen Konzilien und in den heiligen Kanones festgehalten wird.

Wir erneuern überdies die in den Kanones überlieferte Rangordnung der übrigen ehrwürdigen Patriarchen, dass (nämlich) der Patriarch von Konstantinopel der zweite ist nach dem heiligsten Römischen Bischof, der dritte aber der von Alexandrien, der vierte aber der von Antiochien und der fünfte der von Jerusalem, selbstverständlich unter Wahrung aller ihrer Privilegien und Rechte.«

Das Glaubensbekenntnis des Konzils von Trient (1564) (DH 1868f):

»Ich anerkenne die heilige katholische und apostolische Römische Kirche als Mutter und Lehrerin aller Kirchen; und ich gelobe und schwöre dem Römischen Bischof, dem Nachfolger des seligen Apostelfürsten Petrus und Stellvertreter Jesu Christi, wahren Gehorsam.

Ebenso anerkenne und bekenne ich ohne Zweifel alles übrige, was von den heiligen Kanones und ökumenischen Konzilien, und zwar hauptsächlich vom hochheiligen Konzil von Trient überliefert, definiert und erklärt wurde; und alles, was (dem) entgegengesetzt ist, sowie alle Häresien, die von der Kirche verurteilt, verworfen und mit dem Anathema belegt wurden, *verurteile, verwerfe und belege ich gleichfalls mit dem Anathema.*«

»Basisformel« des ÖRK (Neu Delhi 1961), in : Neu-Delhi 1961. Dokumentarbericht über die Dritte Vollversammlung des Ökumenischen Rates der Kirchen, hrsg. v. Willem A. Wisser't Hooft, Stuttgart 1962, 170:

»Der Ökumenische Rat der Kirchen ist eine Gemeinschaft von Kirchen, die den Herrn Jesus Christus gemäß der Heiligen Schrift als Gott und Heiland bekennen und darum gemeinsam zu erfüllen trachten, wozu sie berufen sind, zur Ehre Gottes, des Vaters, des Sohnes und des Heiligen Geistes.«

Gemeinsame Erklärung von Papst Paul VI. und Patriarch Athenagoras I. als Spätfolge ihrer Begegnung in Jerusalem am 6. Januar 1964 (7. Dezember 1964), in: Dokumente wachsender Übereinstimmung, Bd. 1 (Anm. 911), 522f:

»1. Von Dank gegen Gott für die in seinem Erbarmen ihnen erwiesene Gunst durchdrungen, einander brüderlich zu begegnen an den heiligen Stätten, wo durch den Tod und die Auferstehung des Herrn Jesus sich das Mysterium unseres Heils vollzogen hat und durch die Ausgießung des Heiligen Geistes die Kirche geboren worden ist, haben Papst Paul VI. und der Patriarch Athenagoras I. den Plan, den jeder für sich damals gefasst hatte, nicht aus dem Auge verloren, künftig keine der Gesten zu unterlassen, die die Liebe eingibt und die die Entwicklung der so angebahnten brüderlichen Beziehungen zwischen der Römisch-Katholischen Kirche und der Orthodoxen Kirche von Konstantinopel erleichtern könnten. Sie sind überzeugt, so dem Ruf der göttlichen Gnade zu entsprechen, der heute die Römisch-Katholische Kirche und die Orthodoxe Kirche sowie alle Christen dazu bringt, über ihre Zwistigkeiten hinwegzugehen, um von Neuem ›eins‹ zu sein, wie der Herr Jesus es für sie von seinem Vater erbeten hat.

2. Unter den Hindernissen, die auf dem Weg der Entwicklung dieser brüderlichen Beziehungen in Vertrauen und Hochachtung liegen, befindet sich die Erinnerung an die schmerzlichen Entscheidungen, Handlungen und Zwischenfälle, die 1054 zu den Exkommunikationssentenzen führten, die von den von Kardinal Humbert angeführten Legaten des Römischen Stuhls gegen den Patriarchen Michael Kerularios und zwei weitere Persönlichkeiten ausgesprochen wurden, worauf die Legaten selbst Gegenstand eines analogen Bannspruchs von seiten des Patriarchen und der Synode von Konstantinopel wurden.

3. Es ist nicht möglich zu tun, als ob diese Geschehnisse nicht das gewesen sind, was sie in dieser besonders wirren Periode der Geschichte gewesen sind. Doch heute, da man zu einem abgeklärteren und gerechteren Urteil über sie gelangt ist, ist es wichtig, die Übertreibungen wahrzunehmen, von denen sie befleckt wurden und die später zu Folgen geführt haben, die, soweit wir es beurteilen können, über die Absichten und Annahmen ihrer Urheber hinausgingen, deren Zensuren sich auf die angezielten Personen und nicht auf die Kirchen erstreckten und nicht beabsichtigten, die kirchliche Gemeinschaft zwischen den Sitzen von Rom und von Konstantinopel aufzuheben.

4. In der Gewißheit, damit den gemeinsamen Wunsch nach Gerechtigkeit und das einmütige Gefühl der Liebe ihrer Gläubigen zum Ausdruck zubringen, und eingedenk des Gebotes des Herrn: ›Wenn du deine Gabe an den Altar bringst und dich dabei erinnerst, dass dein Bruder etwas gegen dich hat, so laß deine Gabe vor dem Altar stehen und gehe zuvor hin und versöhne dich mit deinem Bruder‹ (Mt 5,23–24), erklären deshalb Papst Paul VI. und der Patriarch Athenagoras I. mit seiner Synode in gemeinsamem Einvernehmen:

a) dass sie die beleidigenden Worte, grundlosen Vorwürfe und verwerflichen Handlungen bedauern, die die traurigen Ereignisse dieser Epoche auf beiden Seiten geprägt und begleitet haben;

b) dass sie ebenfalls die Exkommunikationssentenzen, die auf sie gefolgt sind, und deren Erinnerung einer Annäherung in der Liebe bis heute hindernd im Wege steht, bedauern, aus dem Gedächtnis und der Mitte der Kirche tilgen und dem Vergessen anheimfallen lassen;

c) dass sie endlich die ärgerlichen Präzedenzfälle und die weitern (sic!) Vorkommnisse beklagen, die unter dem Einfluß verschiedener Faktoren,

u. a. des gegenseitigen Verständnismangels und Mißtrauens, schließlich zum tatsächlichen Bruch der kirchlichen Gemeinschaft geführt haben.
5. Papst Paul VI. und der Patriarch Athenagoras I. mit seiner Synode sind sich bewußt, dass diese Geste der Gerechtigkeit und der wechselseitigen Vergebung nicht hinreichen kann, um den alten oder neueren Differenzen, die zwischen der Römisch-Katholischen Kirche und der Orthodoxen Kirche bestehen, ein Ende zu setzen, sondern diese werden durch das Wirken des Heiligen Geistes beseitigt werden dank der Läuterung der Herzen, der Reue über die geschichtlichen Unrechtstaten sowie im wirksamen Willen, zu einem gemeinsamen Verständnis und Ausdruck des apostolischen Glaubens und seiner Forderung zu gelangen.
Indem sie diese Geste vollziehen, hoffen sie, dass diese Gott gefalle, der schnell bereit ist, uns zu verzeihen, wenn wir einander verzeihen, und dass sie von der ganzen christlichen Welt, vor allem aber von der gesamten Römisch-Katholischen und Orthodoxen Kirche gewürdigt werde als Ausdruck eines ehrlichen beidseitigen Willens zur Versöhnung und als Einladung, im Geist des Vertrauens, der gegenseitigen Hochachtung und Liebe den Dialog fortzusetzen, der sie mit der Hilfe Gottes dahin bringen wird, zum größeren Heil der Seelen und zum Anbruch des Reiches Gottes von neuem in der vollen Gemeinschaft des Glaubens, der brüderlichen Eintracht und des sakramentalen Lebens zu leben, wie sie im Lauf des ersten Jahrtausends des Lebens der Kirche zwischen ihnen bestand.«

8. Vaticanum I

Die Diskussion innerhalb der katholischen Kirche um das kirchenleitende Amt und speziell das Papstamt beginnt nicht erst im
Umfeld oder im Gefolge des Vaticanum I. Aber sie konzentriert
sich – in Zustimmung und Ablehnung – in der Ausarbeitung und
Rezeption des Textes der »Ersten (!) Dogmatischen Konstitution
›Pastor Aeternus‹ über die Kirche Christi« vom 18. Juli 1870[1].
Von daher ergibt sich der Aufbau der Darstellung des Kapitels:
1) Die unmittelbare Vorgeschichte des Konzils (in Stichworten),
2) Analyse des Textes der Konstitution und 3) Rezeption. Ähnlich
hat Klaus Schatz seine dreibändige Konzilsgeschichte der Kirchen-
versammlung von 1869/1870 gegliedert[2].

8.1 Die unmittelbare Vorgeschichte

Ein Dogma ist stets die Definition einer Glaubenswahrheit gegen
eine bestimmte Bestreitung dieser Glaubensaussage. Deswegen ist
die Kenntnis des jeweiligen Kontextes wichtig für das Verständnis
des Dogmas selbst. Das gilt selbstverständlich auch von der
Definition in »Pastor Aeternus«, obwohl John Henry Newman in
einem Brief an seinen Ortsbischof während des Konzils kritisierte,
dass dieses Gegenüber in der Situation des 19. Jahrhunderts fehle[3].
Er hat damals eine Dogmatisierung für überflüssig gehalten, da ja
niemand in der katholischen Kirche die Stellung des Papstes
bestreite. Das hat die Mehrheit der Konzilsväter anders gesehen.
Bei der Entwicklung, die im 19. Jahrhundert zur Definition von 1870
führt, spielen drei Faktoren eine maßgebliche Rolle:

(1) *Die Französische Revolution als terminus a quo*[4]
Zu Anfang des 19. Jahrhunderts war »Rom« schwach und fiel als
ernstzunehmende kirchliche Größe kaum ins Gewicht. 1799 war
Papst Pius VI. (1775–1799) von napoleonischen Truppen in die
Gefangenschaft geführt worden und in Valence (Frankreich) ge-
storben. Auch sein Nachfolger, Papst Pius VII. (1800–1823), stand

zumindest teilweise unter der Kuratel Napoleons. Diese Schwäche hatte zwei paradoxe Folgen. Rom wurde einerseits den Staaten und Regierungen ein interessanter (weil vordergründig leichter zu handhabender) Verhandlungspartner zur Lösung ihrer unmittelbaren Probleme, was langfristig eine Stärkung Roms bedeutete. Andererseits fiel es auch kirchlichen Instanzen leichter, sich Rom zuzuwenden. Die unmittelbar übergeordnete kirchliche Instanz (Bischof, Metropolit) war bedrohlich nahe, Rom dagegen war weit entfernt und daher ungefährlich. Das ist ein wiederholt anzutreffendes Phänomen in der Entwicklung des Primates in der Kirchengeschichte. Das schwache Zentrum wird (in einem konkreten lokalen Konflikt) bewusst als Appellationsinstanz proklamiert, um die nächsthöhere lokale Autorität (etwa den durch das fränkische Königtum bestellten Metropoliten) auszuschalten wie dies »Pseudo-Isidor« im 9. Jahrhundert im Vorfeld des »saeculum obscurum« demonstriert[5]. Es war eine Folge der Französischen Revolution, dass die selbstbewusste gallikanische Kirche in Frankreich (»Ecclesia gallicana«) und die deutsche Reichskirche (»Germania sacra«) mit ihren geistlichen Kurfürsten und Fürstbischöfen verschwanden, die im Mittelalter (und bis ins 18. Jahrhundert) ein Gegengewicht zum Papsttum dargestellt hatten, dass die im Mittelalter einflussreichen staatlichen theologischen Fakultäten (vor allem die bedeutende theologische Fakultät an der Sorbonne in Paris) nur noch ein Schattendasein führten, und dass in den staatlich geforderten Neuordnungen kirchlicher Strukturen in Europa zur Zeit Napoleons (1801 erfolgte nach dem Konkordat zwischen Frankreich und Rom der von Napoleon erzwungene Rücktritt [bzw. die Absetzung] des ganzen französischen Episkopats, den Papst Pius VII. – gegen seinen Willen – zu vollziehen hatte) und nach seinem Sturz die jeweiligen katholischen Landeskirchen ohne die Stütze eines unabhängigen katholischen Episkopats und manchmal im Kampf gegen eine nichtkatholische Regierung (Belgien im Königreich der Niederlande, Irland unter der Regierung des englischen Königtums, Polen unter der Verwaltung Russlands und Preußens) nach Rom als der einzigen realistischen Instanz eines kirchlichen Neuaufbaues Ausschau hielten.

(2) *Die Suche des 19. Jahrhunderts nach einem sichtbaren Prinzip der Autorität*

Das ist in der ersten Hälfte des 19. Jahrhunderts ein gesamtgesellschaftliches Phänomen, grundgelegt und verstärkt durch die politische Restauration bis 1848. Yves Congar hat diese Haltung »l'affirmation de l'autorité« genannt[6]. Im katholischen Bereich wird dies reflektiert in der Bewegung des Ultramontanismus oder (radikaler nach 1848) des Neo-Ultramontanismus, deren Programmschrift das Buch »Du pape« (1819) von Joseph-Marie de Maistre darstellt. Im Grunde handelt es sich um eine kirchliche Basisbewegung des 19. Jahrhunderts, in Deutschland in ausdrücklichem Widerstand gegen die vom Staat eingesetzten Bischöfe und das Staatskirchentum, in Frankreich besonders gegen die Programmatik der Französischen Revolution, die kirchlich als liberale Bindungslosigkeit und Leugnung des Autoritätsprinzips interpretiert wurde, und in England, wo der Ultramontanismus eine (über die kontinentaleuropäische Situation hinausgehende) Verwurzelung in Konvertitenkreisen fand, im Gegenüber zur (anglikanischen) Staatskirche (»Church of England«). Im Widerspruch zur Vernunftautonomie der Aufklärung entwirft die neuscholastische Theologie (die etwa zwischen 1850 und 1950 die katholische Theologie dominiert) die Vision einer hierarchischen Einheit von Glaube und Vernunft (in Unterordnung der Vernunft unter das Lehramt der Kirche und in strenger kirchlicher Bindung von Wissenschaft und Politik). Seit Gregor XVI. (1831–1846), der durchaus bestimmte Formen des Ultramontanismus noch bekämpft (Enzyklika »Mirari vos« 1832 gegen Hugo-Félicité-Robert Lamennais [1782–1854]), übernehmen die Päpste (je spezifisch) dieses Projekt. Thematisiert hat dies Pius IX. im »Syllabus« von 1864.

(3) *Die Person des Papstes Pius IX.*

Pius IX. ist der Papst, der von allen Päpsten bisher am längsten regiert hat (1846–1878: 32 Jahre). Mit ihm beginnt im 19. Jahrhundert die Papstverehrung der Neuzeit. Man reist jetzt nicht mehr nach Rom, um die Gräber der Apostel Petrus und Paulus zu besuchen (»Ad Limina Apostolorum«), sondern um den Papst zu sehen. Pius IX. gilt in der katholischen Öffentlichkeit schon zu Lebzeiten als »Märtyrerpapst«. Die Art, wie ihm der Kirchenstaat entrissen wird, weckt in der katholischen Welt außerhalb Italiens

Unwillen und Empörung. Auch auf dem Konzil hat Pius IX. einen nicht zu unterschätzenden Einfluss ausgeübt[7].

8.2 Analyse des Textes der Konstitution »Pastor Aeternus«

Das Vaticanum I ist – nach offizieller katholischer Zählung – das 20. »Ökumenische« Konzil. Es tagte vom 8. Dezember 1869 bis zum 18. Juli 1870 (dann wurde es ohne eigentlichen Abschluss wegen des Ausbruches des Deutsch-französischen Krieges »sine die«, d. h. ohne Benennung eines neuen Sitzungstermins, vertagt) im rechten Querschiff der Peterskirche zu Rom. Das Konzil hat zwei Texte verabschiedet. Der eine ist die »Dogmatische Konstitution ›Dei Filius‹ über den katholischen Glauben« (24. April 1870)[8]. Das zweite Dokument trägt den Titel »Erste Dogmatische Konstitution ›Pastor Aeternus‹ über die Kirche« (18. Juli 1870)[9]. Der Titel bringt zum Ausdruck, dass ursprünglich geplant war, eine zweite Dogmatische Konstitution über die Kirche zu verabschieden, was allerdings wegen des Kriegsausbruches nicht mehr gelang. »Pastor Aeternus« ist also – im Blick auf die Ekklesiologie – ein Torso geblieben. Der Text behandelt nur einen Teil der Kirche, nämlich das kirchenleitende Amt in Gestalt des Papstamtes. Es wäre also eine Interpretation gegen die Intention des Konzils, die die offizielle Überschrift von »Pastor Aeternus« in Erinnerung bringt, zu behaupten, dass hier eine umfassende Ekklesiologie vorgelegt worden sei.

Die Konstitution setzt christologisch ein. »Der ewige Hirte« (Pastor Aeternus) (= Christus) »hat die Errichtung der heiligen Kirche beschlossen« (sanctam aedificare ecclesiam decrevit). Der Titel assoziiert die Überschrift der Bulle »Pastor aeternus gregem« (19. Dezember 1516) des 5. Laterankonzils[10], in der Leo X. die Schlussaussage der Bulle »Unam sanctam« von Papst Bonifaz VIII. von 1302: »Es ist heilsnotwendig für jeden Menschen (Leo X.: für alle Christgläubigen), dem römischen Bischof untertan zu sein« noch einmal einschärft[11]. Der Prolog argumentiert folgendermaßen[12]: In der Kirche sollten (nach der Intention Christi) alle Gläubigen »durch das Band des einen Glaubens und der Liebe« vereint sein. Dazu habe Christus »Hirten und Lehrer« bestimmt. Diese Funktion lebt fort im Institut des Episkopats, das im Apostelkollegium vorgebildet ist. »Damit aber der Episkopat selbst eins und ungeteilt sei und durch die untereinander eng verbundenen Priester die gesamte Menge der Gläubigen in der Einheit des Glaubens und der Gemeinschaft (Communio) bewahrt werde, errichtete er (= Christus; Anm. W. K.), indem er den seligen Petrus an die Spitze der übrigen Apostel stellte, in ihm ein dauerhaftes Prinzip dieser zweifachen Einheit und ein sichtbares Fundament, auf dessen Stärke der ewige Tempel erbaut werden sollte; und die bis zum Himmel ragende Erhabenheit der Kirche sollte sich in der Kraft seines Glaubens aufrichten.«[13] Als inneren theologischen Sachgrund und Zweck (»Prinzip«) des Primates nennt der Prolog die Einheit des Glaubens und der Gemeinschaft (»fidei et communionis unitas«). In Petrus ist durch Christus ein *sichtbares* Fundament der Einheit »gestiftet« (lateinisch: instituit). In der neueren katholischen Theologie und im ökumenischen Gespräch nennt man diesen Kern des Primates das »Petrusamt« bzw. die »petrinische Funktion« als Dienst (eines Amtsträgers) an der Einheit der *Gesamt*kirche im Unterschied zum Papstamt, d. h. zu der jeweils historisch gelebten und unter Umständen wandelbaren Form dieses Petrusamtes[14]. Wichtig ist die Aussage des Prologes: Die Einheit der Gesamtkirche wird durch das Amt und insbesondere das Bischofsamt vermittelt.

Die Konstitution umfasst vier Kapitel:

Kapitel 1 handelt von der Stiftung des Primates in Petrus. In der theologischen Terminologie ist dies die »Petrinitas« des Primates. Die biblischen Belege dafür sind Joh 1,42 (Namensgebung an Petrus), Mt 16,16–19 (Christusbekenntnis des Petrus und als Reaktion Christi die *Verheißung* der Fundamentlegung der Kirche, der Übergabe der »Schlüssel des Himmelreiches« und der Binde- und Lösegewalt[15]) und Joh 21,15–17 (als aktuelle *Übertragung* des Hirtenauftrages). Interessant ist, dass mit der Berufung auf das Nachtragskapitel des Johannesevangelium, in dem von einer Christophanie vor einer ausgewählten Jüngergruppe berichtet wird, gesagt wird, der *Auferstandene* habe Petrus den Primat übertragen (DH 3053). Die aktuelle Stiftung des Primates ist also ein nachösterliches Geschehen innerhalb der Geschichte der Kirche. Dieser Primat, kein Ehrenprimat, sondern ein Primat mit Rechtsvollmachten (Jurisdiktionsprimat), ist dem Petrus persönlich und direkt vom auferstandenen Christus verliehen, also nicht durch die Vermittlung der Kirche, wie es die orthodoxe Position, der Gallikanismus oder der Febronianismus behaupten. Auf diese Weise ist, wie der dieses Kapitel abschließende Kanon festhält, ein Dreifaches definiert (DH 3055): Die monarchische Struktur (bzw. das personale kirchenleitende Amt) der Kirche, der Primat einer »wahren und eigentlichen« Jurisdiktion und die unmittelbare Rückführung dieser Verfassung auf Christus, d. h. die Unveränderlichkeit.

Kapitel 2 definiert die »Perpetuitas« (die Fortdauer des Primates in Nachfolgern) und die »Romanitas« (den Zusammenhang des Primates mit den Bischöfen von Rom). Es erklärt, dass der Primat »nach dem Willen« (auctore) Christi, also nicht bloß aufgrund historischen Rechtes, bis zum Ende der Zeiten »fortdauern muss« (durare necesse est). Der Primat besteht in den Nachfolgern Petri weiter und diese Nachfolge steht den Bischöfen von Rom zu. Wie der dem Kapitel beigefügte Kanon (im letzten Absatz erläutert), ist die Lehrbestimmung gegen all jene gerichtet, die den Ius-divinum-Charakter der petrinischen Sukzession ableugnen oder die bestreiten, dass der Bischof von Rom Nachfolger des Apostels Petrus in seinem Primat ist. Ein ausdrückliches Stiftungswort aus dem NT wird nicht angegeben. Zwei Anspielungen auf Schrifttexte sind allerdings vorhanden[16], aber sie haben kein eigentliches begründendes Gewicht. Die Überzeugung vom Ius-divinum-Charakter der petrinischen Sukzession ergibt sich für den Text, wie die Belegstellen des Kapitels deutlich machen, nicht aufgrund eines ausdrücklichen Christuswortes, sondern aufgrund von Folgerungen aus Verheißungen Christi (Mt 16,18; 28,20) und besonders aufgrund von Traditionszeugnissen (einer Rede des päpstlichen Legaten Philippus auf der dritten Sitzung des Konzils von Ephesus und einer Predigt Leos I.). Die »Romanitas« wird ebenfalls durch zwei Traditionszeugnisse (die bekannte Stelle von Irenaeus von Lyon[17] und einen Brief des Ambrosius) nachgewiesen. Auf dem Konzil gab es einen Disput darüber, ob die »Romanitas« als Stiftung Christi gelten solle. Wäre sie dies, wäre es nicht möglich, den Primat je vom Amt des römischen Bischofs zu trennen. Das Konzil hat darüber keine Entscheidung treffen wollen[18].
Deswegen definiert der Kanon (DH 3058) die »Perpetuitas« als Stiftung Christi und läßt den Rechtsstatus der Existenz des Petrus-

amtes im römischen Bischof offen. Anders ausgedrückt: Es wird als Glaubenslehre verkündet, dass das Petrusamt zum unveränderlichen Wesen der Kirche gehört, nicht zu ihrem »bene esse« (zu ihrer wünschenswerten Form) oder »plene esse« (zu ihrer Vollständigkeit), sondern zum »esse« (zu ihrem Wesen). Es wird weiter gesagt, dass der *jetzige* römische Bischof Träger dieses Petrusamtes ist. Vom Dogma her ist es allerdings nicht ausgeschlossen, dass ein künftiger Papst sich etwa auf den Philippinen oder in Afrika niederlässt (und damit die Verbindung zur Ortskirche von Rom für längere Zeit oder gar auf Dauer kappt). Während des »Avignonesischen Exils« (1305 bzw. 1309 bis 1376) waren die Päpste für mehrere Jahrzehnte außerhalb Roms.

Kapitel 3 beschreibt Wesen und Umfang des Primates. Der entscheidende Text, der unzweideutig als dogmatische Definition vorgestellt wird[19], findet sich im 2. Abschnitt (DH 3060). »Auf Anordnung des Herrn« (disponente Domino) habe der Papst (»Römische Kirche« hat hier die Bedeutung »Papst«, die sich seit der Gregorianischen Reform einbürgert; es geht weiter: »*diese* Jurisdiktionsvollmacht des Römischen Bischofs«) den Primat einer *ordentlichen* Rechtsgewalt und diese Jurisdiktionsvollmacht sei *bischöflich* und *unmittelbar*. Es handelt sich um eine »ordentliche« Rechtsgewalt. Sie ist also mit dem Amt gegeben und nicht von einer anderen (kirchlichen oder weltlichen) Instanz delegiert. Sie ist »bischöflich«. Der Ausdruck »bischöflich« ist an dieser Stelle nicht sakramental gemeint. Der Papst ist nicht der Bischof der Bischöfe in einem sakramentalen Sinn. Die Rede ist von der »hierarchia iurisdictionis«, in der der Bischof die rechtliche Kompetenz der Aufsicht (griechisch-neutestamentlich: episkopé) hat. Allerdings ist der Begriff hier missverständlich[20]. »Unmittelbar« bedeutet, dass der Papst diese Gewalt dem einzelnen Gläubigen gegenüber auch unter Umgehung der an sich zuständigen Instanz, d. h. gewöhnlich des Ortsbischofs, ausüben kann. Die Rechtsgewalt ist ebenso universal. Sie erstreckt sich auf die Bischöfe wie auf die Gläubigen, je einzeln für sich genommen wie als Gesamtheit. Sie besteht nicht nur in Fragen des Glaubens und der Sitten, sondern auch im Bereich der kirchlichen Disziplin und Leitungsgewalt. Sie ist also eine Höchst- und Vollgewalt[21]. Es existieren allerdings Grenzen. Das wird jedoch ausdrücklich erst auf dem Vaticanum II gesagt – und dort nur in einem Brief der Theologischen Kommission an Paul VI. Als Grenzen nennt die Kommission exemplarisch die Offenbarung, die gottgewollte »fundamentale« Struktur der Kirche, die sakramentale Verfasstheit und die Definitionen der früheren Konzilien[22].

Der folgende Abschnitt (DH 3061) ist eine Konzession an die Minorität des Konzils, eine Art Bischofsklausel. Die Bischöfe, »eingesetzt vom Heiligen Geist und als Nachfolger der Apostel«, weiden und leiten als wahre Hirten, nicht als Delegierte oder Vertreter des Papstes, die ihrer Obhut anvertraute Herde. Die Gewalt des Papstes tue der »*ordentlichen* und *unmittelbaren bischöflichen* Jurisdiktionsgewalt« keinen Abbruch, formuliert das Konzil, indem es die gleichen Adjektive aufnimmt, mit denen die päpstliche Jurisdiktionsgewalt umschrieben worden ist. Aber es hat die Koexistenz der beiden Gewalten nur behauptet, ohne im Einzelnen zu präzisieren, wie diese möglich sein kann[23].

Der letzte Abschnitt (DH 3063) vor dem Schlusskanon definiert den Sieg der Papsttheorie über den Konziliarismus (dessen Motto lautete:»concilium supra papam«, das Konzil steht über dem Papst). Der Papst ist »der oberste Richter« (iudex supremus) aller Gläubigen. Der Urteilsspruch des Papstes ist die Entscheidung der obersten (Rechts-)Instanz in der Kirche. Das schließt ein, das man seinen Richterspruch in allen Fällen anrufen darf, die »der kirchlichen Prüfung« (examen ecclesiasticum) unterliegen. Als Beleg wird das Glaubensbekenntnis des (byzantinischen) Kaisers Michael Palaiologos auf dem 2. Konzil von Lyon angeführt[24]. Der Urteilsspruch des Papstes ist die Entscheidung der obersten (Rechts-) Instanz in der Kirche und nur von ihm selbst aufzuheben oder zu verändern. Der Appell vom Papst an ein Ökumenisches Konzil, das ja dann eine höhere Autorität als der Papst hätte, wird ausgeschlossen.

Das **4. Kapitel** handelt vom unfehlbaren Lehramt des Papstes. Im ursprünglichen Entwurf hieß der Titel »Von der Unfehlbarkeit des Papstes«. Aufgrund einer Intervention von Kardinal Filippo Maria Guidi OP aus Bologna wurde diese Überschrift, die an eine habituelle, unauflöslich an die Person des Papstes gebundene Unfehlbarkeit denken ließ, geändert in den vorliegenden Titel[25]. Unfehlbarkeit ist allerdings ein sehr missverständlicher Begriff[26]. Der Begriff meint nicht, die Kirche bzw. der Papst sei (moralisch oder intellektuell) ohne Fehler, un-fehlbar. Gemeint ist vielmehr, dass die Kirche die Wahrheit des Glaubens *untrüglich* und damit end-gültig und *letztverbindlich* formulieren bzw. bezeugen kann. Eine mögliche (und vielleicht bessere) Übersetzung von »unfehlbar« ist deshalb »letztverbindlich«. Das Vaticanum I ist auf eine genaue Bestimmung der Unfehlbarkeit nicht eingegangen. Im Text heißt es, der Papst sei in bestimmten Situationen der Träger *jener* Unfehl-barkeit (demonstrativ: »*ea* infallibilitate«), die der Gesamtkirche zukomme (DH 3074). Aber die Unfehlbarkeit der Gesamtkirche wurde in keinem Text des Vaticanum I genauer präzisiert bzw. lehramtlich definiert, denn die geplante *zweite* Konstitution über die Kirche, in der sie behandelt hätte werden müssen, fiel der Ver-tagung des Konzils zum Opfer. Die Äußerung über die Unfehlbar-keit hängt so gleichsam ohne den Bezug auf die Gesamtkirche, der ursprünglich vorgesehen war, in der Luft. Auch das Vaticanum II hat im 3. Kapitel von LG diesen Punkt noch nicht abschließend beantwortet, allenfalls angedeutet[27].

Das Kapitel beginnt mit der Erklärung, dass »die höchste Lehrge-walt« im Primat des Papstes eingeschlossen sei (DH 3065). Anders ausgedrückt: Das unfehlbare Lehramt des Papstes folgt aus der Anwendung seiner obersten Rechtsgewalt auf das Gebiet der Lehre. Das spiegelt getreu die geschichtliche Genese. Die Aussage wird belegt durch Texte des 4. Konzils von Konstantinopel[28], des 2. Konzils von Lyon[29] und des Konzils von (Ferrara-)Florenz[30].

Im nächsten Punkt wird auf ein Anliegen der theologischen Oppo-sition auf dem Konzil reagiert, die befürchtet hatte, dass das Lehr-amt des Papstes von dem der Kirche (und speziell der Bischöfe) getrennt werde. Demgegenüber stellt der Text dar, dass »die Bischöfe des ganzen Erdkreises, bald einzeln, bald auf Synoden versammelt, der langen Gewohnheit der Kirchen und dem Vorbild der alten Regel folgend« sich zur Abwehr von Gefahren für den Glauben an den Apostolischen Stuhl wandten und dass anderer-seits die Päpste, wie die Zeiten und Umstände es nahelegten, durch Einberufung Ökumenischer Konzilien oder Einholung einer Information über die »Auffassung der auf dem Erdkreis ver-streuten Kirche«, durch Partikularsynoden oder andere Mittel die Glaubenslehre in Übereinstimmung mit Schrift und apostolischer Tradition definierten. Allerdings ist das Konsultieren der Tradi-tion nur als Tatsache festgehalten und nicht als notwendige Voraus-setzung der Gültigkeit päpstlicher Definitionen vorgeschrieben.

Die geschichtliche Erinnerung daran, dass die Päpste ihr Lehramt immer in enger Verbindung mit der Kirche und besonders mit dem Episkopat ausgeübt haben, bindet den Papst deswegen nicht juridisch (in einem gallikanischen Sinn), sondern, wie Bischof Vinzenz Gasser als Berichterstatter der Glaubensdeputation erläutert[31], nur moralisch. Ganz entscheidend ist, dass das Konzil nicht von der Unfehlbarkeit des Papstes, sondern von der Unfehlbarkeit des *Lehramtes* des Papstes spricht. Die Unfehlbarkeit bezieht sich also nicht auf die Person, die selbstverständlich, wie jeder Mensch, ihre Fehler hat, oder auf moralische und intellektuelle Vorzüge dieser Person, sondern auf eindeutig festgelegte amtliche Funktionen des Trägers des Petrusamtes im Bischofskollegium und in der Gesamtkirche.

Diese »Gnadengabe (lateinisch: charisma) der Wahrheit und des nie versagenden Glaubens« unterliegt ganz bestimmten Bedingungen und Voraussetzungen, die vor allem im Schlussabschnitt, der die eigentliche Definition enthält, genannt werden (DH 3074):

– *Bezogen auf das Subjekt*: Es geht um eine Tätigkeit des *Papstes*, also nicht des Privattheologen, der sich auf dem Stuhl des Bischofs von Rom in Ansprachen oder Veröffentlichungen spirituell-pastoraler oder philosophisch-theologischer Art artikuliert, oder des Ortsbischofs von Rom oder des Primas von Italien. Es handelt sich um eine Tätigkeit des Trägers des Petrusamtes *als* des Trägers dieses Amtes (»als Hirte und Lehrer aller Christen kraft seiner höchsten Apostolischen Autorität«).

– *Bezogen auf den Akt*: Der Papst muss »ex cathedra« sprechen, also definieren, und damit unzweideutig einen Schlusspunkt unter die Diskussion setzen wollen. Er muss zu erkennen geben, dass er in letztgültiger und allgemein verbindlicher Weise – als letzte Instanz der Lehrverkündung – alle Gläubigen auf eine Lehre verpflichten will. Das muss nach Can. 749 § 3 CIC (1983) eindeutig erklärt werden[32]. Damit ist die Ansicht zurückzuweisen, *jede* päpstliche Verlautbarung (Enzyklika, Apostolisches Schreiben, Motu Proprio, Instruktion u. ä.) sei ein Ausdruck des unfehlbaren Lehramtes. Man hat ein solches Missverständnis den »Nimbus der Unfehlbarkeit«[33] genannt. Diese Interpretation ist vom Dogma her nicht gedeckt. Wie bei den Bischöfen ist auch beim Papst zwischen einem ordentlichen (in der alltäglichen Glaubensverkündigung in Wort und Schrift) und einem außerordentlichen (in feierlichen Situationen) Lehramt zu unterscheiden. Das Dogma von 1870 hat nur das außerordentliche Lehramt im Blick[34].

- *Bezogen auf den Inhalt bzw. das Objekt*: Die Unfehlbarkeit umfasst nur die Wahrheiten des Glaubens und sittlichen Lebens, wie sie in der Offenbarung enthalten sind. Theologisch wird allerdings im Gefolge des Konzils das Verständnis der »Sitten« (mores) in ihrem Zusammenhang mit der Offenbarung diskutiert[35]. Bis heute existiert noch kein Dogma aus dem Bereich der »Sitten« (also der Moraltheologie), das unter Anwendung der Ermächtigung durch die Erklärung von 1870 vom Papst verkündet wurde. Die manchmal von römischen Theologen angeführten päpstlichen Äußerungen zu moraltheologischen Fragen sind – nach Can. 749 § 3 CIC (1983) – keine »ex-cathedra«-Aussagen, die sich auf den Text des Dogmas von 1870 berufen können. Jedenfalls wird hier dem Anspruch des Lehramtes eine inhaltliche Grenze gesetzt.

- *Bezogen auf die Kirche*: Der Papst formuliert nicht seinen privaten Glauben, sondern den der Kirche. »Losgelöst von dieser Beziehung zur Gesamtkirche genießt Petrus in seinen Nachfolgern dieses … Charisma der Wahrheit nicht« (Bischof Gasser als Relator der Glaubensdeputation auf dem Konzil[36]). Er ist der authentische Sprecher (oder besser: Zeuge) der Gesamtkirche. Dies vermag er kraft »jene(r) Unfehlbarkeit, mit der der göttliche Erlöser seine Kirche bei der Definition der Glaubens- oder Sittenlehre ausgestattet sehen wollte«. Es handelt sich bei der Unfehlbarkeit des päpstlichen Lehramtes nicht um eine eigene Kategorie, die der Unfehlbarkeit der Kirche gegenübergestellt werden kann, sondern um eine bestimmte Weise der Ausübung der Unfehlbarkeit, die der Kirche insgesamt zu eigen ist. Der abschließende Satz des Abschnittes, diese Definitionen seien »aus sich, nicht aber aufgrund der Zustimmung der Kirche unabänderlich« (ex sese, non autem ex consensu Ecclesiae, irreformabiles), ist viel diskutiert worden. In der deutschsprachigen Theologie hat sich die These durchgesetzt, dass dieser antigallikanische Satz eine *nachfolgende* juridische Ratifikation etwa durch ein Konzil oder eine Befragung der Bischöfe o. ä. ausschließe (also eigentlich meine: »non ex consensu subsequenti formali«, nicht aufgrund eines nachfolgenden formalen Konsenses)[37]. Vorausgesetzt ist allerdings ein *vorausgehender* Glaubenskonsens der Kirche. Die betreffende Aussage ist also nicht erst dann wahr, wenn sie von verschiedenen Instanzen in der Kirche *nachträglich* zustimmend rezipiert worden ist, sondern sie ist wahr, weil sie der Ausdruck des bestehenden gemeinsamen Glaubens der Kirche ist, dessen Schutz insbesondere auch dem Lehramt des Papstes übertragen ist.

– *Bezüglich der Offenbarung*: Der Beistand des Heiligen Geistes ist den Nachfolgern Petri nicht in Form einer Inspiration oder neuen Offenbarung verheißen, sondern als Hilfe und Beistand zur Bewahrung und treuen Auslegung des Glaubensdepositums (»fidei depositum«) (DH 3070). Diese Aussage fordert implizit die Konsultation der Tradition durch den Papst sowie einen *vorausgehenden* Konsens der Kirche. Eine Lehre, die der Papst aus heiterem Himmel und ohne Fundament in der Tradition einer überraschten Christenheit als zu glaubende vorlegte, wäre ja faktisch eine neue Offenbarung, für die er seine Unfehlbarkeit nicht reklamieren kann[38]. Bei den beiden Mariendogmen von 1854 (8. Dezember: Bulle »Ineffabilis Deus« mit der Definition der »Unbefleckten Empfängnis Mariens«) und 1950 (1. November: Apostolische Konstitution »Munificentissimus Deus« mit dem Dogma von der »Aufnahme Mariens in den Himmel«), den zwei unbezweifelten Beispielen für eine unfehlbare päpstliche Lehraussage (nach der Meinung einiger Theologen: den beiden *einzigen* Beispielen für eine solche Aussage[39]), haben die Päpste Pius IX. und Pius XII. durch die Befragung von Bischöfen (als Zeugen des Glaubens der Ortskirchen) einen vorhergehenden Konsens des Lehramtes und der Kirche gesucht.

Die biblische Begründung der Unfehlbarkeit des päpstlichen Lehramtes ist Lk 22,32 (DH 3070). Das Wort Jesu vom »Stärken« der »Brüder« finden sich im Kontext des Letzten Abendmahles, das Jesus mit den Aposteln feiert und in dem er sie auf die Passion vorbereitet (unter anderem auch dadurch, dass er Petrus ankündigt, dieser werde ihn verleugnen: Lk 22,34). Der Halbsatz »wenn du umgekehrt bist« spielt auf dieses Versagen des Petrus an. Die »Brüder«, die Petrus stärken soll, sind zunächst die Zwölf (Lk 22,14f). Im Sprachgebrauch der Apg wird »Brüder« manchmal auch als ein Synonym für die Gemeinde verwendet. Ebenfalls in der Apg hat

»stärken« oft die Bedeutung, die christliche Glaubensgemeinschaft durch die (Missions-)Predigt zu ermuntern. Das wäre dann in etwa mit dem heutigen Pastoralkonzept »Leitung durch Lehre« vergleichbar. Einen eigentlichen Glaubensabfall der Zwölf (durch Flucht oder Irrewerden), so dass sie wieder aufgerichtet werden müssten, erwähnt das Lukasevangelium nicht. Die Stelle Lk 22,32 ist die seit Thomas von Aquin klassische Belegstelle für die Unfehlbarkeit, bei Thomas zunächst der römischen Ortskirche. Sie verweist auf das Bild des Petrus im lukanischen Geschichtswerk. Für Lukas ist Petrus vor allem der bedeutende Missionar (»Fischer«) (vgl. Lk 5,1–11). Das heißt: Die Unfehlbarkeit steht im Kontext des Verkündigungsauftrages. Die Kirche kann in der Tat *authentisch* verkünden.

8.3 Rezeption (und heutige theologische Diskussion)

Der Inhalt des (Doppel-)Dogmas zum Papstamt besagt also: Es gibt ein von Jesus Christus (und konkret vom auferstandenen Herrn) eingesetztes Amt der universalkirchlichen Einheit (= das »Petrusamt«), das auf Dauer in der Kirche besteht und (im Augenblick) vom Bischof von Rom ausgeübt wird. Dieses Amt umfasst die oberste Rechtsgewalt (Jurisdiktionsprimat), die im Wesentlichen und im praktischen Vollzug uneingeschränkt ist (auch wenn sie immanenten Grenzen, die allerdings auf dem Vaticanum I nicht genannt werden, unterliegt), und die oberste Lehrgewalt (Unfehlbarkeit bzw. Letztverbindlichkeit des päpstlichen Lehramtes), die sehr präzise definiert ist.
Wie wurde dieses Dogma nach 1870 gelebt? Im praktischen Vollzug durch eine Übersteigerung des Textes der Konstitution! Dazu gehört einerseits der sich allmählich herausbildende »Nimbus der Unfehlbarkeit«[40]. Es setzte sich die Meinung durch, dass ein Amtsträger, der prinzipiell letztverbindliche Äußerungen artikulieren kann, auch sonst wohl nicht so maßlos neben der Wahrheit liegen werde. Päpstliche Äußerungen *jeder* Art wurden wichtig, wie die öffentliche Aufmerksamkeit beweist, die selbst päpstlichen Audienzansprachen und Predigten, aber noch mehr natürlich Apostolischen Schreiben und den mit Pius XII. zahlenmäßig anwachsenden Enzykliken zuteil wurde. Es bildete sich andorer-

seits der römische Zentralismus heraus, das »Romkirchenwesen« (Walter Kasper), die »Pianische Epoche« (wegen der Pius-Päpste Pius IX. bis Pius XII.) (Karl Rahner), die von der Ausrichtung aller kirchlichen Aktivitäten auf Rom geprägt war [41] und die erst allmählich durch das Erlebnis des Vaticanum II (die Kirche als *Welt*kirche) aufgebrochen wurde.

In der katholischen Theologie, konkret der Ekklesiologie, gibt es verschiedene Interpretationen der beiden Papstdogmen von 1870, des Jurisdiktionsprimates und des unfehlbaren Lehramtes des Papstes. Dazu eine nochmalige Erinnerung: Die Geburtsstunde des Traktates Ekklesiologie ist die Wende vom 13. zum 14. Jahrhundert – im Kampf zwischen dem Papsttum auf der einen Seite und dem deutschen Kaiser- bzw. dem französischen Königtum auf der anderen um die Leitungsgewalt in der Christenheit. In dieser Periode entstehen die ersten ekklesiologischen Traktate und Pamphlete. Diese Hypothek des Anfangs, d. h. die Reduktion der Frage nach der Kirche auf die Frage nach der Leitungsgewalt in der Kirche, belastet die katholische Ekklesiologie im Grunde bis heute. In dieser Zeit des 13./14. Jahrhunderts bilden sich die drei Grundpositionen zur Frage des Leitungsamtes in der Kirche heraus, die bis heute vorhanden sind, nämlich a) die Papsttheorie (mit ihrer Radikalisierung im Papalismus), die die Kirche vom Papst her betrachtet, b) die »gesamtkirchliche« Theorie (Yves Congar) (mit dem Extrem des Konziliarismus), die nach Leitungsgremien sucht, in denen die gesamte Kirche repräsentiert ist, und c) eine Mittelposition[42]. Die tastenden Versuche der gesamtkirchlichen Theorie wurden in der Kirchengeschichte durch ihre Bestreitung immer wieder radikalisiert und im Konziliarismus, Gallikanismus, Josephinismus, Febronianismus, Episkopalismus usw. ausgegrenzt. Das politisch effizientere System ist sicher die Papsttheorie, wie die Entwicklung nach dem Konzil von Konstanz zeigt. Genau das ist auch das Problem der Mittelposition, die in manchen ihrer Vertreter sehr nahe an die Papsttheorie kommt, denn im praktischen Alltag der Kirche ist es schwer, neben einem funktionierenden Papstamt synodale, konziliare oder andere gesamtkirchliche Instanzen als Gegengewichte zu institutionalisieren, wie der von Paul VI. angestoßene Versuch einer regelmäßigen Bischofssynode beweist.

Auf dem Vaticanum I gab es die Mehrheit der Papsttheorie, die Minderheit, die eher von der Gesamtkirche und von den Bischöfen her dachte, und eine »Dritte Partei«, deren Existenz allerdings bei einigen Konzilshistorikern bestritten wird. Dieselben Gruppen existieren auch nach dem Konzil und interpretieren die Texte je auf ihre Weise[43]. Bischof Karl-Josef Hefele von Rottenburg hat das Dogma (mit Zustimmung durch Pius IX.) ausdrücklich *nicht* im Sinne der Papsttheorie rezipiert[44].

Wie sieht die Situation heute aus? Die *reine* Papsttheorie und die *reine* gesamtkirchliche Theorie werden heute nur von wenigen Außenseitern der katholischen Theologie vertreten. Die weitaus meisten katholischen Theologen gehören der mittleren Position an, die durchaus die biblische und kirchliche *Notwendigkeit* des Papstamtes proklamiert, aber versucht, das Dogma neu in der Kirche zu kontextualisieren – oder (in den Worten John Henry Newmans im 19. Jahrhundert) das durch die Definition von 1870 im Leitungsamt aus dem Gleichgewicht geratene Schiff der Kirche wieder ins Lot zu bringen (»to trim the boat«)[45].

Folgende Vorschläge werden gemacht:

(1) *Interpretation durch die Vergangenheit*
    Das ist der berühmte Vorschlag Joseph Ratzingers von 1982 (erstmals 1976) an die Adresse der Orthodoxen, das Dogma von 1870 durch die Praxis der ungeteilten Christenheit des 1. Jahrtausends zu interpretieren[46]. Trotz der Kritik von Wolfgang Beinert[47] an diesem Vorschlag: Dahinter steht die Idee, dass der das Glaubensgewissen eines Christen verpflichtende Glaube zu allen Zeiten *derselbe* sei. 1870 kann also nicht etwas radikal Neues definiert worden sein, das im 1. Jahrtausend völlig unbekannt war.

(2) *Rechtliche Selbstbeschränkung*
    Karl Rahner hat wiederholt die Forderung aufgestellt, der Papst solle sich in einer Weise, die ihn und seine Nachfolger bindet, in seiner rechtlichen Kompetenz selbst beschränken – und damit die Furcht der nichtkatholischen und mancher katholischen Christen ausräumen, er werde in einer wiedervereinten Kirche ein »absolutistischer« Herrscher sein[48].

(3) *Interpretation durch eine evangeliumsgemäße Praxis*
    Besonders Hans Küng hat mit seiner Forderung nach einem »Pastoralprimat« darauf gedrängt, der Papst solle durch eine

evangeliumsgemäße Praxis – und durch weitgehenden Verzicht auf ihm historisch zugewachsene Rechte – das »Petrusamt« so leben, wie Jesus selbst den Dienst des Guten Hirten vorgelebt habe (ohne Machtausübung, im Verzicht auf weltliche Sicherheit, in der Option für die Armen usw.)[49].

(4) *Unterscheidung der verschiedenen Aufgaben des Bischofs von Rom*
Der Bischof von Rom war und ist Träger vieler Funktionen, des Ortsbischofs einer Lokalkirche, des Metropoliten der römischen Kirchenprovinz, des Primas von Italien, des Patriarchen des Abendlandes[50] – und des Trägers des Petrusamtes. Dieser Vorschlag zielt darauf, das Papstamt *ausschließlich* als den Träger des Amtes der universalkirchlichen Einheit aller Christen zu sehen[51].

(5) *Ergänzungen*
Dieser Vorschlag stammt z. B. von Hans Urs von Balthasar[52]. Balthasar weist darauf hin, dass das katholische Wort die Konjunktion »und« sei: Glaube *und* Vernunft, Schrift *und* Tradition, Natur *und* Gnade usw. In diesem Sinn gelte Amt, Institution auf der einen Seite *und* Charisma, Freiheit auf der anderen. Wenn das Gegengewicht fehle, werde die damit verabsolutierte Teilwahrheit selbst zu einer Häresie, einer Auswahl. Es müsse also heißen Papst *und* Konzil, Papst *und* Kollegium, Papst *und* Kirche usw. (vgl. den Vorschlag des »Lima-Dokumentes« der Kommission für »Glaube und Kirchenverfassung« des Ökumenischen Rates der Kirchen von 1982: Das ordinierte Amt der geeinten Kirche müsse in einer personalen, kollegialen und synodalen Weise ausgeübt werden[53]).

Texte

Erste dogmatische Konstitution »Pastor Aeternus« über die Kirche Christi (18. Juli 1870) (DH 3050–3075):

»Der ewige Hirte und Bischof unserer Seelen beschloss, um das heilsame Werk der Erlösung dauerhaft zu machen, die heilige Kirche zu bauen, in der, gleichsam als in dem Hause des lebendigen Gottes, alle Gläubigen durch das Band des einen Glaubens und der Liebe zusammengehalten werden sollten. Deshalb bat er, bevor er verherrlicht wurde, den Vater nicht nur für die Apostel, sondern auch für jene, die durch ihr Wort an ihn glauben würden, dass sie alle eins seien, wie der Sohn selbst und der Vater eins sind. Auf diese Weise also, in der er die Apostel, die er sich aus der Welt erwählt hatte, sandte, wie er selbst vom Vater gesandt worden war: so wollte er, dass es in seiner Kirche ›bis zur Vollendung der Zeit‹ Hirten und Lehrer gebe.

Damit aber der Episkopat selbst eins und ungeteilt sei und durch die untereinander eng verbundenen Priester die gesamte Menge der Gläubigen in der Einheit des Glaubens und der Gemeinschaft bewahrt werde, errichtete er, indem er den seligen Petrus an die Spitze der übrigen Apostel stellte, in ihm ein dauerhaftes Prinzip dieser zweifachen Einheit und ein sichtbares Fundament, auf dessen Stärke der ewige Tempel erbaut werden sollte; und die bis zum Himmel ragende Erhabenheit der Kirche sollte sich in der Kraft seines Glaubens aufrichten.

Und weil sich die Pforten der Unterwelt, um – wenn möglich – die Kirche zu zerstören, mit täglich größerem Hass von überall her gegen ihr von Gott gelegtes Fundament erheben, erachten Wir es mit Zustimmung des heiligen Konzils zum Schutz, zur Erhaltung und zum Gedeihen der katholischen Herde für notwendig, die Lehre von der Einsetzung, Fortdauer und Natur des heiligen Apostolischen Primates, in dem die Kraft und Stärke der ganzen Kirche besteht, allen Gläubigen gemäß dem alten und beständigen Glauben der gesamten Kirche vorzulegen, damit sie geglaubt und festgehalten werde, und die entgegengesetzten, für die Herde des Herrn so verderblichen Irrtümer zu ächten und zu verurteilen.

Kap. 1. Die Einsetzung des apostolischen Primats im seligen Petrus

Deshalb lehren und erklären Wir, dass gemäß den Zeugnissen des Evangeliums der Jurisdiktionsprimat über die gesamte Kirche Gottes von Christus, dem Herrn, unmittelbar und direkt dem seligen Apostel Petrus verheißen und übertragen wurde. Denn einzig Simon, dem er schon früher gesagt hatte: ›Du wirst Kephas genannt werden‹, hat der Herr, nachdem jener sein Bekenntnis ablegte, indem er sprach: ›Du bist Christus, der Sohn des lebendigen Gottes‹, mit diesen feierlichen Worten angeredet:

›Selig bist du, Simon, Sohn des Jona: denn nicht Fleisch und Blut haben dir (das) geoffenbart, sondern mein Vater, der in den Himmeln ist. Und ich sage dir, dass du Petrus bist, und auf diesen Felsen werde ich meine Kirche bauen, und die Pforten der Unterwelt werden keine Gewalt über sie haben: und ich werde dir die Schlüssel des Himmelreiches geben. Und alles, was du auf der Erde gebunden hast, wird auch in den Himmeln gebunden sein: und alles, was du auf der Erde gelöst hast, wird auch in den Himmeln gelöst sein.‹ Und einzig Simon Petrus übertrug Jesus nach seiner Auferstehung die Jurisdiktion des obersten Hirten und Lenkers über seine ganze Herde, indem er sagte: ›Weide meine Lämmer‹, ›Weide meine Schafe‹.

Dieser so offenkundigen Lehre der heiligen Schriften, wie sie von der katholischen Kirche immer verstanden wurde, stehen die verkehrten Auffassungen derer offen entgegen, die die von Christus, dem Herrn, in seiner Kirche eingesetzte Regierungsform verkehren und leugnen, dass allein Petrus vor den übrigen Aposteln – ob einzeln für sich oder allen zugleich – von Christus mit dem wahren und eigentlichen Jurisdiktionsprimat ausgestattet wurde; oder die behaupten, ebendieser Primat sei nicht unmittelbar und direkt dem seligen Petrus selbst, sondern der Kirche und durch sie jenem als dem Diener dieser Kirche übertragen worden.

Kanon: Wer also sagt, der selige Apostel Petrus sei nicht der von Christus, dem Herrn, eingesetzte Fürst aller Apostel und das sichtbare Haupt der ganzen streitenden Kirche; oder derselbe habe nur den Ehren-, nicht aber den wahren und eigentlichen Jurisdiktionsprimat von ebendiesem unserem Herrn Jesus Christus direkt und unvermittelbar empfangen: der sei mit dem Anathema belegt.

Kap. 2. Die Fortdauer des Primates des seligen Petrus in den Römischen Bischöfen

Was aber der Fürst der Hirten und große Hirt der Schafe, der Herr Christus Jesus, im seligen Apostel Petrus zum ewigen Heil und immerwährenden Wohl der Kirche eingesetzt hat, das muss auf sein Geheiß hin in der Kirche, die, gegründet auf dem Felsen, bis zum Ende der Zeiten sicher stehen wird, beständig fortdauern … Daher hat jeder, der auf diesem Stuhle Petrus nachfolgt, gemäß der Einsetzung Christi selbst den Primat des Petrus über die gesamte Kirche inne … Aus diesem Grunde war es immer ›notwendig, dass sich die ganze Kirche, das heißt diejenigen, die überall gläubig sind‹, der Römischen Kirche ›wegen ihres vorzüglicheren Vorrangs anschließen‹, damit sie in diesem Stuhle, aus dem ›die Rechte der ehrwürdigen Gemeinschaft‹ auf alle überströmen, als im Haupte verbundene Glieder zu dem einen Gefüge des Leibes zusammenwachsen.

Kanon: Wer also sagt, es sei nicht aus der Einsetzung Christi, des Herrn, selbst bzw. göttlichem Recht, dass der selige Petrus im Primat über die gesamte Kirche fortdauernd Nachfolger hat: oder der Römische Bischof sei nicht der Nachfolger des seligen Petrus in ebendiesem Primat: der sei mit dem Anathema belegt.

Kap. 3. *Bedeutung und Wesen des Primates des Römischen Bischofs*

Gestützt auf die offensichtlichen Zeugnisse der heiligen Schrift und im Anschluss an die deutlichen und klaren Dekrete sowohl Unserer Vorgänger, der Römischen Bischöfe, als auch der allgemeinen Konzilien, erneuern Wir deshalb die Definition des ökumenischen Konzils von Florenz ... Wir lehren demnach und erklären, dass die Römische Kirche auf Anordnung des Herrn den Vorrang der ordentlichen Vollmacht über alle anderen innehat, und dass diese Jurisdiktionsvollmacht des Römischen Bischofs, die wahrhaft bischöflich ist, unmittelbar ist: ihr gegenüber sind die Hirten und Gläubigen jeglichen Ritus und Ranges – sowohl einzeln für sich als auch alle zugleich – zu hierarchischer Unterordnung und wahrem Gehorsam verpflichtet, nicht nur in Angelegenheiten, die den Glauben und die Sitten, sondern auch in solchen, die die Disziplin und Leitung der auf dem ganzen Erdkreis verbreiteten Kirche betreffen, so dass durch Wahrung der Einheit sowohl der Gemeinschaft als auch desselben Glaubensbekenntnisses mit dem Römischen Bischof die Kirche Christi eine Herde unter einem obersten Hirten sei. Dies ist die Lehre der katholischen Wahrheit, von der niemand ohne Schaden für Glauben und Heil abweichen kann.

So wenig aber beeinträchtigt diese Vollmacht des Papstes jene ordentliche und unmittelbare Vollmacht der bischöflichen Jurisdiktion, mit der die Bischöfe, die, eingesetzt vom Heiligen Geist, an die Stelle der Apostel nachgefolgt sind, als wahre Hirten, die ihnen jeweils zugewiesenen Herden jeweils weiden und leiten, dass sie vielmehr vom obersten und allgemeinen Hirten bejaht, gestärkt und geschützt wird ...

Ferner folgt aus jener höchsten Vollmacht des Römischen Bischofs, die gesamte Kirche zu lenken, dass er das Recht hat, bei der Ausübung dieses seines Amtes frei mit den Hirten und Herden der ganzen Kirche zu verkehren, damit diese von ihm auf dem Wege des Heiles belehrt und geleitet werden können. Deshalb verurteilen und verwerfen Wir die Auffassungen jener, die sagen, dieser Verkehr des Oberhauptes mit den Hirten und Herden könne erlaubtermaßen behindert werden, oder ihn von der weltlichen Gewalt abhängig machen, so dass sie darauf bestehen, was vom Apostolischen Stuhl bzw. seiner Autorität zur Leitung der Kirche festgelegt wird, habe keine Kraft und Gültigkeit, wenn es nicht durch die Zustimmung der weltlichen Gewalt bestätigt werde.

Und weil der Römische Bischof kraft des göttlichen Rechtes des Apostolischen Primates der gesamten Kirche vorsteht, lehren Wir auch und erklären, dass er der höchste Richter der Gläubigen ist und man in allen Rechtsfragen, die der kirchlichen Prüfung unterliegen, sein Urteil einholen kann; das Urteil des Apostolischen Stuhles aber, über dessen Autorität hinaus es keine größere gibt, darf von niemandem neu erörtert werden, und keinem ist es erlaubt, über sein Urteil zu urteilen. Daher irren vom rechten Pfad der Wahrheit ab, die behaupten, man dürfe von den Urteilen der Römischen Bischöfe an ein ökumenisches Konzil als an eine gegenüber dem Römischen Bischof höhere Autorität Berufung einlegen.

Kanon: Wer deshalb sagt, der Römische Bischof besitze lediglich das Amt der Aufsicht bzw. Leitung, nicht aber die volle und höchste Jurisdiktionsvollmacht über die gesamte Kirche, nicht nur in Angelegenheiten, die den Glauben und die Sitten, sondern auch in solchen, die die Disziplin und Leitung der auf dem ganzen Erdkreis verbreiteten Kirche betreffen; oder er habe nur einen größeren Anteil, nicht aber die ganze Fülle dieser höchsten Vollmacht; oder diese seine Vollmacht sei nicht ordentlich und unmittelbar sowohl über alle und die einzelnen Kirchen als auch über alle und die einzelnen Hirten und Gläubigen: der sei mit dem Anathema belegt.

Kap. 4. Das unfehlbare Lehramt des Römischen Bischofs

Dass aber in diesem Apostolischen Primat, den der Römische Bischof als Nachfolger des Apostelfürsten Petrus über die gesamte Kirche innehat, auch die höchste Vollmacht des Lehramtes enthalten ist, hat dieser Heilige Stuhl immer festgehalten, beweist der ständige Brauch der Kirche und haben die ökumenischen Konzilien selbst erklärt, vor allem diejenigen, bei denen der Osten mit dem Westen zur Einheit des Glaubens und der Liebe zusammenfand … Die Römischen Bischöfe aber haben, je nachdem, wie es die Lage der Zeiten und Umstände erforderte, bald durch Einberufung von ökumenischen Konzilien oder Erkundung der Auffassung der auf dem Erdkreis verstreuten Kirche, bald durch Teilsynoden, bald unter Anwendung anderer Hilfsmittel, die die göttliche Vorsehung zur Verfügung stellte, das festzuhalten bestimmt, was sie mit Gottes Hilfe als mit den heiligen Schriften und apostolischen Überlieferungen übereinstimmend erkannt hatten.

Den Nachfolgern des Petrus wurde der Heilige Geist nämlich nicht verheißen, damit sie durch seine Offenbarung eine neue Lehre ans Licht brächten, sondern damit sie mit seinem Beistand die durch die Apostel überlieferte Offenbarung bzw. die Hinterlassenschaft des Glaubens heilig bewahrten und getreu auslegten. Ihre apostolische Lehre haben ja alle ehrwürdigen Väter angenommen und die heiligen rechtgläubigen Lehrer verehrt und befolgt; denn sie wussten voll und ganz, dass dieser Stuhl des heiligen Petrus von jedem Irrtum immer unberührt bleibt, gemäß dem an den Fürsten seiner Jünger ergangenem göttlichen Versprechen unseres Herrn und Erlösers: ›Ich habe für dich gebetet, dass dein Glaube nicht versage: und du, wenn du einmal bekehrt bist, stärke deine Brüder.‹

Diese Gnadengabe der Wahrheit und des nie versagenden Glaubens wurde also dem Petrus und seinen Nachfolgern auf diesem Stuhl von Gott verliehen, damit sie ihr erhabenes Amt zum Heile aller ausübten …

Indem Wir uns deshalb der vom Anfang des christlichen Glaubens an empfangenen Überlieferung getreu anschließen, lehren Wir mit Zustimmung des heiligen Konzils zur Ehre Gottes, unseres Erlösers, zur Erhöhung der katholischen Religion und zum Heile der christlichen Völker und entscheiden, dass es ein von Gott geoffenbartes Dogma ist:

Wenn der Römische Bischof ›ex cathedra‹ spricht, das heißt, wenn er in Ausübung seines Amtes als Hirte und Lehrer aller Christen kraft seiner höchsten Apostolischen Autorität entscheidet, dass eine Glaubens- oder Sittenlehre von der gesamten Kirche festzuhalten ist, dann besitzt er mittels des ihm im seligen Petrus verheißenen göttlichen Beistands jene Unfehlbarkeit, mit der der göttliche Erlöser seine Kirche bei der Definition der Glaubens- oder Sittenlehre ausgestattet sehen wollte; und daher sind solche Definitionen des Römischen Bischofs aus sich, nicht aber aufgrund der Zustimmung der Kirche unabänderlich.

Kanon: Wer sich aber – was Gott verhüte – unterstehen sollte, dieser Unserer Definition zu widersprechen: der sei mit dem Anathema belegt.«

9. Der Kampf um den Kirchenleitbegriff und die Kirchenkonstitution »Lumen Gentium«

Mit dem Vaticanum I war das gegenreformatorische Kirchenden-ken, das die Sichtbarkeit der Kirche und die Notwendigkeit des kirchlichen Amtes unterstrichen hatte, zu einem gewissen lehr-amtlichen Abschluss gekommen. In der Folgezeit trat der päpst-liche Primat dermaßen in den Vordergrund, »dass der Eindruck erweckt werden konnte, die katholische Lehre von der Kirche erschöpfe sich in der Lehre vom römischen Papst als dem unfehl-baren Oberhaupt der Kirche«[1]. In der Grundtendenz wurde die Kirche in der durchschnittlichen katholisch-apologetischen Ekkle-siologie, Katechese und Homiletik beinahe ausschließlich juri-disch-hierarchisch dargestellt. Ein wenig war auch vergessen wor-den, dass »Pastor Aeternus« nach der Auffassung des Konzils noch durch eine »zweite« Dogmatische Konstitution über die Kirche ergänzt werden sollte, die aufgrund widriger Umstände nicht mehr verabschiedet werden konnte. Neuansätze für eine Theo-logie der Kirche waren im 19. Jahrhundert durchaus vorhanden, wenn sie auch in der vorherrschenden neuscholastischen Theo-logie nach dem Vaticanum I weithin folgenlos blieben. Zu nennen sind vor allem die Katholische Tübinger Schule (Johann Sebastian Drey[2], Johann Adam Möhler[3], Johann Evangelist Kuhn), Johann Michael Sailer[4], der frühe Johann Josef Ignaz von Döllinger[5] und Matthias Scheeben (1835–1888)[6], aber auch die Römische Schule (Giovanni Perrone ([1794–1876], Carlo Passaglia [1812–1887], Johannes Baptist Franzelin [1816–1876], und Clemens Schrader [1820–1885]) und John Henry Newman (1801–1890).

Eine Wende (auch in der evangelischen Theologie) brachte der Erste Weltkrieg. Die Katastrophe dieses Krieges führte zu einer gesellschaftlich-kulturellen Revolution. Das 19. Jahrhundert war geprägt von der Philosophie der Aufklärung und des Rationa-lismus, von einem wenigstens die maßgeblichen bürgerlichen Schichten beherrschenden Fortschrittsoptimismus zumal in der

Wissenschaft (Auguste Comtes »Drei-Stadien-Gesetz«), aber auch im moralischen Bewusstsein und von der Überzeugung der Überlegenheit der abendländischen Kultur und Gesellschaft. Je mehr es gelinge, die abendländische Kultur (zumal in ihrer protestantischen Ausprägung) in die Welt hinauszutragen, formulierte etwa der sogenannte »Kulturprotestantismus«, desto humaner und aufgeklärter werde die Welt. Das Mittel dazu seien die Wissenschaft, besonders die Naturwissenschaften, und das Insistieren auf den (Freiheits-)Rechten des Individuums.

Dieses Vertrauen auf die geschichtliche Entwicklung zu immer größerer Humanität und der damit verbundene wissenschaftliche Fortschrittsglaube zerbrachen in den Schützengräben des Ersten Weltkrieges. Die gesellschaftliche Gegenreaktion, die in der Literatur etwa der Schriftsteller Ernst Jünger (1895–1998) verkörperte[7], war die Flucht in eine wie auch immer geartete Gemeinschaft, die allerdings in den großen Totalitarismen des 20. Jahrhunderts (Kommunismus, Faschismus, Nationalsozialismus) bis zur Unmenschlichkeit pervertiert wurde (»Du bist nichts, dein Volk ist alles«). Die Rede von der Volks- oder Solidargemeinschaft war aber auch in vielen bürgerlichen Kreisen wie in der Arbeiterbewegung attraktiv. In dieser geistigen Atmosphäre wird auch in den Großkirchen – und zwar in *allen* – das Thema Kirche virulent.

Im *evangelischen* Bereich zeigt sich dies in dem theologiegeschichtlichen Umschwung, den die »Dialektische Theologie« heraufführt. Das Schlüsselerlebnis für Karl Barth (1886–1968) war die Solidaritätsadresse namhafter deutscher Universitätslehrer – darunter aller großen Vertreter der Liberalen Theologie – an Kaiser Wilhelm II. zum Ausbruch des Weltkrieges[8]. Konkret die Anthropozentrik dieser Theologie sei verantwortlich für ihr totales Versagen vor der Katastrophe des Krieges, meinte Barth. Die (frühe) »Dialektische Theologie« proklamiert demgegenüber die Unvereinbarkeit von Gott und Mensch und die völlige Alterität Gottes. »Gott ist im Himmel und du (bist) auf Erden.« Mit diesem Motto von Sören Kierkegaard (das aus Koh 5,1 stammt) endet das Vorwort des »Römerbriefes« (1919; ²1922). Bei Barth führt das noch nicht zu einer eigentlichen Reflexion über die Kirche[9]. Er kritisiert sogar Otto Dibelius, der in dem Buch »Das Jahrhundert der Kirche« (1927) der orientierungslos gewordenen Welt das kirchliche Christentum entgegenhält, das allein in der Lage sei, die konservativkollektiven Werte (wie Familie, Nationalgefühl, Treue, Arbeitsbereitschaft) in der Gesellschaft mit Leben zu erfüllen[10].

Konsequenzen des Krieges waren im evangelischen Milieu:
- die Verstärkung der ökumenischen Bewegung
- die Loslösung der Landeskirche aus der Aufsicht des Staates. Bis 1918 waren in den meisten Landeskirchen die jeweiligen Landesherren (als Inhaber des »Summepiskopates«) in weltlicher Hinsicht die oberste Rechtsinstanz der Kirche
- eine neue Luther-Renaissance (vor allem durch Karl Holl), in der der Reformator besonders als Erneuerer der *Kirche* interpretiert wurde
- das Erstarken der hochkirchlich-konservativen Bewegung im Luthertum und die »Dialektische Theologie«, die beide die Vorherrschaft der »Liberalen Theologie« mit ihren »Dogmen« (etwa zur Kirchenentstehung) – zumindest zeitweise – ablösten.

Alle diese Faktoren – verbunden mit der gesellschaftlich-kulturellen Grundstimmung einer Sehnsucht nach Formen der »Gemeinschaft« gegenüber dem negativ apostrophierten Individualismus der Vorkriegszeit – führten zu einer positiven Bewertung der Kirche. Ein Beleg dafür ist neben den exegetischen Arbeiten von Karl Ludwig Schmidt und Ferdinand Kattenbusch (bis hin zu Oscar Cullmann) und dem erwähnten Buch von Dibelius die Dissertation von Dietrich Bonhoeffer »Sanctorum Communio. Eine dogmatische Untersuchung zur Soziologie der Kirche« (1927)[11]. Bonhoeffer hat als Rektor des Seminars der »Bekennenden Kirche« in Finkenwalde mit monastisch-klösterlichen Elementen experimentiert[12].

Zeitgleich beginnt auch ein *katholisches* Umdenken, das zwar in einzelnen Punkten noch vor dem Ersten Weltkrieg ansetzt, aber vor allem durch die Erfahrung dieser Katastrophe wesentliche Impulse erhält. Folgende Faktoren einer ekklesiologischen Neubesinnung können genannt werden:
- grundlegend das Bemühen um den ökumenischen Dialog und hier vor allem mit den Orthodoxen. Einflussreich wurde besonders die russisch-orthodoxe Theologie (Solowjew)[13]
- die liturgische Bewegung (mit ihren Vordenkern Odo Casel, Ildefons Herwegen, Romano Guardini, Josef Jungmann) unter Einschluss der Intensivierung der eucharistischen Praxis (schon mit Pius X.)

- der bewusste Neuansatz der Exegese und der patristischen Forschung (»Sources chrétiennes«) nach den Wirren der Modernismuskrise (vor allem in Frankreich).

Literarische Reflexe dieser Besinnung auf die Kirche finden sich in
Gertrud von Le Forts (1876–1971) »Hymnen an die Kirche« und in
den Romanen von Georges Bernanos (1888–1948). In all diesen
Strömungen, die Romano Guardini 1922 auf den Begriff brachte[14]:
»Die Kirche erwacht in den Seelen«, äußerte sich ein grundlegen-
des Unbehagen an der Alleinherrschaft eines auf dem Vaticanum I
noch einmal lehramtlich fixierten gegenreformatorischen Kirchenbildes, das in rechtlicher Darstellung äußere Strukturelemente der
Kirche hervorhob[15]. Das Gefühl, dass Kirche mehr als eine (bloß)
äußerliche Rechtsgestalt sei, wurde übermächtig.

Die theologische Diskussion wurde anhand zweier Kirchenleitbil-
der durchgeführt, »Leib Christi« (bzw. »Corpus Christi mysticum«)
und »Volk Gottes«. An der Diskussion haben sich fast alle bedeutenden systematischen Theologen in Deutschland und Frankreich
bis hin zum Vaticanum II beteiligt.

9.1 Leib Christi

In der katholischen Theologie zwischen den beiden Weltkriegen
und in den Aussagen des Lehramtes war der paulinische Begriff
»Leib Christi« zur beliebten Kirchenmetapher geworden. Die
Enzyklika »Mystici Corporis« (29. Juni 1943) erklärt feierlich[16]: »Bei
einer Wesenserklärung dieser wahren Kirche Christi, welche die
heilige, katholische, apostolische, römische Kirche ist, kann nichts
Vornehmeres und Vorzüglicheres, nichts Göttlicheres gefunden
werden als jener Ausdruck, womit sie als der ›mystische Leib Jesu
Christi‹ bezeichnet wird. Dieser Name ergibt sich und erblüht
gleichsam aus dem, was in der Heiligen Schrift und in den Schriften der heiligen Väter häufig darüber vorgebracht wird.« Allerdings war diese Formel nicht immer unumstritten. Der Begriff
erscheint im NT nur im paulinischen Schrifttum, d. h. in den echten Paulinen und den Deuteropaulinen (Kol 1,18.24; Eph 2,4–7.16;
4,16; 5,23). In der Patristik haben dann vor allem Cyprian
(200/210–258), Origenes (um 185–ca. 254) und Basilius der Große
von Kaisareia (in Kappadokien) (329/331–379) den Begriff ge-

braucht, um (paränetisch) den Gedanken einzuschärfen, dass der Glaubensabfall einzelner Christen (so Cyprian) oder das Leiden einzelner Ortskirchen durch Verfolgung und Not (so die beiden anderen) alle Christen und die gesamte Kirche tangiere[17].

Augustinus hat die Vorstellung des »Leibes Christi« (im Sinne des Paulus: 1 Kor 10,16f) eucharistisch ausgelegt. In einer Predigt heißt es[18]: »Wenn du ›Leib Christi‹ verstehen willst, dann höre, was der Apostel den Gläubigen sagt: ›Ihr seid der Leib Christi‹ … Wenn also ihr der Leib Christi seid …, dann ist euer Mysterium (oder: das Mysterium, das ihr seid) auf dem Tisch des Herrn niedergelegt. Ihr empfangt euer Mysterium … Auf das, was ihr seid, antwortet ihr: ›Amen‹ … Du hörst: ›Leib Christi‹ und du antwortest: ›Amen‹. Sei also ein Glied am Leibe Christi, damit dein ›Amen‹ wahr sei!«

Für Augustinus ist die Eucharistie der »geheimnisvolle (mystische) Leib« Christi in der Gestalt der eucharistischen Gaben. Die Christen werden durch die Eucharistie zu dem »wahren« Leib (verum corpus) Christi zusammengeführt, der die Kirche ist. Beides gehört zusammen. Die Kirche allein (als bloßer Corpus und als sichtbare Sozialwirklichkeit) ist noch nicht dieser Leib Christi, wie der innerkirchliche Streit (etwa mit den Donatisten) für Augustinus überdeutlich zeigt. So wie es zwei »civitates« gibt, die »civitas Dei« und die widergöttliche »civitas«, die sich aber nicht klar abgrenzen lassen, sondern sich immer wieder durchdringen, so gibt es auch zwei »corpora«, den »corpus Christi« (der von Gottes Liebe beseelt ist) und den »corpus des Bösen« (der von der Selbstliebe durchformt ist). Allerdings lassen sich auch hier die Grenzen nicht immer klar ziehen[19]: »Es gibt viele drinnen, die sind eigentlich draußen, und es gibt viele draußen, die sind eigentlich drinnen.« Je mehr für Augustinus die Eucharistie tatsächlich echter Empfang Christi (und Communio mit Christus) ist, desto eher wird der sichtbare »corpus« (= die Kirche) auch de facto Leib Christi.

In der zweiten Hälfte des 12. Jahrhunderts (nach den eucharistischen Streitigkeiten des 11. Jahrhunderts und im Kontext der Gregorianischen Reform, die die Rechtsgestalt der Kirche betont) kehren sich die Bedeutungen genau in ihr Gegenteil um[20]. Die eucharistische Gestalt wird jetzt der »wahre Leib« Christi und die Kirche wird zum »mystischen Leib«. Der Bezug der Kirche zur Eucharistie tritt zurück oder verschwindet völlig. Eucharistie und

Kirche werden zwei Wirklichkeiten, die sich nicht mehr gegenseitig definieren. In der Kirche (dem »mystischen Leib« Christi) interessiert vor allem die Rechtsgestalt. Das zeigt die erste lehramtliche Verwendung des Bildes in der von Papst Bonifaz VIII. verantworteten Bulle »Unam sanctam« (18. November 1302)[21]. Gegen die östlichen Christen wird darauf abgehoben, dass es nur *einen* mystischen Leib gebe und deshalb auch nur *ein* Haupt geben könne[22]:

»Die eine und einzige Kirche (hat) also *einen* Leib, *ein* Haupt, nicht zwei Häupter wie eine Missgeburt (monstrum), nämlich Christus und den Stellvertreter Christi, Petrus, und den Nachfolger des Petrus; denn der Herr sagt zu Petrus selbst: ›Weide meine Schafe.‹ … Wenn also Griechen oder andere sagen, sie seien Petrus und seinen Nachfolgern nicht anvertraut worden, dann müssen sie gestehen, dass sie nicht zu den Schafen Christi gehören; denn der Herr sagt bei Johannes: ›es gibt nur *eine* Hürde, *einen* und nur *einen* Hirten.‹« Der Vergleich wirkt etwas schwierig. Die eine Kirche (= der eine Leib) habe nur ein Haupt, wird erklärt, nämlich Christus, Petrus und den jeweiligen Petrusnachfolger. Das sind aber drei. Der Vergleich ist nur dann plausibel, wenn Petrus (nach der Auferstehung Jesu) als der sichtbare Repräsentant Christi auf Erden und der jeweilige Petrusnachfolger ebenso als dieser Repräsentant gesehen werden.

In der Literatur der päpstlichen Theologen des Mittelalters wird der Ausdruck »Leib Christi« zu einem Kampfbegriff. Die Einheit des (mystischen) Leibes auf Erde zeige sich darin, dass der eine Leib nur ein einziges (sichtbares) Haupt besitze, eben den Papst. Andernfalls sei er ein »monstrum«. Der Papst repräsentiere auf Erden (als »vicarius Christi«) – in sichtbarer Form – das eine (unsichtbare) Haupt Christus. Diese Vorstellung wird noch einmal unterstützt durch das antike römische Recht, das in dieser Zeit (Gründung der Universitäten mit den juristischen Fakultäten, Entstehung der Sammlungen des Kirchenrechtes) zu neuer Geltung kam. Im römischen Recht besteht die Auffassung, dass ein Personenverband (als »collegium« oder »universitas«) – bei aller Fluktuation des konkreten Mitgliederbestandes – mit sich identisch bleibt und als eigenes Rechtssubjekt auftreten kann, weil er gleichsam »corpus habet« (einen Körper hat)[23]. Der Akzent liegt hier auf der Handlungsfähigkeit einer Gemeinschaft bzw. konkret der Kirche. Die verschiedenen Handlungsfunktionen mit ihren eigenen Kompetenzen sind auf die einzelnen Ämter verteilt. Natürlich hat dann das Haupt (im Konkreten: der Papst) die Oberhoheit. Das geht bis zur Vorstellung (in der mittelalterlichen *und* neuzeitlich-absolutistischen Herrscherideologie[24] wie in der mittelalterlichen Papsttheorie), dass das Haupt das einzige Rechtssubjekt sei, von dem alle anderen Rechtsinstanzen ihre je eigene Vollmacht erhalten. Das paulinische Bild, das eher ein Miteinander und das Zusammenwirken der Glieder nahe legen will, wurde auf diese Weise als ein Herrschaftsgefüge ausgelegt. In den theologischen Debatten zur Ekklesiologie bis hin zum Vaticanum I spielt dieses Bild dann allerdings keine große Rolle mehr. Erschwerend für eine positive Rezeption der Leibmetapher in der katholischen Theologie nach der Reformation war dabei, dass die Reformatoren (besonders Martin Luther) »Leib Christi« in der Weise interpretierten, dass Paulus damit die verborgene und innere Gnadenwirklichkeit Christi im einzelnen Glaubenden zum Ausdruck bringen wollte, die keine sichtbare Ordnung beinhalte. »Leib Christi« galt deshalb als ein protestantisch belasteter Begriff. Im Gegenzug verschwand der Begriff »(mystischer) Leib Christi« zur Bezeichnung der Kirche fast vollständig aus allen Lehrbüchern der katholischen Ekklesiologie. Nur zögerlich greifen im 19. Jahrhundert katholische Theologen (Johann Adam Möhler, Matthias Joseph Scheeben) auf ihn zurück. Als das Schema für die Kirchenkonstitution des Vaticanum I den Begriff »Leib Christi« zur Beschreibung der Kirche wieder einführen wollte, stieß er bei den Konzilsvätern auf Unverständnis und wurde in der Debatte auch nicht mehr berücksichtigt. Joseph Kleutgen (1811–1883), der das Kirchenschema »De Ecclesia Christi« vorbereitet hatte, wollte das erste Kapitel überschreiben: »Ecclesiam esse Corpus Christi mysticum«[25].

In den katholischen Aufbrüchen nach dem Ersten Weltkrieg wurde die *paulinische* Wurzel der Kirchenmetapher »Leib Christi« wieder neu entdeckt[26]. Immer wieder wurde sie allerdings kritisch gegen das rechtlich-hierarchische Kirchenbild eingesetzt, das auf dem Vaticanum I definiert worden war. Kirche hieß es – und das greift in der Tat die Intention des Paulus wieder auf – sei eine Gemeinschaft, in der jeder einzelne Glaubende vom Geist Christi ergriffen werde (bzw. ergriffen werden könne). Das bezog sich auf die von der Romantik beeinflusste Spekulation der Katholischen Tübinger

Schule, die »Leib Christi« im Sinne eines lebendigen Organismus deutete. Entscheidend war der »Christus in uns«. Der »Corpus Christi mysticum« wurde im Sinne der Gotteserfahrung der spätmittelalterlichen Mystik gedeutet, in der der Einzelne in seinem Inneren die unbegreifliche, aber reale Gegenwart Gottes spürt. Das Ganze wurde weniger in einer systematischen Reflexion entfaltet, sondern eher in populären Traktaten und Berichten von liturgischen Feiern[27]. Das ist z. B. in manchen Texten von Romano Guardini nachzulesen. »Leib Christi« bedeutete eine fast schwärmerische Gemeinschaftsmystik, ein persönliches Erfahren Christi im Inneren des Menschen und im konkreten Zusammensein des liturgischen Feierns, fast ein Sich-Berauschen an Geisterfahrungen, die ausdrücklich gesucht und dann auch wirklich gefunden wurden. Bei Guardini sollte das noch ein Gegengewicht sein, die Innenerfahrung der Kirche (»die Kirche erwacht in den Seelen«) im Gegensatz zur nüchtern-kalten und rechtlichen Außensicht der Kirche auf dem Vaticanum I. Bei manchen anderen wurde das dann zur einzigen Sicht der Kirche[28].

Am 29. Juni 1943 hat Pius XII. die Kirchenenzyklika »Mystici Corporis« veröffentlicht[29]. Die Enzyklika greift genau diesen Gedanken des mystischen Leibes Christi auf. Einer der Theologen, die an der Enzyklika mitgewirkt haben, war der in Rom lebende Jesuitentheologe Sebastian Tromp (1889–1975)[30]. Die Enzyklika will einen Mittelweg gehen[31]. Sie verwirft auf der einen Seite ein (rationalistisches) Kirchenbild, dass die Kirche ausschließlich von ihrer rechtlichen und sozialen Struktur her als eine sichtbare Institution darstelle (die Kirche sei *nichts anderes* als eine sichtbare Organisation mit einer juridisch-sozialen Organisation wie ein beliebiger anderer gesellschaftlicher Körper). Sie kritisiert auf der anderen Seite eine falsche Mystik (einen »falschen Mystizismus«), die zu unbeschwert und problemlos (und im Widerspruch zum NT) die Grenzen zwischen Schöpfer und Geschöpf verwerfe und die Kirche (oder den einzelnen Christen in ihr) geradezu mit Christus identifiziere (»Da schreitet Christus durch die Zeit …« bzw. der »Christus in mir«).

Positiv erklärt die Enzyklika, der Begriff »mystischer Leib Jesu Christi« sei die bei weitem geeignetste Wesensbeschreibung der Kirche (»nihil nobilius, nihil praestantius, nihil denique divinius«)[32]. Das wird in dreifacher Hinsicht entfaltet[33]:

- Die Kirche sei ein »*Leib*« (Corpus). Das heißt: Sie sei eine einzige Wesenheit und ungeteilt (also nicht aufgeteilt in viele Wirklichkeiten); sie sei konkret und sichtbar (also keine bloß »pneumatische« oder unsichtbare Realität); sie sei strukturiert und umfasse verschiedene Glieder (zu denen auch die Sünder gehören).
- Die Kirche sei der »Leib *Jesu Christi*«. Das heißt: Jesus Christus, der die Kirche stufenweise (durch seine Predigt und die Wahl und Sendung der Apostel und des Petrus, durch die Passion am Kreuz und durch die Geistsendung zu Pfingsten[34]) gegründet habe, sei durch Tod und Auferstehung zum Haupt der Kirche »gemacht« worden[35]. Er habe durch die (pfingstliche) Geistgabe die Missionspredigt der Jüngergemeinde gleichsam durch göttliche Bestätigung (wörtlich: »veluti divino digito«, gleichsam durch einen göttlichen Fingerzeig) sanktioniert[36]. Er allein regiere und leite (»regit atque gubernat«) die Kirche[37], durch innerliche (charismatische) Geistgaben an bestimmte Menschen und durch den sichtbaren und alltäglichen Dienst seines »Stellvertreters« (Vicarius), des Papstes[38]. Unter Berufung auf Bellarmin erklärt die Enzyklika, dass die Kirche nicht nur deswegen Leib Christi sei, weil Jesus Christus als ihr Haupt gelte, sondern auch aus dem Grund, weil er so die Kirche erhalte und so in ihr lebe, »dass sie selbst gleichsam als eine zweite Person Christi existiere« (ut ipsa quasi altera Christi persona existat)[39]. Er selbst agiere »durch die Kirche« (per Ecclesiam) im Dienst der Sakramentenspendung, der Verkündigung und der Leitung[40].
- Die Kirche sei der »*mystische* Leib Jesu Christi«. Das heißt: Sie sei mehr als ein soziologischer Zusammenschluss aufgrund bloß gesellschaftlicher und rechtlicher Beziehungen. Die Kirche unterscheidet sich damit in der Sicht der Enzyklika von jeder anderen gesellschaftlichen Wirklichkeit. In der traditionellen Theologie wurde dazu der Begriff der »societas perfecta« (allerdings in der spezifischen Bedeutung, dass die Kirche nicht nur aus sozialen und rechtlichen Elementen bestehe, sondern sich einer göttlichen Initiative und Begleitung verdanke[41]) gebräuchlich. Die Gegenüberstellung einer Liebeskirche und einer Rechtskirche (im Sinne von Rudolph Sohm) lehnt die Enzyklika ausdrücklich ab[42]. Man müsse die Kirche als Synthese beider Elemente (der unsichtbaren göttlichen Geistgaben und der rechtlich-sozialen Wirklichkeit) sehen. Das spielt natürlich auf die ursprüngliche Bedeutung

des Wortes »mysterion« bzw. »sacramentum« an. So wie das Sakrament eine sichtbare äußere Gestalt und eine durch diese ausgedrückte innere Wirklichkeit besitzt, ist es auch in der Kirche. Von daher ist es nicht verwunderlich, wenn die Enzyklika zu der Formel kommt: Der (mystische) Leib Christi *ist* (est) die katholische Kirche (insbesondere auch in der Gestalt, die das Vaticanum I definiert hatte)[43]. Die Aussage wird auf dem Vaticanum II wiederholt. Das Dekret über die katholischen Ostkirchen »Orientalium Ecclesiarum« identifiziert in einem exklusiven Sinn die katholische Kirche mit dem »mystischen Leib Christi« (OE 2): »Die heilige katholische Kirche ist der mystische Leib Christi und besteht aus den Gläubigen, die durch denselben Glauben, dieselben Sakramente und dieselbe oberhirtliche Führung im Heiligen Geist organisch geeint sind.« Es ist auch in der katholischen Ekklesiologie unbestritten (vor allem Yves Congar hat immer wieder darauf hingewiesen[44]), dass die Leib-Christi-Ekklesiologie eine große Affinität zu dem pyramidal konzipierten und institutionell durchstrukturierten Kirchenbild der Papsttheorie besitzt. Die Bulle »Unam sanctam« belegt das. Andererseits ist die schlechthinnige Gleichsetzung Papst = Haupt der Kirche nicht vollzogen[45]. Christus ist das Haupt der Kirche, der ihr – so wird in der Enzyklika unter Berufung auf Eph 5,23 gesagt[46] – »rettend« *gegenübersteht* (also nicht völlig mit ihr identifiziert wird). Auch der Papst steht unter diesem letzten Vorbehalt – und befindet sich deshalb auf der Seite des Geschöpfes (der Kirche) und nicht des Schöpfers (Gottes).

9.2 Volk Gottes

Mit dem Erscheinen von »Mystici Corporis« kam die ekklesiologische Diskussion in der katholischen Theologie wieder zu einem Stillstand. Sicher lag das zunächst am Krieg und seinen Folgen. Nicht zu unterschätzen ist aber auch die Bedeutung der Enzyklika selbst. Im Rückblick kann man sagen, dass die Enzyklika in zweifacher Weise bedeutsam ist.

Zum einen ist sie ein Endpunkt. Sie markiert noch einmal – eindrücklich – eine Epoche, in der das Interesse auf die Sichtbarkeit und die Rechtsgestalt der Kirche gerichtet war: Die Kirche des Vaticanum I *ist* der Leib Christi.

Zum anderen ist sie auch ein Wendepunkt. Nach der Enzyklika (und nach einer gewissen schöpferischen Pause) bewegt sich die katholische ekklesiologische Diskussion mancherorts im Grunde von dem Bild »Leib Christi« für die Kirche weg und greift ein anderes Kirchenbild auf, das ebenfalls bei Paulus begegnet, nämlich »Volk Gottes« (also eine mehr heilsgeschichtliche Sicht der Kirche)[47].

Der Anfang der Debatte war allerdings etwas schwierig[48]. Schon 1937 hatte Ansgar Vonier den Begriff des Volkes Gottes zur Mitte ekklesiologischer Reflexion erheben wollen[49]. 1940 veröffentlichte der Dominikaner Mannes D. Koster ein Buch[50], in dem er kompromisslos die These verfocht, dass der einzige (!) Sachbegriff, der das Wesen der Kirche adäquat beschreiben könne, der Begriff »Volk Gottes« sei. »Volk Gottes« bedeutete für ihn allerdings den Öffentlichkeitsanspruch der Kirche, d. h. eine durchstrukturierte, geordnete und sichtbare Gestalt (wie jedes andere weltliche Staatsvolk auch). Einen gewissen Durchbruch erzielen dann geschichtliche Studien. Zu nennen ist besonders die Dissertation von Joseph Ratzinger, Volk und Haus Gottes in Augustins Lehre von der Kirche (1954)[51]. Ratzinger hat in der Untersuchung der patristischen Theologie nachweisen können, dass Augustinus (in der Tradition der patristischen Autoren und diese resümierend) mit dem Begriff »Volk Gottes« nahezu ausschließlich das Volk Israel bezeichnet[52]. Die neue, von Christus initiierte (und durch ihn von Gott zusammengerufene) Gemeinschaft hieß in der Patristik »ekklesia« (bzw. lateinisch »ecclesia«), als eschatologische wie kultische (Volks-) Versammlung. Das setzt einen deutlichen Akzent:

– In der antiken Volksversammlung (»ekklesia«) sind nur die stimmberechtigten Männer (nicht die Frauen, Kinder, Sklaven, Unmündigen und die Fremden) versammelt. Sie kommen zusammen, um zu beschließen, was zu geschehen hat.

– In der israelitischen Volksversammlung (in der Septuaginta ebenfalls »ekklesia«), deren Urbild etwa die Sinaiversammlung oder die Quasi-Neugründung des Volkes nach dem Exil ist, kommen die Männer, Frauen und Kinder (nicht die Fremden) zusammen. Sie versammeln sich, nicht um selbst zu beschließen, sondern um zu hören, was Gott beschlossen hat und dem zuzustimmen.

– In der christlichen Volksversammlung kommen nach Paulus *alle* Gesellschaftsschichten (und insbesondere die Heiden und die

Fremden) (Gal 3,28) zusammen. Sie versammeln sich um zu hören, was Gott ihnen durch Christus sagt, um dazu »Ja« zu sagen und durch die Geistgabe ein gemeinsames Volk zu werden.

Anders ausgedrückt: Für die patristischen Autoren ist Israel im AT mit dem Begriff »Volk Gottes (Jahwes)« vollständig umschrieben. Die Kirche des NT aber ist für sie nur dadurch »Volk Gottes«, dass sie zugleich »Leib Christi« und »Haus (bzw. Tempel) des Heiligen Geistes« ist[53].

Der Begriff »Volk Gottes« zur Beschreibung der Kirche hat sich nach dem Zweiten Weltkrieg in der katholischen theologischen Literatur[54] und sogar im Kirchenrecht eingebürgert[55]. Er hat mehrere Vorteile[56]:

– *Differenzierte Zugehörigkeit*
Während die Metapher »Leib Christi« im Grunde nur die Alternative »Glied« und »Nicht-Glied« zulässt, ermöglicht das Bild »Volk Gottes« eine Vielzahl von Zuordnungen zur Kirche, die nach patristischer Überzeugung (»ecclesia ab Abel«) vom Anfang der Menschheitsgeschichte an der Ort (und das Sakrament) des Heilshandelns Gottes war. Das »Volk Gottes« hat eine wechselvolle Geschichte und verdankt sich ausschließlich der Initiative Gottes. Wenn insgesamt die Menschheit (wenigstens »in potentia«) als »Volk Gottes« gesehen wird, führt das zu einem eher »relationalen« Kirchenverständnis.

– *Kontinuität von Kirche und Israel*
Der Begriff verweist auf die bleibende Bezogenheit der Kirche auf Israel. Wie dieses Verhältnis dann theologisch bedacht werden muss, ist eine Frage, die sich in jeder Generation stellt. Paulus hat zeitlebens mit ihr gerungen. Für ihn bleibt die Kirche stets auf die »Wurzel« Israel (Röm 11,16) verwiesen. Ihre eschatologische Vollgestalt als das eine »Volk Gottes« kann die Kirche nach der Überzeugung des Apostels nur zusammen mit Israel finden (Röm 11,25–27).

– *Der geschichtliche und eschatologische Charakter der Kirche*
Der Begriff impliziert (in der Aufnahme prophetischer, jüdisch-nachexilischer und weisheitlicher Motive) die Notwendigkeit der ständigen Umkehr und Reform (Erneuerung) der Kirche, die als »pilgernde« Gemeinschaft, als Exodus-Volk (in der Tradition des Exodus Israels, wie ihn der Hebräerbrief beschreibt), als

Fremdlingsvolk (von dem der 1. Petrusbrief spricht) und als Weggemeinschaft unterwegs hin zu einem noch ausstehenden Ziel in dieser Welt keine endgültige Heimat hat und sich somit als vorläufig qualifiziert und relativiert.

– *Grundlegende Gemeinschaft aller Glaubenden*
  Vor jeder (durchaus notwendigen) Unterscheidung in verschiedene Dienste und Ämter (Charismen) beschreibt »Volk Gottes« die fundamentale »Gleichheit«[57] aller Christglaubenden.

– *Ökumenische Relevanz*
  Der Begriff ist auch in hohem Maße ökumenisch anschlussfähig[58].

Im NT wird (unter Bezug auf den alttestamentlichen Gebrauch) »Volk« zumeist unter dem Vorzeichen der Erwählung verwendet (1 Petr 2,9f: »Ihr seid ein auserwähltes Geschlecht, eine königliche Priesterschaft, ein heiliges Volk, ein Eigentumsvolk«[59]). Das »Volk« (griechisch: laos) Gottes ist insgesamt ein priesterliches und königliches Volk. Der »Laie« (griechisch: laikos) ist in der frühen Kirche der Angehörige dieses Volkes – im Unterschied zu den Menschen, die sich diesem Volk (noch) nicht angeschlossen haben. Bemerkenswert ist, dass die frühkirchliche Liturgie den Begriff »dein Volk« oft im Kontext der Buße gebraucht. Mit »Volk« verbinden sich im AT wie im NT Assoziationen wie Wüstenwanderung, Angewiesenheit auf Gottes Beistand, Pilgerschaft, Unterwegs-Sein, auch eine Kritik an jedem Sich-Einrichten in der Welt.

Die beiden Begriffe müssen allerdings – auch das hat Ratzinger gezeigt – nicht als Widerspruch verstanden werden, sondern sind schon in der Patristik gegenseitig vermittelt worden, etwa in der augustinischen Formel »Leib Christi im Volk Gottes«[60]. Das macht auf ein Grundprinzip katholischer Theologie aufmerksam, das die Katholische Tübinger Schule wieder ins Bewusstsein gerufen (und das Hegel – von einer ganz anderen Denktradition herkommend – systematisiert hat). In katholischer Theologie (und Ekklesiologie) entsteht gewöhnlich ein Fortschritt nicht dadurch, dass ein Begriff den anderen (oder ein Paradigma das andere) ablöst, sondern durch die Vermittlung der Gegensätze von These und Antithese in einer Synthese, in der die Anliegen der beiden Ausgangsaussagen »aufgehoben« (destruere, elevare, conservare) werden. Walter Kasper hat etwa als noch ausstehende Aufgabe der Ekklesiologie eine Vermittlung (in einer Synthese) von »Communio« (Ekklesiologie

des 1. Jahrtausends) und »Iurisdictio« (Ekklesiologie des 2. Jahrtausends) gefordert. Für Hans Urs von Balthasar ist diese Aufgabe
durch das katholische Wort »und« beschrieben. Seit der »Gemeinsamen Erklärung zur Rechtfertigungslehre« (1999) und der Studie
»Communio Sanctorum« (2000; ²2003) ist das auch die Methode
der Ökumene[61].

9.3 »Lumen Gentium« und die Konsequenzen

Man kann natürlich darüber streiten, welches Dokument des Vaticanum II das wichtigste sei. Nach meiner Meinung ist grundlegend die Offenbarungskonstitution »Dei Verbum«. Nur im Hören
auf die Offenbarung Gottes in Jesus Christus kann die Kirche ihren
Auftrag erfüllen und ihr Wesen darstellen. In einem logischen
Aufbau der Konzilstexte müsste man also »Dei Verbum« an den
Anfang stellen. Andere Texte, die Pastoralkonstitution oder die
Erklärungen über das Verhältnis der Kirche zu den nichtchristlichen Religionen oder zur Religionsfreiheit, haben durchaus inno-
vativ Weichen gestellt und Akzente gesetzt. Aber nach dem Selbst-
verständnis des Vaticanum II selbst ist der bedeutsamste Text die
Kirchenkonstitution »Lumen Gentium«. Die Ausgangsfrage des
Konzils lautete: Kirche – was sagst du von dir selbst? »Lumen Gen-
tium« ist das erste Dokument« eines Ökumenischen Konzils, in dem
in einer *umfassenden* Weise versucht wird, über die Gründung, den
Auftrag, den Aufbau und die (eschatologische) Vollendung der
Kirche zu reflektieren[62]. Allerdings: Das Problem der Kirchenkonstitution (wie überhaupt aller Texte des Vaticanum II) ist ihre Inter-
pretation. Das beginnt schon bei der Frage ihrer Verbindlichkeit.
Die Gegner des Konzils heben immer wieder den von Johannes
XXIII. apostrophierten »pastoralen« Charakter des Konzils hervor.
Das Vaticanum II hat tatsächlich im Unterschied zu allen anderen
vorausgehenden sogenannten Ökumenischen Konzilien keine
»Canones« mit Ausschlussdrohungen (»anathema sit«) verabschiedet. Der Ausdruck »pastoral« wurde dann von manchen
so gedeutet, als ob hier überhaupt keine Entscheidungen in der
Lehre intendiert seien. »Pastoral« bekam bei manchen Gegnern die
Konnotation unverbindlich, freundlich-nichtssagend, bestenfalls
kerygmatisch-homiletisch.

Das Vaticanum II verstand sich – nach dem Wunsch vieler Voten vor der Eröffnung des Konzils und nach seinem eigenen Selbstverständnis – in der Ekklesiologie als die Fortsetzung seines Vorgängerkonzils. Die Hermeneutik seiner Texte ist allerdings nicht einfach. Die jeweils praktizierte Hermeneutik ist in der Regel durch die Deutung dieses Konzils bedingt. Günther Wassilowsky hat zwei Grundmodelle der Interpretation des Vaticanum II diagnostiziert[63]. Das *Diskontinuitätsmodell* sieht das Konzil als einen geradezu revolutionären Umbruch epochaler Art in der Christentumsgeschichte, der – je nach Standpunkt – positiv oder negativ beschrieben wird[64]. Das *Kontinuitätsmodell*, dessen prominentester Fürsprecher Joseph Ratzinger ist, beruft sich auf die erklärte Absicht der Konzilsväter, in Kontinuität zur kirchlichen Tradition (und konkret zum Tridentinum und zum Vaticanum I) stehen zu wollen[65].

Was die Kirchenkonstitution betrifft, tritt diese im Gewand einer »Dogmatischen Konstitution« auf. In der Theologischen Erkenntnislehre ist eine Dogmatische Konstitution die verbindlichste Form, in der sich ein Konzil ausdrückt. Mindestens in den beiden »Dogmatischen Konstitutionen« »Lumen Gentium« und »Dei Verbum« hat also das Konzil durchaus beabsichtigt, konkrete Entscheidungen zu treffen. Aber welche Entscheidungen sind nun tatsächlich getroffen worden? Das ist aus der Textgestalt von »Lumen Gentium« (und »Dei Verbum«) nicht immer klar. In »Dei Verbum« hat das Konzil *zwei* Modelle von Offenbarung und entsprechend von Glauben nebeneinandergestellt[66]. Max Seckler spricht vom Kompromiss des »kontradiktorischen Pluralismus« bzw. vom »Formelkompromiss« des Vaticanum II[67]. Das ist ein Kompromiss, der nicht durch eine Übereinkunft in der Sache zustande kommt, sondern eben durch die gemeinsame Zustimmung zu zunächst durchaus unterschiedlichen Aussagen, die nebeneinandergestellt werden. Genau dies geschieht auch in der Kirchenkonstitution. Dieses unvermittelte Nebeneinanderstellen verschiedener Modelle ist allerdings keine Eigentümlichkeit des Vaticanum II, wie es manchmal dargestellt wird. Im Grunde haben *alle* Konzilien so gehandelt[68]. Ein Beispiel ist das Konzil von Chalkedon, das die christologischen Modelle von Antiochia und Alexandria nebeneinanderstellt und die theologische Synthese der Theologie der Folgezeit überlässt.

Die Kirchenkonstitution umfasst acht Kapitel. Sie handelt zunächst vom »Mysterium der Kirche« (Kap. 1) und dann von seiner gesellschaftlichen Erscheinungsform, den Glaubenden als dem »Volk Gottes« (Kap. 2). Darauf folgen die Kapitel über die Gruppierungen in der Kirche. Unter struktureller Hinsicht ist hier zentral das 3. Kapitel (»Die hierarchische Verfassung der Kirche, insbesondere das Bischofsamt«). Auffällig ist, dass dieses Kapitel im Wesentlichen über das Bischofsamt handelt. Vergleichsweise sehr kurz werden die Priester (LG 28) und die Diakone (LG 29) angesprochen. Auch die Überschrift des Kapitels ist bemerkenswert. Es heißt nicht »die Amtsträger« oder »die Hierarchie«, wie dann später bei den »Laien« (Kap. 4) oder den »Ordensleuten« (Kap. 6), die noch einmal eigens durch das Kapitel 5 zur »allgemeinen Berufung zur Heiligkeit in der Kirche« theologisch eingeordnet werden. Im Vergleich zu Laien und Ordensleuten erscheinen die Amtsträger also nicht so sehr als eigene Gruppe in der Kirche, sondern als Organe der »Verfassung« der Kirche und insofern als Mittel, durch das Gott sein hierarchisch verfasstes »Volk« anspricht. Im 7. Kapitel (über den »endzeitlichen Charakter der pilgernden Kirche und ihre Einheit mit der himmlischen Kirche«) wird darauf hingewiesen, dass die Kirche weder in ihren Strukturen noch in ihren Gliedern eine Endgestalt darstellt, sondern dass sie sich auf einem Weg befindet, der erst in der eschatologischen Vollendung, also außerhalb der Geschichte, an sein Ziel kommt. Das 8. Kapitel (»Die selige jungfräuliche Gottesmutter Maria im Geheimnis Christi und der Kirche«) beschreibt schließlich Maria als »Typus« und »Urbild« der Kirche.

Einige Verdeutlichungen:

9.3.1 *»Das Mysterium der Kirche«* (Kap. 1)

Der Begriff »Mysterium« ist in hohem Maße missverständlich. Gemeint ist nicht, die Kirche sei in ihrem Wesen etwas »Unbegreifliches«, das dem menschlichen Verstehen verschlossen sei. Eine solche Deutung, die Anklänge an die These hat, die Kirche sei eigentlich »unsichtbar«, war nicht beabsichtigt. Aber die Überschrift ist tatsächlich eine Korrektur – und zwar zu der Kirchendefinition Bellarmins, der fast ausschließlich die sichtbare Seite betonte[69]. »Mysterium« bedeutet hier: Die Kirche ist ein Teil des

»Mysteriums« Gottes. Das heißt in der Sprechweise des NT (Eph 3,8f: »Ich soll den Heiden als Evangelium den unergründlichen Reichtum Christi verkündigen und enthüllen, wie jenes Mysterium Wirklichkeit geworden ist, das von Ewigkeit her in Gott, dem Schöpfer des Alls, verborgen war«): Die Kirche ist Teil des Heilshandelns Gottes, d. h. der Heilsökonomie. Man kann also von Kirche sachgemäß nur dann sprechen, wenn sie als abkünftig (im patristischen Bild des »mysterium lunae«) von Gott und im Kontext des Heilshandelns Gottes in Jesus Christus dargestellt wird. Auch das macht noch einmal deutlich, dass die Offenbarungskonstitution logisch die Voraussetzung der Kirchenkonstitution ist.

Jesus Christus (nicht die Kirche) ist das »Licht der Völker«, »Lumen Gentium«. Wie erscheint Jesus Christus in seiner Kirche? Das Konzil verwendet dazu den Begriff des »Sakramentes« (LG 1). Entsprechend der klassischen Definition von Sakrament ist die Kirche allerdings nicht ein Sakrament (wie die sieben klassischen Sakramente), sondern liegt diesen Sakramenten voraus[70]. Otto Semmelroth hat deshalb von der Kirche als »Ursakrament« oder »Wurzelsakrament« gesprochen[71], Karl Rahner vom »Grundsakrament«[72]. Aus diesem »Grundsakrament« ergeben sich die sieben Einzelsakramente, die seine konkreten Artikulationen sind und die Heilszusage Gottes in Jesus Christus auf bestimmte existenziell entscheidende Situationen des Menschen hin auslegen. Augustinus gibt folgende Beschreibung eines Sakramentes: »visibilis forma invisibilis gratiae« (die sichtbare Form bzw. Gestalt der unsichtbaren Gnade). Das Konzil von Trient hat diese Formel übernommen[73]. In diesem Sinn kann man die Aussage von LG 1[74] (»Die Kirche ist ja in Christus gleichsam das Sakrament, das heißt Zeichen und Werkzeug, für die innigste Vereinigung mit Gott wie für die Einheit der ganzen Menschheit«) so wiedergeben: Die Kirche ist in ihrer Existenz und durch ihr Handeln einerseits ein Zeichen *und* andererseits ein Mittel, um Gottes Gnade in dieser Welt sichtbar zu machen. Dieser zweite Akzent – die Kirche als *Instrument* und damit als ein eigenständiges Handlungssubjekt (das ist damit – neuzeitlich – gemeint[75]) – ist einerseits neu gegenüber der Patristik, müsste aber andererseits noch einmal im Blick auf die neuen (und zugleich sehr alten) Einsichten vertieft werden, die die Offenbarungskonstitution »Dei Verbum« (nach den Debatten um die »Nouvelle Théologie«) zum Verhältnis von Natur und Gnade proklamiert. Als Frage zugespitzt: Kann es denn eigentlich im christlichen Verständnis ein eigenständig-menschliches Handeln (zum Heil) geben, das dem göttlichen Handeln entgegen- oder parallelgesetzt werden könnte (im Sinne einer *gleichberechtigten* menschlichen »Kooperation«), oder ist nicht jedes menschliche Handeln (zum Heil), sogar außerhalb der »amtlichen« Heilsgeschichte, von der vorgängigen Gnadengabe Gottes umfangen?

Theologisch hat die Aussage, die Kirche sei gleichsam ein Sakrament, eine theologiegeschichtliche Relevanz, die Karl Rahner schon vor dem Konzil hervorgehoben hat[76]. In der sakramentalen Tätigkeit der Kirche insgesamt kommt die Vollmacht Christi zum Ausdruck. Es ist also nicht notwendig, isoliert bei einem einzelnen Sakrament nach einem ausdrücklichen Stiftungswort Jesu zu fragen, so lange daran festgehalten wird, dass Jesus Christus tatsächlich eine Kirche gewollt hat, die sich in den konkreten sieben Lebensvollzügen heilswirksam engagiert. Um der Ehrlichkeit und Vollständigkeit willen muss man allerdings einräumen, dass es kaum eine Aussage der Kirchenkonstitution gibt, die in der evangelischen Theologie auf so große Vorbehalte stösst wie die Aussage, die Kirche sei ein Sakrament – zumal als »Zeichen« *und* Mittel (»Werkzeug«)[77]. Die Theologie Luthers gesteht überhaupt keinem menschlichen Handeln irgendeine Heilsrelevanz zu. Überdies hat die gewöhnliche evangelische Theologie (im Unterschied zu einer eher »hochkirchlichen« Position) die Verborgenheit der »geistlichen« Kirche so stark betont, dass es für sie schwer einsichtig ist, warum gerade der Raum der Kirche ein besonderer Begegnungsort Gottes (im »Zeichen«) sein sollte[78].

LG 1 interpretiert den Begriff »Sakrament«: »Die Kirche ist ja in Christus gleichsam das Sakrament, *das heißt Zeichen und Werkzeug* für die innigste Vereinigung mit Gott wie für die Einheit der ganzen Menschheit.« LG 9,3 zitiert das Wort Cyprians[79], die Kirche sei »das unauflösliche Sakrament der Einheit«. Im Sinne dieses patristischen Zitats wird der Kirche die *sakramentale* Zeichenhaftigkeit und Werkzeuglichkeit im göttlichen Heilsplan für die gesamte Menschheit und ihre Geschichte zugeschrieben. Dieser Heilsplan Gottes, der seit Anfang der Welt besteht, wird in LG 2–4 skizziert. Definitiv ist die Kirche mit Jesus von Nazaret in Erscheinung getreten (LG 3). Zwei Ereignisse sind für die endgültige Konstituierung von Kirche wesentlich: der Kreuzestod Jesu (Joh 19,34)[80] und die

Feier der Eucharistie (LG 3). Das Pfingstfest ist als das das Heilswirken Gottes in Jesus Christus resümierende Geschehen das eigentliche Ereignis, das die Kirche bildet (LG 4). Die dreistufige Kirchengründung (durch Jesu Predigt und Leben, das Kreuzesgeschehen und das Pfingstereignis) wird dann in LG 5 zusammengefasst. LG 6 beschreibt die Vielzahl neutestamentlicher Bilder für die Kirche[81]. Genannt werden Schafstall, Herde (mit Jesus Christus als dem guten Hirten), Pflanzung bzw. Acker Gottes und Weingarten (mit Jesus Christus als wahrem Weinstock), Gottes Bauwerk (mit Jesus Christus als dem Eckstein), Haus Gottes (in dem die Familie Gottes wohnt), Wohnstatt und Zelt Gottes, Tempel, himmlisches Jerusalem, »unsere Mutter« und Braut (die auf ihren Bräutigam Jesus Christus zugeht). Dem (paulinischen) Bild »Leib Christi« ist LG 7 gewidmet. In LG 7,8 wird noch einmal das Bild der Kirche als »Braut« Christi (im Sinne eines Gegenüber von Jesus Christus und Kirche) erwähnt.

LG 8 fasst das 1. Kapitel der Kirchenkonstitution zusammen: Die »sichtbare Versammlung«, d. h. die »irdische Kirche« in ihrer hierarchischen Struktur, und der »geheimnisvolle Leib Christi« sind nicht zwei verschiedene Größen, die einander gegenüber gestellt werden können, »sondern (sie) bilden eine einzige komplexe Wirklichkeit, die aus menschlichem und göttlichem Element zusammenwächst« (LG 8,1)[82]. Die von Jesus Christus gewollte Kirche – von der auch das Credo spricht – ist also nicht unsichtbar oder gleichsam eine platonische Idee, die all ihren Realisierungen (die sie nie identisch abbilden) vorausliegt. Sie »ist verwirklicht« (»subsistit«) in der (römisch-)katholischen Kirche (LG 8,2). Was heißt nun »subsistit«?

– Der Hauptredakteur von »Lumen Gentium«, der belgische Theologe Gérard Philips (1898–1972), hat bereits zur Entstehungszeit des Textes vorausgesagt, dass über die Formel »subsistit in« viel Tinte vergossen werde[83]. Umstritten ist schon die Bedeutung. Ist das »subsistit« im Sinne des scholastischen Subsistenz-Begriffs zu verstehen? Im Grunde hieße das dann, dass das »subsistit« eigentlich nichts anderes ist als ein »est«. Die Kirche ist nicht unsichtbar, sondern sie besteht in der katholischen Kirche. Joseph Ratzinger tritt für diese Deutung ein[84].

Oder ist das »subsistit« »eine Art Hilfsbegriff«, »der lediglich dazu dient, gegenüber der strikten Identifizierung der römisch-katholischen Kirche mit der Kirche Jesu Christi«, wie sie das in »Mystici Corporis« und im ursprünglichen Schema (1964)[85] (aber auch in OE 2) verwendete »est« ausdrückt, »eine größere ökumenische Offenheit und Flexibilität möglich zu machen«[86]? Das ist die Interpretation Walter Kaspers.

Schon auf dem Konzil gab es Stimmen, die vor der Vieldeutigkeit des Begriffes »subsistit (in)« gewarnt haben. Der Begriff wird nämlich innerhalb der Trinitätslehre anders als in der Christologie verwendet. Innerhalb der Trinitätslehre bedeutet er, dass Gott zwar ein Einziger sei, aber in drei Personen »subsistiere« (verwirklicht sei). Auf diesen Gebrauch beziehen sich die theologischen Stimmen, die von mehreren Subsistenzen (Subsistenzweisen) der einen wahren Kirche Jesu Christi sprechen. Innerhalb der Christologie beschreibt derselbe Begriff, dass Jesus Christus nicht teils göttliche Person, teils menschliche Person, sondern eine einzige Person ist. Die Kirchenkonstitution greift die *christologische* Variante des Subsistenzbegriffes auf (LG 8,1): Wie der ewige Sohn (und Logos) sich in einem einzigen Menschen offenbart hat, so *subsistiert* (analog) die wahre Kirche Jesu Christi *in* der einzigen sichtbaren Kirche.

– Das ist nun in der Tat ein Widerspruch zu einem bestimmten (protestantischen) Verständnis von Kirche, das sich etwa bei Emil Brunner, aber auch bei Eberhard Jüngel[87] und anderen evangelischen Theologen findet. Für dieses (evangelische) Modell ist »Kirche« entweder die eine wahre Kirche, die aber in ihrem Wesen (als eine innerlich-»mystische« Realität) eben unsichtbar ist (als unsichtbare Gemeinschaft der im Glauben Gerechtfertigten), oder die Institutionen, die in dieser Auffassung von Menschen organisierte (soziologisch bedingte) Einrichtungen sind. Die evangelische Theologie hat aus genau diesem Grund auch die These der Kirchenkonstitution, die Kirche sei »in Christus gleichsam das Sakrament, das heißt Zeichen und Werkzeug für die innigste Vereinigung mit Gott wie für die Einheit der ganzen Menschheit« (LG 1), abgelehnt[88].

– Unbestritten ist, dass LG 8,2 (wie übrigens auch OE 2) tatsächlich eine Identifizierung zwischen der Kirche des Glaubensbekenntnisses (»Dies ist die einzige Kirche Christi, die wir im Glaubensbekenntnis … bekennen«) und der katholischen Kirche (auch in ihrer sichtbaren Organisation) vollzieht. In dieser katholischen Kirche finden sich bestimmte »Elemente der Heiligung und der Wahrheit.« Sie existieren auch außerhalb der katholischen Kirche, allerdings in unterschiedlicher Zusammensetzung. Es sind allerdings Elemente, die von sich her eine Dynamik auf die Einheit der Kirche hin auslösen (wollen). Noch einmal: LG 8,2 erklärt, dass die eine Kirche Jesu Christi in der katholischen Kirche konkret anwesend und wirklich ist. Andererseits betont das Vaticanum II aber zugleich, dass sich auch außerhalb der institutionellen Grenzen der katholischen Kirche zahlreiche und wesentliche Elemente der Kirche Jesu Christi (LG 8,2; 15; UR 3,2) und im Fall der (orthodoxen) Ostkirchen sogar wahre Partikularkirchen (UR 15,1.3)[89] finden. Außerhalb der katholischen Kirche besteht also, wie die Ökumene-Enzyklika »Ut unum sint« festhält, kein ekklesiales »Vakuum«[90] und »Kirchlichkeit« fällt nicht einfach mit der katholischen Kirche zusammen.

– Worin besteht die Fülle des Kircheseins? Es bezieht sich *nicht* auf das Heil und dessen subjektive Aneignung. Denn einerseits wirkt der Geist auch außerhalb der katholischen Kirche (UR 3) und sogar außerhalb des Christentums (LG 16), andererseits ist auch die katholische Kirche eine Kirche der Sünder (LG 8,3). Die Ökumene-Enzyklika spricht sogar von »Strukturen der Sünde« in der Kirche[91]. Die Fülle des (katholischen) Kircheseins bezieht sich allein auf die institutionellen Mittel des Heils, d.h. die Sakramente und das Amt. Nur in *dieser* Hinsicht stellt – aus katholischer Perspektive – das Vaticanum II bei den Kirchen und Kirchengemeinschaften, die aus der Reformation stammen, einen »defectus« fest (UR 3,4; 22,3).

– Die Konsequenz aus der Behauptung, dass die eine Kirche Jesu Christi in der katholischen Kirche subsistiere, besteht darin, dass die Einheit nicht erst fragmentarisch und deshalb ein *künftiges* ökumenisches Ziel ist, sondern dass sie ebenfalls bereits in der katholischen Kirche »subsistiert« (UR 4,3). Ausgeschlossen ist damit ein ökumenisches Einheitsmodell eines Bundes von Kirchen verschiedener Bekenntnisse (und unterschiedlicher Organisationsstrukturen), das die verschiedenen Kirchen als gleichermaßen legitime Varianten einer grundlegend transzendent bleibenden Wahrheit (oder im Sinne einer platonischen Idee) relativiert. Allerdings bedeutet das nicht, dass das Konzil das

Modell der »Rückkehrökumene« favorisiert. In der Situation der Spaltung ist die schon bestehende Einheit trotzdem noch nicht in einem vollem Sinn »katholisch« (vgl. UR 4,10). Erst das »Lernen vom anderen«[92] führt zur Fülle der katholischen Einheit.

– Nach katholischem Verständnis ist also die Einheit der Kirche mehr als bloß ein äußerlicher Zusammenschluss von verschiedenen Ortskirchen. Jede Ortskirche ist zwar ganz Kirche (LG 26,1; 28,2), aber sie ist doch nicht die ganze Kirche. »Die eine Kirche existiert in und aus Ortskirchen (LG 23), aber die Ortskirchen existieren auch in und aus der einen Kirche (*Communionis notio*, 9); sie sind nach deren Bild gestaltet (LG 23). So wenig die Ortskirchen administrative Unterabteilungen, bloße Ausgliederungen, Ausfaltungen oder Provinzen der einen Kirche sind, ebenso wenig ist die eine Kirche die Summe der Ortskirchen, noch das Ergebnis ihres Zusammenschlusses, ihrer gegenseitigen Anerkennung, auch nicht ihrer gegenseitigen Durchdringung. Die eine Kirche ist zwar in der *communio* der Ortskirchen wirklich, aber sie erwächst nicht aus ihr, sie ist ihr vorgegeben. Beides zusammengenommen bedeutet: Die eine Kirche und die Vielheit der Ortskirchen sind gleichzeitig; sie sind sich gegenseitig innerlich (perichoretisch).«[93]

– Trotzdem besteht – auch in dieser Perichorese – »ein Vorrang der Einheit der Kirche vor der Vielheit der Ortskirchen«[94]. Das ist die Überzeugung des Paulus, der sich in den ersten Kapiteln des 1. Korintherbriefes gegen partikuläre Interessen wendet. Die gleiche Überzeugung artikuliert Eph 4,5 f. Das ist auch in den altkirchlichen Glaubensbekenntnissen festgehalten (Ich glaube »die *eine* Kirche …«).

– Am 10. Juli 2007 veröffentlichte die Kongregation für die Glaubenslehre (fünf) »Antworten auf Fragen zu einigen Aspekten bezüglich der Lehre über die Kirche«. Das Schreiben bezieht sich auf vorausgehende Erklärungen der Glaubenskongregation (»Mysterium ecclesiae« 1973; »Communionis notio« 1992; »Dominus Iesus« 2000), die allesamt jedoch die Diskussion nicht abgeschlossen, sondern eher noch befeuert haben, und will nun authentisch und unmissverständlich klarstellen, dass die Formulierung »subsistit« nicht das sagen wollte, was manche Theologen aus ihr abgeleitet haben[95]. In den Antworten wird noch einmal eingeschärft, dass das Vaticanum II »die vorhergehende

Lehre über die Kirche« nicht verändert, sondern sie (lediglich) entfaltet habe, dass die »eine« Kirche des Glaubensbekenntnisses (nur) in der katholischen Kirche subsistiere, dass außerhalb dieser Kirche aber »vielfältige Elemente der Heiligung und der Wahrheit« zu finden seien, die zu einer sichtbaren Einheit der Christen »hindrängen«, dass zur Einheit der Kirche wesensmäßig der Dienst des Bischofs von Rom gehöre und dass die evangelischen Kirchen nach diesem katholischen Verständnis eben nicht als Kirchen »im eigentlichen Sinn« gelten können.

9.3.2 »Das Volk Gottes« (Kap. 2)

Das zweite Kapitel bietet ein neues *Kirchen*bild an. »Volk Gottes« ist nicht der Gegenbegriff zur Hierarchie, sondern meint die Kirche in ihrer Gesamtheit. Es besteht sprachlich eine formale Differenz zwischen Kapitel 1 und Kapitel 2 von LG. Die meisten Sätze des 1. Kapitels haben Gott (bzw. die drei göttlichen Personen) als handelndes Subjekt. Die Kirche ist also das Werk des dreieinigen Gottes. Im 2. Kapitel erscheint die Kirche selbst als handelndes Subjekt in der Geschichte. Dies zeigt sich darin, dass – in der Regel – das regierende Subjekt der Sätze die Kirche (als Gemeinschaft der Glaubenden) ist[96]. Von dieser Beobachtung her legt sich eine Interpretation nahe, Kap. 1 und Kap. 2 als aufeinander bezogene komplementäre Betrachtungsweisen der Kirche zu verstehen[97]. Die theologische Diskussion der Folgezeit bis heute ging demgegenüber um die (eigentlich nicht sehr bedeutsame) Frage, welcher Begriff gegenüber dem anderen eine Priorität besitze.

Was ist das Spezifikum des *alttestamentlichen* Begriffs »Volk Gottes«? »Leib Christi« betont die Zusammengehörigkeit von Christus und Kirche. »Volk Gottes« dagegen hebt das Gegenüber hervor. Der »Leib« vollzieht, was das Haupt vorgibt. Das »Volk« kann seinem Herrn durchaus die Treue brechen, wie es das alttestamentliche Gottesvolk immer wieder (zum Leidwesen der Propheten) getan hat. Weiter hebt »Volk Gottes« (mehr als »Leib Christi«) die Kontinuität (bei aller Diskontinuität) zwischen Israel und Kirche hervor. Der Bund, den Gott mit Israel geschlossen hat (LG 9,1), ist ja durch den »neuen« Bund nicht aufgekündigt.

Der Wille Gottes, »die Menschen nicht einzeln, unabhängig von aller wechselseitigen Verbindung, zu heiligen und zu retten, sondern sie zu einem Volke zu machen« (LG 9,1), führte zur Erwählung Israels und schließlich zur Berufung eines Volkes aus Juden *und* Heiden. Die Kirche versteht sich also nicht einfach als »Heidenkirche«, die das »alte« Bundesvolk Israel verdrängt, sondern als Fortführung der Initiative Gottes in Israel mit einem Auftrag an die ganze Menschheit[98]. Dieses (neue) Volk ist *insgesamt* ein Volk von Priestern (LG 10 beschreibt das *gemeinsame* Priestertum aller Glaubenden) und hat ebenfalls *insgesamt* Anteil am prophetischen Amt Christi (LG 12 skizziert den »Glaubenssinn«, »sensus fidei«[99], der Glaubenden, »der im Glauben nicht irren« kann). Von diesem *gemeinsamen* Priestertum ist das ordinierte (sakramental übertragene) (Dienst-)Amt zu unterscheiden, das dem Gottesvolk gegenüber eine bestimmte Aufgabe hat[100].

Wer gehört diesem »Gottesvolk« an? LG 13 meint (im Sinne des Kol und vor allem des Eph), dass zu diesem »Volk«, dessen Haupt Christus ist, »alle Menschen berufen« sind (LG 13,4; vgl. 13,1). Die Menschheit ist – im Licht des Heilsplanes Gottes – eine Einheit (wenigstens »in potentia«). Das Volk Gottes ist also (in der Sicht der Kirchenkonstitution) im Grunde die gesamte Menschheit, insofern sich diese – ausdrücklich oder implizit – (in unterschiedlicher Intensivität) von Gott her interpretiert. Das wird in LG 14–16 im Bild konzentrischer Kreise durchexerziert. Wichtig ist: In der Mitte ist Jesus Christus (LG 9)[101]. Um ihn und auf ihn sind die katholische Kirche (LG 14) bezogen, die anderen christlichen Kirchen und Gemeinschaften (LG 15)[102] und schließlich die Religionen des Judentums und des Islam, die anderen Religionen und sogar die Agnostiker und Atheisten (LG 16). LG 17 spricht vom Missionsauftrag der Kirche, damit (im Sinne des Eph) in der Welt manifest wird, was latent schon in ihr Wirklichkeit ist, nämlich die Christusherrschaft. Der Missionsauftrag bzw. die Aufgabe des Christuszeugnisses nimmt also nicht die in LG 16 zugestandenen Heilsmöglichkeiten für Gottgläubende und Atheisten (bzw. Agnostiker) zurück, sondern verdeutlicht die Art und Weise, wie die Grundüberzeugung vom Heilshandeln Gottes für alle Menschen in allen Völkern und Kulturen durch die Kirche realisiert werden soll: durch den Weg zu den konkreten Menschen und in der Aufdeckung des Geheimnisses, das schon längst in ihrem Leben am Werk ist.

9.3.3 »Die hierarchische Verfassung, insbesondere das Bischofsamt« (Kap. 3)

Im Vorfeld des Vaticanum II hatte besonders die französische Theologie (im Ausgang von dem wiederbelebten Interesse an der patristischen Theologie und inspiriert durch die östlich-orthodoxe Sicht der Kirche) die Bedeutung des sakramentalen Bischofsamtes (und der Ortskirchen) herausgestellt[103]. Im Kontext dieser theologischen Diskussion um das Bischofsamt wird das Thema der »Kollegialität« der Bischöfe wichtig. Das Wort hatte wohl Yves Congar 1951 (als Wiedergabe des aus der russisch-orthodoxen Theologie stammenden Terminus »Sobornost«[104]) geprägt und durchgesetzt[105]. Eine weitere Wurzel des Begriffs »Kollegialität« ist aber auch die geschichtliche Erinnerung an die Rolle der Bischöfe auf den sogenannten Ökumenischen Konzilien. Schon die Ankündigung eines Konzils gab notwendig Grund zu einer Reflexion auf die Stellung der dort vertretenen Bischöfe. Das ökumenische Studiendokument »Communio Sanctorum«[106] weist im Zusammenhang der Analyse des »Petrusdienstes« darauf hin, dass im Augenblick zwei Modelle der Kirchenleitung in der katholischen Kirche mit »konziliare(r) Autorität« »in Spannung zueinander stehen« (Nr. 174). Gemeint ist die Darstellung der Kirchenleitung in Kapitel 3 von »Lumen Gentium«. Der ökumenische Text spricht vom »Communio-Modell« und vom »Hierarchie-Modell«. Für das zweite Modell wird manchmal auch die Bezeichnung »Modell der Jurisdiktion« verwendet[107]. Man kann die beiden Modelle, die sich geschichtlich entwickelt haben, sich vielleicht sachlich ergänzen können, aber gegenwärtig – wie der Disput zwischen den Kurienkardinälen Joseph Ratzinger und Walter Kasper zeigt[108] – durchaus im Widerstreit liegen, (vergleichbar etwa den verschiedenen Offenbarungsmodellen) den beiden vatikanischen Konzilien zuordnen.

(1) *Modell 1: Communio (griechisch: Koinonia)*
Ausgangspunkt des ersten Modells der Kirchenleitung ist die »Ortskirche« oder »Teilkirche« (= die Diözese), wie es im Sprachgebrauch von Kapitel 3 der Kirchenkonstitution heißt (LG 23,2; 26,1). In jeder Ortskirche, »in denen« (in quibus) und »aus denen« (ex quibus) »die eine und einzige katholische Kirche« besteht (LG 23,2), ist jeweils die Kirche Christi »wahrhaft anwesend« (vere

adest) (LG 26,1). Jede dieser Kirchen gruppiert sich um ihren Bischof. Dieser hat drei Hauptaufgaben. Er ist a) der Verkünder schlechthin der Botschaft des Evangeliums in seiner Diözese (LG 25), b) »mit der Fülle des Weihesakramentes ausgezeichnet« der Verwalter der Sakramente und insbesondere der letztverantwortliche Leiter der Eucharistie (LG 26) und c) der entscheidende Hirte in seiner Ortskirche (LG 27). Mitarbeiter des Bischofs sind zunächst (kollektiv) die Kollegien der Priester (LG 28,2) und der Diakone (LG 29,1). Die drei Ämter bzw. Funktionen erhält der Einzelbischof durch die Weihe (LG 21,2), die auch zugleich Eingliederung in das Kollegium der Bischöfe ist (LG 22,1).

Weltkirchlich gesehen übt der Einzelbischof ebenfalls drei Ämter bzw. Funktionen aus.

a) Aufgrund der Weihe und der Eingliederung in das Kollegium besitzt der Einzelbischof in seiner Diözese eine »Gewalt« (potestas), die von niemandem delegiert ist. LG 27,1 betont, dass den Bischöfen diese Gewalt, »die sie im Namen Christi persönlich ausüben«, »als eigene, ordentliche und unmittelbare« (propria, ordinaria et immediata) zukommt. Die Bischöfe sind deshalb »nicht als Stellvertreter der Bischöfe von Rom zu verstehen, denn sie haben eine ihnen eigene Gewalt inne« (LG 27,2).

b) Der Einzelbischof ist weiter der Träger einer nichthoheitlichen, rechtlich nicht einklagbaren, aber moralisch verbindlichen Pflicht der »Sorge« (sollicitudo) für die Gesamtkirche (LG 23,3). Das bezieht sich besonders auf die Nachbardiözesen oder die Diözesen einer Region (Bischofskonferenz) und auf Ortskirchen in Not zumal in Gebieten der Mission (LG 23,4).

c) Schließlich ist der Einzelbischof als Mitglied des Bischofskollegiums (gemeinsam mit dem Bischof von Rom als dem Haupt dieses Kollegiums) »Träger der höchsten und vollen Gewalt über die ganze Kirche« (LG 22,2).

Diese Ekklesiologie baut die Struktur der Kirche von der Praxis der Feier der altkirchlichen Eucharistie auf (als Communio innerhalb der Ortskirche). In diesem Modell, das man graphisch mit einem Geflecht von Ringen (= Ortskirchen) darstellen kann, ist Rom seit der christlichen Antike in mehrfacher Hinsicht als bedeutende Ortskirche wichtig, nämlich als zentraler Verkehrsmittelpunkt und Kommunikationszentrum im Imperium Romanum (»alle Wege führen nach Rom«), als *die* entscheidende apostolische

Kirche im lateinischen Westen, als Stadt des Petrus *und* des Paulus und als christliche Modellkirche aufgrund der sozial-karitativen Kompetenz und erwiesenen Treue in der Verfolgung der dortigen Christusgemeinde. Der Bischof von Rom ist herausragend als *Bischof* dieser besonderen Stadt. Vorschläge zur Reform des Papstamtes, die in dem Kontext dieses Modells denken, fordern in der Regel, dass das *Bischofs*amt des römischen Bischofs stärker gewichtet werden müsste, etwa in dem Sinne eines Pastoralprimates und eines Vorranges in der Liebe und im Glauben in der Leitung der römischen Ortskirche, so dass diese geradezu zu einer Musterdiözese wird, an der sich die anderen Diözesen orientieren.

(2) *Modell 2: Jurisdiktion*

Im Modell der Communio fallen gewöhnlich das Sakrament der Weihe (des Ordo) und die Funktion auf der einen Seite und die Verbindung von Region und Auftrag auf der anderen zusammen. Der Bischof übt seine Funktionen im Dienst an den Menschen aus, die in diesem Gebiet leben. Die Kirche realisiert sich in den konkreten Ortsgemeinden und hier zumal in der aktuellen Feier der Eucharistie. Aber so sehr jede dieser Ortskirchen auch schon vollgültig und ganz Kirche ist, sie ist doch noch nicht die ganze Kirche, denn neben ihr stehen die anderen Ortskirchen. Im Konfliktfall entsteht dabei das Problem der Autorität. Wer hat das Sagen und das letzte Wort, wenn die Communio innerhalb der Ortskirche oder zwischen den Ortskirchen in Gefahr gerät?

Die Ekklesiologie der Jurisdiktion ist der Versuch, auf dieses Problem eine Antwort zu geben. Es geht darum, rechtliche Zuständigkeiten und die jeweiligen Träger der rechtlich festgelegten Vollmachten zu bestimmen. Die Ekklesiologie der Jurisdiktion findet sich in Ansätzen seit der 2. Hälfte des 4. Jahrhunderts im Westen. Programmatisch wird sie im 11. Jahrhundert in der Gregorianischen Reform (Gregor VII.: »Dictatus papae« 1075) formuliert. Sie ist die dominierende Ekklesiologie des Vaticanum I. Das Vaticanum II übernimmt sie (LG 18,2) und stellt sie *neben* die Ekklesiologie der Communio.

Referenzpunkt dieses Modells ist nicht die Ortskirche, sondern die Gesamtkirche, die als ein Corpus gesehen wird. Graphisch kann man die entsprechende Kirchenidee in der Form einer Pyramide darstellen, deren Spitze der Papst ist, der die »Fülle der Rechtsgewalt« (plenitudo potestatis) innehat. Die Universalkirche ist in kleine Verwaltungseinheiten portioniert, die jeweils von Jurisdiktionsträgern geleitet werden, die eine umso größere Autorität besitzen, je höher sie in der kirchlichen Hierarchie angesiedelt sind. Ihre Jurisdiktionsgewalt ist abgeleitet von der jeweils ihnen vorgesetzten Rechtsinstanz. Der Schlussstein des ganzen Gebäudes ist der Papst, dessen Begriff und Funktion im Kontext dieser jurisdiktionellen Ekklesiologie zu verstehen ist. Die päpstlichen Kanonisten und Papsttheoretiker des 14. Jahrhunderts kommen deshalb zu der Aussage: »Das Papstamt ist ein Begriff der Jurisdiktion und nicht des Weihesakramentes« (papatus est nomen iurisdictionis et non ordinis)[109]. Es entsteht die »hierarchia iurisdictionis« (jurisdiktionelle Hierarchie), die von den Gläubigen über die Diakone und die anderen »niederen« Weihestufen, die Kapläne, die Pfarrer, die Dekane, die Domkapitulare, die Archidiakone, die Bischöfe, die Metropoliten (und Patriarchen) und die Kardinäle bis zum Papst reicht. Die »hierarchia iurisdictionis« steht neben und manchmal sogar über der »hierarchia ordinis« (Hierarchie aufgrund des Sakramentes des Ordo: Diakon, Priester, Bischof).

Vorschläge zur Reform des Papstamtes, die aus diesem ekklesiologischen Modell stammen, heben darauf ab, dass die römische Kurie verstärkt internationalisiert und die Präsenz des Papstes in den Ortskirchen durch Pastoralreisen und Nuntien ausgebaut werden sollte. Der Papst wird im Sinne eines Kirchenpräsidenten, Generalsekretärs, Geschäftsführers oder Moderators der (Gesamt-)Kirche gesehen, wobei sein Bischofamt (im Blick auf die römische Ortskirche) eher in den Hintergrund tritt. Ganz in der Logik dieses Modells stehen auch vereinzelte Überlegungen, der Papst könne oder solle angesichts der demographischen Entwicklung der (römisch-)katholischen Kirche, aus Solidarität mit den Ländern der Dritten Welt oder im Blick auf die Anwesenheit der Kirche in den heutigen politisch-wirtschaftlichen Machtzentren seinen Bischofssitz nach Lateinamerika, Afrika, Asien oder gar nach Washington oder New York verlegen.

Worin besteht der Beitrag der Kirchenkonstitution zur theologischen Diskussion in den genannten Punkten? Joseph Ratzinger hat darauf hingewiesen, dass das Vaticanum II sein Vorgängerkonzil nicht nur repetieren, sondern nach vorne hin interpretieren wollte[110].

Die Offenbarungskonstitution des Vaticanum II hat etwa die theologische Diskussion zum Thema Offenbarung und Glaube wieder neu eröffnet. Ähnlich hat auch das Kapitel 3 der Kirchenkonstitution die ekklesiologische Diskussion nach der Definition der beiden Papstdogmen (Jurisdiktionsprimat des Papstes und Unfehlbarkeit des päpstlichen Lehramtes) von 1870 wieder neu auf den Weg gebracht. Das Papstamt ist ja eines der schwierigsten ökumenischen Problemfelder[111]. Walter Kasper hat deshalb eine Synthese der Entwicklung des 1. (Communio) und des 2. (Jurisdiktion) Jahrtausends als eine noch zu leistende theologische Aufgabe für das 3. Jahrtausend gefordert[112]. In beiden Fällen sind die Entscheidungen des Konzils nicht der Endpunkt, sondern der Anfang der theologischen Reflexion. Dogmen sind in jedem Fall Entscheidungen, die zwar den Weg nach rückwärts ausschließen, aber auch regelmäßig Wege nach vorne (zur Neuinterpretation) eröffnen. Sie sind nicht Endpunkte theologischer Reflexion, sondern »Marksteine unterwegs« (Walter Kasper). Was steht noch aus? Es fehlen bisher eine mit konziliarer Autorität lehramtlich ausgeführte Theologie des *Priester*amtes[113], des Amtes insgesamt (und der vielen einzelnen Ämter)[114] und des *allgemeinen* Priestertums[115]. Auf diesen Punkt hat im 19. Jahrhundert prophetisch John Henry Newman hingewiesen, als er die Notwendigkeit weiterer kirchlicher Entscheidungen zur Ekklesiologie voraussagte.

Texte

Über den mystischen Leib Jesu Christi. Enzyklika Mystici Corporis Pius XII. vom 29. Juni 1943, hrsg. v. Klaudius Jüssen, Karlsruhe 1946, 16:

»Bei einer Wesenserklärung dieser wahren Kirche Christi, welche die heilige, katholische, apostolische, römische Kirche ist, kann nichts Vornehmeres und Vorzüglicheres, nichts Göttlicheres gefunden werden als jener Ausdruck, womit sie als ›der mystische Leib Jesu Christi‹ bezeichnet wird. Dieser Name ergibt sich und erblüht gleichsam aus dem, was in der Heiligen Schrift und in den Schriften der heiligen Väter häufig darüber vorgebracht wird.«

Ebd., 21:

»Der göttliche Erlöser begann nämlich den Bau des mystischen Tempels seiner Kirche damals, als Er predigend seine Gebote verkündete. Er vollendete ihn dann, als Er verherrlicht am Kreuze hing, und offenbarte und übergab ihn schließlich der Öffentlichkeit, als Er seinen Jüngern in sichtbarer Weise den Heiligen Geist als Tröster sandte.«

Ebd., 27:

»Als Er (= der göttliche Erlöser; Anm. W. K.) aber die Welt dann verlassen und zum Vater zurückkehren wollte, hat Er die sichtbare Leitung der ganzen von ihm gegründeten Gesellschaft dem Apostelfürsten übertragen. In seiner Weisheit konnte Er ja den von Ihm geschaffenen gesellschaftlichen Leib der Kirche keineswegs ohne sichtbares Haupt lassen. Man kann auch nicht, um diese Wahrheit in Abrede zu stellen, behaupten, durch den in der Kirche aufgestellten Rechtsprimat sei dieser mystische Leib mit einem doppelten Haupte versehen. Denn Petrus ist kraft des Primates nur der Stellvertreter, und daher gibt es nur ein einziges Haupt dieses Leibes, nämlich Christus. Er hört zwar nicht auf, die Kirche auf geheimnisvolle Weise in eigener Person zu regieren, auf sichtbare Weise jedoch leitet Er sie durch den, der auf Erden seine Stelle vertritt.«

Dogmatische Konstitution über die Kirche »Lumen Gentium«, Art. 1 (LThK² 12, 157. 158):

»Christus ist das Licht der Völker (Lumen Gentium). Darum ist es der dringende Wunsch dieser im Heiligen Geist versammelten Heiligen Synode, alle Menschen durch seine Herrlichkeit, die auf dem Antlitz der Kirche widerscheint, zu erleuchten, indem sie das Evangelium allen Geschöpfen verkündet (vgl. Mk 16,15). Die Kirche ist ja in Christus gleichsam das Sakrament, das heißt Zeichen und Werkzeug für die innigste Vereinigung mit Gott wie für die Einheit der ganzen Menschheit. Deshalb möchte sie das Thema der vorausgehenden Konzilien fort-

führen, ihr Wesen und ihre universale Sendung ihren Gläubigen und aller Welt eingehender erklären. Die gegenwärtigen Zeitverhältnisse geben dieser Aufgabe der Kirche eine besondere Dringlichkeit, dass nämlich alle Menschen, die heute durch vielfältige soziale, technische und kulturelle Bande enger miteinander verbunden sind, auch die volle Einheit in Christus erlangen.«

Art. 8,1f (ebd., 171. 173):

»Der einzige Mittler Christus hat seine heilige Kirche, die Gemeinschaft des Glaubens, der Hoffnung und der Liebe, hier auf Erden als sichtbares Gefüge verfasst und trägt sie als solches unablässig; so gießt er durch sie Wahrheit und Gnade auf alle aus. Die mit hierarchischen Organen ausgestattete Gesellschaft und der geheimnisvolle Leib Christi, die sichtbare Versammlung und die geistliche Gemeinschaft, die irdische Kirche und die mit himmlischen Gaben beschenkte Kirche sind nicht als zwei verschiedene Größen zu betrachten, sondern bilden eine einzige komplexe Wirklichkeit, die aus menschlichem und göttlichem Element zusammenwächst. Deshalb ist sie in einer nicht unbedeutenden Analogie dem Mysterium des fleischgewordenen Wortes ähnlich. Wie nämlich die angenommene Natur dem göttlichen Wort als lebendiges, ihm unlöslich geeintes Heilsorgan dient, so dient auf eine ganz ähnliche Weise das gesellschaftliche Gefüge der Kirche dem Geist Christi, der es belebt, zum Wachstum seines Leibes (vgl. Eph 4,16).

Dies ist die einzige Kirche Christi, die wir im Glaubensbekenntnis als die eine, heilige, katholische und apostolische bekennen. Sie zu weiden, hat unser Erlöser nach der Auferstehung dem Petrus übertragen (Joh 21,17), ihm und den übrigen Aposteln hat er ihre Ausbreitung und Leitung anvertraut (vgl. Mt 28,18ff), für immer hat er sie als ›Säule und Feste der Wahrheit‹ errichtet (1 Tim 3,15). Diese Kirche, in dieser Welt als Gesellschaft verfasst und geordnet, ist verwirklicht in der katholischen Kirche (subsistit in Ecclesia catholica), die vom Nachfolger Petri und von den Bischöfen in Gemeinschaft mit ihm geleitet wird. Das schließt nicht aus, dass außerhalb ihres Gefüges vielfältige Elemente der Heiligung und der Wahrheit zu finden sind, die als der Kirche Christi eigene Gaben auf die katholische Einheit hindrängen.«

Art. 14 (ebd., 199. 201):

»Den katholischen Gläubigen wendet die Heilige Synode besonders ihre Aufmerksamkeit zu. Gestützt auf die Heilige Schrift und die Tradition, lehrt sie, dass diese pilgernde Kirche zum Heile notwendig sei. Der eine Christus ist Mittler und Weg zum Heil, der in seinem Leib, der Kirche, uns gegenwärtig wird; indem er aber selbst mit ausdrücklichen Worten die Notwendigkeit des Glaubens und der Taufe betont hat (vgl. Mk 16,16; Joh 3,5), hat er zugleich die Notwendigkeit der Kirche, in die die Menschen durch die Taufe wie durch eine Türe eintreten, bekräftigt. Darum könnten jene Menschen nicht gerettet werden, die um die katholische Kirche und ihre von Gott durch Christus gestiftete Heilsnotwendigkeit wissen, in sie aber nicht eintreten oder in ihr nicht ausharren wollten.

Jene werden der Gemeinschaft der Kirche voll eingegliedert, die, im Besitze des Geistes Christi, ihre ganze Ordnung und alle in ihr eingerichteten Heilsmittel annehmen und in ihrem sichtbaren Verband mit Christus, der sie durch den Papst und die Bischöfe leitet, verbunden sind, und dies durch die Bande des Glaubensbekenntnisses, der Sakramente und der kirchlichen Leitung und Gemeinschaft. Nicht gerettet wird aber, wer, obwohl der Kirche eingegliedert, in der Liebe nicht verharrt und im Schoße der Kirche zwar ›dem Leibe‹ (corpore), aber nicht ›dem Herzen‹ (corde) nach verbleibt. Alle Söhne der Kirche sollen aber dessen eingedenk sein, dass ihre ausgezeichnete Stellung nicht den eigenen Verdiensten, sondern der besonderen Gnade Christi zuzuschreiben ist; wenn sie ihr im Denken, Reden und Handeln nicht entsprechen, wird ihnen statt Heil strengeres Gericht zuteil.

Die Katechumenen, die, getrieben vom Heiligen Geist, mit ausdrücklicher Willensäußerung um Aufnahme in die Kirche bitten, werden durch eben dieses Begehren mit ihr verbunden. Die Mutter Kirche umfasst sie schon in liebender Sorge als die Ihrigen.«

Art. 15 (ebd., 201. 203):

»Mit denen, die durch die Taufe der Ehre des Christennamens teilhaft sind, den vollen Glauben aber nicht bekennen oder die Einheit der Gemeinschaft unter dem Nachfolger Petri nicht wahren, weiß sich die Kirche aus mehrfachem Grunde verbunden. Viele nämlich halten die Schrift als Glaubens- und Lebensnorm in Ehren, zeigen einen aufrichtigen religiösen Eifer, glauben in Liebe an Gott, den allmächtigen Vater, und an Christus, den Sohn Gottes und Erlöser, empfangen das Zeichen der Taufe, wodurch sie mit Christus verbunden werden; ja sie anerkennen und empfangen auch andere Sakramente in ihren eigenen Kirchen oder krichlichen Gemeinschaften. Mehrere unter ihnen besitzen auch einen Episkopat, feiern die heilige Eucharistie und pflegen die Verehrung der jungfräulichen Gottesmutter. Dazu kommt die Gemeinschaft im Gebet und in anderen geistlichen Gütern; ja sogar eine wahre Verbindung im Heiligen Geiste, der in Gaben und Gnaden auch in ihnen mit seiner heiligenden Kraft wirksam ist und manche von ihnen bis zur Vergießung des Blutes gestärkt hat. So erweckt der Geist in allen Jüngern Christi Sehnsucht und Tat, dass alle in der von Christus angeordneten Weise in der einen Herde unter dem einen Hirten in Frieden geeint werden mögen. Um dies zu erlangen, betet, hofft und wirkt die Mutter Kirche unaufhörlich, ermahnt sie ihre Söhne zur Läuterung und Erneuerung, damit das Zeichen Christi auf dem Antlitz der Kirche klarer erstrahle.«

Art. 16 (ebd., 205. 207):

»Diejenigen endlich, die das Evangelium noch nicht empfangen haben, sind auf das Gottesvolk auf verschiedene Weisen hingeordnet. In erster Linie jenes Volk, dem der Bund und die Verheißungen gegeben worden sind und aus dem Christus dem Fleische nach geboren ist (vgl. Röm 9,4–5), dieses seiner Erwählung nach um der Väter willen so teure Volk: die Gaben und Berufung Gottes nämlich sind ohne Reue (vgl. Röm 11,28–29). Der Heilswille umfasst aber auch die, welche den Schöpfer anerkennen, unter ihnen besonders die Muslim, die sich zum Glauben Abrahams bekennen und mit uns den einen Gott anbeten, den barmherzigen, der die Menschen am Jüngsten Tag richten wird. Aber auch den anderen, die in Schatten und Bildern den unbekannten Gott suchen, auch solchen ist Gott nicht ferne, da er allen Leben und Atem und alles gibt (vgl. Apg 17,25–28) und als Erlöser will, dass alle Menschen gerettet werden (vgl. 1 Tim 2,4). Wer nämlich das Evangelium Christi und seine Kirche ohne Schuld nicht kennt, Gott aber aus ehrlichem Herzen sucht, seinen im Anruf des Gewissens erkannten Willen unter dem Einfluss der Gnade in der Tat zu erfüllen trachtet, kann das ewige Heil erlangen. Die göttliche Vorsehung verweigert auch denen das zum Heil Notwendige nicht, die ohne Schuld noch nicht zur ausdrücklichen Anerkennung Gottes gekommen sind, jedoch, nicht ohne die göttliche Gnade, ein rechtes Leben zu führen sich bemühen. Was sich nämlich an Gutem und Wahrem bei ihnen findet, wird von der Kirche als Vorbereitung für die Frohbotschaft und als Gabe dessen geschätzt, der jeden Menschen erleuchtet, damit er schließlich das Leben habe. Vom Bösen getäuscht, wurden freilich die Menschen oft eitel in ihren Gedanken, vertauschten die Wahrheit Gottes mit der Lüge und dienten der Schöpfung mehr als dem Schöpfer (vgl. Röm 1,21 und 25) oder sind, ohne Gott in dieser Welt lebend und sterbend, der äußersten Verzweiflung ausgesetzt. Daher ist die Kirche eifrig bestrebt, zur Ehre Gottes und zum Nutzen des Heils all dieser Menschen die Mission zu fördern, eingedenk des Befehls des Herrn, der gesagt hat: ›Predigt das Evangelium der ganzen Schöpfung‹ (Mk 16,16).«

Kongregation für die Glaubenslehre, Antworten auf Fragen zu einigen Aspekten bezüglich der Lehre über die Kirche, in: KNA-ÖKI Nr. 29 v. 17. Juli 2007, Dokumentation Nr. 13, 1–11, 1–3:

»1. Frage: Hat das Zweite Vatikanische Konzil die vorhergehende Lehre über die Kirche verändert?
Antwort: Das Zweite Vatikanische Konzil wollte diese Lehre nicht verändern und hat sie auch nicht verändert, es wollte sie vielmehr entfalten, vertiefen und ausführlicher darlegen …
2. Frage: Wie muss die Aussage verstanden werden, gemäß der die Kirche Christi in der katholischen Kirche subsistiert?

Antwort: Christus hat eine einzige Kirche ›hier auf Erden ... verfasst‹ und sie als ›sichtbare Versammlung und geistliche Gemeinschaft‹ (LG 8,1) gestiftet, die seit ihrem Anfang und durch die Geschichte immer da ist und immer da sein wird und in der allein alle von Christus eingesetzten Elemente jetzt und in Zukunft erhalten bleiben (UR 3,2; 3,4; 3,5; 4,6) ...

In der Nummer 8 der dogmatischen Konstitution Lumen gentium meint Subsistenz jene immerwährende historische Kontinuität und Fortdauer aller von Christus in der katholischen Kirche eingesetzten Elemente, in der die Kirche Christi konkret in dieser Welt anzutreffen ist. Nach katholischer Lehre kann man mit Recht sagen, dass in den Kirchen und kirchlichen Gemeinschaften, die noch nicht in voller Gemeinschaft mit der katholischen Kirche stehen, kraft der in ihnen vorhandenen Elemente der Heiligung und der Wahrheit die Kirche Christi gegenwärtig und wirksam ist (Enzyklika Ut unum sint, Nr. 11,3). Das Wort ›subsistiert‹ wird hingegen nur der katholischen Kirche allein zugeschrieben, denn es bezieht sich auf das Merkmal der Einheit, das wir in den Glaubensbekenntnissen bekennen (Ich glaube ... die ›eine‹ Kirche); und diese ›eine‹ Kirche subsistiert in der katholischen Kirche (vgl. LG 8,2).

3. Frage: Warum wird der Ausdruck ›subsistiert in‹ und nicht einfach das Wort ›ist‹ gebraucht?

Antwort: Die Verwendung dieses Ausdrucks, der die vollständige Identität der Kirche Christi mit der katholischen Kirche besagt, verändert nicht die Lehre über die Kirche. Er ist begründet in der Wahrheit und bringt klarer zum Ausdruck, dass außerhalb ihres Gefüges ›vielfältige Elemente der Heiligung und der Wahrheit‹ zu finden sind, ›die als der Kirche eigene Gaben auf die katholische Einheit hindrängen‹ (LG 8,2). ...

4. Frage: Warum schreibt das Zweite Vatikanische Konzil den Ostkirchen, die von der vollen Gemeinschaft mit der katholischen Kirche getrennt sind, die Bezeichnung ›Kirche‹ zu?

Antwort: Das Konzil wollte den traditionellen Gebrauch dieser Bezeichnung übernehmen. ›Da nun diese Kirchen trotz ihrer Trennung wahre Sakramente besitzen, und zwar vor allem kraft der apostolischen Sukzession das Priestertum und die Eucharistie, wodurch sie in ganz enger Gemeinschaft bis heute mit uns verbunden sind‹ (UR 15,3; vgl. Schreiben Communionis notio, 17,2: AAS 85 [1993] 848), verdienen sie den Titel ›Teil- oder Ortskirchen‹ (UR 14,1) und werden Schwesterkirchen der katholischen Teilkirchen genannt (vgl. UR 14,1; Ut unum sint, 56f: AAS 87 [1995] 954f).

›So baut die Kirche Gottes sich auf und wächst in diesen Teilkirchen durch die Feier der Eucharistie des Herrn‹ (UR 15,1). Weil aber die Gemeinschaft mit der katholischen Kirche, deren sichtbares Haupt der Bischof von Rom und der Nachfolger des Petrus ist, nicht eine bloß äußere Zutat zur Teilkirche ist, sondern eines ihrer inneren Wesenselemente, leidet das Teilkirchesein jener ehrwürdigen christlichen Gemeinschaften unter einem Mangel (Communionis notio, 17,3: AAS 85 [1993] 849).

Andererseits wird durch die Trennung der Christen die katholische Universalität – die der Kirche eigen ist, die vom Nachfolger des Petrus und von den Bischöfen in Gemeinschaft mit ihm geleitet wird – in ihrer vollen Verwirklichung in der Geschichte gehindert (vgl. ebd.).

5. Frage: Warum schreiben die Texte des Konzils und des nachfolgenden Lehramts den Gemeinschaften, die aus der Reformation des 16. Jahrhunderts hervorgegangen sind, den Titel ›Kirche‹ nicht zu?

Antwort: Weil diese Gemeinschaften nach katholischer Lehre die apostolische Sukzession im Weihesakrament nicht besitzen und ihnen deshalb ein wesentliches konstitutives Element des Kircheseins fehlt. Die genannten kirchlichen Gemeinschaften, die vor allem wegen des Fehlens des sakramentalen Priestertums die ursprüngliche und vollständige Wirklichkeit des eucharistischen Mysteriums nicht bewahrt haben (vgl. UR 22,3), können nach katholischer Lehre nicht ›Kirchen‹ im eigentlichen Sinn genannt werden (vgl. Erklärung Dominus Iesus, 17,2: AAS 92 [2000] 758).«

Anmerkungen

Hinführung (S. 7–15)

1 Handbuch der Fundamentaltheologie, 4 Bde., hrsg. v. Walter Kern, Hermann Josef Pottmeyer und Max Seckler, Tübingen ²2000.

2 Eine Skizze zur Geschichte und zum Inhalt des Faches Fundamentaltheologie: Wolfgang Klausnitzer, Glaube und Wissen. Lehrbuch der Fundamentaltheologie für Studierende und Religionslehrer, Regensburg ²2008, 12–20, besonders 16–19.

3 BSLK 459.

4 Evangelischer Erwachsenenkatechismus, Bd. 3: Kirche in unserer Zeit, im Auftrag der Katechismuskommission der VELKD hrsg. v. Werner Jentsch u. a., Gütersloh (1975) ⁴1982, 908.

5 Das Wort »ekklesia« erscheint im NT an 114 Stellen (Karl Kartelge, Art. Kirche. I. Neues Testament, in: LThK³ 5, 1453–1458, 1454). Zum Vergleich: Die Formel »basileia tou theou« (Herrschaft, Reich Gottes) bzw. »basileia ton ouranon« (Herrschaft, Reich der Himmel) begegnet »etwa« 96-mal (ebd.). Insgesamt finden sich »ca. 162« Belege von »basileia« im NT (im profanen Sinn eines Königreiches oder einer Königsherrschaft, als »basileia tou patros« [Herrschaft, Reich des Vaters], als »basileia« Christi und als bloße »basileia«) (Peter Lampe, Art. basileia, in: EWNT 1, 481–491, 483).

6 Möglich wäre »qāhāl« oder auch »qᵉhilla« (Neh 5,7; Dtn 33,4). Hebr 2,12 zitiert Ps 22,23: »Ich will deinen Namen meinen Brüdern verkünden, inmitten der Gemeinde (ekklesia) dich preisen.«

7 Gertrud von le Fort, Hymnen an die Kirche, München (1928) ²²1990, 26 (= »Heiligkeit der Kirche IV.«).

8 Angel Antón, El mistero de la iglesia. Evolucion historica de las ideas ecclesiologicas (BAC 26), 2 Bde., Madrid 1986; Adolf Kolping, Kirche – die komplexe Wirklichkeit. Eine Auswahl von Aufsätzen (1928/29 bis 1978), Münster 1989.

9 Zur Verborgenheit der Kirche bei Luther: Ulrich Kühn, Kirche (HST 10), Gütersloh 1980, 24–27; Carl Axel Aurelius, Verborgene Kirche. Luthers Kirchenverständnis in Streitschriften und Exegese 1519–1521 (AGTL 4), Hannover 1983. Die Kirchenkonstitution fordert programmatisch eine Kirchenreform, »damit das Zeichen Christi auf dem Antlitz der Kirche klarer erstrahle« (LG 15). Karl Gerhard Steck, Lumen Gentium? Zum Verständnis der »Constitutio dogmatica de ecclesia«, in: MdKI 16 (1965) 85–90, 90, weist auf die Spannung zu Luthers Wort: »Regnum Christi prorsus sine facie in spiritu consistit« (Das Reich Christi hat seine konkrete Existenz ganz und gar ohne Antlitz) (WA 7, 727) (und damit auf die reformatorische These von der Verborgenheit der Kirche) hin. Zur Diskussion des Themas in der Reformationszeit: Karlheinz Diez, »Ecclesia – non est civitas Platonica«. Antworten katholischer Kontroverstheologen des 16. Jahrhunderts auf Martin Luthers Anfrage an die »Sichtbarkeit« der Kirche (FuSt 8), Frankfurt 1997; ein Schlaglicht auf die ökumenische Debatte: Unsichtbare oder sichtbare Kirche? Beiträge zur Ekklesiologie, hrsg. v. Martin Hauser in Zusammenarbeit mit Ulrich Luz, Hans Friedrich Geißer, Jean-Louis Leuba und Anastasios Kallis (ÖBFZPhTh 20), Freiburg/Schweiz 1992.

10 Vgl. Herbert Vorgrimler, Art. Sakrament. III. Theologie- und dogmengeschichtlich, in: LThK³ 8, 1440–1442, 1440.

11 Michael Theobald, Art. Mysterium. II. Biblisch-theologisch, in: LThK³ 7, 577–579 (besonders 379 zur Verwendung in Kol und Eph).

12 Aloys Grillmeier, Kommentar zu LG 1, in: LThK² 12, 157; vgl. Joachim Gnilka, Art. Mysterium. I. In der Schrift, in: LThK² 7, 727–729; Bruno Neunheuser, Art. Mysterium. II. In der christlichen Tradition, in: ebd., 729–731

13 Vgl. Jean-Marie R. Tillard, Chair de l'Église, chair du Christ. Aux sources de l'ecclésiologie de communion, Paris 1992.

14 Henri de Lubac, Katholizismus als Gemeinschaft, Einsiedeln 1943, 44.

15 Johann Adam Möhler, Symbolik oder Darstellung der dogmatischen Gegensätze der Katholiken und Protestanten nach ihren öffentlichen Bekenntnisschriften, 2 Bde., hrsg., eingeleitet und kommentiert v. Josef Rupert Geiselmann, Darmstadt 1958. 1960, Bd. 1, 389 (§ 36): »So ist denn die sichtbare Kirche … der unter den Menschen in menschlicher Form fortwährend erscheinende, stets sich erneuernde, ewig sich verjüngende Sohn Gottes, die andauernde Fleischwerdung desselben, so wie denn auch die Gläubigen in der Heiligen Schrift der Leib Christi genannt werden.« Vgl. auch die Darstellung: 448–456 (= § 43: „Die Hierarchie")!

16 Gotteslob. Katholisches Gebet- und Gesangbuch. Ausgabe für das Erzbistum Bamberg, hrsg. v. den Bischöfen Deutschlands und Österreichs und der Bistümer Bozen-Brixen und Lüttich, (Stuttgart 1975) Bamberg [13]1996, Nr. 249, 4.

17 Fjodor Dostojewskij, Die Brüder Karamasow, aus dem Russischen v. Swetlana Geier, Zürich 2003, 414 (II 5,5 = »Der Großinquisitor«).

18 Karl-Heinz Deschner, Kriminalgeschichte des Christentums, 9 Bde. (bisher; 10 Bde. sind projektiert), Reinbek 1986–2008; ders., Abermals krähte der Hahn. Eine kritische Kirchengeschichte von den Anfängen bis zu Pius XII., Stuttgart [4]1971; ders./ Horst Herrmann, Der Anti-Katechismus. 200 Gründe gegen die Kirchen und für die Welt, Hamburg 1991.

19 Kirchenbilder – Kirchenvisionen. Variationen über eine Wirklichkeit, hrsg. v. Wolfgang Beinert. Regensburg 1995.

20 Leonardo Boff, Kirche: Charisma und Macht. Studien zu einer streitbaren Ekklesiologie, Düsseldorf [5]1985.

21 Medard Kehl, Die Kirche. Eine katholische Ekklesiologie, Würzburg (1992) [4]2001.

22 Anton Thaler, Gemeinde und Eucharistie. Grundlegung einer eucharistischen Ekklesiologie, Freiburg/Schweiz 1988.

23 Johannes A. van der Ven, Kontextuelle Ekklesiologie, Düsseldorf 1995. Er verfasste die Arbeit als Professor für Pastoraltheologie an der Katholischen Universität Nijmegen.

24 Jürgen Werbick, Kirche. Ein ekklesiologischer Entwurf für Studium und Praxis, Freiburg 1994, 13.

25 Heinz Schütte, Kirche im ökumenischen Verständnis. Kirche des dreieinigen Gottes, Paderborn [4]1992.

26 Hrsg. v. Hans Heinrich Harms u. a., Bd. 1: Die orthodoxe Kirche in griechischer Sicht. 1. Teil, hrsg. v. Panagiotis Bratsiotis, Stuttgart 1959; zuletzt erschienen: Bd. 19: Die russische orthodoxe Kirche, hrsg. v. Metropolit Pitirim von Volokolamsk und Jurjew, Berlin 1988. Es handelt sich um Selbstdarstellungen der jeweiligen christlichen Kirchen. Vgl. auch: Kleine Konfessionskunde (KKSMI 19), hrsg. v. Johann-Adam-Möhler-Institut, Paderborn (1996) [4]2005.

27 Zusammenfassung: Georgios Tretsis, »Pro« und »Contra« der Mitgliedschaft der Orthodoxen am Ökumenischen Rat der Kirchen, in: US 63 (2008) 127–136; vgl. auch: Orthodoxe Kirche und Ökumenische Bewegung. Dokumente – Erklärungen – Berichte 1900–2006, hrsg. v. Athanasios Basdekis, Frankfurt 2006. Inzwischen hat die russisch-orthodoxe Kirche durchgesetzt, dass keine gemeinsamen „ökumenischen" Gottesdienste mehr im ÖRK gefeiert werden und dass das Thema Kirche tatsächlich auf die Tagesordnung gesetzt ist. Vorläufig gilt folgende pragmatische Regel (http://www.oikoumene.org./de/dokumentation/documents/oerk-vollversammlung/porto-alegre-2006/1-erklaerungen-andere-angenommene-dokumente/institutionelle-angelegenheiten/verfassung-und-satzung-des-oerk-wievon-der-9-vollversammlung-abgeaendert.html; Stand: 29. Juni 2009): Eine Gemeinschaft qualifiziert sich dann für die Mitgliedschaft im ÖRK, wenn sie der »Basisformel« (1961 in Neu-Delhi verabschiedet) (Bekenntnis zu Jesus Christus

345

»gemäß der Heiligen Schrift als Gott und Heiland« und gemeinsames Streben nach ihrer Berufung »zur Ehre Gottes, des Vaters, des Sohnes und des Heiligen Geistes«) zustimmt, »autonom über ihr Leben und ihre Organisation bestimmt« und »in der Regel mindestens 50 000 Mitglieder« hat.

28 Zitiert nach: Reinhard Frieling, Der Weg des ökumenischen Gedankens. Eine Ökumenekunde (Zugänge zur Kirchengeschichte 10), Göttingen 1992, 74.

29 Ein Überblick über die unterschiedlichen Auffassungen in der Kirchensicht: Harding Meyer, Ökumenische Zielvorstellungen (BenshH 78), Göttingen 1996. Auch die Abschlusserklärung der vierten Phase des katholisch-lutherischen Dialogs auf Weltebene (Die Apostolizität der Kirche. Studiendokument der Lutherisch/Römisch-katholischen Kommission für die Einheit, Paderborn 2009), die sich ausdrücklich als »Studiendokument« (und damit nicht als Konsenserklärung, sondern als Zwischenbilanz) bezeichnet, zeigt, dass entscheidende Fragen zum Wesen der Kirche noch nicht thematisiert sind. Vgl. Wolfgang Thönissen, Die Apostolizität der Kirche. Das Studiendokument der Lutherisch/Römisch-katholischen Kommission für die Einheit, in: Cath 63 (2009) 16–26, besonders 24–26.

1. Geschichte des Traktats »Kirche« (S. 16–24)

1 Die Konfessionsstatistik in: Lexikon der Ökumene und Konfessionskunde, im Auftrag des Johann-Adam-Möhler-Instituts für Ökumenik, hrsg. v. Wolfgang Thönissen mit Michael Hardt, Peter Lüning, Burkhard Neumann, Johannes Oeldemann, mit einem Geleitwort v. Walter Kardinal Kasper, Freiburg 2007, 755*f. Das Annuario Pontificio von 2009 nennt für Ende des Jahres 2007 die Zahl von 1,147 Milliarden Katholiken. Der Lutherische Weltbund beziffert die Mitglieder aller lutherischen Kirchen weltweit auf knapp 72 Millionen am Ende des Jahres 2008.

2 Das »Memorandum des Ökumenischen Patriarchates über seine Auffassung und Vorstellung vom Ökumenischen Rat der Kirchen« (in: KNA-Dokumentation Nr. 14 v. 24. November 1998) mahnt in den Nummern 3 und 7 diese ökumenische Selbstvergewisserung in der Ekklesiologie an.

3 Eine Skizze der Entwicklung der Ekklesiologie: Medard Kehl, Art. Ekklesiologie, in: LThK³3, 568–573, 569–572.

4 Zur Entwicklung des Sakramentsbegriffs: Vorgrimler, Art. Sakrament. III. Theologie- und dogmengeschichtlich (Hinführung, Anm. 10), besonders 1441 f.

5 DH 1601: »Nicht mehr und nicht weniger: nämlich …«

6 Vgl. dazu die Einleitung in: Handbuch der Fundamentaltheologie Bd. 3 (Hinführung, Anm. 1), XI–XIV.

7 Augustinus, Contra epistulam Parmeniani, Liber III, c. 24 (PL 43, 101): »Quapropter securus judicat orbis terrarum, bonos non esse qui se dividunt ab orbe terrarum in quacumque parte terrarum.«. Dieses Wort hat John Henry Newman, wie er in der Apologia pro Vita Sua (1864) schreibt, den Anstoß zur Konversion von der anglikanischen zur römisch-katholischen Kirche gegeben. Dazu: Wolfgang Klausnitzer, Päpstliche Unfehlbarkeit bei Newman und Döllinger. Ein historisch-systematischer Vergleich (IThS 6), Innsbruck 1980, 62.

8 Zur Textgeschichte: DH S. 83! Vgl. Reinhart Staats, Das Glaubensbekenntnis von Nizäa-Konstantinopel. Historische und theologische Grundlagen, Darmstadt 1996.

9 Hermann Josef Pottmeyer, Die Frage nach der wahren Kirche, in: Handbuch der Fundamentaltheologie Bd. 3 (Hinführung, Anm. 1), 159–184, besonders 159. 168 f. Auch: Peter Steinacker, Die Kennzeichen der Kirche. Eine Studie zu ihrer Einheit, Heiligkeit, Katholizität und Apostolizität (TBT 38), Berlin 1982; Gustave Thils, Les notes de l'église dans l'apologétique catholique depuis la réforme, Gembloux 1937.

10 Antiochia spielt eine herausragende Rolle in der Gestaltwerdung der frühen Kirche:

Raymond E. Brown – John P. Meier, Antioch and Rome. New Testament Cradles of Catholic Christianity, New York 1983.

11 Literaturhinweise zur heute noch andauernden Diskussion um die Historizität dieser Person und (damit zusammenhängend) die Echtheit der Briefe: Ferdinand Rupert Prostmeier, Art. Ignatius, in: LThK[3] 5, 407–409.

12 Hintergrund und Programm: Wolfgang Klausnitzer, Der Primat des Bischofs von Rom. Entwicklung – Dogma – Ökumenische Zukunft, Freiburg 2004, 173–214.

13 Georg Schwaiger, Kirchenreform und Reformpapsttum (1046–1124), in: MThZ 38 (1987) 31–51, 50.

14 Bilaterale Arbeitsgruppe der Deutschen Bischofskonferenz und der Kirchenleitung der Vereinigten Evangelisch-Lutherischen Kirche Deutschlands, Communio Sanctorum. Die Kirche als Gemeinschaft der Heiligen, Paderborn (2000) [2]2003, 87 (Nr. 174), unterscheidet »zwei Kirchenbilder«, das »Communio-Modell« (grosso modo die Praxis des 1. Jahrtausends) und das »Hierarchie-Modell« (in etwa die Kirchensicht der Gregorianischen Reform und des Vaticanum I). Andere Autoren ziehen die Bezeichnung Modell der »Iurisdictio« vor (vgl. Klausnitzer, Der Primat des Bischofs von Rom [Anm. 12], 47–51). Immer noch grundlegend: Antonio Acerbi, Due ecclesiologie. Ecclesiologia giuridica ed ecclesiologia di communione nella »Lumen Gentium« (CNST 4), Bologna 1975.

15 Yves Congar, Die Lehre von der Kirche. Von Augustinus bis zum Abendländischen Schisma (I IDG III 3c), Freiburg 1971, 175[1], nennt einige Titel aus den Jahren 1280–1338: Bartholomäus von Lucca, Determinatio compendiosa de iurisdictione Imperii (1280/1281); De regimine principum, begonnen von Thomas von Aquin und beendet von Bartholomäus von Lucca (ca. 1300); Heinrich von Cremona, De potestate Papae (1300/1301); Angelus Nigri OP, De potestate Papae (gleiche Zeit); Aegidius von Rom OESA, De ecclesiastica sive summi pontificis potestate (1301); Jakobus von Viterbo OESA, De regimine christiano (1301/1302); Johannes von Paris OP, De potestate regia et papali (1302/1303); Guido Vernani, De potestate S. Pontificis (1313); Herveus Natalis, De potestate Papae (1319); Augustinus Triumphus OESA, Summa de potestate ecclesiastica (1320/1326); Alexander a San Elpidio OESA, De ecclesiastica potestate (1323/1324); anonym, De potestate Ecclesiae (1324/1332); Petrus de Palude OP, De potestate papae (1325); Durandus de San Porciano OP, De iurisdictione ecclesiastica (1327/1329); Petrus Bertrandi, De iurisdictione ecclesiastica et politica (1329). Aufgrund ihrer Wirkungsgeschichte sind vor allem bedeutsam Aegidius von Rom, Jakobus von Viterbo und Augustinus Triumphus. Von späteren Autoren sind Johannes von Ragusa, Tractatus de Ecclesia (1433–1435), und Johannes von Torquemada (Johannes de Turrecremata), Summa de Ecclesia (um 1453), zu nennen. Manche bezeichnen Johannes von Torquemada gar als den »Vater der katholischen Ekklesiologie« (Harald Wagner, Art. Turrecremata, Johannes de, in: Theologenlexikon. Von den Kirchenvätern bis zur Gegenwart, hrsg. v. Wilfried Härle und Harald Wagner, München [2]1994, 279f, 279).

16 Robert Bellarmin, Disputationes de controversiis christianae fidei adversus huius temporis haereticos, IV. Generalkontroverse: De conciliis, Liber III: De Ecclesiae natura et proprietatibus, c. 2: De definitione Ecclesiae, in: Opera omnia, hrsg. v. Justinus Fèvre, Bd. 2, Paris 1870 (unveränderter Nachdruck: Frankfurt 1965), 317: »Nostra autem sententia est, Ecclesiam unam tantum esse, non duas, et illam unam et veram esse coetum hominum eiusdem Christianae fidei professione, et eorumdem sacramentorum communione colligatum, sub regimine legitimorum pastorum, ac praecipue unius Christi in terris vicarii Romani pontificis.« Im dritten Glied betont Bellarmin besonders die Verbindung mit dem Bischof von Rom (ebd., 318): »Tres enim sunt partes huius definitionis. Professio verae fidei, sacramentorum communio et subiectio ad legitimum pastorem Romanum pontificem (Hervorhebung W. K.).«

17 CA 7 (BSLK 61): »Es wird auch gelehret, dass alle Zeit musse ein heilige christliche

Kirche sein und bleiben, welche ist die Versammlung aller Glaubigen (congregatio sanctorum), bei welchen das Evangelium rein (pure) gepredigt und die heiligen Sakrament lauts des Evangelii (recte) gereicht werden. Dann dies ist gnug (satis est) zu wahrer Einigkeit der christlichen Kirchen, dass da einträchtiglich nach reinem Verstand das Evangelium gepredigt und die Sakrament dem gottlichen Wort gemäß gereicht werden.«

18 Katechismus der Katholischen Kirche, München 1993, 243f (= Nr. 815); auch: Päpstlicher Rat zur Förderung der Einheit der Christen, Direktorium zur Ausführung der Prinzipien und Normen über den Ökumenismus (25. März 1993) (VApS 110), hrsg. v. Sekretariat der Deutschen Bischofskonferenz, Bonn 1993, Nr. 12.

19 Yves Congar, Die Wesenseigenschaften der Kirche, in: MySal 4/1, 357–599, 372–395. Das Vaticanum II nennt die drei Elemente in LG 14,2; UR 2; OE 2. Vgl. CIC (1983), Can. 205.

20 Romano Guardini, Vom Sinn der Kirche. Fünf Vorträge. Die Kirche des Herrn. Meditationen über Wesen und Auftrag der Kirche (Romano Guardini Werke), Mainz 1990, 19. Der Vortrag, der mit diesem Satz begann, hieß: »Das Erwachen der Kirche in der Seele« (ebd., 19–34). Der Sammelband »Vom Sinn der Kirche« erschien in der 1. Auflage 1922.

21 Dazu: Gerhard Heinz, Das Problem der Kirchenentstehung in der deutschen protestantischen Theologie des 20. Jahrhunderts (TTS 4), Mainz 1974, 160 f. Ein Beispiel: Otto Dibelius, Das Jahrhundert der Kirche. Geschichte, Betrachtung, Umschau und Ziele, Berlin (1927) [5]1928.

22 Ulrich Valeske, Votum Ecclesiae, 2 Tle., München 1962, I, 1[3]. Von dem Systematiker Wilhelm Herrmann wird berichtet, er habe dem schwedischen (lutherischen) Theologen Gustaf Aulén entgegengehalten, als dieser ihm als sein Forschungsobjekt den Begriff der Kirche nannte: »Sie müssen in Schweden viel Zeit haben, dass sie sich mit solch peripherischen Dingen beschäftigen können« (zit. ebd., 1[4]).

23 Vgl. Otto Hermann Pesch, Das Zweite Vatikanische Konzil (1962–1965). Vorgeschichte – Verlauf – Ergebnisse – Nachgeschichte, Würzburg [2]1994) Taschenbuchausgabe: 2001, 81.

24 Zur Diskussion in den 70er-Jahren des 20. Jahrhunderts: Walter Kasper – Jürgen Moltmann, Jesus ja – Kirche nein? (ThMed 32), Zürich 1973; Paul-Gerd Müller, »Jesus ja – Kirche nein«, in: ThPQ 126 (1978) 129–137 (mit Lit.).

25 Johann Baptist Metz, Gotteskrise. Versuch zur »geistigen Situation der Zeit«, in: Diagnosen der Zeit. Mit Beiträgen v. Johann Baptist Metz u. a., Düsseldorf 1994, 76–92, 77.

26 Henri de Lubac, Die Kirche. Eine Betrachtung, übertragen und eingeleitet v. Hans Urs von Balthasar, Einsiedeln 1968, 24–30 (mit Belegen aus der Patristik und der Scholastik).

27 Karl Rahner, Das Konzil – ein neuer Beginn, in: KlBl 46 (1966) 4–8, 7 f.

28 Hans Küng, Die Kirche, Taschenbuchausgabe (Serie Piper 582), München (1977) [3]1992, 7: »Die Gottesfrage ist wichtiger als die Kirchenfrage. Aber vielfach steht die zweite der ersten im Wege.«

2. Jesus und die Kirche (S. 25–118)

1 Vgl. Klausnitzer, Der Primat des Bischofs von Rom (Kap. 1, Anm. 12), 27–36 (mit Literaturbelegen).

2 Auf diese Unterscheidung machen aufmerksam: Karl Rahner, Heilsgeschichtliche Herkunft der Kirche von Tod und Auferstehung Jesu, in: ders., Schriften zur Theologie, Bd. 14, Zürich 1980, 73–90; Joseph Ratzinger, Kirche. III. Systematisch, in: LThK[2] 6, 173–183, besonders 177 (»Dies schließt … ein, dass die Kirche in ihrer kon-

kreten Gestalt nicht allein auf dem Wort des historischen Jesus ruht, sondern auch auf der durch den Heiligen Geist gegebenen Entscheidung der Apostel«).

3 Rahner, Heilsgeschichtliche Herkunft der Kirche von Tod und Auferstehung Jesu (Anm. 2), 86–88.

4 Gerhard Lohfink, Jesus und die Kirche, in: Handbuch der Fundamentaltheologie, Bd. 3 (Hinführung, Anm. 1), 27–64, 60: »Als grundlegende Einsicht hat sich uns ergeben, dass Jesus Israel zum endzeitlichen Gottesvolk sammeln wollte. Dieser Wille Jesu steht nicht nur in Einklang mit seiner Basileia-Botschaft, er ist sogar ihr notwendiges Korrelat. ... So wenig Jesus die Proklamation der Basileia aufgegeben hat, so wenig hat er je die Sammlung Israels aufgegeben.«

5 Das hat Lohfink wohl zu wenig gewürdigt. Ebd., 61: »Denn die Auferweckung Jesu setzt zwar definitiv und eindeutig frei, was Jesus im Sinne Gottes schon immer gewesen war, aber sie setzt nicht in Diskontinuität zu seinem irdischen Wirken neue Fakten. Man kann nicht mit Hilfe der Erscheinungen des Auferstandenen bzw. des Osterkerygmas theologisch komplettieren, was man beim irdischen Jesus gern hätte, aber historisch nicht findet.«

6 Zur Auslegungsgeschichte: Wolfgang Klausnitzer, »Da widerstand ich ihm ins Angesicht ...« (Gal 2,11). Überlegungen zu Kriterien einer Streitkultur in der Kirche, abgelesen an der Auslegungsgeschichte des antiochenischen Zwischenfalls, in: Wider das Verdrängen und Verschweigen. Für eine offene Streitkultur in Theologie und Kirche (Bamberger Theologische Studien 7), hrsg. v. Georg Kraus und Hanspeter Schmitt, Frankfurt 1998, 47–62.

7 Vgl. die Formel in Apg 15,28: »Denn der Heilige Geist und wir haben beschlossen ...« Es scheint ein Konsens der Exegeten zu sein, dass das in Apg 15 erwähnte Aposteltreffen (das Paulus wohl in Gal 2,1–10 beschreibt) chronologisch vor Gal 2,11–14 liegt, sodass es nicht als die Lösung des antiochenischen Zwischenfalls gelten kann.

8 Klaus Schatz, Der päpstliche Primat. Seine Geschichte von den Ursprüngen bis zur Gegenwart. Würzburg 1990, 15. 52 f.

9 Albert Schweitzer, Geschichte der Leben-Jesu-Forschung (UTB 1302), Tübingen ⁹1984. Die erste Auflage (Tübingen 1906) trug den Titel: »Von Reimarus zu Wrede. Eine Geschichte der Leben-Jesu-Forschung«. Seit der zweiten Auflage (1913) ist der Titel in die heute übliche Fassung geändert worden.

10 Joachim Gnilka, Jesus von Nazaret. Botschaft und Geschichte (HThK.S 3), Freiburg ⁴1995, 11–22. Vgl. Wolfgang Klausnitzer, Jesus und Muhammad. Ihr Leben, ihre Botschaft. Eine Gegenüberstellung, Freiburg 2007, 47–64 (mit Literatur).

11 Ernst Cassirer, Die Philosophie der Aufklärung, Tübingen 1932, 259, bezeichnet (mit Lessing, der nach der Auffassung Cassirers allerdings diesen Gegensatz überwindet) die Christologie als den Ort, an dem in der Aufklärung Geschichte und Vernunft einander entgegengestellt werden.

12 Vgl. Emanuel Hirsch, Geschichte der neuern (sic!) evangelischen Theologie im Zusammenhang mit den allgemeinen Bewegungen des europäischen Denkens, Bd. 1, Darmstadt ⁵1975, 244–344.

13 Hermann Samuel Reimarus, Apologie oder Schutzschrift für die vernünftigen Verehrer Gottes, 2 Bde., im Auftrag der Joachim-Jungius-Gesellschaft der Wissenschaften Hamburg hrsg. v. Gerhard Alexander, Frankfurt 1972. Schweitzer, Geschichte der Leben-Jesu-Forschung (Anm. 9), 58, hebt besonders das Fragment »Vom Zwecke Jesu und seiner Jünger« hervor: »Diese Schrift ist nicht nur eines der größten Ereignisse in der Geschichte des kritischen Geistes, sondern zugleich ein Meisterwerk der Weltliteratur. Die Sprache ist für gewöhnlich knapp und trocken, epigrammatisch scharf, wie die eines Mannes, der nicht schreibt, sondern auf Tatsachen ausgeht. Zuzeiten aber erhebt sie sich zu wahrhaft pathetischer Höhe. Es ist, als ob das Feuer eines Vulkans gespenstische Bilder auf dunklen Wolken malte. Selten war ein Haß so beredt, selten ein Hohn so großartig; selten aber auch ein

Werk in dem berechtigten Bewußtsein einer so absoluten Superiorität über die zeitgenössischen Anschauungen geschrieben.«

14 Johann Salomo Semler, Beantwortung der Fragmente eines Ungenannten, insbesondere vom Zweck Jesu und seiner Jünger (Wissen und Kritik 25), neu hrsg. und mit einer Einleitung versehen v. Dirk Fleischer, (Halle 1779) Neuausgabe: Waltrop 2003, macht sich über dieses Argument lustig, indem er in einem »Anhang« folgende Geschichte erzählt (zitiert in der Zusammenfassung des ironisch gefassten Anhanges »Fragment eines Gespräches« durch Schweitzer, Geschichte der Leben-Jesu-Forschung [Anm. 9], 58): »Vor dem Lordmayor von London steht einer, der der Brandstiftung angeklagt ist. Man hat ihn vom Boden des brennenden Hauses herauskommen sehen. ›Ich kam gestern Nachmittag um vier Uhr‹, erzählt er, ›auf meines Nachbars Speicher und fand daselbst ein brennendes Licht, das die Bedienten aus Nachlässigkeit vergessen hatten. In der Nacht wäre es heruntergebrannt und hätte die Treppe ergriffen. Damit der Brand am Tage ausbreche, habe ich es auf etliche Bund Stroh geworfen. Alsbald fuhr die Flamme zur Luke heraus, die Spritzen kamen herbeigeeilt, und das Feuer, das in der Nacht gefährlich geworden wäre, wurde unverzüglich erstickt.‹ ›Warum haben Sie das Licht nicht einfach weggenommen und gelöscht?‹ fragte der Lordmayor. ›Hätte ich das Licht gelöscht, so würden die Bedienten im Hause nicht vorsichtiger geworden sein. Nun aber ein so großer Lärm daraus entstanden ist, werden sie künftig acht haben.‹ ›Seltsam, sehr seltsam‹, sagt der Lordmayor. ›Er ist wirklich kein Bösewicht, sondern nur nicht richtig im Kopf.‹ Und er ließ ihn ins Irrenhaus sperren; dort sitzt er heute noch.«

15 David Friedrich Strauß, Das Leben Jesu, kritisch bearbeitet, 2 Bde., (Tübingen 1835. 1836; [4]1840) Nachdruck: Darmstadt 1969; Das Leben Jesu für das deutsche Volk bearbeitet, (Leipzig 1864) Bonn [13]1904; Der Christus des Glaubens und der Jesus der Geschichte. Eine Kritik des Schleiermacher'schen Lebens Jesu, Berlin 1865.

16 Schweitzer, Geschichte der Leben-Jesu-Forschung (Anm. 9), 53, sieht ihn an einem Wendepunkt: »Zwei Perioden heben sich von selbst ab: vor Strauß und nach Strauß. Die erste wird beherrscht von dem Problem des Wunders. Wie kann sich die historische Darstellung mit übernatürlichen Ereignissen abfinden? Mit Strauß ist das Problem gelöst: sie gehören nicht in die historische Darstellung, sondern sind mythische Bestandteile der Quellen. Damit ist die Bahn freigemacht.«

17 Von einigen Autoren wurde die These vertreten, eine historische Person namens Jesus von Nazaret habe nie gelebt. Dieser sei vielmehr eine in der ältesten christlichen Gemeinde erfundene mythische Figur gewesen, in der sich die damals in der Luft liegenden religiösen Ideen gleichsam personifiziert hätten. Strauß dagegen hielt an der Existenz eines historischen Jesus fest. Zur Leugnung der Geschichtlichkeit Jesu: Schweitzer, Geschichte der Leben-Jesu-Forschung (Anm. 9), 451–499. Zu nennen ist vor allem Arthur Drews, Die Christusmythe, Jena (1909) [2]1910; Die Christusmythe. Zweiter Teil, Jena 1911.

18 Strauß, Das Leben Jesu kritisch bearbeitet, Bd. 2 (1836) (Anm. 15), 738.

19 Ernest Renan, Vie de Jésus, Paris 1863; eine erste (anonyme) deutsche Übersetzung: Das Leben Jesu, Leipzig 1863 (aufgegriffen jetzt in einer Ausgabe: Zürich 1981); weiter: Das Leben Jesu, aus dem Französischen v. Hans Helling, Leipzig 1880. Hintergrund: Kurt Novak, Symbolisierung des Unendlichen. Ernest Renan und sein Verhältnis zum Protestantismus, in: ZKG 109 (1998) 59–79.

20 Johannes Weiß, Die Predigt Jesu vom Reiche Gottes, Göttingen 1892; [2]1900; 3. Aufl. 1964 (mit einem Geleitwort v. Rudolf Bultmann) hrsg. v. Ferdinand Hahn.

21 Die »Religionsgeschichtliche Schule«. Facetten eines theologischen Umbruchs (Studien und Texte zur Religionsgeschichtlichen Schule 1), hrsg. v. Gerd Lüdemann, Frankfurt 1996.

22 Vgl. das Urteil Bultmanns: Weiß, Die Predigt Jesu vom Reiche Gottes (3. Aufl.) (Anm. 20), Vf!

23 William Wrede, Das Messiasgeheimnis in den Evangelien. Zugleich ein Beitrag zum Verständnis des Markusevangeliums, Göttingen (1901) ⁴1969.
24 Vgl. Heinrich Julius Holtzmann, Die synoptischen Evangelien. Ihr Ursprung und geschichtlicher Charakter, Leipzig 1863, 443–496.
25 Gerhard Dautzenberg, Art. Formgeschichte, Formkritik. II. Neues Testament, in: LThK³ 3, 1356 f.
26 Rudolf Bultmann, Jesus, Berlin 1926; Theologie des Neuen Testaments (UTB 630), hrsg. v. Otto Merk, Tübingen (1953) ⁸1980.
27 Bultmann, Theologie des Neuen Testaments (Anm. 26), 1f: »Die Verkündigung Jesu gehört zu den Voraussetzungen der Theologie des NT und ist nicht ein Teil dieser selbst. Denn die Theologie des NT besteht in der Entfaltung der Gedanken, in denen der christliche Glaube sich seines Gegenstandes, seines Grundes und seiner Konsequenzen versichert. Christlichen Glauben aber gibt es erst, seit es ein christliches Kerygma gibt, d. h. ein Kerygma, das Jesus Christus als Gottes eschatologische Heilstat verkündigt, und zwar Jesus Christus, den Gekreuzigten und Auferstandenen.«
28 Druck: Martin Kähler, Der sogenannte historische Jesus und der geschichtliche, biblische Christus (TB 2), neu hrsg. v. Erik Wolf, München 1953.
29 Rudolf Bultmann, Jesus, Taschenbuchausgabe (UTB 1272): Tübingen 1983, 10f: »Denn freilich bin ich der Meinung, dass wir vom Leben und der Persönlichkeit Jesu so gut wie nichts mehr wissen können, da die christlichen Quellen sich dafür nicht interessiert haben, außerdem sehr fragmentarisch und von der Legende überwuchert sind, und da andere Quellen über Jesus nicht existieren.« Vgl. Bultmanns bekannte Unterscheidung (die auch bei Martin Kähler und Paul Tillich begegnet und von Bultmann im Anschluss an Martin Heidegger gewonnen ist) von »historisch« (= das, was in seinem objektiven Ablauf faktisch beschreibbar ist) und »geschichtlich« (= das, was bedeutsam »für mich« bzw. für andere ist): Gisbert Greshake, Art. Historie, in: LThK³ 5, 162f; vgl. ders., Historie wird Geschichte. Bedeutung und Sinn der Unterscheidung von Historie und Geschichte in der Theologie Rudolf Bultmanns, Essen 1963. Übrigens ist auch für Paulus der irdische Jesus nicht im Blickpunkt des Interesses. Er erzählt kein Leben des irdischen Jesus und überliefert nur wenige »Herrenworte«.
30 Vgl. Bultmann, Jesus (Anm. 29), 39: »Das Ereignis des Kommens der Gottesherrschaft ist deshalb nicht eigentlich ein Ereignis im Ablauf der Zeit, das einmal kommt, zu dem man allenfalls Stellung nehmen kann und zu dem man sich auch neutral stellen kann. Sondern ehe man Stellung nimmt, ist man bereits gezeichnet, und nur darum kann es sich handeln, dass der Mensch dies als sein eigentliches Wesen erfasse, in der Entscheidung zu stehen … Steht der Mensch in der Entscheidung und charakterisiert ihn eben dies wesentlich als Menschen, so ist ja immer letzte Stunde, und es ist begreiflich, dass für Jesus die ganze zeitgeschichtliche Mythologie in den Dienst dieser Erfassung der menschlichen Existenz trat und er in ihrem Lichte seine Stunde als die letzte erfasste und verkündigte«.
31 Karl-Heinz Menke, Jesus ist Gott der Sohn. Denkformen und Brennpunkte der Christologie, Regensburg 2008, 320–322.
32 Vgl. Karl Barth, Rudolf Bultmann. Ein Versuch, ihn zu verstehen (ThSt[B] 34), Zollikon-Zürich 1952, 20.
33 Vgl. Karl Barth – Rudolf Bultmann, Briefwechsel 1922–1966 (Barth-Gesamtausgabe V/1), hrsg. v. Bernd Jaspert, Zürich1971, 198 f.
34 Erste Veröffentlichung in: ZThK 51 (1954) 125–153; jetzt: Ernst Käsemann, Das Problem des historischen Jesus, in: ders., Exegetische Versuche und Besinnungen. Auswahl, Göttingen 1986, 59–85.
35 Ebd., 77: »Einigermaßen sicheren Boden haben wir nur in einem einzigen Fall unter den Füßen, wenn nämlich Tradition aus irgendwelchen Gründen weder aus dem Judentum abgeleitet noch der Urchristenheit zugeschrieben werden kann, speziell dann, wenn die Judenchristenheit ihr überkommenes Gut als zu kühn gemildert

oder umgebogen hat.« Das damit verbundene Problem sieht Käsemann (ebd.): »Allerdings müssen wir uns dabei von vornherein dessen bewusst sein, dass man von hier aus keine Klarheit über das erhält, was Jesus mit seiner palästinischen Umwelt und seiner späteren Gemeinde verbunden hat.« Das Kriterium ergibt sich aus der Prämisse, die auch Bultmann teilt, »dass die historische Glaubwürdigkeit der synoptischen Tradition auf der ganzen Linie zweifelhaft geworden ist, wir jedoch für die Herausstellung authentischen Jesusgutes weithin noch einer wesentlichen Voraussetzung, nämlich des Überblicks über das älteste urchristliche Stadium, und fast gänzlich ausreichender und stichhaltiger Kriterien ermangeln« (ebd.).

36 Ebd., 77–84.

37 Eine Bilanz: Werner Georg Kümmel, Vierzig Jahre Jesusforschung (1950–1990) (BBB 91), hrsg. v. Helmut Merklein, Königstein/Taunus [2]1994.

38 Claude Goldsmid Montefiore, The Synoptic Gospels, 2 Bde., London (1909) [2]1927. Darstellung der jüdischen Jesusforschung: Gösta Lindeskog, Die Jesusfrage im neuzeitlichen Judentum. Ein Beitrag zur Geschichte der Leben-Jesu-Forschung, mit einem Nachwort zum Nachdruck, (Uppsala 1938) Nachdruck: Darmstadt 1973. Lindeskog nennt als den »eigentlichen Begründer der modernen Leben-Jesu-Forschung« im jüdischen Denken den französischen Arzt und Geschichtsphilosophen Josef Salvador (1779–1873) mit seiner zweibändigen Studie »Jesus-Christ et sa doctrine« (1839; deutsche Übersetzung: 1841) (ebd., 96f).

39 Joseph Klausner, Jesus von Nazareth. Seine Zeit, sein Leben und seine Lehre (hebräisch 1922); deutsch (zweite erweiterte Aufl. Berlin 1934) Jerusalem [3]1952. Vgl. auch ders., Von Jesus zu Paulus, übersetzt aus dem Hebräischen unter Mitwirkung des Verfassers v. Friedrich Thieberger, Königstein/Taunus 1980.

40 Robert Eisler, Iesous basileus ou basileusas. Die messianische Unabhängigkeitsbewegung vom Auftreten Johannes des Täufers bis zum Untergang Jakobs des Gerechten. Nach der neuerschlossenen Eroberung von Jerusalem des Flavius Josephus und den christlichen Quellen dargestellt (RWB 9), 2 Bde., Heidelberg 1929. 1930.

41 Bd. 1: 1922; Bd. 2: 1924; Bd. 3: 1926; Bd. 4,1 und 4,2: 1928; Bd. 5, hrsg. v. Joachim Jeremias, bearbeitet v. Kurt Adolph (= Rabbinischer Index): 1956; Bd. 6, hrsg. v. Joachim Jeremias in Verbindung mit Kurt Adolph (= Verzeichnis der Schriftgelehrten. Geographisches Register): 1961. Eine Spezialsammlung: Peter Dschulnigg, Rabbinische Gleichnisse und das Neue Testament. Die Gleichnisse der PesK im Vergleich mit den Gleichnissen Jesu und dem Neuen Testament (JudChr 12), Bern 1988. Kritisch zur Rezeption des Kommentars von Billerbeck in der christlichen Theologie: Johann Maier, Jesus von Nazaret in der talmudischen Überlieferung (EdF 82), Darmstadt 1978, 30.

42 Jacob Neusner, Ein Rabbi spricht mit Jesus. Ein jüdisch-christlicher Dialog, aus dem Amerikanischen v. Karin Miedler und Enrico Heinemann, Freiburg 2007. Die amerikanische Originalausgabe: »A Rabbi Talks with Jesus« wurde 1993 veröffentlicht.

43 Eine vorläufige Bestandsaufnahme: David du Toit, Erneut auf der Suche nach Jesus. Eine kritische Bestandsaufnahme der Jesusforschung am Anfang des 21. Jahrhunderts, in: Jesus im 21. Jahrhundert. Bultmanns Jesusbuch und die heutige Jesusforschung, hrsg. v. Ulrich H. J. Körtner, Neukirchen 2002, 91–134.

44 Gerd Theißen – Dagmar Winter, Die Kriterienfrage in der Jesusforschung. Vom Differenzkriterium zum Plausibilitätskriterium (NTOA 34), Freiburg/Schweiz 1997, 175–217.

45 Heinz Schürmann, Jesus – Gestalt und Geheimnis. Gesammelte Beiträge, hrsg. v. Klaus Scholtissek, Paderborn 1994.

46 Gerd Theißen, Soziologie der Jesusbewegung (TEH NF 194), München 1977; Taschenbuchausgabe (mit dem Titel): Soziologie der Jesusbewegung. Ein Beitrag zur Geschichte des Urchristentums (KT 35), München [5]1988; Studien zur Soziologie

352

des Urchristentums (WUNT 19), Tübingen (1979) ³1989; Die Jesusbewegung. Sozial-geschichte einer Revolution der Werte, Gütersloh 2004.

47 Theißen, Studien zur Soziologie des Urchristentums (Anm. 46), 79–105, spricht von »Wanderradikalismus« und »Wandercharismatikern«.

48 Bei aller Hypothetizität dieser Versuche lassen sich nach du Toit, Erneut auf der Suche nach Jesus (Anm. 43), fünf Jesusbilder unterscheiden:
  – Jesus als Charismatiker: Marcus J. Borg, Conflict, Holiness and Politics in the Tea-ching of Jesus (SBEC 5), Lewiston, N. Y. 1984;
  – Jesus als Anstifter einer gesellschaftlichen Revolution: Richard A. Horsley, Jesus and the Spiral of Violence. Popular Jewish Resistance in Roman Palestine, New York 1987; Sociology and the Jesus Movement, New York 1989;
  – Jesus als jüdisch-kynischer Weisheitslehrer: John Dominic Crossan, The Historical Jesus. The Life of a Mediterranean Jewish Peasant, San Francisco 1991;
  – Jesus als Prophet der endzeitlichen Restauration Israels: Ed Parish Sanders, Jesus and Judaism, London 1985; The Historical Figure of Jesus, London 1993 (deutsch: Sohn Gottes. Eine historische Biographie Jesu, aus dem Englischen v. Ulrich Enderwitz, Stuttgart 1996);
  – Jesus als endzeitlicher Prophet und Vermittler der Gegenwart Gottes: Jürgen Becker, Jesus von Nazaret, Berlin 1996.

49 Klaus Berger, Wer war Jesus wirklich?, Stuttgart 1995, 9–41; Jesus, München 2004, 13–52.

50 Klaus Berger, Theologiegeschichte des Urchristentums. Theologie des Neuen Testa-ments (UTB für Wissenschaft: Große Reihe), Tübingen 1994.

51 Klaus Berger, Vom Verkündiger zum Verkündigten – Anfragen an ein Programm, in: Jesus von Nazaret, hrsg. v. Heinrich Schmidinger, Graz 1995, 185–209, 191f: »Die Echtheit von Jesustaten und Jesusworten ist in der Regel weder positiv noch nega-tiv erweisbar. … Weil die Echtheitsfrage nicht entschieden werden kann und darf, müssen wir uns an die Maxime halten, Überlieferungen an dem Ort zu besprechen, an dem sie ihre mutmaßliche größte allgemeine Bedeutung in der Geschichte des Urchristentums hatten, und zwar unabhängig von der Herkunft von Jesus.«

52 Ebd., 191: »Die Differenz zwischen vor Ostern und nach Ostern ist nach dem Selbst-verständnis der frühchristlichen Schriften nicht so erheblich, wie man das in der Exegese seit der Aufklärung gedacht hat.«

53 Hansjürgen Verweyen, Gottes letztes Wort. Grundriss der Fundamentaltheologie, Regensburg ³2000, 344 (er greift auf Rudolf Pesch zurück); Menke, Jesus ist Gott der Sohn (Anm. 88), 43–68 (in einem Referat neuerer Diskussionen vor allem zwischen Hans Kessler und Verweyen).

54 Menke, Jesus ist Gott der Sohn (Anm. 31), 43, weist darauf hin, dass im Judentum zur Zeit Jesu »die weit verbreitete Erwartung« herrschte, dass die Sendung eines Messias unmittelbar bevorstehe, der leiden, nach dem Tod auferstehen und wie Henoch und Elija in den Himmel auffahren werde. Zumindest der Verfasser des Matthäusevangeliums scheint behaupten zu wollen, dass nicht alle Jünger Jesu eine solchermaßen beschriebene Erwartung teilten.

55 Vgl. exemplarisch: Andreas R. Batlogg, Die Mysterien des Lebens Jesu bei Karl Rah-ner. Zugang zum Christusglauben (IThS 58), Innsbruck 2001.

56 Vgl. Jan-Heiner Tück, Rabbi, Vorbild, Gottes Sohn. Aktuelle Tendenzen der Chris-tologie, in: HerKorr 62 (2008) 369–373, 369.

57 Romano Guardini, Der Herr. Betrachtungen über die Person und das Leben Jesu Christi, Würzburg 1937; Nachdruck der 13. Aufl.: Mainz ¹⁶1997.

58 Joseph Ratzinger/Benedikt XVI., Jesus von Nazareth, Teil 1: Von der Taufe bis zur Verklärung, Freiburg 2007; zur Diskussion: Annäherung an Jesus von Nazareth. Das Jesus-Buch des Papstes in der Diskussion, hrsg. v. Jan-Heiner Tück, Ostfildern 2007; Das Jesus-Buch des Papstes. Die Antwort der Neutestamentler, hrsg. v.Thomas Söding, Freiburg 2007.

59 Ratzinger/Benedikt XVI., Jesus von Nazareth (Anm. 58), 134–155. Ratzinger bezieht sich auf Neusner, Ein Rabbi spricht mit Jesus (Anm. 99).
60 Schalom Ben-Chorin, Bruder Jesus. Der Nazarener in jüdischer Sicht, München (1967) ³1970, 12.
61 Neusner, Ein Rabbi spricht mit Jesus (Anm. 42), 114 (unter Hinweis auf Mt 19,20).
62 Menke, Jesus ist Gott der Sohn (Anm. 31), 7.
63 Peter Hünermann, Gottes Wort in der Zeit, Münster ²1997; Christoph Kardinal Schönborn, Gott sandte seinen Sohn. Christologie (AMATECA. Lehrbücher zur katholischen Theologie 7), unter Mitarbeit v. Michael Konrad und Hubert Philipp Weber, Paderborn 2002.
64 DH 301 f.
65 Menke, Jesus ist Gott der Sohn (Anm. 31), 68: »Das, was Christen Weihnachten und Ostern feiern, muss unabhängig von den Deutungen der Theologen und den Plausibilitäten der Gläubigen an und für sich geschehen sein, und zwar im Raum der Geschichte. Andernfalls ist das Christentum eine unter vielen Sinndeutungen und Weltanschauungen, nicht aber die gelebte Konsequenz eines Faktums.« Vgl. ebd., 30 f. 64–68.
66 Ebd., 25: »Nur wenn Gott im Geschehen der Inkarnation ohne Abstriche bleibt, was er ist, nämlich Gott, bedeutet seine so genannte Menschwerdung nicht die Diminuierung oder Verbergung seiner Gottheit, sondern im Gegenteil deren Offenbarung.« Ebd.: »Die Kirche hat nie behauptet, Jesu Menschsein sei identisch mit seinem Gottsein. Denn Gott *ist* (im Sinne eines Gleichheitszeichens) kein Geschöpf, und ein Geschöpf *ist* (im Sinne eines Gleichheitszeichens) nicht Gott; wer solches glaubt, hat in der Tat aufgehört zu denken, als er angefangen hat zu glauben. Obwohl wir uns – z. B. im Kontext des Weihnachtsfestes – angewöhnt haben, von der ›Menschwerdung‹ Gottes zu sprechen, sollte der Bildcharakter solcher Redeweise stets bewusst bleiben. Denn Gott *wird* nicht etwas so wie wir etwas *werden*.« Die Inkarnation ist also nicht eine Verkleidung Gottes (so wie sich der homerische Zeus in einen Stier verwandelt oder der Prinz in Grimms Märchen in einen Frosch), sondern seine Offenbarung.
67 Vgl. Rudolf Schnackenburg, Art. Reich Gottes, in: Bibeltheologisches Wörterbuch, hrsg. in Gemeinschaft mit Johannes Marböck und Karl M. Woschitz v. Johannes B. Bauer, Graz ⁴1994, 468–478.
68 Vgl. Ulrich Luz, Art. Basileia, in: EWNT 1, 481–491, 483. Mt 4,8; Mk 6,23; 13,8; Offb 16,10 meinen ein Königreich. Lk 19,12.15; Offb 1,6; 17,12 reden von einer Königsherrschaft. In Mt 12,25f ist die Bedeutungsnuance nicht entscheidbar.
69 Schnackenburg, Art. Reich Gottes (Anm. 67), 470 f.
70 Friedrich Diedrich, Art. Noachitische Gebote, in: LThK³ 7, 887. Vgl. die sieben »Noachitischen Gebote«: Verbot des Götzendienstes (d. h. der Vielgötterie), der Gotteslästerung, des Mordes (bzw. des Blutvergießens), des Raubes, der Unzucht, der Grausamkeit gegen Tiere (Essen vom Fleisch eines lebenden Tieres), dazu das Gebot, Gerichtshöfe einzusetzen.
71 Schnackenburg, Art. Reich Gottes (Anm. 67), 472.
72 Weiß, Die Predigt Jesu vom Reiche Gottes (Anm. 20); Schweitzer, Geschichte der Leben-Jesu-Forschung (Anm. 9), 402–450. Andere Vertreter der konsequenten Eschatologie sind Martin Werner und Fritz Buri.
73 Charles Harold Dodd, The Parables of the Kingdom, (London ²1936) Taschenbuchausgabe: New York 1961.
74 Robert Grosche, Pilgernde Kirche, Freiburg 1938, 72 f. In dieser Sicht fällt das Politische (etwa die »pax Romana«) mit dem Christlichen (der »pax christiana«) zusammen: Erik Peterson, Der Monotheismus als politisches Problem. Ein Beitrag zur Geschichte der politischen Theologie im Imperium Romanum, Leipzig 1935 (mit Belegen aus der Patristik).
75 Grosche, Pilgernde Kirche (Anm. 74), 41–76, besonders 62: »Das Reich Gottes

existiert also in zwei Zeiten: im Präsens und im Futurum. Neben dem *Glauben* an die *Epiphanie* des Herrn und seines Reiches bezeugt das Neue Testament die *Hoffnung* auf die *Parusie* Christi und seines Reiches.«

76 Vgl. Rudolf Schnackenburg, Gottes Herrschaft und Reich. Eine biblisch-theologische Studie, Freiburg 1959. Ähnlich: Helmut Merklein, Die Gottesherrschaft als Handlungsprinzip. Untersuchung zur Ethik Jesu (Forschung zur Bibel), Würzburg [2]1981; Jesu Botschaft von der Gottesherrschaft (SBS 111), Stuttgart 1983.

77 Zu nennen sind die Gleichnisse vom Sämann (Mk 4,3–9), vom Senfkorn (Mk 4,30–32), vom Sauerteig (Mt 13,33; Lk 13,20f) und von der selbstwachsenden Saat (Mk 4,26–29).

78 Luz, Art. Basileia (Anm. 68), 483.

79 Helmut Merklein, Art. Herrschaft Gottes, Reich Gottes. 3. Neues Testament, in: LThK[3] 5, 29–31, 30. Ratzinger/Benedikt XVI., Jesus von Nazareth (Anm. 58), 77: »Man kann sagen: Während die Achse der vorösterlichen Predigt Jesu die Botschaft von Gottes Reich ist, bildet die Christologie die Mitte der apostolischen Predigt nach Ostern.« In diesem Zusammenhang ist die Wortstatistik im lukanischen Geschichtswerk bedeutsam: »Basileia« erscheint 46-mal im Evangelium und (nur) 8-mal in der Apostelgeschichte (Luz, Art. Basileia [Anm. 68], 489). Das lässt erkennen, dass das Wort ein für die Verkündigung *Jesu* zentrales Stichwort ist.

80 Peter Stuhlmacher, Biblische Theologie des Neuen Testaments, Bd. 1: Grundlegung. Von Jesus zu Paulus, Göttingen [2]1997, 73. 75.

81 Vgl. Klaus Scholtissek, Die Vollmacht Jesu. Traditions- und redaktionsgeschichtliche Analysen zu einem Leitmotiv markinischer Christologie (NTA 25), Münster 1992.

82 Das zeigt sich in den sieben »Zeichen«, die Jesus setzt: dem Weinwunder zu Kana (Joh 2,1–11), der Heilung des Sohnes des königlichen Beamten (Joh 4,43–54), der Heilung des Gelähmten (Joh 5,1–18), der Speisung der Menge (Joh 6,1–15), dem Seewandel (Joh 6,16–21), der Heilung des Blindgeborenen (Joh 9,1–12) und der Auferweckung des Lazarus (11,1–57). Vgl. Ruben Zimmermann, Christologie der Bilder im Johannesevangelium. Die Christopoetik des vierten Evangeliums unter besonderer Berücksichtigung von Joh 10 (WUNT 171), Tübingen 2004.

83 Merklein, Art. Herrschaft Gottes, Reich Gottes (Anm. 79), 30. Hilarius von Poitiers (ca. 315–367) unterscheidet ein Reich Christi (als Frucht der Auferstehung Christi von den Toten), das im Reich Gottes seine Erfüllung findet, obwohl es – wie das Glaubensbekenntnis des Konzils von Konstantinopel (381) erläutert (DH 150) – für ewig besteht. Vgl. Michael Figura, Das Kirchenverständnis des Hilarius von Poitiers (FThSt 127), Freiburg 1984, 81–96. Zum Gedanken eines Reiches des Heiligen Geistes im Mittelalter bei Joachim von Fiore (um 1130–1202) und zu dem Fortwirken dieses Gedankens in der Philosophie der Neuzeit: Henri de Lubac, La postérité spirituelle de Joachim de Flore, 2 Bde., Paris 1979. 1981.

84 Ratzinger/Benedikt XVI., Jesus von Nazareth (Anm. 58), 79 f.

85 Origenes, Kommentar zum Matthäusevangelium (GCS 40, 289f) (zitiert nach: Jesus der Offenbarer. I. Altertum bis Mittelalter [TzT. Fundamentaltheologie 5, 1], bearbeitet v. Franz-Josef Niemann, Graz 1990, 56): »›Das Himmelreich gleicht usw.‹, sagt er (= Jesus). Wenn es aber einem König gleicht, der so ist und solches getan hat, wen muss man anders nennen als den Sohn Gottes? Er selbst nämlich ist der Himmelskönig, und wie er die Weisheit in Person (autosophia), die Gerechtigkeit in Person (autodikaiosyne) und die Wahrheit in Person (autoaletheia) ist, so ist er vielleicht auch die (Gottes-)Herrschaft in Person (autobasileia). Die Herrschaft aber nicht über die Unterwelt und auch nicht über einen Teil der überirdischen Welt, sondern über die gesamte überirdische Welt, die Himmel genannt wird. Und wenn du fragst, wie ›ihrer das Himmelreich ist‹, kannst du lesen, dass ihrer der Christus ist, insofern er die (Gottes-)Herrschaft in Person (autobasileia) ist, er, der als König herrscht entsprechend jeder Einsicht dessen, der nicht mehr beherrscht wird von der Sünde, welche herrscht im sterblichen Leib derer, die sich selbst ihr unterordnen.«

86 Tertullian, Adv. Marc. IV, 33.

87 PG 11, 495 f.

88 Adolf von Harnack, Das Wesen des Christentums, mit einem Geleitwort v. Wolfgang Trillhaas (GTBS 227), Gütersloh ²1985, 41–43. Ebd., 41: »An dem einen Pole erscheint das Kommen des Reichs als ein rein zukünftiges, und das Reich selbst als eine äußere Herrschaft Gottes; an dem anderen erscheint es als etwas Innerliches, und es ist schon vorhanden, hält bereits in der Gegenwart seinen Einzug.«

89 Ebd., 42: »Er hat sie nicht heraufgeführt, sondern er ist in ihr groß geworden und hat sie beibehalten.«

90 Ebd., 73. Ebd., 43: Es handelt sich in der Verkündigung Jesu »um Gott und die Seele, um die Seele und ihren Gott«.

91 Johann Sebastian Drey, Kurze Einleitung in das Studium der Theologie mit Rücksicht auf den wissenschaftlichen Standpunkt und das katholische System (Tübingen 1819), hrsg. und eingeleitet von Franz Schupp, Darmstadt 1971, 19. 164. 181. Vgl. Josef Rupert Geiselmann, Die Katholische Tübinger Schule. Ihre theologische Eigenart, Freiburg 1964, 191–279.

92 Ratzinger/Benedikt XVI., Jesus von Nazareth (Anm. 58), 82f, weist auf eine neuere Variante dieses Gedankens hin (der in etwa an die Pluralistische Religionshypothese erinnert). Dieser Auffassung zufolge sei (nach den Theorien der Ekklesiozentrik, d. h. der Kirche als Mittelpunkt des Heilsgeschehens, der Christozentrik, d. h. Christus als Mitte, und der Theozentrik, d. h. Gott als Zusammenfassung der Religionen) der Schritt zur »Regno-Zentrik« zu vollziehen. Das Ziel der Geschichte (und der Religionen) sei schlicht eine Welt, in der Friede, Gerechtigkeit und Respekt vor dem Schöpfer bestimmend sind. Das sei genau die Botschaft Jesu gewesen. Die Kirche, die Person Jesu oder Gott (die je auf ihre Weise trennend in der Menschheit stehen) dürften nicht eigens profiliert werden, um das gemeinsame Ziel der Menschheit zu erreichen.

93 Augustinus, De civitate 20, 9 (= Ausgabe hrsg. v. Bernhard Dombart und Alfons Kalb, 2 Bde., Stuttgart ⁵1993, Bd. 2, 429): »Ergo et nunc ecclesia regnum Christi est regnumque caelorum.«

94 Die Reformatoren interpretierten »Felsen« mit einer altkirchlichen Exegese als den Glauben des Petrus. Seit Oscar Cullmann gewinnt in der evangelischen Exegese die Auslegung Raum, dass die Person des Petrus gemeint sei. Das entspricht der traditionellen katholischen Deutung. Vgl. Joseph Ludwig, Die Primatsworte Mt 16,18.19 in der altkirchlichen Exegese (NTA 19, 4), Münster 1952; Franz Obrist, Echtheitsfragen und Deutung der Primatsstelle Mt 16,18 f. in der deutschen protestantischen Theologie der letzten dreißig Jahre, Münster 1961.

95 Anm. 20.

96 Albrecht Ritschl, Die Entstehung der altkatholischen Kirche. Eine kirchen- und dogmengeschichtliche Monographie, Bonn ²1857, 347–464.

97 Adolf von Harnack, Das Wesen des Christentum (Anm. 88); Entstehung und Entwicklung der Kirchenverfassung und des Kirchenrechts in den zwei ersten Jahrhunderten. Nebst einer Kritik der Abhandlung R. Sohm's: »Wesen und Ursprung des Katholizismus« und Untersuchungen über »Evangelium«, »Wort Gottes« und das trinitarische Bekenntnis, Leipzig 1910.

98 Harnack, Das Wesen des Christentums (Anm. 88), 40: »Jeder Kreis ist so geartet, dass er die ganze Verkündigung enthält; in jedem kann sie daher vollständig zur Darstellung gebracht werden: Erstlich, das Reich Gottes und sein Kommen, Zweitens, Gott der Vater und der unendliche Wert der Menschenseele, Drittens, die bessere Gerechtigkeit und das Gebot der Liebe.«

99 Ebd., 41–46.

100 Ebd., 43: »Das Reich Gottes kommt, indem es zu den *einzelnen* kommt, Einzug in ihre *Seele* hält, und sie es ergreifen. Das Reich Gottes ist Gottes*herrschaft*, gewiß –

aber es ist die Herrschaft des heiligen Gottes in den einzelnen Herzen, *es ist Gott selbst mit seiner Kraft.*«

101 Ebd., 51.
102 Ebd., 53.
103 Ebd., 73.
104 Ebd., 75.
105 Ebd., 115: »Das Evangelium ist nicht als statutarische Religion in die Welt getreten, und es kann daher auch in keiner Form seiner intellektuellen und gesellschaftlichen Ausprägung, auch nicht in der ersten, seine klassische und bleibende Erscheinung haben.«
106 Vgl. zum Folgenden: Heinz, Das Problem der Kirchenentstehung (Kap. 1, Anm. 21), passim.
107 Emil Brunner, Das Missverständnis der Kirche, Zürich 1951 (Neuausgabe: 1988).
108 Rudolph Sohm, Kirchenrecht, Bd. 1: Die geschichtlichen Grundlagen (Systematisches Handbuch der deutschen Rechtswissenschaft VIII 1), (Berlin [2]1923) Nachdruck: Darmstadt 1970; Kirchenrecht, Bd. 2: Katholisches Kirchenrecht (Systematisches Handbuch der deutschen Rechtswissenschaft VIII 2), (Berlin 1923) Nachdruck: Darmstadt 1970; Wesen und Ursprung des Katholizismus, (Leipzig [2]1912) Nachdruck: Darmstadt 1970.
109 Paul Wernle, Die Anfänge unserer Religion, Tübingen (1900) [2]1904.
110 William Wrede, Paulus (Religionsgeschichtliche Volksbücher I 5/6), (Halle 1904) Tübingen [2]1907; jetzt in: Das Paulusbild in der neueren deutschen Forschung (WdF 24), hrsg. v. Karl Heinrich Rengstorf, Darmstadt [2]1969, 1–97.
   Zu Sohm (und Brunner), Wernle und Wrede: Heinz, Das Problem der Kirchenentstehung (Kap. 1, Anm. 21), 29–60.
111 Josef Blank, Paulus und Jesus. Eine theologische Grundlegung (StANT 18), München 1968, 67, vermutet einen unterschwelligen Einfluss der These Nietzsches auf die folgende wissenschaftlich-theologische Forschung.
112 Sohm, Kirchenrecht, Bd. 2 (Anm. 108), 168: »Die Kirche (Ekklesia) des Urchristentums ist nichts Rechtliches, nichts Politisches, nichts Weltliches. Sie ist die sichtbare Christenheit, aber als rein religiöse Größe, als das *Volk Gottes.* ... Kirchenrecht, rechtliche Ordnung der sichtbaren Christenheit, würde dem Urchristentum rechtliche Ordnung der Kirche im religiösen Sinn, also Rechtsordnung im Dienst des wahren Christentums bedeuten. Darum ist Kirchenrecht für das Urchristentum *unmöglich.*«
113 Sohm, Kirchenrecht, Bd. 1 (Anm. 108), 22: »Die Ekklesia ist der rechtlichen Organisation unfähig.«
114 Sohm, Wesen und Ursprung des Katholizismus (Anm. 108), 54.
115 Sohm, Kirchenrecht, Bd. 1 (Anm. 108), 1; vgl. auch 700: »Das Wesen des Kirchenrechtes steht mit dem Wesen der Kirche in Widerspruch.«
116 Harnack, Das Wesen des Christentums (Anm. 88), 110: »Jesus konnte in seinen Sprüchen und Gleichnissen, unbekümmert um alles Äußerliche, lediglich die Hauptsache treiben – *wie und in welchen Formen* das Samenkorn wachsen würde, das beschäftigte ihn nicht; er sah das Volk Israel in seinen geschichtlichen Ordnungen vor sich und dachte nicht an äußere Änderungen.«
117 Ebd., 106.
118 Ebd., 110.
119 Ebd., 115 f.
120 Harnack bestätigt dieser zum »Katholizismus entwickelten Kirche« (ebd., 117), dass sie in ihrer Zeit tatsächlich das Evangelium verteidigt habe (ebd., 117–119). Vgl. Adolf von Harnack, Die Mission und Ausbreitung des Christentums in den ersten drei Jahrhunderten, (Leipzig [4]1924) Nachdruck: Wiesbaden 1980, 331: »Aber das, was der christlichen Religion damals den Sieg gegeben hat, verbürgt nicht die Dauer dieses Siegs in der Geschichte. Diese Dauer ruht vielmehr auf einfachen Ele-

menten: auf der Predigt von dem lebendigen Gott als dem Vater und auf dem Bilde Jesu, wie es in den Evangelien schimmert und leuchtet. Sie ruht eben deshalb auf der Fähigkeit, jenen gesamten Synkretismus wieder abzustreifen und mit anderen Koeffizienten zu verbinden. Damit hat die Reformation den Anfang gemacht.«
121 Harnack, Das Wesen des Christentums (Anm. 88), 125.
122 Ebd., 117.
123 Vgl. ebd., 113.
124 Ebd., 157.
125 Das spielt auf Philipp Melanchthons Klausel in der Unterschrift unter die Schmalkaldischen Artikel an: BSLK 463 f.
126 Harnack, Das Wesen des Christentums (Anm. 88), 155.
127 Ebd., 166; vgl. 157. Harnack stellt die Reformation als kongenial zum deutschen Volk heraus, in dem (im Unterschied zu den romanischen und slawischen Völkern) der Vorrang des Individuums vor dem Kollektiv und die Freiheit von der äußeren Autorität anerkannt sei: vgl. ebd., 165 f. Zum »deutschen« Martin Luther: Heinrich Bornkamm, Luther im Spiegel der deutschen Geistesgeschichte, Göttingen ²1970, 247f (mit einem ähnlichen Urteil Schleiermachers über die dem deutschen Wesen gemäße Reformation); Gerhard Müller, Der fremde Luther. Die Last der Tradition im neuzeitlichen Protestantismus, in: Hans Friedrich Geißer u. a., Weder Ketzer noch Heiliger. Luthers Bedeutung für den ökumenischen Dialog, Regensburg 1982, 93–122, 96–98. 105f; auch: James M. Stayer, Martin Luther, German Saviour. German Evangelical Theological Factions and the Interpretation of Luther, 1917–1933, Montreal 2000.
128 Ernst Troeltsch, Die Soziallehren der christlichen Kirchen und Gruppen (Gesammelte Schriften 1), (Tübingen ²1922) Neudruck: Aalen 1961; Zur religiösen Lage, Religionsphilosophie und Ethik. Aufsätze zur Geistesgeschichte und Religionsphilosophie und Ethik (Gesammelte Schriften 2), (Tübingen ²1922) Neudruck: Aalen 1962; Aufsätze zur Geistesgeschichte und Religionssoziologie, hrsg. v. Hans Baron (Gesammelte Schriften 4), (Tübingen 1925) 2. Neudruck: Aalen 1981; Die Absolutheit des Christentums und die Religionsgeschichte und zwei Schriften zur Theologie, (Tübingen 1929) Taschenbuchausgabe: München ²1985; Die Bedeutung der Geschichtlichkeit Jesu für den Glauben, in: ebd., 132–162; Art. Kirche. III. Dogmatisch, in: RGG¹ 3, 1147–1155. Zur Einordnung: Norbert Witsch, Glaubensorientierung in »nachdogmatischer« Zeit. Ernst Troeltschs Überlegungen zu einer Wesenbestimmung des Christentums (KKTS 65), Paderborn 1997.
129 Ernst Troeltsch, Der Historismus und seine Probleme, 1. Buch: Das logische Problem der Geschichts-philosophie (Gesammelte Schriften 3), (Tübingen ²1922) Neudruck: Aalen 1961; Der Historismus und seine Überwindung, (Berlin 1924) 2. Neudruck: Aalen 1979.
130 Troeltsch, Gesammelte Schriften 2 (Anm. 128), 731.
131 Ebd.
132 Ebd., 732.
133 Heinz, Das Problem der Kirchenentstehung (Kap. 1, Anm. 21), 76.
134 Troeltsch, Gesammelte Schriften 2 (Anm. 128), 733.
135 Dazu: Heinz, Das Problem der Kirchenentstehung (Kap. 1, Anm. 21), 74–100.
136 Troeltsch, Gesammelte Schriften 2 (Anm. 128), 150 f.
137 Vgl. ebd., 171 f.
138 Die religionsphilosophische Beschreibung ist sehr nach dem Bild des Christentums gezeichnet. Eine religionswissenschaftliche Berücksichtigung der Entstehung des frühen Buddhismus oder des Islam würde dieses allgemeine Bild etwas differenzierter werden lassen.
139 Troeltsch, Gesammelte Schriften 4 (Anm. 128), 69: »Die eigentliche Entstehungsgeschichte des Christentums ist ein hoffnungsloses wissenschaftliches Problem.«
140 Troeltsch, Gesammelte Schriften 1 (Anm. 128), 44.

141 Troeltsch, Gesammelte Schriften 4 (Anm. 128), 70. Zum Jesusbild Troeltschs: Johann Hinrich Claussen, Die Jesus-Deutung von Ernst Troeltsch im Kontext der liberalen Theologie (BHTh 39), Tübingen 1997.

142 Vgl. Harnacks »Bruderschaft« der Gotteskinder: Troeltsch, Gesammelte Schriften 4 (Anm. 128), 72.

143 Vgl. ebd., 71–73.

144 Ebd., 125 f. Zusammenfassung: Troeltsch, Gesammelte Schriften 1 (Anm. 128), 967.

145 Ebd., 28 f. 58 f.

146 Ebd., 83; vgl. 58.

147 Ebd., 59: »Dabei bleiben die Grundzüge der Ethik des Evangeliums bestehen, aber als Ethik einer Kultgemeinde empfangen sie eine neue Nuancierung.«

148 Ebd., 59 f.

149 Ebd., 85.

150 Ebd., 84 f. 87.

151 Ebd., 85: Der Episkopat »ist die Ersetzung und Materialisierung des erhöhten Christus und des Geistes, er ist der Nachfolger Christi und der Apostel, der Träger des Geistes, die Verlängerung oder Verewigung der Menschwerdung, die Sichtbar- und Faßbarmachung der göttlichen Wahrheit und Kraft, die konkrete Gegenwart des soziologischen Beziehungsmomentes«. Troeltsch bezieht sich in der dazu gehörigen Anm. 37 auf Loisy.

152 Ebd., 84 f.

153 Vgl. ebd., 86.

154 Ebd., 86f: »Das Priestertum hebt die allgemeine religiöse Gleichheit und Freiheit, den reinen Gemeindecharakter aller christlichen Religionsgemeinschaft nicht auf und ordnet nicht Menschen den Menschen über; es ist nur der herausgehobene und ordnungsmäßige Träger des Christusgeistes, das Organ der Wahrheitsdarstellung und erlösenden Sakramentalkraft. Indem man sich ihm unterordnet, ordnet man sich nur Gott unter, und zwar nicht besonderen, nur dem Priester zukommenden Erleuchtungen, sondern der allgemeinen, der Gemeinde zukommenden Wahrheit und Gnadenkraft, die nur im Priester kenntlich lokalisiert ist. Er ist nur die Verkörperung und Konkretion der allgemeinen religiösen Wahrheit, und auch das nur, soferne er sich in deren Auswirkung betätigt.«

155 Vgl. ebd., 368 f. 967, und Troeltsch, Gesammelte Schriften 4 (Anm. 128), 66. 126 f.

156 Troeltsch, Gesammelte Schriften 1 (Anm. 128), 375.

157 Ebd., 370: »Das Laienchristentum, die persönliche ethisch-religiöse Leistung, die radikale Liebesgemeinschaft, die religiöse Gleichheit und Brüderlichkeit, die Indifferenz gegen staatliche Gewalt und herrschende Schichten, die Abneigung gegen das technische Recht und den Eid, die Lösung des religiösen Lebens von den Sorgen des ökonomischen Kampfes im Armuts- und Genügsamkeitsideal oder in einer gelegentlich zum Kommunismus übergehenden Liebestätigkeit, die Unmittelbarkeit des persönlichen religiösen Verhältnisses, die Kritik an den offiziellen Seelenführern und Theologen, die Berufung auf das Neue Testament und die Urkirche: das sind durchgängig ihre charakteristischen Züge.«

158 Ebd., 375; vgl. die Gegenüberstellung (Anstalts-)Kirche – Sekte: 375–377.

159 Ebd., 967.

160 Ebd., 373.

161 Troeltsch, Gesammelte Schriften 4 (Anm. 128), 126 f. Vgl. Troeltsch, Gesammelte Schriften 1 (Anm. 128), 864.

162 Ebd., 852.

163 Ebd., 858: »Alles Kirchliche, Historische, Dogmatische, Objektive und Autoritative verwandelt sich in bloße Anregungsmittel und Erreger des allein wertvollen und allein heilsbegründenden persönlichen Erlebens.«

164 Ebd., 864.

165 Ebd., 865.

166 Ebd., 866.
167 Troeltsch, Gesammelte Schriften 4 (Anm. 128), 127.
168 Troeltsch, Gesammelte Schriften 1 (Anm. 128), 967: »Die Mystik hat Wahlverwandtschaft zur Autonomie der Wissenschaft und bildet das Asyl für die Religiosität wissenschaftlich gebildeter Schichten ...«
169 Ebd.
170 Ebd.: »Das Evangelium Jesu war freie personalistische Religiosität mit dem Drang nach innerstem Verstehen und Verbinden der Seelen, aber ohne jede Richtung auf kultische Organisation, auf Schaffung einer Religionsgemeinschaft.«
171 Troeltsch, Gesammelte Schriften 2 (Anm. 128), 175.
172 Ebd., 180.
173 Vgl. die Autoren, die von Troeltsch, Gesammelte Schriften 4 (Anm. 128), 93, Anm. 1, aufgezählt werden.
174 Ebd., 82–85.
175 Ebd., 93.
176 Ebd.
177 Ebd., XXIf.
178 Vgl. ebd. 94. Vgl. auch ders., Die Absolutheit des Christentums (Anm. 128), 141: »Das Christentum ist gar nicht allein die Hervorbringung Jesu, an ihm sind *Platon* und die Stoa und unmeßbare populäre religiöse Kräfte der antiken Welt mitbeteiligt.«
179 Troeltsch, Gesammelte Schriften 2 (Anm. 128), 418.
180 Eine Bibliographie in: CNT 10 (1946) 5–12. Relevant sind Maurice Goguel, La foi à la résurrection de Jésus dans le christianisme primitif. Étude d'histoire et de philosophie religieuses (BEHE 47), Paris 1933; Jésus et l'Église, in: RHPhR 13 (1933) 197–241; Le problème de l'Église dans le christianisme primitif, in: RHPhR 18 (1938) 293–320; Jésus et les origines du christianisme II. La naissance du christianisme, Paris 1946.
181 Oscar Cullmann, Art. Goguel, Maurice, in: RGG³ 2, 1687.
182 Vgl. Goguel, Jésus et les origines du christianisme II (Anm. 180), 22[1].
183 Ebd., 23: Religion ist »une forme particulière, spécifique de vie intérieure«.
184 Ebd., 25: »Si cette expérience religieuse fondamentale restait purement sentimentale et ne recevait pas une expression intellectuelle, elle se réduirait à une série de moments sans lien entre eux, donc sans stabilité et sans durée.«
185 Vgl. ebd., 24–26.
186 Ebd., 27.
187 Diese Konsequenz zieht Heinz, Das Problem der Kirchenentstehung (Kap. 1, Anm. 21), 107, aus dem Ansatz Goguels.
188 Goguel, Le problème de l'Église dans le christianisme primitif (Anm. 180), 304.
189 Ebd., 304 f. Ebd., 304: »... un fait de sympathie ou de contagion morale et spirituelle.«
190 Ebd., 307. 309–311: Im Christentum ist dieser Aufnahmeritus die Taufe.
191 Ebd., 311.
192 Ebd.
193 Joachim Wach, Meister und Jünger. Zwei religionsgeschichtliche Betrachtungen, Leipzig o. J. (ca. 1924); Einführung in die Religionssoziologie, Tübingen 1931; Religionssoziologie, nach der 4. Aufl. übersetzt v. Helmut Schoeck, Tübingen 1951.
194 Heinz, Das Problem der Kirchenentstehung (Kap. 1, Anm. 21), 110[391]. Dort findet sich eine Zusammenfassung der Thesen Wachs.
195 In der in dieser Arbeit verwendeten Terminologie wäre besser von einem »Gründer« zu sprechen. Bei all den von ihm untersuchten Religionen stellt Wach nirgendwo das planvolle Stiftungshandeln zu einer »Kirche« durch den jeweiligen »Religionsstifter« fest, sondern stets das Sich-Entfalten einer Bewegung durch den Rückbezug auf sein Leben und seine Lehre (ebd.).

196 Goguel, Jésus et les origines du christianisme II (Anm. 180), 15.
197 Goguel, Le problème de l'Église dans le christianisme primitif (Anm. 180), 296.
198 Goguel, Jésus et l'Église (Anm. 180), 238.
199 Goguel, Jésus et les origines du christianisme II (Anm. 180), 32.
200 Ebd., 27 f.
201 Ebd., 34. Er diagnostiziert im 1. Klemensbrief einen »Vorkatholizismus« (précatholicisme).
202 Ebd., 299.
203 Ebd., 317 f.
204 Vgl. ebd., 7.
205 Ebd., 34.
206 Ebd., 318 f.
207 Goguel, Le problème de l'Église dans le christianisme primitif (Anm. 180), 315.
208 Alfred Loisy, L'évangile et l'église, (Paris 1902) Bellevue ²1903; Autour d'un petit livre, Paris ²1903. Zitiert wird »L'évangile et l'église« nach der 2. Auflage! Deutsch: Evangelium und Kirche, autorisierte Übersetzung nach der zweiten vermehrten, bisher unveröffentlichten Auflage des Originals v. Johannes Grière-Becker, München 1904. Eine neuere (englische) Ausgabe: Alfred Firmin Loisy, The Gospel and the Church (Classics of Biblical Criticism), with an introduction by R. Joseph Hoffmann, Buffalo, N.Y. 1998. Zu Loisy: Friedrich Heiler, Alfred Loisy. Der Vater des katholischen Modernismus, München 1947; Harvey Hill, The Politics of Modernism. Alfred Loisy and the Scientific Study of Religion, Washington, D.C. 2002.
209 Loisy, L'évangile et l'église (Anm. 208), 155.
210 Ebd., 155f: »On a vu que l'Évangile de Jésus avait déja un rudiment d'organisation sociale, et que le royaume aussi devait avoir une forme de societé. Jésus annonçait le royaume, et c'est l'Église qui est venue. Elle est venue en élargissant la forme d'Évangile, qui était impossible à garder telle quelle, dès que le ministère de Jésus eût été clos par la passion. Il n'est aucune institution sur la terre ni dans l'histoire des hommes dont on ne puisse contester la légitimité et la valeur, si l'on pose en principe que rien n'a droit d'être que dans son état originel.«
211 In der Rez. der deutschen Übersetzung hat dies Adolf von Harnack durchaus zugestanden: ThLZ 29 (1904) 59 f.
212 Heinz, Das Problem der Kirchenentstehung (Kap. 1, Anm. 21), 122.
213 Hans Conzelmann, Grundriss der Theologie des Neuen Testaments, Tübingen ⁵1992, 38; Heinz-Dietrich Wendland, Die Eschatologie des Reiches Gottes bei Jesus. Eine Studie über den Zusammenhang von Eschatologie, Ethik und Kirchenproblem, Gütersloh 1931, 163; François Marie Braun, Neues Licht auf die Kirche. Die protestantische Kirchendogmatik in ihrer neuesten Entfaltung, Einsiedeln 1946, 67f; Oscar Cullmann, Petrus. Jünger – Apostel – Märtyrer. Das historische und das theologische Petrusproblem, Zürich ³1985, 190; Heinrich Fries, Art. Reich Gottes. V. Systematisch, in: LThK² 8, 1117–1120, 1118.
214 Dieses Bild war in der katholischen Theologie des 19. Jahrhunderts durch die Katholische Tübinger Schule und besonders durch John Henry Newman populär geworden. Vgl. John Henry Newman, An Essay on the Development of Christian Doctrine. The Edition of 1845, ed. with an Introduction by James M. Cameron, Baltimore 1974; deutsch: Über die Entwicklung der Glaubenslehre. Durchgesehene Neuausgabe der Übersetzung v. Theodor Haecker, besorgt, kommentiert und mit ergänzenden Dokumenten versehen v. Johannes Artz (= Ausgewählte Werke 8), Mainz 1969. Zum Hintergrund: Owen Chadwick, From Bossuet to Newman. The Idea of Doctrinal Development, Cambridge 1957.
215 Claus Arnold, Die Römische Indexkongregation und Alfred Loisy am Anfang der Modernismuskrise (1893–1903). Mit besonderer Berücksichtigung von P. Thomas Esser O.P. und einem Gutachten von P. Louis Billot S.J., in: RQ 96 (2002) 290–332.
216 Zum Problem der Dogmenentwicklung: Herbert Hammans, Die neueren katho-

lischen Erklärungen der Dogmenentwicklung (BNGKT 7), Essen 1965; Winfried Schulz, Dogmenentwicklung als Problem der Geschichtlichkeit der Wahrheitserkenntnis. Eine erkenntnistheoretisch-theologische Studie zum Problemkreis der Dogmenentwicklung (AnGr.SFT sectio B, n. 56), Rom 1969; Georg Söll, Dogma und Dogmenentwicklung (HDG I 5), Freiburg 1971. Für Newman ist in seinem »Essay« (Anm. 271) diejenige Kirche die Fortsetzung der frühen Kirche, die sich *am wenigsten* entwickelt hat. Dazu stellt er sieben Kriterien zusammen (Erhaltung des Typus, Kontinuität der Prinzipien, Assimilationsvermögen, logische Folgerichtigkeit, Vorwegnahme der eigenen Zukunft, bewahrende Auswirkung auf die Vergangenheit, fortdauernde Lebenskraft). Karl Rahner, Grundkurs des Glaubens. Studien zum Begriff des Christentums (Sämtliche Werke 26), bearbeitet v. Nikolaus Schwerdtfeger und Albert Raffelt, Freiburg 1999, 333–337, nennt drei leitende Kriterien zur Überprüfung der Ansprüche einer konkreten Kirche, Kirche Jesu Christi zu sein, 1) »das Kriterium der Kontinuität zum Ursprung und die Abwehr eines ekklesiologischen Relativismus«, 2) »das Kriterium der Bewahrung der Grundsubstanz des Christentums« und 3) »das Kriterium objektiver Autorität«.

217 Zu dieser These sind die entsprechenden Passagen der Schriften Baurs (mit Kurzkommentaren) abgedruckt in: Werner Georg Kümmel, Das Neue Testament. Geschichte der Erforschung seiner Probleme, Freiburg ²1970, 156–176. Die These Baurs ist grundgelegt in dem Artikel: Die Christuspartei in der korinthischen Gemeinde, der Gegensatz des petrinischen und paulinischen Christentums in der alten (im Text der TZTh, S. 61: »ältesten«) Kirche, der Apostel Petrus in Rom, in: TZTh 1831, H. 4, 61–206; jetzt in: Ferdinand Christian Baur, Historisch-kritische Untersuchungen zum Neuen Testament, mit einer Einführung v. Ernst Käsemann (Ausgewählte Werke in Einzelausgaben 1), Stuttgart-Bad Cannstatt 1963, 1–146.

218 Vgl. Josef Schmid, Art. Baur, Ferdinand Christian, in: LThK² 2, 72 f.

219 Wilhelm Heitmüller, Zum Problem Paulus und Jesus, in: ZNW 13 (1912) 320–337; abgedruckt in: Das Paulusbild in der neueren deutschen Forschung (Kap. 2, Anm. 110), 124–143.

220 Roland Schütz, Apostel und Jünger. Eine quellenkritische und geschichtliche Untersuchung über die Entstehung des Christentums, Gießen 1921.

221 Ebd., 105.

222 Ebd., 106.

223 Vgl. ebd., 112.

224 Ernst Lohmeyer, Galiläa und Jerusalem (FRLANT NF 34), Göttingen 1934.

225 Ebd., 23 f. 45 f. 79. 96 f.

226 Ebd., 86.

227 Ebd., 56. 84.

228 Ebd., 92. 96.

229 Ebd., 92.

230 Ebd., 102.

231 Ebd., 102 f.

232 Gerhard Saß, Apostelamt und Kirche. Eine theologisch-exegetische Untersuchung des paulinischen Apostelbegriffs (FGLP IX 2), München 1939.

233 Wilhelm Hartke, Vier urchristliche Parteien und ihre Vereinigung zur apostolischen Kirche (SSA 24), 2 Bde., Berlin 1961.

234 Ebd., Bd. 2, 421.

235 Gottfried Schille, Anfänge der Kirche. Erwägungen zur apostolischen Frühgeschichte (BevTh 43), München 1966; Erwägungen zur urchristlichen Kirchenbildung, in: ThV 1 (1966), 66–83.

236 Schille, Anfänge der Kirche (Anm. 235), 116.

237 Vgl. Willem A. Visser't Hooft, Art. Ökumenische Bewegung. 3., in: RGG³ 4, 1575–1579, 1576. Er spricht vom »reformatorischen« Kirchenverständnis.

238 Jean-Louis Leuba, Institution und Ereignis. Gemeinsamkeiten und Unterschiede

der beiden Arten von Gottes Wirken nach dem Neuen Testament (ThÖ 3), Göttingen 1957, 7. Die französische Fassung: L'institution et l'événement, Neuchâtel 1950. Zitiert wird nach der deutschen Übersetzung.

239 Ebd., 7.

240 Ebd., 8.

241 Vgl. ebd.: »... die Kirche und der Theologe werden sich immer weigern, der geschichtlichen Studie die Bestimmung zu überlassen, was kanonisch oder nicht mehr kanonisch ist. Die Entscheidung ist ein für allemal gefallen.«

242 Karl Holl, Der Kirchenbegriff des Paulus in seinem Verhältnis zu dem der Urgemeinde, in: ders., Gesammelte Aufsätze zur Kirchengeschichte, Bd. 2: Der Osten, (Tübingen 1928) Nachdruck: Darmstadt 1964, 44–67; ebenfalls in: Das Paulusbild in der neueren deutschen Forschung (Kap. 2, Anm. 110), 144–178.

243 Leuba, Institution und Ereignis (Anm. 238), 18.

244 Ebd., 56 f.

245 Ebd., 52. 58. 63.

246 Ebd., 63.

247 Ebd., 65 f. Das folgende Zitat ebd., 66!

248 Ebd., 100.

249 Ebd., 58 f.

250 Ebd. 98. 100.

251 Ebd., 120, ein etwas merkwürdiges Bild: »Die Institution ohne das Ereignis wäre vergleichbar einer Reihe von Nullen, das Ereignis ohne die Institution einer bloßen Eins. Durch die stete Einung von Institution und Ereignis stellt Gott die Eins des Ereignisses vor die Nullen der Institutionen.«

252 Cullmann, Petrus (Anm. 213), 254[2], allerdings mit dem »Vorbehalt« (ebd., 253f): »Es ist ... verkehrt, sich etwa mit dem Apostel Paulus begnügen zu wollen, wie dies vielfach von Seiten protestantischer Kirchen geschieht. Es ist zur Gewohnheit geworden, den Apostel Petrus nur mit der römisch-katholischen, den Apostel Paulus mit der protestantischen Kirche zusammen zu bringen. In Wirklichkeit braucht jede Kirche auch den Apostel Petrus, weil er als ›erster‹ unter den zwölf Aposteln die Kontinuität mit dem inkarnierten Jesus zu garantieren hat.« Cullmann arbeitet diesen Gedanken im Blick auf alle christlichen Kirchen zu einer ökumenischen Zielvorstellung aus: Einheit durch Vielfalt. Grundlegung und Beitrag zur Diskussion über die Möglichkeiten ihrer Verwirklichung, Tübingen (1986) [2]1990.

253 Eilert Herms, Die ökumenische Bewegung der römischen Kirche im Lichte der reformatorischen Theologie. Antwort auf den Rahner-Plan, Göttingen 1984, 184.

254 Ebd., 200.

255 Ebd., 192.

256 Laurentius Klein, Theologische Alternative zur Konsensökumene, in: ThQ 166 (1986) 268–278, 277.

257 Historisch betrachtet war es allerdings Franz Overbeck (1837–1905) (Christentum und Kultur. Gedanken und Anmerkungen zur modernen Theologie, aus dem Nachlaß hrsg. v. Carl Albrecht Bernoulli, Darmstadt [2]1963), der zwanzig Jahre vor Weiß als erster die konstitutive Bedeutung der Eschatologie für Glauben und Leben des Urchristentums betont hatte. Als die Naherwartung erstarb, erlosch nach Overbecks Auffassung nicht nur das Urchristentum, sondern das Christentum überhaupt bzw. erwies sich die christliche Hoffnung auf ein baldiges Ende der bestehenden Welt und eine sogenannte »christliche Epoche« als ein irreales »Gedankending« (ebd., 72). Dazu: Philipp Vielhauer, Franz Overbeck und die neutestamentliche Wissenschaft, in: ders., Aufsätze zum Neuen Testament (ThB 31), München 1965, 235–252, 249–251.

258 Albert Schweitzer, Das Messianitäts- und Leidensgeheimnis. Eine Skizze des Lebens Jesu, Tübingen [3]1956; Geschichte der Leben-Jesu-Forschung (Anm. 9); Geschichte der paulinischen Forschung von der Reformation bis auf die Gegen-

wart, Tübingen ²1933; Aus meinem Leben und Denken, (Leipzig 1931) Hamburg 1954; Die Mystik des Apostels Paulus, (Tübingen 1930) (UTB 1091), mit einer Einführung v. Werner Georg Kümmel, Tübingen 1981; Reich Gottes und Christentum, hrsg. und mit einem Vorwort versehen v. Ulrich Neuenschwander, Tübingen 1967.

259 Martin Werner, Die Entstehung des christlichen Dogmas. Problemgeschichtlich dargestellt, Bern 1941; Der protestantische Weg des Glaubens, 2 Bde., Bern 1955. 1962; Was bedeutet für uns die geschichtliche Persönlichkeit Jesu?, in: Der historische Jesus und der kerygmatische Christus. Beiträge zum Christusverständnis in Forschung und Verkündigung, hrsg. v. Helmut Ristow und Karl Matthiae, Berlin ²1961, 614–646.

260 Fritz Buri, Die Bedeutung der neutestamentlichen Eschatologie für die neuere protestantische Theologie. Ein Versuch zur Klärung des Problems der Eschatologie und zu einem neuen Verständnis ihres eigentlichen Anliegens, Zürich 1935; Christlicher Glaube in dieser Zeit, Bern 1952; Theologie der Existenz, Bern 1954.

261 Weiß hatte lediglich die Predigt Jesu als eschatologisch geprägt dargestellt und war damit für Schweitzer »auf halbem Wege« stehengeblieben: Schweitzer, Aus meinem Leben und Denken (Anm. 258), 43.

262 Schweitzer, Geschichte der Leben-Jesu-Forschung (Anm. 9), 425 f.

263 Ebd., 417.

264 Werner, Die Entstehung des christlichen Dogmas (Anm. 259), 128.

265 Ebd., 138.

266 Werner, Der protestantische Weg des Glaubens, Bd. 2 (Anm. 259), 413.

267 Schweitzer, Die Mystik des Apostels Paulus (Anm. 258), 379. Ebd., 100: »Mit der Auferstehung Jesu hat die übernatürliche Welt bereits begonnen, nur dass sie noch nicht in Erscheinung getreten ist. Die anderen Gläubigen meinen, der Zeiger der Weltuhr stehe unmittelbar vor dem Beginn der neuen Stunde, und warten auf den Schlag, der diese verkünden soll. Paulus sagt ihnen, dass er schon darüber hinausgerückt ist, und dass sie den Schlag, als er bei der Auferstehung Jesu erfolgte, überhört haben.«

268 Ebd., 117. 121. 325.

269 Werner, Der protestantische Weg des Glaubens, Bd. 1 (Anm. 259), 192.

270 Werner, Der protestantische Weg des Glaubens, Bd. 2 (Anm. 259), 419 f.

271 Zu ihm: Philipp Vielhauer, Urchristentum und Christentum in der Sicht Wilhelm Kamlahs, in: ders., Aufsätze zum Neuen Testament (Anm. 257), 253–282.

272 Die erste Auflage trug den Titel: Christentum und Selbstbehauptung. Historische und philosophische Untersuchungen zur Entstehung des Christentums und zu Augustins »Bürgerschaft Gottes«, Frankfurt 1940. Die maßgebliche 2. neubearbeitete und ergänzte Auflage, nach der auch zitiert wird, ist: Christentum und Geschichtlichkeit. Untersuchungen zur Entstehung des Christentums und zu Augustins »Bürgerschaft Gottes«, Stuttgart 1951.

273 Ebd., 347. Als weitere Anregung nennt er selbst Rudolph Sohm (ebd.). Ein wichtiger Gesprächspartner war sicher auch Bultmann: vgl. die Anmerkungen ebd., 35–61.

274 Ebd., 12: »Muss nicht die spontane und zugleich rezeptive Vernunft der Griechen, die seit Sokrates nach dem gebietenden und rettenden ›Guten‹ fragt, über sich hinausfragen nach einem Guten, das in schlechthin spontaner Offenbarung von sich her dem Menschen begegnet?«

275 Ebd.

276 Ebd., 115.

277 Ebd., 33 f.

278 Ebd., 33.

279 Ebd., 49.

280 Ebd., 35. 56. 76. 128.

281 Ebd., 54.

282 Ebd., 28.
283 Vgl. ebd., 67. 70.
284 Ebd., 68.
285 Ebd., 66.
286 Ebd., 68.
287 Ebd., 85–94.
288 Ebd., 340.
289 Vgl. ebd., 95: »Wie der Mensch seine wahre Möglichkeit ganz allein von Gott her hat in der Aktualität der Gnade als der allein mächtigen Ermöglichung, das ist ja gerade die christliche Erkenntnis.«
290 Ebd., 108 f.
291 Vgl. ebd., 98 f.
292 Ebd., 115.
293 Ebd., 117.
294 Ebd., 114.
295 Ebd., 110.
296 Vgl. ebd., 30.
297 Rudolf Bultmann, Glauben und Verstehen. Gesammelte Aufsätze, Tübingen: I (1933) ⁶1966; II (1952) ⁴1965; III (1960) ³1965; IV (1965) ³1975; Exegetica. Aufsätze zur Erforschung des Neuen Testaments, ausgewählt, eingeleitet und hrsg. v. Erich Dinkler, Tübingen 1967; Neues Testament und Mythologie. Das Problem der Entmythologisierung der neutestamentlichen Verkündigung, in: Kerygma und Mythos. Ein theologisches Gespräch, I (ThF 1), hrsg. v. Hans-Werner Bartsch, Hamburg-Bergstedt 5., erweiterte Aufl. 1967, 15–48; Zum Problem der Entmythologisierung, in: Kerygma und Mythos. Diskussion und Stimmen des In- und Auslandes, II (ThF 2), hrsg. v. Hans-Werner Bartsch, Hamburg-Volksdorf 1952, 179–208; Theologie des Neuen Testaments (Anm. 26).
298 Glauben und Verstehen, III (Anm. 297), 185–187. 189.
299 Glauben und Verstehen, I (Anm. 297), 1–25, besonders 18–25.
300 Johannes Körner, Eschatologie und Geschichte. Eine Untersuchung des Begriffes des Eschatologischen in der Theologie Rudolf Bultmanns (ThF 13), Hamburg-Bergstedt 1957, 138.
301 Ebd., 132.
302 Vgl. Bultmann, Glauben und Verstehen, III (Anm. 297), 30 f.
303 Ebd., 15 f. 27 f. 50 f. 203.
304 Bultmann, Glauben und Verstehen, I (Anm. 297), 18.
305 Ebd., 18. 24.
306 Bultmann, Neues Testament und Mythologie (Anm. 297), 48.
307 Heinz, Das Problem der Kirchenentstehung (Kap. 1, Anm. 21), 320 – unter Bezug auf: Rudolf Bultmann, Jesus Christus und die Mythologie. Das Neue Testament im Licht der Bibelkritik (Stundenbuch 47), Hamburg ³1967, 83 f.
308 Ebd., 44. 70–72. 76.
309 Ebd., 83 f.
310 Vgl. z. B. Bultmann, Neues Testament und Mythologie (Anm. 297), 41. 44: Wort und Werk des historischen Jesus vor der Kreuzigung besitzen also nach Bultmann keinerlei Heilsrelevanz.
311 Vgl. Bultmann, Theologie des Neuen Testaments (Anm. 26), 415–418. Bultmann will mit dieser Darstellung die Theologie des Johannesevangeliums wiedergeben.
312 Bultmann, Neues Testament und Mythologie (Anm. 297), 41–44.
313 Ebd., 46: »Ja, *der Auferstehungsglaube ist nichts anderes als der Glaube an das Kreuz als Heilsereignis*, an das Kreuz als Kreuz Christi.«
314 Ebd., 47: »Der christliche Osterglaube ist an der historischen Frage nicht interessiert …«
315 Ebd.

316 Bultmann, Theologie des Neuen Testaments (Anm. 26), 308. Er interpretiert an dieser Stelle das Selbstverständnis des Paulus (besonders in Röm 10,13–17).

317 Vgl. ebd., 457.

318 Bultmann, Glauben und Verstehen, I (Anm. 297), 180. 289. Vgl. 289: »Weil der Inhalt des Wortes nicht allgemeine Wahrheiten sind, sondern eine bestimmte Botschaft, so gehört zum gottgewirkten Heilsgeschehen die Tradition des Wortes. Nur in ihr ist es da, und um dieser Tradition willen hat Gott in der *ekklesia* die Verkündiger des Wortes eingesetzt (1 Kor. 12,28; Eph. 4,11).«

319 Ebd., 164 f. 180.

320 Bultmann, Theologie des Neuen Testaments (Anm. 26), 308 f.

321 Bultmann, Exegetica (Anm. 297), 468: »Wenn es nun so ist, dass das Kerygma Jesus als den Christus, als das eschatologische Ereignis verkündigt, wenn es beansprucht, dass in ihm Christus präsent ist, so hat es sich an die Stelle des historischen Jesus gesetzt; es vertritt ihn. Dann gibt es keinen Glauben an Christus, der nicht zugleich Glaube an die Kirche als Trägerin des Kerygmas wäre, d. h. in der dogmatischen Terminologie: an den Heiligen Geist.« Das Zitat 469: »… der Glaube an die Kirche als Trägerin des Kerygmas ist der Osterglaube, der eben in dem Glauben besteht, dass im Kerygma Jesus Christus präsent ist.«

322 Ebd., 468[80]: »Es versteht sich von selbst, dass ›Kirche‹ hier nicht als Institution gesehen ist, sondern als eschatologisches Geschehen. Sie ist nicht Garant des Glaubens, sondern selbst Gegenstand des Glaubens. Sie ist genauso ein Skandalon wie das Kreuz.«

323 Bultmann, Glauben und Verstehen, I (Anm. 297), 172: »Die Kirche ist … eine eschatologische Größe. Aber sie ist das, weil sie den Schluss der Heilsgeschichte bildet, nicht als ein der Welt schlechthin entnommenes Phänomen, sondern als eine geschichtliche Größe. Deshalb ist die Kirche zugleich *unsichtbar*; denn sichtbar ist sie nur für den Glauben, d. h. für den Gehorsam, der die neue geschichtliche Möglichkeit ergreift.«

324 Ebd., 333.

325 Ebd., 172.

326 Ebd., 165: Die kultische Versammlung ist »die eigentliche Erscheinung des Wesens der Gemeinde«.

327 Ebd., 180 f.

328 Bultmann, Theologie des Neuen Testaments (Anm. 26), 458–460, 459: »… nunmehr gilt *das Amt als ein die Kirche konstituierendes.*«

329 Vgl. Bultmann, Glauben und Verstehen, II (Anm. 297), 272.

330 Vgl. Bultmann, Theologie des Neuen Testaments (Anm. 26), 452. 456. 462 f.

331 Ernst Käsemann, Exegetische Versuche und Besinnungen, Bd. 2, Göttingen 1964, 266.

332 Ebd.

333 Braun, Neues Licht auf die Kirche (Anm. 213), 91.

334 Einige Vertreter (neben den gleich zu Nennenden): Heinz, Das Problem der Kirchenentstehung (Kap. 1, Anm. 21), 214–216.

335 Johannes Betz, Die Gründung der Kirche durch den historischen Jesus, in: ThQ 138 (1958) 152–183, z. B. 160–162. 182f, beruft sich auf den »Neuen Consensus«.

336 Erstmals in: ThBl 20 (1941) 265–279; jetzt: Exegetica (Anm. 297), 255–277. Das Urteil Dinklers über die Bedeutung des Aufsatzes: ebd., XVI!

337 Vgl. Heinz, Das Problem der Kirchenentstehung (Kap. 1, Anm. 21), 213 f.

338 Heinz (ebd., 162–164), nennt (neben Sohm) weiter: Otto Scheel, Die Kirche im Urchristentum. Mit Durchblicken auf die Gegenwart (RV IV 20), Tübingen 1912; Zum urchristlichen Kirchen- und Verfassungsproblem, in: ThStKr 85 (1912) 403–457; und: Traugott Schmitt, Der Leib Christi. Eine Untersuchung zum urchristlichen Gemeindegedanken, Leipzig 1919.

339 Ferdinand Kattenbusch, Der Quellort der Kirchenidee, in: Festgabe von Fachge-

nossen und Freunden Adolf von Harnack zum 70. Geburtstag dargebracht, Tübingen 1921, 143–172; Der Spruch über Petrus und die Kirche bei Matthäus, in: ThStKr 94 (1922) 96–131; Die Vorzugstellung des Petrus und der Charakter der Urgemeinde zu Jerusalem, in: Festgabe von Fachgenossen und Freunden Karl Müller zum 70. Geburtstag dargebracht, Tübingen 1922, 322–351; Die Selbstauffassung und Gestalt der Urkirche. Zu O. Lintons Schrift, in: ThStKr 105 (1933) 97–116.

340 Heinz, Das Problem der Kirchenentstehung (Kap. 1, Anm. 21), 166.

341 Kattenbusch, Der Quellort der Kirchenidee (Anm. 339), 160.

342 Vgl. ebd.

343 Ebd.

344 Ebd., 162; auch 162–164.

345 Ebd., 163 f.

346 In der Sprache Kattenbuschs (ebd., 169): »*Das Abendmahl ist der Akt der Gründung seiner Ekklesia*, seiner ›Gemeinde‹ als *solcher*, gewesen.«

347 Ebd., 170 f. Das heißt jedoch nicht, dass die Nachfolge Jesu sich auf bloßen Kult reduziere, wenn auch Paulus dies nicht habe verhindern können: Kattenbusch, Die Selbstauffassung und Gestalt der Urkirche (Anm. 339), 111–113.

348 Karl Ludwig Schmidt, Die Kirche des Urchristentums. Eine lexikographische und biblisch-theologische Studie, in: Festgabe für Adolf Deissmann zum 60. Geburtstag, Tübingen 1927, 258–319; Das Kirchenproblem im Urchristentum, in: ThBl 6 (1927) 293–302; Le Ministère et les ministères dans l'église du Nouveau Testament, in: RHPhR 17 (1937) 313–336; Art. ekklesia, in: ThW 3, 502–539; Die Polis in Kirche und Welt. Eine lexikographische und exegetische Studie (Rektoratsprogramm der Universität Basel für das Jahr 1939), Basel 1939.

349 Schmidt, Die Kirche des Urchristentums (Anm. 348), 281–302.

350 Vgl. ebd., 290.

351 Ebd., 292.

352 Ebd., 291f: »Seine sogenannte Kirchenstiftung steht und fällt nicht mit Matth 16,18, ist nicht ein vereinzelter Akt, von dem dort erzählt ist, sondern ist zu verstehen aus Jesu Gesamthaltung seinem Volk gegenüber, in dem, für das, gegen das er ein Zwölferkollegium als eine besondere k'nischta gesammelt und beauftragt hat, den q'hal Jahwe darzustellen.«

353 Schmidt, Art. ekklesia (Anm. 348), 530: »Jesu vielberufene Stiftung der *ekklesia* Mt 16,18 erschöpft sich in einem solchen Vorgang der Aussonderung und Zusammenfassung seiner Jüngerschar.«

354 Vgl. Schmidt, Die Kirche des Urchristentums (Anm. 348), 318; auch 319: »... man darf nicht zu viel Wesens machen von allerlei Verfassungsdingen, die die älteste Kirche als eine konkrete Versammlung von Menschen ausgebildet und von der jüdischen Synagoge, vielleicht auch von hellenistischen Organisationen übernommen hat.«

355 Ebd. 312. 318.

356 Schmidt, Art. ekklesia (Anm. 348), 525.

357 Schmidt, Die Kirche des Urchristentums (Anm. 348), 293 f.

358 Adolf Schlatter, Die Geschichte des Christus, Stuttgart ²1923; Die Geschichte der ersten Christenheit (BFChTh II 11), Gütersloh 1926.

359 Schlatter, Die Geschichte des Christus (Anm. 358), 375. 384.

360 Schlatter, Die Geschichte der ersten Christenheit (Anm. 358), 10.

361 Vgl. ebd., 28.

362 Gerhard Gloege, Reich Gottes und Kirche im Neuen Testament (NTF Reihe 2, 4), (Gütersloh 1929) Nachdruck der 2. Aufl.: Darmstadt 1968.

363 Ebd., 218, spricht er von einem »Inklusivverhältnis«. Ebd., 228: »Der Christus und die Ekklesia sind Korrelatbegriffe.«

364 Ebd., 226. Dort hervorgehoben!

365 Ebd., 217 f.

366 Ebd., 138.
367 Vgl. ebd., 217 f.
368 Vgl. ebd., 232–238.
369 Der erhöhte Herr hat an Pfingsten durch die Sendung des Geistes »die erste sozio-
     logisch wahrnehmbare örtliche Gemeinde geschaffen« (ebd., 281).
370 Vgl. ebd., 184. 283.
371 Ebd., 283.
372 Ebd., 411.
373 In Mt 16,18 ist für Gloege Christus das Fundament, nicht die Person des Petrus
     (ebd., 275).
374 Heinz-Dietrich Wendland, Die Eschatologie des Reiches Gottes bei Jesus. Eine Stu-
     die über den Zusammenhang von Eschatologie, Ethik und Kirchenproblem,
     Gütersloh 1931; Die Kirche als göttliche Stiftung (ThMil 23), Leipzig 1938.
375 Wendland, Die Eschatologie des Reiches Gottes bei Jesus (Anm. 374), 147 f.
     184 f. 248; Die Kirche als göttliche Stiftung (Anm. 431), 10.
376 Wendland, Die Eschatologie des Reiches Gottes bei Jesus (Anm. 374), 177.
377 Wendland, Die Kirche als göttliche Stiftung (Anm. 374), 10. 12.
378 Ebd., 12–16.
379 Ebd., 16–18.
380 Ebd., 16.
381 Heinz, Das Problem der Kirchenentstehung (Kap. 1, Anm. 21), 195 f.
382 Oscar Cullmann, Königsherrschaft Christi und Kirche im Neuen Testament (ThSt
     [B] 10), Zürich ³1950; Die Tradition als exegetisches, historisches und theologisches
     Problem, Zürich 1954; Christus und die Zeit. Die urchristliche Zeit- und Ge-
     schichtsauffassung, Zürich ³1962; Heil als Geschichte. Heilsgeschichtliche Existenz
     im Neuen Testament, Tübingen ⁷1967.
383 Cullmann, Königsherrschaft Christi und Kirche im Neuen Testament (Anm. 382),
     36: »Diese Heilsgeschichte verläuft ... in zwei Bewegungen: die eine geht von der
     Vielheit zum Einen. Das ist der alte Bund. Die andere geht von dem Einen zur Viel-
     heit. Das ist der neue Bund. Genau in der Mitte steht das entscheidende Faktum
     des Todes Christi.«
384 Ebd., 35 f.
385 Cullmann, Christus und die Zeit (Anm. 382), 111.
386 Gemeint ist der von den alttestamentlichen Propheten angesprochene »Rest«
     Israels.
387 Ebd., 164; vgl. 111 f.
388 Vgl. ebd., 164.
389 Cullmann, Heil als Geschichte (Anm. 382), 181.
390 Für Cullmann kann der Jüngerkreis (und auch die Gruppe der Zwölf) noch nicht
     in einem eigentlichen Sinne als Kirche bezeichnet werden. Entscheidend für die
     Stiftung der Kirche ist die Kreuzigung, so dass der irdische Jesus »nur« das Fun-
     dament legt: Cullmann, Petrus (Anm. 213), 218. 220 f.
391 Cullmann meint, im Zusammenhang dieses Mahls habe Jesus die in Mt 16,17–19
     überlieferten Verheißungen gesprochen (ebd., 206 f. 214).
392 Jesus hat nach Cullmann für die Zeit nach seinem Tod bis zur Parusie eine
     »Zwischenzeit« angenommen, innerhalb derer er eine geschichtsimmanente Kir-
     che erwartete (ebd., 224f).
393 Ebd., 220.
394 Albrecht Oepke, Der Herrnspruch über die Kirche Mt 16,17–19 in der neuesten
     Forschung. Ein kritischer Bericht, in: StTh 2 (1949) 110–165; Das neue Gottesvolk in
     Schrifttum, Schauspiel, bildender Kunst und Weltgestaltung, Gütersloh 1950.
395 Oepke, Der Herrnspruch über die Kirche (Anm. 394), 126; auch: ders., Das neue
     Gottesvolk (Anm. 451), 166–172.
396 Ebd., 172: »... so bleibt als Ausweg nur der Übergang der Gottesherrschaft auf die

Völkerwelt mit Einschluß der wenigen empfänglichen Israeliten, anders ausgedrückt: die absolute Scheidung von Blutsverband und Gottesvolk, oder ganz kurz: der Weg zur Kirche.«

397 Ebd.
398 Vgl. ebd., 174: »Der alte Bund ist durch das Gottesvolk gebrochen, und er wird nun auch von Gott neu durch das Eschaton antiquiert.«
399 Betz, Die Gründung der Kirche durch den historischen Jesus (Anm. 335).
400 Ebd., 153.
401 Ebd., 160: »Mochte Jesus auch den *Titel* Messias meiden und statt dessen sich lieber Menschensohn nennen, messianischen Anspruch hat er auf alle Fälle erhoben. Der Messias ist aber nicht eine Privatperson, zum Messias gehört das Volk, und ebenso zum Menschensohn.«
402 Ebd., 182f: »Ob das entscheidende Logion an Petrus Mt 16,17–19 auch in diese Zeit vor Ostern fällt, ist nicht ganz sicher, aber m.E. wahrscheinlich. Sollte es aber nach Ostern zu datieren sein, so ist es doch echtes Wort des wirklichen Christus und nicht erst Gemeindebildung.«
403 Ebd., 173.
404 Vgl. ebd., 165–167.
405 Ebd., 177.
406 Zur Einführung: Thomas Ervens, Keine Theologie ohne Kirche. Eine kritische Auseinandersetzung mit Erik Peterson und Heinrich Schlier (IThS 62), Innsbruck 2002.
407 Karl Barth, Kirche und Theologie, in: ZZ 4 (1926) 18–40. Der Artikel von Peterson »Was ist Theologie?« ist abgedruckt in: Erik Peterson, Theologische Traktate (Ausgewählte Schriften 1), mit einer Einleitung v. Barbara Nichtweiß, Würzburg 1994, 1–22.
408 Ervens, Keine Theologie ohne Kirche (Anm. 406), 73.
409 Erik Peterson, Die Kirche (1929), abgedruckt in: ders., Theologische Traktate (Hochland-Bücherei), München 1951, 409–429; jetzt in: Peterson, Theologische Traktate (Anm. 407), 245–257. Zitiert ebd., 248: »Nun ist die Botschaft Jesu eschatologisch gewesen, und zwar konkret eschatologisch, auf die Juden bezogen eschatologisch. Die Kirche jedoch ist ja grade in ihrer Existenz ein Beweis gegen das Konkret-Eschatologische, das Jüdisch-Eschatologische. Die Kirche ist ja Kirche aus den Heiden. … *Kirche gibt es nur unter der Voraussetzung, dass das Kommen Christi nicht unmittelbar bevorsteht.*« Zur Einordnung: Barbara Nichtweiß, Kirche und Reich Gottes. Erik Petersons Traktat »Die Kirche«, in: Cath 46 (1992) 281–306.
410 Peterson, Die Kirche (Anm. 409), 250.
411 Vgl. ebd., 247. Ausführlicher: Erik Peterson, Der Brief an die Römer (Ausgewählte Schriften 6), aus dem Nachlass hrsg. v. Barbara Nichtweiß unter Mitarbeit v. Ferdinand Hahn, Würzburg 1997, 269–330 (= »Der vierte Hauptabschnitt 9,1 – 11,36«).
412 Peterson, Die Kirche (Anm. 409), 249.
413 Ebd., 251.
414 Ebd., 250 f.
415 Erik Peterson, Die Kirche aus Juden und Heiden, in: Peterson, Theologische Traktate (Anm. 409), 141–174. Ebd., 146: »Denn Apostel sein heißt nicht einfach, zu den Heiden geschickt werden, sondern bedeutet allemal: von den *Juden* zu den Heiden gesandt werden.« Oder ebd., 155: »Synagoge und Ekklesia gehören vielmehr bis zum Jüngsten Tag zusammen …« Vgl. Peterson, Die Kirche (Anm. 409), 247.
416 Ebd., 250.
417 In der Rez. zu »Die Kirche« (in: ThQ 110 [1929] 175–177, 177) vermisst Karl Adam den Hinweis, dass der irdische Jesus in seiner Verkündigung »tatsächlich mit der Halsstarrigkeit der Juden rechnete (Mt 8,10–11) und mit Rücksicht darauf die Keimanlage der künftigen neuen Heidenkirche selber schon bereitete (vgl. Mt 16,18f)«.
418 Peterson, Die Kirche (Anm. 409), 250 f. Zur Problematik des von Peterson verwen-

deten (lukanischen) Apostelbegriffs: Ervens, Keine Theologie ohne Kirche (Anm. 406), 82 f. Paulus gilt für Peterson als »Apostel der Ausnahme«: vgl. Barbara Nichtweiß, Erik Peterson. Neue Sicht auf Leben und Werk, Freiburg ²1994, 631–637.

419 Ebd., 252.
420 Ebd., 252 f. Ebd., 253: »Niemals ... ist der Kirche von Gott wieder eine so schwere Entscheidung zugemutet worden wie damals, als ›die Zwölfe‹ sich entscheiden mussten, ob sie Jerusalem verlassen und zu den Heiden gehen wollten oder nicht. In dieser Entscheidung ›der Zwölfe‹ gründet ... die Kirche ...« Oder ebd., 252: »Ich bin daher der Meinung, dass eine Kirche ohne apostolisches Kirchenrecht und ohne die Fähigkeit, dogmatische Entscheidungen zu treffen, überhaupt nicht als Kirche angesprochen werden kann.«
421 Vgl. Ervens, Keine Theologie ohne Kirche (Anm. 406), 84 f.
422 Die »Gleichschaltung« der evangelischen Kirche in Deutschland seit der »Machtergreifung« zur »Reichskirche« der »Deutschen Christen« stellt für Peterson eine politische Auseinandersetzung dar, in deren Hintergrund »ein Gegenstand zweier verschiedener Kirchenbegriffe und zweier verschiedener Theologien stand« (Erik Peterson, Die neueste Entwicklung der protestantischen Kirche in Deutschland, in: Hochl. 31 [1933] 64–79. 144–160, 145).
423 Ervens, Keine Theologie ohne Kirche (Anm. 406), 84 f. Die Unterscheidung Organisation/Institution geht »wahrscheinlich« (ebd., 84) auf Carl Schmitt zurück.
424 Heinrich Schlier, Die Entscheidung für die Heidenmission in der Urchristenheit, in: ders., Die Zeit der Kirche. Exegetische Aufsätze und Vorträge, Freiburg ⁴1966, 90–107; Die Ordnung der Kirche nach den Pastoralbriefen, in: ebd. 129–147.
425 Vgl. Schlier, Die Entscheidung für die Heidenmission in der Urchristenheit (Anm. 424), 103 f.
426 Ebd., 104.
427 Ebd., 103.
428 Schlier bezieht sich in diesem Zusammenhang auf den Epheserbrief. Zur Problematik des damit zusammenhängenden Gedankens einer Identifikation von Christus und Kirche: Reinhard von Bendemann, Heinrich Schlier. Eine kritische Analyse seiner Interpretation paulinischer Theologie (BEvTh 115), Gütersloh 1995, 175–227, besonders 197–204. 216–223.
429 Heinrich Schlier, Die Ordnung der Kirche nach den Pastoralbriefen (Anm. 424), 146.
430 Josef Blank, Der historische Jesus und die Kirche, in: ders., Jesus von Nazareth. Geschichte und Relevanz (Theologisches Seminar), Freiburg 1972, 122–150, 146–148.
431 Karl Kertelge, Gemeinde und Amt im Neuen Testament (BiH 10), München 1972, 60: Es wird aus dem Zeugnis des NT deutlich, »dass der entscheidende *Ausgangspunkt* für das Werden der Gemeinde bzw. Gemeinden und die sich durchhaltende *Bezugsmitte* der gesamten urchristlichen Bewegung das Ereignis der Auferstehung Jesu ist«. Der »Ursprung« der Gemeinde liegt also in der Auferstehung Jesu.
432 Josef Schmid, Art. Kirche. I. Biblisch, in: HThG 1, 432–443, 438–440.
433 Rudolf Schnackenburg, Art. Kirche. I. Die Kirche im NT, in: LThK² 6, 167–172, 167–169. Besonders 167: »Von Kirche im eigentlichen Sinn ... kann man erst nach der Erhöhung Christi und der Geistsendung sprechen. Die Jüngergemeinde um Jesus ist noch nicht Kirche, die Gemeinschaft der Erlösten in der künftigen Basileia nicht mehr.«
434 Wilhelm Michaelis, Täufer, Jesus, Urgemeinde. Die Predigt vom Reiche Gottes vor und nach Pfingsten (NTF II 3), Gütersloh 1928.
435 Ebd., 111.
436 Ebd., 104 f. 111 f. Ebd., 112: »Jesus hat keine Erscheinungen, keine Himmelfahrt, keine Geistverleihung zu Pfingsten vorhergesagt, er hat keine Taufe und kein Abendmahl gestiftet, keine Gemeinde gegründet und keine Amtsträger der Gemeinde eingesetzt.«

437 Ebd., 113; auch 119–121. 123. 125 f.
438 Ebd., 119–121. 130. 133.
439 Ebd., 133: »Ohne Ostern und Pfingsten wäre es nicht zu einer christlichen Gemeinde gekommen. Durch Ostern und Pfingsten als Taten Gottes ist die Entwicklung zur Gemeinde als in Gottes Willen liegend erwiesen. Die Notwendigkeit soziologischer Formen ist durch Gott legitimiert.«
440 Werner Georg Kümmel: Das Urchristentum, in: ThR (NF) 14 (1942) 81–95. 155–173; 17 (1948/1949) 3–50. 103–142; 18 (1950) 1–53; 22 (1954) 138–170. 191–211; Kirchenbegriff und Geschichtsbewußtsein in der Urgemeinde und bei Jesus, Göttingen ²1968; Verheißung und Erfüllung. Untersuchungen zur eschatologischen Verkündigung Jesu, Zürich ³1956; Heilsgeschehen und Geschichte. Gesammelte Aufsätze 1933–1964 (MThSt 3), hrsg. v. Erich Grässer, Otto Merk und Adolf Fritz, Marburg 1965; Die Theologie des Neuen Testaments nach seinen Hauptzeugen Jesus – Paulus – Johannes (GNT. NTD Ergänzungsreihe 3), Göttingen ⁴1980; Das Neue Testament. Geschichte der Erforschung seiner Probleme (Orbis Academicus), Freiburg ²1970.
441 Jetzt: Anm. 440!
442 Werner Georg Kümmel, Jesus und die Anfänge der Kirche, in: ders., Heilsgeschehen und Geschichte (Anm. 440), 289–309.
443 Kümmel, Kirchenbegriff und Geschichtsbewußtsein in der Urgemeinde und bei Jesus (Anm. 440), 35.
444 Kümmel, Jesus und die Anfänge der Kirche (vgl. Anm. 442), 294.
445 Kümmel, Kirchenbegriff und Geschichtsbewußtsein in der Urgemeinde und bei Jesus (Anm. 440), 13f: »Das Selbstbewußtsein der Urgemeinde beruht also entscheidend auf dem Wissen um die eschatologische Situation, in der man sich befand, und diese eschatologische Situation war wieder bestimmt durch den Glauben an die Auferstehung Jesu zur himmlischen Herrlichkeit.«
446 Vgl. ebd., 25.
447 Ebd., 18 f. 22. 25.
448 Ebd., 42.
449 Ebd.
450 Ebd., 13. 42 f. Etwa 42: »Darum entspricht es durchaus dem Kirchengedanken der ältesten Christen, wenn wir festhalten, dass die Kirche wohl ihre Wurzeln im Sein und Handeln Jesu hat, dass es aber Kirche erst geben kann, seit Jesus auferstanden ist.«
451 Kümmel, Jesus und die Anfänge der Kirche (vgl. Anm. 442), 309.
452 Günther Bornkamm, Jesus von Nazareth (UB 19), Stuttgart ⁸1968, 170–172.
453 Hans von Campenhausen, Kirchliches Amt und geistliche Vollmacht in den ersten drei Jahrhunderten (BHTh 14), Tübingen ²1963, besonders 10–12. 14. 19. 24.
454 Nils Alstrup Dahl, Das Volk Gottes. Eine Untersuchung zum Kirchenbewußtsein des Urchristentums (SNVAO.HF 2), (Oslo 1941) Nachdruck: Darmstadt ²1963.
455 Eduard Schweizer, Gemeinde und Gemeindeordnung im Neuen Testament (AthANT 35), Zürich 1959, 28–44.
456 Anton Vögtle, Das öffentliche Wirken Jesu auf dem Hintergrund der Qumranbewegung (FUR NF 27), Freiburg 1958; Jesus und die Kirche, in: Begegnung der Christen. Studien evangelischer und katholischer Theologen, FS Otto Karrer, hrsg. v. Maximilian Roesle und Oscar Cullmann, Stuttgart ²1960, 54–81; Ekklesiologische Auftragsworte des Auferstandenen, in: Sacra Pagina. Miscellanea biblica congressus internationalis catholici de re biblica (BEThL 12/13), Bd. 2, hrsg. v. Joseph Coppens, Albert Descamps und Édouard Massaux, Paris 1959, 280–294; Der Einzelne und die Gemeinschaft in der Stufenfolge der Christusoffenbarung, in: Sentire Ecclesiam, FS Hugo Rahner zum 60. Geburtstag, hrsg. v. Jean Daniélou und Herbert Vorgrimler, Freiburg 1961, 50–91; Exegetische Erwägungen über das Wissen und Selbstbewusstsein Jesu, in: Gott in Welt, FS Karl Rahner, Bd. 1, hrsg. v. Johann

Baptist Metz, Walter Kern, Adolf Darlap und Herbert Vorgrimler, Freiburg 1964, 608–667; Die hermeneutische Relevanz des geschichtlichen Charakters der Christusoffenbarung, in: EThL 43 (1967) 470–487. Ähnlich: Die Aktion Jesu und die Re-Aktion der Kirche. Jesus von Nazareth und die Anfänge der Kirche, hrsg. v. Karlheinz Müller, Würzburg 1972.

457 Romano Guardini, Der Herr (Anm. 57), besonders 283–289.

458 Vögtle, Der Einzelne und die Gemeinschaft in der Stufenfolge der Christusoffenbarung (Anm. 456), 74.

459 Schlier, Die Entscheidung für die Heidenmission in der Urchristenheit (Anm. 424), 103 f.

460 Vögtle, Der Einzelne und die Gemeinschaft in der Stufenfolge der Christusoffenbarung (Anm. 456), 90.

461 Anton Vögtle, Art. Petrus, Apostel I. In der Schrift, in: LThK² 8, 334–340, 335, vermutet eine Erinnerung an den Inhalt dieser Christophanie vor Petrus in Joh 21,15–17. Zur Diskussion der umstrittenen Ersterscheinung (Protophanie) des Auferstandenen (vor Maria Magdalena oder Petrus): Gerd Theißen – Annette Merz, Der historische Jesus. Ein Lehrbuch, Göttingen ²1997, 433–435.

462 Die orthodoxe Theologie meint in der Regel, dass das westliche Insistieren auf der eindeutigen Herleitung der Ekklesiologie aus der Zeit des irdischen Jesus (also aus der Inkarnation) die Konsequenz nach sich ziehe, dass notwendig einseitig der institutionelle Charakter der Kirche und korrelativ das Amt als das fundamentale Element der Institution besonders profiliert werde: »Da schreitet Christus durch die Zeit …« Vgl. Nikos A. Nissiotis, The Main Ecclesiological Problem of the Second Vatican Council and the Position of the Non-Roman Churches facing it, in: JES 2 (1965) 31–62, 48–55. Auch: Miguel Garijo-Guembe, Gemeinschaft der Heiligen. Grund, Wesen und Struktur der Kirche, Düsseldorf 1988, 11f; Georges Florovsky, Le corps du Christ vivant. Une interpretation orthodoxe de l'Église universelle, Neuchâtel 1948, 19. Vgl. Josef Freitag, Geist-Vergessen – Geist-Erinnern. Vladimir Losskys Pneumatologie als Herausforderung westlicher Theologie (SSSTh 15), Würzburg 1995, 31–34.

463 In der Apostolischen Konstitution »Sacramentum Ordinis« unterscheidet Pius XII. ein unveränderliches »Wesen« des Sakramentes von veränderlichen Bedingungen der Gültigkeit: DH 3857–3861, besonders 3857 f. Gerhard Ludwig Müller, Katholische Dogmatik. Für Studium und Praxis der Theologie, Freiburg ³1998, 648: »Die einzelnen Sakramente können nicht positivistisch auf bestimmte Stiftungsakte des vorösterlichen Jesus zurückgeführt werden. Dass sich in der Urkirche rituelle Grundvollzüge wie Taufe, Eucharistie u. a. herausbilden, muss als ein Geschehen betrachtet werden, das aus der Gesamtdynamik der Heilswirksamkeit des vorösterlichen Jesus, aus den Ursprungsereignissen der Kirche in Ostern und Pfingsten und der Beauftragung der Kirche mit der Heilssendung Christi resultiert.« Eine lehramtliche Grenze ist im Dekret »Lamentabili« (3. Juli 1907) des Heiligen Offiziums gezogen (vgl. DH 3454): Die Sakramente gehen nicht auf die rein menschlichen Bedürfnisse und Reflexionen der christlichen Gemeinschaft zurück, sondern gründen in »der geschichtlichen Wirksamkeit Jesu Christi« (Müller, Katholische Dogmatik, 48).

464 Hans Küng, Die Kirche (Kap. 1, Anm. 28), 95–99; Christ sein, München (1974) ⁸1976, 468. Vgl. allerdings Karl Rahner, Zur Ekklesiologie, in: Hans Urs von Balthasar, Diskussion über Hans Küngs »Christ sein«, Mainz 1976, 105–111, 106 f.

465 Heinrich Fries, Fundamentaltheologie, Graz 1985, 375–416.

466 Leonardo Boff, Die Neuentdeckung der Kirche. Basisgemeinden in Lateinamerika, Mainz 1980, 95.

467 Garijo-Guembe, Gemeinschaft der Heiligen (Anm. 462), 19: »Erst nach Pfingsten, d. h. nach der Sendung des Geistes durch den Auferstandenen – hier sei an Joh 7,39 erinnert: ›denn der Geist war noch nicht da, weil Jesus noch nicht verherrlicht war‹

–, darf man von Kirche sprechen: *durch Pfingsten ist die Kirche entstanden.*« Er zitiert Yves M. Congar, Der Heilige Geist, Freiburg 1982, 160, der den Heiligen Geist als »Mitbegründer der Kirche« apostrophiert.

468 Karl Lehmann, Der Ursprung der Kirche und Jesus Christus, in: Kirche – Ort des Heils. Grundlagen – Fragen – Perspektiven, hrsg. v. Walter Seidel, Würzburg 1987, 11–32, 19.

469 Ebd., 30.

470 Ebd., 26: »Jesu Blut war der Preis dafür, dass Kirche überhaupt möglich wurde.«

471 Ebd., 27.

472 Ebd.: »*Pfingsten* ist, will man überhaupt einen Termin angeben, das Geburtsfest der Kirche.«

473 Ebd., 23–27.

474 Ratzinger, Art. Kirche. III. Systematisch (Anm. 2), 176.

475 Ebd., 177. Dort auch weiter: »Insofern gehört zur Kirche die Vollmacht der Entscheidung, das Dogma; sie tritt überhaupt erst durch den Glauben an diese Vollmacht in Erscheinung.« Er verweist auf die »exegetische Forschung« von Erik Peterson und Heinrich Schlier.

476 Ebd.

477 Rahner, Heilsgeschichtliche Herkunft der Kirche von Tod und Auferstehung Jesu (Anm. 2); Grundkurs des Glaubens (Anm. 216), 317–325.

478 Vgl. Dekret »Lamentabili« (3. Juli 1907): DH 3421.

479 Vgl. Jürgen Roloff, Art. Apostel/Apostolat/Apostolizität I., in: TRE 3, 430–445.

480 Rahner, Grundkurs des Glaubens (Anm. 216), 318.

481 Ebd., 321.

482 Rahner, Heilsgeschichtliche Herkunft der Kirche von Tod und Auferstehung Jesu (Anm. 2), 87, spricht von der »apostolischen Zeit«, »die man nicht zu kurz ansetzen darf, wie schon die Bildung des Kanons mit seinen späten Schriften zeigt«; vgl. Rahner, Grundkurs des Glaubens (Anm. 216), 331.

483 Rahner, Heilsgeschichtliche Herkunft der Kirche von Tod und Auferstehung Jesu (Anm. 2), 87.

484 Ebd., 321.

485 Ebd., 322.

486 In Apg 15,28 wird eine grundsätzliche Entscheidung des Apostelkonventes mit den Worten begründet: »Denn der Heilige Geist und wir haben beschlossen …«.

487 Rahner, Grundkurs des Glaubens (Anm. 216), 322.

488 Das Prinzip, dass eine theologische Klärung sich in einem geschichtlichen Prozess entfaltet, ist in der evangelischen Theologie durchaus bekannt. Vgl. Dorothea Wendebourg, Den falschen Weg Roms zu Ende gegangen? Zur gegenwärtigen Diskussion über Martin Luthers Gottesdienstreform und ihr Verhältnis zu den Traditionen der Alten Kirche, in: ZThK 94 (1997) 438–467, 452f: »Muss man die Entwicklung so lesen und bewerten? Ließe sich der skizzierte Prozess nicht auch ganz anders verstehen – eben als ein Prozess der Selbstklärung, in dem liturgisch und theologisch herausgearbeitet wurde, was die christliche Abendmahlfeier von jeher bestimmte, was aber bislang eher implizit und verdeckt gewesen war? Als einen Prozess, in dem hinsichtlich des alttestamentlich-jüdischen Erbes immer deutlicher wurde, wie dieses Erbe unter den neuen, durch das Auftreten Jesu Christi bestimmten Glaubens- und Erkenntnisbedingungen der Kirche weiterzuführen oder auch nicht weiterzuführen, beizubehalten und umzuprägen war? Wir hätten dann einen Prozess vor uns, der den trinitätstheologischen Klärungen bezüglich der Gotteslehre entspräche – nicht umsonst ergeben sich die entscheidenden Schritte hier wie dort in derselben Epoche.« Die formale Parallelität zur Argumentation Rahners ist deutlich.

489 Rahner, Heilsgeschichtliche Herkunft der Kirche von Tod und Auferstehung Jesu (Anm. 2), 86f.

490 Rahner, Grundkurs des Glaubens (Anm. 216), 321.

491 Rahner, Heilsgeschichtliche Herkunft der Kirche von Tod und Auferstehung Jesu (Anm. 2), 88.

492 Kongregation für die Glaubenslehre, Erklärung »Mysterium Ecclesiae« zur katholischen Lehre über die Kirche und ihre Verteidigung gegen einige Irrtümer von heute (15. Februar 1975), hrsg., eingeleitet und kommentiert v. Karl Lehmann, Trier 1975, 147–155 (= Nr. 5), 149. Zur Diskussion: Karl Rahner, »Mysterium Ecclesiae«. Zur Erklärung der Glaubenskongregation über die Lehre von der Kirche, in: StZ 191 (1973) 579–594, 588–593.

493 Lehmann, Kommentar zur Erklärung »Mysterium Ecclesiae« (Anm. 492), 84f, besonders 85: »Nur wer eine kirchliche Glaubensentscheidung von der Frage her liest, in der sie ihre gehaltliche Ausrichtung und ihre sprachliche Gestalt gewonnen hat, kann sie auch zureichend deuten. Werden diese Probleme und Motive am Ursprung eines Dogmas verdeckt, so bleibt nur eine tote und objektivistisch geronnene Formel, welche in der Tat ohne eine Bemühung um die zugrundeliegenden Fragen vielen als ›nichtssagend‹ erscheinen kann.«

494 DH 3540. Vgl. auch das Dekret »Lamentabili« (3. Juli 1907): DH 3452!

495 Claus Arnold, Kleine Geschichte des Modernismus, Freiburg 2007, 121.

496 Über den mystischen Leib Jesu Christi. Enzyklika Mystici Corporis Pius XII. vom 29. Juni 1943, hrsg. v. Klaudius Jüssen, Karlsruhe 1946, 21–24 (= »Die Kirche als Leib Christi«; Nr. 25–32). Lateinisch: AAS 35 (1943) 193–248, 205–209.

497 Das Konzil erwähnt mit Lk 11,20 und Mt 12,28 die Wunder.

498 Origenes spricht im Kommentar zu Mt 18,23 davon, dass Jesus (»vielleicht«) die »Autobasileia« sei, die Gottesherrschaft in Person (vgl. Anm. 85).

499 Vgl. Andreas Hölscher, Christus als Bild Gottes. Zum Hymnus des Kolosserbriefes, in: Religiöse Sprache und ihre Bilder. Von der Bibel bis zur modernen Lyrik (Schriften der Diözesanakademie Berlin 14), hrsg. v. dems. – Rainer Kampling, Berlin 1998, 114–133; Helmut Merklein, Christus als Bild Gottes im Neuen Testament, in: Die Macht der Bilder (JBTh 13/1998), hrsg. v. Ingo Baldermann u. a., Neukirchen-Vluyn 1999, 53–75; Peter Schwanz, Imago Dei als christologisch-anthropologisches Problem in der Geschichte der Alten Kirche von Paulus bis Clemens von Alexandrien (AKGRW 2), Halle 1970. Einige patristische Hinweise: Peter Hünermann, Theologischer Kommentar zur dogmatischen Konstitution über die Kirche *Lumen gentium*, in: Herders Theologischer Kommentar zum Zweiten Vatikanischen Konzil, Bd. 2, hrsg. v. Peter Hünermann und Bernd Jochen Hilberath, Freiburg 2004, 263–582, 357 f.

500 Zu der mit dem Konzil zeitgenössischen Literatur über »Kirche und Heiliger Geist«: Wolfgang Beinert, Um das dritte Kirchenattribut. Die Katholizität der Kirche im Verständnis der evangelisch-lutherischen und römisch-katholischen Theologie der Gegenwart (Koin. 5), 2 Bde., Essen 1964, Bd. 2: Katholizität in der römisch-katholischen Theologie, 331[57]. Zur Bedeutung des Pfingstfestes für die Kirche: Heribert Mühlen, Die Kirche als die geschichtliche Erscheinung des übergeschichtlichen Geistes Christi. Zur Ekklesiologie des Vaticanum II, in: ThGl 55 (1965) 270–289.

501 Das ist ein breiter ökumenischer Konsens der zeitgenössischen Theologie: Klaus Berger, Art. Kirche. II. Neues Testament, in: TRE 18, 201–218, 201f; Kehl, Die Kirche (Anm. 21), 269–273; Gerhard Lohfink, Hat Jesus eine Kirche gestiftet?, in: ThQ 161 (1981) 81–97; Jürgen Moltmann, Kirche in der Kraft des Geistes. Ein Beitrag zur messianischen Ekklesiologie, München 1975, 85–89; Jürgen Roloff, Die Kirche im Neuen Testament (GNT. NTD 10), Göttingen 1993, 15–19; Gerhard Sauter, Der Ursprung der Kirche aus Gottes Wort und Gottes Geist, in: Handbuch der Fundamentaltheologie, Bd. 3 (Hinführung, Anm. 1), 147–158, 147–149; Hansjürgen Verweyen, Gottes letztes Wort (Anm. 53), 366–371.

502 Zur Notwendigkeit, aber auch zur Problematik des »Schrittes zurück« zum irdi-

schen Jesus in fundamentaltheologischer Absicht: Karl Lehmann, Die Frage nach Jesus von Nazaret, in: Handbuch der Fundamentaltheologie, Bd. 2 (Hinführung, Anm. 1), 95–114, 110–112.

503 Diese grundsätzliche Ausrichtung der Botschaft Jesu in exklusiver Beschränkung auf Israel wird durch die gelegentlichen Begegnungen Jesu mit Nicht-Israeliten nicht in Frage gestellt: Roloff, Die Kirche im Neuen Testament (Anm. 501), 19–31. Abwägend: Thomas Söding, Jesus und die Kirche. Was sagt das Neue Testament?, Freiburg 2007, 122–141.

504 Franz Mußner, Gab es eine »galiläische Krise«?, in: Orientierung an Jesus. Zur Theologie der Synoptiker, FS Josef Schmid, hrsg. v. Paul Hoffmann in Zusammenarbeit mit Norbert Brox und Wilhelm Pesch, Freiburg 1973, 238–252.

505 Vgl. Klausnitzer, Der Primat des Bischofs von Rom (Kap. 1, Anm. 12), 67–115. Zur Frage der Historizität der Matthäusperikope (Mt 16,18): Söding, Jesus und die Kirche (Anm. 503), 163–166 (er selbst nimmt vorösterliche Wurzeln an).

506 Wolfgang Trilling, »Implizite Ekklesiologie«. Ein Vorschlag zum Thema »Jesus und Kirche«, in: ders., Die Botschaft Jesu. Exegetische Orientierungen, Freiburg 1978, 57–72; überarbeitet: Studien zur Jesusüberlieferung (SBAB 1), Stuttgart 1988, 165–183; vgl. auch Hubert Frankemölle, Kirche/Ekklesiologie, in: NHthG 2, 294–309, 302.

507 Vgl. Lehmann, Die Frage nach Jesus von Nazaret (Anm. 502), 110.

508 Beispiele: Söding, Jesus und die Kirche (Anm. 503), 122–141.

509 Vgl. Commissio theologica internationalis, La conscience que Jésus avait de lui-même et de sa mission. Quatre propositions avec commentaire, in: Gr. 67 (1986) 413–428, 422 (3. These; Übersetzung v. W. K.): »Um seine Heilssendung zu verwirklichen, wollte Jesus die Menschen im Blick auf das Gottesreich sammeln und sie um sich zusammenrufen. Im Blick auf diesen Plan hat Jesus konkrete Akte gesetzt, deren einzig mögliche Interpretation, wenn man sie zusammen nimmt, die Vorbereitung der Kirche ist, die endgültig anlässlich der Ereignisse von Ostern und Pfingsten konstituiert werden wird. Deshalb ist es notwendig zu sagen, dass Jesus die Kirche gründen wollte.«

510 Internationale Theologenkommission, Mysterium des Gottesvolkes (Kriterien 79), Geleitwort v. Joseph Kardinal Ratzinger, Einsiedeln 1987, 20 f.

511 Traugott Holtz, Zur Frage der inhaltlichen Weisungen bei Paulus, in: ThLZ 106 (1981) 385–400, 399[60]. Vgl. auch Herbert Butterfield, Christentum und Geschichte, Stuttgart 1952, 22 f.

512 Dazu (unter Anwendung auf die Entwicklung des Primates und mit Belegen aus der Literatur): Garijo-Guembe, Gemeinschaft der Heiligen (Anm. 462), 242 f.

3. Kirche im Neuen Testament (S. 119–171)

1 Vgl. den Titel: Kirche im Werden. Studien zum Thema Amt und Gemeinde im Neuen Testament, hrsg. v. Josef Hainz, Paderborn 1976.

2 Zum Thema des »Frühkatholizismus« vgl. immer noch die Zusammenfassung: Hans Küng, Strukturen der Kirche (QD 17), Freiburg ²1962, 143–159. Vgl. Tobias Böcker, Katholizismus und Konfessionalität. Der Frühkatholizismus und die Einheit der Kirche, Paderborn 1989; Norbert Nagler, Frühkatholizismus. Zur Methodologie einer kritischen Debatte (RSTh 43), Frankfurt 1994.

3 Vgl. Heinrich Schlier, Kurze Rechenschaft, in: Bekenntnis zur katholischen Kirche, mit Beiträgen v. Martin Giebner, Rudolf Goethe, Georg Klünder, Heinrich Schlier hrsg. v. Karl Hardt, Würzburg ⁵1956, 171–195, 177–184. Schlier, Die Zeit der Kirche (Kap. 2, Anm. 424), 146, beschreibt die Kirchensicht der Pastoralbriefe so: »1. Die Ordnung ›der Kirche des lebendigen Gottes, der Säule und des Pfeilers der Wahrheit‹ (I, 3, 16), ›des Hauses‹ Gottes (II, 2, 20) beruht auf dem ›Amt‹. Die ›Gewalt‹, die

geistliche Macht, liegt in den Händen bestimmter Amtsträger, die berufen, mit Amtsgnade ausgestattet und in einem Dienst eingesetzt sind und so die Kirche lehren, regieren und durch Handauflegen (Weihe) das Amt fortpflanzen. Es herrscht das Prinzip des Amtes. 2. Dieses ›Amt‹ hat seinen Ursprung in der Berufung und Einsetzung des Apostels durch Christus Jesus zum Dienst am Evangelium. Es pflanzt sich fort und entfaltet sich durch die Weitergabe des Amtscharisma (und der apostolischen Paradosis) vom Apostel an den Apostelschüler und von diesem an die lokalen Presbyter-Episkopen. Es herrscht das Prinzip der Sukzession. 3. Das Amt kennt gewisse Abstufungen. Es erscheint in dem Dienst des über einem Kirchengebiet stehenden Apostelschülers, der dort zugleich als apostolischer Delegat auftritt, und in dem Dienst mehrerer ›vorstehender‹ Ältester oder Bischöfe in der lokalen Kirche. Dazu kommt noch der Dienst der Diakonen und ›Witwen‹, die beide unterstützende Funktionen ausüben. In seiner Abstufung zeigt das Amt die Tendenz zur monarchischen Spitze. Das Prinzip des Primates schimmert durch.« Er zieht daraus die Konsequenz, dass »die katholischen Prinzipien … die apostolischen sind« (ebd., 308).

4 Ernst Käsemann, Amt und Gemeinde im Neuen Testament, in: ders., Exegetische Versuche und Besinnungen, Bd. 1, Göttingen 1960, 109–134, besonders 128 f.132. Zu 2 Petr: Eine Apologie der urchristlichen Eschatologie, in: ebd., 135–157. Wegen der Stelle 2 Petr 1,20 (»Keine Weissagung der Schrift darf eigenmächtig ausgelegt werden«), die er so paraphrasiert: »Persönliche, vom einzelnen vorgenommene, vom kirchlichen Lehramt nicht autorisierte und vorgezeichnete Exegese ist nicht gestattet« (ebd., 153f), und ähnlicher Stellen nennt er den 2. Petrusbrief »wohl die fragwürdigste Schrift des Kanons« (ebd., 135). Vgl. auch: Werner Georg Kümmel, Notwendigkeit und Grenze des neutestamentlichen Kanons, in: ZThK 47 (1950) 311f: »Die eigentliche Grenze des Kanons läuft also durch den Kanon mitten hindurch, und nur wo dieser Sachverhalt wirklich erkannt und anerkannt wird, kann die Berufung katholischer oder sektiererischer Lehren auf bestimmte Einzelstellen des Kanons mit wirklich begründeten Argumenten abgewehrt werden.« Zur Kritik aus katholischer Sicht an der Forderung nach einem »Kanon im Kanon«: Küng, Strukturen der Kirche (Anm. 2), 151–159. Ebd., 152: »Käsemanns Protest gegen das Frühkatholische ist Protest gegen das Katholische überhaupt; Käsemann selbst wäre der letzte, der dies bestritte. Dieser Protest richtet sich gegen die katholische Kirche. Nicht gegen das Unkatholische der katholischen Kirche, das wäre katholisch. Sondern gegen das Katholische der katholischen Kirche, das ist protestantisch. Das erste können wir Katholiken verstehen, annehmen, ja mitmachen. Das zweite nie. Wir können in einem solchen Weg nur einen Holzweg, jedenfalls keinen Ausweg sehen. Kurz: nur a-poria. Denn Käsemanns Protest gegen die Katholizität der Kirche wird (als protestantischer Protest) zwangsläufig zum Protest gegen die Katholizität der Schrift, auf die er sich in seinem Protest gegen die Katholizität der Kirche ausschließlich stützt.« Den Widerspruch gegen die These eines »Kanons im Kanon« formuliert auch das »Betheler Bekenntnis« der Bekenntnissynode von 1933: »… wir verwerfen jeden Versuch, mit dem Maßstab der uns gewährten Erkenntnis und des uns geschenkten Erlebens Gotteswort und Menschenwort in der heiligen Schrift zu sondern. Luthers Satz, dass die heilige Schrift Gottes Wort sei, wo sie Christum treibet, gibt keineswegs einem willkürlichen Wählen in der Schrift Raum. Die ganze Schrift, wie sie im Kanon zusammengefasst ist, treibt Christum …« (zitiert bei Reinhard Slenczka, Die Auflösung der Schriftgrundlage und was daraus folgt, in: ThR 60 [1995] 96–107, 107). Slenczka wehrt sich allerdings gegen die Aufhebung des Schriftprinzips in das Traditionsprinzip, wie er es in DV 9 formuliert sieht (ebd., 105f).

5 Roloff, Die Kirche im Neuen Testament (Kap. 2, Anm. 501).

6 Thomas Söding, Blick zurück nach vorn. Bilder lebendiger Gemeinden im Neuen Testament, Freiburg 1997.

7 Ebd., 16–21.

8 Ebd., 16.

9 Zum »Judenchristentum« im weiteren Sinn gehören alle aus dem Judentum stammenden Christusgläubigen. Im engeren Sinn versteht man unter »Judenchristen« diejenigen christusgläubigen Juden der frühen Kirche, die im Unterschied zu den gesetzesfrei lebenden Gläubigen (die Paulus repräsentiert) auch (Heiden-)Christen auf die Tora (konkret die Beschneidung und die Speiseregeln) verpflichten wollten. Die »Judaisten« bzw. »judaisierenden« Judenchristen scheinen die Heilsnotwendigkeit der Tora vertreten zu haben.

10 Brown-Meier, Antioch and Rome (Kap. 1, Anm. 10), 11–86.

11 Ekkehard W. Stegemann – Wolfgang Stegemann, Urchristliche Sozialgeschichte. Die Anfänge im Judentum und die Christusgemeinden in der mediterranen Welt, Stuttgart 1995; auch: Wayne A. Meeks, Urchristentum und Stadtkultur. Die soziale Welt der paulinischen Gemeinden, Gütersloh 1983; Theißen, Studien zur Soziologie des Urchristentums (Kap. 2, Anm. 46).

12 Peter Lampe, Die stadtrömischen Christen in den ersten beiden Jahrhunderten. Untersuchungen zur Sozialgeschichte (WUNT 2. Reihe: 18), Tübingen 1987.

13 Söding, Blick zurück nach vorn (Anm. 6), 92f, verweist insbesondere auf 1 Kor 1,26–31. Ebd., 93: »Die Besonderheit der ersten Christengemeinden (nicht zuletzt in Griechenland) lag darin, dass in ihnen – ähnlich wie in jüdischen Synagogengemeinden, aber anders als in vielen hellenistischen Kultvereinen – Reiche *und* Arme, Angesehene *und* Unangesehene, Sklaven *und* Freie, Gebildete *und* Ungebildete Heimat gefunden haben (vgl. 1 Kor 12,13; Gal 3,28).«

14 Johann Maier, Zwischen den Testamenten. Geschichte und Religion in der Zeit des zweiten Tempels (NEB Ergänzungsband zum Alten Testament 3), Würzburg 1990.

15 Hans-Josef Klauck, Die religiöse Umwelt des Urchristentums (Studienbücher Theologie 9/1.2), 2 Bde., Stuttgart 1995. 1996.

16 Ernst Käsemann, Das theologische Problem des Motivs vom Leibe Christi, in: ders., Paulinische Perspektiven, Tübingen 1969, 178–210, 205.

17 Roloff, Die Kirche im Neuen Testament (Kap. 2, Anm. 501), 87. Dort weiter: »Seine Briefe sind Teile seiner pastoralen Tätigkeit als Gemeindegründer und -leiter. Wenn er Gemeindeprobleme zu ordnen sucht, indem er Weisungen gibt und Vorschläge macht, so reagiert er damit auf ganz konkrete Situationen. Keinesfalls bildet die Situation nur den Anlaß, der Paulus die Möglichkeit gegeben hätte, ein Stück seiner vorgefertigten ekklesiologischen Theorie einzubringen. In den meisten Fällen dürfte es sich eher umgekehrt verhalten …«

18 Zur kontroversen Debatte darüber, welches der beiden Motive für Paulus das maßgebliche sei: Roloff, Die Kirche im Neuen Testament (Kap. 2, Anm. 501), 89f. Die beiden Extrempositionen werden markiert durch Albrecht Oepke, Leib Christi oder Volk Gottes bei Paulus?, in: ThLZ 79 (1954) 363–368 (Vorrang des Volk-Gottes-Motivs – im Sinne des Fundamentes – wegen der heilsgeschichtlich-eschatologischen Grundlinie der Theologie des Paulus), und Käsemann, Das theologische Problem des Motivs vom Leibe Christi (Anm. 16) (das Leib-Christi-Motiv repräsentiere die typisch paulinische streng christologische Konzeption). Zu weiteren ekklesiologischen Begriffen (bzw. zur ekklesiologischen Semantik) in den Schriften des Paulus: Wolfgang Kraus, Das Volk Gottes. Zur Grundlegung der Ekklesiologie bei Paulus (WUNT 85), Tübingen 1996, 110–119.

19 Roloff, Die Kirche im Neuen Testament (Kap. 2, Anm. 501), 88.

20 Werbick, Kirche (Hinführung, Anm. 24), 277–315.

21 Kol 1,15–20; 2,10.13; Eph 1,22f; 2,11–22; 4,1–16.25; 5,22–33.

22 Roloff, Die Kirche im Neuen Testament (Kap. 2, Anm. 501), 92.

23 Ebd., 93.

24 Walter Klaiber, Rechtfertigung und Gemeinde. Eine Untersuchung zum pauli-

nischen Kirchenverständnis (FRLANT 127), Göttingen 1982, 83: »Die Formel ›in Christus‹ impliziert eine Sozialstruktur.«

25 Mk 10,42–44: »Da rief Jesus sie zu sich und sagte: Ihr wisst, dass die, die als Herrscher gelten, ihre Völker unterdrücken und die Mächtigen ihre Macht über die Menschen missbrauchen. Bei euch aber soll es nicht so sein, sondern wer bei euch groß sein will, der soll euer Diener sein, und wer bei euch der Erste sein will, soll der Sklave aller sein.« Begründet wird das mit dem dienenden Verhalten Jesu selbst und der Nähe der Gottesherrschaft.

26 »Ekklesia« ist der – mit Abstand – häufigste ekklesiologische Begriff in den Paulinen. Von den 44 Belegen finden sich 22 in 1 Kor und 5 im Grußkapitel Röm 16 (Kraus, Das Volk Gottes [Anm. 18], 111f).

27 Vgl. 1 Kor 14,23: »Wenn also die ganze ekklesia sich versammelt und alle in Zungen reden, und es kommen Unkundige oder Ungläubige hinzu, werden sie dann nicht sagen: Ihr seid verrückt!«

28 Manche Exegeten vermuten die Vorstellung auch hinter Gal 3,27–29; 1 Kor 1,13; 6,15 und evtl. Röm 10,12 (Wolf-Henning Ollrogg, Paulus und seine Mitarbeiter. Untersuchungen zu Theorie und Praxis der paulinischen Mission [WMANT 50], Neukirchen-Vluyn 1979, 143[150]). Vgl. Helmut Merklein, Entstehung und Gehalt des paulinischen Leib-Christi-Gedankens, in: Im Gespräch mit dem dreieinen Gott. Elemente einer trinitarischen Theologie, FS für Wilhelm Breuning, hrsg. v. Michael Böhnke und Hanspeter Heinz, Düsseldorf 1985, 115–140.

29 Etwas merkwürdig ist die Christuspartei. Sie beruft sich für das normale christliche Verständnis völlig zu Recht auf Jesus Christus. Da Paulus sie zu kritisieren scheint, hat sie diese Berufung auf Christus vielleicht im Streit zu einer bloßen Parteiparole verkommen lassen und als Kampfmittel eingesetzt (vgl. Hans-Josef Klauck, 1. Korintherbrief [NEB.NT 7], Würzburg ²1987, 22).

30 Wolfgang Klausnitzer, Die Eucharistie als Sakrament der Einheit. Anmerkungen zu einem strittigen Thema aus der Sicht des Paulus, in: Im Dienst von Kirche und Wissenschaft, FS für Alfred E. Hierold zur Vollendung des 65. Lebensjahres, hrsg. v. Wilhelm Rees, Sabine Demel und Ludger Müller, Berlin 2007, 547–571.

31 Werner Elert, Abendmahl und Kirchengemeinschaft in der alten Kirche hauptsächlich des Ostens, Berlin 1954, 150, weist auf die durchgängige Praxis der frühen Kirche hin: Die Feier des Abendmahls in einer Kirche ist zugleich die Zustimmung zu ihrem Bekenntnis.

32 Titus Livius, Ab urbe condita libri, bearbeitet v. Wilhelm Weissenborn und Hermann Johannes Müller, Bd. 1, Buch 1, Berlin [10]1962, 85–88 (= Liber II cap. 32f).

33 Platon, Der Staat. Über das Gerechte (PhB 80), übersetzt und erläutert v. Otto Apelt, durchgesehen und mit ausführlicher Literaturübersicht, Anmerkungen und Registern versehen v. Karl Bormann, Einleitung v. Paul Wilpert, Hamburg 1973, 195 (= 5. Buch, 462).

34 Flavius Josephus, De Bello Judaico. Der jüdische Krieg, zweisprachige Ausgabe der sieben Bücher, 3 Bde. (Bd. 2 in zwei Teilen), hrsg. und mit einer Einleitung sowie mit Anmerkungen versehen v. Otto Michel und Otto Bauernfeind, Darmstadt 1959–1969, Bd. 1, 135 (= Buch 1, 507 bzw. cap. 25, 4); ebd., 233 (= Buch 2, 264 bzw. cap. 13, 6); Bd. 2/1, 67 (Buch 4, 406 bzw. cap. 7, 2).

35 August Strobel, Der erste Brief an die Korinther (ZBK.NT 6.1), Zürich 1989, 194; Wolfgang Schrage, Der erste Brief an die Korinther, 3. Teilband (EKK VII/3), Zürich 1999, 218.

36 Klauck, 1. Korintherbrief (Anm. 29), 89; Leonhard Goppelt, Art. pino, in: ThWNT 6, 135–160, 160.

37 Vgl. Ernst Bloch, Das Prinzip Hoffnung, Frankfurt (1959) Taschenbuchausgabe in drei Bänden: 1970, 385.

38 Vgl. Joseph Scharbert und Johannes Marböck, Art. Volk Gottes, in: Bibeltheologisches Wörterbuch (Kap. 2, Anm. 67), 563–565, 565.

39 Der Name »Israel« wird außerbiblisch ca. 1200 v. Chr. erstmals bezeugt. Die erste biblische Erwähnung ist wohl Ri 5,2 (das Lied der Debora). Er bezeichnet politisch-geographisch das Nordreich nach dem Tod Salomos (aber auch Jes 8,14: »beide Häuser Israel«), nach 722 das Südreich Juda (Jes 5,7), als ethnische (abstammungsmäßige) Größe Jakob/Israel und vor allem in der nachexilischen Zeit die religiöse Gemeinde (ebd., 563). In Gen 32,29 erhält Jakob (der Sohn Isaaks und Rebekkas) den Beinamen »Israel« (wahrscheinliche Übersetzung: »Gott möge sich stark zeigen«). Nach Gen 35,10f soll aus Jakob/Israel ein Volk »hervorgehen«.

40 Roloff, Die Kirche im Neuen Testament (Kap. 2, Anm. 501), 119.

41 Kraus, Das Volk Gottes (Anm. 18), 115. Ollrogg, Paulus und seine Mitarbeiter (Anm. 28), 134f, Anm. 94, bezieht 2 Kor 6,16 auf Israel.

42 In der Forschungsgeschichte bestehen zu den Aussagen des Paulus zu Israel, die in einer Spannung stehen zwischen grundsätzlich positiven Bewertungen und Urteilen, die eine Verwerfung Israels zu implizieren scheinen, verschiedene Positionen: Traugott Holtz, Das Gericht über die Juden und die Rettung ganz Israels. 1. Thess 2,15 f. und Röm 11,25 f., in: ders., Geschichte und Theologie des Urchristentums. Gesammelte Aufsätze, hrsg. v. Eckart Reinmuth und Christian Wolff (WUNT 57), Tübingen 1991, 313–325, setzt eine grundsätzliche Einheit der paulinischen Sicht Israels voraus (und lässt *beide* Aspekte nebeneinander bestehen). Udo Schnelle, Wandlungen im paulinischen Denken (SBS 137), Stuttgart 1989, 77–87. 97, vertritt eine Entwicklung innerhalb der Theologie des Paulus, die die (frühen) situationsgebundenen Negativaussagen revidiert und korrigiert. Heikki Räisänen, Röm 9–11: Analyse eines geistigen Ringens, in: ANRW Teil II (1987), Bd. 25, 4. Teilbd., 2891–2939, besonders 2935, und Johan Christiaan Beker, Paul's Theology: Consistent or Inconsistent?, in: NTS 34 (1988) 364–377, rechnen die Israelkritischen Äußerungen des Paulus besonderen (eventuell psychologisch zu erklärenden) Sondersituationen zu. Kraus, Das Volk Gottes (Anm. 18), 355f, stellt Röm 9–11 als die theologisch entscheidende Aussage des Paulus dar. Die Thesen in 1 Thess und in Gal seien »stark situativ bestimmt« (ebd., 356. 358). Ein Problem für die Auffassung, die Israelsicht des Paulus habe sich von einer polemisch-kritischen Einschätzung (etwa in 1 Thess und in Gal) zu einer ausgewogenen und grundsätzlich positiven Bewertung (etwa in Röm 11) fortentwickelt, ist der Philipperbrief, der von der Forschung grosso modo zeitgleich mit dem Römerbrief oder sogar später als dieser eingeordnet wird. In Phil 3,8 bezeichnet Paulus die heilsgeschichtlichen Privilegien Israels als »skybala« (d. h. mit einem Ausdruck der Fäkalsprache) (vgl. zur Diskussion von Phil 3,2–11: ebd., 336–341).

43 Kraus (ebd., 133 f.) rechnet mit jüdischer Opposition im sozialen Umfeld der von Paulus gegründeten »ekklesia« der Thessalonicher (zumal nach Apg 17,1–9 die Missionspredigt des Paulus in Thessalonike in der Synagoge begann).

44 Odil Hannes Steck, Israel und das gewaltsame Geschick der Propheten. Untersuchungen zur Überlieferung des deuteronomistischen Geschichtsbildes im Alten Testament, Spätjudentum und Urchristentum (WMANT 23), Neukirchen-Vluyn 1967, 274–279. Vgl. Joseph Kardinal Ratzinger, Vorwort, in: Päpstliche Bibelkommission, Das jüdische Volk und seine Heilige Schrift in der christlichen Bibel (24. Mai 2001) (VApS 152), hrsg. v. Sekretariat der Deutschen Bischofskonferenz, Bonn 2001, 3–8, 8: »Das Dokument zeigt, dass die im Neuen Testament an die Juden gerichteten Vorwürfe nicht häufiger und nicht schärfer sind als die Anklagen gegen Israel im Gesetz und bei den Propheten, also innerhalb des Alten Testaments selbst … Sie gehören der prophetischen Sprache des Alten Testaments zu und sind daher wie die Prophetenworte zu interpretieren: Sie warnen vor gegenwärtigen Fehlwegen, aber sind ihrem Wesen nach immer temporär und setzen so auch immer neue Möglichkeiten des Heils voraus.«

45 Tacitus, Historien. Deutsche Gesamtausgabe (KTA 299), übersetzt und mit Anm. versehen v. Walther Sontheimer, Einleitung v. Viktor Pöschl, Stuttgart 1959, 290

(= V 5), spricht von der innerjüdischen Treue, »die sie einander unverbrüchlich halten, sowie das Mitleid, das sie bereitwillig walten lassen, während sie gegen alle anderen einen feindlichen Haß (adversus omnes alios hostile odium) betätigen«. Zum gegenüber den Juden erhobenen Vorwurf des Menschenhasses vgl. Philostrat, vita Apoll. 5, 33: »Ein Volk, das ein isoliertes Leben erfand und das keine Gemeinsamkeit des Tisches, der Trankopfer, der Gebote sowie der Rauchopfer zulässt, das steht uns ferner als Susa und Baktra und die noch weiter entfernten Inder.« Vgl. Gerhard Dautzenberg, Art. Antijudaismus, Antisemitismus. I. Vorchristlich und im NT, in: LThK³ 1, 748–750, 748 f.

46 Tacitus, Annalen, übersetzt und erläutert v. Erich Heller, mit einer Einführung v. Manfred Fuhrmann, (Zürich 1982) Taschenbuchausgabe: München 1991, 452 (= 15, 38), macht für den Brand Roms den Zufall oder die Initiative Neros verantwortlich.

47 Tacitus, Annalen (ebd., 456f) (= 15, 44). Zum Vorwurf des »odium humani generis« bzw. der Misanthropie an die Adresse der Christen auch: Wilhelm Nestle, Die Haupteinwände des antiken Denkens gegen das Christentum, in: ARW 37 (1941) 51–100, 91 f.

48 Kraus, Das Volk Gottes (Anm. 18), 151f (mit Belegen).

49 Ebd., 152.

50 Vielleicht hat Paulus selbst (als Vorzeichen des eschatologischen »Zornes« Gottes?) zeitgeschichtliche Ereignisse (wie das Claudiusedikt über die Juden in Rom, wohl um 49 n. Chr.) im Blick (Ingo Broer, »Der ganze Zorn ist schon über sie gekommen«. Bemerkungen zur Interpolationshypothese und zur Interpretation von 1 Thess 2,14–16, in: The Thessalonian Correspondence (BEThL 87), hrsg. v. Raymond F. Collins, Leuven 1990, 137–159, 149 f. In der Kirchengeschichte des Eusebius von Caesarea (h. e. 2, 6, 3; 3, 5, 3), wird der jüdisch-römische Krieg als Strafe Gottes für die Kreuzigung Jesu dargestellt. Thomas von Aquin hat im Mittelalter in dem bekannten Hymnus zu Fronleichnam (Gotteslob [Hinführung, Anm. 16], Nr. 543) die Ablösung des Alten Bundes durch den »neuen Ritus« proklamiert:»Tantum ergo sacramentum/ veneremur cernui/ et antiquum documentum/ novo cedat ritui.«

51 Zur allegorischen Schriftinterpretation der Hagar-Sara-Erzählung durch Paulus (und ihrer Bewertung durch die Forschung): Kraus, Das Volk Gottes (Anm. 18), 234–246.

52 Roloff, Die Kirche im Neuen Testament (Kap. 2, Anm. 501), 125. Einen vergleichbaren Text, der das Bewusstsein der Ablösung des jungen Christentums von seiner jüdischen Herkunft bezeugt, bietet Joh 8,37–47. Vgl. Antijudaismus im Neuen Testament. Der Anfang einer unseligen Tradition, hrsg. v. Walter Dietrich u. a., Stuttgart 1999; Rudolf Pesch, Antisemitismus in der Bibel? Das Johannesevangelium auf dem Prüfstand, Augsburg 2005. Das Johannesevangelium enthält allerdings auch andere Texte: Vgl. etwa Rudolf Kutschera, Das Heil kommt von den Juden (Joh 4,22). Untersuchungen zur Heilsbedeutung Israels (ÖBS 25), Frankfurt 2003. Hintergrund: Juden und Christen in der Antike, hrsg. v. Jacobus van Amersfort und Johannes van Oort, Kampen 1990; Stephen G. Wilson, Related Strangers. Jews and Christians 70–170 C. E., Minneapolis 1995. Zur Aufnahme der These, die Juden hätten alle heilsgeschichtlichen Prärogativen verloren und könnten nicht mehr als Volk Gottes gelten, in der christlichen Antike und im Frühmittelalter: Rainer Kampling, Art. Antijudaismus, Antisemitismus. II. Patristik bis 19. Jahrhundert, in: LThK³ 1, 750–752, 751.

53 Kraus, Das Volk Gottes (Anm. 18), 241 f.

54 Zur Gliederung: ebd., 294.

55 Vgl. Roloff, Die Kirche im Neuen Testament (Kap. 2, Anm. 501), 127: »Israel ist nicht eine durch Abstammung und natürliche Generationenfolge definierte Größe.«

56 Vgl. Gen 36,1! In Dtn 23,8; Ps 137,7 gelten sie als die Feinde Israels schlechthin.

57 Zur Problematik dieser Argumentation des Paulus, der von einem Rest Israels

inmitten der Kirche ausgeht (und damit zur Problematik von Röm 9–11 insgesamt) in einer Kirche, die diese Verzahnung nicht mehr erfährt: Michael Theobald, Mit verbundenen Augen? Kirche und Synagoge nach dem Neuen Testament, in: Das Judentum. Eine bleibende Herausforderung christlicher Identität, hrsg. v. Walter Groß, Mainz 2001, 26–53, 33.

58 Röm 10,19: »Hat dann Israel, so frage ich, die Botschaft nicht verstanden?«

59 Kraus, Das Volk Gottes (Anm. 18), 312.

60 Ebd., 317, besonders Anm. 314 (unter Verweis auf »die meisten neueren Ausleger«).

61 Peterson, Der Brief an die Römer (Kap. 2, Anm. 411), 322.

62 Das Schriftzitat (Jes 59,20f) in Röm 11,26 ist wohl ein christologisches Traditionsstück, das schon in der frühen christlichen Kirche vor Paulus zirkulierte (Dietrich-Alex Koch, Beobachtungen zum christologischen Schriftgebrauch in den vorpaulinischen Gemeinden, in: ZNW 71 [1980] 174–191, 186–189).

63 Kraus, Das Volk Gottes (Anm. 18), 322 f. Eine differenzierte Wiedergabe der Diskussion um den »doppelten Ausgang« der Bibel Israels: Walter Groß, Der doppelte Ausgang der Bibel Israels und die doppelte Leseweise des christlichen alten Testaments, in: Das Judentum (Anm. 626), 9–25. In der liberalen jüdischen Theologie des 19. Jahrhunderts entstand (in etwa spiegelbildlich zur Auffassung des Paulus) der Gedanke, dass Christentum und Islam den historischen Auftrag hätten, die Botschaft des Judentums auszubreiten. Vgl. Christian Wiese, Art. Mission III. Judentum, in: RGG⁴ 5, 1293–1295, 1294 f. Zu nennen ist hier Abraham Geiger (Das Judentum und seine Geschichte. In vierunddreißig Vorlesungen, [3 Bde., Breslau 1864. 1865. 1871] unveränderter Nachdruck: Breslau 1910), der das Judentum als die ursprünglich wahre Religion darstellte und den beiden Töchterreligionen Christentum und Islam die historische Mission zuschrieb, dem Reich Gottes durch die Verbreitung der religiös-sittlichen Wahrheiten des Judentums den Weg zu bereiten. Auf ihn beziehen sich Leo Baeck (Das Wesen des Judentums, [Oppeln 1905] Köln ⁶1960), Hermann Cohen (Religion der Vernunft aus den Quellen des Judentums, nach dem Manuskript des Verfassers neu durchgearbeitet und mit einem Nachwort versehen v. Bruno Strauß, mit einem Bilde des Verfassers v. Max Liebermann, [Leipzig 1919] Köln ⁶1959) und Kaufmann Kohler (Grundriß einer systematischen Theologie auf geschichtlicher Grundlage [Grundriß der Gesamtwissenschaft des Judentums 4], Leipzig 1910). Franz Rosenzweig (Der Stern der Erlösung, 3 Tle., Heidelberg 1921; Neuausgabe: mit einer Einführung v. Reinhold Mayer und einer Gedenkrede v. Gershom Scholem, Frankfurt 1988) sprach gar von zwei komplementären Heilsgeschichten (in den beiden legitimen und ebenbürtigen Offenbarungsgestalten von Christentum und Judentum), die sich in ihrer weltgeschichtlichen Mission gegenseitig ausschließen und ergänzen.

64 Vgl. Paul-Gerhard Müller, Art. Kollekte (I). I. Biblisch, in: LThK³ 6, 181; Joachim Gnilka, Die Kollekte der paulinischen Gemeinden für Jerusalem als Ausdruck ekklesialer Gemeinschaft, in: Ekklesiologie des Neuen Testaments, FS Karl Kertelge, hrsg. v. Rainer Kampling und Thomas Söding, Freiburg 1996, 300–315.

65 Kraus, Das Volk Gottes (Anm. 18), 359: »Paulus stellt sich vollkommen hinein in das alttestamentliche Erbe und richtet sein Kirchenverständnis danach aus. Dennoch hat er am Gottesvolk-Begriff selbst in Unterscheidung von seiner jüdischen Umwelt eine bedeutsame Modifikation vorgenommen, indem er das Gottesvolk nicht vom Bund Gottes mit Israel am Sinai und auch nicht vom Beschneidungsbund Gottes mit Abraham her sieht, sondern ›Volk Gottes‹ streng von der durch Gott an Abraham ergangenen Verheißung her bestimmt. Von hier aus gesehen gibt es dann doch einen Oberbegriff, den Paulus verwendet hat, um die Einheit des alt- und neutestamentlichen Gottesvolkes auszusagen: *spérma Abraám*.«

66 Ein Überblick über alttestamentliche Belege einer Offenheit gegenüber den Heidenvölkern (und die weithin eher restriktive Sicht des Frühjudentums): ebd., 16–110.

67 Nach dem Bericht des Eusebius von Caesarea (h. e. 3, 5, 3) flieht im Jahr 66 die

(judenchristliche) Gemeinde von Jerusalem nach Pella (am Ostrand des Jordangrabens). Offensichtlich sind jedoch zumindest einige wieder zurückgekehrt, denn Eusebius nennt bis zum Bar-Kochba-Aufstand (135) fünfzehn judenchristliche Bischöfe (von Jakobus, dem »Herrenbruder«, bis Judas) in Jerusalem (h. e. 4, 5, 3). Mit der Vertreibung aller Juden aus Jerusalem nach 135 durch Kaiser Hadrian endet das Jerusalemer Judenchristentum (h. e. 4, 6, 3f). Im 2. und 3. Jahrhundert gab es judenchristliche Gemeinden von Rom bis Südarabien. Archäologische Funde geben Hinweise auf die Existenz solcher Gemeinden in Nord- und Ostpalästina bis ins 4. Jahrhundert und in Syrien bis ins 5. Jahrhundert. Vgl. Alfons Weiser, Art. Judenchristentum, Judenchristen, in: LThK³ 5, 1049–1051.

68 Roloff, Die Kirche im Neuen Testament (Kap. 2, Anm. 501), 131. Zu nennen sind die Darstellungen der beiden Frauengestalten (der »ecclesia ex circumcisione« und der »ecclesia ex gentibus«) in Santa Pudenziana (aus der Zeit von Innozenz I. [402–417]) und Santa Sabina (erbaut zwischen 422 und 432) in Rom. Vgl. Joseph Wilpert – Walter N. Schumacher, Die römischen Mosaiken der kirchlichen Bauten vom IV.–XIII. Jahrhundert, mit 124 Farbtafeln, Freiburg 1976, 13. 306 f.

69 Helga Sciure, Art. Ecclesia und Synagoge, in: LThK³ 3, 438; Herbert Jochum, Ecclesia und Synagoga. Alter und Neuer Bund in der christlichen Kunst, in: Der ungekündigte Bund? Antworten des Neuen Testaments (QD 172), hrsg. v. Hubert Frankemölle, Freiburg 1998, 248–276. Zu den gegenseitigen Angriffen im Prozess des Auseinanderstrebens von Synagoge und Ekklesia: Gerd Theißen, Aporien im Umgang mit den Antijudaismen des Neuen Testaments, in: Die Hebräische Bibel und ihre zweifache Nachgeschichte, FS Rolf Rendtorff, hrsg. v. Erhard Blum, Christian Macholz und Ekkehard W. Stegemann, Neukirchen-Vluyn 1990, 535–553. Allerdings kennt das christliche Mittelalter auch das Motiv der Synagoge, die am Ende der Zeiten als eine Braut zu Christus zurückkehrt, der ihr die Binde von den Augen löst (in Hohelied-Illustrationen; Relief auf einem Taufbecken [12. Jahrhundert] in Amiens; Glasmalerei [12. Jahrhundert] in St. Denis) (Hannelore Sachs – Ernst Badstübner – Helga Neumann, Christliche Ikonographie in Stichworten, [Leipzig 1973] München 1975, 110; vgl. Wolfgang Seiferth, Synagoge und Kirche im Mittelalter, München 1964).

70 Hans Küng, Das Christentum. Wesen und Geschichte, München 1994, 155 f.

71 Roloff, Die Kirche im Neuen Testament (Kap. 2, Anm. 501), 132.

72 Ebd., 133–139.

73 »Wer bei euch der Erste sein will, soll der Sklave aller sein. Denn auch der Menschensohn ist nicht gekommen, um sich dienen zu lassen, sondern um zu dienen und sein Leben hinzugeben als Lösegeld für viele.«

74 Hinweise zur Diskussion um die literarische Einheitlichkeit des 2. Korintherbriefes: Kraus, Das Volk Gottes (Anm. 18), 157 f. Gewöhnlich gilt 2 Kor 10,1 – 13,10 als »Tränenbrief«, 2 Kor 1,1 – 8,24; 13,11–13 als »Versöhnungsbrief« und 2 Kor 9 als »Kollektenbrief «. Hintergrund: Bärbel Bosenius, Die Abwesenheit des Apostels als theologisches Programm. Der zweite Korintherbrief als Beispiel für die Brieflichkeit der paulinischen Theologie (TANZ 11), Tübingen 1994.

75 Friedrich Nietzsche, Sämtliche Werke. Kritische Studienausgabe in 15 Bden., hrsg. v. Giorgio Colli und Mazzino Montinari, Bd. 4, Taschenbuchausgabe: München 1980, 118.

76 Sören Kierkegaard, Die Tagebücher 1834–1855, Auswahl und Übertragung v. Theodor Haecker, (Innsbruck 1923),Leipzig ²1941, 489.

77 Vgl. Joseph Ratzinger, Zur Frage nach dem Sinn des priesterlichen Dienstes, in: GuL 41 (1968) 347–376, 356.

78 Roloff, Die Kirche im Neuen Testament (Kap. 2, Anm. 501), 139.

79 Heinz, Das Problem der Kirchenentstehung (Kap. 1, Anm. 21), 84 f.

80 Sohm, Kirchenrecht, Bd. 1 (Kap. 2, Anm. 108), 1: »Das Kirchenrecht steht mit dem Wesen der Kirche in Widerspruch.«

81 Vgl. Holl, Der Kirchenbegriff des Paulus in seinem Verhältnis zu dem der Urgemeinde (1964; Kap. 2, Anm. 242), 54. 61–65: Der hierarchisch-rechtliche Kirchenbegriff der Jerusalemer Urgemeinde steht dem pneumatischen Verständnis des Paulus entgegen.

82 Max Weber, Wirtschaft und Gesellschaft. Grundriss der verstehenden Soziologie, 1. Halbbd., mit textkritischen Erläuterungen, hrsg. v. Johannes Winckelmann, Tübingen [5]1976, 140.

83 Joachim Gnilka, Art. Philipperbrief, in: LThK[3] 8, 212f, und John Reumann, Art. Philipperbrief, in: RGG[4] 6, 1271–1274, nennen als Ort »am wahrscheinlichsten« bzw. »am ehesten« Ephesus und als Entstehungszeit den Zeitraum 50–53 (in Teilen eventuell später). Kraus, Das Volk Gottes (Anm. 587), 334–336, plädiert für Rom und für eine Entstehungszeit (336: »als das letzte uns vorliegende Gemeindeschreiben des Apostels«) am Ende der Missionstätigkeit des Paulus.

84 Das Vaticanum II (etwa in LG Kap. 3) nennt konsequent stets als erstes der Ämter des Bischofs die Verkündigung.

85 Theißen, Studien zur Soziologie des Urchristentums (Kap. 2, Anm. 46), 79–105. Er hält zwei Punkte fest: 1) Die radikalen Forderungen (etwa der Bergpredigt) wurden tatsächlich gelebt (ebd., 91): »Jesus war der erste Wandercharismatiker. Die Tradenten seiner Worte übernahmen seine Lebensweise, die *trópous kyríou* (Did XI, 8). Was durch ihren Lebensstil geprägt ist, ist deswegen noch lange nicht ›unecht‹. Ihr Wanderradikalismus geht auf Jesus selbst zurück. Er ist authentisch. Wahrscheinlich sind mehr Worte der Echtheit zu ›verdächtigen‹, als manchen modernen Skeptikern lieb ist. … deswegen sollte sich niemand verführen lassen, den klaren Sinn der Worte Jesu durch seinen hermeneutischen Tiefsinn zu suspendieren – nicht zuletzt aus Achtung vor jenen Menschen, die diese Worte einmal ernst nahmen.« 2) Im Laufe der Christentumsgeschichte wurde der Wanderradikalismus domestiziert, aber er lebt in verschiedenen Aufbrüchen immer noch fort (ebd., 104f): »Verfolgt man die Überlieferung der Worte Jesu im Urchristentum, so stößt man auf drei Sozialformen urchristlichen Glaubens: Wanderradikalismus, Liebespatriarchalismus und gnostischen Radikalismus. In ihm sind jene drei Typen angelegt, deren Geschichte E. Troeltsch durch die ganze Christentumsgeschichte hindurch verfolgt hat: Sekte, Anstaltskirche und Spiritualismus. Das Ethos des Wanderradikalismus ist in sektenhaften Bewegungen immer wieder lebendig geworden: in Montanismus, syrischem Wanderasketentum, den mittelalterlichen Bettelmönchen und dem linken Flügel der Reformation.«

86 Helmut Merklein, Art. Bergpredigt. I. Biblisch, in: LThK[3] 2, 253–255, 253 unterscheidet die »primären Antithesen« (Töten, Ehebruch, Schwören), die »wahrscheinlich auf Jesus selbst zurückgehen«, von den »sekundär in antithetische Form« gebrachten Weisungen (Ehescheidung, Wiedervergeltung, Feindesliebe), die »Matthäus« überarbeitet haben soll.

87 Gnilka, Jesus von Nazaret (Kap. 2, Anm. 10), 234.

88 Vgl. Helmut Merklein, Art. Bergpredigt. II. Auslegungsgeschichtlich, in: LThK[3] 2, 255f, 255.

89 Zum Forschungsstand: Édouard Massaux, Influence de l'Évangile de saint Matthieu sur la littérature chrétienne avant saint Irénée, Louvain 1950; Wolf-Dietrich Köhler, Die Rezeption des Matthäusevangeliums in der Zeit vor Irenäus (WUNT 2. Reihe 24), Tübingen 1987.

90 Hom. in Mt. XV, 1; XVIII, 3 f. Vgl. Merklein, Art. Bergpredigt. II. Auslegungsgeschichtlich (Anm. 88), 255 (mit anderen Belegen aus der Patristik).

91 Die Schrift »Pastor Hermae« (um 140 n. Chr.) z. B. kennt nur eine einmalige Möglichkeit postbaptismaler Vergebung schwerer Sünden, die sich konkret in einer längeren Bußzeit und in gestuften Formen der Wiedereingliederung in die Kirche realisiert.

92 Jan Hendrik Waszink, Pompa diaboli, in: VigChr 1 (1947) 13–41.

93 Vgl. die Liste der unzulässigen Berufe (oder Tätigkeiten) für die Taufbewerber in Traditio apostolica 16 (Didache. Zwölf-Apostellehre, übersetzt und eingeleitet v. Georg Schöllgen. Traditio apostolica. Apostolische Überlieferung, übersetzt und eingeleitet v. Wilhelm Geerlings [FC 1], Freiburg 1991,247–251. Die Traditio apostolica wird manchmal Hippolyt von Rom (um 170–235) zugeschrieben. Zur Diskussion der Verfasserfrage: Bruno Steimer, Art. Traditio apostolica, in: Lexikon der antiken christlichen Literatur, hrsg. v. Siegmar Döpp und Wilhelm Geerlings, Freiburg ²1999, 610–613, 611. Zur Absage an den »Pomp« des »Satans«: Traditio apostolica 21 (Didache. Traditio apostolica, 259)!

94 Die Unterscheidung zwischen Nachfolge und Berufung profiliert: Ulrich Busse, Nachfolge auf dem Weg Jesu. Ursprung und Verhältnis von Nachfolge und Berufung im Neuen Testament, in: Vom Urchristentum zu Jesus, FS Joachim Gnilka, hrsg. v. Hubert Frankemölle und Karl Kertelge, Freiburg 1989, 68–81.

95 Das Matthäusevangelium unterscheidet eine »Basileia« des Menschensohnes (Mt 13,41), die auch Sünder einschließt, von einer »Basileia« des Vaters für die »Gerechten« (Mt 13,43; 25,34).

96 Zur Diskussion der Perikope: Edmond Farahian, Relire Matthieu 25,31–46, in: Gr. 72 (1991) 437–457. Er unterscheidet eine »klassische« Interpretation der Stelle (im Weltgericht werden alle Völker unter Einschluss der Jünger Jesu nach demselben Maßstab gerichtet) von einem »modernen« Verständnis (im Weltgericht werden die heidnischen Völker nach ihrem Verhalten den »Geringsten«, d. h. den Jüngern Jesu, gegenüber beurteilt).

97 Mt 7,15.22 warnt vor »falschen« Propheten.

98 Die Didache belegt einerseits das hohe Ansehen dieser Wandercharismatiker, gibt aber andererseits durch praktische Regeln des Umganges mit ihnen (und mit eventuellen materiellen Ansprüchen von ihrer Seite) Zeugnis von manchen Missständen (vgl. Did 11–13) (Schöllgen, Kommentar, in: Didache. Traditio apostolica [Anm. 93], 55–68). Vgl. Die Didache, erklärt v. Kurt Niederwimmer (KAV 1), Göttingen 1989, 212–233. Hintergrund: Kurt Niederwimmer, Zur Entwicklungsgeschichte des Wanderradikalismus im Traditionsbereich der Didache, in: WSt NF 11 (1977) 145–167; Gottfried Schille, Das Recht der Propheten und Apostel – Gemeinderechtliche Beobachtungen zu Didache Kapitel 11–13, in: ThV 1 (1966) 84–103; Georg Schöllgen, Wandernde oder seßhafte Lehrer in der Didache?, in: BN 52 (1990) 19–26.

99 Didache. Traditio apostolica (Anm. 93), 135 (= Did 15, 1f): »Wählt euch nun Bischöfe und Diakone, die des Herrn würdig sind ...; denn auch sie leisten euch den Dienst der Propheten und Lehrer. Achtet sie aber nicht gering; denn sie sind eure Geehrten zusammen mit den Propheten und Lehrern.«

100 Friedrich Schleiermacher, Der christliche Glaube nach den Grundsätzen der evangelischen Kirche im Zusammenhang dargestellt, auf Grund der zweiten Auflage und kritischer Prüfung des Textes neu hrsg. und mit Einleitung, Erläuterungen und Register versehen v. Martin Redeker, Bd. 1, Berlin ⁷1960, 137. 140 (= § 24).

101 Johann Evangelist Kuhn, Katholische Dogmatik, Bd. 1, 1. Abteilung: Einleitung in die katholische Dogmatik, Tübingen ²1859, 96 f. Er zitiert (ebd., 62) als Kritik an Schleiermacher Irenaeus, Adv. haer. 3, 24, 1: »Wo die Kirche ist, da ist auch der Geist Gottes, und wo der Geist Gottes ist, da ist die Kirche und alle Gnade; der Geist aber ist die Wahrheit.«

102 Kuhn, Katholische Dogmatik (Anm. 101), 102f, zitiert den (in der hochkirchlichen Frömmigkeit verwurzelten) Neulutheraner Friedrich Julius Stahl. Zu ihm: Friedrich Wilhelm Graf, Art. Stahl, Friedrich Julius, in: LThK³ 9, 919.

103 Vgl. das Zitat v. Rahner (Kap. 1, Anm. 27)!

104 Rudolf Schnackenburg, Der Brief an die Epheser (EKK 10), Zürich 1982, 83.

105 Roloff, Die Kirche im Neuen Testament (Kap. 2, Anm. 501), 249. Roloff selbst meint

allerdings, dass es sich in dem Brief um »eine legitime Weiterentwicklung paulinischer Theologie« handle. Ähnlich Rudolf Hoppe, Art. Epheserbrief, in: LThK[3] 3, 702–704, 704: Der Verfasser habe »wichtige Grundlinien der paulinischen Theologie umgesetzt« (die Versöhnung der Menschheit mit Gott durch das bedingungslos geschenkte Christusheil; die heilsgeschichtliche Sicht Israels als erwähltes Gottesvolk) und habe (im Vergleich zu Kol) »eine größere Nähe« zu Paulus. Eine Aktualisierung: Annemarie C. Mayer, Sprache der Einheit im Epheserbrief und in der Ökumene (WUNT 2. Reihe 150), Tübingen 2002.

106 Werbick, Kirche (Hinführung, Anm. 24), 194: »Der Übergang zur Hausbau-Metaphorik markiert die Stärkung der traditionssichernden Instanzen in der Gemeinde; und er markiert zugleich die Anpassung der Gemeindetheologie und Gemeindewirklichkeit an das soziale Leitbild des griechisch-römischen oikos, des Hauses im Sinne des Hauswesens bzw. Großhaushalts mit seinem verzweigten Familien- und Bedienstetensystem.« Zur griechisch-römischen (vor allem von Aristoteles geprägten) Ordnungsgröße »oikos«: Hannah Rabe, Art. Haus, in: HWP 3, 1007–1020, besonders 1010.

107 Paulus hält noch das andere Ideal hoch (1 Kor 7,8.40): »Den Unverheirateten und Witwen sage ich: Es ist gut, wenn sie so bleiben wie ich. ... Glücklicher ... ist sie (= eine verwitwete Frau; Anm. W. K.) zu preisen, wenn sie nach meinem Rat unverheiratet bleibt – und ich denke, dass auch ich den Geist Gottes habe.«

108 Vgl. Martin Dibelius, Die Pastoralbriefe (HNT 13), Tübingen [4]1966, 7–9.

109 Roloff, Die Kirche im Neuen Testament (Kap. 2, Anm. 501), 257.

110 Der 1. Klemensbrief hat demgegenüber die Vorstellung, dass die Kirche in ihrer äußeren Gestalt die gleichsam göttliche Ordnung des Kosmos abzubilden habe. Vgl. Clemens von Rom, Epistola ad Corinthios. Brief an die Korinther (FC 15), übersetzt und eingeleitet v. Gerhard Schneider, Freiburg 1994, 115–117 (= 20); 155–159 (= 37f).

111 Roloff, Die Kirche im Neuen Testament (Kap. 2, Anm. 501), 262.

112 Gerhard Lohfink, Weibliche Diakone im Neuen Testament, in: Die Frau im Urchristentum (QD 95), hrsg. v. Gerhard Dautzenberg, Helmut Merklein, Karlheinz Müller, Freiburg 1983, 320–338. Grundlegend: Ulrike Wagener, Die Ordnung des »Hauses Gottes«. Der Ort von Frauen in der Ekklesiologie und Ethik der Pastoralbriefe (WUNT 2. Reihe 65), Tübingen 1994. Zur unklaren Überlieferungssituation in der frühen Kirche: Werbick, Kirche (Hinführung, Anm. 24), 206.

113 Dieses Lehrverbot für Frauen findet sich auch bei Paulus (1 Kor 14,33–36). Paul Hoffmann, Das Erbe Jesu und die Macht in der Kirche. Rückbesinnung auf das Neue Testament, Mainz 1991, 51[7], vermutet deshalb »eine nachpaulinische Ergänzung auf dem Niveau der Pastoralbriefe«. Andererseits teilt auch Paulus zeitgenössische Vorstellungen vom Verhältnis der Geschlechter: 1 Kor 11,3.7–9. Zu der Auffassung, dass »das Männliche« (und »das Ältere«) mehr zur »Leitung und Führung geeignet sei« als »das Weibliche« (und »das Jüngere«): Aristoteles, Politeia I, 1259b; auch 1254b.

114 Lorenz Oberlinner, Art. Pastoralbriefe, in: LThK[3] 7, 1434–1436, 1436.

115 Von einer Besoldung (»Gaben«) der amtlich Tätigen in der Gemeinde spricht auch die Traditio apostolica 24 (Didache. Traditio apostolica [Anm. 93], 275). Zum Kontext dieser Professionalisierung des kirchlichen Amtes: Georg Schöllgen, Ecclesia sordida? Zur Frage der sozialen Schichtung frühchristlicher Gemeinden am Beispiel Karthagos zur Zeit Tertullians (JAC.E 12), Münster 1985.

116 Das gilt auch vom »Diakonos«: 1 Tim 3,12.

117 Joseph Ratzinger, in: Karl Rahner – Joseph Ratzinger, Episkopat und Primat (QD 11), Freiburg [2]1961, 49.

118 Im Judentum ist nach 70 bei den Rabbinen eine jüdische Gelehrtenordination nachweisbar. Auch hier wird der Kandidat meist durch Handlauflegung (oder andere Riten) in eine bestimmte Schultradition aufgenommen. Der Gedanke

der Pastoralbriefe, dass die Handauflegung eine bestimmte Geistgabe vermittelt, die von Gott stammt, findet allerdings in dieser jüdischen Tradition keine Parallele.

119 Thomas Söding, Art. Petrusbriefe, in: LThK[3] 8, 147–149, 147f, weist darauf hin, dass der Verfasser von 1 Petr durchaus eine dem Paulus verwandte Soteriologie der Gnade vertrete und auch eine grundsätzliche Nähe zur Theologie des Paulus (besonders im Röm) erkennen lasse, ohne allerdings zur Paulusschule zu gehören. Ebd., 148: »Unter der Voraussetzung der Pseudepigraphie ist der 1 Petr ein theologisch und kirchenpolitisch bedeutsamer Brückenschlag zwischen der Petrus- und der Paulus-Tradition, gleichzeitig ein Dokument gesamtkirchlichen Bewußtseins und ein Paradigma pastoraler Christologie.«

120 Schreiben der deutschen Bischöfe über den priesterlichen Dienst (24. September 1992) (Die deutschen Bischöfe 49), hrsg. v. Sekretariat der Deutschen Bischofskonferenz, Bonn 1992, Nr. 7.

121 Zur Ersteinführung: Johannes Beutler, Art. Johanneisches Schrifttum, in: LThK[3] 5, 861–866; Hubert Ritt, Offenbarung des Johannes, in: LThK[3] 7, 995–998.

122 Klaus Berger, Im Anfang war Johannes. Datierung und Theologie des vierten Evangeliums, Stuttgart 1997, datiert die Entstehung des Johannesevangeliums »auf die Zeit gegen Ende der sechziger Jahre des 1. Jh.« (11).

123 Eusebius von Caesarea (h. e. 3, 24, 17; 3, 25, 2f; vgl. h. e. 6, 25, 10) nennt drei Briefe des Johannes, hält aber 2 und 3 Joh für umstritten.

124 Papias von Hierapolis (vgl. Eusebius von Caesarea, h. e. 3, 39, 3.5f) unterscheidet zwischen dem Apostel und einem Presbyter Johannes, der für ihn ebenfalls ein »Jünger des Herrn« war. Eusebius rechnet als Verfasser der »Offenbarung« mit dem »Evangelisten« Johannes oder »wahrscheinlich« mit dem »Presbyter« Johannes (h. e. 3, 39, 6). Irenaeus von Lyon (Adv. haer. 2, 22, 5; 3, 1, 4; 3, 16, 5.8; 4, 30, 4; 5, 26, 1) schreibt das Evangelium, die drei Briefe und die Offenbarung dem »Jünger Jesu Johannes« zu.

125 Ritt, Offenbarung des Johannes (Anm. 121), 997, nennt derartige Vermutungen »Spekulation«.

126 Roloff, Die Kirche im Neuen Testament (Kap. 2, Anm. 501), 168, sieht kein gemeinsames kirchliches und theologisches Herkunftsmilieu zwischen Evangelium und den drei Briefen auf der einen Seite und der Offenbarung auf der anderen. Er verortet die Offenbarung in der Erfahrung der Bewegung des Wanderradikalismus und damit in einer Verwandtschaft zum Matthäusevangelium. Allerdings ist nach Roloffs Meinung (ebd., 292) auch die »johanneische Gruppe« (auf die das Evangelium und die drei Briefe zurückgehen) ebenfalls in ihren »Anfängen« »aus der palästinisch-syrischen Bewegung profetisch-charismatischer Wandermissionare hervorgegangen«.

127 Ebd., 300.

128 Ebd., 301. Eduard Schweizer, Der Kirchenbegriff im Evangelium und den Briefen des Johannes, in: ders., Neotestamentica. Deutsche und englische Aufsätze 1951–1963. German and English Essays 1951–1963, Zürich 1963, 254–271, sieht das vielleicht etwas zu pointiert, wenn er die johanneische Ekklesiologie beschreibt (262f): »Wer den Vater geschaut hat, besitzt alles. Er bedarf darum eigentlich des andern (sic!) nicht mehr. Es sind lauter gleiche, in sich abgerundete, schon vollkommene Einheiten, die hier nebeneinander leben.«

129 Roloff, Die Kirche im Neuen Testament (Kap. 2, Anm. 501), 308.

130 Ritt, Offenbarung des Johannes (Anm. 121), besonders 996.

131 Ernst Käsemann, Begründet der neutestamentliche Kanon die Einheit der Kirche?, in: ders., Exegetische Versuche und Besinnungen, Bd. 1 (Anm. 4), 214–233; erstmals veröffentlicht in: EvTh 11 (1951/1952) 13–21.

132 Ulrich Luz, Was heißt »Sola Scriptura« heute? Ein Hilferuf für das protestantische Schriftprinzip, in: EvTh 57 (1997) 28–35.

133 Ludger Schwienhorst-Schönberger, Einheit statt Eindeutigkeit. Paradigmenwechsel in der Bibelwissenschaft?, in: HerKorr 57 (2003) 412–417.

134 Thomas Söding, Einheit der Heiligen Schrift? Zur Theologie des biblischen Kanons (QD 211), Freiburg 2005.

135 Niels Bohr, Collected Works, vol. 10: Complementarity Beyond Physics (1928–1962), hrsg. v. David Favrholdt, Amsterdam 1999.

136 Die Parallelstelle in Mk 10,11f, die älter ist und (nach dem »Kriterium der anstößigen Überlieferung«) wohl auf den historischen Jesus zurückgeht, kennt keine Ausnahme des Gebotes: »Wer seine Frau aus der Ehe entlässt und eine andere heiratet, begeht ihr gegenüber Ehebruch. Auch eine Frau begeht Ehebruch, wenn sie ihren Mann aus der Ehe entlässt und einen anderen heiratet.« Paulus erlaubt im Fall einer Ehe mit Nichtchristen auf Wunsch des nichtchristlichen Partners die Trennung (1 Kor 7,10f).

4. Wandel des Kirchenbildes (S. 172–196)

1 Heinrich Fries, Wandel des Kirchenbildes und dogmengeschichtliche Entfaltung, in: MySal 4,1, 223–285.

2 Zur Einführung: Wolfgang Klausnitzer, Grundkurs Katholische Theologie. Geschichte – Disziplinen –Biographien, Innsbruck 2002, 21–27. Die Blütezeit der patristischen Literatur dauert bis Augustinus (354–430) und bis zum Konzil von Chalkedon (451). Eine gewisse Einführung in die Ekklesiologie der patristischen Autoren (mit einem Seitenblick auf die Rezeption): Väter der Kirche. Ekklesiales Denken von den Anfängen bis in die Neuzeit, FS Hermann Josef Sieben, hrsg. v. Johann Arnold, Rainer Berndt, Ralf M. W. Stammberger zusammen mit Christine Feld, Paderborn 2004.

3 Johann Josef Ignaz von Döllinger, Die Lehre von der Eucharistie in den drei ersten Jahrhunderten, Mainz 1826.

4 Johann Adam Möhler, Die Einheit in der Kirche oder das Prinzip des Katholizismus, dargestellt im Geiste der Kirchenväter der drei ersten Jahrhunderte, hrsg., eingeleitet und kommentiert v. Josef Rupert Geiselmann, Köln 1957.

5 Christoph Markschies, Warum hat das Christentum in der Antike überlebt? Ein Beitrag zum Gespräch zwischen Kirchengeschichte und Systematischer Theologie (ThLZ.F 13), Leipzig [3]2006, 44–56, nennt sieben Gründe für das Überleben des Christentums in der Antike: den persönlichen Eindruck einzelner Christen auf Nichtchristen, die Attraktivität der christlichen Lehre auch für ungebildete Bevölkerungsschichten (einschließlich des »Identitätsgewinnes« einer Zuwendung zum Christentum), die Wirkung christlicher Theologie auf heidnische Intellektuelle (etwa in der Antwort auf die Frage nach der Entstehung des Bösen in der Welt), die (relativ einfache) Verständlichkeit des christlichen Ethos, der sozialdiakonische Impuls des Christentums, die Lösung des Problems der Vergebung individueller Schuld (in Taufe und Buße) und die Schaffung eines neuen Einheitsgefühls (auch im Sinne einer weltweiten Gemeinschaft) angesichts des Zusammenbruchs des Gefühls für die Einheit des römischen Reiches und der Selbstauflösung der traditionellen Kultur.

6 Peter Stockmeier, Die Alte Kirche – Leitbild der Erneuerung, in: ThQ 146 (1966) 385–408. Zu solchen Dekadenzmodellen (speziell in der evangelischen Theologie): Christoph Markschies, Die eine Reformation und die vielen Reformen oder Braucht evangelische Kirchengeschichtsschreibung Dekadenzmodelle?, in: ZKG 106 (1995) 70–97.

7 Markschies, Warum hat das Christentum in der Antike überlebt? (Anm. 5), 32. Er zitiert aus einer Heidelberger Vorlesung von Richard Rothe (1799–1867), der sich wiederum auf Synodalkanones beruft.

387

8 Harnack, Die Mission und Ausbreitung des Christentums in den ersten drei Jahrhunderten (Kap. 2, Anm. 120), 957.

9 Vgl. ebd., 111; auch 111–114.

10 Markschies, Warum hat das Christentum in der Antike überlebt? (Anm. 5), 39,
   meint, »dass Harnack hier weniger das antike Christentum als einen Kurzabriss seiner eigenen Theologie vorgeführt hat«.

11 Nietzsche, Sämtliche Werke, Bd. 1 (Kap. 3, Anm. 75), 297 (= Unzeitgemäße Betrachtungen, Zweites Stück: Vom Nutzen und Nachtheil der Historie für das Leben,
   Nr. 7).

12 Zur Beschreibung: Hans Bernhard Meyer, Eucharistie. Geschichte, Theologie, Pastoral, mit einem Beitrag von Irmgard Pahl (Gottesdienst der Kirche. Handbuch der
   Liturgiewissenschaft 4), Regensburg 1989, 87–165, 127.

13 Vgl. Hugo Rahner, Symbole der Kirche. Die Ekklesiologie der Väter, Salzburg 1964;
   auch LG Kap. 1 (Art. 6): Veronika Hoffmann, Ekklesiologie in Metaphern. Beobachtungen zum ersten Kapitel von Lumen gentium, in: Cath 62 (2008) 241–256. Zur
   Diskussion um den sprachlogischen Status ekklesiologischer Prädikationen: Josef
   Meyer zu Schlochtern, Kirchenbegriffe – Kirchenverständnisse – Kirchenmetaphern.
   Zur Diskussion um den sprachlogischen Status ekklesiologischer Prädikationen,
   in: Fundamentaltheologie – Fluchtlinien und gegenwärtige Herausforderungen, in
   konzeptioneller Zusammenarbeit mit Gerhard Larcher hrsg. v. Klaus Müller,
   Regensburg 1998, 411–426.

14 Vgl. Peter Neuner, Der Laie und das Gottesvolk, Frankfurt 1988. Der Begriff »lai-
   kos« (Laie) meint zunächst den Angehörigen dieses »laos« Gottes und markiert den
   Unterschied zwischen Glaubenden und Nichtglaubenden. Wohl erst im 2. oder 3.
   Jahrhundert (in der alexandrinischen Theologie bei Klemens von Alexandria und
   Origenes) wird der »Laie« (als Nichtamtsträger) dem »Kleriker« (dem von Gott ein
   bestimmtes »Los«, griechisch: kleros, zugeteilt wird) gegenübergestellt.

15 Vgl. Yves Congar, Ecclesia ab Abel, in: Abhandlungen über Theologie und Kirche,
   FS Karl Adam, in Verbindung mit Heinrich Elfers und Fritz Hofmann hrsg. v. Marcel Reding, Düsseldorf 1952, 79–108.

16 Für Paulus ist schon jeder Glaubende ein »Tempel des Heiligen Geistes« und deshalb zur »Heiligkeit« und »Reinheit« berufen (1 Kor 6,19f) Das ist der Gegenentwurf zur platonischen Anthropologie (vgl. Platon, Cratyl. 400C), die wohl auf die
   Orphiker zurückgeht, derzufolge der Leib (griechisch: soma) das Gefängnis (griechisch: sema) des Geistes sei.

17 Bei den Propheten begegnet die Vorstellung, dass erst das entsprechende Verhalten
   der Menschen die Anwesenheit bzw. das Wohnen Gottes im (jüdischen) Tempel
   ermöglicht (vgl. Jer 7,3–15).

18 Für Augustinus (ep. 190 c. 5, 19) trägt die zum Gottesdienst versammelte Gemeinde
   im eigentlichen Sinn den Namen »ecclesia«; das Gebäude, worin sie sich versammelt, trägt ihn im übertragenen Sinn, insoweit sie eben der Ort ist, in dem sich der
   aus den einzelnen Glaubenden (als den Steinen) auferbaute Tempel des Heiligen
   Geistes zusammenfindet.

19 Der erste ausdrückliche Beleg für die lateinische Formel begegnet bei Niketas (bzw.
   Nicetas) von Remesiana (ca. 335–414), Libelli V (John Norman Davidson Kelly, Altchristliche Glaubensbekenntnisse. Geschichte und Theologie [UTB 1746], Göttingen
   ²1993, 382).

20 Ebd., 383.

21 Ebd., 388.

22 Basilius, ep. 93; vgl. Paul Josef Cordes, Communio – Utopie oder Programm? (QD
   148), Freiburg 1993, 84–88 (mit anderen Zitaten).

23 Augustinus, Sermo 17.

24 Vgl. Kehl, Die Kirche (Hinführung, Anm. 21), 324 f. Einführung: Jean Zizioulas,
   L'eucharistie, l'évêque et l'Église durant les trois premiers siècles, Paris 1994; Paul

McPartlan, The Eucharist Makes the Church. Henri de Lubac and John Zizioulas in Dialogue, Edinburgh 1993.

25 Die Brautmetaphorik (einschließlich des Gedankens der Wiederkunft des Bräutigams Jesus Christus) findet sich bereits bei Paulus (2 Kor 11,2f).

26 Hans Urs von Balthasar, Casta Meretrix, in: ders., Sponsa verbi. Skizzen zur Theologie II, Einsiedeln ³1971, 203–305.

27 Vgl. Rahner, Symbole der Kirche (Anm. 13), 13–87 (mit Hinweisen auf die Rezeption in der mittelalterlichen Mystik). Auch Hermann-J. Vogt, Bilder der frühen Kirche. Bildworte der Bibel bei den Kirchenvätern. Kleine Geschichte des Credo, München 1993, 37–48.

28 Cyprian, De catholicae ecclesiae unitate 6.

29 Rahner, Symbole der Kirche (Anm. 13), 177–235.

30 Vgl. LG Kap. 8, besonders Art. 53.

31 Darauf weist der Katechismus der Katholischen Kirche (Kap. 1, Anm. 18), Nr. 169, hin:»Als unsere Mutter ist sie (= die Kirche; Anm. W. K.) auch unsere Erzieherin im Glauben.«

32 PG 17, 157f; vgl. Vogt, Bilder der frühen Kirche (Anm. 27), 45.

33 Etwas verschlüsselt in: Augustinus, De utilitate credendi 35.

34 Irenaeus von Lyon, Adv. haer. 3, 38, 1.

35 Rahner, Symbole der Kirche (Anm. 13), 91–173.

36 Ebd., 239–564.

37 Xenophon (Oikonomia 8, § 4) und Aristoteles (Politeia III, 4) nennen den Untersteuermann, der die Befehle des Steuermanns ausführt, das »beseelte Werkzeug des Steuermanns« (Rahner, Symbole der Kirche [Anm. 718], 480).

38 Theodoret, Oratio de providentia 2; vgl. Rahner, Symbole der Kirche (Anm. 13), 324.

39 Vgl. Johannes Beumer, Art. Extra ecclesiam nulla salus, in: LThK² 3, 1320 f. So massiv Cyprian, De catholicae ecclesiae unitate 6:»Wenn irgendeiner (dem Verderben in der Flut; Anm. W. K.) zu entrinnen vermochte, der außerhalb der Arche Noachs war, nur dann vermag auch einer zu entkommen, der draußen außerhalb der Kirche steht.«

40 So beschreibt Joseph Ratzinger, Volk und Haus Gottes in Augustins Lehre von der Kirche (MThS.S 7), (München 1954) Nachdruck: St. Ottilien 1992, 327, die Sicht des Augustinus.

41 Vgl. Uwe Neddermeyer, Art. Mittelalter, in: LThK³ 7, 339f, 339.

42 Begriff und Inhalt: Jochen Martin, Art. Konstantinische Wende, in: LThK³ 6, 304.

43 Siegfried Wiedenhofer, Das katholische Kirchenverständnis. Ein Lehrbuch der Ekklesiologie, Graz 1992, 127.

44 Der Begriff »Cäsaropapismus« ist in der Forschung umstritten: Odilo Engels, Art. Caesaropapismus, in: LThK² 2, 881. Manche Autoren ziehen deshalb den Begriff »religionspolitischer Monophysitismus« vor: Heribert Raab, Art. Kirche und Staat. I. Geschichte, in: LThK² 6, 288–295, 288.

45 Franz Dölger, Art. Kaiser, Kaisertum. II. Byzantinisches Kaisertum, in: LThK² 5, 1245–1247, 1246.

46 Vgl. Gerhard Wirth, Art. Kaiser, Kaisertum. II. Byzantinisches Kaisertum, in: LThK³ 5, 1132–1134, 1132.

47 Tacitus, Annalen (Kap. 3, Anm. 46), 159 (= 3, 36); Plinius, Panegyricus, 1, 7.

48 Wirth, Art. Kaiser, Kaisertum. II. Byzantinisches Kaisertum (Anm. 46), 1132 f.

49 Ebd., 1133.

50 Der deutsche Soziologe und Rechtshistoriker Eugen Rosenstock-Huessy hat in den 30er-Jahren des 20. Jahrhunderts von der »päpstlichen Revolution« gesprochen. Der Begriff wurde aufgenommen von Harold J. Berman, Recht und Revolution. Die Bildung der westlichen Rechtstradition, übersetzt v. Hermann Vetter, Frankfurt 1991, 42, vgl. auch ebd., Anm. 13 (44f).

51 DH 875.

52 Diese Entwicklung zusammenfassend heißt es im »Catechismus Romanus« des Konzils von Trient (Pars II cap. 7 q. 6): »Die kirchliche Gewalt (potestas ecclesiastica) ist eine zweifache: eine Weihegewalt (potestas ordinis) und eine Hirtengewalt (potestas iurisdictionis). Die Weihegewalt bezieht sich auf den Leib Christi in der heiligen Eucharistie, die gesamte Hirtengewalt dagegen bewegt sich im Bereich des mystischen Leibes Christi. Zu ihr gehört es nämlich, das christliche Volk zu leiten, zu zügeln und zur ewigen Glückseligkeit hinzulenken.« Entscheidend ist die »potestas iurisdictionis«.

53 Can. 6 (Dekrete der ökumenischen Konzilien, im Auftrag der Görres-Gesellschaft ins Deutsche übertragen und hrsg. unter Mitarbeit v. Gabriel Sunnus und Johannes Uphus v. Josef Wohlmuth, 3 Bde., Paderborn 1998–2002, Bd. 1, 90): »Niemand darf absolut ordiniert werden, weder ein Presbyter noch ein Diakon noch überhaupt jemand, der zum kirchlichen Stand gehört; (das heißt, die Ordination ist) nur (gültig), wenn der Ordinierte in besonderer Weise einer Kirche in der Stadt oder auf dem Land, einem Martyrium oder Kloster zugesprochen werden kann. Bezüglich derer, die absolut ordiniert werden, hat die heilige Synode entschieden: Wegen der Anmaßung der Ordinierenden ist eine solche Handauflegung ungültig, und die Ordinierten können nirgends ihr Amt ausüben.«

54 John Ryan, Art. Iroschottische Kirche, in: LThK² 5, 760–762. Der Name »iroschottische Kirche« meint die irische Kirche, da die alte Bezeichnung für Irland bis ins 12. Jahrhundert »Scotia« hieß.

55 Beda der Ehrwürdige, Kirchengeschichte des englischen Volkes, übersetzt v. Günter Spitzbart, Teil 1, Darmstadt 1982, 217 (= III, 4). 219 (= III, 5).

56 Raymund Linden, Art. Chorbischof, in: LThK² 2, 1080 f.

57 LG 21. 26.

58 Klausnitzer, Der Primat des Bischofs von Rom (Kap. 1, Anm. 12), 179–183.

59 Vgl. Joseph Ratzinger, Art. Joachim v. Fiore, in: LThK² 5, 975 f.

60 Peter Dinzelbacher, Christliche Mystik im Abendland. Ihre Geschichte von den Anfängen bis zum Ende des Mittelalters, Paderborn 1994, besonders 272–441; ausführlicher Kontext: Bernard McGinn, Die Mystik im Abendland, Bd. 1: Ursprünge, aus dem Englischen übersetzt v. Clemens Maaß, Freiburg 1994; Bd. 2: Entfaltung, aus dem Englischen übersetzt v. Wolfgang Scheuermann, Freiburg 1996 (bis zum 12. Jahrhundert).

61 Silvia Reinhardt, Art. De imitatione Christi, in: Lexikon der theologischen Werke, hrsg. v. Michael Eckert, Eilert Herms, Bernd Jochen Hilberath und Eberhard Jüngel, Stuttgart 2003, 169 f.

62 Die Verfasserschaft ist umstritten: Josef Sudbrack, Art. Thomas v. Kempen, in: LThK² 10, 144f, 144.

63 Zum Begriff (und zur Problematik): Johannes Burkhardt, Art. Neuzeit. I. Historischer Epochenbegriff, in: LThK³ 7, 789f; Hans-Joachim Höhn, Art. Neuzeit. II. Geistesgeschichtlicher Begriff, in: ebd., 790 f.

64 Jan P. Beckmann, Art. Wilhelm v. Ockham, Ockhamismus, in: LThK³ 10, 1186–1191; Volker Leppin, Wilhelm von Ockham. Gelehrter, Streiter, Bettelmönch, Darmstadt 2003.

65 Jürgen Miethke, Art. Marsilius von Padua, in: LThK³ 6, 1416–1419, 1418: »Nicht Vernünftigkeit oder Güte machen ein Gesetz gültig, sondern allein der Erlaß durch das kompetente Organ.«

66 Ernst Koch, Das konfessionelle Zeitalter – Katholizismus, Luthertum, Calvinismus (1563–1675) (KGE II/8), Leipzig 2000; Harm Klueting, Das Konfessionelle Zeitalter. Europa zwischen Mittelalter und Moderne. Kirchengeschichte und Allgemeine Geschichte, Darmstadt 2007; Thomas Kaufmann, Konfession und Kultur. Lutherischer Protestantismus in der zweiten Hälfte des Reformationsjahrhunderts (SuR Neue Reihe 29), Tübingen 2006; Gottfried Seebaß, Geschichte des Christentums III. Spätmittelalter – Reformation – Konfessionalisierung (ThW 7), Stuttgart 2006, 237–276.

67 Axel Gotthard, Der Augsburger Religionsfrieden (RGST 148), Münster 2004.

68 Thils, Les notes de l'église dans l'apologétique catholique depuis la Réforme (Anm. 38).

69 BSLK 61. CA 8 (BSLK 62) präzisiert: »Eigentlich« (proprie) sei die Kirche die »Versammlung aller Glaubigen und Heiligen« (congregatio sanctorum et vere credentium«); »in diesem Leben« seien jedoch »viel falscher Christen und Heuchler« (multi hypocritae et mali) ebenfalls in der Kirche. Vgl. die Verteidigung Melanchthons gegen den Vorwurf der Konfutatoren, die CA präsentiere ein donatistisches Kirchenbild: ApCA 7f (BSLK 233–246).

70 In den »Responsiones scriptae a Philipp Melanthone ad impios articulos Bavaricae inquisitionis« (Antworten, von Philipp Melanchthon auf die unfrommen Artikel der Bayerischen Inquisition verfasst) (1558) (Melanchthons Werke, Bd. 6: Bekenntnisse und kleine Lehrschriften, hrsg. v. Ruppert Stupperich, Gütersloh 1955, 285–364, 286) nennt der Wittenberger Mitstreiter Luthers drei allgemeine Wesensmerkmale der Kirche: Das reine Bekenntnis der Lehre des Evangeliums, den Gebrauch der Sakramente, der der göttlichen Einsetzung entspricht, und den Gehorsam gegenüber dem Amt der Evangeliumsverkündigung. Ebd., 287, erklärt er allerdings, die Gegner würden die Menschen zu anderen Zeichen verleiten (deducunt), nämlich der bischöflichen Ordnung, dem Primat des Bischofs von Rom und der bischöflichen Sukzession u.ä.

71 BSLK 123 f.

72 Giuseppe Alberigo, Die Ekklesiologie des Konzils von Trient, in: Concilium Tridentinum (WdF 313), hrsg. v. Remigius Bäumer, Darmstadt 1979, 278–300, besonders 283; Dorothea Wendebourg, Die Ekklesiologie des Konzils von Trient, in: Die katholische Konfessionalisierung. Wissenschaftliches Symposium der Gesellschaft zur Herausgabe des Corpus Catholicorum und des Vereins für Reformationsgeschichte 1993 (RGST 135), hrsg. v. Wolfgang Reinhard und Heinz Schilling, Münster 1995, 70–87.

73 3 Bde., Ingolstadt 1586–1593. Die Edition von Venedig (in vier Bänden) von 1596 gilt als Maßstab, da sie von Bellarmin durchgesehen und korrigiert ist. Zitiert wird nach der Ausgabe: Robert Bellarmin, Opera omnia, hrsg. v. Justinus Fèvre, 12 Bde., Paris 1870–1876; unveränderter Nachdruck: Frankfurt 1965, in folgender Reihe: Controversia (= römische Zahl), Buch (= erste arabische Zahl) und Kapitel (= zweite arabische Zahl). Zitat: Bd. 2, 317f = IV 3, 2.

74 CR 5, 392. Vgl. auch Jean Calvin, Unterricht in der christlichen Religion. Institutio christianae religionis, nach der letzten Ausgabe übersetzt und bearbeitet v. Otto Weber, Neukirchen-Vluyn [5]1988, 717 (= IV 2, 12). Überblick: Eva-Maria Faber, Das kirchliche Amt bei Johannes Calvin, in: Cath 63 (2009) 1–15.

75 Die nachreformatorischen katholischen Handbücher führen sie (einschließlich des kirchlichen Amtes) gerne auf das Summarium in Apg 2,42 (»Sie hielten an der Lehre der Apostel fest und an der Gemeinschaft, am Brechen des Brotes und an den Gebeten«) zurück. Vgl. Yves Congar, Die Wesenseigenschaften der Kirche, in: MySal 4/1, 357–594, 372–375.

76 Vgl. Thomas Dietrich, Die Theologie der Kirche bei Robert Bellarmin (1542–1621). Systematische Voraussetzungen des Kontroverstheologen (KKTS 69), Paderborn 1999, 469–509, besonders 471.

77 Zitat (Anm. 73): Bd. 2, 318: IV 3, 2. Bellarmin leitet den Gedanken der Sichtbarkeit der Kirche, die sich in den drei »vincula« artikuliert, von der anthropologischen Verwiesenheit des Menschen auf äußere Zeichen ab (Dietrich, Die Theologie der Kirche bei Robert Bellarmin [Anm. 76], 500f).

78 Thils, Les notes de l'église dans l'apologétique catholique depuis la Réforme (Kap. 1, Anm. 9), IXf.

79 Vgl. ebd., X; auch Fries, Wandel des Kirchenbildes (Anm. 706), 260. Eine Durchsicht der damit zusammenhängenden Begriffsgeschichte: Lothar Lies, Zur Geschichte

und Bedeutung des Zueinanders von »römisch« und »katholisch«, in: Katholizität. Konfessionalismus oder Weltweite?, hrsg. v. Silvia Hell, Innsbruck 2007, 17–47.

80 ApCA 7 (= BSLK 234): Die Kirche »habet externas notas, ut agnosci possit, videlicet puram evangelii doctrinam et administrationem sacramentorum consentaneam evangelio Christi«. Vgl. Johannes Dantine, Die Kirche vor der Frage nach ihrer Wahrheit. Die reformatorische Lehre von den »notae ecclesiae« und der Versuch ihrer Entfaltung in der kirchlichen Situation der Gegenwart (KiKonf 23), Göttingen 1980.

81 Hermann Josef Pottmeyer, Die Frage nach der wahren Kirche, in: Handbuch der Fundamentaltheologie, Bd. 3 (Hinführung, Anm. 1), 159–184, 168.

82 Lehramtlich ist dieser Beweisgang zu finden in einem Brief des Heiligen Offiziums an die Bischöfe Englands v. 16. September 1864 (gegen die anglikanische »Branch Theory« gerichtet, derzufolge die römisch-katholische, die griechisch-orthodoxe und die anglikanische Gemeinschaft drei gleich-berechtigte Erscheinungsformen der katholischen Kirche seien): DH 2885–2888, 2888.

83 DH 3013 f. Als alttestamentliches Zitat wird Jes 11,12 angeführt.

84 Vgl. Rudolf Reinhardt, Art. Aufklärung. III. Kirchengeschichte, in: LThK ^{3} 1, 1211–1213.

85 Johann Adam Möhler, Rez. zu Theodor Katerkamp, Des ersten Zeitalters der Kirchengeschichte erste Abteilung: die Zeit der Verfolgungen, Münster 1823, in: ThQ 5 (1823) 484–532, 497.

86 Bericht von Josef Widmer (1804): Hubert Schiel, Johann Michael Sailer. Leben und Briefe, Bd. 1: Leben und Persönlichkeit in Selbstzeugnissen, Gesprächen und Erinnerungen der Zeitgenossen, Regensburg 1948, 367: »Endlich ließ er (= Sailer; Anm. W. K.) die Worte fallen: ›Jawohl! von unten hinauf ist's großes Unrecht; aber von oben hinunter großes Recht.‹«

87 Geiselmann, Die Katholische Tübinger Schule (Kap. 2, Anm. 91); Max Seckler, Art. Tübinger Schule. I. Katholische Tübinger Schule, in: LThK³ 10, 287–290.

88 Klaus Schatz, Art. Ultramontanismus, ultramontan, in: LThK³ 10, 360–362. Vgl. Otto Weiß, Der Ultramontanismus. Grundlagen – Vorgeschichte – Struktur, in: ZBLG 41 (1978) 821–878.

89 Hans Hohlwein, Art. Ultramontanismus, in: RGG³ 6, 1113–1116, 1113. Die Definition von Heribert Raab, Art. Ultramontan, in: LThK² 10, 460: »Anhänger des päpstlichen Infallibilitäts- und Jurisdiktionsprimats« ist in dieser Form zu eng und trifft nur die »Neoultramontanisten« im Pontifikat von Pius IX. Vor einer zu schnellen Identifizierung von »ultramontan« mit »infallibilistisch« (darunter verstand man seit der 2. Hälfte des 19. Jahrhunderts in der innerkatholischen Debatte die Anhänger und Verfechter der oft im Sinne eines persönlichen Habitus interpretierten »Unfehlbarkeit« des Papstes) sollte der Umstand warnen, dass führende Vertreter der ultramontanen Richtung im ersten Drittel des 19. Jahrhunderts (Johann Josef Ignaz von Döllinger [1799–1890] im Görreskreis oder Charles-Forbes-René de Montalembert [1810–1870]) sich im Umfeld des Vaticanum I gegen den Neoultramontanismus positionierten.

90 Rudolf Till, Hofbauer und sein Wiener Kreis, Wien 1951; Eduard Winter, Romantismus, Restauration und Frühliberalismus im österreichischen Vormärz, Wien 1968; Eduard Hosp, Kirche Österreichs im Vormärz 1815–1850, Wien 1971.

91 In einem 1822 erschienenen Aufsatz »Abhandlung über den Papst« heißt es programmatisch (Kath. 3 [1822] 1): Es »soll gerade dieser Aufsatz ein charakteristisches Zeichen unserer Zeitschrift sein, damit man gleich sehen möge, wessen Geistes Kind sie ist. Wir sind Römlinge und schämen uns dessen nicht. Das heißt: wir bekennen uns mit Herz und Mund zu der apostolischen Lehre des päpstlichen Primats, wie ihn die echtkatholische Kirche glaubt und ausspricht.« Vgl. Helmut Schwalbach, Der Mainzer »Katholik« als Spiegel des neuerwachenden kirchlich-religiösen Lebens in der ersten Hälfte des neunzehnten Jahrhunderts (1821–1850), Mainz 1966.

92 Ernest Henau, Art. Veuillot, Louis, in: LThK[3] 10, 755 f.

93 Richard Puza, Art. Phillips, George, in: LThK[3] 8, 242 f.

94 Rogelio Garcia Mateo, Art. Donoso Cortés, Juan, in: LThK[3] 3, 336.

95 Edmund S. Purcell, Life of Cardinal Manning, Archbishop of Westminster, 2 Bde., London 1895; Shane Leslie, Henry Edward Manning. His Life and Labours, (London 1921) Nachdruck: Westport, Connecticut 1970; Adrian Lüchinger, Päpstliche Unfehlbarkeit bei Henry Edward Manning und John Henry Newman, Freiburg/ Schweiz 2001, 17–179.

96 Günter Biemer, Art. Ward, William George, in: LThK[3] 10, 978.

97 Walter Kasper, Die Lehre von der Tradition in der Römischen Schule (Giovanni Perrone, Carlo Passaglia, Clemens Schrader) (ÜA 5), Freiburg 1962.

98 Louis Le Guillou, L'évolution de la pensée religieuse de Félicité Lamennais, Paris 1966; Alec R. Vidler, Prophecy and Papacy. A Study of Lamennais, The Church and the Revolution, The Birkbeck Lectures 1952–1953, London 1954.

99 Text: Acta Gregorii Papae XVI., Bd. 1, hrsg. v. Antonius Maria Bernasconi, (Rom 1901), Nachdruck: Graz 1971, 169–174.

100 Joseph de Maistre, Du pape. Édition critique avec une introduction par Jacques Lovie et Joannès Chetail (Les classiques de la pensée politique 2), Genf 1966; deutsch: Vom Papste, übersetzt v. Moritz Lieber, hrsg. v. Joseph Bernhart, 2 Bde., München 1923.

101 In einem Brief (22. Mai 1814) an den Comte de Blacas, den Vertrauten Ludwigs XVIII., faßt de Maistre diese Argumentation in die Beweiskette (zitiert nach Hermann Josef Pottmeyer, Unfehlbarkeit und Souveränität. Die päpstliche Unfehlbarkeit im System der ultramontanen Ekklesiologie des 19. Jahrhunderts [TTS 5], Mainz 1975, 63): »Le christianisme repose entièrement sur le Souverain Pontife, si bien qu'on peut établir comme principe de l'ordre political et social auquel la France, par un décret providential, est chargée de présider, cette chaîne de raisonnements: Point de morale publique ni de caractère national sans religion, point de religion européenne sans le christianisme, point de christianisme sans le catholicisme, point de catholicisme sans le Pape, point de Pape sans la suprématie qui lui appartient.« Die Kette lässt sich auch umkehren (zitiert nach Yves Congar, L'ecclésiologie de la révolution française au Concile de Vatican sous le signe de l'affirmation de l'autorité, in: RevSR 34 [1960] 77–114, 82): »Sans pape, point d'Eglise; sans église, point de christianisme; sans christianisme, point de societé: de sorte que la vie des nations européennes a … sa source, son unique source, dans le pouvoir pontifical.«

102 Joseph Görres, Athanasius, Regensburg 1838.

103 Mauro Capellari, Il trionfo della Santa Sede e della Chiesa contro gli assalti dei Novatori respinti e combattuti colle stesse loro armi, Rom 1799. Die im Titel genannten Gegner sind die Synode von Pistoia (1786) und ihr theologischer Wortführer Pietro Tamburini (vgl. Peter Hersche, Art. Tamburini, Pietro, in: LThK[3] 9, 1249f).

104 DH 2901–2980.

105 DH 2980.

106 Hans Urs von Balthasar hat im Blick auf das Vaticanum II von der entgegengesetzten Position der »Schleifung der Bastionen« gesprochen. Vgl. Hans Urs von Balthasar, Schleifung der Bastionen. Von der Kirche in dieser Zeit, mit einem Nachwort v. Christoph Schönborn (ChHe 2. Reihe 9), Einsiedeln [5]1989.

107 Vgl. die verurteilte These 19 des Syllabus: DH 2919!

108 Vgl. die Thesen 42, 45, 47, 55: DH 2942, 2945, 2947, 2955!

109 Eine Zusammenschau: Günter Biemer, Leben als *das* Kennzeichen der wahren Kirche Jesu Christi: Zur Ekklesiologie von Johann Adam Möhler und John Henry Newman, in: Johann Adam Möhler (1796–1838) – Kirchenvater der Moderne (KKSMI 20), im Auftrag des Johann-Adam-Möhler-Instituts hrsg. v. Harald Wagner, Paderborn 1996, 71–97.

110 Hartmut Fritz, Otto Dibelius in der Zeit zwischen Monarchie und Diktatur, mit einer Bibliographie der Veröffentlichungen von Otto Dibelius (AKZG Reihe B: 27), Göttingen 1998.

111 Hanna-Barbara Gerl-Falkovitz: Romano Guardini 1885–1968. Leben und Werk, Mainz ⁴1995; Romano Guardini. Konturen des Lebens und Spuren des Denkens, Mainz 2005 (= gekürzte Taschenbuchausgabe).

112 Boff, Die Neuentdeckung der Kirche (Kap. 2, Anm. 466).

5. Spaltungen (S. 197–213)

1 Zur exegetischen Diskussion: Andreas Lindemann, Handbuch zum Neuen Testament 9/I. Der Erste Korintherbrief, Tübingen 2000, 250.

2 Johann Sebastian Drey, Ideen zur Geschichte des katholischen Dogmensystems (1812–1813), neu abgedruckt in: Geist des Christentums und des Katholizismus. Ausgewählte Schriften katholischer Theologie im Zeitalter des deutschen Idealismus und der Romantik (Deutsche Klassiker der katholischen Theologie aus neuerer Zeit 5), hrsg., eingeleitet und erklärt v. Joseph Rupert Geiselmann, Mainz 1940, 235–331, 243 f. 304f, spricht gleichfalls von einer gewissen Notwendigkeit der Häresie im Sinne einer (durch den Geist geleiteten) Erziehung der Kirche zu dem ihr gemäßen Selbstbewusstsein.

3 Joseph Ratzinger, Zum Fortgang der Ökumene, in: ThQ 166 (1986) 243–248, 245.

4 Vgl. Walter Kern – Franz-Josef Niemann, Theologische Erkenntnislehre (Leitfaden Theologie 4), Düsseldorf 1981, 136–143.

5 Vgl. Alois Grillmeier, Jesus der Christus im Glauben der Kirche, Bd. 1: Von der Apostolischen Zeit bis zum Konzil von Chalcedon (451); Bd. 2/1: Das Konzil von Chalcedon (451) – Rezeption und Widerspruch (451–518); Bd. 2/2: Die Kirche von Konstantinopel im 6. Jahrhundert, unter Mitarbeit v. Theresia Hainthaler; Bd. 2/3: Die Kirche von Jerusalem und Antiochien nach 451 bis 600, hrsg. v. Theresia Hainthaler; Bd. 2/4: Die Kirche von Alexandrien mit Nubien und Äthiopien nach 451, unter Mitarbeit v. Theresia Hainthaler, Sonderausgabe: Freiburg 2004.

6 The Letters and Diaries of John Henry Newman, ed. at the Birmingham Oratory with notes and an introduction by Charles Stephen Dessain and Thomas Gornall, vol. 25: The Vatican Council January 1870 to December 1871, Oxford 1973, 310 (in einem Brief v. 3. April 1871 an Alfred Plummer); ähnlich ebd., 322 (in einem Brief v. 26. April 1871 an Lady Simeon); ebd., 330 (Brief v. 15. Mai 1871 an Miss Holmes); ebd., 415 (15. Oktober 1871 an Lady Simeon).

7 Ebd., 330: »No truth stands by itself – as each is kept in order and harmonized by other truths. The dogmas relative to the Holy Trinity and the Incarnation were not struck off all at once but piecemeal – one Council did one thing another a second – and so the whole dogma was built up. And the first portion of it looked extreme – and controversies rose upon it – and those controversies led to the second and third Councils, and they did not *reverse* the first, but *explained* and *completed* what was first done. So will it be now. Future Popes will explain and in one sense limit their own power. This would be unlikely, if they merely acted as men, but God will overrule them. Pius has been overruled – I believe he wished a much more stringent dogma than he has got. Let us have faith and patience.«

8 Ebd., 310: »Let us be patient, let us have faith, and a new Pope, and a re-assembled Council may trim the boat.« Auch ebd., 415: »I find the Bishop of Orleans (Félix-Antoine-Philibert Dupanloup [1802–1878], seit 1849 Bischof v. Orléans; Anm. W. K.) quite confirms the view I took myself – that other definitions are necessary, and were intended, and will be added, if we are patient, to reduce the dogma to its proper proportions and place in the Catholic system.«

9 Das Bleibende im Wandel. Theologische Beiträge zum Schisma von Marcel Lefebvre, hrsg. v. Reinhild Ahlers und Peter Krämer, Paderborn 1990.

10 Das Konzil von Nikaia 325 entschied (in der Verwerfung der antiochenischen Praxis, die dem jüdischen Passahfest folgte), dass Ostern am ersten Sonntag nach dem ersten Vollmond, der auf die Tag- und Nachtgleiche folgt, und auf alle Fälle nach dem jüdischen Passahfest gefeiert werden solle. Diese Entscheidung ist heute in allen Kirchen anerkannt. Allerdings besteht eine Differenz zwischen den östlichen und westlichen Kirchen darin, dass die gregorianische Kalenderreform des Jahres 1582 von vielen östlichen Kirchen, die den Osterfesttermin noch nach dem alten julianischen Kalender errechnen, nicht übernommen wurde. Vgl. Lukas Vischer, Art. Osterdatum, in: Ökumene-Lexikon. Kirchen – Religionen – Bewegungen, hrsg. v. Hanfried Krüger, Werner Löser und Walter Müller-Römheld, Frankfurt ²1987, 931 f. Ein eigentliches Dekret ist wohl nicht verabschiedet worden. Zur Quellenlage: Dekrete der ökumenischen Konzilien, Bd. 1 (Kap. 4, Anm. 53), 3 (und Hinführung, Anm. 12).

11 Arie L. Molendijk, Zwischen Theologie und Soziologie. Ernst Troeltschs Typen der christlichen Gemeinschaftsbildung: Kirche, Sekte, Mystik (Troeltsch-Studien 9), Gütersloh 1996.

12 Dietmar W. Winkler, Koptische Kirche und Reichskirche. Altes Schisma und neuer Dialog (IThS 48), mit einem Vorwort v. Franz Kardinal König, Innsbruck 1997; Otto F. A. Meinardus, Two Thousand Years of Coptic Christianity, Kairo (1999) ²2000.

13 Wilhelm Baum – Dietmar W. Winkler, Die Apostolische Kirche des Ostens. Geschichte der sogenannten Nestorianer (Einführungen in das orientalische Christentum 1), Klagenfurt 2000. Die mit Rom unierten Christen dieser Kirche nennen sich heute »Chaldäer«.

14 Zur Information: Friedrich Heyer, Konfessionskunde, Berlin 1977, 202–308 (= »Nonchalcedonensische Kirchen«).

15 Im Rückblick lassen sich drei theologische Hauptpunkte anführen (Hans-Georg Beck, Kirche und theologische Literatur im byzantinischen Reich [Byzantinisches Handbuch im Rahmen des HAW 2. Teil, Bd. 1], München 1959, 306–321):
1. Die Azymenfrage
Die orthodoxe Theologie (etwa in der Person von Niketas Stethatos, der ein Zeitgenosse Humberts a Silva Candida war) vertritt die Auffassung, Jesus habe am Tag vor dem Fest der Ungesäuerten Brote mit gewöhnlichem Brot das Abendmahl gehalten. Die lateinische Praxis, mit ungesäuertem Brot (griechisch: azyma, also ohne Sauerteig hergestellten Hostien) die Eucharistie zu feiern, sei ein Rückfall ins Judentum.
2. Die »Filioque«-Frage
Ebenfalls Niketas Stethatos erwähnt 1054 die »Filioque«-Debatte, von der Michael Kerullarios bis dato nach eigener Aussage nichts gehört hatte. Die orthodoxen Theologen bezeichnen das zum ersten Mal auf Provinzialsynoden des 6. und 7. Jahrhunderts in Spanien nachweisbare Auftreten des »filioque« im Credo (der Heilige Geist gehe aus dem Vater »und dem Sohne« [filioque] hervor) als eine unerlaubte Einfügung in das Symbolum des Konzils von Konstantinopel I (381), das dem auf dem Konzil von Ephesus aufgestellten Verbot »eines anderen Bekenntnisses« als des Glaubens des Konzils von Nikaia widerspreche. Die lateinischen Theologen argumentieren noch auf dem Konzil von (Ferrara-)Florenz mit der Auskunft, das »filioque« sei kein Einschub, sondern eine Sinnentfaltung (wie ja auch das Konzil von Konstantinopel den Text von Nikaia entfaltet habe).
3. Der Streit um das »Fegfeuer« und um das Verhältnis von Wandlung und »Epiklese« im Eucharistischen Hochgebet
Beide Debatten erscheinen im 13. und 14. Jahrhundert und flackern in den folgenden Jahrhunderten des 2. christlichen Jahrtausends immer wieder auf.

16 Hans-Joachim Schulz, Das Zerbrechen der Kircheneinheit zwischen Ost und West und die Versuche der Heilung, in: Handbuch der Ökumenik, Bd. 1, im Auftrag des

Johann-Adam-Möhler-Instituts hrsg. v. Hans Jörg Urban und Harald Wagner, Paderborn 1985, 122–171, weist auf den Briefwechsel des Patriarchen Michael Kerullarios mit Petros III. v. Antiochia (1054) hin, der als letztes *sicheres* Datum der liturgischen Kommemoration eines Papstes in Konstantinopel das Jahr 1009 bezeugt (ebd., 132f).

17 Ebd., 133 f.

18 Josef Gill, Ost und West von 1054 bis 1453; in: Wilhelm de Vries, Rom und die Patriarchate des Ostens, unter Mitarbeit v. Octavian Bârlea, Josef Gill, Michael Lacko (OA III/4), Freiburg 1963, 23–73, 33–44.

19 DH 851–861, 861.

20 Das Konzil von Ferrara-Florenz wurde 1438 in Ferrara eröffnet (als Papst Eugen IV. das in Basel seit 1431 tagende Konzil in eigener Vollmacht nach Ferrara einberief) und 1439 nach Florenz verlegt, wo am 6. Juli 1439 die Unionsbulle »Laetantur caeli« verlesen wurde; 1443 wurde das Konzil nach Rom transferiert, wo es – nach kurzer Tätigkeit – seine Arbeit beschloss. Das Konzil von Basel, das inzwischen nach Lausanne verlegt worden war und mit Felix V. einen Gegenpapst eingesetzt hatte, erklärte sich 1449 für aufgelöst. Die »Union« mit den Griechen war für Eugen IV. sicher auch eine Trumpfkarte in dieser kirchenpolitischen Auseinandersetzung des Westens.

21 DH 1300–1308.

22 Überblick: Grigorius Larentzakis, Die orthodoxe Kirche. Ihr Leben und ihr Glaube, Graz 2000; Wolfgang Hage, Das orientalische Christentum (Die Religionen der Menschheit 29, 2), Stuttgart 2007; Johannes Oeldemann, Die Kirchen des christlichen Ostens. Orthodoxe, orientalische und mit Rom unierte Ostkirchen, Regensburg [2]2008.

23 Die Union der Maroniten mit Rom besteht seit 1181; mehrere Synoden in der 2. Hälfte des 16. Jahrhunderts verstärkten den Einfluss Roms.

24 Schulz, Das Zerbrechen der Kircheneinheit zwischen Ost und West und die Versuche der Heilung (Anm. 16), 151–179.

25 Johannes Madey, Das Malabarische Schisma in Indien, in: Handbuch der Ökumenik, Bd. 1 (Anm. 16), 172–179.

26 Natürlich gehören auch die sogenannten »ökumenischen« Glaubensbekenntnisse der frühen Kirche zu den lutherischen Bekenntnisschriften.

27 Lutherische Kirchen (Die Kirchen der Gegenwart 1 = BensH 107), hrsg. v. Michael Plathow, Göttingen 2007.

28 Martin Hauser, Prophet und Bischof. Huldrych Zwinglis Amtsverständnis im Rahmen der Zürcher Reformation (ÖBFZPhTh 21), Freiburg/Schweiz 1994.

29 Alexandre Ganoczy, Art. Calvin, Johannes, in: LThK[3] 2, 895–900; Willem Nijenhuis, Art. Calvin, Johannes (1509–1564), in: TRE 7, 568–592. Werke: Ioannis Calvini Opera quae supersunt omnia, hrsg. v. Wilhelm Baum u. a., 59 Bde., Braunschweig 1863–1900 (= CR 29–87).

30 Reformierte Bekenntnisschriften, hrsg. im Auftrag der Evangelischen Kirche in Deutschland v. Heiner Faulenbach und Eberhard Busch, Bd. 1/1: 1523–1534, bearbeitet v. Eberhard Busch u. a., Neukirchen-Vluyn 2002; Bd. 1/2: 1535–1549 bearbeitet v. Mihály Bucsay u. a., Neukirchen-Vluyn 2006; Bd. 1/3: 1550–1558, bearbeitet v. Judith Becker u. a., Neukirchen-Vluyn 2007; Bd. 2/1, Neukirchen-Vluyn 2008.

31 Text: Ekklesiologie II. Von der Reformation bis zur Gegenwart (TzT. Dogmatik 5, 2), bearbeitet v. Peter Neuner, Graz 1995, 28 f.

32 Diarmaid MacCulloch, Die zweite Phase der englischen Reformation (1547–1603) und die Geburt der anglikanischen Via Media (KLK 58), hrsg. v. Heribert Smolinsky, Münster 1998.

33 Überblick: England's Long Reformation 1500–1800, hrsg. v. Nicholas Tyacke, London 1998; zur Rechtsgestalt: Norman Doe, The Legal Framework of the Church of England. A Critical Study in a Comparative Context, Oxford 1996; eine biographi-

sche Verortung aus der Frühzeit: Diarmaid MacCulloch, Thomas Cranmer, New Haven 1996.

34 Hintergründe der Situation in England: Kenneth Hylson-Smith, The Churches in England from Elizabeth I to Elizabeth II, 3 Bde., Bd. 1: 1558–1688, London 1996; Bd. 2: 1689–1833, London 1997; Bd. 3: 1833–1998, London 1998; Überblick: Hans Heinrich Harms, Die Kirche von England und die Anglikanische Kirchengemeinschaft (Die Kirchen der Welt 4), Stuttgart 1966.

35 Ein kursorischer Überblick: Erwin Iserloh, Katholische Reform und Gegenreformation, in: Handbuch der Ökumenik, Bd. 1 (Anm. 16), 286–306.

36 Vgl. Sigrid und Karl-Ludwig Tröger, Kirchenlexikon. Christliche Kirchen, Freikirchen und Gemeinschaften im Überblick, Berlin 1990; Oswald Eggenberger, Die Kirchen, Sondergruppen und religiösen Vereinigungen: ein Handbuch, Zürich (1969) ⁵1990; Freikirchenhandbuch. Informationen – Anschriften – Berichte (Ausgabe 2004), hrsg. v. Vereinigung Evangelischer Freikirchen, Wuppertal 2004 (Stand 31. Dezember 2003); Hans Jörg Urban, Freikirchen, in: Kleine Konfessionskunde (Anm. 26), 245–305; Erich Geldbach, Freikirchen. Erbe, Gestalt und Wirkung (BensH 70), Göttingen ²2005; Handbuch Religiöse Gemeinschaften und Weltanschauungen, im Auftrag der Kirchenleitung der VELKD hrsg. v. Hans Krech und Matthias Kleiminger, Gütersloh (1978) ⁶2006.

37 Urban, Freikirchen (Anm. 36), 257: »Eine geschichtliche Kontinuität zwischen dem Täufertum des 16. Jahrhunderts und dem angelsächsischen Baptismus des 17. Jahrhunderts ist nicht nachweisbar.« Einführung: Andrea Strübind, Das freikirchliche Kirchen- und Gemeindeverständnis. Eine baptistische Sicht, in: Cath 63 (2009) 27–47.

38 Arthur J. Mekeel, The Quakers and the American Revolution, York 1996.

39 Uwe Heimowski, Die Heilsarmee. Practical Religion – Gelebter Glaube, Schwarzenfeld 2006.

40 Einige Beispiele: Helmut Obst, Apostel und Propheten der Neuzeit. Gründer christlicher Religionsgemeinschaften des 19. und 20. Jahrhunderts, Göttingen ⁴2000.

41 Helmut Obst, Neuapostolische Kirche – die exklusive Endzeitkirche? (Reihe Apologetische Themen 8), Neukirchen-Vluyn 1996; Katja Rakow, Neuere Entwicklungen in der Neuapostolischen Kirche. Eine Dokumentation des Öffnungsprozesses, Berlin 2004.

42 Vgl. Kleine Konfessionskunde (Hinführung, Anm. 26), 308–314.

43 2003 trennten sich wegen der Frauenordination die Utrechter Union (die ihr zustimmte) und die Polnische Nationalkirche in den USA (Polish National Catholic Church) (die sie ablehnte).

44 Harvey Cox, Fire from Heaven. The Rise of Pentecostal Spirituality and the Reshaping of Religion in the Twenty-first Century, Reading, Mass. 1995; Peter Zimmerling, Die charismatischen Bewegungen. Theologie – Spiritualität – Anstöße zum Gespräch (Kirche – Konfession – Religion 42), Göttingen 2001.

45 Pfingstkirchen und Ökumene in Bewegung (ÖR.B 71), hrsg. v. Christoph Dahling-Sander, Kai M. Funkschmidt und Vera Mielke, Frankfurt 2001; Die Pfingstbewegung als ökumenische Herausforderung (BenshH 103), hrsg. v. Alexander F. Gemeinhardt, Göttingen 2005.

6. Geschichte der ökumenischen Bewegung (S. 214–231)

1 Willem A. Visser't Hooft, Geschichte und Sinn des Wortes »ökumenisch«, in: ders., Ökumenischer Aufbruch. Hauptschriften II, Stuttgart 1967, 11–28 (Vortrag von 1953); Karl H. Neufeld, »Ökumene« – Römisches Reichsbewusstsein und christliche Kirche, in: ZKTh 115 (1993) 257–283. 385–414. Visser't Hooft unterscheidet sieben Bedeutungsebenen.

2 Quellen zur Geschichte des Papsttums und des römischen Katholizismus, Bd. 1: Von den Anfängen bis zum Tridentinum, völlig neu hrsg. v. Carl Mirbt – Kurt Aland, Tübingen ⁶1967, 244f (= Nr. 488; Brief v. 595 an Johannes, Bischof von Konstantinopel).

3 Etwas quer zu den genannten Bedeutungen liegt eine Bestimmung, die sich ebenfalls auf die ursprüngliche antike Verwendung des Wortes bezieht, nämlich »die weltweite missionarische Aufgabe der Kirche betreffend«. Das ist die Bedeutung – zusammen mit der ersten und zweiten – die im NT vorherrscht: Lk 2,1: Es erging der Erlass des Kaisers Augustus, »den ganzen Erdkreis (oikoumene) aufschreiben zu lassen«; Mt 24,14: »Dieses Evangelium vom Reich (basileia) wird in der ganzen oikoumene verkündet werden…« Die These, dass das NT die Sammlung der Nationen zu einer politisch-kulturellen Ökumene polemisch ins Visier nehme, ist wohl überzogen: Offb 16,14 (Dämonen, die »die Könige der ganzen oikoumene« zum Endkampf gegen Gott sammeln); vgl. Meinhard Paeslack, Die »Oikoumene« im Neuen Testament. Ein Beitrag zur Wortgeschichte, in: ThViat 2 (1950) 33–47.

4 Eine singuläre, aber bemerkenswerte Stelle ist Hebr 2,5 (im Kontext von Hebr 2,5–10): Die zukünftige »oikoumene«, von der der «Verfasser des Briefes redet, sei nicht Engeln, sondern Christus gegeben. »Ökumene« ist für den Hebräerbrief eine gottgewollte Wirklichkeit, die nicht die Christen schaffen, sondern die (eschatologisch) verheißen ist – als Gottes gnädige Gabe.

5 Ruth Rouse und Stephen Charles Neill, Geschichte der Ökumenischen Bewegung 1517–1948 (ThÖ 6), 2 Bde., 2. Auflage Göttingen 1963. 1973.

6 Vgl. Union – Konversion – Toleranz. Dimensionen der Annäherung zwischen den christlichen Konfessionen im 17. und 18. Jahrhundert (VIEG Beiheft 50), hrsg. v. Heinz Duchhardt und Gerhard May, Mainz 2000.

7 Cornelius Augustijn, Erasmus – der Humanist als Theologe und Kirchenreformer (SMRT 59), Leiden 1996. Vgl. Peter Walter, Humanismus, Toleranz und individuelle Religionsfreiheit. Erasmus und sein Umkreis, in: Der Augsburger Religionsfrieden 1555. Wissenschaftliches Symposium aus Anlaß des 450. Jahrestages des Friedensschlusses, Augsburg 21. bis 25. September 2005 (RGST 150), hrsg. v. Heinz Schilling und Heribert Smolinsky, Münster 2007, 105–126.

8 In diesem Sinn prägten irenische Theologen des 17. Jahrhunderts den Satz: »In necessariis unitas, in dubiis libertas, in omnibus caritas.« Die Formulierung wird oft Augustinus zugeschrieben, findet sich jedoch nicht in seinen Schriften. Sie erscheint in einer Schrift, die als Verfasser Rupertus Meldenius (Peter Meiderlin) (1582–1651) angibt, und nimmt eine ähnliche Redensart Senecas auf (Ep. 88, 37): Theodor Mahlmann, Art. Meldenius, Rupertus, in: BBKL 5 (1993), 1202–1209 (Darstellung des bisherigen Forschungsstandes). Der Spruch findet sich in der Schrift »Paraenesis votiva pro pace ecclesiae« (1626). Vgl. immer noch: Friedrich Lücke, Über das Alter, den Verfasser, die ursprüngliche Form und den wahren Sinn des kirchlichen Friedensspruches In neccessariis unitas, in non neccessariis libertas, in utrisque charitas! Eine litterarhistorische theologische Studie. Nebst einem Abdrucke der Paraenesis votiva pro pace ecclesiae ad Theologos Augustanae Confessionis. Auctore Ruperto Meldenio Theologo, Göttingen 1850; ders., Nachträge, in: ThStKR 24 (1851) 905–938. Frieder Seebass, Die Schrift »Paraenesis votiva pro pace ecclesiae« (1626) und ihr Verfasser, in: PuN 22 (1996) 124–173, vermutet als den eigentlichen Verfasser Melchior Breler (1589–1627).

9 Vgl. schon die Exegese von Mt 25,31–46 durch Thomas von Aquin: Christus ist das Haupt aller, die die Liebe praktizieren (bzw. die Forderungen des Evangeliums erfüllen), *bevor* er das Haupt derer ist, die den Glauben artikulieren. Belege: Max Seckler, Die schiefen Wände des Lehrhauses. Katholizität als Herausforderung, Freiburg 1988, 26–39 (= »Das Haupt aller Menschen«). Ebd., 39 (als Resümee): »Wo die Liebe ist, ist *verwirklichter Leib Christi*, und zwar, wie wir hinzufügen dürfen, auch

ohne ausdrücklichen und sich seiner selbst als solchen bewussten Glauben. Freier und sachgerechter wurde theologisch in dieser Frage kaum gedacht.«

10 Überblick: Johannes Wallmann, Der Pietismus, Göttingen 2005; zwei Beispiele: Hans Martin Kirn, Deutsche Spätaufklärung und Pietismus. Ihr Verhältnis im Rahmen kirchlich-bürgerlicher Reform bei Johann Ludwig Ewald (1748–1822) (AGP 34), Göttingen 1998; Andreas Lindner, Leben im Spannungsfeld von Orthodoxie, Pietismus und Frühaufklärung. Johann Martin Schamelius, Ortspfarrer in Naumburg (Kirchengeschichtliche Monographien 3), Gießen 1998; ein Vergleich mit katholischen Strömungen: Jansenismus, Quietismus, Pietismus (AGP 42), im Auftrag der Historischen Kommission zur Erforschung des Pietismus hrsg. v. Hartmut Lehmann, Hans-Jürgen Schrader und Heinz Schilling, Göttingen 2002.

11 Erika Geiger, Nikolaus von Zinzendorf. Seine Lebensgeschichte, Holzgerlingen ³2000; Dietrich Meyer, Zinzendorf und die Herrnhuter Brüdergemeine 1700–2000, Göttingen 2000; Neue Aspekte der Zinzendorf-Forschung (AGP 47), hrsg. v. Martin Brecht und Paul Peucker, Göttingen 2006.

12 Zur Oxford-Bewegung: Peter Benedict Nockles, The Oxford Movement in Context. Anglican High Churchmanship, 1760–1857, Cambridge 1994; John Shelton Reed, Glorious Battle. The Cultural Politics of Victorian Anglo-Catholicism, Nashville 1996.

13 Johannes Friedrich Werling, Bemühungen um die christliche Einheit in der Neuzeit, in: Handbuch der Ökumenik, Bd. 1 (Kap. 5, Anm. 16), 307–324, 316–318; Harald Wagner, Die eine Kirche und die vielen Kirchen. Ekklesiologie und Symbolik beim jungen Möhler (BÖT 16), München 1977.

14 Weitere Vertreter sind die Benediktiner Beda Mayr (1742–1794), Verteidigung der natürlichen, christlichen und katholischen Religion nach den Bedürfnissen unserer Zeiten (1778), und Maximilian Prechtl (1757–1832), Friedensworte an die katholische und protestantische Kirche für ihre Wiedervereinigung (1810).

15 Möhler, Symbolik oder Darstellung der dogmatischen Gegensätze der Katholiken und Protestanten nach ihren öffentlichen Bekenntnisschriften, Bd. 1 (Hinführung, Anm. 15), 8. In seinem zweiten relevanten Werk (Die Einheit in der Kirche [Kap. 4, Anm. 4]) stellt er die katholische Kirche der drei ersten Jahrhunderte als Maßstab der christlichen Einheit dar.

16 Brief des Heiligen Offiziums an die Bischöfe Englands (16. September 1864) (mit der Verurteilung der Branch-Theory): DH 2885–2888.

17 Franz Schneider, Gebetswoche für die Einheit, in: LThK³ 4, 324.

18 Helga Hiller, Ökumene der Frauen. Anfänge und frühe Geschichte der Weltgebetstagsbewegung in den USA, weltweit und in Deutschland (Schriftenreihe zum Weltgebetstag 4), Stein 1999; Helga Hiller/Hildegard Zumach, Art. Weltgebetstag der Frauen, in: Ökumene-Lexikon (Kap. 5, Anm. 10), 1272 f.

19 Eine Verortung der Ökumene in Biographien: Ökumenische Profile. Brückenbauer der einen Kirche, 3 Bde., hrsg. v. Günter Gloede u. a., Stuttgart 1961. 1963.

20 AAS 20 (1928) 5–16; deutsche Übersetzung: Heilslehre der Kirche. Dokumente von Pius IX. bis Pius XII., besorgt v. Anton Rohrbasser, Freiburg/Schweiz 1953, 397–411. Vgl. Werner Löser, Art. Mortalium animos, in: Ökumene-Lexikon (Anm. 827), 845 f.

21 AAS 40 (1948) 257.

22 AAS 42 (1950) 142–147.

23 Text in: Heilslehre der Kirche (Anm. 20), 406: »Weil … die Liebe nur auf der Grundlage des reinen und unverfälschten Glaubens aufbauen kann, müssen die Jünger Christi durch die Einheit des Glaubens als dem vorzüglichsten Band miteinander verbunden werden«; vgl. 407: »Wir können nicht sehen, wie bei solchen Meinungsverschiedenheiten ein Weg zur Einheit der Kirche gefunden werden kann, da diese Einheit nur aus der Einheit des Lehramtes und der Einheit der Glaubensregel und der Einheit des Glaubens in der ganzen Christenheit entstehen kann.«

24 Wolfgang Schweitzer, Art. Praktisches Christentum, Bewegung für, in: Ökumene-Lexikon (Kap. 5, Anm. 10), 985–992.

25 Von lutherischen Theologen (u. a. Nathan Söderblom [1866–1931]) stammt in diesem Zusammenhang das geflügelte Wort:»Lehre trennt, Dienst eint« (Frieling, Der Weg des ökumenischen Gedankens [Hinführung, Anm. 28], 164). Ein ähnlicher Slogan begegnet in den 60er-Jahren des 20. Jahrhunderts:»Orthopraxie statt Orthodoxie« (ebd., 115).

26 Karl Christoph Epting, Art. Brent, Charles Henry, in: Ökumene-Lexikon (Kap. 5, Anm. 10), 190–192.

27 Günther Gaßmann, Konzeptionen der Einheit in der Bewegung für Glauben und Kirchenverfassung 1910–1937, Göttingen 1979, 11–15; auch 15–34. Vgl. Karl Christoph Epting, Art. Glauben und Kirchenverfassung, Bewegung für, in: Ökumene-Lexikon (Kap. 5, Anm. 10), 479–488.

28 Heinrich Döring, Die Anfänge der modernen ökumenischen Bewegung, in: Handbuch der Ökumenik, Bd. 2, im Auftrag des Johann-Adam-Möhler-Instituts hrsg. v. Hans Jörg Urban und Harald Wagner, Paderborn 1986, 15–52, 35.

29 Es begann in Amsterdam. Vierzig Jahre Ökumenischer Rat der Kirchen (ÖR.B 59), hrsg. v. ÖRK, Frankfurt 1989.

30 Vgl. Hanfried Krüger, Wesen und Wirken des Ökumenischen Rates der Kirchen, in: Handbuch der Ökumenik, Bd. 2 (Anm. 28), 64–79, 65. Vgl. Neu-Delhi 1961. Dokumentarbericht über die Dritte Vollversammlung des Ökumenischen Rates der Kirchen, hrsg. v. Willem A. Visser't Hooft, Stuttgart 1962, 170.

31 Vgl. Hinführung, Anm. 28!

32 Eine Bestandsaufnahme der heutigen Situation: Dagmar Heller, Antworten auf neue ökumenische Herausforderungen. Der ÖRK und seine Arbeit seit der neunten Vollversammlung, in: Cath 62 (2008) 161–173.

33 Karl Heinz Neufeld, Art. Couturier, Paul-Irénée, in: Ökumene-Lexikon (Kap. 5, Anm. 10), 232.

34 Gerhard Voss, Art. Metzger, Max Josef, in: ebd., 811 f.

35 Margarete Schmidt, Erich Przywara (1889–1972), Köln 1999; Martha Zechmeister, Gottes-Nacht. Erich Przywaras Weg negativer Theologie (Religion – Geschichte – Gesellschaft 4), Wien ²2000, 190–221.

36 Karl Heinz Neufeld, Art. Pr(z)ibilla, Max Friedrich Albert, in: Ökumene-Lexikon (Kap. 5, Anm. 10), 993 f. Max Pribilla SJ war seit 1921 in den»Stimmen der Zeit« (München) tätig.

37 Johannes Ries, Reform als Weg zur Wiedervereinigung. Die Unionstheologie Arnold Rademachers, in: Cath 16 (1962) 131–157; Herbert Hammans, Arnold Rademacher (1873–1939). Religionslehrer – Professor, in: Christen zwischen Niederrhein und Eifel. Lebensbilder aus zwei Jahrhunderten, Bd. 2, hrsg. v. Karl Schein, Aachen 1993, 115–140.

38 Carl Klinkhammer, Art. Laros, Matthias, in: Ökumene-Lexikon (Kap. 5, Anm. 10), 747 f. Matthias Laros war angeregt durch das Denken John Henry Newmans und mit Max Josef Metzger befreundet.

39 Heinz Schütte, Art. Grosche, Robert, in: ebd., 507 f. Robert Grosche war 1937 der Begründer der Zeitschrift»Catholica« (Münster).

40 Karl Heinz Neufeld, Art. Congar, Yves, in: ebd., 230 f. Yves Congar OP war Peritus des Vaticanum II und Mitglied der Päpstlichen Theologenkommission.

41 Erwin Iserloh, Art. Lortz, Joseph, in: ebd., 765 f. Joseph Lortz entwirft in dem zweibändigen Standardwerk»Die Reformation in Deutschland« (1939/1940; unveränderte Neuausgabe, mit einem Nachwort v. Peter Manns: Freiburg ⁶1982) ein Bild von Martin Luther und der Reformation, das als Wende in der katholischen Kirchengeschichtsdarstellung der Reformation gilt.

42 Barbara Schwahn, Der Ökumenische Arbeitskreis Evangelischer und Katholischer Theologen von 1946 bis 1975, Göttingen 1996.

43 Heinrich Petri, Die römisch-katholische Kirche und die Ökumene, in: Handbuch der Ökumenik, Bd. 2 (Anm. 28), 95–168, 119–133.

44 Jörg Ernesti, Ökumene im Dritten Reich (KKTS 77), Paderborn 2007.

45 Text: LThK² 13, 40–123. Hintergrund und Kommentar: Bernd Jochen Hilberath, Theologischer Kommentar zum Dekret über den Ökumenismus *Unitatis redintegratio*, in: Herders Theologischer Kommentar zum Zweiten Vatikanischen Konzil, hrsg. v. Peter Hünermann und Bernd Jochen Hilberath, Bd. 3, 69–223.

46 Päpstlicher Rat zur Förderung der Einheit der Christen, Direktorium zur Ausführung der Prinzipien und Normen über den Ökumenismus (Kap. 1, Anm. 18); Johannes Paul II., Enzyklika »Ut unum sint« über den Einsatz für die Ökumene (25. Mai 1995) (VApS 121), hrsg. v. Sekretariat der DBK, Bonn 1995.

47 Aloys Klein, Art. Einheitssekretariat, in: ebd., 307–313.

48 Aloys Klein, Art. Bea, Augustin Kardinal, in: Ökumene-Lexikon (Kap. 5, Anm. 10), 129–132. Augustin Bea SJ (1881–1968) war von 1930–1949 Rektor des Päpstlichen Bibelinstituts (Rom).

49 Zu den Gesprächen auf Weltebene: Dokumente wachsender Übereinstimmung. Sämtliche Berichte und Konsenstexte interkonfessioneller Gespräche auf Weltebene, 3 Bde., hrsg. und eingel. v. Harding Meyer u. a., Paderborn 1983. 1992. 2003 (Bd. 1: 1931–1982; Bd. 2: 1982–1990; Bd. 3: 1990–2001).

50 Text: ebd., Bd. 1, 545–585.

51 Vgl. Carl Friedrich von Weizsäcker, Die Zeit drängt. Eine Weltversammlung der Christen für Gerechtigkeit, Frieden und die Bewahrung der Schöpfung, Wien 1986.

52 Vgl. Heinz-Günter Stobbe, Art. Konziliarer Prozeß, in: LThK³ 6, 349.

53 Heinrich Assel, Der andere Aufbruch. Die Lutherrenaissance – Ursprünge, Aporien und Wege: Karl Holl, Emanuel Hirsch, Rudolf Hermann (1910–1935) (FSÖTh 72), Göttingen 1994.

54 Nr. 5. Der Text wurde allerdings von der Vollversammlung nicht verabschiedet: Paul-Werner Scheele, Die Herausforderung der Gemeinsamen Erklärung zur Rechtfertigungslehre, in: Zur Zukunft der Ökumene, hrsg. v. Bernd J. Hilberath und Wolfhart Pannenberg, Regensburg 1999, 139. Vgl. auch Theodor Dieter, Die Folgen der Gemeinsamen Erklärung zur Rechtfertigungslehre aus evangelischer Sicht, in: US 59 (2004) 134–144, 137: »Man sollte sich als evangelischer Theologe – gerade im kritischen ökumenischen Gespräch – nicht nur auf die eigene Tradition berufen, auf Luther oder die Bekenntnisschriften, sondern immer auch fragen, ob deren Auffassungen wahr sind, ob sie in sich klar und wie sie begründet sind. ... Leider hat sich in den letzten Jahren die Haltung weit verbreitet, dass man meint, als beatus possidens mit der eigenen Tradition umgehen zu können; dann hält man eine Paraphrase von Luthers Gedanken schon für die Darlegung der Wahrheit und merkt nicht, dass man an die Probleme überhaupt noch nicht herangekommen ist und dass man einem ganz unevangelischen Traditionalismus huldigt.«

55 Harding Meyer, Ekklesiologie im ökumenischen Gespräch und der katholisch-lutherische Dialog über »Kirche und Rechtfertigung«, in: KNA-ÖKI Nr. 1/2 v. 5. Januar 1994, 5–16. Lit.: Wolfgang Klausnitzer, »Wir haben wahrlich nicht Freude an Uneinigkeit ...«. Gesammelte Aufsätze zur Situation der Ökumene, Nordhausen 2005, 208–246.

56 Dorothea Wendebourg, »Kirche und Rechtfertigung«. Ein Erlebnisbericht zu einem neueren ökumenischen Dialog, in: ZThK 93 (1996) 84–100, 84.

57 Heinz-Albert Raem, Der lutherisch/katholische Dialog in seiner dritten Phase (1986–1993), in: Cath 48 (1994) 81–99.

58 Harald Wagner, Kirche und Rechtfertigung. Zum Dokument aus der dritten Phase des katholisch/lutherischen Dialogs (1993), in: Cath 48 (1994) 233–242.

59 Walter Klaiber meint, hier sei die Grundfrage zu stellen. Walter Klaiber, Rechtfertigung und Kirche. Exegetische Anmerkungen zum aktuellen ökumenischen Gespräch, in: KuD 42 (1996) 285–317, 316: »Das Dokument ›Kirche und Rechtfertigung‹ muss die entscheidende Grundfrage offen lassen: Ist es mit der Rechtfertigungslehre vereinbar, dass die Kirche eine bestimmte Ordnung als für das Sein der

Kirche unabdingbar ansieht, um ›an der gottgegebenen Kontinuität der Kirche (zu) partizipieren‹ und nach Gottes Willen Instrument und Sakrament des Heils zu sein? Exegetisch lässt sich die Frage nur indirekt beantworten. Es geht ja nicht um eine historische Bestandsaufnahme, sondern um eine theologische Grundentscheidung, die aus dem Grundverständnis von Rechtfertigungsbotschaft und Ekklesiologie zu treffen ist. Lässt all das, was Paulus und das sonstige NT über Gottes Heilshandeln am Menschen und dessen ekklesiologische Konsequenzen sagen, es zu, eine bestimmte (im NT noch gar nicht bezeugte) Verfassung als für Wesen und Bestand der Kirche unabdingbar notwendig festzustellen, ohne damit ihre Bestimmung zu gefährden, ganz aus der Abhängigkeit von Jesus Christus und seinem Wort zu leben? Nimmt man die Aussagen der paulinischen Rechtfertigungslehre und ihre ekklesiologischen Konsequenzen ernst, wird man diese Frage nur mit Nein beantworten können und muss von hier aus auch die Bestimmung der Kirche als ›Sakrament‹ des Heils in Frage stellen, weil dieser Begriff verdunkeln könnte, dass die Kirche nur als selber empfangende die Heilsbotschaft weitergeben und so zu Instrument und Raum des Heils werden kann.« Ist es wirklich richtig, dass ein dreifach gestuftes Amt (sogar mit einer episkopalen Spitze) im NT überhaupt keinen Anhalt findet? Die Pastoralbriefe kennen Diakone, »Älteste« (Presbyteroi) und einen Episkopos, der die Aufgabe der Lehrverkündigung und -bewahrung hat. Überdies ist in den echten Paulinen eine Amtstheologie wohl nur dann sachgemäß zu rekonstruieren, wenn die Autorität, die der Apostel den von ihm angesprochenen Gemeinden gegenüber beansprucht, mitbedacht wird.

60 Johannes Wallmann, Der Streit um die »Gemeinsame Erklärung zur Rechtfertigungslehre«, in: ZThK 95 (1998) 207–251.

61 »In der Erklärung gibt das Wort ›Kirche‹ das jeweilige Selbstverständnis der beteiligten Kirchen wieder, ohne alle damit verbundenen ekklesiologischen Fragen entscheiden zu wollen.«

62 »Unser Konsens in Grundwahrheiten der Rechtfertigungslehre muss sich im Leben und in der Lehre der Kirchen auswirken und bewähren. Im Blick darauf gibt es noch Fragen von unterschiedlichem Gewicht, die weiterer Klärung bedürfen: sie betreffen unter anderem das Verhältnis von Wort Gottes und kirchlicher Lehre sowie die Lehre von der Kirche, von der Autorität in ihr, von ihrer Einheit, vom Amt und von den Sakramenten, schließlich von der Beziehung zwischen Rechtfertigung und Sozialethik.«

63 Die Apostolizität der Kirche (Hinführung, Anm. 29); Hintergrund: Thönissen, Die Apostolizität der Kirche (Hinführung, Anm. 29), 16–26.

64 Die Apostolizität der Kirche (Hinführung, Anm. 29), 15.

65 Vgl. Klausnitzer, Der Primat des Bischofs von Rom (Kap. 1, Anm. 12), Freiburg 2004, 455–475.

66 Ein Bericht zum schwedischen Dialog lag 1988 vor. Kritisch dazu: Reinhart Staats, Von der Konfessionskirche zur Bischofskirche. Der schwedische Rapport »Das Bischofsamt« aus patristischer Sicht, in: ThLZ 116 (1991) 321–328.

67 Vgl. Belege: Klausnitzer, Der Primat des Bischofs von Rom (Kap. 1, Anm. 12), 462 f.

68 Bilaterale Arbeitsgruppe der Deutschen Bischofskonferenz und der Kirchenleitung der Vereinigten Evangelisch-Lutherischen Kirche Deutschlands, Kirchengemeinschaft in Wort und Sakrament, Paderborn 1984.

69 Lehrverurteilungen – kirchentrennend?, Bd. 1: Rechtfertigung, Sakramente und Amt im Zeitalter der Reformation und heute (DiKi 4), hrsg. v. Karl Lehmann und Wolfhart Pannenberg, Freiburg (1986) ³1988; Bd. 2: Materialien zu den Lehrverurteilungen und zur Theologie der Rechtfertigung (DiKi 5), hrsg. v. Karl Lehmann, Freiburg (1989) ²1995; Bd. 3: Materialien zur Lehre von den Sakramenten und vom kirchlichen Amt (DiKi 6), hrsg. v. Wolfhart Pannenberg, Freiburg 1990; Bd. 4: Antworten auf kirchliche Stellungnahmen (DiKi 8), hrsg. v. Wolfhart Pannenberg und Theodor Schneider, Freiburg 1994.

70 Bilaterale Arbeitsgruppe der Deutschen Bischofskonferenz und der Kirchenleitung der Vereinigten Evangelisch-Lutherischen Kirche Deutschlands, Communio Sanctorum (Kap. 1, Anm. 14).

71 Ebd., 97 (Nr. 194). Die Papstdogmen vor 1870 werden nicht pauschal, sondern nur konditional verworfen (ebd., 98 [Nr. 198]):»Das Prinzip des *Jurisdiktionsprimates* ist für lutherisches Verständnis nicht akzeptabel, wenn nicht seine Ausgestaltung die Einbindung in die *Communio*-Struktur der Kirche rechtlich verbindend vorschreibt. Das Prinzip der *Unfehlbarkeit* ist ebenfalls für lutherisches Verständnis nicht akzeptabel, wenn nicht auch ›*Ex-cathedra*‹-Entscheidungen einem letzten Vorbehalt durch die in der Heiligen Schrift gegebene Offenbarung unterliegen.« Auch die katholischen Mitarbeiter an der Studie erkennen an, dass diese Bedenken zu Recht bestehen.

72 Ebd., 97 (Nr. 195); Hervorhebungen v. W. K.

7. Zielvorstellungen der Ökumene (S. 232–287)

1 Deutsche Gesamtausgabe der Werke von Wladimir Solowjew, hrsg. v. Wladimir Szylkarski u. a., Bd. 8., München 1979, 258–294, besonders 276–291.

2 Patriarchal- und Synodalenzyklika des Ökumenischen Patriarchats, Phanar 1920: »An die Kirchen Christi in der ganzen Welt«; deutsch: Orthodoxe Kirche und ökumenische Bewegung (Hinführung, Anm. 27), 16–20. Der politische Hintergrund des Sendschreibens ist offensichtlich: Der osmanische Vielvölkerstaat, innerhalb dessen das griechisch-orthodoxe Patriarchat einen gewissen Rechtsschutz hatte, und das russische Zarenreich als orthodoxe Schutzmacht waren in der Konsequenz des Ersten Weltkrieges untergegangen. Das Schreiben spielt auch sehr deutlich auf den Vorschlag des amerikanischen Präsidenten Woodrow Wilson an, einen Völkerbund zu schaffen.

3 Darstellung: Klausnitzer,»Wir haben wahrlich nicht Freude an Uneinigkeit …« (Kap. 6, Anm. 55), 193–207.

4 Konrad Raiser, Ökumene im Übergang. Paradigmenwechsel in der ökumenischen Bewegung?, München 1989, 11–49. Damit ist auch die Motivation tangiert: Institut für Ökumenische Forschung in Straßburg, Krise und Herausforderung der ökumenischen Bewegung. Integrität und Unteilbarkeit, in: US 49 (1994) 275–301, 291: »Wo keine Klarheit in der ökumenischen Motivation besteht, verschwimmt auch das Ziel; und wo – umgekehrt – keine Klarheit über das ökumenische Ziel herrscht, bleibt auch die Motivation diffus.«

5 Das wird schon 1963 registriert: Bernard Lambert, Das ökumenische Problem, Bd. 2, Freiburg 1963, 267: »Es fehlt keineswegs an Lösungsvorschlägen für eine Wiedervereinigung. Es gibt sogar zu viele: der geistige Ökumenismus, der aktive Ökumenismus, die föderative Verbindung der Kirchen, die Interkommunion, die organische Gemeinschaft usw.« Inzwischen sind weitere Einheitsmodelle genannt worden:»Konziliare Gemeinschaft«, »Kirchengemeinschaft«, »versöhnte Verschiedenheit«, »Koinonia«, »Einheit durch Vielfalt«, »Ökumene in Gegensätzen«, »Ökumene der Profile« usw.

6 Martin Buber, Werke, Bd. 1: Schriften zur Philosophie, München 1962, 816.

7 Papal Primacy and the Universal Church (Lutherans and Catholics in Dialogue 5), hrsg. v. Paul C. Empie and T. Austin Murphy, Minneapolis 1974. Zitiert wird nach der deutschen Übersetzung: Das kirchenleitende Amt. Dokumente zum interkonfessionellen Dialog über Bischofsamt (ÖkDok 5), hrsg. v. Günther Gaßmann und Harding Meyer, Frankfurt 1980, 49–97, 55.

8 Vgl. Roloff, Die Kirche im Neuen Testament (Kap. 2, Anm. 501), 11–13.

9 Käsemann, Begründet der neutestamentliche Kanon die Einheit der Kirche? (Kap. 3,

Anm. 131). Vgl. Josef Blank, Exegese als theologische Basiswissenschaft, in: ThQ 159 (1979) 2–23, 17.

10 Oscar Cullmann, Einheit durch Vielfalt. Grundlegung und Beitrag zur Diskussion über die Möglichkeiten ihrer Verwirklichung, Tübingen 2. erw. Aufl. 1990, 153–156 (mit Cullmanns Gegenrede auf seine Kritiker, die sich zu der 1. Aufl. geäußert hatten).

11 Roloff, Die Kirche im Neuen Testament (Kap. 2, Anm. 501), 222–249.

12 Lukas Vischer, Schwierigkeiten bei der Befragung des Neuen Testaments, in: Christian Link u. a., Sie aber hielten fest an der Gemeinschaft … Einheit der Kirche als Prozeß im Neuen Testament und heute, Zürich 1988, 11–40, 25.

13 Vgl. Hans Dieter Betz, Art. heis, mia, hen, in: EWNT 1, 969–971; Karl Kertelge, Die eine Kirche Jesu Christi im Zeugnis des Neuen Testaments, in: Cath 35 (1981) 265–279.

14 Roloff, Die Kirche im Neuen Testament (Kap. 2, Anm. 501), 245.

15 Das Vaticanum II stellt eine Analogie zwischen der Trinität und der Einheit der Kirche fest (UR 2,6):»Höchstes Vorbild und Urbild dieses Geheimnisses (der Einheit der Kirche; Anm. W. K.) ist die Einheit des einen Gottes, des Vaters und des Sohnes im Heiligen Geist in der Dreiheit der Personen.«

16 Betz, Art. heis, mia, hen (Anm. 13), 969 f.

17 Frieling, Der Weg des ökumenischen Gedankens (Hinführung, Anm. 28), 263 f.

18 Vischer, Schwierigkeiten bei der Befragung des Neuen Testaments (Anm. 12), 26. Dazu: Heinrich Döring, Auf der Suche nach der Einheit: Von der Konziliarität zur Koinonia, in: Cath 48 (1994) 27–61.

19 Vgl. Ulrich Kuhnke, Koinonia. Zur theologischen Rekonstruktion der Identität christlicher Gemeinde, Düsseldorf 1992, 116–118; Martin Hengel, Eigentum und Reichtum in der frühen Kirche. Aspekte einer frühchristlichen Sozialgeschichte, Stuttgart 1973, 39–42. Darauf spielt vielleicht Hebr 13,16 an:»Vergeßt nicht, Gutes zu tun und mit anderen zu teilen (wörtlich: die Koinonia); denn an solchen Opfern hat Gott Gefallen.«

20 Vgl. Hans-Josef Klauck, Gemeinde zwischen Haus und Stadt. Kirche bei Paulus, Freiburg 1992, 108–113. Auch: Communio/Koinonia. Ein neutestamentlich-frühchristlicher Begriff und seine heutige Wiederaufnahme und Bedeutung. Eine Stellungnahme des Instituts für Ökumenische Forschung Straßburg, in: US 46 (1991) 157–176; Josef Hainz, Koinonia.»Kirche« als Gemeinschaft bei Paulus (BU 16), Regensburg 1982; Karl Kertelge, Koinonia und Einheit der Kirche nach dem Neuen Testament, in: Communio Sanctorum. Einheit der Christen – Einheit der Kirche, FS Paul-Werner Scheele, hrsg.v. Josef Schreiner und Klaus Wittstadt, Würzburg 1988, 53–67.

21 Kertelge, Koinonia und Einheit der Kirche nach dem Neuen Testament (Anm. 954), 63–67.

22 Gerhard Sauter, Der Ursprung der Kirche aus Gottes Wort und Gottes Geist, in: Handbuch der Fundamentaltheologie, Bd. 3 (Hinführung, Anm. 1), 147–158, 156f (= »Die Aufgabe der Einheit«). Vgl. Einheit als Gabe und Verpflichtung. Eine Studie des Deutschen Ökumenischen Studienausschusses (DÖSTA) zu Johannes 17 Vers 21, hrsg. v. Wolfgang A. Bienert, Frankfurt 2002.

23 Gemeinsame römisch-katholisch/evangelisch-lutherische Kommission, Einheit vor uns. Modelle, Formen und Phasen katholisch/lutherischer Kirchengemeinschaft, Paderborn 1985, 14 (Nr. 14f).

24 Vgl. etwa die Erklärung der Glaubenskongregation »Communionis notio« (15. Juni 1992); deutscher Text: HerKorr 46 (1992) 319–323! Kritisch dazu: Hermann Josef Pottmeyer, Kirche als Communio. Eine Reformidee aus unterschiedlichen Perspektiven, in: StZ 111 (1992) 579–589. Der Gedanke der »Kirchengemeinschaft« besitzt im lutherisch/reformierten Dialog eine andere Inhaltlichkeit als im lutherisch/anglikanischen Gespräch: Georg Hintzen, Das Modell der Kirchengemein-

schaft. Innerprotestantische Entwicklungen seit der Leuenberger Konkordie, in: Cath 52 (1998) 155–185. Zu den konfessionsspezifischen »Ausprägungen des Verständnisses von Einheit« in den reformatorischen Kirchen, in der anglikanischen Gemeinschaft, in den Freikirchen (zumal bei den Baptisten), in der Orthodoxie und in der (römisch-)katholischen Kirche: Meyer, Ökumenische Zielvorstellungen (Hinführung, Anm. 29), 25–48.

25 Dazu: ebd., 55–60.

26 Ebd., 89.

27 Die Beziehung zwischen dem ÖRK und den weltweiten Konfessionsfamilien. Konsultationsbericht, Genf 1978, Nr. 9. Zitiert nach: Günther Gaßmann/Harding Meyer, Die Einheit der Kirche. Voraussetzung und Gestalt (LWB-Report Nr. 15), Stuttgart 1983, 55 f.

28 DH 150: »Ich glaube … die eine heilige katholische und apostolische Kirche (griechisch: mian hagian katholiken kai apostoliken ekklesian; lateinisch: unam sanctam catholicam et apostolicam ecclesiam).« Seit dem ausgehenden 17. Jahrhundert wird dieses Glaubensbekenntnis unter dem Namen »Nicaeno-Constantinopolitanum« überliefert. Im Vergleich mit dem Glaubensbekenntnis des Konzils von Nikaia (125) (DH 125) zeigt sich, dass die Aussage zur Kirche im Text von Nikaia nicht enthalten ist. Die auf der Versammlung verabschiedete Fassung des Glaubensbekenntnisses lag dem Konzil von Konstantinopel wohl schon vor (vgl. DH S. 83).

29 Wolfgang Beinert, Ökumenische Leitbilder und Alternativen, in: Handbuch der Ökumenik, Bd. 3/1, im Auftrag des Johann-Adam-Möhler-Instituts hrsg. v. Hans Jörg Urban und Harald Wagner, Paderborn 1987, 126–178, 127.

30 Vgl. ebd., 129–158 (zur Entwicklung und zum Verständnis der Begriffe Katholizität und Apostolizität).

31 Manche Autoren sprechen in diesem Zusammenhang von einem »ontologischen« Einheitsverständnis (Ralf Miggelbrink, Einführung in die Lehre von der Kirche, Darmstadt 2003, 82).

32 Roloff, Die Kirche im Neuen Testament (Kap. 2, Anm. 501), 245. Er weist auf 1 Kor 12,13 hin.

33 Vgl. ebd.

34 Miggelbrink, Einführung in die Lehre von der Kirche (Anm. 31), 82, spricht von einem »sittlichen« (besser ist vielleicht: »moralischen«) Einheitsverständnis.

35 Ebd., 83.

36 BSLK 463 f.

37 Wilhelm Dilthey, Das natürliche System der Geisteswissenschaften im 17. Jahrhundert, in: ders., Gesammelte Schriften, Bd. 2: Weltanschauung und Analyse des Menschen seit Renaissance und Reformation, Leipzig ²1921, 90–245, 166: »Ihm fehlte … Luthers genialer Blick für die großen Kräfte der politischen und kirchlichen Welt. Alles Gewalttätige erschreckte ihn. Jede geordnete Macht, welche nach Regeln das Rohe, Dunkle und Heftige niederhielt, erschien ihm als Bundesgenossin seines Lebenswerks. So beging er den uns heute unfassbaren Fehler, eine protestantische Lebensordnung unter dem rechtlich geregelten Einflusse des Papstes für möglich zu halten.« Dilthey spielt auf das Leipziger Interim (1548) an, in dem Melanchthon (in der Linie seiner Klausel zu den »Schmalkaldischen Artikeln«) unter der Voraussetzung, dass die Predigt der Rechtfertigungslehre beibehalten werde, zugestanden hatte, dass in den kursächsischen Gebieten der Reformation die Jurisdiktion der (altgläubigen) Bischöfe, die Firmung, die Krankensalbung, die Messe mit Paramenten und Ministranten, das Stundengebet, das Fronleichnamsfest und das vorgeschriebene Fasten (wieder) eingeführt werden.

38 Vgl. Wolfgang Thönissen, Gemeinschaft durch Teilhabe an Jesus Christus. Ein katholisches Modell für die Einheit der Kirchen, Freiburg 1996; Gerhard Voss, Art. Una Sancta, in: LThK³ 10, 374. Die Erklärung »Dominus Iesus« der Glaubenskongregation (2000) weist auf diesen Zusammenhang hin. Vgl. Kongregation für die

Glaubenslehre, Erklärung Dominus Iesus. Über die Einzigkeit und die Heilsuniversalität Jesu Christi und der Kirche (6. August 2000) (VApS 148), hrsg. v. Sekretariat der Deutschen Bischofskonferenz, Bonn 2000, 21 (= Nr. 16): »Der Herr Jesus, der einzige Erlöser, hat nicht eine bloße Gemeinschaft von Gläubigen gestiftet. Er hat die Kirche als *Heilsmysterium* gegründet: Er selbst ist in der Kirche und die Kirche ist in ihm (vgl. Joh 15,1 ff.; Gal 3,28; Eph 4,15–16; Apg 9,5); deswegen gehört die Fülle des Heilsmysteriums Christi auch zur Kirche, die untrennbar mit ihrem Herrn verbunden ist. Denn Christus setzt seine Gegenwart und sein Heilswerk in der Kirche und durch die Kirche fort (vgl. Kol 1,24–27), die sein Leib ist (vgl. 1 Kor 12,12–13.27; Kol 1,18). Wie das Haupt und die Glieder eines lebendigen Leibes zwar nicht identisch sind, aber auch nicht getrennt werden können, dürfen Christus und die Kirche nicht miteinander verwechselt, aber auch nicht getrennt werden.«

39 Miggelbrink, Einführung in die Lehre von der Kirche (Anm. 31), 84.

40 Ulrich H. J. Körtner: Versöhnte Verschiedenheit. Ökumenische Theologie im Zeichen des Kreuzes, Bielefeld 1996; Vielfalt und Verbindlichkeit. Christliche Überlieferung in der pluralistischen Gesellschaft, Leipzig 2000.

41 Peter L. Berger, Der Zwang zur Häresie. Religion in der pluralistischen Gesellschaft, Frankfurt 1980.

42 Vgl. Kap. 2, Anm. 238 (Leuba), Kap. 2, Anm. 252 (Cullmann, Einheit durch Vielfalt), Kap. 2, Anm. 253 (Herms), 4 (Raiser).

43 Vgl. DH 1–5.

44 DH 1 (Brief der Apostel; äthiopische Fassung); 10 (Traditio apostolica; lateinische Fassung); vgl. auch 11–14.

45 DH 19 (Nicetas, Bischof von Remesiana).

46 Rudolf Otto, Das Heilige. Über das Irrationale in der Idee des Göttlichen und sein Verhältnis zum Rationalen, Breslau 1917 u. ö.; ungekürzte Sonderausgabe: München 1979; vgl. Mircea Eliade, Das Heilige und das Profane. Vom Wesen des Religiösen, Hamburg 1957.

47 Man hat seit Beginn des 19. Jahrhunderts registriert, dass der Bereich, in dem »Numinos«-Transzendentes erscheint, durch die Entdeckungen etwa der Naturwissenschaften immer mehr zurücktritt. Das »Numinose« werde immer mehr profaniert oder »säkularisiert«, bis »Numinoses« schließlich gar nicht mehr notwendig und wirklich sei. Angesichts dieser Diagnose gab es nach dem Zweiten Weltkrieg Theologen wie Friedrich Gogarten, Johann Baptist Metz, Harvey Cox und Thomas Altizer, die, angeregt durch Dietrich Bonhoeffer, im Widerspruch zu Otto behaupteten, diese Säkularisierung der Welt sei geradezu die Absicht der jüdisch-christlichen Schöpfungserzählung (»Säkularisierungsthese«). Der Schöpfungsbericht im AT zeige, dass eben die gesamte Weltwirklichkeit geschaffen, d. h. profan, sei. Geistesgeschichtlich wirkt hier das Gottesbild (»Deismus«) der Aufklärung weiter. Hintergrund: Ulrich Ruh, Säkularisierung als Interpretationskategorie. Zur Bedeutung des christlichen Erbes in der modernen Geistesgeschichte, Freiburg 1980.

48 Traditio Apostolica 16 (vgl. Didache. Zwölf-Apostel-Lehre – Traditio Apostolica. Apostolische Überlieferung [Kap. 3, Anm. 93], 247–251).

49 Ebd., 247: »Wer Kinder unterrichtet, tut gut, wenn er davon abläßt; wenn er aber keinen anderen Beruf hat, sei es ihm gestattet.«

50 Tertullian, De corona 1; vgl. Willy Rordorf, Tertullians Beurteilung des Soldatenstandes, in: VigChr 23 (1969) 105–141.

51 Didache. Zwölf-Apostel-Lehre – Traditio Apostolica. Apostolische Überlieferung (Kap. 3, Anm. 93), 251 (= Traditio Apostolica 17).

52 Ernst Walter Zeeden, Art. Calvin, Johannes, in: LThK[2] 2, 887–891, 888: Zwischen 1541 und 1546 wurden in Genf zur Durchsetzung der Kirchenordnung 56 Todesurteile verhängt und 78 Verbannungen ausgesprochen.

53 BSLK 61.

54 Die Confutatio der Confessio Augustana vom 3. August 1530 (CCath 33), bearbeitet

v. Herbert Immenkötter, Münster [2]1981, 95 f. Die Konfutatoren verweisen demgegenüber auf Mt 3,12; 13,47f; 25,1f (also auf das *eschatologische* Gericht Gottes über
die Kirche) und die Verurteilung entsprechender Aussagen des Johannes Hus, die
die Sünder faktisch aus der »heiligen« Kirche ausschließen, auf dem Konzil von
Konstanz (vgl. DH 1201–1230).

55 BSLK 62.

56 ApCA 7 und 8: BSLK 233–246, besonders 233–239.

57 Gunther Wenz, Kirche. Perspektiven reformatorischer Ekklesiologie in ökumenischer Absicht (Studium Systematische Theologie 3), Göttingen 2005, 66.

58 ApCA 7 und 8 (BSLK 234; Hervorhebungen W.K.): »At ecclesia non est tantum
societas externarum rerum ac rituum sicut aliae politiae, sed *principaliter* est societas fidei et spiritus sancti *in cordibus*, quae tamen habet *externas notas*, ut agnosci
possit, videlicet *puram evangelii doctrinam et administrationem sacramentorum consentaneam evangelio Christi.*« Im ersten Entwurf der Apologie heißt es unter ausdrücklichem Bezug auf den gegnerischen Vorwurf, die Protestanten operierten mit einer
»platonischen« Kirchenidee (ebd.): »Et ne quis dicat nos Platonicam civitatem som-
niare, addimus externas notas, quibus Ecclesia agnosci debet, videlicet consensum
de Evangelio et usum sacramentorum consentientem Evangelio.«

59 Das gilt anscheinend noch heute. Vgl. Wenz, Kirche (Anm. 57), 74f: »Evangelisches
Bekenntnis bindet daher nicht unmittelbar und in formalautoritativer Weise an sich
und seine äußere Formgestalt; seine Vermittlungsaufgabe ist vielmehr stets dadurch
bestimmt, jene Freiheit zu eröffnen, die es dem Adressaten des Bekenntnisses
ermöglicht, sich selbst von der Wahrheit des Evangeliums zu überzeugen, um zu
jener inneren Glaubensgewißheit zu gelangen, welche die Grundlage äußerer
Zustimmung ist.«

60 Das hat Martin Luther 1525 genauso gesehen (De servo arbitrio: WA 18, 649f: »Die
Kirche wird nämlich durch den Geist Gottes geleitet. Die Heiligen werden durch
den Geist Gottes geführt [Röm 8,14]. Christus bleibt bei seiner Kirche bis zur Vollendung der Welt. Die Kirche Gottes ist das Fundament und die Säule der Wirklichkeit. Das wissen wir, denn so sagt es unser aller Glaubensbekenntnis: Ich glaube an
die heilige katholische Kirche. Es ist daher unmöglich, dass sie auch nur im geringsten Glaubensartikel irrt.«

61 Ut unum sint (Kap. 6, Anm. 46), 27 (= Nr. 34).

62 Dietrich Bonhoeffer, Nachfolge (Dietrich Bonhoeffer Werke Bd. 4), hrsg. v. Martin
Kuske und Ilse Tödt, München 1989, 30: »Billige Gnade ist Predigt der Vergebung
ohne Buße, ist Taufe ohne Gemeindezucht, ist Abendmahl ohne Bekenntnis der
Sünden, ist Absolution ohne persönliche Beichte. Billige Gnade ist Gnade ohne
Nachfolge, Gnade ohne Kreuz, Gnade ohne den lebendigen, menschgewordenen
Jesus Christus.«

63 Vgl. den Aufsatz »Zur Frage nach der Kirchengemeinschaft« (1936) mit dem Spit-
zensatz: »Wer sich wissentlich von der Bekennenden Kirche in Deutschland trennt,
trennt sich vom Heil.« Erstveröffentlichung: Zur Frage der Kirchengemeinschaft, in:
EvTh 3 (1936) 214–233, Zitat: 231; abgedruckt in: Gesammelte Schriften, hrsg. v.
Eberhard Bethge, Bd. 2, München 1959, 217–241, Zitat: 238.

64 Wiedenhofer, Das katholische Kirchenverständnis (Kap. 4, Anm. 43), 262.

65 Die Formel stammt aus der calvinistischen Theologie des 17. Jahrhunderts. Das
Vaticanum II greift diesen Gedanken auf in LG 9,3 (die Kirche wird durch die Gnade
gestärkt, damit sie »nicht aufhöre, sich selbst zu erneuern« [seipsam renovare non
desinat]) und UR 6,1 (die Kirche wird von Christus zu einer »dauernden Reform«
[perennem reformationem] gerufen).

66 Explanatio Symboli 23 (PL 52, 87B); deutsche Übersetzung: Communio Sanctorum
(Kap. 1, Anm. 14) 16.

67 Vgl. Hans Urs von Balthasar, Casta meretrix, in: ders., Sponsa verbi, Einsiedeln
[3]1975, 203–305; Werbick, Kirche (Hinführung, Anm. 24), 223–238.

68 Vgl. Miggelbrink, Einführung in die Lehre von der Kirche (Kap. 7, Anm. 31), 113. Ausführlicher: Victor Conzemius, Die Kritik der Kirche, in: Handbuch der Fundamentaltheologie, Bd. 3 (Hinführung, Anm. 1), 11–36.

69 Vgl. Knut Wenzel, Art. Katholisch, in: LThK³ 5, 1345 f.

70 Ebd., 1345.

71 Justin, Dial. 81, 4.

72 Klemens von Alexandria, strom. 4, 15, 3.

73 Ignatius von Antiochia, Smyrn. 8, 2.

74 Augustinus, ep. 93, 23.

75 Augustinus, Contra epistulam Manichaei (CSEL 25/1, 197: »Ego vero evangelio non crederem, nisi me catholicae ecclesiae commoveret auctoritas«).

76 DH 126; vgl. 127 f.

77 Vgl. DH 126. 150.

78 Commonitorium 2, 3: »In ipsa item catholica ecclesia magnopere curandum est, ut id teneamus, quod ubique, quod semper, quod ab omnibus creditum est, hoc est etenim vere proprieque catholicum.« Das »Commonitorium« ist wohl um 434 entstanden. Ausgabe: Vinzenz von Lerinum, Commonitorium pro catholicae fidei antiquitate et universitate adversus profanas omnium haereticorum novitates (SQS 1. Reihe, Heft 10), hrsg. v. Adolf Jülicher, (Tübingen ²1925) Nachdruck: Frankfurt 1968, 3.

79 WA 50, 624.

80 Vgl. Hünermann, Theologischer Kommentar zur dogmatischen Konstitution über die Kirche Lumen gentium (Kap. 2, Anm. 499), 263–582, 387.

81 Ebd., 388.

82 Vgl. Aloys Grillmeier, Kommentar zum 2. Kapitel von »Lumen Gentium«, in: LThK² 12, 176–207, 194: »Es wird aber auch das Recht geschützt, Teilkirche zu sein, das heißt, aus eigenen Überlieferungen zu leben, Besonderheiten zu behalten, dies aber in einer Weise, welche die Gesamtstruktur der Kirche voll verwirklicht, in der Vollverkündigung des Wortes, der Spendung der Sakramente und in der Einheit der Leitung.«

83 Cyprian, Epistula (73) ad Iudaicum 21, in: PL 3, 1169. Zur Rezeptions- und Deutungsgeschichte dieses Satzes: Bernhard Körner, Extra ecclesiam nulla salus. Sinn und Problematik dieses Satzes in einer sich wandelnden fundamentaltheologischen Ekklesiologie, in: ZKTh 114 (1992) 274–292. Ähnlich Origenes, In Jesu Nave 3, 5, in: PG 12, 841: »Niemand möge sich einreden, niemand sich selber täuschen: Außerhalb dieses Hauses, das heißt außerhalb der Kirche, wird niemand gerettet; denn wenn jemand hinausgeht, ist er an seinem Tode selber schuld«; Cyprian, De unitate Ecclesiae 6, in: PL 4, 502: »Der kann Gott nicht zum Vater haben, der die Kirche nicht zur Mutter hat. Wenn irgendeiner zu entrinnen vermochte, der außerhalb der Arche Noachs war, dann mag auch einer entkommen, der draußen, außerhalb der Kirche ist«; Augustinus, in: CSEL 53, 174: »Außerhalb der katholischen Kirche kann jemand alles haben, nur nicht das Heil«.

84 Vgl. Grillmeier, Kommentar (Anm. 82), 196 f.

85 Vgl. Hünermann, Theologischer Kommentar zur dogmatischen Konstitution über die Kirche Lumen gentium (Kap. 2, Anm. 499), 390 f.

86 Aloys Grillmeier, Art. Höllenabstieg Christi, Höllenfahrt Christi; in: LThK² 5, 450–455, 453–455. Grundsätzlich: »Hinabgestiegen in das Reich des Todes«. Der Sinn dieses Satzes in Bekenntnis und Lehre, Dichtung und Kunst, hrsg. v. Hans Urs von Balthasar, München 1982.

87 Sth I–II 89, a. 6; III a. 8, q. 3. Eine ausführliche Interpretation bietet Seckler, Die schiefen Wände des Lehrhauses (Kap. 6, Anm. 9), 26–38.

88 Sth III q. 61, vor allem a. 3. Über die mögliche Heilsrelevanz dieser außerchristlichen Sakramente nach dem Christusereignis reflektiert Thomas nicht.

89 Kritisch: Grillmeier, Kommentar (Anm. 82), 196f: »Bellarmin weiß um das innere

und entscheidende Element der Gnade. Es geht ihm aber um die Feststellung der sichtbaren Zugehörigkeit, die freilich nicht genügend in ihrer Zeichenhaftigkeit für die innere Verbindung mit Christus gesehen wird. Wegen der zu starken Isolierung des Sichtbaren vom Unsichtbaren in der Kirche kann Bellarmin ihre Sichtbarkeit auf die gleiche Stufe wie die Sichtbarkeit eines Staates stellen.«

90 DH 3802.
91 DH 3821: »inscio quodam desiderio ac voto«; auch 3871; vgl. Grillmeier, Kommentar (Anm. 82), 196 f.
92 DH 3870.
93 Vgl. Heribert Schauf, Zur Frage der Kirchengliedschaft, in: ThRv 58 (1962) 217–224; Klaus Mörsdorf, Persona in Ecclesia Christi, in: AkathKR 131 (1962) 345–393.
94 Klaus Mörsdorf, Die Kirchengliedschaft nach dem Recht der katholischen Kirche, in: HSKR 1, 613–634, 618. Mörsdorf sprach ursprünglich von »konstitutioneller Gliedschaft« (unter Bezugnahme auf Can. 87 des CIC von 1917). Die neu gewählte Bezeichnung »konsekratorische Gliedschaft« »bringt das, worum es sachlich geht, d.i. die sakramental-ontologische Schicht der Kirchengliedschaft, besser zum Ausdruck« (ebd.). Vgl. auch Friedo Ricken, »Ecclesia … universale salutis sacramentum«. Theologische Erwägungen zur Lehre der Dogmatischen Konstitution »De Ecclesia« über die Kirchengliedschaft, in: Schol. 40 (1965) 352–388, 363f (mit Lit. in Anm. 56).
95 Mörsdorf, Die Kirchengliedschaft nach dem Recht der katholischen Kirche (Anm. 94), 618.
96 Grillmeier, Kommentar (Anm. 82), 197.
97 LG 14,2: »Jene werden der Gemeinschaft der Kirche voll eingegliedert, die, *im Besitze des Geistes Christi* (Hervorhebung W.K.) ihre ganze Ordnung und alle in ihr eingerichteten Heilsmittel annehmen und in ihrem sichtbaren Verband mit Christus, der sie durch den Papst und die Bischöfe leitet, verbunden sind, und dies durch die Bande des Glaubensbekenntnisses, der Sakramente und der kirchlichen Leitung und Gemeinschaft.« Vgl. auch Can. 205 CIC (1983). Menschen, die zwar – institutionell gesehen – in der Kirche, aber nicht »im Besitze des Geistes Christi« sind (weil sie sich etwa im Zustand der schweren Sünde befinden), gehören deshalb nicht im vollen Sinn zur Kirche. Eine lediglich äußerliche, institutionelle Zugehörigkeit zur Kirche ist im Blick auf das Heil irrelevant (LG 14,2): »Nicht gerettet wird aber, wer, obwohl der Kirche eingegliedert, in der Liebe nicht verharrt und im Schoße der Kirche zwar ›dem Leibe‹, aber nicht ›dem Herzen‹ nach verbleibt.« Das Konzil zitiert dazu Augustinus, Bapt. c. Donat. 5, 28, 39 (PL 43, 197): »Ganz offenbar ist die Redeweise: ›in der Kirche drinnen oder draußen‹ vom Herzen, nicht vom Leibe zu verstehen.«
98 Sth III q. 8, a. 3, ad 1; zitiert in LG 16.
99 LG 16: »Die göttliche Vorsehung verweigert auch denen das zum Heil Notwendige nicht, die ohne Schuld noch nicht zur ausdrücklichen Anerkennung Gottes gekommen sind, jedoch, nicht ohne die göttliche Gnade, ein rechtes Leben zu führen sich bemühen.«
100 Hünermann, Theologischer Kommentar zur dogmatischen Konstitution über die Kirche *Lumen gentium* (Kap. 2, Anm. 499), 400.
101 Zwei Beispiele: LG 17: »Sie (= die Kirche; Anm. W.K.) wird nämlich vom Heiligen Geiste angetrieben, mitzuwirken, dass der Ratschluss Gottes, der Christus zum Ursprung des Heils für die ganze Welt bestellt hat, tatsächlich ausgeführt werde«; NA 2,2: »Unablässig aber verkündet sie und muss sie verkündigen Christus, das ist ›der Weg, die Wahrheit und das Leben‹ (Joh 14,6), in dem die Menschen die Fülle des religiösen Lebens finden, in dem Gott alles mit sich versöhnt hat.«
102 Bernd Oberdorfer, Art. Katholizität der Kirche, in: RGG⁴ 4, 902–905, 903–905; vgl. Wolfgang Beinert, Die Katholizität als Eigenschaft der Kirche, in: Cath 45 (1991) 238–264.

103 Vgl. ApCA 7f: BSLK 235 f.
104 Vgl. BSLK 236.
105 Ebd., 235.
106 Vgl. Ferdinand R. Gahbauer, Art. Pentarchie, in: LThK³ 8, 18.
107 Karl Kertelge, Art. Apostel. I. Im Neuen Testament, in: LThK³ 1, 851f, 851.
108 Ferdinand Hahn, Art. Apostel. I. Neues Testament, in: RGG⁴ 1, 636f, 637.
109 Didache 11,3–6; vgl. 11,7 – 13,7.
110 Ferdinand Hahn, Art. Apostel. II. Das Apostolat im Urchristentum, in: RGG⁴ 1, 637f, 637.
111 1 Clem 42, 4.
112 Wolfgang Beinert, Art. Apostolische Zeit, in: LThK³ 1, 875 f.
113 Eusebius von Caesarea, h. e. 4, 8.
114 DH 1501; DV 7.
115 DH 3070. 3421; vgl. John Henry Newman, Parochial and Plain Sermons, Bd. 2, London ²1868, 306.
116 Karl Rahner hat vorgeschlagen, diese Aussage in dem Sinn zu verstehen, dass damit die Zeit bis zum Ende der *Rezeption* des neutestamentlichen Kanons (etwa um die Mitte des 4. Jahrhunderts) umschrieben werde. Vgl. Rahner: Heilsgeschichtliche Herkunft der Kirche von Tod und Auferstehung Jesu (Kap. 2, Anm. 2); Grundkurs des Glaubens (Kap. 2, Anm. 216), 317–325.
117 Ignatius von Antiochia, Rom. 4, 3.
118 Leonhard Goppelt, Die apostolische und nachapostolische Zeit (Die Kirche in ihrer Geschichte 1 A), Göppingen ²1966, 124.
119 DH 3421.
120 Wolfgang Beinert, Art. Successio apostolica. I. Biblisch. II. Theologie- und dogmengeschichtlich. III. Systematisch-theologisch, in: LThK³ 9, 1080–1083.
121 1 Clem 42, 4: »So predigten sie (= die Apostel; Anm. W. K.) in Stadt und Land und setzten ihre Erstlinge nach vorhergegangener Prüfung im Geiste zu Bischöfen und Diakonen für die künftigen Gläubigen ein.« Vgl. 42, 1–4; 44.
122 1 Clem 44, 3.
123 Vgl. Tertullian, praescr. 32–38; Irenaeus v. Lyon, Adv. haer. 3, 3, 2 (mit dem besonderen Blick auf Rom).
124 Heinz Ohme, Art. Bischofslisten, in: LThK³ 2, 499–501.
125 Eusebius von Caesarea, h. e. 4, 22, 1–3. Die entsprechende Aussage Hegesipps in der Kirchengeschichte des Eusebius ist allerdings in ihrer Bedeutung umstritten: Michael Durst, Art. Hegesipp, in: Lexikon der antiken christlichen Literatur (Kap. 3, Anm. 93), 278f, 278.
126 Hieronymus, Ep. Ad Evangelum 146, 1; Cassian, coll. 4, 1.
127 DH 1145 f. 1290. 1435.
128 1 Clem 44, 3 f.
129 Vgl. Didache 11–13 (Didache. Zwölf-Apostel-Lehre – Traditio Apostolica. Apostolische Überlieferung [Kap. 3, Anm. 93], 127–133).
130 Vgl. zum Hintergrund (allerdings mit einer Tendenz zu einer protestantischen Vereinnahmung): Wegbereiter der Reformation (Klassiker des Protestantismus 1), hrsg. v. Gustav Adolf Benrath, Bremen 1967.
131 Werbick, Kirche (Hinführung, Anm. 24), 86–89.
132 Zur Entwicklung dieser Grundmodelle: Gaßmann, Konzeptionen der Einheit in der Bewegung für Glauben und Kirchenverfassung 1910–1937 (Kap. 6, Anm. 27). Vgl. auch die Textsammlung: Die Einheit der Kirche. Material der ökumenischen Bewegung (TB 30), im Auftrag des Referates für Glauben und Kirchenverfassung, hrsg. v. Lukas Vischer, München 1965. Beinert, Ökumenische Leitbilder und Perspektiven (Kap. 7, Anm. 29), 169–174, nennt folgende »Modelle christlicher Einigung«, die er »im Sinn einer je tieferen und verpflichtenderen Form von Einheit« sieht (ebd., 169): Interkonfessionelle Bewegungen, Interkommunion, Föderation,

Gegenseitige volle Anerkennung, Kirchenunion, Korporative Vereinigung, Versöhnte Verschiedenheit, Konziliare Gemeinschaft, Organische Union. »Interkonfessionelle Bewegungen« seien »im strengen Sinn« kein Einigungsmodell (ebd.). »Interkommunion« sei für die meisten Kirchen »Zielpunkt der Einigungsbemühungen«, für andere ein Mittel dazu (ebd., 170). Die anderen von Beinert genannten Modelle lassen sich auf die drei Grundmodelle zurückführen.

133 Dazu: Meyer, Ökumenische Zielvorstellungen (Hinführung, Anm. 29), 97–106.

134 Erich Geldbach, Ökumene in Gegensätzen. Mit dem Memorandum »Reformatorische Kirchen und ökumenische Bewegung« in deutscher und englischer Sprache (BenshH 66), Göttingen 1987.

135 Laurentius Klein, Theologische Alternative zur Konsensökumene (Kap. 2, Anm. 256).

136 Geldbach, Ökumene in Gegensätzen (Anm. 134), 121–123.

137 Meyer, Ökumenische Zielvorstellungen (Hinführung, Anm. 29), 106–111.

138 Burkhard Neumann, Modell Leuenberg? Die Gemeinschaft Evangelischer Kirchen in Europa (GEKE) – Leuenberger Kirchengemeinschaft, in: Cath 62 (2008) 174–182. Text: Dokumente wachsender Übereinstimmung, Bd. 3 (Anm. 911), 724–731.

139 Der ursprüngliche (authentische) Text der »Theologischen Erklärung von Porvoo«: Together in Mission and Ministry. The Porvoo Common Statement with Essays on Church and Ministry in Northern Europe, London 1993, 6–33; deutsch: Dokumente wachsender Übereinstimmung, Bd. 3 (Anm. 911), 749–777 (besonders 774–777). Die »Porvooer Gemeinsame Feststellung« wurde von den Bischöfen der Dänischen Evangelisch-Lutherischen Kirche mit der Begründung abgelehnt, dass sie den besonderen Stellenwert, den die Erklärung dem Bischofsamt zumisst, und die Einschränkung der Austauschbarkeit der Amtsträger auf nur von Bischöfen (also nicht auf von lutherischen Bischöfinnen) ordinierte Personen nicht teilen können (Lutherische Welt-Informationen Nr. 16/65 v. 6. September 1995). Vgl. Hintzen, Das Modell der Kirchengemeinschaft (Anm. 955). Diskussion: Apostolicity and Unity. Essays on the Porvoo Common Statement, hrsg. v. Ola Tjorhom, Grand Rapids, Michigan 2002.

140 Die Meissener Erklärung. Eine Dokumentation (EKD-Texte 47), bearbeitet v. Klaus Kremkau, Hannover 1993, 51 (= B [6]). 53 (= B [7]). Grundsätzlich: Leuenberg, Meissen und Porvoo. Konsultation zwischen den Kirchen der Leuenberger Kirchengemeinschaft und den an der Meissener Erklärung und der Porvoo-Erklärung beteiligten Kirchen (Leuenberger Texte 4), hrsg. v. Wilhelm Häffmeier und Colin Podmore, Frankfurt 1996, 163–172; Ingolf U. Dalferth, Auf dem Weg der Ökumene. Die Gemeinschaft evangelischer und anglikanischer Kirchen nach der *Meissener Erklärung*, Leipzig 2002.

141 Herms, Die ökumenische Bewegung der römischen Kirche im Lichte der reformatorischen Theologie. (Kap. 2, Anm. 253).

142 Ebd., 200.

143 Ebd., 192. Vgl. zur Erinnerung die These von Leuba, Institution und Ereignis (Kap. 2, Anm. 238), 98f!

144 Cullmann, Einheit durch Vielfalt (Kap. 2, Anm. 252), 22.

145 In der 2. Auflage heißt das: »eigenständiger« bzw. »autonomer« Kirchen (ebd., 10f).

146 Vgl. ebd., 56.

147 Heinrich Fries – Karl Rahner, Einigung der Kirchen – reale Möglichkeit. Mit einer Bilanz »Zustimmung und Kritik« von Heinrich Fries (QD 100), Freiburg ²1985.

148 Im evangelischen Denken heißt »versöhnte Verschiedenheit« gewöhnlich gegenseitige Anerkennung der Kirchen in der Weise, wie sie jetzt sind: Frieling, Der Weg des ökumenischen Gedankens (Hinführung, Anm. 28), 166. Bei katholischen Theologen heißt »versöhnte Verschiedenheit« in der Regel ein gemeinsames Gerüst von grundlegenden Glaubenslehren *und* Strukturen.

149 Fries – Rahner, Einigung der Kirchen – reale Möglichkeit (Anm. 147), 109–122.

Zum Modell der »Teilkirchen«: Jutta Koslowski, Das Teilkirchen-Modell als katholischer Beitrag zur Einheitsdiskussion. Möglichkeiten und Grenzen, in: Cath 61 (2007) 279–304. Zur Rezeption dieses Modells im ökumenischen Dialog: Communio Sanctorum (Kap. 2, Anm. 14), Nr. 143–152 (= »Gemeinschaft von Gemeinschaften«).

150 Nach Fries – Rahner, Einigung der Kirchen – reale Möglichkeit (Anm. 147), 154f, ist ein Modell der Kircheneinigung, das nicht auch ein gemeinsames Glaubensbekenntnis *und* eine gemeinsame Amtsstruktur anstrebt, nur eine *Vorstufe* zum Modell völliger Einheit.

151 Meyer, Ökumenische Zielvorstellungen (Hinführung, Anm. 29), 112–120. Beinert, Ökumenische Leitbilder und Alternativen (Kap. 7, Anm. 27), 173, nennt dies das Grundmodell für die Konzeptionen von »Kirchenunion«, »korporativer Vereinigung«, »versöhnter Verschiedenheit« und »konziliarer Gemeinschaft«. Allerdings lassen sich manche dieser Konzeptionen auch im Grundmodell »Kirchenanerkennung« realisieren: Meyer, Ökumenische Zielvorstellungen (Hinführung, Anm. 29), 138–147.

152 Ebd., 112. Beispiele für solche Unionsbildungen: ebd., 112 f.

153 Dokumente wachsender Übereinstimmung, Bd. 1 (Kap. 6, Anm. 49), 576: »Das ordinierte Amt sollte in einer personalen, kollegialen und gemeinschaftlichen Weise ausgeübt werden. *Personal* dadurch, dass auf die Präsenz Jesu Christi unter seinem Volk am wirksamsten durch eine Person hingewiesen werden kann, die ordiniert worden ist, um das Evangelium zu verkündigen, und die Gemeinschaft dazu ruft, dem Herrn in Einheit von Leben und Zeugnis zu dienen. *Kollegial*, denn es bedarf eines Kollegiums von ordinierten Amtsträgern, die an der gemeinsamen Aufgabe teilhaben, die Anliegen der Gemeinde zu vertreten. Schließlich muss das enge Verhältnis zwischen dem ordinierten Amt und der Gemeinschaft Ausdruck finden in einer *gemeinschaftlichen* Dimension, in der die Ausübung des ordinierten Amtes im Leben der Gemeinschaft verwurzelt sein muss und die wirksame Teilnahme der Gemeinschaft an der Erkenntnis von Gottes Willen und der Leitung des Geistes fordert.« Schon die Erste Weltkonferenz für »Glauben und Kirchenverfassung« (Lausanne 1927) (Bericht: Die Weltkirchenkonferenz für Glauben und Kirchenverfassung. Deutscher amtlicher Bericht über die Weltkirchenkonferenz zu Lausanne 3.–21. August 1927, im Auftrage des Fortsetzungsausschusses hrsg. v. Hermann Saase, Berlin 1929) hatte einen angemessenen Platz für die »bischöfliche«, »presbyterische« und »kongregationale« Verfassungsform »in der Lebensordnung einer wieder geeinten Kirche« empfohlen. Das »Lima-Dokument« bezieht sich darauf (ebd., 576f).

154 Raiser, Ökumene im Übergang (Kap. 7, Anm. 4), passim.

155 Vgl. Communio Sanctorum (Kap. 1, Anm. 14), 41 (= Nr. 68): »Diese beiden Standpunkte (gemeint ist die katholische Einschätzung des Lehramtes der Bischöfe und die lutherische Überzeugung von der Kraft der Heiligen Schrift, die Wahrheit Gottes selbst zur Geltung zu bringen und sich auszulegen; Anmerkung W. K.) beruhen auf tief verwurzelten Grundüberzeugungen. Für die weiteren Bemühungen um Versöhnung muss das beachtet werden. ... Keiner der beiden Gesprächspartner kann vom anderen erwarten, dass dieser seinen Glaubensstandpunkt aufgibt. Als gangbarer Weg im Umgang mit den Unterschieden erscheint die Entschärfung der Gegensätze, so dass sie nicht mehr kirchentrennend sind.« Ähnlich die Aussage v. Karl Lehmann: Wem gehört Jesus, Bischof Lehmann?, in: »Dominus Jesus«. Anstößige Wahrheit oder anstößige Kirche? Dokumente, Hintergründe, Standpunkte und Folgerungen, hrsg. v. Michael J. Rainer, Münster 2001, 46–53, 51: »An dieser Stelle liegen eben die natürlichen Grenzen allen ökumenischen Bemühens, und wir sollten aufhören, anderen vorzuwerfen, dass sie sich treu bleiben. Ökumenische Euphorie, die das Trennende in seinen tieferen Gründen übersieht, ist kein guter Weg.«

156 Duden. Das große Wörterbuch der deutschen Sprache in sechs Bänden, hrsg. und bearbeitet v. Wissenschaftlichen Rat und den Mitarbeitern der Dudenredaktion unter Leitung v. Günther Drosdowski, Bd. 4, Mannheim 1978, 1527.

157 Bohr, Collected Works, vol. 10: Complementarity Beyond Physics (1928–1962) (Kap. 3, Anm. 135).

158 Brockhaus, Enzyklopädie in 20 Bden., Bd. 10, Wiesbaden [17]1970, 400 f.

159 UR 17,1: »Denn auch bei der Erklärung der Offenbarungswahrheit sind im Orient und im Abendland verschiedene Methoden und Arten des Vorgehens zur Erkenntnis und zum Bekenntnis der göttlichen Dinge angewendet worden. Daher darf es nicht wundernehmen, dass von der einen und von der anderen Seite bestimmte Aspekte des offenbarten Mysteriums manchmal besser verstanden und deutlicher ins Licht gestellt wurden, und zwar so, dass man bei jenen verschiedenartigen theologischen Formeln oft mehr von einer gegenseitigen Ergänzung (lateinisch: inter se compleri, untereinander komplementär; Anm. W. K.) als von einer Gegensätzlichkeit sprechen muss.«

160 Allerdings stellt sich hier die Frage, in welcher der beiden genannten Bedeutungen der Begriff »Komplementarität« rezipiert ist: Ernstpeter Maurer, Rechtfertigung. Konfessionstrennend oder konfessionsverbindend? (BenshH 87), Göttingen 1998, 130 f.

161 DH 302.

162 Heribert Mühlen, Das Konzil von Florenz als vorläufiges Modell eines kommenden Unionskonzils, in: ThGl 63 (1973) 184–197; Hans-Jürgen Marx, Filioque und Verbot eines anderen Glaubens auf dem Florentinum. Zum Pluralismus in dogmatischen Formeln (VMStA 26), St. Augustin 1977.

163 Zuerst vielleicht in der 3. Synode von Toledo (589): DH 470! Allerdings fehlt das »Filioque« in einigen älteren Handschriften.

164 DH 1301. Zur Diskussion: Müller, Katholische Dogmatik (Kap. 2, Anm. 463), 458–460. Resümierend ebd., 460: »Von den östlichen Kirchen wurde weder bei diesem Florentinischen Konzil noch bei späteren Unionsverhandlungen verlangt, dass sie das Filioque in ihre Fassung des Nicäno-Konstantinopolitanum einfügen müßten. … Das Filioque bedeutet keine inhaltliche Erweiterung, sondern versteht sich nur als ein präzisierender Zusatz zu dem beiderseits geltenden Trinitätsglauben.«

165 Ebd.

166 Communio Sanctorum (Kap. 1, Anm. 14), 39f (= Nr. 65. 67).

167 Ebd., 40f (= Nr. 66f).

168 CA 28 (BSLK 123f): »Derhalben ist das bischoflich Ambt *nach gottlichen Rechten* (Hervorhebung W. K.) das Evangelium predigen, Sünde vergeben, Lehr urteilen und die Lehre, so dem Evangelio entgegen, verwerfen und die Gottlosen, dero gottlos Wesen offenbar ist, aus christlicher Gemein ausschließen, ohn menschlichen Gewalt, sonder allein durch Gottes Wort. Und desfalls seind die Pfarrleut und Kirchen schuldig, den Bischofen gehorsam zu sein, lauts dieses Spruchs Christi, Lucä am 10. (= Lk 10,16): ›Wer euch höret, der höret mich.‹«

169 Müller, Katholische Dogmatik (Kap. 2, Anm. 463), 93, weist darauf hin, dass nach LG 12 das erste »Subjekt der Untrüglichkeit der Kirche im Glaubensbekenntnis und in der Lehrverkündigung« »die Gesamtheit der Gläubigen« ist – unbeschadet der Verantwortlichkeit des Gesamtepiskopats (LG 25) und des Papstes (DH 3075; LG 25).

170 Max Seckler, Außerhalb der Kirche Heil oder kein Heil?, in: ders., Die schiefen Wände des Lehrhauses (Kap. 6, Anm. 9), 71–75, 74, fordert dazu auf, »der ganzen Glaubensüberlieferung in ihrer realen, den Uniformierungen vorausliegenden Spannweite und in ihren gelebten Widersprüchen mit einer Hermeneutik entgegenzutreten, welche sich der Differenz von Wahrheit und Sprache besser bewußt ist als bisher«. Er bezieht sich auf DH 1351 (Konzil von [Ferrara-]Florenz 1442) mit der Erklärung der Heilsnotwendigkeit der (sichtbaren) katholischen Kir-

413

che und DH 2429 (Clemens XI. 1713) mit der *Verurteilung* des jansenistischen Satzes »Extra ecclesiam nulla conceditur gratia«.

171 Zum Unterschied von »Konzeptionen« bzw. »Vorstellungen der Einheit« (concepts of unity) und »Modellen der Einigung« (models of union): Meyer, Ökumenische Zielvorstellungen (Hinführung, Anm. 29), 15.

172 Frieling, Der Weg des ökumenischen Gedankens (Hinführung, Anm. 28), 262. Vgl. auch Gemeinsame römisch-katholische/evangelisch-lutherische Kommission, Einheit vor uns. Modelle, Formen und Phasen katholisch-lutherischer Kirchengemeinschaft, Paderborn 1983, 20 f.

173 Relevant ist hier die Rede des Ökumene-Dekrets (UR 11,3) von der »Hierarchie der Wahrheiten« (vgl. Otto Hermann Pesch, »Hierarchie der Wahrheiten« – und die ökumenische Praxis, in: Conc 37 [2001] 298–311; Ulrich Valeske, Hierarchia veritatum, München 1968). »Zentrale« Wahrheiten des christlichen Glaubens thematisieren das Heilshandeln Gottes in Jesus Christus. Andere Wahrheiten des Glaubens bleiben wahr, bilden aber nicht die (objektive) Mitte des Glaubens. Karl Rahner, Über den Begriff des Geheimnisses in der katholischen Theologie, in: ders., Schriften zur Theologie, Bd. 4, Einsiedeln 1960, 51–99, beschreibt als die Mitte des christlichen Glaubens das Geheimnis Trinität-Inkarnation-Gnade. Gustave Thils, Le décret sur l'oecuménisme. Commentaire doctrinale, Paris 1966, 125, nennt als Wahrheiten, die das Fundament des christlichen Mysteriums betreffen, den Heiligen Geist, die Gaben der Gnade und die Eucharistie. Eine offiziöse Interpretation: Gemeinsame Arbeitsgruppe der Römisch-Katholischen Kirche und des Ökumenischen Rates der Kirchen, Studiendokument: Der Begriff der »Hierarchie der Wahrheiten« – eine ökumenische Interpretation (1990), in: Dokumente wachsender Übereinstimmung, Bd. 2 (Kap. 6, Anm. 49), 751–760.

174 Meyer, Ökumenische Zielvorstellungen (Hinführung, Anm. 29), 166.

175 Fries – Rahner, Einigung der Kirchen – reale Möglichkeit (Anm. 147), 109–122.

176 Peter Lüning, Ökumene an der Schwelle zum dritten Jahrtausend, Regensburg 2000, 157, weist darauf hin, dass die Vorstellung der »versöhnten Verschiedenheit« seit der Unterzeichnung der »Gemeinsamen Erklärung zur Rechtfertigungslehre« mit dem Modell der vollen Kirchengemeinschaft verbunden wird. Die je verschiedene konfessionelle Hermeneutik des Begriffs bleibt jedoch bei ihm undeutlich.

177 Harding Meyer, Die Prägung einer Formel. Ursprung und Intention, in: Einheit – aber wie? Zur Tragfähigkeit der ökumenischen Formel vom »differenzierten Konsens« (QD 184), hrsg. v. Harald Wagner, Freiburg 2000, 36–58, 54 f.

178 Text: Bischof Karl Lehmann, Einig im Verständnis der Rechtfertigungsbotschaft? Erfahrungen und Lehren im Blick auf die gegenwärtige ökumenische Situation. Eröffnungsreferat bei der Herbstvollversammlung der Deutschen Bischofskonferenz und Dokumente zur Gemeinsamen Erklärung über die Rechtfertigungslehre. 21. September 1998 (Der Vorsitzende der Deutschen Bischofskonferenz 19), hrsg. v. Sekretariat der Deutschen Bischofskonferenz, Bonn 1998, 35–49, 47 (= Nr. 37).

179 Ebd., 47f (= Nr. 38f).

180 Walter Kasper, Ein Herr, ein Glaube, eine Taufe. Ökumenische Perspektiven für die Zukunft, in: StZ 127 (2002) 75–89, 89.

181 Der 1888 auf der Lambeth-Konferenz beschlossene Text geht zurück auf eine Resolution, die 1886 in Chicago durch das »House of Bishops« der Episcopal Church in den USA verabschiedet wurde (in: AThR 70 [1988] VIIf); englischer Text: ebd., VIIIf.

8. Vaticanum I (S. 288–308)

1 Text: DH 3050–3075. Hintergrund: Klausnitzer, Der Primat des Bischofs von Rom (Kap. 1, Anm. 12), 369–393.

2 Klaus Schatz, Vaticanum I 1869–1870: Bd. 1: Vor der Eröffnung. Paderborn 1992; Bd. 2: Von der Eröffnung bis zur Konstitution »Dei Filius«, Paderborn 1993; Bd. 3: Unfehlbarkeitsdiskussion und Rezeption, Paderborn 1994.

3 Text des Briefes: Newman, Letters and Diaries, Bd. 25: The Vatican Council. January 1870 to December 1871 (Kap. 5, Anm. 6), 18–20.

4 Schatz, Der päpstliche Primat (Kap. 2, Anm. 8), 174–178.

5 Ebd., 90–95.

6 Yves Congar, L'ecclésiologie de la révolution française au Concile de Vatican sous le signe de l'affirmation de l'autorité, in: RevSR 34 (1960) 77–114.

7 Schatz, Der päpstliche Primat (Kap. 2, Anm. 8), 183–187. August B. Hasler, Pius IX. (1846–1878), päpstliche Unfehlbarkeit und 1. Vatikanisches Konzil. Dogmatisierung und Durchsetzung einer Ideologie (PuP 12/1 und 2), Stuttgart 1977, hat Pius IX. als den entscheidenden treibenden Faktor des Konzils dargestellt. Das ist sicher überzogen.

8 Text: Dekrete der ökumenischen Konzilien, Bd. 3 (Kap. 4, Anm. 53), 804–811; in Auswahl: DH 3000–3045. Kurzzusammenfassung: Klausnitzer, Glaube und Wissen (Anm. 2), 169–173.

9 Text: Dekrete der ökumenischen Konzilien, Bd. 3 (Kap. 4, Anm. 53), 811–816; DH 3050–3075. Einführung und Textanalyse: Klausnitzer, Der Primat des Bischofs von Rom (Kap. 1, Anm. 12), 394–416.

10 »Pastor aeternus gregem« (über die Aufhebung der Pragmatischen Sanktion), in: Dekrete der ökumenischen Konzilien, Bd. 2 (Kap. 4, Anm. 53), 640–645, 643f: »Da es heilsnotwendig ist, dass alle Christgläubigen dem römischen Bischof unterstehen, wie wir durch das Zeugnis der Heiligen Schrift und der heiligen Väter belehrt werden, und wie es durch die Konstitution *Unam sanctam* unseres Vorgängers glücklichen Angedenkens, Papst Bonifaz‹ VIII., in ähnlicher Weise erklärt wird …«

11 Schlussaussage von »Unam sanctam«: DH 875; vgl. Wolfgang Klausnitzer, Das Papstamt im Disput zwischen Lutheranern und Katholiken. Schwerpunkte von der Reformation bis zur Gegenwart (IThS 20), Innsbruck 1987, 118 f.

12 DH 3050–3052; Dekrete der ökumenischen Konzilien, Bd. 3 (Kap. 4, Anm. 53), 811 f.

13 DH 3051.

14 Wolfgang Klausnitzer, »Der Papst … ist zweifelsohne das größte Hindernis auf dem Weg der Ökumene« (Paul VI.). Ist-Stand der theologischen Diskussion und Perspektiven einer Lösung in ökumenischer Absicht, in: Das Papstamt – Anspruch und Widerspruch. Zum Stand des ökumenischen Dialogs über das Papstamt, hrsg. v. Johann-Adam-Möhler-Institut, Münster 1996, 117–133, 125[31]. Der Begriff »petrinische Funktion« findet sich in Arbeiten von Otto Karrer aus den 50er Jahren des 20. Jahrhunderts. Der katholisch-lutherische Dialog in den USA in den 70er Jahren des 20. Jahrhunderts spricht von der »Petrusfunktion«.

15 Die Binde- und Lösegewalt (nicht die Schlüsselvollmacht) ist in Mt 18,18 auch den anderen Jüngern zugesagt.

16 Die Kirche »gegründet auf den Felsen« bezieht sich auf Mt 7,25 und Lk 6,48 und das Sicher-Stehen »bis ans Ende der Zeiten« ist eine Erinnerung an Mt 28,20.

17 Irenäus von Lyon, Adversus haereses. Gegen die Häresien, III (FC 8/3), übersetzt und eingeleitet v. Norbert Brox, Freiburg 1995, 31 (= 3, 3, 2): »Denn mit dieser Kirche (= Rom; Anm. W. K.) muss ihrer besonderen Gründungsautorität wegen jede andere Kirche übereinstimmen, das heißt die Gläubigen ringsum. In ihr ist von den Gläubigen ringsum die Tradition, die auf die Apostel zurückgeht, allezeit aufbewahrt worden.« Zu den Übersetzungsproblemen und zur Diskussion: Klausnitzer, Der Primat des Bischofs von Rom (Kap. 1, Anm. 12), 161–166.

32 Can. 749 § 3 CIC (1983): »Infallibiliter definita nulla intellegitur doctrina nisi id manifeste constiterit.« Am eindeutigsten ist diese Absicht erklärt, wenn der Lehrtext die Formel »ex cathedra« enthält.

33 Klaus Schatz, Das »noch nicht fertige« Dogma. Zur Rezeption und Nachinterpretation des Ersten Vatikanums, in: Zur Sache. Theologische Streitfragen im »Fall Küng«. Im Anhang die Ordnung des römischen und bischöflichen Lehrverfahrens, mit einer Einleitung v. Heribert Heinemann, hrsg. v. Ludwig Bertsch und Medard Kehl, Würzburg 1980, 80–118, 102.

34 Vgl. Avery Dulles, Lehramt und Unfehlbarkeit, in: Handbuch der Fundamentaltheologie, Bd. 4 (Hinführung, Anm. 1), 109–130, 123.

35 Alfons Riedl, Die kirchliche Lehrautorität in Fragen der Moral nach den Aussagen des Ersten Vatikanischen Konzils (FThSt 117), Freiburg 1979; vgl. ders., Die Kompetenz der Kirche in Fragen der Moral, in: ThPQ 135 (1987) 3–12. Zur Legitimität dieses Anspruches: Ludger Oeing-Hanhoff, Ist das kirchliche Lehramt für den Bereich des Sittlichen zuständig?, in: ThQ 161 (1981) 56–66.

36 Aubert, Vaticanum I (Anm. 31), 334.

37 Dazu z. B. (neben Fries, Das mißverständliche Wort [Anm. 26]): Karl Rahner, Scheinprobleme in der ökumenischen Diskussion, in: ders., Schriften zur Theologie, Bd. 12, Zürich 1978, 48–68, 62. Ähnlich argumentieren Walter Kasper, Hermann Josef Pottmeyer und Joseph Ratzinger: Klausnitzer, Das Papstamt im Disput (Anm. 11), 328–330, besonders 329[63]. Vgl. Alfons Riedl, das Wort der Bischöfe und das Zeugnis der Gläubigen. Strukturen innerkirchlicher Kommunikation in gesellschaftlichen Fragen, in: ThPQ 138 (1990) 26–34, 28 (besonders Anm. 6).

38 Rahner, Scheinprobleme in der ökumenischen Diskussion (Anm. 37), 62; Joseph Ratzinger, Das neue Volk Gottes. Entwürfe zur Ekklesiologie, Düsseldorf 1969, 144.

39 Klaus Schatz, Welche bisherigen päpstlichen Lehrentscheidungen sind »ex cathedra«? Historische und theologische Überlegungen, in: Dogmengeschichte und katholische Theologie, hrsg. v. Werner Löser, Karl Lehmann und Matthias Lutz-Bachmann, Würzburg ²1988, 402–422, gibt es eine umfangreichere Liste.

40 Schatz, Das »noch nicht fertige« Dogma (Anm. 33), 102.

41 Karl Rahner, Strukturwandel der Kirche in der künftigen Gesellschaft, in: ders., Schriften zur Theologie, Bd. 14, Zürich 1980, 333–354, 334–336.

42 Klausnitzer, Der Primat des Bischofs von Rom (Kap. 1, Anm. 12), 216–224.

43 Schatz, Der päpstliche Primat (Kap. 2, Anm. 8), 85–92.

44 Ebd., 92.

45 Vgl. Kap. 2, Anm. 253; Klausnitzer, Päpstliche Unfehlbarkeit bei Newman und Döllinger (Kap. 1, Anm. 7), 102.

46 Joseph Ratzinger, Theologische Prinzipienlehre. Bausteine zur Fundamentaltheologie, München 1982, 209.

47 Wolfgang Beinert, »Endechrist oder Zeichen der Barmherzigkeit?« Die Möglichkeit einer ekklesiologischen Konvergenz zwischen Lutheranern und Katholiken über das Papsttum, in: Das Papstamt – Anspruch und Widerspruch (Anm. 14), 45–67, 58 f.

48 Z. B. in: Fries – Rahner, Einigung der Kirchen – reale Möglichkeit (Kap. 7, Anm. 147), 98–107; vgl. auch 173 f.

49 Zuletzt in: Hans Küng, Das Christentum. Wesen und Geschichte, München 1994, 599 f.

50 Der Titel »Patriarch des Abendlandes (bzw. Westens)«, der seit Papst Theodor I. (642–649) überliefert ist, begegnet nicht mehr im Päpstlichen Jahrbuch (Annuario Pontificio) von 2006. Über die Gründe dieses Verzichtes durch Benedikt XVI. gab es mannigfache Spekulationen. In einer Erklärung des Päpstlichen Einheitsrates (22. März 2006) heißt es dazu, die Änderung entspreche einem »historischen und theologischen Realismus«. Im Laufe der Geschichte habe sich dieser Titel als »obsolet und praktisch nicht mehr anwendbar« erwiesen. Text der Erklärung: http://www.kirchen-in-osteuropa.de/archiv/ 06032304.htm (v. 18. September 2008).

51 Vgl. Klausnitzer, »Der Papst ... ist zweifelsohne das größte Hindernis auf dem Weg der Ökumene« (Paul VI.) (Anm. 14), 130–133; Werbick, Kirche (Hinführung, Anm. 24), 379–381.

52 Hans Urs von Balthasar, Der antirömische Affekt. Wie lässt sich das Papsttum in der Gesamtkirche integrieren?, Einsiedeln ²1989, 248–253, 249 f.

53 Dokumente wachsender Übereinstimmung, Bd. 1 (Kap. 6, Anm. 49), 576.

9. Der Kampf um den Kirchenleitbegriff und die Kirchenkonstitution »Lumen Gentium« (S. 309–343)

1 Robert Grosche, Der katholische Begriff der Kirche, in: ders., Pilgernde Kirche (Kap. 2, Anm. 74), 23–76, 24.

2 Raimund Lachner, Das ekklesiologische Denken Johann Sebastian Dreys. Ein Beitrag zur Theologiegeschichte des 19. Jahrhunderts (EHS.T 280), Frankfurt 1986; auch: Max Seckler, Das Reich Gottes als »höchste Idee des Christentums« in der Theologie Johann Sebastian Dreys. Ein Anstoß zur Revision der Drey-Forschung, in: Revision der Theologie – Reform der Kirche. Die Bedeutung des Tübinger Theologen Johann Sebastian Drey (1777–1853) in Geschichte und Gegenwart, hrsg. v. Abraham P. Kustermann, Würzburg 1994, 292–308; Peter Hünermann, Johann Sebastian von Drey und seine Schüler? Stellung und Profil der Tübinger Schule in der katholischen Theologie der ersten Hälfte des 19. Jahrhunderts, in: Theologie als Instanz der Moderne. Beiträge und Studien zu Johann Sebastian Drey und zur Katholischen Tübinger Schule (TSTP 22), hrsg. v. Michael Kessler und Ottmar Fuchs, Tübingen 2005, 173–187.

3 Harald Wagner, Die eine Kirche und die vielen Kirchen. Ekklesiologie und Symbolik beim jungen Möhler, Paderborn 1977.

4 Georg Schwaiger, Johann Michael Sailer. Der bayerische Kirchenvater, München 1982; Johann Michael Sailer und seine Zeit (Beiträge zur Geschichte des Bistums Regensburg 16), hrsg. v. Georg Schwaiger und Paul Mai, Regensburg 1982; Bertram Meier, Kirche der wahren Christen – Johann Michael Sailers Kirchenverständnis zwischen Unmittelbarkeit und Vermittlung (MKHS 4), Stuttgart 1990.

5 Johann Finsterhölzl, Die Kirche in der Theologie Ignaz von Döllingers bis zum ersten Vaticanum (SThGG 9), aus dem Nachlaß hrsg. v. Johannes Brosseder, Göttingen 1975. Vgl. zum späteren Döllinger: Franz Xaver Bischof, Theologie und Geschichte. Ignaz von Döllinger (1799–1890) in der zweiten Hälfte seines Lebens. Ein Beitrag zu seiner Biographie (MKHS 9), Stuttgart 1997.

6 Heinrich Fries, Der Sinn von Kirche im Verständnis des heutigen Christentums, in: Handbuch der Fundamentaltheologie Bd. 3 (Hinführung, Anm. 1), 17–29, 18.

7 Am 26. September 1996 war Ernst Jünger in die katholische Kirche konvertiert. Überblick: Peter Trawny, Ernst Jüngers politische Theologie, Berlin 2009.

8 Gangolf Hübinger, Kulturprotestantismus und Politik. Zum Verhältnis von Liberalismus und Protestantismus im wilhelminischen Deutschland, Tübingen 1994. Im Fortgang des Krieges entwickelte sich ein sich immer mehr radikalisierender protestantischer Kriegsnationalismus, der eine konsequente deutsch-nationale Linie in allen politischen Sachfragen verfocht. Ein Repräsentant ist der Berliner Theologe Reinhold Seeberg. Eine andere (nationalliberale) Gruppe, zu der etwa Adolf von Harnack, Ernst Troeltsch, Otto Baumgarten und Martin Rade gezählt werden können, widerspricht dieser nationalreligiösen Argumentation und mahnt (wie Harnack in seinen Denkschriften von 1916 und 1917) soziale und politische Reformen an. Sie blieb allerdings (auch aufgrund der Geschehnisse der Nachkriegszeit, in der sich der mehrheitliche Weltkriegsprotestantismus im Kampf gegen die Kultur- und Kirchenpolitik der Revolutionskräfte betätigt) in der Minderheit. Vgl. Christian Nottmeier, Adolf von Harnack und die deutsche Politik 1890–1930. Eine biographi-

sche Studie zum Verhältnis von Protestantismus, Wissenschaft und Politik (BHTh 124), Tübingen 2004.

9 Immerhin betitelt er sein ab 1932 erscheinendes Werk »Kirchliche Dogmatik«. Zum Kirchenverständnis Barths: Wolfgang Greive, Die Kirche als Ort der Wahrheit. Das Verständnis der Kirche in der Theologie Karl Barths (FSÖT 61), Göttingen 1991.

10 Dibelius, Das Jahrhundert der Kirche (Kap. 1, Anm. 21), 141, sprach »von einer Welle der Kirche« in der Gesellschaft und auf der ganzen Welt. Er empfiehlt ein nationalkonservatives Kirchenprogramm einer Volkskirche als einer Institution, die die Werte der Gesellschaft garantiert und bewahrt. Zum Disput mit Karl Barth in dieser Frage: Karl Barth, Die Not der evangelischen Kirche, in: ders., »Der Götze wackelt«. Zeitkritische Aufsätze, Reden und Briefe von 1930 bis 1960, hrsg. v. Karl Kupisch, Berlin ²1964, 33–62; Otto Dibelius, Die Verantwortung der Kirche. Eine Antwort an Karl Barth, Berlin 1931.

11 Dietrich Bonhoeffer, Sanctorum Communio. Eine dogmatische Untersuchung zur Soziologie der Kirche (ThB 3), (1927) 4. erweiterte Aufl., mit einem Nachwort v. Eberhard Bethge und Register, München 1969, Neuausgabe 1986.

12 Klausnitzer, »Wir haben wahrlich nicht Freude an Uneinigkeit …« (Kap. 6, Anm. 55), 86–102, besonders 92–99. Relevant sind seine Schriften »Nachfolge« (1937) und »Gemeinsames Leben« (1939).

13 Einführung: Russische Religionsdenker. Tolstoi, Dostojewski, Solowjew, Berdjajew, hrsg. v. Wolfgang Dietrich, Gütersloh 1994.

14 Vgl. Kap. 1, Anm. 22.

15 Wichtige (Vorreiter-)Schriften sind: Yves Congar, Chrétiens désunis, Principes d'un »Oecuménisme« Catholique (UnSa 1), Paris 1937; Henri de Lubac, Catholicisme. Les Aspects sociaux du Dogme (UnSa 3), Paris 1938. Ein Überblick: Ulrich Valeske, Votum Ecclesiae, 2 Tle., München 1962.

16 AAS 35 (1943) 199; deutscher Text: Über den mystischen Leib Jesu Christi (Kap. 2, Anm. 496), 16.

17 Werbick, Kirche (Hinführung, Anm. 24), 286–288.

18 Sermo 272. Ähnlich Leo I. (Sermo 63, 7): »Unsere Teilhabe am Leib und Blut Christi strebt nach nichts anderem, als uns in das zu verwandeln, was wir empfangen.« Vgl. grundsätzlich (mit Belegen aus der Patristik): Walter Simonis, Ecclesia visibilis et invisibilis. Untersuchungen zur Ekklesiologie und Sakramentenlehre in der afrikanischen Tradition von Cyprian bis Augustin (FTS 5), Frankfurt 1970.

19 In 1 Joh 3,4f: PL 35, 199; vgl. auch 37, 1428 (»Quam multi non nostri adhuc quasi intus, et quam multi nostri adhuc foris?«; 39, 1564 (»Multo enim pejores sunt qui intus videntur, et foris sunt«). In De catechizandis rudibus 22, 40 (PL 40, 339) redet Augustinus von den »latentes sancti«, den verborgenen Heiligen.

20 Henri de Lubac, Corpus Mysticum. L'Eucharistie et l'Église au Moyen Âge. Étude historique (Theol[P] 3), Paris ²1949, 116–135.

21 DH 870–875.

22 DH 872.

23 Werner Krawietz, Art. Körperschaft, in: HWP 4, 1101–1134, 1103.

24 Ernst H. Kantorowicz, Die zwei Körper des Königs. Eine Studie zur politischen Theologie des Mittelalters, München 1990. Bekannt geworden ist der Satz des französischen Königs Ludwig XIV.: »L'état c'est moi.«

25 Mansi 59, 539.

26 Josef Schierl, In Christus. Deutschsprachige Stimmen zur Verbindung der Gläubigen mit Christus im Vorfeld der Enzyklika Pius‹ XII. »Mystici Corporis« (1943) (ESt NF 35), Regensburg 1994.

27 Eine zeitgenössische Bestandsaufnahme: Erich Przywara, Corpus Christi mysticum – Eine Bilanz, in: ZAM 15 (1940) 197–215. Jean Frisque, Die Ekklesiologie im 20. Jahrhundert, in: Bilanz der Theologie im 20. Jahrhundert. Perspektiven, Strömungen, Motive in der christlichen und nichtchristlichen Welt, hrsg. v. Herbert Vor-

grimler und Robert Vander Gucht, Bd. 3, Freiburg 1970, 192–243, 201, nennt die Idee vom (mystischen) Leib Christi den »Kristallisationspunkt für die meisten Neuausrichtungen«. Ihr Hauptvorkämpfer war wohl Emile Mersch, Le corps mystique du Christ. Études de théologie historique (MLT 28f), 2 Bde., (Louvain 1933) Paris ³1951.

28 Belege: Klausnitzer, Das Papstamt im Disput zwischen Lutheranern und Katholiken (Kap. 8, Anm. 11), 365–370.

29 AAS 35 (1943) 193–248. Textausgabe: De mystico Iesu Christi corpore deque nostra in eo cum Christo coniunctione: »Mystici corporis Christi«, 29. Juni 1943 (TD.T 26), hrsg. v. Sebastian Tromp, Rom ⁴1963.

30 Sebastian Tromp, Corpus Christi quod est ecclesia, Bd. 1: Introductio generalis, Rom (1937) ²1946; Bd. 2: De Christo capite mystici corporis, Rom 1960; Bd. 3: De Spiritu Christi Anima, Rom 1960; Bd. 4: De Virgine deipara Maria corde mystici Corporis, Rom 1972. Tromps römischer Kollege Timotheus Zapelena soll seine Darstellung der Enzyklika zuweilen mit dem Satz begonnen haben: »Wie Sebastian Tromp in der Enzyklika ›Mystici Corporis‹ sagt.«

31 Vgl. AAS 35 (1943) 197.

32 Ebd., 199.

33 Ebd., 199–225.

34 Ebd., 204.

35 Ebd., 206.

36 Ebd. 208.

37 Ebd., 209.

38 Ebd., 209–211

39 Ebd., 218.

40 Ebd.: »… ipse est, qui per Ecclesiam baptizat, docet, regit, solvit, ligat, offert, sacrificat.«

41 Ebd., 222: »… Ecclesiam, quae perfecta genere suo societas haberi debet, non ex socialibus solummodo ac iuridicis elementis rationibusque constare.«

42 Ebd., 224.

43 Vgl. z. B. ebd., 221.

44 Yves Congar, Die Lehre von der Kirche. Vom Abendländischen Schisma bis zur Gegenwart (HDG III 3d), Freiburg 1971, 122 f.

45 Vgl. AAS 35 (1943) 211: Der Papst ist »nur« bzw. »lediglich« (nonnisi) »Stellvertreter« Christi; es gebe deshalb nur ein *einziges* »vorzügliches« Haupt, nämlich Christus.

46 Ebd., 220.

47 Meyer zu Schlochtern, Kirchenbegriffe – Kirchenverständnis – Kirchenmetaphern (Kap. 4, Anm. 13), 414, vertritt die Auffassung, dass mit der Enzyklika die Diskussion um die These von Mannes D. Koster (Anm. 50) der Begriff »Volk Gottes« sei die grundlegende Bestimmung der Kirche, »mit einem Schlag verstummt« sei. Diese Behauptung ist als generelle Aussage nicht zutreffend.

48 Überblick: Max Keller, »Volk Gottes« als Kirchenbegriff. Eine Untersuchung zum neueren Verständnis, Zürich 1970.

49 Ansgar Vonier, The People of God, London 1937.

50 Mannes D. Koster, Ekklesiologie im Werden, Paderborn 1940.

51 Ratzinger, Volk und Haus Gottes in Augustins Lehre von der Kirche (Kap. 4, Anm. 40).

52 Als Zusammenfassung Ratzingers (1992) (ebd., XIV): »Volk Gottes bezeichnet nicht direkt die Kirche Jesu Christi, sondern das Volk Israel, die erste Phase der Heilsgeschichte.« Darstellung: Thomas Weiler, Volk Gottes – Leib Christi. Die Ekklesiologie Joseph Ratzingers und ihr Einfluß auf das Zweite Vatikanische Konzil, mit einem Geleitwort v. Joseph Kardinal Ratzinger, Mainz 1997.

53 Ratzinger, Volk und Haus Gottes in Augustins Lehre von der Kirche (Kap. 4,

Anm. 40), XIV: »Kirche ist Volk Gottes nur im und durch den Leib Christi. Ein Gebrauch des Begriffs Volk Gottes für Kirche ist vom Neuen Testament und von den Vätern her ohne die christologische und pneumatologische Transposition nicht möglich, die Christologie gehört in den Kirchenbegriff unverzichtbar hinein.«

54 Michael Schmaus, Katholische Dogmatik, 3/1: Die Lehre von der Kirche, München ³1958, 204–239.

55 Klaus Mörsdorf, Lehrbuch des Kirchenrechts, I, Paderborn ¹⁰1959, 39: Die Kirche ist »das in hierarchischer Ordnung lebende neue Gottesvolk zur Verwirklichung des Reiches Gottes auf Erden«.

56 Vgl. Medard Kehl, Art. Volk Gottes. III. Systematisch-theologisch, in LThK³ 10, 848 f.

57 Vgl. LG 32, besonders LG 32,2: »Eines ist also das auserwählte Volk Gottes: ›Ein Herr, ein Glaube, eine Taufe‹ (Eph 4, 5); gemeinsam die Würde der Glieder aus ihrer Wiedergeburt in Christus, gemeinsam die Gnade der Kindschaft, gemeinsam die Berufung zur Vollkommenheit, eines ist das Heil, eine die Hoffnung und ungeteilt die Liebe« und LG 32,3: »Wenn auch einige nach Gottes Willen als Lehrer, Ausspender der Geheimnisse und Hirten für die anderen bestellt sind, so waltet doch unter allen eine wahre Gleichheit der in allen Gläubigen gemeinsamen Würde und Tätigkeit zum Aufbau des Leibes Christi.«

58 Vgl. den Sammelband katholischer und evangelischer Autoren: Hans Asmussen u. a., Die Kirche – Volk Gottes, Stuttgart 1961.

59 Das sind ursprünglich vier Ehrentitel *Israels*. Die beiden mittleren finden sich in Ex 19,6; die anderen in Jes 43,20 f. Vgl. Tit 2,14; Apg 15,14.

60 Vergleichbare Vermittlungsversuche: Johannes Beumer, Die Kirche, Leib Christi oder Volk Gottes, in: ThGl 53 (1963) 255–268, 267: »Volk Gottes im Leibe Christi« oder »Volk Gottes in der Einheit des Leibes Christi«; auch: Konrad Algermissen, Konfessionskunde, Celle ⁶1950, 78f; Schmaus, Katholische Dogmatik (Anm. 1222), 204.

61 Wolfgang Klausnitzer, Die Katholizität der Wahrheit, in: Ökumene in Deutschland – Blick voraus. Mit Beiträgen v. Johannes Friedrich, Walter Klaiber, Ilona Riedel-Spangenberger und Paul-Werner Scheele hrsg. v. Wolfgang Klausnitzer, Münster 2002, 85–95.

62 Erläuterung: Hünermann, Theologischer Kommentar zur dogmatischen Konstitution über die Kirche *Lumen gentium* (Kap. 2, Anm. 499), 263–582.

63 Günther Wassilowsky, Universales Heilssakrament Kirche. Karl Rahners Beitrag zur Ekklesiologie des II. Vatikanums (IThS 59), Innsbruck 2001, 16–19. Andere Klassifizierungen: Giuseppe Alberigo, Criteri ermeneutici per una Storia del Concilio Vaticano II, in: Zeugnis und Dialog. Die katholische Kirche in der neuzeitlichen Welt und das II. Vatikanische Konzil, FS Klaus Wittstadt, hrsg. v. Wolfgang Weiß, Würzburg 1996, 101–117, 108f; Etienne Fouilloux, Histoire et événement: Vatican II, in: CrSt 13 (1992) 515–538; Joseph Komonchak, Interpreting the Council: Catholic Attitudes toward Vatican II, in: Being Right. Conservative Catholics in America, hrsg. v. Mary J. Weaver und R. Scott Appleby, Bloomington 1995, 17–36; Wolfgang Beinert, Ein Konzil in unserer Zeit – ein Konzil für unsere Zeit? Ein vorausschauender Rückblick auf das Vaticanum II, in: Unterwegs zum einen Glauben (EThSt 74), FS Lothar Ullrich, hrsg. v. Wolfgang Beinert, Konrad Feiereis und Hermann-Josef Röhrig, Leipzig 1997, 102–129, 123 f.

64 Dahinter steht (wenn auch nicht immer explizit ausgeführt) wissenschaftstheoretisch das Modell des Paradigmenwechsels: Thomas S. Kuhn, Die Struktur wissenschaftlicher Revolutionen, Frankfurt 1973; ders., Die Entstehung des Neuen. Studien zur Struktur der Wissenschaftsgeschichte, Frankfurt 1973. Grundsätzlich: Dietrich Ritschl, Gibt es in der Theologie »Neues«? Meditation über ein altes Thema, in: Die Theologie auf dem Weg in das dritte Jahrtausend, FS Jürgen Moltmann, hrsg. v. Carmen Krieg u. a., Gütersloh 1996, 35–45. Zu den konzilskritischen

Stimmen, die ebenfalls dieses Deutungsmodell teilen: Daniele Menozzi, Das Antikonzil (1966–1984), in: Die Rezeption des Zweiten Vatikanischen Konzils, hrsg. v. Hermann Josef Pottmeyer, Giuseppe Alberigo und Jean-Pierre Josua, Düsseldorf 1986, 403–431; Ralph M. Wiltgen, Der Rhein fließt in den Tiber. Eine Geschichte des Zweiten Vatikanischen Konzils, Feldkirch 1988. Kritisch gegenüber einer fortschrittsorientierten Konzilshermeneutik: Friedrich Wilhelm Graf, Die nachholende Selbstmodernisierung des Katholizismus? Kritische Anmerkungen zu Karl Gabriels Versuch einer interdisziplinären Hermeneutik des II. Vatikanums, in: Das II. Vatikanum. Christlicher Glaube im Horizont globaler Modernisierung. Einleitungsfragen (Programm und Wirkungsgeschichte des II. Vatikanums 1), hrsg. v. Peter Hünermann, unter Mitarbeit v. Jan Heiner Tück, Paderborn 1986, 49–65.

65 Joseph Ratzinger, Zur Lage des Glaubens. Ein Gespräch mit Vittorio Messori, München 1985, 25–43, besonders 33: »Einem solchen Schematismus eines *Vor* und eines *Nach* in der Geschichte der Kirche, der überhaupt nicht gedeckt ist durch die Dokumente, die nichts anderes tun, als die Kontinuität zu bestätigen, heißt es entschieden entgegenzustehen. Es gibt keine ›vor‹- oder ›nach‹konziliäre Kirche: Es gibt nur eine und eine einzige Kirche, die auf dem Weg zum Herrn hin unterwegs ist, indem sie den Schatz des Glaubens, den er selbst ihr anvertraut hat, beständig vertieft und immer besser versteht. In dieser Geschichte gibt es keine Sprünge, es gibt keine Brüche und es gibt keine Unterbrechung der Kontinuität. Das Konzil hatte keineswegs vor, eine Zweiteilung der Zeit der Kirche einzuführen.« Populäre Darstellung: Alexandra von Teuffenbach, Aus Liebe und Treue zur Kirche. Eine etwas andere Geschichte des Zweiten Vatikanums, Berlin 2004.

66 Klausnitzer, Glauben und Wissen (Hinführung, Anm. 2), 197–204.

67 Max Seckler, Über den Kompromiss in Sachen der Lehre, in: ders., Im Spannungsfeld von Wissenschaft und Kirche. Theologie als schöpferische Auslegung der Wirklichkeit, Freiburg 1980, 99–103.

68 Walter Kasper, Die bleibende Herausforderung durch das II. Vatikanische Konzil. Zur Hermeneutik der Konzilsaussagen, in: ders., Theologie und Kirche, Mainz 1987, 290–299, 294: »Das Konzil löste seine Aufgabe nämlich wie die meisten bisherigen Konzilien nicht durch eine umfassende Theorie, sondern dadurch, dass es die Grenzen der kirchlichen Position absteckte. So konnte es ganz in der konziliaren Position bei der Juxtaposition bleiben. Die theoretische Vermittlung dieser Positionen ist wie bei jedem Konzil die Aufgabe der nachfolgenden Theologie.« Ähnlich Hermann Josef Pottmeyer, Vor einer neuen Phase der Rezeption des Vaticanum II. Zwanzig Jahre Hermeneutik des Konzils, in: Die Rezeption des Zweiten Vatikanischen Konzils (Anm. 64), 47–65, 60: »Die Treue zum Konzil verlangt, dass beide Thesen in ihrer Juxtaposition ernstgenommen werden und versucht wird, ihr Nebeneinander durch eine vertiefte theologische Rezeption und eine erneuerte kirchliche Praxis in einer weiterführenden Synthese zu vermitteln. Die Treue zum Konzil verlangt ferner, das Gewicht zu beachten, das das Konzil selbst der einen oder der anderen These gegeben hat, je nachdem, ob eine These von der Majorität oder der Minorität getragen wurde.« Zur Orientierung: Hermann Josef Sieben, Katholische Konzilsidee im 19. und 20. Jahrhundert, Paderborn 1993, 414–421, besonders 418–421.

69 Aloys Grillmeier, Kommentar, in: LThK² 12, 156.

70 Matthäus Bernards, Zur Lehre von der Kirche als Sakrament. Beobachtungen aus der Theologie des 19. und 20. Jahrhunderts, in: MThZ 20 (1969) 29–54; Josef Meyer zu Schlochtern, Sakrament Kirche. Wirken Gottes im Handeln der Menschen, Freiburg 1992, 27–38.

71 Otto Semmelroth, Die Kirche als Sakrament des Heils, in: MySal IV/1, 209–356, 318 f.

72 Rahner, Grundkurs des Glaubens (Kap. 2, Anm. 216), 388–390; vgl. 394. 467.

73 DH 1639.

74 Vgl. auch SC 26; LG 9,3; 48f; AG 1; 5; GS 45.

75 Hünermann, Theologischer Kommentar zur dogmatischen Konstitution über die Kirche *Lumen gentium* (Kap. 2, Anm. 499), 356.

76 Karl Rahner, Kirche und Sakramente, Freiburg 1964; vgl. auch Rahner, Grundkurs des Glaubens (Kap. 2, Anm. 216), 390.

77 Gottfried Maron, Kirche und Rechtfertigung. Eine kontroverstheologische Untersuchung, ausgehend von den Texten des Zweiten Vatikanischen Konzils, Göttingen 1969, besonders 13–73. Vgl. Eberhard Jüngel, Kirche als Sakrament, in: ZThK 80 (1983) 423–457; Reinhard Hempelmann, Sakrament als Ort der Vermittlung des Heils. Sakramententheologie im evangelisch-katholischen Dialog (KiKonf 32), Göttingen 1992, 173–178.

78 Traugott Koch, Das Problem des evangelischen Kirchenverständnisses nach dem Augsburger Bekenntnis, in: Das »Augsburger Bekenntnis« von 1530 damals und heute, hrsg. v. Bernhard Lohse und Otto Hermann Pesch, München 1980, 125–143, 127–133.

79 Epist. 69: PL 3, 1142B.

80 Vgl. auch SC 5,2: »Denn aus der Seite des am Kreuz entschlafenen Christus ist das wunderbare Geheimnis der ganzen Kirche hervorgegangen.«

81 Alle in LG 6 erwähnten Bilder, die im NT auftauchen, haben ihre Entsprechung im AT. Die Kirche als Bauwerk Gottes findet eine Parallele in der Tempelvision des Ezechiel (Ez 40,1 – 44,3), die Nennung der (unbefleckten) Braut des Lammes begegnet vergleichbar in den Aussagen des Hosea zur bräutlichen Liebe Gottes zu Israel (Hos 1,2 – 3,5; besonders 2,18–25). Einige Hinweise (allerdings nicht erschöpfend) zu den alttestamentlichen Bezügen werden in LG 6 durchaus gegeben. Einordnung: Hoffmann, Ekklesiologie in Metaphern (Anm. 718).

82 Der Text geht weiter: »Deshalb ist sie in einer nicht unbedeutenden Analogie dem Mysterium des fleischgewordenen Wortes ähnlich. Wie nämlich die angenommene Natur dem göttlichen Wort als lebendiges, ihm unlöslich geeintes Heilsorgan dient, so dient auf eine ganz ähnliche Weise das gesellschaftliche Gefüge der Kirche dem Geist Christi, der es belebt, zum Wachstum seines Leibes (vgl. Eph 4,16).«

83 Walter Kasper, Communio – Leitbegriff katholischer ökumenischer Theologie. Situation und Zukunft der Ökumene, in: Cath 56 (2002) 243–262, 255.

84 Joseph Ratzinger, »Es scheint mir absurd, was unsere lutherischen Freunde jetzt wollen.« Die Pluralität der Bekenntnisse relativiert nicht den Anspruch des Wahren. Joseph Kardinal Ratzinger antwortet seinen Kritikern (Interview mit Christian Geyer), in: »Dominus Iesus«. Anstößige Wahrheit oder anstößige Kirche? (Kap. 7, Anm. 155), 29–45, 33 f. Vgl. »Dominus Iesus«, Nr. 16, Anm. 56. Hintergrund: Alexandra von Teuffenbach, Die Bedeutung des subsistit in (LG 8). Zum Selbstverständnis der katholischen Kirche, München 2002.

85 Synopsis Historica 38 (8, 111. 121).

86 Kasper, Communio – Leitbegriff katholischer ökumenischer Theologie (Anm. 83), 255.

87 Eberhard Jüngel, Credere in ecclesiam – Eine ökumenische Besinnung, in: Kirche in ökumenischer Perspektive, FS Walter Kasper, hrsg. v. Peter Walter, Klaus Krämer und George Augustin, Freiburg 2003, 15–32.

88 Eberhard Jüngel, Kirche als Sakrament, in: ZThK 80 (1983) 432–457; Hempelmann, Sakrament als Ort der Vermittlung des Heils (Anm. 77), 173–178. Vgl. auch: Steck, Lumen Gentium? (Hinführung, Anm. 9), 16 (1965).

89 In UR 15,3 hält das Vaticanum deshalb »eine gewisse Gottesdienstgemeinschaft (mit den orthodoxen Kirchen; Anm. W. K.) unter gegebenen geeigneten Umständen« für »ratsam«.

90 Vgl. Ut unum sint (Kap. 6, Anm. 46), 13.

91 Ebd., 34. Hintergrund: Michael Sievernich, Soziale Schuld und soziale Bekehrung, in: ThG 36 (1993) 30–44; Internationale Theologische Kommission, Erinnern und

Versöhnen. Die Kirche und die Verfehlungen ihrer Vergangenheit, ins Deutsche übertragen und hrsg. v. Gerhard L. Müller, Freiburg 2000.

92 Klausnitzer, »Wir haben wahrlich nicht Freude an Uneinigkeit ...« (Kap. 6, Anm. 55), 440–442.

93 Kasper, Communio – Leitbegriff katholischer ökumenischer Theologie (Anm. 83), 257.

94 Ebd.

95 Text: Kongregation für die Glaubenslehre, Antworten auf Fragen zu einigen Aspekten bezüglich der Lehre über die Kirche, in: KNA-ÖKI Nr. 29 v. 17. Juli 2007, Dokumentation Nr. 13, 1–11 (Text: 1–6; Kommentar: 6–11).

96 Vgl. Hünermann, Theologischer Kommentar zur dogmatischen Konstitution über die Kirche *Lumen gentium* (Kap. 2, Anm. 499), 371; 402.

97 Dafür plädiert Yves Congar, Die Kirche als Volk Gottes, in: Conc 1 (1965) 5–16.

98 Hünermann, Theologischer Kommentar zur dogmatischen Konstitution über die Kirche *Lumen gentium* (Kap. 2, Anm. 499), 399.

99 Der Glaubenssinn des Gottesvolkes – Konkurrent oder Partner des Lehramts? (QD 151), hrsg. v. Dietrich Wiederkehr, Freiburg 1994. Hintergrund: Marko Mišerda, Subjektivität im Glauben. Eine theologisch-methodologische Untersuchung zur Diskussion über den »Glaubens-Sinn« in der katholischen Theologie des 19. Jahrhunderts (EHS.T 569), Frankfurt 1996; vgl. Robert W. Schmucker, Sensus fidei. Der Glaubenssinn in seiner vorkonziliaren Entwicklungsgeschichte und in den Dokumenten des Zweiten Vatikanischen Konzils (Theorie und Forschung 560, Theologie 36), Regensburg 1998; Christoph Ohly, Sensus fidei fidelium. Zur Einordnung des Glaubenssinnes aller Gläubigen in die Communio-Struktur der Kirche im geschichtlichen Spiegel dogmatisch-kanonistischer Erkenntnisse und der Aussagen des II. Vaticanum (MThS.K 57), St. Ottilien 1999; Peter Hünermann, Art. Sensus fidei, in: LThK³ 9, 465–467.

100 Melvin Michalski, The Relationship Between the Universal Priesthood of the Baptized and the Ministerial Priesthood of the Ordained in Vatican II and in Subsequent Theology. Understanding »Essentia et non Gradu Tantum«, Lumen Gentium No. 10, Lewiston 1996.

101 Vgl. die Lehre des Thomas von Aquin über Jesus Christus als Haupt aller Menschen: Sth III q. 8, a. 3! Dazu: Max Seckler, Das Heil der Nichtevangelisierten in thomistischer Sicht, in: ThQ 140 (1960) 38–69; ders., Instinkt und Glaubenswille nach Thomas von Aquin, Mainz 1961.

102 In LG 15 heißt es, die Kirche wisse sich diesen Christusgemeinschaften »aus mehrfachem Grunde verbunden«. Als tragende Elemente dieser Verbindung werden genannt: die Heilige Schrift »als Glaubens- und Lebensnorm«, der religiöse Eifer, der liebende Glaube »an Gott, den allmächtigen Vater und an Christus, den Sohn Gottes und Erlöser« (das greift den Verfassungstext der Vollversammlung des ÖRK in Neu-Delhi 1961 auf [Neu-Delhi 1961 (Kap. 6, Anm. 30), 457]), die Taufe, »andere Sakramente«, die Anerkennung des Episkopats (wohl vor der Eucharistie genannt, um anzudeuten, »dass beides zusammengehört« [Hünermann, Theologischer Kommentar zur dogmatischen Konstitution über die Kirche *Lumen gentium* (Kap. 2, Anm. 499), 397]), die Feier der Eucharistie und die Marienverehrung. Der Text spricht weiter von einer gewissen wahren Verbindung durch »die Gemeinschaft im Gebet und in anderen geistlichen Gütern« und »im heiligen Geist« (bis hin zur Bereitschaft zum Martyrium).

103 Aimé-Georges Martimort, De l'évêque, Paris 1946; L'Épiscopat et l'Église universelle, hrsg. v. Yves Congar und Bernard-Dominique Dupuy, Paris 1962 (deutsch: Das Bischofsamt und die Weltkirche, Stuttgart 1964).

104 Endre von Ivanka, Art. Sobornost, in: LThK² 9, 841 f.

105 Am leichtesten zugänglich ist die Argumentation Congars jetzt in: Yves Congar, Der Laie. Entwurf einer Theologie des Laientums, Stuttgart 1956, 446–461,

besonders 460. Das russische Verständnis des Begriffes »Sobornost« kann allerdings für die *inhaltliche* Bestimmung des Begriffs »Kollegialität« nicht in Anspruch genommen werden. Vgl. Anselme Bolton, »Sobornaia Cerkov«. Note sur les mots du symbole slave, in: Irén. 8 (1931) 161–164.

106 Kap. 1, Anm. 14.

107 Acerbi, Due ecclesiologie (Kap. 1, Anm. 14); Hermann Josef Pottmeyer, Kontinuität und Innovation in der Ekklesiologie des 2. Vatikanums. Das Problem der ausgebliebenen Vermittlung von 1. und 2. Vatikanum, in: ThQ 160 (1980) 277–294; ders., Die zwiespältige Ekklesiologie des Zweiten Vaticanums – Ursache nachkonziliarer Konflikte, in: TThZ 92 (1983) 272–283.

108 Vgl. Kongregation für die Glaubenslehre, Schreiben an die Bischöfe der katholischen Kirche über einige Aspekte der Kirche als Communio (VApS 107) (2. Mai 1992), hrsg. v. Sekretariat der Deutschen Bischofskonferenz, Bonn 1992! Zum Disput von Walter Kasper und Joseph Ratzinger: Walter Kasper, Zur Theologie und Praxis des bischöflichen Amtes, in: Auf eine neue Art Kirche sein. Wirklichkeiten – Herausforderungen – Wandlungen, FS Josef Homeyer, hrsg. v. Werner Schreer und Georg Steins, München 1999, 32–48; Joseph Ratzinger, L'ecclesiologia della Costituzione »Lumen Gentium«, in: Il Concilio Vaticano II. Recezione e attualità alla luce del Giubileo, hrsg. v. Rino Fisichella, Cinisella Balsamo 2000, 66–81; Walter Kasper, Das Verhältnis von Universalkirche und Ortskirche. Freundschaftliche Auseinandersetzung mit der Kritik von Joseph Kardinal Ratzinger, in: StZ 218 (2000) 795–804; Joseph Ratzinger, Die große Gottesidee »Kirche« ist keine Schwärmerei. Nicht nur eine Frage der Kompetenzverteilung: Das Verhältnis von Universalkirche und Ortskirche aus der Sicht des Zweiten Vatikanischen Konzils, in: Frankfurter Allgemeine Zeitung v. 22. Dezember 2000, Nr. 298, 46. Zusammenfassung: Medard Kehl, Zum jüngsten Disput um das Verhältnis von Universalkirche und Ortskirchen, in: Kirche in ökumenischer Perspektive, FS Walter Kasper (Anm. 87), 81–101; auch: Kilian McDonnell, Pentecost in Relation to the Ontological and Temporal Priority of the Universal Church: The Ratzinger/Kasper Debate, in: ebd., 102–114

109 Vgl. Augustinus Triumphus, in: Klausnitzer, Das Papstamt im Disput (Kap. 8, Anm. 11), 75.

110 Kommentar zu »Dei Verbum«: LThK² 13, 505.

111 Vgl. Klausnitzer, »Der Papst … ist zweifelsohne das größte Hindernis auf dem Weg der Ökumene« (Paul VI.) (Kap. 8, Anm. 14).

112 Walter Kasper, Dienst an der Einheit und Freiheit der Kirche. Zur gegenwärtigen Diskussion um das Petrusamt in der Kirche, in: Petrus und Papst. Evangelium – Einheit der Kirche – Papstdienst, 2 Bde., hrsg. v. Albert Brandenburg und Hans Jörg Urban, Münster 1977. 1978, Bd. 2, 119–141, 141.

113 Unmittelbar nach dem Konzil bricht die Frage nach der Identität des Priesters auf: Gerhard Schmidtchen, Priester in Deutschland. Forschungsbericht über die im Auftrag der Deutschen Bischofskonferenz durchgeführte Umfrage unter allen Welt- und Ordenspriestern in der Bundesrepublik Deutschland, Freiburg 1973. Grundlegend: Hubert Müller, Zum Verhältnis zwischen Episkopat und Presbyterat im Zweiten Vatikanischen Konzil. Eine rechtstheologische Untersuchung (WBTh 35), Wien 1971; Josef Hernoga, Das Priestertum. Zur nachkonziliaren Amtstheologie im deutschen Sprachraum (EHS.T 603), Frankfurt 1997.

114 Yves Congar, Ministères et communion écclesiale (TSF 23), Paris 1971. Zur Geschichte: Ernst Dassmann, Ämter und Dienste in den frühchristlichen Gemeinden (Hereditas 8), Bonn 1994. Relevant in diesem Zusammenhang ist eine vertiefte Reflexion auf die paulinische Charismenlehre. Ein Spezialfall: Christoph Kohl, Amtsträger oder Laie? Die Diskussion um den ekklesiologischen Ort der Pastoralreferenten und Gemeindereferenten (EHS.T 321), Frankfurt 1987; Ottmar Fuchs, Ämter für eine Kirche der Zukunft. Eine Diskussionsanstoß, Luzern 1993;

Christian Friesl, Die Utopie als Chance. Lage und Zukunft der »LaientheologInnen«, Innsbruck 1996.

115 Immer noch wichtig: Yves Congar, Jalons pour une Théologie du laicat (UnSa 23), Paris (1952) [2]1954 (deutsch: Der Laie. Entwurf einer Theologie des Laientums, Stuttgart 1956). Auch: Edward Schillebeeckx, Die typologische Definition des christlichen Laien, in: De Ecclesia. Beiträge zur Konstitution »Über die Kirche« des Zweiten Vatikanischen Konzils, hrsg. v. Guilherme Baraúna, deutsche Ausgabe besorgt v. Otto Semmelroth, Johannes Günter Gerhartz und Herbert Vorgrimler, 2 Bde., Freiburg 1966, Bd. 2, 269–288; Mehr als nur Nichtkleriker: Laien in der katholischen Kirche, hrsg. v. Sabine Demel, Regensburg 2001.

Ausgewählte Literatur

Gesamtdarstellungen

Anton, Angel, El misterio de la Iglesia. Evolucion de las ideas ecclesiologicas, 2 Bde., Madrid 1986. 1987.

Boff, Leonardo, Die Kirche als Sakrament im Horizont der Welterfahrung, Paderborn 1972.

Congar, Yves, Vraie et Fausse Réforme dans l'Église (UnSa 72), Paris ²1968.

Döring, Heinrich, Grundriss der Ekklesiologie. Zentrale Aspekte des katholischen Selbstverständnisses und ihre ökumenische Relevanz (Grundrisse 6), Darmstadt 1986.

Garijo-Guembe, Miguel M., Gemeinschaft der Heiligen. Grund, Wesen und Struktur der Kirche, Düsseldorf 1988.

Handbuch der Fundamentaltheologie, hrsg. v. Walter Kern, Hermann Josef Pottmeyer und Max Seckler, Bd. 3: Traktat Kirche, (Freiburg 1986) Tübingen ²2000.

Horst, Ulrich, Umstrittene Fragen der Ekklesiologie, Regensburg 1991.

Kehl, Medard, Die Kirche. Eine katholische Ekklesiologie, Würzburg 1992.

Küng, Hans, Die Kirche, Freiburg 1967 u. ö. (Taschenbuch: München 1977 u. ö.).

Miggelbrink, Ralf, Einführung in die Lehre von der Kirche, Darmstadt 2003.

Neuner, Peter, Die heilige Kirche der sündigen Christen, Regensburg 2002.

Die römisch-katholische Kirche (Die Kirchen der Welt 20), hrsg. v. Werner Löser, Frankfurt 1986.

Schütte, Heinz, Kirche im ökumenischen Verständnis. Kirche des dreieinen Gottes, Paderborn 1991.

Sullivan, Francis A., The Church We Believe In. One, Holy, Catholic and Apostolic, New York 1988.

Werbick, Jürgen, Kirche. Ein ekklesiologischer Entwurf für Studium und Praxis, Freiburg 1994.

Wiedenhofer, Siegfried, Das katholische Kirchenverständnis. Ein Lehrbuch der Ekklesiologie, Graz 1992.

Zirker, Hans, Ekklesiologie (Leitfaden Theologie 12), Düsseldorf 1984.

Jesus und die Kirche

Heinz, Gerhard, Das Problem der Kirchenentstehung in der deutschen protestantischen Theologie des 20. Jahrhunderts (TTS 4), Mainz 1974.

Klausnitzer, Wolfgang, Jesus von Nazaret. Lehrer – Messias – Gottessohn, Regensburg 2001.

Mayer, Bernhard – Seybold, Michael, Die Kirche als Mysterium in ihren Ämtern und Diensten (Extemporalia 5), Eichstätt 1987.

Lohfink, Gerhard, Wie hat Jesus Gemeinde gewollt? Zur gesellschaftlichen Dimension des christlichen Glaubens, Freiburg 1982.

Schüssler Fiorenza, Francis, Foundational Theology. Jesus and the Church, New York 1984; deutsch: Fundamentale Theologie. Zur Kritik theologischer Begründungsverfahren (Welt der Theologie), Mainz 1992.

Söding, Thomas, Jesus und die Kirche. Was sagt das Neue Testament?, Freiburg 2007.

Kirche im Neuen Testament

Bartlett, David I., Ministry in the New Testament, Minneapolis 1993.

Brown, Raymond E. – Meier, John P., Antioch and Rome. New Testament Cradles of Catholic Christianity, London 1983.

Collins, Raymond F., The Birth of the New Testament. The Origin and Development of the First Christian Generation, New York 1993.

Cwiekowski, Frederick J., The Beginnings of the Church, New York 1988.

Ernst, Josef, Studien zum Thema Amt und Gemeinde im Neuen Testament, München 1976.

Frankemölle, Hubert, Jahwebund und Kirche Christi, Münster 1974.

Hahn, Ferdinand, u. a., Einheit der Kirche. Grundlegung im Neuen Testament (QD 84), Freiburg 1979.

Hainz, Josef, Strukturen paulinischer Gemeindetheologie und Gemeindeordnung, Regensburg 1972.

Hoffmann, Paul, Das Erbe Jesu und die Macht in der Kirche. Rückbesinnung auf das Neue Testament, Mainz 1991.

Kieffer, René, Foi et Justification à Antioche. Interprétation d'un conflit (Ga 2,14–21) (LeDiv 111), Paris 1982.

Kirchschläger, Walter, Die Anfänge der Kirche. Eine biblische Rückbesinnung, Graz 1990.

Klaiber, Walter, Rechtfertigung und Gemeinde. Eine Untersuchung zum paulinischen Kirchenverständnis, Göttingen 1982.

Lohfink, Gerhard, Die Sammlung Israels. Eine Untersuchung zur lukanischen Ekklesiologie, München 1975.

Minear, Paul S., Images of the Church in the New Testament, Philadelphia 1960.

Rau, Eckhard, Von Jesus zu Paulus. Entwicklung und Rezeption der antiochenischen Theologie im Urchristentum, Stuttgart 1994.

Roloff, Jürgen, Die Kirche im Neuen Testament (GNT 10), Göttingen 1993.

Schenke, Ludger, Die Urgemeinde. Geschichtliche und theologische Entwicklung, Stuttgart 1990.

Söding, Thomas, Blick zurück nach vorn. Bilder lebendiger Gemeinden im Neuen Testament, Freiburg 1997.

Venetz, Hermann-Josef, So fing es mit der Kirche an. Ein Blick in das Neue Testament, Zürich 1981.

Vögtle, Anton – Oberlinner, Lorenz, Anpassung oder Widerspruch. Von der apostolischen zur nachapostolischen Kirche, Freiburg 1992.

Ysebaert, Joseph, Die Amtstheologie im Neuen Testament und in der Alten Kirche. Eine lexikographische Untersuchung, Breda 1994.

Wandel des Kirchenbildes

Dulles, Avery – Granfield, Patrick, The Church. A Bibliography, Wilmington 1985.

Dulles, Avery, Models of the Church. A Critical Assessment of the Church in all its Aspects, New York 1987.

Early Christianity. Origins and Evolution to AD 600, FS William H. Frend, hrsg. v. Ian Hazlett, London 1991.

Ekklesiologie I. Von den Anfängen zum Mittelalter (TzT. Dogmatik 5, 1), bearbeitet v. Peter Neuner, Graz 1994.

Ekklesiologie II. Von der Reformation bis zur Gegenwart (TzT. Dogmatik 5, 2), bearbeitet v. Peter Neuner, Graz 1995.

Evans, Robert F., One and Holy. The Church in Latin Patristic Thought, London 1972.

Fries, Heinrich, Wandel des Kirchenbildes und dogmengeschichtliche Entfaltung, in: MySal 4/1, 223–285.

Hertling, Ludwig, Communio und Primat. Kirche und Papsttum in der christlichen Antike, in: US 17 (1962) 91–125.

Koch, Wendelin, Die Frühscholastik und ihre Ekklesiologie. Eine Einführung, Paderborn 1992.

Rahner, Hugo, Symbole der Kirche. Die Ekklesiologie der Väter, Salzburg 1964.

Robinson, Thomas A., The Early Church. An Annotated Bibliography of Literature in English (ATLA Bibliographies Series 33), Metuchen, N. J. 1993.

Spaltungen

Kleine Konfessionskunde (KKSMI 19), hrsg. v. Johann-Adam-Möhler-Institut, Paderborn (1996)⁴2005.

Konfessionskunde, hrsg. v. Friedrich Meyer, Berlin 1977.

Die Geschichte der ökumenischen Bewegung

Frieling, Reinhard, Der Weg des ökumenischen Gedankens. Eine Ökumenekunde (Zugänge zur Kirchengeschichte 10), Göttingen 1992.

Handbuch der Ökumenik, 3 Bde., im Auftrag des Johann-Adam-Möhler-Instituts hrsg. v. Hans Jörg Urban und Harald Wagner, Paderborn 1985. 1986. 1987.

Zielvorstellungen der Ökumene

Klausnitzer, Wolfgang, »Wir haben wahrlich nicht Freude an Uneinigkeit ...«. Gesammelte Aufsätze zur Situation der Ökumene, Nordhausen 2005, 419–448.

Steinacker, Peter, Die Kennzeichen der Kirche. Eine Studie zu ihrer Einheit, Heiligkeit, Katholizität und Apostolizität (TBT 38), Berlin 1982.

Vaticanum I

Finsterhölzl, Johann, Die Kirche in der Theologie Ignaz von Döllingers bis zum Ersten Vatikanum, hrsg. v. Johannes Brosseder, Göttingen 1975.

Klausnitzer, Wolfgang, Der Primat des Bischofs von Rom. Entwicklung – Dogma – Ökumenische Zukunft, Freiburg 2004, 369–427.

Nédoncelle, Maurice, u. a., L'Ecclésiologie au XIXᵉ siècle (UnSa 34), Paris 1960.

Pottmeyer, Hermann Josef, Unfehlbarkeit und Souveränität. Die päpstliche Unfehlbarkeit im System der ultramontanen Ekklesiologie des 19. Jahrhunderts (TTS 5), Mainz 1975.

Der Kampf um den Kirchenleitbegriff und die Kirchenkonstitution »Lumen Gentium«

Hünermann, Peter, Theologischer Kommentar zur dogmatischen Konstitution über die Kirche *Lumen gentium*, in: Herders Theologischer Kommentar zum Zweiten Vatikanischen Konzil, hrsg. v. Peter Hünermann und Bernd Jochen Hilberath, Bd. 2: Sacrosanctum Concilium – Inter mirifica – Lumen gentium, Freiburg 2004, 263–582.

Kehl, Medard, Kirche als Institution. Zur theologischen Begründung des institutionellen Charakters der Kirche in der neueren deutschsprachigen katholischen Ekklesiologie (FTS 22), Frankfurt 1976.

Keller, Max, »Volk Gottes« als Kirchenbegriff. Eine Untersuchung zum neueren Verständnis, Zürich 1970.

Kirchenbilder – Kirchenvisionen. Variationen über eine Wirklichkeit, hrsg. v. Wolfgang Beinert, Regensburg 1995.

Klausnitzer, Wolfgang, Das Papstamt im Disput zwischen Lutheranern und Katholiken. Schwerpunkte von der Reformation bis zur Gegenwart (IThS 20), Innsbruck 1987, 363–383.

Rahner, Karl, Strukturwandel der Kirche als Aufgabe und Chance (HerBü 446), Freiburg (1972) 1989.

Valeske, Ulrich, Votum Ecclesiae, 2 Teile, 1. Teil: Das Ringen um die Kirche in der neueren römisch-katholischen Theologie. Dargestellt auf dem Hintergrund der evangelischen und ökumenischen Parallel-Entwicklung; 2. Teil: Interkonfessionelle ekklesiologische Bibliographie, München 1962.

Gott und Wirklichkeit

Wolfgang Klausnitzer

Gott und Wirklichkeit

Lehrbuch der Fundamental-
theologie für Studierende
und Religionslehrer

2. Auflage
392 Seiten, kart.
ISBN 978-3-7917-1730-2

Das Buch bietet in übersichtlicher Form den Stoff des Themas „Gott
und Religionen" – verständlich geschrieben und auf dem neuesten
Diskussionsstand. Die behandelten Fragen sind von hoher Aktualität:

- Existiert Gott?
- Gottesbilder der Weltreligionen
- Gibt es „Heil" außerhalb des Christentums?
- Wie verhält sich das Christentum zu anderen Religionen?
- Die Herausforderung durch Atheismus und Nihilismus
- Wie kann man das Wort „Gott" theologisch verantwortet gebrauchen?
- Gibt es eine adäquate Gottesanrede?

Die Herausforderung des Zusammenlebens von Angehörigen verschiedener Religionen macht die Brisanz dieser Fragen deutlich.
Der Autor lädt zu einer gründlichen Auseinandersetzung mit diesen
Themen ein und zeigt Wege der Vermittlung, die für verantwortungs-
bewusste Christen von großer Bedeutung sind.

Verlag Friedrich Pustet www.pustet.de

Glaube und Wissen

Wolfgang Klausnitzer

Glaube und Wissen

Lehrbuch der Fundamental-
theologie für Studierende
und Religionslehrer

2. Auflage
262 Seiten, kart.
ISBN 978-3-7917-1660-3

Dieser Band ist geeignet für das Bachelor-, Master- und Lehramts-
studium; auch in den Lehrplänen für die Sekundarstufe II ist das
Thema vorgesehen. Der Autor präsentiert den Stoff zum Thema
„Glaube und Wissen" verständlich, übersichtlich und systematisch.
Dabei zeigt er vor allem, dass es sich bei der Diskussion um das
Verhältnis der beiden Erkenntniswege Glaube und Wissen nicht um
ein staubtrockenes akademisches Glasperlenspiel handelt. Vielmehr
fällt mit der Antwort die Entscheidung zum einen über das Selbstverständnis des Christentums als einer rational verantwortbaren
Religion, zum anderen über das Verhältnis zur „säkularen" Welt
und Gesellschaft.

Verlag Friedrich Pustet **www.pustet.de**

18 Vgl. die methodische Analyse zur Ausarbeitung des zweiten Kapitels: Umberto Betti, La perpetuità del primato di Pietro nei Romani Pontefici secondo il Concilio Vaticano, in: Div. 3 (1959) 95–143; auch: John Michael Miller, The Divine Right of the Papacy in Recent Ecumenical Theology (AnGr 218), Rom 1980, 44–50.

19 DH 3060 beginnt: »Wir lehren demnach und erklären« (Docemus proinde et declaramus). Er endet: »Dies ist die Lehre der katholischen Wahrheit, von der niemand ohne Schaden für Glauben und Heil entweichen kann.« Vgl. auch den entsprechenden Kanon, der die Leugnung des Jurisdiktionsprimats mit dem Anathema belegt (DH 3064)! Die Argumentation von Walter Simonis, Die Kirche Christi. Ekklesiologie, Düsseldorf 2005, 76–83, die Lehraussagen des Vaticanum I über den Jurisdiktionsprimat seien kein Dogma, verkennt die Zielausrichtung von »Pastor Aeternus«. Das »Dogma« der Unfehlbarkeit des päpstlichen Lehramtes (vgl. DH 3073f) ist für das Konzil eine Konsequenz (oder Implikation) des Jurisdiktionsprimates (DH 3065). Der Schlusskanon (mit dem Anathema), der die Definition als »Dogma« qualifiziert (DH 3075), bezieht sich auf den Jurisdiktionsprimat und die Unfehlbarkeit des päpstlichen Lehramtes.

20 Gegenüber Vorbehalten, sogar vereinzelt von Vertretern der Mehrheit auf dem Konzil (Schatz, Vaticanum I, Bd. 3 [Anm. 2], 93), erläutert der Relator (Bischof Frederico Maria Zinelli) im Namen der Glaubensdeputation (am 5. Juli 1870: Mansi 52, 1110–1117) den Begriff. Schatz, Vaticanum I, Bd. 3 (Anm. 2), 131, referiert: »Episcopalis sei synonym mit Weiden und Hirtengewalt, was quoad speciem identisch sei bei Papst und Bischöfen, nur dass es dem Papst für die ganze Kirche, den Bischöfen nur für ihre jeweilige Diözese und in Unterordnung unter den Papst zukomme. Dass man dies ausdrücklich herausstelle, liege an dem Irrtum, dass der Papst nicht in anderen Diözesen die Funktionen verrichten könne, die Aufgaben des Bischofs sind, weil er dadurch ihre Jurisdiktion verletze.« Auch: Wilfried F. Dewan, »Potestas vere episcopalis« auf dem Ersten Vatikanischen Konzil, in: Das Bischofsamt und die Weltkirche, hrsg. v. Yves Congar, Stuttgart 1964, 689–717.

21 Damit ist die Verfassung der Kirche als von Grund auf monarchisch definiert. Roger Aubert, Die Ekklesiologie beim Vatikankonzil, in: Bernard Botte u. a., Das Konzil und die Konzile. Ein Beitrag zur Geschichte des Konzilslebens der Kirche, Stuttgart 1962, 285–330, 318, meint, der eigentlich sachgemäße Ausdruck »monarchia« sei deswegen vermieden worden, »um nicht den Eindruck zu erwecken, die bischöfliche Gewalt solle abgeschafft werden«. Zum Problem des Begriffs »Monarchie«: Hans Dombois, Hierarchie. Grund und Grenze einer umstrittenen Struktur, Freiburg 1971, 84 f.

22 Constitutionis Dogmaticae Lumen gentium Synopsis Historica, hrsg. v. Giuseppe Alberigo und Franca Magistretti, Bologna 1975, 456.

23 Zu den Debatten auf dem Konzil: Georges Dejaifve, Primat und Kollegialität auf dem Ersten Vatikanischen Konzil, in: Das Bischofsamt und die Weltkirche (Anm. 20), 665–688, besonders 674 f.

24 DH 861.

25 Ulrich Horst, Unfehlbarkeit und Geschichte. Studien zur Unfehlbarkeitsdiskussion von Melchior Cano bis zum I. Vatikanischen Konzil (WSAMA.T 12), Mainz 1982, 164–213 (mit Stellungnahmen zu der Rede Guidis).

26 Heinrich Fries, Das mißverständliche Wort, in: Zum Problem Unfehlbarkeit. Antworten auf die Anfrage von Hans Küng (QD 54), hrsg. v. Karl Rahner, Freiburg 1971, 216–232.

27 Klausnitzer, Der Primat des Bischofs von Rom (Kap. 1, Anm. 12), 440f (zu LG 25).

28 Vgl. DH 363f (vgl. DH 3066).

29 Vgl. DH 861 (vgl. DH 3067).

30 DH 1307 (vgl. DH 3068).

31 Vgl. Mansi 52, 1212–1217; deutsch: Roger Aubert, Vaticanum I (GÖK 12), Mainz 1965, 332–339,